지은이 잭 콘필드 Jack Kornfield

태국, 미얀마, 인도에서 승려로 수행한 뒤 1974년부터
세계 곳곳에서 명상수행을 지도하고 있다. 임상심리학
박사이기도 한 그는 미국에 테라와다 불교를 소개한
1세대로 꼽힌다. 통찰명상수행원(Insight Meditation Society)과
스피릿록(Spirit Rock) 명상센터 등 지금은 미국 내 최대
불교 수행 그룹이 된 곳들의 설립자이기도
100년 전통의 영성 매거진 (　　　　　　　　ns)
지(誌)는 그　　　　　　　
'현존하는　　　　　　　　　　　　　　
저서로는　　　　　　　　　　　　　　　ers』,
『어려울 때　　　　　　　p In The Darkness』,
『마음의 숲을　　　　ath with Heart』,
『깨달음 이후 빨랫감After the Ecstasy, the Laundry』,
『아잔 차 스님의 오두막A Still Forest Pool』 등이 있다.

옮긴이 이재석

서울대학교에서 러시아어를 전공하고 출판저작권 에이전시와
출판사에서 일했다. 위빠사나 명상을 통한 몸-마음 치유에
관심이 많으며 보리수선원, 서울불교대학원 심신치유학과에서
공부했다. 옮긴 책으로『조셉 골드스타인의 통찰 명상』,
『불교는 왜 진실인가』 등이 있다.
• blog.naver.com/anljs

마음이
아플 땐
불교
심리학

The Wise Heart

"잭 콘필드는 놀라운 이야기꾼이자 위대한 교사이다."

_ 틱낫한

"서양 불교의 현명한 장로 중 한 사람인 잭 콘필드는 자신의 평생의 경험을 바탕으로 인간의 마음과 가슴에 대한 능숙하고 명료하고 감동적인 그림을 창조해냈다. 희망적인 치유력을 갖는 그의 그림은 나에게 놀라움으로 다가왔다. 이 책을 읽고 그에 따라 산다면 그것이 곧 기쁨임을 알게 될 것이다."

_ 노먼 피셔, 샌프란시스코 선 센터 전(前) 주지, 『집으로 향해하다 : 호머 오디세이의 지혜로 삶의
   위험과 함정 헤쳐가기』 저자

"잭 콘필드의 명료한 가르침과 멋진 스토리텔링이 녹아있는 이 책은 우리의 핵심에 있는 사랑과 현존, 자유를 실현하고 체현하도록 영감을 불어넣는다."

_ 타라 브랙, 『받아들임』 저자

"따뜻하고 재미있고 감동적이며 커다란 영감을 주는 이 책은 불교심리학을 우리의 삶으로 가져온다. 이 책을 읽는 것 자체가 나를 변화시키는 경험이었다."

_ 마크 엡스타인, 『생각은 있으나 생각하는 자는 없다』, 『붓다와 프로이트 : 무아의 심리치료』 저자

마음이
아플 땐
불교
심리학

The Wise Heart

잭 콘필드 Jack Kornfield
지음

이재석
옮김

불광출판사

아웅산 수치와
버마의 비구, 비구니들에게

그리고
우리의 모든 아이들에게
그들이 현명한 가슴을 지니고 살기를

마음이 아플 땐 불교심리학

불교의 가르침은 종교가 아니다.

그것은 마음의 과학이다.

_ 달라이 라마

작년(2007년)에 나는 선승 틱낫한과 UCLA에서 열린 마음챙김과 심리치료에 관한 컨퍼런스를 함께 이끌었다. 단상에서 2천여 명의 군중을 바라보며 나는 무엇이 이 3일간의 모임에 이토록 많은 사람을 불러 모았는지 궁금했다. 그것은 깊이 숨을 쉬면서 오늘날의 삶에 흔한 갈등과 스트레스, 두려움과 소진에 대처하는 현명한 방법을 찾으려는 필요 때문이었을까? 혹은 치유의 비전에 있어 영적 차원과 인간의 가장 큰 잠재력을 포괄하는 심리학에 대한 갈망 때문이었을까? 아니면 마음을 고요하게 하고 가슴을 여는 간단한 방법을 찾으려는 희망 때문이었을까?

나는 이 책이 그렇듯이 개인적이고 실제적으로 말해야 한다는 것을 알았다. 컨퍼런스 참가자들은 샌프란시스코 근처의 스피릿록(Spirit Rock) 명상센터를 찾는 학생들처럼 영감과 지지를 기대했다. 불빛 가득한 명상 홀에 들어오는 그들은 삶에서 도망치는 것이 아니라 삶을 헤쳐가는 현명한 길을 찾고 있었다. 그들은 각자 자신의 문제를 가지고 왔으며 진정한 행복을 찾고 있었다. 종종 그들은 전쟁이 끊이지 않고 환경 문제가 점점 악화하는 지금의 세상에 대한 걱정을 한보따리씩 안고 오기도 했다. 그들은 자녀 세대에게 무엇을 남겨줄지 걱정했다. 그들은 명상에 대해 들어보고 불교의 가르침이 약속하는 기쁨과 내면의 자유를 발견할 수 있기를 희망했다. 또 세상을 염려하는 현명한 방법을 찾기를 갈망했다.

    40년 전에 나는 나 자신의 행복을 찾아 태국의 숲속 사원을 찾아갔다. 나는 고통스런 가족사를 지닌 혼란스럽고 외로운 젊은 청년이었다. 나는 아시아 연구를 전공으로 다트머스 대학을 졸업했다. 그 뒤 나는 나를 불교 국가에 보내달라고 평화봉사단에 요청했다. 지금 돌아보니 나는 우리 가족의 고통에서 벗어나기만을 바랐던 것이 아니다. 나는 베트남전쟁에서 분명하게 드러난 우리 문화 전반의 물질주의와 괴로움에서도 벗어나고 싶었다. 나는 메콩강 인근 주의 농촌 건강 및 의료 팀에서 일하면서 아잔 차(Ajahn Chah)라는 명상 스승에 대해 알게 되었다. 스님은 서양 학생들을 기꺼이 맞아준다고 했다. 나는 불교의 가르침이 내게 도움을 줄 거라는, 어쩌면 나를 깨닫게 할지 모른다는 생각과 희망에 가득 차 있었다. 나는 몇 개월 동안 아잔 차 스님의 사원에 찾아갔고, 승려의 계를 받았다. 그리고 이후 3년 동안 불교의 핵심 가르침인 마음챙김, 베풂, 자애, 전일성(integrity) 등의 불교 수행을 접했다. 불교의 가르침과 함께한 나의 평생의 여정은 그렇게 시작되었다.

    오늘날 스피릿록 명상센터와 마찬가지로 당시 태국의 숲속 수행처를 찾는 수행자도 끊이지 않았다. 아잔 차 스님은 매일 숲속 빈터의 나무 벤치에 앉아 방문객들을 일일이 맞으며 인사를 건넸다. 그중에는 마을 농사꾼, 신심 깊은 순례자와 구도자, 군인, 청년들, 수도에서 온 정부 관료와 서양인 학생들이 있었다. 모두가 자기만의 영적인 질문과 갈등을 지니고 있었다. 또 자기만의 슬픔, 두려움, 열망을 간직하고 있었다. 아잔 차 스님은 얼마 전에 어린 아들을 잃은 어느 남성의 머리를 부드럽게 감싸 안았다. 또 인간의 오만함에 넌더리가 난 가게 주인과 크게 웃기도 했다. 아침에는 반쯤 부패한 정부 관료에게 윤리 도덕을 가르쳤고, 오후에는 신심 깊은 늙은 비구니에게 불멸의 의식이 가진 성질을 주제로 명상을 가르쳤다.

스님과 함께 있으면 서로 모르는 사람들 사이에도 안전함과 신뢰의 분위기가 확연히 느껴졌다. 스님은 연민의 마음으로, 그리고 생과 사, 기쁨과 슬픔이라는 인간의 여정에서 우리의 길잡이가 되는 가르침으로 모든 사람을 품어 안았다. 우리는 그곳에서 한 가족처럼 함께 앉았다.

아잔 차를 비롯한 불교의 고승들은 살아있는 심리학의 수행자들이다. 이 심리학은 지구에서 가장 오래되고 잘 발달된 치유와 이해의 체계 가운데 하나이다. 이 심리학은 세속적인 문제와 영적인 문제를 따로 구분 짓지 않는다. 아잔 차에게는 불안과 트라우마, 돈 문제, 신체적 고통, 공동체의 갈등이 모두 불교의 가르침이라는 약으로 치료할 수 있는 온갖 형태의 괴로움이었다. 스님은 인간사의 다양한 문제와 가능성에 응답할 수 있었다. 그리고 그것은 스스로의 깊은 명상이 있었기에, 그리고 스님의 스승들로부터 전해져온 능숙한 일련의 도구들이 있었기에 가능한 일이었다. 스님은 자세한 명상 훈련, 치유 수행, 인지적·감정적 훈련, 갈등 해결의 기법 등을 모두 동원해 수행자들을 그들 스스로 지닌 전일성과 평정심, 감사와 용서의 마음에 깨어나도록 했다.

아잔 차 스님이 구현해 보인 치유자의 지혜는 고대의 기록에도 존재한다. 처음에 기록으로 남겨진 뒤 불교의 가르침은 백 세대가 넘는 기간 동안 연구와 주석 작업, 수행을 통해 확장되었다. 이 기록 전통은 위대한 지혜의 보고이자 인간 마음에 대한 심오한 탐구이다. 하지만 서양인들이 이해하기에는 그리 만만치 않다.

지금 이 순간, 겨울의 폭풍우가 스피릿록 명상센터 위쪽 숲의 내 소박한 집필 움막을 흠뻑 적시고 있다. 내 책상 위에는 불교의 역사적 주요 학파들의 고전 텍스트가 놓여있다. 『아비담맛타 상가하 : 아비담마 종합 해설 Comprehensive Manual of Abhidhamma』, 8천 개의 운문으로 된 반야심경 대본(大本), 롱첸파가 지은 의식에 관한 티베트 경전 등이 그것이다. 그간 나는 이 텍스트들의 귀한 가치를 알아보고 여기에 지혜의 보석이 가득하다는 사실을 알게 되었다. 그러나 초기 테라와다 전통의 걸작이자 불교심리학 궁극의 개요로 간주되는 아비담마(산스크리트어로는 아비다르마)는 지금까지 쓰인 책 가운데 가장 난해한 책 중 하나이기도 하다. 우리는 다음 구절을 어떻게 이해해야 하는가? "분리되지 않는 물질 현상이 순수한 여덟 가지를 구성한다. 몸의 암시는 열두 가지, 몸의 가벼움은 세 가지에 이른다. 모두가 의식에서 생기는 물질 그룹에 속한다." 그리고 인도, 중국, 일본의 대승불교에서 신성한 경전으로 숭배 받는 『반야심경』은 환상적인 신화와 해독 불가의 선문답이 뒤섞인 것처럼 들릴 수 있다. 마찬가지로, 생명을 구하는 약물의 생화학적 성분 분석이 자재하고 비어있는 근본 의식에 관한 롱첸파의 가르침을 해독하는 것보다 대부분 독자에게 더 쉬운 일일 것이다.

우리가 구하는 것은 이들 텍스트의 이면에 존재하는 풍부하고 심오한 기쁨과 자유의 경험이다. 로라가 암 진단을 받고 스피릿록 명상센터에 왔을 때, 또 판사인 샤론이 용서에 대해 배우려고 이곳 명상센터를 찾았을 때, 그들 모두 이 경전의 말을 밝혀주는 핵심적인 이해를 원하고 있는 것이다.

그런데 이런 이해를 어떻게 발견할 수 있을까?

　　나도 스승 아잔 차 스님과 마찬가지로, 이 텍스트들의 본질을 생생하고 직접적이며 실제적인 심리학의 형태로 대중에게 전달하려 시도해왔다. 나는 페마 초드론, 샤론 샐즈버그, 조셉 골드스타인, 틱낫한 스님을 비롯해 불교의 가르침을 서양에 전파하는 데 도움을 준 불교 장로 세대의 구성원이 되었다. 우리는 자신의 뿌리에 충실하면서 불교의 가르침을 전하기 위해 모든 전통에 걸쳐있는 불교의 핵심 가르침과 본질에 초점을 맞추었다. 이것은 정통적이고 학문적인 불교인의 역할은 아니지만, 불교의 가르침을 새로운 문화에 소개하는 데는 반드시 필요한 일이다. 불교의 핵심 가르침과 본질에 집중하는 것은 이 훌륭한 가르침에 다가가는 비종파적이고 수월한 접근 방식이었다. 또 한 명의 스승인 아잔 붓다다사(Ajahn Buddhadasa) 스님도 이 점을 강조하며 이렇게 말했다. "불교의 가르침을 테라와다(상좌부), 대승불교, 금강승으로 나누지 말고 붓다야나, 즉 깨어남의 핵심이 되는 살아있는 원칙으로 제시하라."

　　불교의 핵심 가르침과 더불어 나는 우리 서양의 심리 전통에서 얻은 주요한 통찰도 소개하려 한다. 서양 심리학에 대한 나의 관심은 내가 아시아에서 돌아온 뒤부터 시작되었다. 미국으로 돌아온 나는 불교 사원에서는 없었던 문제와 직면하게 되었다. 나는 여자친구, 가족, 돈, 생계 문제로 어려움을 겪었다. 그리고 나는 세상에서 자신의 길을 만들어가는 한 사람의 젊은이로서도 어려움이 있었다. 나는 혼자서 하는 고요한 명상을 통해서는 나의 문제들을 변화시킬 수 없다는 걸 알았다. 내가 명상에서 배운 원칙을 일상에서 통합하고 체현하는 작업을 생략할 수 있는 지름길이나 영적 우회로는 존재하지 않는다는 걸 알았다.

　　　　　　　　　　　　　　　　　　　　마음이 아플 땐 불교심리학

나의 불교 수행을 보완하기 위해 나는 심리학 대학원에 입학했다. 그곳에서 나는 라이히, 분석치료, 게슈탈트, 사이코드라마, 융 등 다양한 치료 방법에 대한 수련과 훈련을 받았다. 나는 나로파 불교대학과 에살렌 연구소(Esalen Institute)의 초창기 시절 새로운 생각을 가진 동료들과 함께 일하는 과정에서, 그리고 전 세계의 명상센터와 전문 컨퍼런스에 참여하면서 동양 심리학과 서양 심리학 사이에 점점 많아지는 대화에 참여했다. 동양과 서양의 대화는 점점 풍부해지고 구체성을 띠었으며 더 열린 마음으로 진행되었다. 오늘날 모든 학파의 임상가들은 정신건강에 관한 더 긍정적이고 영적이며 예지력 있는 접근법에 많은 관심을 보이고 있다. 오늘날의 보험제도와 의료 시스템에 제약 당하고 있는 많은 임상가들은 서양의 의료 중심적 임상 접근법이 가진 한계로 힘들어하고 있다. 내가 이들에게 고귀함과 연민의 마음을 키우는 훈련을 가르치면, 그리고 고통을 변화시키고 삶과의 신성한 연결을 북돋는 비종교적 방식의 관점을 가르치면 그들은 손에 만져질 듯한 안도감을 느낀다.

최근에 신경심리학의 지식이 폭발적으로 증가하면서 동양과 서양의 대화가 폭넓게 이루어지고 있다. 이제 우리는 붓다가 오래 전에 탐구한 중요한 질문을 직접 뇌를 들여다보며 연구할 수 있다. 신경과학자들은 숙련된 명상가를 상대로 실시한 연구에서 주목할 만한 데이터를 보고하고 있다. 이 연구들은 불교심리학에서 그리는 인간 잠재력에 관한 정교한 분석에 근거를 제공한다. 수천 년 동안의 실험과 관찰에 기초한 불교의 원리와 가르침은 서양의 심리 과학과 잘 어울린다. 불교의 원리와 가르침은 이미 지각, 스트레스, 치유, 감정, 심리치료, 인간 잠재력, 의식 자체에 관한 우리의 이해를 확장시키고 있다.

나는 심리학을(동양 심리학이든 서양 심리학이든) 실제로 수련함으로써 더 열리고 자유로워지며, 신비하게도 삶에 더 연약한 상태가 되는 것을 경험으로 알았다. 나는 '역전이'나 '카텍시스'(심적 에너지가 어떤 대상에 집중하는 것-옮긴이) 같은 서양 심리학의 전문 용어와 '의문(意門) 전향', '가변적 암시 현상' 같은 동양 심리학의 전문 용어 대신에 갈망, 상처, 분노, 사랑, 희망, 거부, 내려놓음, 가까운 느낌, 자기 수용, 자립, 그리고 내면의 자유를 말하는 것이 낫다는 것을 알았다. 그리고 많은 생각과 오해가 담긴 깨달음(enlightenment)이라는 용어 대신, 불교 수행을 통해 우리들 누구나 이를 수 있는 깨어남의 온전한 범주를 분명히 드러내는 것이 낫다고 판단했다. 그러기 위해 나는 내면의 자유(inner freedom)나 해방(liberation) 같은 단어를 사용했다. 나는 학생들과 수행자들의 이야기와 깨어남을 통해 우리가 가진 친절과 지혜의 심오한 능력을 신뢰하기를 바랐다. 슬픔, 외로움, 수치심, 욕망, 후회, 좌절, 행복, 평화 등 우리가 가진 모든 것을 품어 안는 가슴의 힘을 발견하기를 바랐다. 그리고 우리가 어떤 존재이든 또 무엇에 직면하고 있든 그 한가운데서 자유로워질 수 있다는 깊은 믿음을 발견할 수 있기를 바랐다.

서양의 불교 지도자로서 나는 아잔 차 스님처럼 야외 벤치에 앉지 않아도 학생들이나 구도자들과 자주 만남을 갖는다. 나는 명상 수업 참가자들과 만난다. 또 사흘에서 3개월 동안의 명상을 위해 집중수행에 참가하는 사람들과도 만난다. 집중수행에서는 매일 가르침과 명상 지침을 전한다. 단체 수행 기간 동안 참가자들은 일정을 지켜야 하며 오랜 시간 침묵을 유지한다. 수행자들은 이틀에 한 번 지도자와 개인 면담 시간을 갖는다. '인터뷰'라고 하는 이 개인 면담은 15~20분 정도로 매우 짧다.

인터뷰를 하러 온 수행자는 지도자인 나와 몇 분 동안 말없이 조용히 자리에 앉는다. 그런 다음 나는 수행자가 명상 수련회에서 어떤 명상 경험을 했는지 묻는다. 나는 그들이 명상을 어떻게 하고 있는지 질문한다. 여기서부터 깊은 대화가 펼쳐진다. 나는 연민의 마음으로 그들의 수행을 바라보려 노력하며, 어떤 때는 조언을 제공하기도 한다. 종종 우리는 붓다가 자신을 찾아온 수행자들에게 자주 그러했던 것처럼, 수행자 자신의 몸과 마음을 현재 순간의 시점에서 직접 탐구해간다. 이 책에서 여러분은 나를 비롯한 지도자들이 이 작업을 어떻게 해가는지 자세히 보게 될 것이다. 그리고 이 광대하고 연민에 찬 심리학을 오늘날 우리의 삶에 실제로 어떻게 적용할 수 있는지 조금은 느껴볼 수 있을 것이다.

당신이 임상가나 정신건강 전문가라면 불교심리학이 당신에게 새로운 이해와 가능성을 제공할 수 있다. 불교심리학은 당신이 현재 작업하고 있는 방식을 보완하거나 변화시킬 수 있다. 만약 당신이 불교의 가르침을 접해본 적이 없고 명상이 자신과 무관하다고 여긴다면 당신은 명상이 매우 자연스런 과정임을 알게 될 것이다. 그저 신중하고 의도적인 방식으로 주의를 향하는 것이 명상의 시작점이다. 이 책을 읽는 것 자체가 명상적인 묵상의 작업이 될 수 있다. 그리고 만약 당신이 불교 수행에 경험이 있다고 해도 이 책이 깨어남의 길에 대한 비전과 수련에서 지금까지와 다른 방식으로 당신에게 도전을 안길 수 있을 것이다.

이 대화에 다가가는 과정에서 나는 달라이 라마가 자주 했던 말을 강조하고 싶다. "불교의 가르침은 종교가 아니라 마음의 과학입니다." 그의 말은 불교가 세계의 많은 사람에게 이미 종교로 기능하고 있다는 사실을 부정하는 것이 아니다. 불교도 대부분의 종교와 마찬가지로 예배와 공동의 의례, 신성한 이야기 등 풍부한 전통을 추종자들에게 제공한다. 그러나 이것은 불교의 기원도, 불교의 핵심도 아니다. 붓다는 신이 아니라 인간이었다. 붓다가 그를 따르는 자들에게 알려준 것은 자신의 경험으로 깨달은 가르침과 수행법이었다. 고통을 이해하고 거기에서 벗어나는 혁명적인 방법을 가르친 것이다. 붓다는 행복을 가져오고 가장 높은 차원의 인간 발달을 실현하는 체계적이고 훌륭한 훈련법을 자신의 내면 경험에서 발견했다. 오늘날 서양의 많은 수행자가 불교에 끌리는 이유도 불교가 이런 수행과 해방의 길을 제시하기 때문일 것이다.

이 책에 담긴 가르침은 서양 심리학의 많은 부분에 대한 도전이다. 그리고 서구 문화의 물질만능주의와 냉소주의, 좌절감에 대한 의미 있는 도전이다. 이 책의 가르침은 첫 페이지부터 심리와 인간의 삶에 대한 급진적이고 긍정적인 접근방식을 그려 보인다. 1부는 불교에서 정신건강과 의식을 바라보는 관점을 소개한다. 2부는 마음챙김 수행을 통한 치유와 깨어남의 작업을 상세히 다룬다. 3부는 건강하지 못한 감정을 변화시키는 방법을 중심으로 다룬다. 4부는 집중과 시각화가 가진 힘, 정교한 인지 훈련, 변화를 일으키는 인간관계의 수련에 이르기까지 불교의 다양한 심리 도구를 개관한다. 5부는 인간 발달의 가장 높은 가능성, 지극한 정신적 행복감, 그리고 해방에 대해 탐구한다.

각 챕터의 끝에는 독자가 직접 해볼 수 있는 불교 수련법을 제시한다. 열린 마음으로 임하는 실험 정도로 생각하면 좋을 것이다. 이 수련법을 모두 해볼 시간 여유가 없다면 당신의 직관을 믿고 당신에게 가장 도움이 된다고 느끼는 것부터 시작해도 좋다. 여기 소개된 수련법에 일정 시간 전념한다면 당신의 관점과 세상 속 당신의 존재 방식이 변화하는 것을 보게 될 것이다.

마음이 아플 땐 불교심리학

우리 시대의 심리학이 안고 있는 절박한 과제는 인간 발달의 가장 높은 가능성을 이해하고 발전시키는 것이다. 개인적, 집단적 차원에서 오늘의 우리 세계가 고통을 당하느냐, 아니면 행복을 경험하느냐는 우리의 의식에 달려있다. 우리는 더 현명한 삶의 방식을 찾을 필요가 있다. 좋은 소식은 그 일이 확실히 가능하다는 점이다. 이 책에서 나는 우리 가슴의 치유와 정신의 해방, 그리고 모든 존재의 유익함을 위해 불교가 펼쳐 놓은 예지력 있고 보편적인 관점들을 소개할 것이다.

당신은 정말 누구인가?

1 고귀함

우리가 가진
본래적 선함

오, 고귀하게 태어난 그대여. 오, 빛나는 출생의 그대여. 기억하라, 그대의 빛나는 참된 본성을. 마음의 본성을. 그것을 신뢰하라. 그것으로 돌아가라. 그것이 그대의 집이니.

_『티베트 사자의 서』

그때 나는 갑자기 비밀스런 그들 가슴의 아름다움과 그들 가슴의 심연을 목격한 것 같았다. 죄도 욕망도 자기에 관한 앎도 닿을 수 없는 그곳은 그들 실재의 핵심이었다. 그들이 있는 그대로의 자기 모습을 볼 수 있다면, 또 우리가 서로를 이렇게 볼 수 있다면 얼마나 좋을까. 그렇게 할 수 있다면 더 이상 전쟁도 증오도 잔인함도 탐욕도 없을 것이다. … 그렇게 되면 우리는 엎드려 서로에게 경배할 것이다.

_토머스 머튼

한때 태국의 고대 수도였던 수코타이 북쪽의 대규모 사원에 오래 전에 진흙으로 만든 거대한 불상이 서 있었다. 태국에는 더 멋지고 정교한 작품이 많다. 하지만 그 불상은 오백 년 넘게 소중히 간직되어 왔으며, 오랜 기간 보존되어 온 덕분에 사람들로부터 존중을 받았다. 불상은 거센 폭풍우와 정권 교체, 외세의 침략을 모두 견디고 살아남았다.

그런데 어느 날 사원을 관리하는 승려들이 불상에 금이 간 것을 발견했다. 서둘러 수리와 칠을 다시 해야 하는 상황이었다. 무덥고 건조한 날씨가 한동안 계속되자 불상에 간 금이 더욱 벌어졌다. 그러자 호기심 많은 승려 한 사람이 전등을 비추어 불상의 속을 들여다보았다. 승려의 눈에 들어온 것은 번쩍번쩍 빛나는 황금이었다! 사원의 승려들은 평범하고 오래된 이 불상 안에서 동남아시아에서 만들어진 불상 가운데 가장 크고 빛나는 금 불상을 발견했다. 진흙을 벗겨낸 황금 불상을 보려고 태국 전역에서 신심 깊은 순례자들의 발길이 끊이지 않았다.

사원의 승려들은 갈등과 분란의 시기에 이 빛나는 예술 작품을 지키기 위해 석고와 진흙으로 불상을 덮어놓았다고 믿었다. 마찬가지로 우리들 모두는 자신의 타고난 고귀함을 덮어 가리는 위협적인 상황과 만나게 된다. 수코타이 사람들이 황금 불상이 존재한다는 사실을 몰랐던 것처럼 우리도 자신의 본질적인 본성을 잊어버렸다. 대부분의 시간 동안 우리는 방어막을 치고 산다. 불교심리학의 주요 목표는 우리가 두른 갑옷의 아래를 보는 것이다. 그리고 거기에서 불성이라는 우리의 본래적 선함을 끌어내도록 돕는 것이다.

불교심리학의 첫 번째 원리는 이것이다.

1
모든 인간이 가진 내면의 고귀함과 아름다움을 보도록 하라.

융 심리학의 저명한 정신분석가인 로버트 존슨(Robert Johnson)은 많은 사람이 자신의 선함을 믿기를 매우 어려워한다는 점을 인정한다. 우리는 자신이 가진 두려움과 가장 나쁜 생각을 자기로 쉽게 간주해버린다. 융은 쉽게 의식되지 않는 이런 특성을 '그림자(shadow)'라고 불렀다. 존슨은 이렇게 말한다. "이상하게도 사람들은 자기 그림자의 어두운 일면을 감추는 것보다 더 완강하게 자기 그림자의 고귀한 일면을 거부한다. … 자신의 성격에 심오한 고귀함이 존재함을 아는 것이 자신을 형편없게 여기는 것보다 더 불편하게 다가오는 듯하다."

제약당하고 결핍된 정체성에 대한 믿음이 우리의 완고한 습관이 되어버렸다. 그래서 우리는 그런 믿음이 없다면 자신이 어떻게 존재해야 하는지 알지 못한 나머지 두려워한다. 그러나 자신의 존엄성을 온전히 인정한다면 삶에 커다란 변화가 일어날 수 있다. 그것은 우리에게 무언가 거대한 것을 요구한다. 사실 우리 내면의 일부는, 무서움에 떠는 상처 입은 자아가 나의 참 모습이 아니라는 걸 알고 있다. 그렇다면 우리들 각자는 온전하고 자유로운 존재가 되는 방법을 찾아야 한다.

나의 경우 가족 안에서 나 자신의 선함을 알아보기란 쉽지 않았다. 우리 가족에 관하여 내가 처음 떠올리는 기억은 병적인 의심에 사로잡혀 아무 때나 폭력을 휘두르는 아버지였다. 그리고 온몸에 타박상을 입고 두려움에 떠는 어머니였다. 그리고 "우리가 어떻게 여기까지 왔지?"라고 늘 의문스러워하는 우리 4형제에 대한 기억이다. 우리 4형제는 아버지가 차고 진입로에 차를 대면 늘 숨을 죽이곤 했다. '좋은 날'에 아버지는 자상하고 유머가 넘쳤다. 그런 날이면 우리는 마음이 편했다. 하지만 '안 좋은 날'이 더 많았다. 그런 날에 우리 형제는 아버지의 극도로 예민한 분노와 장광설을 피하기 위해 몸을 숨겨야 했다. 가족 여행에서 돌아와 기분이 좋지 않으면 아버지는 어머니의 머리를 자동차 앞 유리창에 세게 들이박았다. 또 다른 운전자들의 변칙 행동에 대해 자기 자식들에게 벌을 주고는 했다. 내가 기억하는 장면이 있다. 아버지의 할머니가 우리 엄마에게 이혼하지 말라고 간청하던 장면이다. "그래도 가끔씩 일은 하잖니. 그리고 정신병원에 입원할 정도로 이상한 녀석은 아니란다."

그런데 내가 감당해야 하는 불행은 이것이 다가 아니었다. 나는 예닐곱 살 때 부모님이 싸우는 것이 너무 괴로워 집을 뛰쳐나온 기억이 있다. 내 안의 어떤 것이 내가 이 집의 자식이 아니라고 느꼈다. 나는 '잘못된 집안'에 태어났다고 느꼈다. 아이들이 으레 그렇듯 나도 가끔 상상의 날개를 펴곤 했다. 어느 날 점잖은 신사 한 분이 우리 집 문을 노크하고는 나의 이름을 묻는다. 신사는 잭과 형제들이 남들 모르게 이 집에 양아들로 들어왔다는 사실을 털어놓는다. 그러고는 이제 왕과 왕비인 잭의 진짜 부모가 자기 아들을 적법한 가정에 데려오기를 원한다고 말한다. 어린 시절의 이런 환상은 내 삶의 가장 강력한 줄기를 이루었다. 그것은 가치 있고 진실한 어떤 것에 속하고 싶은 갈망이었다. 나는 고귀한 태생의 나의 진짜 가정을 찾고 있었다.

요즘처럼 냉소적인 시대에 우리가 가진 본래적 선함(original goodness) 이란 표현이 단지 기분을 좋게 하는 관용구에 불과하다고 여길지 모른다. 그러나 본래적 선함이라는 렌즈를 통해 우리는 지금까지와 완전히 다른 바라봄과 존재의 방식을 발견할 수 있다. 이 바라봄과 존재의 방식이 지닌 목적은 우리가 사는 세상을 변화시키는 것이다. 그렇다고 사람들이 겪는 커다란 슬픔을 간과하는 것은 아니다. 또 불안정하고 폭력적인 사람에게 우리 자신을 어리석게 무방비로 노출시키는 것도 아니다. 정말로, 사람들의 존엄성을 발견하기 위해서는 그들이 겪는 고통을 볼 수 있어야 한다. 불교의 심리 원리 가운데 가장 중심적인 것은 네 가지 고귀한 진리, 즉 사성제(四聖諦)이다. 사성제는 인간의 삶에서 고통을 피할 수 없다는 사실을 인정하는 데서 시작한다. 이 진실 역시 오늘의 문화에서 이야기하기가 어렵다. 왜냐하면 사람들은 어떤 대가를 치르고라도 불편을 피하라는 가르침을 받기 때문이다. 오늘의 문화에서 '행복의 추구'란 곧 '행복에 대한 당연한 권리'가 되어버렸다. 그러나 우리가 고통을 당할 때, 고통이라는 진실을 인정한다면 오히려 기운을 새롭게 북돋는 데 도움이 된다.

불교의 가르침은 수치심, 우울, 불안, 슬픔 등 우리가 겪는 개인적 고통을 직면하도록 돕는다. 불교는 또 집단적 고통도 언급한다. 그러면서 슬픔을 일으키는 원인에 대해 일정한 작업을 하도록 돕는다. 여기서 슬픔의 원인이란 인간 정신에 자리 잡은 탐욕과 성냄, 어리석음이라는 힘을 말한다. 우리가 겪는 고통에 주의를 기울이는 것은 매우 중요하다. 하지만 이것이 우리가 가진 근본적인 고귀함을 덮어 가리는 것은 아니다.

여기서 고귀함(nobility)이란 중세 시대의 기사나 귀족을 의미하는 말이 아니다(영어 nobility에는 '귀족'의 뜻도 있다-옮긴이). 고귀함이란 단어는 '지혜' 또는 '내면의 빛'을 의미하는 그리스어 gno에서 나왔다. 영어에서 nobility는 '가치, 행동, 태도에 있어 빛나고 존경할 만한 성질. 고결하고 기품 있는 인간적 탁월함'으로 정의된다. 어떻게 하면 주변 사람들의 내면에 존재하는 이런 자질과 직관적으로 연결될 수 있을까? 어느 누구도 우리에게 어떻게 사랑을 느껴야 하는지 말해줄 수 없는 것처럼, 우리들 각자는 타인의 근본적 선함을 알아보는 자기만의 방법을 찾아야 한다. 그중 한 가지 방법이 시간의 프레임을 바꿔보는 것이다. 지금 내 앞에 있는 사람이 아직 순수한 아이였을 때를 상상해보자. 내가 10대 딸아이 때문에 크게 골머리를 썩인 날이었다. 그날 밤 나는 잠든 딸아이의 곁에 가만히 앉았다. 몇 시간 전만 해도 나와 딸아이는 그날 저녁 스케줄로 크게 다퉜다. 하지만 지금 딸아이는 아이 때의 순진무구함과 아름다움을 간직한 채 곤히 잠들어있다. 이런 순진무구함은 모든 사람에게 존재한다. 그것을 보려는 의지만 있다면 우리는 그것을 볼 수 있다.

또는 시간을 거슬러 오르는 대신 시간상 앞으로 나아가는 방법도 있다. 지금 삶의 마지막에 이르러 연약하고 열린 채 아무것도 숨길 것 없는 그 사람의 모습을 머릿속에 그려보는 것이다. 아니면 그저 그 사람을 나와 함께 길을 가는 여행자로 보아도 좋다. 그 역시 자기만의 짐 때문에 힘들어하고 있다. 그 또한 행복과 존엄을 바라고 있다. 우리가 만나는 모든 사람은 그들이 드러내는 두려움과 요구, 공격성과 고통의 아래에서, 우리와 마찬가지로, 이해와 연민이라는 커다란 잠재력을 지닌 존재들이다. 우리는 이렇게 그들의 선함과 접촉할 수 있다.

세계의 위대한 도덕적 지도자들이 보이는 빛나는 인간 정신을 존경하기란 어렵지 않다. 우리는 노벨 평화상 수상자인 아웅산 수치 여사에게서 흔들림 없는 연민의 마음을 목격한다. 버마에서 오랜 기간 가택 연금에도 불구하고 그녀가 보여준 굳건한 사랑의 마음은 변함이 없었다. 또 우리는 남아프리카공화국의 넬슨 만델라 대통령이 27년의 고문과 역경에 굴하지 않고 용

마음이 아플 땐 불교심리학

기 있고 위엄 있는 우아한 정신으로 감옥에서 걸어 나오던 장면을 기억한다. 그런데 바로 이런 정신은 우리 주변의 건강한 어린이들에게서도 뿜어나온다. 아이들의 기쁨과 자연스러운 아름다움은 우리가 가진 불성에 다시 깨어나게 한다. 아이들은 우리가 이런 빛나는 정신을 갖고 태어났음을 상기시킨다.

그렇다면 서양 심리학은 왜 인간 본성의 어두운 측면에 그토록 초점을 맞추었을까? 프로이트가 등장하기 이전부터 서양 심리학은 '의료 모형'에 근거하고 있었으며, 지금도 여전히 인간 정신의 병리적 현상에 초점을 맞추고 있다. 정신의학 전문가들이 사용하는 『정신질환 진단통계 편람DSM』은 치료사와 임상가, 건강 돌봄 제공자들의 작업 지침이 되는 자료로서 수백 가지의 심리적 문제와 질환을 일괄 목록으로 정리하고 있다. 우리는 문제를 범주화하면 문제를 연구하는 데 도움이 된다고 생각한다. 그리고 이것이 가장 과학적이고 경제적이고 효율적인 방식으로 문제를 치료하는 방법이라고 생각한다.

명상 지도자로서 나는 이런 일을 자주 목격한다. 마티라는 이름의 중년 남성이 일 년 전에 고통스러운 이별과 이혼을 겪고는 나를 찾아왔다. 그는 어릴 적부터 지니고 있던 무가치함과 수치심이라는 반복적 사이클에서 아직 벗어나지 못하고 있었다. 그는 자신에게 무언가 심각한 문제가 있다고 믿고 있었다. 자신의 본래적 선함을 잊고 있었던 것이다. 또 잰이라는 젊은 여성은 오랜 시간 불안과 우울로 힘들어하다 불교 수행을 하러 찾아왔다. 그녀는 부서지고 상처 입은 사람이라는 자기 이미지를 쉽게 내려놓지 못했다. 오랫동안 그녀는 오직 자신의 진단명과 그것을 다스리기 위해 먹었던 효과 없는 여러 가지 약을 통해서만 자신을 바라보고 있었다.

심리학이 약물 위주의 방향으로 나아가면서 이 의료 모형은 더욱 강화되고 있다. 오늘날, 정신 건강상 지원을 찾는 수백만 명의 성인들 대부분이 즉각적으로 약물 처방을 받는다. 더 심각한 문제는, 수십만 명의 아이들이 ADHD에서부터 최근에 특히 흔한 아동양극성장애 진단에 이르기까지 많은 증상에 대해 강력한 정신과 약물을 처방받고 있다는 사실이다. 이 약물들은 어떤 경우에는 적절하며 심지어 생명을 구할 수도 있다. 그런데 인간으로서 겪는 혼란과 괴로움에 대한 해결책으로 일반인과 전문가들이 점점 더 알약에 의존하고 있다는 것은 분명 문제이다. 꼭 그렇게 해야 하는 것이 아닌데 말이다.

내면의 자유 : 가슴의 해방

인간이 가진 한계와 병리에 초점을 맞추지 않는다면 대안은 무엇일까? 그것은 인간이 어떤 상황에서도 자유에 이를 수 있다는 믿음이다. 불교의 가르침은 이것을 이렇게 표현한다. "거대한 바다가 오직 한 가지 맛, 짠맛을 내듯이 붓다의 모든 가르침도 오직 한 가지 맛이다. 해방의 맛이 바로 그것이다."

심리학자 빅터 프랭클은 자기 가족 중 죽음의 나치 수용소에서 살아남은 유일한 생존자였다. 커다란 고통에도 불구하고 그는 치유에 이르는 길을 찾았다. 프랭클은 이렇게 썼다. "강제 수용소에 살던 우리는 막사로 걸어 들어오던 남자들을 기억한다. 그들은 사람들을 위로하며 자신들이 가진 마지막 빵조각을 나눠주었다. 몇 명 되지 않은 그들은 인간에게서 절대 빼앗을 수 없는, 인간이 가진 최후의 자유가 한 가지 있다는 사실을 증명해 보였다. 그것은 바로 어떤 상황에서도 자신의 태도를 선택할 자유, 자신의 길을 선택할 자유이다."

최악의 위기와 갈등 속에 헤맬 때, 깊은 두려움과 혼란의 와중에 있을 때 우리가 느끼는 고통은 끝이 없어 보인다. 출구도 희망도 없다고 느껴진다. 그러나 눈에 보이지 않는 어떤 지혜는 자유를 갈망한다. 붓다는 이렇게 말했다. "만약 마음이 건강하지 못한 상태에서 벗어날 수 없다면, 나는 그렇게 하라고 그대들에게 가르치지 않았을 것이다. 마음이 건강하지 못한 상태에서 벗어나는 것이 가능하기 때문에 나는 그대들에게 이 가르침을 전하는 것이다."

이러한 마음의 자유를 일깨우는 것이야말로 수백 가지 불교 수행과 훈련의 최종 목표이다. 불교 수행 하나하나는 괴로움을 일으키는 건강하지 못한 마음 패턴을 인식하고 그것을 내려놓는 연습이다. 그리고 그 자리에 건강한 마음 패턴을 만들어가는 연습이다. 불교의 심리 접근에서 중요한 점은, 머리로 아는 것 못지않게 훈련과 수행에 중점을 둔다는 점이다. 일주일에 한 번 심리치료에 들어가 당신의 문제를 상담하는 대신, 불교에서는 매일의 지속적 훈련이라는 방법을 통해 건강하게 존재하는 방식을 익히고 연습한다. 불교의 수련은 우리를 타고난 지혜와 연민으로 돌아가게 만든다. 또 우리가 자유를 향해 나아가도록 안내한다.

신성한 지각

성자가 성자인 이유는, 그들이 지닌 신성함이 그들을 타인의 존경을 받는 사람으로 만들어주기 때문이 아니다. 그보다는, 그들이 가진 신성함이라는 선물이 그들로 하여금 타인을 존경하게 만들기 때문이다.

_토머스 머튼

사람들을 만나면서 그들의 존엄함을 존중하는 것은 곧 그들을 돕는 것이다. 그들의 가슴은 우리의 가슴과 공명한다. 마치, 바이올린의 줄을 퉁기면 퉁기지 않은 바로 옆의 줄이 함께 떨리는 것처럼 말이다. 서양 심리학은 '기분 전염' 또는 감정 공명이라는 이 현상을 상세히 기록하고 있다. 어떤 사람이 공포와 증오심으로 가득한 상태에서 방에 들어오면 우리는 그것을 즉각 느낀다. 만약 우리의 마음이 깨어있지 않으면 그가 지닌 부정적 상태가 우리의 마음을 완전히 휩쓸어갈 것이다. 기쁨에 가득 찬 사람이 들어왔을 때도 우리는 그 상태를 느낀다. 바로 앞에 있는 사람이 가진 선함을 볼 때, 그들 안의 존엄함은 우리의 존중이나 존경과 공명한다.

이 공명은 아주 단순한 방법으로 시작할 수 있다. 인도 사람들은 서로 만나 인사할 때 손을 합장한 채 엎드리며 '나마스떼'라고 말한다. 이것은 "당신 내면의 신성함을 존중합니다."라는 뜻이다. 이것은 곧 우리의 참 모습인 내면의 불성을 존중하는 것과 다르지 않다. 어떤 이는 서양의 악수가 서로 무기를 갖지 않았음을 드러내 친분과 안전을 확인하는 방법으로 고안되었다고 믿는다. 그런데 나마스떼는 여기서 한발 더 나아간다. "나는 당신을 해치지 않습니다."에서 "나는 당신 내면의 신성함을 봅니다."로 나아가는 것이다. 이것은 신성한 관계의 토대를 만드는 행위다.

불교 승려로 처음 수행하던 무렵 나는 이런 신성한 관계가 과연 어떤 것인지 조금이나마 느꼈다. 아잔 차 스님의 주변에는 솔직함, 자애로움, 믿음의 분위기가 있었다. 그것은 어릴 적 우리 집의 분위기와는 완전히 딴판이었다. 처음에는 어색했지만 내 안의 어떤 부분이 그것을 좋아했다. 이곳에는 판단과 비판, 예측 불가의 폭력 대신에 한 사람 한 사람을 존경과 존엄으로 대하는 데 전념하는 공동체가 있었다. 그것은 아름다웠다.

사원에서는 매일매일 길을 쓸고 승려들의 가사와 발우를 소중히 다룬다. 승려의 서약은 모든 형태의 생명체를 소중히 다루도록 요구한다. 우리는 개미를 밟지 않으려고 조심했으며 새와 곤충, 뱀과 포유동물을 소중히 대했다. 나와 다른 생명체를 똑같이 존중하는 법을 배웠고, 갈등이 생기면 인내라는 수행에 의지했다. 용서를 구할 때면 장로 스님들의 지도를 받았다. 장로 스님들은 깨어있는 존중심으로 자신의 부족한 부분에 다가가는 법을 몸소 보여주었다.

숲속 사원의 수행이든 서구의 수행이든, 불교심리학은 의도적으로 나 자신을 존중하는 데서 시작한다. 자기 안의 선함에 머무는 법을 배울 때, 타인의 선함을 더 분명히 볼 수 있기 때문이다. 존중과 돌봄의 감각이 커지면 일상의 평범한 상황에서 도움이 된다. 뿐만 아니라 그것은 우리가 힘겨운 상황에 처했을 때 말할 수 없이 커다란 가치를 갖는다.

어느 불교 수행자가 세인트루이스의 은행에 자신이 인질로 잡혔던 이야기를 들려주었다. 처음에는 인질로 잡힌 사람들 사이에 혼란과 공포심이 번져나갔다. 그녀는 뛰는 심장을 진정시키려 노력했던 일을 떠올렸다. 그런 다음 자신이 공포에 허둥지둥하지 않기로 결심한 과정을 들려주었다. 그녀는 명상과 호흡으로 마음을 안정시켰다. 몇 시간이 흐르는 동안 그녀는 인질로 잡힌 사람들을 도왔다. 그 과정에서 그녀는 인질범들을 존중으로 대하면서 그들에게 진정한 관심을 보였다. 그녀는 인질범들이 보이는 필사적 태도의 이면에서 그들이 가진 필요를 보았다. 이후 그녀를 포함한 인질은 모두 무사히 풀려났다. 그녀는 자신과 인질들이 무사히 풀려날 수 있었던 이유가 인질범들에게 보인 돌봄과 존중의 마음 때문이었다고 믿는다.

주변 사람을 존중하고 존경할 때 그들이 가진 선함과 연결되는 통로가 열린다. 나는 죄수와 조직폭력배를 상담하는 과정에서 이런 진실을 목격했다. 누군가 자기를 존중하고 귀하게 여겨주면, 다음부터 그는 자신을 존중하고 자기 내면의 선함을 받아들이고 인정하게 된다. 가족 안에서든, 공동체안에서든, 사업상 만남에서든, 치료 세션에서든, 상대방의 신성한 면을 본다는 것은 곧 그들의 가슴을 변화시키는 것이다.

전 세계를 돌아다니는 달라이 라마는 이러한 신성한 인식을 몸소 실천한다. 달라이 라마 주변에 많은 사람이 모이는 이유 중 하나도 그것이다. 몇 년 전, 달라이 라마가 샌프란시스코를 찾았을 때 우리는 그에게 스피릿록명상센터에서 가르침을 펴줄 것을 청했다. 달라이 라마는 티베트 망명정부의 수장으로, 미 국무부는 그를 보호하고 수행하기 위해 첩보 요원 수십 명을 배치했다. 외국 지도자와 왕자, 왕을 익히 수행해오던 첩보 요원들이었지만, 달라이 라마가 그들에게 보여준 존중의 태도와 친절한 마음에 그들은 의외의 깊은 감명을 받았다. 마지막에 첩보 요원들이 달라이 라마에게 축복을 청한 뒤 함께 사진을 찍기를 원했다. 몇몇 요원들이 이렇게 말했다. "우리는 지금까지 수많은 정치 지도자와 왕자, 수상들을 보호하는 영광을 누렸습니다. 그런데 달라이 라마는 그들과 뭔가 다릅니다. 그는 우리를 특별한 존재로 대합니다."

이후 달라이 라마는 샌프란시스코의 어느 호텔에 머물며 일련의 대중강연을 진행했다. 그 호텔은 고위 성직자들이 머무는 호텔로 유명했다. 일정을 모두 마치고 호텔을 떠나기 직전, 달라이 라마는 호텔 직원들에게 감사의 인사를 전하고 싶다고 호텔 지배인에게 말했다. 자신을 만나고 싶은 직원이면 한 사람도 빼놓지 않고 만나겠다고 했다. 그래서 마지막 날 아침에 호텔 룸메이드와 설거지를 하는 직원들, 요리사와 호텔 집사, 비서와 지배인들이

마음이 아플 땐 불교심리학

호텔 입구로 진입하는 둥그런 차도에 길게 줄을 섰다. 달라이 라마의 자동차 행렬이 호텔을 떠나기 전 달라이 라마는 길게 줄을 선 호텔 직원들과 일일이 손을 맞잡고 악수를 나눴다. 이렇게 달라이 라마는 직원들의 심금을 울렸다.

　몇 년 전, 나는 이와 똑같은 비밀을 알았던 어느 고등학교 역사 선생님의 이야기를 들었다. 학생들의 집중력이 떨어지던 어느 오후 수업시간에 그 여자 선생님은 학생들에게 공부를 일제히 멈추라고 했다. 그러고는 학생들이 잠시 휴식을 취하는 동안, 수업을 듣는 학생들의 이름을 하나씩 모두 칠판에 적었다. 그런 다음 선생님은 칠판에 적은 이름의 목록을 학생들이 종이에 똑같이 따라 적게 했다. 선생님은 수업의 나머지 시간에 학생들에게 그 이름을 가진 학생의 좋은 점과 존경할 만한 점을 이름 옆에 적어보라고 했다. 수업이 끝난 뒤 선생님은 학생들이 적은 종이를 모두 걷었다.

　몇 주 뒤, 겨울방학 직전의 어수선한 어느 날에 선생님은 다시 한 번 수업을 중단했다. 이번에는 각 학생의 이름이 맨 위에 적힌 종이 한 장씩을 학생들에게 나눠주었다. 그것은 스물여섯 명의 학생이 각 학생에 관하여 적은 좋은 점과 존경할 만한 점을 선생님이 일일이 정리해 풀로 붙여 만든 종이였다. 종이를 받아든 학생들의 입가에는 미소가 번졌다. 학생들은 자신의 여러 가지 좋은 점을 알아본 친구들을 떠올리며 기쁨에 겨웠다.

　그로부터 3년 뒤 선생님은 예전 제자 가운데 한 학생의 어머니에게 전화를 받았다. 학창 시절 장난꾸러기였던 로버트라는 이름의 이 학생은 선생님이 가장 사랑하는 제자 가운데 한 명이었다. 그런데 로버트의 어머니는 이내 선생님에게 끔찍한 소식을 전했다. 아들이 걸프전에서 사망했다는 소식이었다. 선생님은 로버트의 장례식에 참석했다. 로버트의 예전 친구들과 고등학교 동문 친구들도 장례식에 찾아와 이야기를 나눴다. 장례식이 끝날 무렵, 로버트의 어머니가 선생님에게 다가오더니 꼬깃꼬깃 접은 오래된 종이 한 장을 꺼냈다. 어머니는 이렇게 말했다. "군이 아들 시신을 수습하는 과정에서 아들의 주머니에서 나온 몇 가지 유품 가운데 이 종이가 있었어요." 그것은 로버트의 학급 친구들이 로버트의 좋은 점 스물여섯 가지를 적은 것을 선생님이 정성스럽게 풀로 붙여 만든 종이였다.

종이를 본 선생님의 눈에는 눈물이 가득했다. 뺨에 흐르는 눈물을 닦는 동안 이전에 선생님의 제자였던 어느 여성도 지갑을 열어 꼬깃꼬깃 접은 종이를 꺼냈다. 그리고 자신도 그 종이를 늘 가지고 다닌다고 말했다. 어느 제자는 그 종이에 액자를 둘러 부엌에 걸어놓았다고 했고, 또 어떤 이는 결혼 서약에서 이 종이를 읽었다고 했다. 선생님이 학생들의 좋은 점을 알아봐준 덕분에 선생님이 상상하지 못한 방식으로 학생들의 마음이 변화되었던 것이다.

우리는 누구나 다른 사람이 우리 안의 좋은 점을 알아봐주고 우리를 축복해주던 순간을 떠올릴 수 있다. 명상 수련회에 참가한 어느 중년 여성에게 그 한 사람은 어느 비구니 스님이었다. 비구니 스님은 그녀가 홀로 두려움에 떨던 10대 시절, 혼외 출산의 과정에서 그녀 곁에서 따뜻한 보살핌을 베풀어주었다. 그녀는 아직도 스님의 이름을 잊지 않고 있었다. 내가 소년원에서 상담했던 젊은 남성은 자신을 좋아하고 소중히 여겨준 이웃의 나이든 정원사를 기억하고 있었다. 정원사가 보여준 존중의 마음은 그가 온갖 어려움을 겪는 동안 그를 지켜준 든든한 힘이 되었다. 노벨 평화상 수상자 넬슨 만델라는 이런 가능성을 이렇게 표현했다. "누군가를 좋게 여기는 것은 누구에게도 상처를 입히지 않습니다. 누군가 자신을 좋게 본다는 사실을 알면 더 고귀해지고, 더 좋은 행동을 하게 됩니다."

신성한 지각을 가지고 누군가를 본다는 것은 그가 가진 부족한 면과 바꿔야 할 부분을 간과한다는 의미가 아니다. 신성한 지각은 역설의 절반이다. 아직 나머지 절반이 남아있다. 스즈키 순류 선사는 어느 제자에게 이렇게 말했다. "너는 지금 그대로 완벽하다. … 그렇지만 개선의 여지는 여전히 있다!" 불교심리학은 우리 내면의 변화를 촉진하는 명상, 인지적 방법, 도덕적 훈련 등 일련의 강력한 수행법을 제시한다. 그렇지만 불교심리학은 가장 급진적인 비전에서 출발한다. 그것은 불교심리학을 접하는 모든 사람을 변화시킬 수 있는 비전이다. 그 비전이란, 우리가 어느 곳에 있건 우리 본연의 고귀함과 가슴의 자유를 알아보는 것을 말한다.

숨겨진 선함을 알아보기

아침에 기분 좋게 잠에서 깨는 어느 날을 택합니다. 당신의 가슴이 세상을 향해 열리는 그런 날을 택합니다. 그런 날이 별로 없다면 그나마 가장 괜찮은 날을 택합니다. 시작하기 전에, 아침 시간 동안 당신이 만나는 세 사람에게서 그들의 내면의 고귀함을 찾아보겠다는 분명한 의도를 냅니다. 이 의도를 가슴에 품은 채로 하루 동안 그들과 대화하고 일해봅니다. 상대가 지닌 고귀함을 알아볼 때 그들과의 상호작용이 어떻게 변하는지 관찰합니다. 또 당신 자신의 마음과 당신의 일하는 방식이 어떻게 변하는지도 관찰합니다. 그런 다음, 기분이 최고인 다섯 날을 정합니다. 이제 이 닷새 동안 같은 방식으로 연습해봅니다.

이렇게 하루에 세 사람의 좋은 점을 알아보는 연습을 닷새 동안 합니다. 그 다음에는 하루 동안 최대한 많은 사람에게서 그들의 숨겨진 선함을 알아보는 분명한 의도를 냅니다. 물론, 내면의 선함을 알아보기 어려운 사람도 있을 것입니다. 그런 사람은 일단 제외합니다. 고귀함과 아름다움을 알아보기 쉬운 사람부터 연습합니다. 하루 동안 최선을 다해 연습했다면, 이제 한두 달에 걸쳐 매주 하루를 정해 이 연습을 계속합니다.

마지막으로, 타인의 숨겨진 선함을 자연스럽게 볼 수 있게 되었다면 이 수련을 더 확장해 여러 날 동안 수련을 해봅니다. 스트레스가 심한 날에도 연습을 빼먹지 않습니다. 모르는 사람과 힘겨운 사람을 상대로도 해봅니다. 당신이 만나는 모든 사람의 숨겨진 선함을 당신의 가슴이 침묵으로 알아보고 축복하는 법을 터득할 때까지 수련합니다. 침묵하는 사랑의 존중감을 가지고 가능한 많은 사람의 숨겨진 선함을 알아보는 것을 목표로 합니다. 달라이 라마를 곁에서 보좌하는 첩보 요원이 된 것처럼 하루를 지내봅니다.

2

친절함으로
세상을
품어 안기

연민의 심리학

오, 고귀하게 태어난 자여, 자신의 참된 본성을 망각한 모든 생명체를 향한 커다란 연민의 마음이 지금 그대 안에 피어났네.

_티베트 수행자 롱첸파의 마하무드라 텍스트

모든 비통함을 이겨내라. 왜냐하면 그대는 그대에게 맡겨진 거대한 고통에 제약당하지 않으므로. … 세상의 고통을 가슴에 품은 어머니처럼 당신은 이 고통의 총체를 함께 나눌 수 있다. 당신은 자기연민이 아닌 연민심과 기쁨 속에서 고통과 만날 수 있다.

_수피 현자 피르 빌라야트 칸

서양에서 티베트불교를 이끄는 지도자인 앨런 월리스(Alan Wallace)는 이렇게 말했다. "가득 찬 장바구니를 팔에 안고 보도를 걷고 있는데, 누군가 당신과 강하게 부딪혔다. 당신은 바닥에 넘어지고 장본 물건들이 바닥에 흩어진다. 바닥은 깨진 달걀과 토마토 주스로 범벅이 되었다. 당신은 바닥에서 일어나며 이렇게 소리칠 작정이다. '이런 멍청이! 이게 뭐예요, 눈이라도 멀었어요?' 이 말을 내뱉으려는 순간, 당신은 부딪힌 사람이 실제로 장님이라는 사실을 알게 된다. 상대도 당신과 부딪혀 그의 장바구니는 터지고 바닥에 떨어졌다. 순간 당신의 화가 사라진다. 대신, 동감하고 걱정하는 마음이 일어난다. '다쳤어요? 도와드릴까요?' 우리가 처한 상황도 이와 비슷하다. 세상에 존재하는 불화와 비참의 근원은 바로 무지이다. 이를 분명히 깨달을 때 지혜와 연민의 문을 열 수 있다."

영적 가르침과 심리치료를 받으러 찾아오는 사람들은 모두 나름의 혼란과 슬픔을 가진 사람들이다. 불교는 우리가 괴로움을 겪는 원인이 죄를 지었기 때문이라고 보지 않는다. 그보다는 제대로 보지 못하기 때문이라고 본다. 우리가 가진 이 맹목성에 대한 자연스러운 반응은 무엇일까? 그것은 바로 연민의 마음이다. 인간이 처한 상황을 분명히 볼 때마다 우리 안에는 연민의 마음이 솟아오른다. 불교 경전에서는 연민을 고통 앞에서 떨리는 가슴으로 표현한다. 또는 우리가 겪는 힘겨운 일을 '따뜻한 눈'으로 바라보는 능력으로 묘사한다. 우리가 당하는 어려움에 부드럽게 응대하려면, 또 그 어려움에 대해 두려움으로 마음의 문을 닫아걸지 않으려면 우리는 분노가 아니라 연민이 필요하다. 치유는 이런 방식으로 일어난다.

불교심리학의 두 번째 원리는 이것이다.

2

연민은 우리의 가장 깊은 본성이다. 모든 존재와
연결되었음을 알아볼 때 연민의 마음이 일어난다.

승려로서 불교 수행을 처음 시작했을 때만 해도 나는 내가 거대한 고통을 지
니고 있다는 사실을 의식하지 못했다. 나는 그 전까지 어린 시절의 폭력에
대한 기억, 나 자신에 대한 의심, 내가 무가치한 존재라는 느낌, 사랑받지 못
하는 괴로움에 마음의 문을 꽁꽁 닫아걸고 있었다. 그런데 명상과 사원 생활
을 하는 과정에서 이 고통들이 모두 나타났다. 켜켜이 쌓인 과거의 삶과 판
단들, 묻어둔 고통이 전부 겉으로 드러난 것이다. 처음에는 만만치 않은 일
과표와 수행 때문에 힘이 들었고 나 자신이 무가치하게 느껴졌다. 그래서 나
는 더 엄격하고 훌륭한 수행자가 되려고 자신을 몰아세웠다. 그러나 결국 내
가 알게 된 사실은 애쓰는 방법으로는 내가 무가치하다는 느낌을 줄일 수 없
다는 사실이었다. 나는 진정한 치유를 위해 나에게 필요한 것은 연민이라는
사실을 깨달았다.

　　한번은 내가 말라리아로 아팠던 적이 있었다. 열이 나자 내가 비참하
게 느껴졌다. 나는 움막에 누워있었다. 사원의 장로 스님에게 약을 타 먹었
지만 당장의 효과는 없었다. 아잔 차 스님이 나를 찾아와 물었다. "아프고 열
이 나는군요?" 나는 힘없이 대답했다. "네." "온몸이 아프죠?" 내가 고개를 끄
덕였다. "자신이 한심하게 느껴지기도 하고요." 나는 약간 쓴웃음을 지었다.
스님은 또 말했다. "어머니가 그리워 집으로 돌아가고 싶을지도 모르겠군
요." 스님은 미소를 짓더니 고개를 끄덕였다. "그래요, 이것이 괴로움입니다.

　　　　　　　　　　　　　　　　　　　마음이 아플 땐 불교심리학

괜찮습니다. 지금까지 거의 모든 숲속 스님들이 괴로움을 겪어왔어요. 그래도 지금은 좋은 약이 있잖아요." 스님은 잠시 멈추었다. "여기입니다. 우리가 수행해야 하는 지점이 바로 여기입니다. 수행 홀에 앉아서만 수행하는 것이 아닙니다. 수행은 쉬운 것이 아닙니다. 몸에서 일어나는 괴로움과 마음 상태가 모두 수행의 대상입니다. 이를 통해 당신은 많은 것을 배울 수 있습니다." 스님은 잠시 멈추고는 다정한 할아버지가 보내는 따뜻한 시선으로 나를 바라보았다. "견뎌낼 수 있어요. 당신은 할 수 있어요." 나는 스님이 나와 온전히 함께 있음을 느낄 수 있었다. 스님은 자신이 겪은 힘겨운 경험을 통해 나의 고통에 대해 알고 있었다. 하루가 더 지나서야 약이 효과를 보이기 시작했다. 스님의 단순한 친절함 덕분에 상황은 견딜 만했다. 스님이 보낸 연민의 마음은 내게 용기를 주었다. 그리고 내가 어려움의 한가운데서 나 자신의 자유를 발견하도록 도와주었다.

복잡하고 어려워 보이는 불교심리학의 근저에는 연민이라는 단순함이 자리 잡고 있다. 마음이 고요해지고 가슴이 열릴 때마다 우리는 연민과 접촉할 수 있다. 황금 불상을 가린 진흙처럼, 무지와 상처라는 두꺼운 층이 불행히도 우리가 지닌 연민의 마음을 덮어 가리는 수가 있다. 세계적 차원에서 무지는 불공평, 인종주의, 착취, 폭력 등으로 모습을 나타낸다. 개인 차원에서 우리는 자신의 시기심, 불안, 중독, 공격성 등의 마음 상태를 목격한다. 만약 이런 맹목성을 이야기의 결말로 간주한다면 인간 발달의 가능성을 제약하는 것이 되고 만다. 프로이트의 예를 보자. 그가 수행한 혁명적 작업은 인간 정신에 대한 커다란 이해를 가능케 했다. 그러나 『문명과 불만 Civilization and Its Discontents』이라는 책에서 프로이트는 인간의 마음에 관한 지극히 비관적인 결론에 이른다. 프로이트의 말이다. "문명은 인간의 공격 본능을 제어하기 위해 최대한 노력해야 한다. … 이웃을 너 자신처럼 사랑하라는 이상적인 계명은 … 이것처럼 타고난 인간 본성에 반하는 것도 없다는 사실에 의해 정당화될 뿐이다." 그렇다. 우리는 인간 본성의 이러한 공격성을 인식해야 한다. 그러나 프로이트는 이 에세이에서 더 이상 앞으로 나아가지 않는다. 프로이트는 이와 반대되는 사실, 즉 우리의 개인적 삶과 사회 전체가 수많은 친절의 행위 위에 세워져 있다는 더 강력한 사실을 완전히 간과하고 있다.

연민은 우리의 본성

불교심리학에서는 연민을 인간이 타고난 마음으로 본다. 연민은 상호연결성에서 나오며, 불교는 이러한 상호연결성을 상호의존성, 즉 연기(緣起)라고 부른다. 이것은 물리 세계에서도 쉽게 관찰할 수 있다. 자궁 속에 잉태한 아이는 누구나 할 것 없이 어머니의 몸에 의존하는 상태다. 태아와 산모 중 한 명이 아프면 나머지 한 명도 영향을 받는다. 마찬가지로 인간 역시 지구라는 몸과 상호 의존하는 관계에 있다. 토양의 광물은 우리가 먹는 밀과 우리 몸의 뼈를 이루며, 폭풍우 구름은 우리의 마실 것과 피가 된다. 또 나무와 숲에서 나오는 산소는 우리가 숨 쉬는 공기가 된다. 이러한 공동 운명을 의식적으로 인식할수록 지구를 향한 연민의 마음이 더 쉽게 일어난다.

인간의 공동체도 이와 똑같이 상호 연결되어있다. 노벨 평화상 수상자인 데스몬드 투투는 간단히 이렇게 말한다. "아프리카에서 누군가에게 '당신, 잘 있어요?'라고 인사하면 상대는 '나는'이 아니라 '우리는'이라는 주어로 답한다. 한 사람을 가리키며 그의 안부를 물었다 해도 상대는 이렇게

마음이 아플 땐 불교심리학

답한다. '우리는 잘 있어요.' 또는 '우리는 잘 있지 않아요.'라고 말이다. 그 사람 혼자는 잘 있다 해도 그의 할머니가 잘 있지 못하면 그도 잘 있지 못한 것이다. … 홀로 존재하는 격리된 인간이란 그 자체로 모순된 말이다." 다행히도 우리는 세계적 차원에서 상호연결성을 점점 더 많이 의식하고 있다. 우리가 먹는 매 끼니에는 농부와 이주 노동자, 장거리 운송업자의 땀이 섞여 있다. 우리가 먹는 한 끼 식사는 세계의 기후, 토양에 사는 땅속 벌레, 수백 년에 걸친 윤작 실험, 그리고 종자 선택이라는 그레고어 멘델의 획기적인 과학적 발견에 의존해 있다. 우리가 먹는 한 끼 식사의 뿌리는 메소포타미아와 중국의 원시 농경에서부터 시카고 상품거래소의 오늘 아침 시세에까지 걸쳐 있다.

이처럼 우리는 지구에 대해, 서로에 대해 상호 의존하는 관계에 있다. 이와 마찬가지로 우리는 의식에 있어서도 서로 연결되어있다. 서양심리학에서는 쉽게 인정하지 않지만 이것은 사실이다. 몇 년 전 나는 아내와 인도의 어느 산속 아쉬람에서 공부 중이었다. 그때 아내는 가족 중 누군가가 죽는 모습을 또렷하고 힘겹게 보았다고 말했다. 나는 아내에게 죽음의 이미지는 명상 과정에서 일어나는 현상에 불과하다고 조언했다. 그러나 슬프게도 나의 그 생각은 틀린 것으로 판명났다. 열흘 뒤 우리는 이런 전보를 받았다. "당신의 오빠 폴이 사망했습니다." 전보를 더 읽어 내려가던 우리는 전보를 보낸 날이 아내가 죽음의 이미지를 본 그날이었음을 알게 됐다. 게다가 아내의 오빠 폴은 아내가 목격한 것과 정확히 똑같은 방식으로 죽었다는 사실도 알았다. 누구나 이런 이야기를 들은 적이 있을 것이다. 이것은 우리가 의식에 있어 서로 연결되어 있기 때문이다. 이런 사실은 연민의 마음을 일으키는 토대가 된다.

연민의 마음에 대한 신경학적 토대도 존재한다. 1980년대 이탈리아 과학자 자코모 리촐라티(Giacomo Rizzolatti)와 그의 동료들은 거울 뉴런(mirror neurons)이라는 일련의 뇌세포를 발견했다. 이후 집중 연구를 통해 거울 뉴런으로 상대방의 감정과 움직임, 의도를 실제로 느낄 수 있다는 사실이 드러났다. 연구자들은 우리의 이런 타고난 공감력을 사회적 뇌의 일부로 설명한다. 사회적 뇌는 모든 만남에서 우리를 친밀하게 연결시키는 신경회로이다.

불교심리학에서 연민은 힘들게 일으켜야 하는 마음이 아니다. 또 자신을 희생시켜야만 일어나는 마음도 아니다. 연민은 우리의 몸에서 자연스럽게 그리고 직관적으로 일어난다. 우리는 이렇게 생각하지 않는다. "이런, 나의 불쌍한 발가락과 손가락이 다쳤군. 도와줘야겠는 걸." 발가락이나 손가락을 다치는 순간, 우리는 즉각적으로 반응한다. 왜냐하면 발가락과 손가락은 나의 일부이기 때문이다. 명상을 통해 우리는 의식의 경계를 점점 확장시킨다. 마치 모든 생명체가 나의 가족인 것처럼 그들을 향한 연민의 마음에 열린다. 두려움과 정신적 외상으로 내가 가진 연민의 마음을 잃었다 해도 그것을 다시 일깨울 수 있음을 알게 된다. 불타는 집에서 울고 있는 아이를 보면 냉혹한 범죄자도 여느 사람처럼 아이를 구하기 위해 위험을 무릅쓸 것이다. 우리는 누구나 자신이 지닌 아름다운 불성이 열리고 빛나는 순간을 경험한 적이 있다.

D. S. 바넷은 〈더 선The Sun〉이라는 잡지에서 끔찍한 어린 시절의 한가운데서도 연민이 꽃필 수 있었음을 보여준다.

엄마는 나처럼 못된 아이에게는 입에 담기도 어려운 형벌이 내려질 거라고 언제나 나에게 확신시키려 했죠. "만약 내가 너라면" 어머니는 말하곤 했어요. "신이 언제 나를 죽음에 이르게 할지 몰라 밤에 잠자리에 드는 것 조차 두려울 게야." 어머니는 이 말을 할 때도 나긋나긋하게, 안됐다는 듯 이 말했어요. 마치 못된 딸아이의 운명이 가엽다는 듯 말이죠.

자신이 겪은 오랜 학대와 폭행에 대해 이야기한 뒤 바넷은 이렇게 말한다.

엄마가 나에게 한 말 가운데 가장 큰 상처로 다가온 것은 내가 엄마에게 나를 사랑하는지 물었을 때였어요. (그때는 마침 여러 번의 가출 시도 끝에 경찰에 붙잡혀 집으로 돌아온 참이었어요. 내 입장에선 타이밍이 좋지 않았죠.)

내 질문에 엄마는 이렇게 말했어요. "누가 너 같은 아이를 사랑하겠니!"

엄마가 내게 던진 험한 말의 상처에서 벗어나는 데 거의 50년이 걸렸어요.

그런 다음 바넷은 자신이 살아남을 수 있게 도와준 어린 시절의 의식(儀式)에 대해 이야기했다.

나는 대여섯 살 때부터 십대 무렵까지 잠이 오지 않을 때면 이불에서 몰래 빠져나와 부엌에 갔어요. 빵이나 치즈 한 조각을 잠자리에 다시 가져오곤 했죠. 이불 속에서 나는 내 손을 다른 사람의 손으로 생각했어요. 이름은 없어도 내게 위로와 확신을 주는 존재, 어쩌면 천사와 같은 존재로 여겼던 거죠. 오른손으로는 치즈와 빵 조각을 내 입에 넣어주고, 왼손으로는 볼과 머리를 쓰다듬었죠. 나는 눈을 감은 채로 나에게 부드럽게 속삭였어요. "그래, 걱정 마. 이제 잠자리에 들어도 괜찮아. 이젠 안전해. 모든 게 잘 될 거야. 난 널 사랑해."

바넷은 삶을 송두리째 부정당하는 어린 시절의 힘들었던 일을 이야기했다. 그런 뒤 마치 초록 새싹이 보도블록의 좁은 틈을 비집고 나오듯이, 돌봄이 자애로운 내면의 천사처럼 우리에게 찾아올 수 있음을 보여주었다. 자신을 해로움에서 지키려는 모든 방식에서, 그리고 자신을 보호하는 일상의 수많은 몸짓에서 우리는 연민의 자연스러운 손길을 엿볼 수 있다.

자기혐오라는 문제

1989년에 개최된 최초의 국제 불교지도자 대회에서 우리 서양의 지도자들은 무가치함과 자기비난, 수치심과 자기혐오라는 거대한 문제를 제기했다. 그러면서 우리는 서양 수행자들의 수행에서 이런 문제가 매우 자주 일어난다는 이야기를 했다. 달라이 라마와 동양의 불교 지도자들은 이 이야기를 듣고 충격을 받았다. 그들은 자기혐오(self-hatred)라는 말 자체를 이해하지 못했다. 달라이 라마는 자신의 통역자인 게셰 툽텐 진파와 10분 정도 이야기를 나눈 뒤에야 겨우 그 말의 의미를 짐작하는 듯했다. 그런 다음 달라이 라마는 우리를 향하더니 우리 불교 지도자들 가운데 얼마나 많은 이가 자신과 수행자들에게서 위의 문제를 겪었는지 물었다. 우리는 모두 그런 경험을 한 적이 있다는 의미로 고개를 끄덕였다. 달라이 라마는 정말로 놀란 듯했다. "그런데 여러분은 완전히 잘못 알고 있습니다." 그는 말했다. "왜냐하면 모든 존재가 더 없이 소중하기 때문입니다!"

그럼에도 자신에 대한 판단과 수치심은 불교 수행을 하러 오는 많은 이들에게 여전히 존재하고 있다. 나는 내 경험으로 그것을 분명히 알고 있다.

　　나는 가족 내의 극심한 갈등에서 살아남기 위해 내가 당하던 고통을 덮어 가리려 했다. 나는 평화의 조정자가 되러 했다. 착한 아들이 되고 싶었다. 부모님이 싸울 때면 두 사람을 진정시키려 했다. 하지만 소용이 없었다. 학교에 가면 선생님들을 기쁘게 해 문제없이 안전하게 지내려 했다. 그러면서도 속으로는 '나쁜 아이들'을 부러워했다. 수업을 빼먹고 학교 뒤에서 담배를 피우고 싸움질을 해대는 아이들이 부러웠다. 그 아이들은 나보다 더 재미있게 노는 것 같았다. 물론 지금은 그 아이들 또한 자기만의 두려움을 안고 있었다는 사실을 안다. 아이들은 그 두려움을 어떻게 해보려고 아무렇지도 않은 척하느라 힘들었을 것이다.

　　나는 겉으로는 착한 아이가 되려고 했지만 속으로는 내가 사랑받지 못하고 있다는 느낌이 들었다. 끊임없이 인정을 구하는 느낌이었다. 이 느낌은 명상과 몸 중심의 치료 작업에서 자주 일어났다. 이 과정에서 나는 그 느낌에 대해 더 알게 됐다. 나는 배와 가슴에 손을 얹고 고통과 허탈함을 누르는 법을 배웠다. 어떤 때는 그것이 채워지지 않는 허기로 느껴졌고, 어떤 때는 내가 아주 어리다는 느낌으로 다가왔다. 어머니의 말에 따르면 우리 부모님은 내가 아기였을 때부터 심하게 싸웠다. 부모님이 싸우는 동안 나는 울고 또 울었다. 나의 쌍둥이 동생과 한 해 뒤에 태어난 그 아래 남동생은 어린 시절 우리의 생존을 위한 동맹군이었다. 아마 우리 부모님은 세 배로 힘들었을 것이다. 내가 느끼기에 내가 시간표에 따라 받은 우유병은 너무 작아 보였다. 나는 내면에서 배와 가슴에 구멍이 뚫린 것처럼 느꼈다. 나는 몸을 웅크린 채 있고는 했다. 그 이미지 속에서 나는 텔레비전에서 본 굶주린 에티오피아 어린이가 되었다고 느꼈다. 나는 이 남자아이에게 에티라는 이름을 붙였다. 그 랬다. 에티는 음식이 필요했다. 그러나 에티라는 이름의 남자아이는 무엇보 다 사랑이 필요했다. 사랑이야말로 에티가 굶주린 무엇이었다. 나는 수년간 의 수행을 통해 어떻게 사랑을 주어야 하는지 점차 알게 되었다. 에티에 대한 동정심은 내가 기아아동 구호단체를 지원하는 중요한 동기로 작용했다.

우리들 각자는 자기만의 고통을 지니고 있다. 우리가 겪는 고통이 거 대하고 분명할 때도 있지만 또 어떤 때 고통은 미묘하다. 우리가 겪는 고통 에는 가족의 냉담함, 부모의 정신적 외상, 우리를 바보로 만드는 현대 교육 과 미디어의 영향, 남자 또는 여자가 되는 어려움이 반영되어있다. 그 결과, 우리는 자주 추방당했다고 느낀다. 살아남기 위해 우리는 가슴을 덮어 가리 고, 진흙을 덧씌우며, 스스로를 방어한다.

이렇게 우리는 자신이 사랑받을 가치가 있다는 믿음을 잃어버린다. 신비가 시몬 베이유는 이렇게 말한다. "영혼이 먹을 빵이 아직 남아 있는지 의심하는 것은 위험하지 않다. 정말로 위험한 일은 배가 고프지 않다며 자신 을 속이는 행위다." 연민의 마음을 일으킬 때 우리는 자신이 길을 잃은 것과 마찬가지로 분명히 어딘가에 속하고 있다는 사실을 떠올린다. 이 책을 읽는 과정에서 각종 목록과 수련법으로 가득한 불교심리학이 어쩌면 무미건조 하게 보일지도 모른다. 그럴 때는 언제나 연민에 믿음을 두어야 한다. 책에 서 이야기한 수행자들의 경험은 연민과 자기 사랑의 회복을 계속해서 말한 다. 연민과 자기사랑을 회복할 때 자기 정체성에 변화가 일어난다. 진흙으로 덮인 자리에서 벗어나 우리가 지닌 본래적 선함으로 돌아가는 것이다.

앤드류는 이혼 경력이 있는 1차 걸프전 참전 용사로 마음의 안정을 찾기 위해 명상을 하러 왔다. 그는 사막에서 마음을 크게 다친 일이 있었다.

자신이 속한 정찰대가 이라크 군 벙커에 접근해 총을 쏘고 수류탄을 던졌는데 알고 보니 젊디젊은 이라크 군인들이 백기를 든 채 벙커에 죽어있었던 것이다. 그들은 항복 의사를 전하지도 못한 채 죽임을 당했다. 앤드류는 스무 살 나이에 사람을 죽였다는, 영혼을 괴롭히는 마음의 부담을 떠안게 되었다. 게다가 전쟁 후유증에서 벗어나지 못한 전우들의 슬픔도 자기 안에 그대로 담고 있었다. 명상 수련회를 찾은 앤드류는 자신이 무엇을 원하는지 알지 못했다. 하지만 나는 그에게서 말로 표현되지 않는 용서와 치유, 세상과 다시 연결되려는 갈망을 느낄 수 있었다. 간단히 말해 앤드류는 연민이라는 치유의 물이 필요한 상황이었다.

처음에 앤드류의 명상 훈련은 단지 부드럽게 호흡하면서, 슬픔의 물결이 일어나는 여유 공간을 만드는 것이었다. 그런데 앤드류는 이 열림을 두려워했다. 그는 비극적인 기억과 죄책감에 자신이 완전히 압도당할지 모른다고 생각했다. 명상 수련회에서 주변 수행자의 도움으로 앤드류는 자신의 망가진 몸을 친절함으로 감싸 안는 법을 배웠다. 그는 서서히 이라크 국민과 미국 국민 모두의 고통에 마음이 가닿았다. 고통스러운 장면과 죄책감이 올라올 때면 자신의 타고난 연민을 경험하기 시작했다. 그에게 연민은 자신이 잃어버렸다고 느낀 영혼의 힘이었다. 이것이 그가 삶으로 돌아오게 된 출발점이었다.

이 부드러운 마음과 연결되지 못할 때 우리는 간단하고 직접적으로 그 마음을 다시 깨울 수 있음을 알지 못한다. 연민은 우리와 매우 가까이에 있다. 로즈는 명상 수련회의 소그룹 만남에서 나를 찾아온 불교 수행자다. 이야기할 차례가 되자 그녀는 아무 말도 하지 않고 자기 속에 침잠하며 침묵을 지키고 싶어 했다. 그녀는 천성적으로 수줍음이 많았다. "내겐 사람들과 관계를 맺는 것이 너무 어려워요." 로즈가 말했다. "타고난 성격 탓도 있겠죠. 하지만 고통스러운 우리 가족사에도 원인이 있어요. 누군가가 나에게 시선을 고정하는 걸 못 견뎌요." 말을 하는 중에도 그녀는 안전함을 느끼려고 눈을 감았다. 여러 사람이 있는 모임에서 말을 한다는 것은 그녀에게 끔찍한 일이었다. 언제부터 그랬는지 묻자 그녀는 기억나는 가장 어린 시기부터 그랬다고 했다. "부모님은 언제나 나를 관찰했어요. 짜증나는 표정으로 나를 노려보고 화를 냈어요. 나를 평가하면서 말이죠. 내 기억에 부모님이 그러지 않은 적이 한 번도 없어요."

자신의 경험에 계속 주의를 기울이는 과정에서 로즈는 울음을 터뜨렸다. 나는 그녀에게 자신의 몸에서 안전한 장소를 찾을 수 있는지 물었다. 그녀는 없다고 답했다. 그녀가 어린 시절에서 행복하다고 느낀 일을 하나라도 기억해낼 수 없을까? 시간이 좀 걸렸다. 마침내 로즈는 눈을 뜨고 오른손 바닥을 문지르더니 이렇게 말했다. "크레용이요." 그녀는 미소를 지었다. 그녀는 다섯 살 무렵 기쁜 마음으로 크레용 상자를 들고 있던 일을 기억해 냈다. 나는 로즈에게 그 크레용으로 그림을 그렸는지 물었다. 그녀가 답했다. "아뇨, 절대 그림을 그리지 않았어요! 내가 뭘 그리면 부모님이 항상 나에게 뭐라고 했거든요. 그림을 그리는 게 아니라 그냥 크레용을 가지고 있을 때가 가장 안전했어요."

붓다는 보살핌을 주는 어머니가 사랑스러운 자녀를 품에 안는 모습을 떠올리는 방법으로 자애의 마음을 키울 수 있다고 가르쳤다. 나는 이와 비슷하게 로즈에게 눈을 감고 크레용 상자를 든 어린 소녀를 품에 안는 모습을 상상하게 했다. 그런 다음 이렇게 물었다. "아무도 처다보지 않는다면 이 소녀는 이제 어떻게 할까요?" 여전히 눈을 감은 채였지만 로즈는 얼굴이 환해지면서 양팔을 뻗어 이렇게 말했다. "안고 춤을 출 거예요. 동화 속 공주님 처럼요. 나는 언제나 공주가 되고 싶었어요."

소그룹 모임이 끝난 뒤 나는 마트에서 크레용 상자를 사다가 그녀에게 선물했다. 그날 로즈는 숲에 가서 춤을 췄다. 그런 다음 크레용으로 그림을 그렸다. 그녀의 어린 시절 이후 처음 그린 그림이었다. 로즈는 자기가 그린 그림을 내게 보여줬다. 명상을 하러 돌아갔을 때 그녀의 가슴에는 기쁨이 가득했고, 마음은 열렸다. 예순넷 그녀의 몸에 행복감이 가득 밀려왔다.

자신의 두려움과 수치심에 보내는 연민의 마음은 우리를 타인에게 열어준다. 그림에 색을 칠하고 자신을 위한 연민의 마음을 닦는 법을 배운 뒤로 로즈는 자신처럼 고통을 당하는 모든 소녀들의 고통에 연민의 마음을 보내기 시작했다. 배신당하고 길을 잃고 고립된 소녀들에게 연민의 마음을 보냈다. 로즈는 그녀들을 자신의 자매로 느꼈다. 그러면서 그녀가 혼자가 아님을 알았다. 이제 그것은 로즈 혼자 당하는 고통이 아니었다. 그녀는 전 세계의 여성이 겪는 슬픔을 자신의 가슴에 품을 수 있었다.

연민은 용기다

어렸을 적에 우리는 위험에 용감히 맞서는 전사나 탐험가의 이미지로 용기를 배웠다. 그러나 불교적 이해에 있어서, 위대한 용기는 공격성이나 야망으로 드러나는 것이 아니다. 불교의 관점에서 공격성과 야망은 오히려 두려움과 어리석음의 표현인 경우가 더 많다. 용기 있는 가슴은 세상에 열리는 것을 두려워하지 않는다. 연민이 있을 때 우리는 무장하지 않은 채 삶에 열리는 능력을 신뢰한다. 시인 릴케는 이렇게 말했다. "궁극적으로 우리가 기댈

것은 우리의 연약함이다." 이것은 우리의 가장 사랑스러운 성자가 보여준 시적 이상이 아니라 삶의 현실이다. 마하트마 간디는 감옥에 갇히는 용기, 구타를 당하는 용기를 지녔다. 그는 비참함과 절망에 굴복하지 않고 어려움을 견디는 용기를 가졌다. 그의 연약함이 곧 그의 강점이었다.

힘든 이혼을 겪어내는 과정에서 상대방에게 상처를 주거나 고통과 고뇌를 키우지 않기 위해서도 이 용기가 필요하다. 우리의 아이들이 곤란에 처할 때, 직장에서 일이 잘 풀리지 않을 때도 이런 용기가 필요하다. 이 모든 상황에서 우리는 연약한 상태에 있다. 그리고 우리가 관계하는 모든 사람이 연민을 필요로 한다.

불교의 가르침은 종종 모든 존재에게 보내는 연민의 마음을 말한다. 그러나 우리 대부분에게 연민의 마음은 한 번에 한 사람, 한 번에 한 가지의 힘든 상황에서 계발된다. 소설가 앤 패칫(Ann Patchett)은 1차 걸프전의 와중에 이렇게 썼다. "한 생명에 진지하게 관심을 기울일 때 마음은 분명한 앎을 얻는다. 병사들의 죽음을 한 번에 하나씩 받아들일 때 나는 오리건 주 더글러스 출신의 해병대 일병 마이클 E. 린더먼 주니어가 사망 당시 겨우 19세였다는 사실을 알아본다. 또 19세가 된다는 것이 어떤 것인지 알게 된다. 나는 유타 주 바운티풀 출신의 해병대 일병 디온 J. 스티븐슨의 얼굴을 찍은 군대용 표준 초상화가 없다는 사실을 안다. 군은 그의 졸업 파티 사진을 영정 사진으로 사용했다. 나비넥타이 줄에 달린 후크를 보면 졸업 파티 사진이라는 걸 알 수 있다. … 이 사진을 보고 나면 전쟁에 나서기 어려워진다. 왜냐하면 인간으로서 존엄을 유지하려면 일단 멈추어 그들을 사랑하고 그들의 죽음을 애도해야 하기 때문이다. 그렇게 죽어간 이들이 너무나 많기 때문에 전쟁에 나서기를 주저하지 않기란 거의 불가능하다."

마음이 아플 땐 불교심리학

마틴 루터 킹 주니어는 우리에게 이렇게 호소했다. "절대 잔혹함이라는 유혹에 굴복해서는 안 됩니다. 정의를 요구할 때도 반드시 존엄과 원칙을 지니고 행동해야 합니다. 오직 사랑이라는 도구만을 사용해야 합니다." 그런데 최악의 상황에서 이런 태도를 갖기란 불가능해 보인다. 비록 마틴 루터 킹의 추종자들이 이후에 그의 비폭력 계율을 거부하기는 했지만, 마음을 닫아 거는 것이 정답이 아님을 우리 내면의 어떤 것은 알고 있다. 그렇다. 세상은 고통과 불확실성, 불공평으로 가득하다. 그러나 인간의 연약한 삶에서 발생하는 모든 상실은 세상과 단절되는 기회이거나, 아니면 존엄성을 지닌 채 일어서 가슴으로 그에 반응하는 기회이다.

이스라엘 사업가 이차크 프랑켄탈은 자신의 아들이 팔레스타인 무장 괴한에게 살해당했을 때 이러한 선택에 직면했다. 아들이 죽음을 당한 며칠 후 프랑켄탈은 이스라엘 총리의 관저 앞에서 이렇게 말했다. "나는 군인과 정치인에게 나의 도의를 양도할 의사가 없습니다. 만약 치안 부대가 반격을 가해 무고한 팔레스타인 사람을 죽이는 것으로 보복한다면 내 아들을 죽인 살인자보다 하등 나을 게 없습니다. 설령 내 아들을 죽인 자가 또 다른 살인 공격을 계획하고 있음이 드러났다 해도, 그리고 설령 그 살인자의 주변을 무고한 아이와 시민들이 둘러싸고 있다 해도, 나는 안 된다고 말할 것입니다. 복수를 하지 마십시오. 대신에 모든 이스라엘 사람과 팔레스타인 사람의 죽음을 피하고 폭력을 예방할 수 있는 일이라면 무엇이든 하십시오. 절대 살인하지 마십시오. 제 아들의 이름을 걸고 제발 경청해 주십시오." 그는 나아가 아들의 이름을 딴, 화해와 평화를 위한 아리크 연구소(Arik Institute)를 설립했다.

연민의 마음으로 산다는 것이 반드시 우리가 가진 모든 것을 내어주어야 한다는 의미는 아니다. 또 우리가 만나는 모든 노숙인을 집에 들여야 한다는 의미도 아니다. 그리고 대가족과 공동체에서 일어나는 모든 골치 아픈 일을 우리가 해결해야 한다는 의미도 아니다. 연민은 공동의존이 아니다. 연민은 타인을 위해 자기 존중감을 버리고 자신을 맹목적으로 희생하는 것이 아니다. 서양에서는 이 점을 자주 혼동한다. 우리는 과도한 연민에 빠지면 타인의 고통에 완전히 휩쓸릴지 모른다는 잘못된 두려움을 갖고 있다. 그러나 이런 일은 우리의 연민이 오직 한쪽으로 치우쳤을 때에만 일어난다. 불교심리학에서 연민은 '우리 자신을 포함한' 모든 존재를 품어 안는 동그란 원이다. 연민은 나와 타인을 모두 기억할 때, 양측이 조화를 이룰 때에 활짝 꽃을 피운다.

연민은 바보 같은 마음이 아니다. 연민은 타인이 기분 나쁘지 않도록 그들이 원하는 바에 무조건 동조하는 것이 아니다. 연민의 마음은 "예"라고 말한다. 하지만 '예'라고 말할 때와 똑같은 가슴의 용기를 지니고 '아니오'라고 말하기도 한다. 무엇에 대해 '아니오'라고 말하는가? 학대에 대해, 인종 차별에 대해, 개인과 세계 차원의 폭력에 대해 '아니오'라고 말한다. 이 '아니오'는 증오가 아니라 한결같은 돌봄의 마음에서 우러나는 '아니오'다. 불교인은 이것을 연민의 날카로운 칼이라고 부른다. 이것은 파괴적인 가족과 결별하는 강력한 '아니오'다. 또 중독자가 자기 행동의 결과를 고스란히 경험하도록 허용하는 고뇌에 찬 '아니오'다.

연민의 마음을 닦을 때마다 우리는 생명에 다시 연결된다. 남편이 죽은 지 3년 뒤에 불교 수행을 하러 온 라본이라는 여성은 화가 나고 우울한 상태였다. 그녀는 남편을 잃은 일을 용서할 수 없는 배신으로 여기며 스스로를 세상에서 단절시켰다. 오랜 친구와 형제들, 자녀들과 모두 연락을 끊은 채 혼자 살고 있었다. 자신에게 영감을 주던 정치 활동도 접었다. 그녀에게 삶은 차갑고 냉혹하며 의미 없는 것으로 느껴졌다. 그리고 몸은 점점 굳어져갔다. 그녀는 자신이 도움이 필요하다는 걸 알고 있었다.

　　2개월의 명상 수련회에서 라본은 천 번의 부드러운 호흡을 하면서 슬퍼하는 몸의 고통을 점차 내려놓기 시작했다. 그녀는 자신에게 자애와 연민의 마음을 일으키는 수행을 했다. 그런 뒤에 자기와 마찬가지로 사랑하는 가족을 잃은 모든 사람을 연민의 마음에 포함시켰다. 그러면서 가슴이 편안해지기 시작했다. 어느 날 아침 그녀가 나를 찾아왔다. 그녀는 단단하게 삶은 계란 한 알을 주머니에서 꺼냈다. 이틀 전 아침식사 때부터 계속 간직했던 계란이라고 했다. 그녀는 둥글고 부드러우며 따뜻한 이 계란이 자신의 가슴이라고 했다. 그리고 걷기 명상과 좌선을 하는 내내 이 계란을 하루 종일 손에 쥐고 있었다고 했다. 스스로를 지탱하기 위한 그녀만의 방법이었다. 자신의 슬픈 가슴에 살아있는 따뜻함을 다시 불어넣기 위해 그녀가 개발한 방법이었다. 그녀가 말했다. "이제 다시 세상으로 돌아가 사랑할 준비가 되었어요."

연민에 관한 명상

연민의 마음을 계발하기 위해 중심을 잡고 고요히 자리에 앉습니다. 이 전통적 형식의 수련에서 당신은 내면의 의도를 반복적으로 일으키면서 시각화와 연민의 느낌을 일으키는 연습을 함께 해볼 것입니다. 처음 자리에 앉아서는 부드럽게 호흡하면서 자신의 몸과 심장박동, 그리고 당신 안의 생명력을 느껴봅니다. 당신이 자신의 삶을 얼마나 소중히 여기는지, 당신이 슬픔에 직면하여 자신을 어떻게 보호하는지 느껴봅니다. 이렇게 조금 시간이 지난 뒤 당신이 아주 사랑하는 누군가를 마음에 불러옵니다. 그들의 모습을 마음에 그리면서 그들을 향해 당신이 일으키는 자연스런 배려심을 느껴봅니다. 당신이 어떻게 그들을 가슴에 품어 안는지 관찰합니다. 그런 다음 그들이 느끼는 슬픔과 삶의 괴로움을 알아차립니다. 당신의 가슴이 열려 그들의 안녕을 빌어주고, 편안함을 전합니다. 그들의 고통을 나누고, 연민의 마음으로 그들의 고통과 만납니다. 이것은 가슴의 자연스러운 반응입니다. 내면으로 다음의 구절을 되뇌어봅니다.

> 당신이 연민의 마음에 안기기를
> 당신의 고통과 슬픔이 줄어들기를
> 당신이 평화롭기를

그 사람을 가슴에 안은 채로 계속 이 구절을 속으로 되뇝니다. 당신이 일으키는 가슴의 의도에 더 어울리도록 구절을 약간 바꾸어도 좋습니다.

몇 분 뒤 이제는 연민의 마음을 당신 자신에게로 향합니다. 당신이 지니고 있는 슬픔으로 연민을 향합니다. 같은 구절을 되뇌어봅니다.

내가 연민의 마음에 안기기를
나의 고통과 슬픔이 줄어들기를
내가 평화롭기를

조금 뒤에는 당신이 아는 다른 사람에게 연민의 마음을 확장시킵니다. 사랑하는 사람의 모습을 하나씩 떠올려봅니다. 각 사람의 모습을 가슴에 담은 채로 그 사람이 겪는 어려움을 자각하며 위의 구절로 그의 안녕을 빌어줍니다.

그런 다음에는 한 번에 한 단계씩 연민의 마음을 더 열어봅니다. 친구, 이웃, 공동체, 나아가 고통당하는 모든 사람, 당신과 어려운 관계에 있는 사람, 당신의 원수, 마지막으로는 모든 생명체에까지 연민의 마음을 열어봅니다. 당신이 모든 생명, 그리고 모든 생명체와 맺고 있는 따뜻한 연결성을 느껴봅니다.

연민 수행은 직관적으로 해야 합니다. 때로 연민 수행이 어렵게 느껴질 수도 있습니다. 고통에 완전히 압도당한다고 느끼는 수도 있습니다. 기억할 것은 당신은 지금 세상의 고통을 '없애려고' 노력하는 것이 아니라는 점입니다. 당신은 단지 세상의 고통을 연민의 가슴으로 품어 안고자 합니다. 수련을 거듭하면서 편안하고 부드럽게 하십시오. 호흡하십시오. 당신의 호흡과 가슴이 세상 한가운데서 연민의 중심점으로 자연스럽게 자리 잡게 하십시오.

3

거울을
보고 있는 자,
누구인가

의식의 본성

의식은 그 참된 상태에서 모든 조건을 넘어 티 없이 깨끗하고 텅 비어있다. 참된 의식은 투명하고 영원하다. 오, 고귀하게 태어난 자여, 그대 자신의 참된 성품이라는 순수하고 열린 하늘을 기억하라.

_『커다란 벗어남에 관한 티베트의 책Tibetan Book of the Great Liberation』

의식은 환하게 빛난다. 밝게 빛나는 것이 의식의 본성이다. 하지만 의식에 찾아오는 집착 때문에 의식이 가진 환한 빛이 가려진다.

_『앙굿따라 니까야』

마음이 아플 땐 불교심리학

의사들에게 신체뿐 아니라 가슴과 마음에도 주의를 기울일 것을 가르치는 의사 레이첼 레멘(Rachel Remen)은 다음과 같은 이야기를 들려준다.

팀의 아버지는 삶의 마지막 10년 동안 알츠하이머병을 앓았다. 팀 어머니의 헌신적인 돌봄에도 불구하고 팀의 아버지는 점차 쇠약해져 마침내 식물인간처럼 되고 말았다. 말을 하지 못했으며, 어린아이와 마찬가지로 먹고 입히고 돌봐주어야 했다. … 어느 일요일, 팀의 어머니가 바깥에서 장을 보는 동안 팀과 형은(당시 15세와 17세였다) 텔레비전으로 미식축구 경기를 시청하고 있었다. 아버지는 바로 곁의 의자에 앉아있었다. 그때 갑자기 아버지가 앞으로 고꾸라지더니 바닥에 떨어졌다. 두 아들은 뭔가 큰일이 벌어졌다는 걸 즉각적으로 알았다. 아버지는 안색이 잿빛이었다. 숨이 고르지 못했고 쇳소리를 냈다. 놀란 형은 팀에게 911에 전화하라고 했다. 팀이 대답을 하기도 전에, 지난 10년간 듣지 못했던, 거의 잊어버렸던 아버지의 목소리가 들려왔다. "911에 전화하지 말거라. 네 엄마에게 아빠가 사랑한다고 전하거라. 나는 괜찮다고 말해주거라." 그리고 팀의 아버지는 돌아가셨다. …

현재 심장전문의가 된 팀은 이렇게 말한다. "아버지가 집에서 갑작스럽게 돌아가셨기 때문에 법적인 부검을 해야 했습니다. 아버지의 뇌는 질병으로 거의 파괴되어있었습니다. 오랜 기간 나는 자신에게 물었습니다. '누가 말을 하는가? 우리는 진정 누구인가?' 나는 이 질문들에 의학적 지식의 도움을 거의 받지 못했습니다. 삶은 많은 부분을 설명할 수 없습니다. 삶은 단지 목격할 수 있을 뿐입니다."

내과 의사이자 과학자로서 팀은 뇌와 신체를 넘어선 의식의 신비와 마주했다. 수백 년 동안 서구 철학자들이 의식의 본성과 기원에 관한 질문에 관심을 가졌음에도 불구하고 서구 과학자들은 이제 막 이 질문을 던지고 있다. 우리는 임사 체험과 유체이탈 체험에 관한 최근의 과학 연구와 원격 투시 실험으로 의식의 또 다른 차원을 들여다보게 되었다. 그런데 우리는 의식의 또 다른 차원을 어떻게 이해해야 하는가?

불교심리학은 우리를 의식의 신비로 곧장 밀어 넣는다. 불교심리학은 의식의 대상이나 의식의 내용과 무관하게 의식이 작동하는 과정을 스스로 살피게 한다. 불교심리학은 의식을 무엇보다 '아는 것', 즉 경험하는 것으로 설명한다. 이를 이해하려면 자신의 의식을 의도적으로 살피는 데 주의를 향해야 한다.

그저 거울을 들여다보는 단순한 방법으로 시작할 수도 있다. 거울을 들여다보면 나의 몸이 생각보다 늙어 보인다는 데 놀란다. 비록 나는 늙었다고 느끼지 않지만 말이다. 이것은 왜 그럴까? 몸은 시간 속에 존재하는 데 반해, 몸을 지각하는 의식은 시간 바깥에 존재해 나이를 먹지 않기 때문이다. 우리는 직관적으로 이것을 느낄 수 있다. 엎질러진 장바구니에 집착하는 것이 아니라 거기에서 한발 물러나 탈(脫)시간적 이해로 자신의 경험을 바라보는 것과 비슷하다.

평소 우리는 물고기가 물을 당연하게 여기듯 의식을 당연한 것으로 받아들인다. 그래서 몸과 느낌, 생각에서 어떤 일이 일어나는지, 즉 경험의 내용에만 끝없이 초점을 맞춘다. 그러나 우리가 움직이고 듣고 생각하고 지각할 때마다, 일어나는 모든 현상을 지각하는 것은 의식이다. 의식의 성질과 기능을 이해하지 못하면 현명한 삶을 살기 어렵다.

마음이 아플 땐 불교심리학

불교심리학의 세 번째 원리는 이것이다.

3
경험에서 경험을 아는 광활한 의식으로 주의가 이동할 때 지혜가 일어난다.

마음챙김으로 깨어있는 능력과 자신의 경험에 사로잡히지 않은 채 관찰하는 능력은 놀라운 능력이다. 또 그것은 우리를 자유롭게 만들어주는 능력이다. 붓다는 "마음챙김은 더할 나위 없이 큰 도움이 된다."고 가르쳤다. 앞으로 보겠지만 마음챙김이 지닌 변화의 힘은 불교심리학 전체의 바탕을 이룬다. 자기 이해를 추구하는 자에게 붓다는 이렇게 가르쳤다. "마음으로 마음을 관찰하라." 의식을 탐구하는 중심 도구는 바로 스스로의 관찰이다. 마음챙김으로 우리 안에서 일어나는 일을 관찰하는 데로 주의를 향할 때 우리의 마음과 경험이 작동하는 방식을 공부할 수 있다.

우리가 일반적으로 마음이라고 부르는 것은 대개 '생각하는 마음 (thinking mind)'을 가리킨다. 생각하는 마음이란, 자연스럽게 흘러가는 마음속의 생각, 이미지, 창조성, 평가, 문제 해결 등이 멈추지 않고 일어나는 것을 말한다. 그러나 자세히 들여다보면 마음은 단지 생각만이 아니며, 그리고 생각과 이미지의 끝없이 변화하는 흐름만도 아님을 알게 된다. 마음에는 생각하는 과정의 주변과 아래에 존재하는 느낌과 기분, 직관과 본능처럼 넓은 범주의 마음 상태와 마음 성질까지 포함된다. 일반적으로 잘 관찰하지 못하는 더 중요한 사실은 의식이 알아차림이라는 자각의 능력을 갖고 있다는 분명한 사실이다. 의식하는 이 중심적 능력이야말로 마음의 본질이라고 할 수 있다.

아이작 뉴턴 이래로 물리학자들은 중력의 신비한 작동을 연구해 왔다. 그들은 중력의 법칙과 성격을 설명했다. 의식도 중력과 같아서 존재의 중심 부분인 의식을 설명하는 일이 가능하다. 우리는 의식의 법칙을 알 수 있고 의식이 가진 힘과 범주, 기능을 연구할 수 있다. 그러나 불행히도 서양 심리학은 의식의 연구를 거의 등한시했다. 아마도 이것은 서양 전통이 의식의 병리적인 부분을 지나치게 강조해 왔기 때문일 것이다. 혹은 의식을 수월하게 측정하는 외부적 방법이 존재하지 않기 때문일 수도 있다. DNA 이중나선 구조의 공동 발견자로 노벨상을 수상한 프랜시스 크릭은 말년에 의식이라는 중요한 물음에 관심을 가졌다. 그는 마치 중력이 물리학에서 매우 중요한 것처럼 의식이 생물학적 생명을 이해하는 데 매우 중요하다고 여겼다. 그는 과학계가 의식이라는 중요한 주제를 다루지 않은 데 안타까움을 표시했다. "오랜 세월, 의식은 미국 심리학계에서 일종의 금기사항이었다. … 최근까지도 의식은 연구가 까다롭다는 이유로 무시당하고 있다."

서양의 물질 중심적 과학은 의식과 의식의 내용을 뇌의 산물로 설명한다. 실제로 과학자들은 뇌의 각 부위가 자극 받고 손상을 입으면 우리의 기분과 의식적 경험의 내용이 직접적으로 바뀐다는 사실을 보여주기도 한다. 그러나 이런 실험은 우리에게 부분적 그림만 제공할 뿐이다. 그렇다면 의식이 지닌 자각과 알아차림(awareness) 자체는 어떤가? 그것 역시 뇌 뉴런의 진화적 '산물'에 불과한가? 아니면 인간의 신경계는 텔레비전이나 DVD와 같아서 사건의 수신자이자 기록자에 불과할 뿐 의식의 실제적 원천은 아닌 것인가? 불교심리학은 의식을 생명의 조건으로 상정하며, 신체는 의식과 상호작용하나 의식이 일어나는 원천은 아니라고 본다.

당신이 자리에 조용히 앉아 자신의 의식에 주의를 보낸다고 하자. 이때 의식을 정확히 콕 집어 어떤 것이라고 말하기는 어렵다. 당신은 여기에 자각, 즉 알아차림이 존재하는 것을 경험할 테지만 자각은 색깔도 위치도 없다. 처음에 당신은 좌절감을 느끼며 뭐가 뭔지 이해하기 어렵다고 느낄지 모른다. 그러나 우리 주변을 둘러싼 공기처럼 의식 역시 투명하고 비고정적이면서도 생생히 살아있는 성질을 지녔다. 이것이야말로 의식의 본래 성질이다. 만약 당신이 편안하게 이완한 채로 비고정적 앎의 경험을 허용한다면, 불교 작가들이 말하는 이른바 '깨끗하고 열린 자각의 하늘'을 발견하게 될 것이다. 의식은 물리적 허공처럼 텅 비어있지만, 허공과 다른 점이 있다. 그것은 아는 능력이 있다는 점이다. 의식은 경험을 안다. 그 참된 상태에서 의식은 단지 이 앎이다. 의식은 깨끗하고 열려있으며 깨어있다. 의식은 색깔도 형상도 없다. 그러면서도 모든 것을 포괄한다. 의식은 어떤 것에도 제약받지 않는다. 의식이 가진 이 열린 성질을 '조건 지어지지 않았다(unconditioned)'고 표현한다. 의식은 하늘과 같다. 온갖 종류의 구름과 날씨가 하늘에서 일어나지만 하늘 자체는 어떤 영향도 받지 않는 것과 같다. 폭풍우가 일어나고 사라져도 하늘은 거기서 일어나는 모든 현상에 열려있다. 하늘은 그런 것에 제약당하지 않으며 영향 받지도 않는다. 하늘과 마찬가지로 의식도 경험에 영향을 받지 않는다.

　　의식을 거울에 비유하기도 한다. 거울은 거기에 비추는 어떤 대상도 그대로 되비춘다. 그러면서도 거울은 여전히 밝고 빛난다. 거울 안에서 일어나는 아름답고 추한 어떤 이미지에도 거울은 영향을 받지 않는다. 지금 당장 잠깐의 명상으로 이 점을 확인할 수 있다. 조용히 자리에 앉은 채로 당신의 '자각을 멈추어' 보라. 어떤 소리, 어떤 형상, 어떤 감각, 어떤 생각도 의식하지 않도록 하라. 실제로 해보라. 아마 당신은 아무것도 의식하지 않는 것이 도저히 불가능하다는 사실을 즉각 알 것이다. 의식은 형상, 소리, 느낌, 생각을 끊임없이 안다. 의식하는 이 자각을 도저히 멈출 수 없다는 사실을 느껴보라. 의식은 온갖 다양한 경험을 단지 알면서도 특정 경험을 다른 것보다 선호하거나 차단하지 않는다. 이것이 의식이 가진 거울 같은 본성이다. 의식은 대상을 비추고, 밝게 빛난다. 의식은 때가 묻지 않으며 의식은 고요하다.

의식이 가진 두 가지 차원

그러나 거울과 열린 하늘은 의식이 가진 한 가지 차원만 드러내는 비유이다. 불교의 분석을 통해 의식은 빛과 마찬가지로 두 가지 차원을 가졌음이 드러난다. 빛을 파동과 입자로 설명할 수 있는 것처럼 의식도 제약 없는 파동이나 하늘의 성질을 가진 동시에 특정 입자와 비슷한 성질도 가지고 있다. 즉, 하늘을 닮은 작용으로 보면 의식은 하늘과 거울처럼 변함이 없이 한결같다. 그러나 입자를 닮은 작용으로 보면 의식은 일어났다 사라지는 순간적인 성질을 지녔다. 매 순간의 경험과 함께 일어나는 한 순간의 의식 상태가 그 경험에 의해 색이 입혀진다. 수행자는 정밀한 마음챙김 훈련을 통해 거품과 모래알처럼 일어났다 사라지는, 입자를 담은 의식의 성질을 경험할 수 있다.

　　　의식의 순간적 측면이 경험을 받으면 그 경험에 의해 채색되고 움직여간다. 어느 불교 텍스트는 입자를 닮은 의식의 성질을 121가지의 맛 또는 상태로 설명한다. 즐거운 의식 상태도 있고, 두려운 의식 상태도 있다. 열린 의식 상태도 있고, 위축된 의식 상태도 있다. 후회하는 의식 상태도 있고, 사랑을 베푸는 의식 상태도 있다. 이런 의식 상태에는 이야기, 느낌, 지각, 믿음, 의도가 함께 따라온다. 틱낫한 스님은 이렇게 설명한다. "마음은 수백 개

채널이 있는 텔레비전과 같습니다. 당신이 보려고 돌리는 채널은 어느 채널입니까?" 우리는 평소 자신이 듣는 드라마틱한 이야기에 지나치게 집중하는 나머지, 그 이야기를 받는 의식이 항상 존재하고 있었음을 알지 못한다.

마음챙김을 통해 자신이 어떤 채널을 틀고 있는지 알 수 있다. 어떤 의식 상태든 단지 의식에서 드러난 현상에 불과함을 알 때 우리는 채널과 이야기를, 그리고 그 의식 상태에 변화를 일으킬 수 있다. 무엇보다 중요한 것은 의식 자체가 지닌 근원적 성질을 알 수 있다는 점이다.

의식이 가진 두 가지 근원적 측면을 다음처럼 설명할 수 있다.

하늘을 닮은 의식	입자를 닮은 의식
열려 있다	일시적이다
투명하다	비개인적이다
탈시간적이다	감각 경험을 기록한다
인지한다	정신 상태에 따라 다른 색을 띤다
순수하다	조건 지어져 있다
파동과 닮았다, 제약이 없다	빠르다
태어남도 죽음도 없다	순간적이다

순수 의식에 깨어나기 : 하늘

허공처럼 광활한 마음을 계발하라. 그곳은 즐거운 경험이든 괴로운 경험이든 서로 갈등하지 않고 다투지 않으며 누구에게도 해를 입히지 않은 채 일어나고 사라지는 곳이다.

_『맛지마 니까야』

대학 시절 불교를 공부하면서 나는 내 나름대로 자그마한 명상을 시도했다. 하지만 내가 무엇을 하고 있는지 몰랐기에 나의 명상은 성공적이지 않았다. 나는 내 안에서 만나게 될 침묵이나 끔찍한 어두움은 무섭지 않았다. 사실, 침묵과 어두움에 대한 두려움은 명상에 관해 사람들이 흔히 갖는 오해이다. 그보다 내가 명상을 제대로 하지 못한 이유는 명상을 하면 몸이 편하지 않았고 마음이 수백만 군데로 달아났기 때문이다. 그러다 아잔 차 스님의 가르침을 듣고는 나의 수행이 점점 더 명료해졌다. 스님은 편안하게 호흡을 느끼라고 가르쳤다. 이렇게 하자 마음을 집중하고 고요하게 하는 데 도움이 되었다. 그런 다음 스님은 생각과 감각이 일어나는 것을 문제 삼아 그에 반응하지 말라고 했다. 그리고 생각과 감각의 흐름을 단지 마음챙김으로, 즉 깨어 있는 마음으로 관찰하라고 가르쳤다. 이렇게 하기 위해서는 다소 연습이 필요했다.

마침내 스님은 가장 중요한 교훈을 가르쳐주었다. 그것은 바로 의식 자체에 머무는 것이었다. 아잔 차 스님의 스승인 아잔 문(Ajahn Mun) 스님은 설명하기를 "의식과, 의식에 일어났다 사라지는 온갖 일시적 상태와 경험을 구분할 수 있어야 합니다. 이 점을 알지 못하면 일시 지나가는 상태를 실재하는 것으로 잘못 알게 됩니다. 행복과 불행 등 변하는 조건의 실상을 있는 그대로 볼 때 평화로 가는 길을 발견할 수 있습니다. 순수 의식인 앎에 그저 머문다면 더 이상 우리가 해야 할 일은 별로 없습니다."

그렇다면 의식에 머문다는 것이 세상과 단절된 채 자기 내면만 뚫어져라 응시하는 것일까? 결코 그렇지 않다. 앎에 머문다는 것은 거리를 둔 채 냉담해지는 것과는 다르다. 삶을 돌아보면 나는 이 진실을 아는 데 애를 먹었다. 가족에서 벌어진 갈등과 예측 불가의 폭력으로 나는 수도 없이 집에서

마음이 아플 땐 불교심리학

도망치고 싶었다. 하지만 그럴 수가 없었다. 이 정신적 외상에 대처하느라 나는 종종 우울하고 화를 내고 냉소적이 되었다. 그런데 나의 가장 주요한 방어책은 나에게 일어나는 일로부터 거리를 두는 능력을 갖는 것이었다. 거리를 두고 냉담해지는 것은 나에게 자연스러운 방식이 되었다. 내면의 평화를 위해 그리고 주변 사람들을 진정시키기 위해 나는 거리를 두는 방법을 택했다. 일어나는 일에서 거리를 두는 나의 패턴은 지금도 여전하다. 물론, 지금은 명상 지도자로서 그렇게 한다는 것이 그때와 다를 뿐이다.

처음 명상을 했을 때 나는 명상이 내게 일어나는 일에서 거리를 두고 냉담해지는 나의 익숙한 전략과 다르지 않다고 생각했다. 그러나 점차 나의 이런 생각이 완전히 틀렸음을 알게 되었다. 나의 거리두기 전략은 고통과 갈등에서 도망쳐 나만의 보호막 속으로 들어가는 것이었다. 그것은 무관심에 가까웠다. 그러나 불교심리학에서 무관심은 참된 열림과 평정을 방해하는 적과 다름없다고 말한다. 무관심은 참된 열림이나 평정과 비슷해 보이나 잘못 이끌린 유사품이다. 의식에 머물기 위해 나는 이런 방어적 거리두기를 떨치는 법을, 그리고 모든 것을 다시 느끼는 법을 배워야 했다. 의식 자체의 활짝 열린 성질을 신뢰하기 위해 나는 느낌과 생각, 갈등, 삶의 예측불가능성을 알아보고 경험하도록 나에게 허용해야 했다. 의식에 머문다는 것은 위축이나 두려움과 정반대의 상태다. 의식에 머물 때 우리는 삶의 변화하는 조건들에 두려움을 갖지 않는다.

아잔 차 스님은 사원에서 종종 우리 승려들이 걱정, 화, 의심, 슬픔에 빠져있는 때를 알아보고는 장난기 섞인 미소를 띠며 이렇게 묻고는 했다. "누가 의심하는가? 누가 화를 내는가? 의심과 화의 상태를 알아차리고 있는 의식에 머물 수 있는가?" 어떤 때 스님은 우리를 죽어가는 사람 곁에 앉게 했다. 의식이 떠나는 순간, 생명력 가득하던 사람이 생명력 없는 시체로 변하는 신비한 순간을 알아차리게 하려는 의도였다. 스님은 이렇게 말하곤 했다. "숲에서 길을 잃는 것은 진짜 길을 잃는 것이 아닙니다. 당신이 누구인지 잊을 때 정말로 길을 잃는 것입니다."

이런 앎, 이런 순수 의식을 부르는 이름은 여러 가지다. 하지만 그 모두가 우리가 가진 탈시간적이고 영원한 본질을 가리킨다. 태국의 아잔 차 스님과 숲속 수행승들은 이것을 '본래 마음(Original Mind)' 또는 '아는 자(One Who Knows)'라고 부른다. 티베트불교에서는 리그파(rigpa)라고 부른다. 고요한 앎이라는 뜻이다. 선불교에서는 '마음자리' 또는 '마음의 정수'라고 한다. 힌두 수행자들은 '영원한 목격자'라고 부른다. 추상적인 가르침으로 들릴지 몰라도 사실 이것은 매우 실제적인 가르침이다. 이를 이해하기 위해서는 우리 삶의 두 가지 차원을 관찰하면 된다. 그것은 끊임없이 변하는 경험의 흐름과, 그 경험을 아는 의식이라는 두 가지 차원이다.

나의 친한 친구인 살람은 팔레스타인 사람이다. 그의 이야기를 통해 이 점을 더 잘 이해할 수 있다. 내가 살람을 만난 것은 내가 베이 에리어(bay area, 샌프란시스코 만안(灣岸) 지역-옮긴이)의 호스피스 시설에서 가르칠 때였다. 죽음에 대한 두려움이 전혀 없던 살람은 죽어가는 사람 곁에 앉는 것이 힘들지 않았다. 1960년대 말과 1970년대 초에 살람은 활동가이자 저널리스트로 예루살렘에 살았다. 동예루살렘에 팔레스타인 수도를 건립하고 팔레스타인 국가를 수립하는 일에 관한 기사를 썼다는 이유로 그는 자주 체포되었다. 그는 이스라엘의 감옥에서 6년 가까운 시간을 보냈다. 잦은 심문에 구타와 고문도 주기적으로 당했다. 이런 일은 모든 전쟁 당사국에서 일어나곤 하는 일이다.

어느 날 오후, 심한 구타를 당한 뒤 살람은 감옥 바닥에 누워 있었다. 지독히 잔인한 간수가 그의 몸을 걷어찼다. 살람의 입에서 피가 뿜어져 나왔다. 경찰의 사후 보고에 따르면 당시 관계자는 살람이 이미 죽은 줄 알았다고 했다.

살람은 구타의 고통을 지금도 생생하게 기억한다. 그런데 사고와 고문의 희생자들이 흔히 말하는 것처럼 살람은 몸을 떠난 의식이 천장으로 오르는 것을 느꼈다고 한다. 처음에 그것은 마치 무성영화의 한 장면처럼 평화롭고 고요했다. 천장으로 오른 살람은 간수가 저 아래에서 자신의 몸을 걷어차고 있는 장면을 그저 바라보았다. 이 난리법석이 대체 무엇 때문인지 모를 정도로 살람은 지극히 평온한 상태였다. 그런 뒤에 살람은 놀랍게도 자신의 의식이 더 넓게 확장되었다고 했다. 자신의 몸이 저 아래에 누워 있음을 알았지만 살람은 이제는 자신이 그 몸을 걷어차고 있는, 간수가 신은 부츠가 되었다고 느꼈다. 그는 또 감옥 벽의 벗겨진 녹색 페인트가 되었으며, 울음소리가 바깥까지 들리는 희생양이 되었다. 또 간수의 손톱 밑에 낀 때가 되었다. 그는 삶 자체였다. 그는 이 모든 것을 의식하는 영원한 의식이었다. 거기에는 어떤 분리도 없었다. 살람은 모든 것이 되었다. 그랬기에 그는 결코 죽지 않았다. 그가 느끼던 두려움은 남김없이 사라졌다. 살람은 죽음이 환영임을 깨달았다. 그러자 말로 표현할 수 없는 행복감과 기쁨이 내면에서 일어났다. 그리고 우리가 서로 분리된 존재라고 믿으며 국가에 집착하고 전쟁을 일으키는 인간의 커다란 어리석음에 자연스레 연민의 마음이 일었다.

살람의 말에 따르면, 그는 이틀 뒤에 상처입고 구타당한 몸으로 감옥 바닥에 누운 채 의식을 회복했다. 이제 그에게는 두려움도 후회도 없었다. 단지 놀라움만 있었다. 그가 한 경험은 삶과 죽음에 관한 그의 감각을 뿌리째 바꿔놓았다. 이후 그는 어떤 형태의 싸움에도 가담하지 않았다. 감옥에서 출소한 뒤 그는 유대인 여성과 결혼해 팔레스타인-유대 자녀를 낳았다. 그는 이것이 세상의 잘못된 광기에 대한 자신의 대답이라고 말했다.

우리의 본성으로 향하기

"우리는 정말로 누구인가?" 선의 화두는 이렇게 묻는다. "이 몸을 끌고 다니는 자는 누구인가?" "당신의 부모님이 태어나기 전에 당신의 본래 면목은 어떠했는가?" 이런 질문들은 우리로 하여금 우리 몸에 머물고 있는 의식을 직접 들여다보게 한다. 아잔 차 스님은 우리에게 "앎 자체가 되라."고 요청했다. 티베트 스승들은 제자들에게 누가, 또는 무엇이 보는지 알려면 내면을 응시하라고 했다. 태국의 숲속 선승인 아잔 줌니언(Ajahn Jumnian)은 제자들에게 이마 한가운데 있는 '제3의 눈'으로 자신의 모든 경험을 보라고 말한다. 이런 수행을 통해 우리는 의식 자체로 향해 그곳에 머물 수 있다.

　이것은 로맨스, 모험, 코미디, 비극 등 여러 장르의 영화가 상영되는 영화관에 앉아있는 것과 비슷하다. 우리는 영화가 어디서 나타나는지 알아보라는 말에 고개를 돌려 뒤를 본다. 이때 우리는 일련의 변화히는 이미지를 빛의 광선으로 스크린에 쏘아 영화의 온갖 드라마를 만들어낸다는 사실을 처음 알게 된다. 깨끗하고 빛나는 이 빛은 필름 위의 다양한 형상에 의해 색이 입혀진다. 하지만 빛의 본질적인 성질은 순수하며 변함이 없다.

　어느 순간 영화의 액션이 잠시 쉬어가는 틈이 생긴다. 영화가 살짝 느려지면서 지루하게 느껴지기도 한다. 이때 우리는 자리에서 몸을 뒤척인다. 팝콘을 먹는 주변 관객이 눈에 들어오기도 한다. 그러면서 자신이 영화관에 있다는 사실을 떠올린다. 마찬가지로 우리가 떠올리는 생각 사이에 틈이 존재함을 알 수 있다. 우리의 자아 감각에 틈이 존재함을 볼 수 있다. 생각이나 우리 앞의 문제에 완전히 빠진 채 온갖 드라마를 지어내는 대신, 우리는 경험 주변의 공간을 느끼고 모든 것을 내려놓으며 편안하게 이완할 수도 있다. 명상 스승 초감 트룽파는 이렇게 말한다. "이런 틈이 있다는 것은 아주 좋은 소식입니다." 이 틈은 우리가 언제든 알아차림에 머물 수 있음을 알려준다. 언제라도 자유가 가능함을 우리에게 상기시킨다.

알아차림으로 돌아오기 위해 특별한 명상 환경이 필요한 것은 아니다. 또 살람이 했던 임사 체험이 반드시 필요한 것도 아니다. 학교에서 어느 남자아이가 먼지에 비치는 햇살을 본다. 이때 이 아이는 더 이상 수학과 열심히 씨름하는 5학년생이 아니다. 아이는 미소를 지으며 언제나 존재해 왔던 신비를 느낀다. 자신의 존재 전체와 남학생들이 지어내는 온갖 드라마가 말없는 자유로운 알아차림 속에 담긴다. 길을 가던 어느 여성이 문득 먼 곳에 있는 친구를 떠올린다. 그 순간 그녀는 자신의 할 일을 잊은 채 영원을 느낀다. 자신의 작은 삶이 영원 속에 지나감을 느낀다. 또 다툼이 있을 때 우리가 만약 멈추고 웃으며 내려놓을 수 있다면 우리는 고요해진다. 이 순간들은 우리에게 자유의 맛을 선사한다.

앞에서 보았듯이, 누가 알고 있는지, 즉 앎의 주체가 누구인지 처음 알아보려 할 때 우리는 마치 물을 찾는 물고기처럼 혼란스러울 수 있다. 우리는 거기에 견고한 어떤 것, 인지하는 주체가 존재하지 않는다는 사실을 알게 된다. 알아차림은 모양도 색깔도 없다. 그것은 존재와 부재, 오고 감을 초월해있다. 대신에 앎 또는 의식이라는 명료한 공간만이 존재한다. 이 공간은 텅 비어있으나 동시에 알고 있다. 이 책을 손에 든 당신의 의식은 책의 단어를 읽는 동시에 의식의 본성을 돌아본다. 누가 책을 읽고 있는지 물어본다면 당신은 아마 "무엇도 감지할 수 없어요. 그저 비어있어요."라고 답할 것이다. 이 앎, 이 텅 빈 열림과 함께 머물라. 이것을 신뢰하는 법을 배우라. 이것은 한계가 없는 의식이다. 나타나는 모든 것을 비추되, 그것에 전혀 영향 받지 않는 의식이다.

이런 탐구를 규칙적으로 해나갈 때 점차 삶의 사건과 경험, 그리고 그것을 알고 있는 의식을 구분하는 능력을 키울 수 있다. 힘들고 혼란스러운 상황 한가운데서도 동요되지 않은 채 편안히 앎에 머무는 법을 배울 수 있다.

이 편안한 머묾은 내가 어린 시절에 배웠던 병적인 거리두기와는 매우 다르다. 어릴 적 나는 두려움 때문에 나의 경험을 분리시켰다. 나는 방관자 역할로 미묘한 거리를 두면서 나 자신을 방어했다. 그러나 알아차림에 참되게 머물 때 우리의 경험은 방어막이 없는 널따랗고 친밀한 무엇이 된다. 이때 연민의 마음이 일어난다. 나의 가슴이 삶과 맺고 있는 자연스러운 연결감을 느끼게 된다.

명상 수행자인 마리아는 지역 병원의 응급실에서 간호사로 일하고 있다. 그녀는 자신이 알아차림에 머무는 법을 터득한 과정을 이렇게 말한다. "바쁘지 않을 때면 나는 관성적으로 하던 일을 해요. 환자가 이상이 없는지 살피고 서류 업무를 처리하죠. 그러는 중에도 마음은 수백 가지 다른 일로 달아나요. 그러다 응급 환자가 구름처럼 밀려오는 때가 있어요. 사고, 심장마비, 천식 발작 환자들이죠. 이럴 때는 내가 맡은 업무에 집중하면서도 지금 벌어지는 일에 전체적으로 마음의 주파수를 맞추죠. 알아차림을 여는 법을 배웠거든요. 이렇게 하면 마음이 넓어지고 고요해져요. 이렇게 현존하면 내가 지금 무엇을 해야 하는지 더 잘 알게 돼요. 그러면서도 마음은 일종의 초연함을 유지해요. 운동선수들이 말하는 플로우(flow, 몰입) 상태(무언가에 자연스럽게 흠뻑 빠져 있는 심리 상태-옮긴이)와 비슷하다고 할까요. 일의 한가운데서 필요한 것을 빼놓지 않고 처리하는 동시에 내 안의 어떤 부분은 이 모든 걸 그저 침묵으로 관찰하는 거예요.

　　　요즘은 직장뿐 아니라 삶의 다른 영역에서도 이런 일이 자주 일어나요. 명상 수행을 하면 알아차림이 더 커져요. 한번은 아들과 크게 다툰 일이 있었는데, 싸우는 와중에 내 몸이 꽉 조여드는 걸 느꼈어요. 또 나의 견해가 지극히 옳다고 여긴다는 것도 느꼈어요. 나는 그저 이것을 느끼며 편안하게 이완한 채 알아차림의 공간에 들어갔어요. 그러자 모든 것이 활짝 열렸어요. 아들에게 안 된다고 말하면서도 그 말의 이면에 놓인 사랑을 느낄 수 있었어요. 아들이나 나나 각자 자기 역할을 수행할 뿐이라는 것, 그리고 그 역할을 잘 해낼 수 있다고 느꼈어요. 그리고 그 이면에서 모든 것이 활짝 열려있으며 지금 이 상태로도 괜찮다고 느꼈어요."

　　　알아차림에 머무는 법을 알면 돌봄과 고요함이 일어난다. 무엇을 해야 하는지 귀를 기울이게 되고, 일어나는 모든 일을 더 잘 자각하게 된다. 마음에 널찍한 공간이 생기면서 모든 것이 서로 연결되어있다는 사랑의 느낌이 일어난다. 마음에 충분한 여유 공간이 생긴다. 이때 우리의 존재 전체는 상황을 더 잘 파악하는 동시에 그것에 편안해진다. 삶이 춤추는 모습을 보게 되고, 우리 자신도 아름다운 춤을 춘다. 그러면서도 그 춤에 완전히 빠져버리는 일은 없다. 어떤 상황에서도 마음이 열리고 편안해진다. 우리는 하늘을 닮은 의식의 본성으로 돌아간다.

소리의 강물

편안하게 자리에 앉습니다. 눈을 감고 몸은 편안하게, 호흡은 자연스럽게 합니다. 이제, 주변에서 들려오는 소리의 향연에 귀를 기울여봅니다. 시끄러운 소리, 부드러운 소리, 멀리서 들려오는 소리, 가까운 데서 들리는 소리를 모두 알아차려 봅니다. 소리가 어떤 흔적도 없이 스스로 일어났다 사라지는 것을 지켜봅니다. 몇 분 동안 소리를 들었다면 이제 마음이 당신의 머릿속에 갇혀있지 않다고 느끼며 상상해봅니다. 당신의 마음이 크게 넓어져 하늘처럼 활짝 열렸다고 느껴봅니다. 허공처럼 깨끗하고 넓어졌다고 느껴봅니다. 당신의 마음에 외면과 내면의 한계가 존재하지 않는다고 상상합니다. 마음에 대한 알아차림이 활짝 열린 하늘처럼 모든 방향으로 퍼져가도록 합니다.

이 열림 속에 편안히 머물면서 그저 귀를 기울여봅니다. 그러면 사람, 자동차, 바람, 부드러운 소리 등 지금 들려오는 모든 소리가 마음의 열린 공간에서 구름처럼 일어났다 사라질 것입니다. 그 소리들이 그저 왔다가도록 놓아두십시오. 시끄러운 소리든, 부드러운 소리든, 먼 곳의 소리든, 가까운 곳의 소리든 이 소리들을 알아차림이라는 넓은 하늘에서 아무 저항도 없이 일어나고 사라지는 구름으로 여기십시오. 이 열린 알아차림에 한동안 머물러보십시오. 그러면서 생각과 느낌이 마음의 열린 공간에서 소리처럼 일어났다 사라짐을 관찰하십시오. 생각과 느낌이 서로 다투지 않고, 저항하지 않고 왔다가도록 놓아두십시오. 즐겁고 불쾌한 생각, 그림, 단어, 기쁨, 슬픔 등 모든 것이 마음의 깨끗한 하늘에서 일어났다 사라지는 구름처럼 왔다가도록 놓아두십시오.

　　그런 다음, 알아차림이라는 널찍한 공간에서 당신의 몸이 어떻게 느껴지는지 관찰하십시오. 마음은 몸속에 있지 않습니다. 몸의 감각은 마음이라는 열린 하늘에서 떠다니며 계속 변합니다. 호흡은 산들바람처럼 스스로 숨을 쉽니다. 자세히 관찰해보면 우리의 몸은 견고하지 않습니다. 몸은 딱딱함과 부드러움, 압박과 저림, 따뜻하고 차가운 감각으로 자신을 드러냅니다. 이 모든 감각이 알아차림의 공간에서 떠다닙니다.

　　편안하게 이완하십시오. 이 열림에 머무십시오. 몸의 감각이 떠다니고 변하도록 놓아두십시오. 생각과 심상, 느낌과 소리가 알아차림이라는 명료하고 열린 공간에서 마치 구름처럼 왔다가도록 놓아두십시오. 동시에 의식 자체에도 주의를 기울여보십시오. 깨끗하고 투명하며 영원한, 어떠한 갈등도 없는 알아차림이라는 열린 공간을 관찰하십시오. 모든 것을 허용하되 그것에 제약받지 않도록 하십시오. 이것이 당신의 참된 본성입니다. 거기에 머무십시오. 그것을 신뢰하십시오. 이것이 당신의 집입니다.

4

의식의
채색

의식은 거기에 찾아오는 마음 상태에 따라 색이 입혀진다.

_붓다

미혹한 마음으로 말하고 행동하면 슬픔이 당신을 따라온다.
마치 바퀴가 수레 끄는 소를 따르듯이.
깨끗한 마음으로 말하고 행동하면 행복이 당신을 따라온다.
마치 당신의 그림자가 언제나 당신을 따라다니듯이.

_『법구경』

마음이 아플 땐 불교심리학

아잔 차 스님은 내가 힘들어할 때면 나를 보며 이렇게 말했다. "또 어떤 마음 상태에 빠졌군요?" 숲속 사원에서 우리는 끊임없이 의식 자체를 바라보거나 아니면 종일 일어나면서 의식을 가득 채우는 마음 상태에 정확하게 명칭을 붙이도록 가르침을 받았다. 놀람, 지루함, 편안함, 혼란, 후회, 평정, 좌절 등.

아잔 차 스님은 때로 우리에게 우리의 마음 상태를 크게 소리 내어 말하게 했다. 우리가 자신의 마음 상태를 더 명료하게 알아차리게 하려는 목적이었다. 스님은 방콕 출신으로 이혼한 지 얼마 안 된 어느 승려에게 이렇게 일침을 놓았다. "슬픔이 있습니까? 아니면 분노가? 자기연민이? 여봐요, 이 모두가 자연스러운 것입니다. 이 모든 것을 그저 바라보세요." 혼란에 빠진 영국인 승려에게는 웃으며 이렇게 말했다. "일어나는 현상을 볼 수 있습니까? 산만함, 혼란, 뒤죽박죽인 상태도 단지 마음 상태일 뿐입니다. 당신의 마음 상태를 사실로 믿습니까? 그것에 걸려있습니까? 그렇다면 당신은 괴로움을 당할 것입니다."

우리가 자신의 마음 상태를 관찰하는 데 능숙해지면 스님은 난이도를 더 높이곤 했다. 일부러 힘든 상황을 만들어 어떤 일이 일어나는지 지켜보고는 했다. 무더위가 절정을 이룬 어느 날 스님은 우리에게 맨발로 왕복 16킬로미터 거리의 탁발을 다녀오도록 시켰다. 스님은 탁발에서 돌아온 우리에게 미소를 지으며 우리가 좌절하고 낙담하지 않았는지 살폈다. 또 밤새 우리에게 끝없이 가르침을 펴기도 했다. 휴식은 전혀 없었다. 스님은 새벽 4시에 활기차게 우리를 점검했다. 우리가 힘들어할 때면 스님은 이렇게 물었다. "화가 납니까? 이것은 누구의 잘못입니까?"

일반적인 서양 문화에서는 외부 환경을 자신의 바람에 맞게 바꾸는 것이 행복을 성취하는 방법이라고 배운다. 하지만 이 방법은 효과가 크지 않다. 누구의 삶이든 거기에는 즐거움과 괴로움, 이익과 손실, 칭찬과 비난이 끊임없이 나타난다. 아무리 즐거움과 이득, 칭찬만 가지려 분투한다 해도 말이다. 불교심리학은 행복에 대해 이와는 다른 접근 방식을 제안한다. 외부 환경보다 자신의 의식 상태가 더욱 중요하다고 가르치는 것이다.

무엇보다 우리가 삶을 어떤 식으로 경험하는가는 삶을 만날 때 우리가 갖고 있는 특정한 마음 상태에 따라 달라진다. 당신이 여고부 축구 시합 결승전을 관람한다고 하자. 만약 당신의 딸아이가 이 시합에 출전한 예민한 골키퍼라면 당신의 의식은 시합의 양상이 일변할 때마다 걱정과 동정, 흥분으로 가득 찰 것이다. 반면, 당신이 어느 학부모의 자녀를 픽업하려고 기다리는 운전기사라면 동일한 시합도 지루하고 재미없게 느껴질 것이다. 또 만약 당신이 시합의 심판이라면 시합의 장면과 소리를 또 다른 방식으로 인지할 것이다. 이것은 베토벤 음악을 듣거나, 잡초를 뽑거나, 우디 앨런의 영화를 보거나, 멕시코시티에 가는 경우에도 마찬가지다. 의식은 본래 순수하나 우리가 가진 생각과 감정, 기대에 따라 그 색깔이 달라진다.

붓다는 이렇게 말했다. "류트(기타 비슷한 현악기-옮긴이)를 칠 때 이 나무악기의 상태와 현, 연주자의 기량에 의해 소리가 일어났다 사라지는 것처럼, 우리의 경험과 의식의 순간도 일어난 다음에는 사라진다."

색이 더해지거나 조건화될 때 의식은 마치 입자처럼 움직인다. 이때 의식은 그것과 함께 일어나는 성질을 띤 채로 일어나고 사라진다. 이때 의식은 현재의 마음과 감각 상태로부터 일어나는 연속된 개별 순간으로 느껴진다. 빛이나 소리처럼, 개별적이고 특수한 순간으로서 일어나는 의식을 관찰하는 것이 가능하다. 그리고 아잔 차 스님이 가르친 것처럼 이들 순간을 변화시키는 일도 가능하다.

마음이 아플 땐 불교심리학

불교심리학의 네 번째 원리는 이것이다.

4
의식을 채우고 있는 마음 상태를 인지하라. 건강
하지 못한 마음 상태로부터 건강한 마음 상태로
이동하라.

입자를 닮은 의식의 일면을 탐구하려면 붓다가 제시한 목록 가운데 일부를
살펴야 한다. 이것은 이제까지 만들어진 인간 심리에 관한 가장 자세한 지도
중 하나이다. 서양인들에게 이것은 불교심리학의 까다로운 측면으로 다가
온다. 이것은 마음의 상태와 그것들 사이의 관계를 나타내는 수백 가지 목록
과 도표이다. 아비담마라는 정교한 심리 분석을 공부하는 버마와 태국의 사
원에서는 검은 칠판에 복잡한 도표가 한가득 그려져 있다. 이것은 지각, 반
응, 의식의 미묘한 상태가 극히 미세한 차원에서 상호 작용하는 방식을 나타
낸 그림이다. 마치 MIT의 물리학 수업이나 사이버네틱스와 시스템이론 세
미나를 연상케 하는 정도다.

간단히 말해 붓다는 목록 작성자(list maker)였다. 두 가지 진실, 세 가지
특상(삼법인), 마음챙김의 네 가지 토대, 다섯 가지 장애, 여섯 가지 완성(육바
라밀), 일곱 가지 깨달음의 요소, 여덟 가지 길(팔정도) 등이 그렇다. 또 의식(마
음)에 관한 52가지, 89가지, 121가지 목록도 있다. 후대의 불교 학파에서 이
목록은 더 길어진다. 8만 개의 지혜의 시, 8만 4천 개의 능숙한 수단 등이 나
타난다. 일부 엔지니어 타입의 사람들은 이런 목록을 아주 좋아했다. 1960

년대 버마에서 명상 지도자가 된 미국인 로버터 호버(Robert Hover) 같은 사람이 그런 부류다. 하지만 어쩌랴, 우리 대부분에게 이런 목록은 학교 시절 제대로 공부하지 못한 수학이나 성질 고약한 늙다리 삼촌처럼 좌절감을 안기는 것을. 이것은 우리에게 적합한 배움의 방식이 아닌 것 같다.

그럼에도 이 목록들은 아주 중요한 기능을 수행했다. 불교심리학은 원래 구전을 통해 이어졌다. 기록되기 이전에 그것은 5백 년 동안 암송되어 왔다. 번호를 매긴 이 목록들은 전통적인 암기 장치였다. 붓다 가르침의 주요 정보를 빠트리지 않은 채 그것을 자세하고 깊이 기억하는 방법이었던 것이다. 이들 목록은 잘 정리되고 반복되었던 당시 과학의 일부로서, 수백 년 동안 극도의 정확성으로 내면의 실험에 사용되었다. 이들 목록은 현재 기록된 텍스트로 존재하지만 지금도 여전히 기억으로 암송하고 있으며, 소중한 유산으로 간주되고 있다. 실제로 이런 형태의 체계화된 지식은 인도뿐 아니라 고대 세계의 문명권에서 보편화되었던 현상이다. 10세기 페르시아의 수상 압둘 카셀 이스마엘은 11만 7천 권이나 되는 자신의 장서와 헤어지기가 싫어 4백 마리의 낙타 행렬에 이 책들을 모두 싣고 함께 이동했다고 한다. 그리고 이 낙타들은 장서의 알파벳 순서에 맞춰 행렬을 유지하는 특별 훈련을 받았다고 한다.

의식이 순간적으로 채색되는 현상을 이해하도록 돕기 위해 불교심리학은 이것을 세 부분으로 된 시스템에 위치시킨다. '모든 것'으로 표현되는 이 시스템은 인간의 경험 전체를 포괄한다. 그중 1부에는 우리가 감각의 문을 통해 받아들이는 모든 감각 인상이 포함된다. 이 목록은 짧은데, 왜냐하면 우리의 감각 경험은 단 여섯 가지만으로 이뤄지기 때문이다. 형상, 소리, 맛, 냄새, 감촉/신체적 지각, 그리고 생각/느낌이 그것이다. 여기서 주목할 것은 불교의 체계에서 마음을 여섯 번째 감각의 문으로 간주한다는 점이다. 마음은 마치 눈이 형상을, 귀가 소리를 받아들이는 것과 마찬가지로 생각과 느낌을 받아들이는 감각의 문으로 간주된다.

다음 2부는 각각의 감각 경험을 받아들이는 개별 의식 순간들이다. 방금 죽은 시체가 있다고 하자. 이 시체는 피부에 닿는 햇빛과 산들바람의 감각 입력은 받아들이나 그것을 알아보는 의식이 존재하지 않는다. 우리가 무언가를 경험하기 위해서는 반드시 감각의 문에서 의식하는 순간이 일어나야 한다. 이 여섯 가지 의식의 기본 입자가 안식(눈의 의식), 이식(귀의 의식), 비식(코의 의식), 설식(혀의 의식), 신식(몸의 의식), 의식(마음의 의식)이라고 부르는 개별적 앎의 순간들이다.

우리는 여섯 가지 감각과 그것을 아는 각각의 의식을 가지고 자신의 실재를 구성한다. 마치 화가가 빨강, 오렌지, 노랑, 초록, 파랑, 보라 등의 색을 이리저리 조합해 온 세상을 그리는 것과 같다. 붓다는 이렇게 말했다. "비구들이여, 그대들은 회화의 걸작을 본 적이 있는가? 걸작은 신체 감각뿐 아니라 마음에 의해 만들어진다. 정말로, 비구들이여, 마음은 창조된 그 어떤 걸작보다 더 예술적이고 창조적이다. 왜냐하면 마음은 인간의 모든 창조성의 원천이기 때문이다."

처음에 나는 이들 목록이 구식이며 때로 자의적이라고 여겼다. 그러나 나의 스승들은 이 목록이 나의 직접 경험을 더 큰 통찰로 이해하는 데 도움이 될 것이라고 말했다. 버마의 마하시 사야도에게 명상 지침을 받을 때 나는 마음의 속도를 늦추어 매 순간 일어나고 사라지는 현상을 자세히 관찰하라고 배웠다. 사원의 식당에서는 매 순간 새로운 형상, 소리, 냄새, 생각이 일어났다. 밥과 생선카레를 먹으려고 자리에 앉을 때 나는 가사가 당기는 것을 느꼈다. 방문객들의 목소리가 바뀌는 것도 느꼈고, 몸에서 나는 땀을 느끼며 그 냄새를 맡을 수도 있었다. 팔의 움직임을 알아차리며 망고를 집어 입안에 넣고 씹는 와중에도 나는 이 동작의 이면에서 일어나는 생각과 느낌을 알아차렸다. 처음에는 이 모든 것이 뒤죽박죽이었지만, 몇 개월 마음챙김 수련을 하자 나의 지각은 더 정밀해졌다. 단 몇 분 안에도 수천 개의 소리와 이식, 형상과 안식, 맛과 비식이 들어있었다. 이 모든 것이 인상과 화가의 그림 색상이나 텔레비전 화면의 화소처럼 한데 뒤섞여 나의 점심 경험을 이루고 있었다.

이 책을 읽는 중에도 당신은 여섯 가지 감각 인상과 이들 각각에 대응하는 여섯 개의 의식이 마치 영화의 장면처럼 하나씩 빠르게 일어났다 사라지는 것을 관찰할 수 있다. 잠시 이 책에서 눈을 떼고 앞을 바라보라. 그러면 이 책과 그것이 담고 있는 생각이 의식에서 사라질 것이다. 그리고 그것이 당신 앞에 나타난 형상에 의해 대체되는 것을 볼 것이다. 이제 다시 책으로 돌아가자. 그리고 이 문장을 읽은 다음 당신의 몸의 감각으로 주의를 향해보자. 즉, 당신의 몸이 의자나 바닥과 닿는 느낌, 따뜻하고 시원한 감각, 따끔거림, 긴장, 떨림 등으로 주의를 향해보자. 이렇게 하면서 책과 그것이 담고 있는 내용이 당신의 의식에서 뒤로 물러나는 것을 관찰해보자. 감각 인상과 감각 의식은 우리가 세계를 구성할 때 맨 먼저 밟는 두 가지 단계임을 느껴보자.

건강한 마음 상태와 건강하지 않은 마음 상태

우리가 사는 세상에 대한 그림을 조금 더 완성시켜 보자. 앞서 딸아이의 축구 시합을 지켜보던 여성으로 돌아가 보자. 그녀는 시합 장면을 보고 시합의 소리를 듣는다. 시합의 장면과 소리를 받아들이는 역할은 각각 안식과 이식이 한다. 그녀는 여기에 더해 흥분을 하고 걱정을 하며 자부심을 갖는다. 또 한편으로 동정심을 느낀다. 그녀의 감각 경험은 수많은 마음 상태에 의해 색이 입혀진다. 이 마음 상태들이 인간 경험의 세 번째 측면을 구성하는 요소들이다. 정신적 상태(mental states)라고 불리는 이 마음 성질들이 의식에 색을 입힌다. 흔히 정신적 상태의 목록에는 52가지 마음 성질이 있다. 어떤 목록은 121가지 마음 성질을 열거하기도 한다. 사원에 따라 승려들이 계산하는 방식이 조금씩 다를 수도 있다.

감각 인상과 그것을 받아들이는 의식이 일어날 때마다 거기에는 걱정, 자부심, 흥분 같은 마음의 성질이 함께 일어난다. 이 마음 성질들은 감각과 의식 사이에서 일어나 당사자의 경험에 색을 더한다. 이 정신적 성질과 이것이 각각의 경험에 일으키는 영향은 우리의 행복에 매우 중요한 요소로 작용한다.

부동산 중개업자인 데니스는 친구의 소개로 스피릿록 명상센터에 수행을 하러 왔다. 30대 후반의 매력적인 남성인 데니스는 나름 여러 가지 복잡한 감정에 빠져있었다. 그는 무려 열일곱 번째 여자 친구와 막 헤어진 참이었다. 데니스는 마음에 맞는 여자 친구를 찾기가 너무 힘들어 울적했다. 그래서 수많은 영적 스승을 만나기도 했다. 내가 데니스의 다음 번 실망 목록에 올랐다는 걸 나는 직감했다.

처음에 데니스는 명상을 싫어했다. "다른 여자 친구를 찾을 수 없을까요?" 데니스가 물었다. 나는 그에게 여자 친구는 잊어버리고 자신의 호흡과 몸에 마음챙김 하라고 요청했다. 이후 몇 주 동안 나는 그에게 자신의 외부 경험이 아니라 마음 상태를 관찰하라고 했다. 데니스의 하루를 가득 채우고 있는 정신적 성질에 주의를 기울여 깨어있는 마음으로 그것을 관찰하라고 했다. 데니스는 자기 내면에서 관찰한 내용에 미처 준비되어 있지 않았다. 자신을 행복한 남자로 여겼던 데니스는 생각보다 큰 불만족의 순간과 만나게 되었다. 불만족과 함께 혐오, 지루함, 판단, 불안 같은 마음 상태도 함께 일어났다. 기쁨의 순간도 많았지만 불만족과 불안이 더 자주 일어나는 데 놀랐다. 데니스는 즉각 자신에 대해 판단을 내리기 시작했다. "도대체 나의 문제가 뭐지? 왜 더 평온해지지 못하는 거지?" 이제 데니스는 자기 자신의 마음이 불만스러웠다. 이렇게 말하는 그에게 나는 웃음을 지으며 그가 지금 불만족이라는 마음 상태에 빠져 있음을 가리켜 보였다. 그리고 그가 불만족의 마음 상태를 단지 하나의 생각으로 관찰하지 못하고 그것 때문에 괴로워하고 있다고 알려주었다.

모든 것

감각 경험	정신적 상태	감각 의식
시각 색깔, 형상, 크기	공통된 정신적 상태 기억, 안정성, (즐겁고 불쾌한)느낌의 톤, 의지, 생명력	안식 봄
소리 딸랑거리는 소리, 덜컹거리는 소리, 말소리	더하여	이식 들음
맛 시고, 달고, 쓴 맛	건강하지 못한 정신적 상태 세 가지 뿌리: 집착·혐오·어리석음	설식 맛
냄새 톡 쏘는 냄새, 향기로운 냄새, 은은한 냄새	세 가지 뿌리가 걱정, 질투, 경직성, 불안, 탐욕, 자기중심적 태도, 미움, 과욕, 뻔뻔함, 둔함, 폐쇄성, 혼란, 착각, 무모함 등을 일으킴 또는	비식 냄새
신체의 지각 부드럽고, 가렵고, 따뜻한 감각	건강한 정신적 상태 세 가지 뿌리: 지혜·사랑·관대함	신식 감각
생각, 느낌 감정, 이미지, 아이디어	세 가지 뿌리가 마음챙김, 확신, 우아함, 절제, 기쁨, 통찰, 유연성, 명료함, 평정심, 적응성, 친절 등을 일으킴	의식 생각, 느낌, 직관

이것은 데니스에게 일종의 전환점으로 작용했다. 그 순간 그는 행복의 성질을 이해하기 시작했다. 마침내 데니스는 초점을 외부의 문제로부터 자신의 경험을 형성하는 내면 상태로 옮기고 있었다.

불교심리학은 이해하기 쉽도록 정신건강을 간단히 정의한다. 즉, 건강한 마음 상태는 건강한 마음을 만들며, 건강하지 못한 마음 상태는 정신적 고통과 불행, 정신 질병을 일으킨다는 것이다. 이것은 서양 심리학과 커다란 차이를 보이는 부분이다. 서양 심리학은 의식에 남아있는 내용, 즉 우리가 '무엇을' 생각하는가에 주로 초점을 맞춘다. 서양 심리학은 의식의 내용에 초점을 맞추는 방법으로 수많은 창의적 치료법을 만들어냈다. 그럼에도 이 방법을 통해서는 끊임없이 일어나는 생각과 감정에서 빠져나오기 어렵다. 이 지점에서 불교심리학은 우리를 자유롭게 하는 전환을 일으킨다. 즉, 생각의 내용에서 물러나 정신적 상태 자체가 일어나는 과정을 깨어있는 마음으로 살피는 것이다. 이 방법은 슬픔을 일으키는 정신 상태를 내려놓고 기쁨을 창조하는 정신 상태를 키우도록 가르친다.

이제 정신적 요소의 목록으로 다시 돌아가 보자. 정신 요소는 세 그룹으로 나눌 수 있다. 첫 그룹은 모든 사람이 대부분의 순간에 경험하는 공통적이고 보편적인 마음의 성질 열세 개이다. 여기에는 안정, 생명력, 기억, (즐겁거나 불쾌한) 느낌의 톤, 의지, 인식 등이 있다. 이것들은 마음의 기본 운영체계다. 이들 요소가 일어나는 과정을 볼 때 마음이 정보를 속사포처럼 받아들이고 처리하는 과정을 이해할 수 있다.

다음으로, 이것이 가장 중요한 부분인데, 훈련을 통해 달라질 수 있는 정신적 요소들을 살펴보자. 이들은 건강한 마음 상태와 건강하지 못한 마음 상태로 구분할 수 있다. 건강하지 못한 마음 상태에는 세 가지 뿌리가 있다.

집착, 혐오, 어리석음(탐, 진, 치)이 그것이다. 이 세 개를 뿌리로 해서 여러 가지 건강하지 못한 마음 상태가 일어난다. 예컨대 질투심, 인색함, 불안, 나태, 수치심 없음, 자기중심적 태도, 의심, 동요, 잘못된 지각 등이 그것이다. 누구나 이런 건강하지 못한 마음 상태를 때때로 경험한다. 이런 마음 상태가 강할수록 더 크게 고통을 당한다. 극단적인 경우 걱정은 편집증으로, 수치심 없음은 반사회적 인격 장애로, 혐오는 증오와 분노로 악화한다. 전쟁, 폭력, 인종차별, 착취, 불공평도 모두 그러한 마음 상태의 결과물이라고 할 수 있다.

반면, 건강한 정신 요소는 세 가지 건강한 뿌리를 갖고 있다. 사랑, 관대함, 마음챙김이 그것이다. 이 세 가지를 뿌리로 하여 명료함, 침착함, 통찰, 기쁨, 유연성, 확신, 신중, 균형 등의 건강한 마음 상태가 일어난다. 이들 건강한 마음 상태에서 행복하고 자유로운 마음이 일어난다. 깨어있는 주의로부터 이들 건강한 마음 상태가 자라난다. 햇볕을 받으면 안개가 사라지듯이 건강한 마음 상태가 존재할 때 건강하지 못한 마음 상태는 녹아 없어진다. 수많은 불교의 훈련과 수련은 건강하지 못한 마음 상태를 내려놓고 건강한 마음 상태를 키우는 것이 목적이다.

정신적 성질을 건강한 마음 상태와 건강하지 못한 마음 상태로 구분하면 행복과 고통의 원인을 더 분명히 통찰할 수 있다. 이는 또 다음의 중요한 심리적 진실을 보여준다. 건강한 마음 상태와 건강하지 못한 마음 상태는 상호 억제하는 관계라는 진실이다. 다시 말해 건강한 마음 요소가 존재하는 동안은 건강하지 못한 마음 요소가 존재할 수 없다. 따라서 건강한 마음 상태를 키우면 건강하지 못한 마음 상태는 사라질 것이다.

자신의 정신적 상태를 변화시키기 위해서는 우선 이들 정신적 상태가 종종 자신도 알아차리지 못할 정도로 빠르게 변함을 알아야 한다. 자기 내면의 마음 상태를 알아차리지 못할 때 우리는 외부의 영향에 통제당한다고 느낀다. 세상은 우리를 기쁘게 하거나 그러지 않으면 무언가 문제를 일으키게 마련이다. 이럴 때 우리는 습관적으로 집착하거나 좌절하는 상태에 빠진다. 샌프란시스코의 어느 신문에 플레젠튼(Pleasanton)이라는 도시의 화난 운전자들에 관한 기사가 실렸다. 경찰은 주요 간선도로에서 습관적으로 과속하는 운전자들 때문에 골치를 썩였다. 그래서 경찰청 소속 교통 엔지니어들에게 교차로에 진입하기 백 미터 전에 차량 속도를 감지하는 신호를 만들어 줄 것을 요청했다. 이후 습관적으로 과속하던 운전자들은 평소 다니던 길에 온통 빨간색 신호가 들어오는 걸 보게 되었다. 많은 운전자가 이 상황에 분노를 터뜨렸다. 지역 언론은 이 현상을 '즉각적으로 일으킨 카르마(업)'로 칭했다. 그런데 이보다 훌륭한 이동 방법이 있으니 그것은 바로 자신의 마음 상태를 바라보는 것이다.

마음챙김을 연습하면 자신의 정신적 상태에 사로잡히지 않은 채 그것을 알아차리는 법을 터득할 수 있다. 자기를 돌아보는 이 능력이야말로 불교심리학의 핵심이다. 붓다는 이렇게 질문했다. "수행자는 어떻게 마음으로 자신의 마음 상태를 관찰하는 데 안정되게 머물 수 있는가?" 이어서 붓다는 이렇게 가르친다. "수행자는 마음이 긴장되어 있을 때와 편안할 때가 다름을 알아차린다. … 수행자는 마음에 미움이 존재할 때와 사랑이 존재할 때를 서로 다르게 알아차린다. … 수행자는 마음에 걱정이 있을 때와 마음이 평온할 때를 구분해 알아차린다."

자신의 마음을 바라보면 마치 날씨를 관찰하듯이 현재 자신의 마음을 뒤덮고 있는 정신 상태를 관찰할 수 있다. 폭풍우가 비와 바람, 추위를 몰고 오듯이 우리는 안 좋은 날이면 무리지어 나타나는 건강하지 못한 마음 상태를 관찰할 수 있다. 분개, 두려움, 화, 걱정, 의심, 질투, 동요 등을 발견할 수 있다. 또 건강하지 못한 마음 상태가 얼마나 자주 일어나는지도 관찰할 수 있다. 그리고 우리가 건강하지 못한 마음 상태의 관점에 집착하고 있음을 관찰할 수 있다.

반면 매우 자유롭고 마음이 열린 때에는 건강한 마음 상태를 관찰할 수 있다. 사랑, 관대함, 유연함, 편안함, 단순함이 우리에게 얼마나 자연스러운 상태인지 관찰한다. 이런 마음 상태를 관찰하는 것이 중요한 이유는 이런 마음 상태를 관찰할 때 우리가 가진 본래적 선함과 불성을 신뢰할 수 있기 때문이다.

준이라는 여성은 혼란스러운 이혼 과정에서 나를 찾아왔다. 그녀는 열한 살 딸아이가 유독 걱정스러웠다. 준과 나는 먼저 함께 앉아서 명상을 했다. 우리는 무엇도 고치려 하지 않았다. 단지 지금 상황에서 일어나는 슬픔과 상처를 연민의 마음으로 품어 안았다. 우리는 준의 경험을 위급 상황으로 간주하고 그것을 변화시키려 시도하는 대신, 심호흡을 몇 차례 한 뒤에 단지 지금 순간에 현존하는 경험 속으로 들어가고자 했다. 이렇게 하자 널찍한 마음 공간이 새롭게 생겼다. 이 공간에서 나는 준에게 자신의 내면 상태를 알아차리도록 요청했다. 그녀가 무엇을 느끼고 생각하고 있는지 알아차리게 했다. 그러자 그녀는 즉각 울음을 터뜨렸다. 그녀는 자기 내면의 삶이 극심한 걱정과 동요에서부터 자기 비난과 죄책감, 분노에 걸쳐있다고 말했다. 그녀는 잠을 제대로 이루지 못했다. 아직 오지 않은 상상의 미래를 머릿속에 그리며 그녀는 괴로워했다. 의사는 안정제를 처방했고, 조금은 진정 효과가 있었다. 하지만 준의 마음은 여전히 격한 감정에 쉽게 휩싸였다.

나는 준에게 현재 일어나는 마음 상태를 부드럽게 소리 내어 말해보라고 했다. 그러자 그녀는 분노와 두려움의 마음 상태가 덩어리져 일어나는 순간에 그것을 알아보기 시작했다. 그 감정 덩어리가 얼마나 끈적끈적한지, 또 그것이 드리우는 마법을 자신이 얼마나 쉽게 사실로 믿는지 느낄 수 있었다. 우리가 함께 앉아 명상하는 과정에서 그녀의 마음챙김이 점점 튼튼해졌다. 이제 그녀는 그 감정 덩어리가 자기 삶의 전부가 아님을 알아보기 시작했다. 그녀는 살짝 웃음을 지었다. 그리고 편안한 마음을 느껴본 지가 무척이나 오래되었음을 깨달았다.

이렇게 새롭게 열린 마음을 북돋고 지지하기 위해 나는 마음챙김과 연민 수련으로 매일 좌선 명상을 하는 온전한 프로그램을 준에게 제안했다. 준은 곧 자신의 전 남편이 될 남자를 향해 해치지 않음(non-harming)의 수행을 열심히 수련했다. 매일 아침 준은 만나는 모든 사람을 향해 연민과 평화의 의도가 담긴 말을 되뇌었다. 준은 자기 삶의 상황을 단순하게 만들었으며 몇몇 친구와 다시 운동을 시작했다. 나는 정기적으로 준을 만나 그녀가 건강한 마음 상태를 키우고 내면의 강함과 선함을 신뢰하게 하는 변화를 지지해주었다.

준은 긴 법적 절차를 지나며 마침내 충분한 돈과 공동 양육권을 갖게 되었다. 그녀는 말하기를, 명상을 하긴 했지만 그 기간 동안 괴로워하며 번민했다고 한다. 그러나 그토록 커다란 고통을 당했기에 오히려 자신의 마음을 어떻게든 변화시켜야 한다는 동기가 생겼다. 마음챙김에 대한 헌신을 통해 준은 두려움과 질투의 마음 패턴이 건강하지 못한 마음 상태임을 분명히 알아보았다. 그녀는 이 마음 패턴이 자신의 몸과 마음에 커다란 고통을 가져온다는 사실도 보았다. 이 마음 패턴은 독성이 강하고 파괴적이었다. 더 사랑하는 삶을 살고 싶었던 준은 점차 이 마음 패턴을 내려놓기 시작했다.

라마 예셰(Lama Yeshe)는 이렇게 말한다. "자신의 마음을 공부하는 심리학자가 되기 위해 거창한 철학을 공부해야 하는 것은 아닙니다. 단지 매일 자신의 마음을 살펴보면 됩니다. 당신은 이미 물질적 사물에 대해서는 매일 살펴보고 있을 겁니다. 매일 아침 당신은 냉장고에 든 음식을 확인할 것입니다. 그렇다면 자신의 마음 상태는 왜 매일 체크하지 않습니까? 마음을 살피는 일은 훨씬 더 중요한데 말입니다!"

마음 상태를 알아차리는 법을 알면 우리의 마음 상태가 얼마나 습관적이며 조건화 되어있는지 알게 된다. 현대의 신경과학은 우리가 지금까지 보인 반응이 자신의 신경 시냅스에 각인되어있다고 본다. 그래서 이 시냅스가 이후에도 같은 메시지를 전할 가능성이 크다고 말한다. 주의를 기울여 살펴보면 우리가 한순간의 경험에도 자주 즉각적으로 반응하고 있음을 알게 된다. 우리의 반응이 이처럼 매우 비개인적이며 습관적임을 깨닫는 것은 우리에게 충격으로 다가온다. 그렇지만 우리는 마음챙김을 통해 더 건강한 반응을 고르는 선택권을 가질 수 있음을 서서히 알게 된다.

명상 수행자인 제레미는 예전 친구였던 자크와 겪은 힘든 일을 내게 털어놓았다. 자크는 사업 거래에서 제레미를 배신한 일이 있었다. 예전에는 친구인 자크를 볼 때 다정함과 관심, 행복이 일어났지만 이제는 분노, 슬픔, 걱정, 불행이라는 정신적 성질이 일어났다.

이 두 가지 각본에서 자크를 만나는 감각 경험은 다르지 않다. 중요한 차이는 이 경험과 함께 일어나는 정신적 성질에 있다. 자크의 집 부근에 살았던 제레미는 자크와 자주 마주쳤다. 둘은 대화를 시도했다. 어떤 때는 함께 명상을 하기도 했다. 그렇지만 제레미가 느끼는 분노와 억울함은 사라지지 않았다. 자크를 보면 배신감으로 조건화된 자동적 반응이 일어났다. 배신의 기억이 다시 떠오르자 제레미는 자신의 마음과 몸이 쪼그라드는 것을 느꼈다.

다음번 자크를 만났을 때 제레미는 자크에게 5백 번이나 부당한 취급을 당한 이야기를 떠올리는 대신 그저 거기에서 멈추었다. 고통을 느끼면서 제레미는 그 속으로 깊이 들어갔다. 그렇다. 거기에는 분명 고통이 존재했다. 그러나 이제 제레미는 더 큰 상실감을 막기 위해 어떻게 해야 하는지 알고 있었다. 그는 편안하게 호흡하면서 이제 새롭게 일어나는 문제가 없음을 보았다. 그리고 자신의 현재 마음 상태는 과거의 갈등으로 일어난 결과에 불과함을 알아보았다. 다시 호흡하면서 제레미는 분노와 불안을 있는 그대로 놓아두었다. 그러면서 그것을 마음챙김으로 품어 안았다. 분노와 불안을 더 키우지 않았다. 그러자 분노와 불안은 잦아들었다. 대신 그 자리에 고요한 편안함이 일어났다. 예전 친구가 곁을 지날 때면 제레미는 배신감을 느끼면서도 그 불행한 상태에 계속 빠져있을 필요는 없음을 알았다. 자신의 마음 상태를 바라보는 단순한 행동으로 제레미는 이해와 자유를 향한 걸음을 내딛었다.

아잔 차 스님은 이렇게 가르쳤다. "지혜가 있으면 경험과 접촉하는 것이 마치 잘 익은 망고나무 아래 서 있는 것과 같습니다. 즉, 지혜가 있으면 제대로 익은 망고와 썩은 망고를 구분해 선택할 수 있습니다. 이때는 모든 것이 당신에게 유익합니다. 당신은 어떤 과일이 당신을 아프게 만드는지, 어떤 과일이 건강에 좋은지 알고 있습니다." 마음챙김을 훈련함으로써 우리는 건강에 좋은 과일과 건강에 해로운 과일을 분명히 구분한다. 즐거운 경험과 괴로운 경험에 대해 마음챙김을 수련한다면 어떤 일이 일어나든 그에 대해 건강한 반응을 일으키는 마음챙김의 힘을 발견할 수 있다. 마음챙김은 모든 건강한 마음 상태 가운데 왕과 왕비의 위치에 있다고 할 수 있다. 왜냐하면 마음챙김은 지금 여기에 어떤 경험이 존재하는지 알아보고, 우리의 타고난 정직, 사랑, 관대함, 단순함이 일어나는 조건을 만들기 때문이다.

자신의 마음 상태에 대한 마음챙김이 있을 때 우리는 평화를 수련할지 아니면 전쟁에 나설지 선택할 수 있다. 또 고통스러운 상태에 갇혀 꼼짝달싹 못할지 아니면 그로부터 벗어날지 선택할 수 있다. 이때 우리는 마음을 뒤덮은 진흙을 걷어내고 그 안의 황금이 빛나게 만들 수 있다.

정신적 상태 인지하기

자신의 마음 상태를 인류학자가 하듯이 깨어있는 마음으로 판단과 저항 없이 관찰하기 어려운 어느 날을 선택합니다. 대개는 몇 가지 힘겨운 마음 상태가 함께 일어날 것입니다. 걱정, 동요, 분노, 혼란, 집착, 들뜸, 잘못된 인식 같은 것들입니다.

이날 당신이 어렵게 느끼는 세 경우를 선택합니다. 그러고는 당신의 마음 상태가 변해가는 과정을 면밀히 관찰하고 추적해봅니다. 어떠한 판단도 없이 현재 어떤 마음 상태가 존재하는지, 그 강도는 어느 정도인지, 얼마나 오래 지속되는지, 거기에 얼마나 빠져있는지 등을 관찰해 봅니다. 가능하다면 노트에 기록해도 좋습니다. 이 과정을 이틀 동안 더 해봅니다. 사흘 뒤에 자신의 힘겨운 마음 상태를 깨어있는 마음으로 관찰한 결과, 어떤 효과가 있었는지 느껴봅니다. 만약 이로써 그 마음 상태에 사로잡힌 당신이 어떤 깨달음을 얻었거나 그로부터 벗어날 수 있었다면 이 수행을 계속하십시오.

다음에는 마찬가지 방식으로 당신이 가장 긍정적인 기분을 느끼는 날을 선택합니다. 그런 다음 지금 존재하는 건강한 마음 상태를 깨어있는 마음으로 관찰합니다. 건강한 마음 요소에 어떤 것이 있는지는 88쪽 도표에 나와 있습니다. 당신은 균형, 명료함, 유연함, 상냥함, 사랑, 지혜, 확신, 기쁨 같은 마음 상태를 관찰하게 될 것입니다. 가장 주를 이루는 마음 상태를 관찰합니다. 그것이 얼마나 강한지, 얼마나 오래 지속되는지, 혹시 이런 마음 상태에 집착하고 있지 않은지 관찰합니다. 가능하다면 노트에 기록을 해도 좋습니다. 이 연습을 이틀 더 해봄니다.

　사흘 뒤에 건강한 마음 상태를 깨어있는 마음으로 알아보는 작업이 당신에게 어떤 효과를 일으켰는지 느껴봅니다. 이 건강한 마음 상태를 주의를 기울여 알아차리고 지지할 수 있음을 인식해 봅니다. 방법을 터득했다면 이제 이 수행을 지속합니다.

5

자아라는 신비의 환영

도(道)를 공부하는 것은 자아를 공부하는 것

자아를 공부하는 것은 자아를 잊는 것

자아를 잊는 것은 모든 사물에서 깨달음을 얻는 것

_ 선승 도겐

우리는 무엇이든 지나치게 개인적으로 받아들입니다. 그런데 자아를 단단히
움켜쥘수록 문제가 더 많이 일어납니다. 자아가 없으면 (웃음) 문제도 없습니다.

_ 선승 히나-티아나 담마 로카

처음 계를 받은 승려는 불교 수계식의 마지막에 깊은 숲속 사원의 신성한 수풀에서 자신의 첫 명상 지침을 받는다. 그것은 "나는 누구인가?" 하는 질문이다. 이것은 체계적인 자기 탐구 수련이다. 우리는 몸에서 시작해 이렇게 묻는다. "피부, 머리카락, 뼈, 기관, 혈액이 나인가? 이 몸이 나인가?" 현대 과학은 우리 몸을 구성하는 분자가 7년마다 완전히 새것으로 바뀐다고 말한다. 이 몸을 구성하는 물리적 요소가 내가 아니라면 무엇이 나인가? 변화하는 느낌의 흐름이 나인가? 기억과 지각이 나인가? 생각과 관념, 견해와 신념이 나인가? 나는 과연 누구인가?

이것은 이론적 질문이 아니다. 우리가 안고 있는 문제와 슬픔의 한가운데서 던질 수 있는 지극히 실제적인 질문이다. 나는 자신을 누구로 여기는가? 직장에서, 가정에서, 공동체에서, 그리고 나 자신의 마음속에서 나는 자신을 누구라고 생각하는가? 이 질문에 어떻게 답하느냐에 따라 우리는 혼란과 어려움에 봉착할 수도 있고, 자신이 어디에 있든 자유와 편안함에 이를수도 있다. 이 질문은 우리가 인간으로 처한 곤경을 이해하는 데 절대적으로 중요한 질문이다.

고전적 불교 이해에 따르면 자아가 존재한다는 감각이 일어나는 원인이 되는 두 가지 정신적 상태가 있다. 하나는 자아견(self-view)이라고 하는 것으로 자기 경험의 특정 측면을 '나', '나의 것'으로 간주하는 것을 말한다. 둘째는 비교하는 견해(compared view)로 이렇게 만들어진 자아 감각을 타인의 자아 감각과 비교해 '더 좋다, 더 나쁘다, 동등하다'고 여기는 것이다. 우리가 자신의 몸, 마음, 신념, 역할, 삶의 상황을 나로 동일시할 때마다 우리는 자아 감각을 만들어내고 있다. 이런 동일시는 자신의 느낌, 생각, 지각을 '나', '나의 것'으로 간주할 때마다 무의식적으로 일어난다.

자아 감각은 건강한 방식으로 일어날 수도 있고 건강하지 못한 방식으로 만들어질 수도 있다. 어느 친구가 지역 학교의 이사회 자리를 놓고 치른 선거에서 낙방했다. 자신에 대한 악의적 비방이 난무하자 그녀는 이 비난을 자신과 동일시했다. 그녀는 비난을 매우 개인적으로 받아들였다. 또 어느 남자는 꼬장꼬장하고 연로한 아버지로부터 자신의 이름을 유언장에 올릴 수 없다는 말을 들었다. 남자의 '착한' 누이들만이 유산을 물려받을 거라고 했다. 남자는 자신을 누이들과 비교하며 패배감에 시달렸다. 그는 '거부당한 아들'이라는 역할을 자신으로 동일시했다. 어느 여성의 딸이 열일곱의 나이에 임신을 해 엄마가 되었다. 그 여성은 딸에게 이런 일이 일어나도록 방치한 자신을 '나쁜 엄마'로 규정했다. 그런데 태어난 손녀딸이 너무나 귀여웠다. 여성은 지금까지의 모든 평가를 내려놓고 '활기차게 사랑을 주는 할머니'가 되었다. 이제 이것이 그녀의 정체성이 되어 그녀의 삶을 되찾아주었다. 그런데 딸이 먼 곳으로 이사를 갔다. 그녀는 이제 자신을 '늘 버림받고 배신당하는 사람'으로 동일시했다. 이 모든 과정에서 그녀는 정말 누구인가?

불교 수련에서 우리는 정체성이라는 견해 자체를 탐구한다. 이 모든 역할의 한가운데서 우리는 과연 누구인지 질문하는 것이다. 이 과정에서 우리는 마음챙김을 체계적으로 수련함으로써 정체성의 껍질이 열리고 하나씩 떨어져나가 결국에는 녹아 사라짐을 보게 된다. 우리는 제한된 자아 감각을 '나'로 동일시할 때 고통이 일어난다는 사실을 알게 된다. 이 제약에서 스스로 벗어날 수 있다면 평생의 고통에서 자유로워질 수 있다.

불교 심리학의 다섯 번째 원리는 이것이다.

5

우리가 지닌 자아 관념은 동일시에 의해 만들어진다. 자아 관념에 집착하는 정도가 적을수록 더 행복하고 자유로워진다.

명상 수련회를 찾은 미치는 오래된 고통스러운 개인사를 가지고 있었다. 네살 때 도박꾼 아버지가 가정을 버렸고, 새로 생긴 의붓아버지는 세 자녀에게 신체적, 성적 학대를 일삼았다. 고등학교에 진학한 미치는 고통을 삭이려고 마약에 손을 댔다. 미치의 누나는 정신병원을 드나들었다. 미치는 중독자를 위한 12단계 모임에서 얻은 지지에 힘을 내 대학을 마치고 소프트웨어 엔지니어가 되어 경력을 쌓았다. 이후 미치는 결혼을 해서 두 자녀를 두었다. 불교에 관한 책을 읽으면서 미치는 내면적 삶에 대한 불교의 체계적 접근이 자신이 익힌 기술 지능과도 잘 어울린다는 것을 알았다. 처음 참여한 몇 차례 명상 수련회는 무척 힘이 들었다. 미치는 마음을 가만히 놓아두지 못했다. 하지만 포기하지 않고 계속했다. 그러자 몸의 통증과 생각이 일어나는 과정이 더 수월하게 다가왔다. 이렇게 마음의 평안을 얻은 미치는 또 다른 명상 수련회에 등록했다.

그 수련회에서 미치는 산산이 부서지는 경험을 했다. 지금껏 자신이 열심히 쌓아온 성인으로서의 역할-엔지니어, 아버지, 남편으로서의 자신에 대한 감각-이 모두 허식과 겉치레로 느껴졌다. 어렸을 때 겪은 두려움과 혼란을 또 다시 경험했다. 그는 명상 수련회에서 수행자들이 흔히 겪는 퇴행을 경험하고 있었다. 그는 상처받고 놀라고 매우 어린 것처럼 보였다. 미치는

마음이 아플 땐 불교심리학

자신의 고통이 영원히 지속될까 두려웠다. 나는 미치에게 이 모든 것을 견뎌내는 법을 배울 수 있다고 믿도록 격려했다. 미치가 물었다. "나 자신이 끔찍하게 느껴져요. 무가치한 존재로 느껴져요. 이 상황을 어떻게 해야 할까요?" 나는 미치에게 몇 차례 호흡을 한 뒤 대지 위에 앉아있는 자신의 몸을 느껴보도록 했다. 준비가 된 미치는 자기 몸의 상태를 깨어있는 마음으로 살피기 시작했다. 미치는 자기 몸을 작고 조인 상태로 느꼈다. 그의 몸은 고통스러워하고 위축되어있었다. 고통스러운 느낌이었지만 미치는 서서히 그 느낌 주변에서 이완해 들어갔다. 충격과 연약함, 무력감, 두려움, 분노가 있었다. 나는 미치에게 그가 몇 살로 느껴지는지 물었다. "여덟 살이요." 미치가 말했다. 나는 또 물었다. "이 느낌과 함께 일어나는 생각이나 이야기가 있나요?" 미치가 말했다. "'내가 싫어. 난 형편없는 인간이야. 언제까지나 이럴 거야.' 라고 계속 말하고 있어요." 그러나 미치는 점차 한발 뒤로 물러나 마음챙김으로 이 생각들을 관찰할 수 있게 되었다.

그런 다음 나는 미치에게 물었다. "당신이 지금까지 오랫동안 들려준 이 이야기들이 진실인가요? 이것이 정말 당신의 본질입니까?" 나는 미치를 부드럽게 똑바로 쳐다보았다. 그러자 그 이야기를 자신으로 동일시하던 미치의 생각에 변화가 일어나기 시작했다. 나는 계속 말했다. "당신의 몸에 일어나는 이 모든 감각의 변화와 통증, 긴장이 당신 자신일까요?" "그렇지 않아요." "그러면 당신의 힘겨운 느낌과 두려움, 무력감이 당신의 참 자아일까요?" "글쎄요, 아니에요." "그러면 판단이 뒤섞인 생각과 이야기가 당신의 본질일까요?" "아뇨. 나는 그 모든 걸 내 안에 담고 있지만, 그것이 곧 나 자신은 아니에요." "그렇다면 이 모든 것을 알고 있는 자는 누구일까요? 한번 들여다보세요." "아무도 없는 것 같아요. 그냥 아는 것만이 있어요. 누가 아는

지는 잘 모르겠고요." "그것이 어떤 느낌이죠?" 이때 미치가 크게 웃으며 말했다. "마음이 한결 자유로워졌어요!" 우리는 그렇게 앎에 머문 채 한동안 앉아있었다.

점차 미치는 저항과 동일시를 하지 않고 경험의 각 단계에 마음을 여는 법을 터득했다. 붓다가 과거 생의 괴로운 조건을 통찰한 것처럼 미치는 커다란 연민의 마음으로 이 모든 것을 품어 안는 법을 수련했다. 이 과정에서 미치의 내면은 상처 입은 자아가 자신의 진정한 모습이 아니라는 사실을 깨달았다. 이렇게 미치는 조금씩 치유되었다.

붓다는 자신을 따르는 제자들과 나눈 대화에서 그들의 참 본성에 대해 자주 질문했다. "비구들이여, 끊임없이 변하는 이것을 자아라고 할 수 있는가?" "자아라고 할 수 없습니다." "변하는 신체의 감각적 경험이 자아인가?" "아닙니다, 스승이시여." 제자들이 답했다. "변하는 느낌과 지각이 자아인가?" "그렇지 않습니다." "계속해서 바뀌는 생각과 정신의 형성물이 자아인가?" "결코 그렇지 않습니다, 스승이시여." "변하는 의식 상태를 자아로 집착할 수 있는가?" "그렇지 않습니다, 스승님." 붓다는 말을 이었다. "궁극적인 의미에서 이 모든 것에는 자아가 존재하지 않는다."

우리가 자아로 간수하는 이것은 임시적이고 허구적인 성질을 지녔다. 그것은 우리가 집착으로 만들어낸 것이다. 우리는 자기 경험의 일부를 일시적으로 '나'로 동일시한다. 자아가 일어나면 그것은 스스로 딱딱해진다. 마치 얼음이 물에 떠 있는 것과 같다. 얼음은 실제로 물과 동일한 물질로 되어있지만 동일시와 집착이 있을 때 물은 딱딱한 얼음으로 굳어버린다. 우리도 자신의 자아를 물과 섞이지 않는 얼음처럼 분리된 어떤 것으로 느낀다.

발달의 역설

서양 심리학과 불교심리학 모두 건강한 자아의 발달이 필요하다고 말한다. 실제로 서양의 임상적 관점에서는 자기 정체성을 찾지 못하는 것을 위기로 간주한다. 보통 건강한 자아 감각을 발달시키는 것은 자연스러운 과정이다. 서양 심리학에서 프로이트와 그의 추종자들은 자아 발달의 단계에 대해 상세히 설명했다. 아이가 어떻게 어머니로부터 자신의 정체성을 점차 분리해가는지, 그리고 자신을 어떻게 독립된 존재로 느끼는지 설명했다. 아이는 어머니가 자신의 깊은 필요와 갈망을 언제나 충족하지 못한다는 사실을 알게 된다. 그러면서 예측 불가의 세계를 다루고 통제하려는 강력한 욕구가 생겨난다. 이 과정에서 아이의 자아 감각은 더욱 강해진다. 아이의 마음은 위안을 주는 기억과 언어적 기술, 문제해결 방법을 발달시켜 자신을 독립된 존재로 느낀다. 아이는 이렇게 삶의 두려움과 좌절을 처리하는 법을 배운다. 성공적인 자아 감각은 곧 성숙한 신체적, 사회적 능력과 동일하게 간주된다. 프로이트는 이런 핵심 능력이 발휘하는 기능을 '에고'라고 불렀다. 에고는 서양 심리학에서 정신건강을 정의하는 가장 중요한 개념 가운데 하나다.

　『청정도론』등의 불교심리학 텍스트에도 자아의 발달에 관한 유사한 내용이 설명되어있다. 불교심리학 텍스트는 지구에 태어난 존재들이 어머니의 젖이라는 진미로부터 딱딱한 음식으로 옮겨가면서 그들이 가진 본래적 빛이 변질되는 과정을 이야기한다. 좋아함과 싫어함이 점점 강해지고 좌절감이 생겨난다. 모든 음식이 재스민 꽃향기를 풍기던 세상이 이제 살기 힘든 곳으로 변한다. 새로 태어난 존재는 대소변을 봐야 한다는 사실을 깨닫는다. 남성과 여성이 존재함을 알게 되고, 서로에 대해 끊임없이 생각한다. '나'와 '내 것'의 경계를 정해 서로 충돌한다. 그리고 이 과정에서 자기를 방어할 필요가 생긴다. 그러면서 자신의 충동을 제어하는 법을 배우고 자기 내면의 지도력이 커진다. 이들 다양한 단계를 거치면서 세상을 항해하는 데 도움을 받기 위해 임시적인 자아 감각이 점점 강해진다.

　　가장 작은 생명체부터 복잡한 생명체, 나아가 인간에 이르기까지 자기와 외부의 경계를 만들고 분리를 인지하는 것은 보편적인 현상이다. 불교심리학이 우리에게 주는 선물이 있다면 우리를 다음 단계로 나아가게 한다는 것이다. 즉, 불교심리학은 분리된 자아 너머를 보는 진화적 능력을 우리에게 부여한다. 기능적 자아는 그것이 아무리 건강하다 해도 우리의 본질이 아니다. 성인이 되어서도 초기 발달 단계에 머물러 있다면 그만큼, 또 그에 동일시되어 있는 만큼 우리가 겪는 고통은 지속된다. 서양 심리학과 달리 불교심리학은 일반적인 발달 과정으로 모든 문제가 해결되지 않음을 알고 있다. 불교심리학은 기능적 자아로부터 자아 없음, 즉 무아(無我)의 발견으로 나아가는 길을 제시한다. 불교심리학은 자아 감각이 매 순간 만들어지는 과정을 보여준다. 그런 다음 동일시를 해제하고, 자아 너머에 존재하는 기쁜 열림의 상태를 보여준다.

　　불교심리학과 서양 심리학의 자아 이해를 비교할 때 언어 때문에 혼동이 일어날 수 있다. 예컨대 우리는 자아라는 심리 개념을 두 가지로 사용한다. 서양 심리학에서 말하는 기술적 의미의 자아(ego)란 우리의 마음이 가진 건강한 자기 조직적 측면을 말한다. 반면 영성적 측면에서 흔히 말하는 자아는 '자기중심적', '이기적'이란 단어에서 보듯이 다소 부정적인 의미를 갖는다. 마찬가지로, 자아(self)를 설명할 때도 건강한 자아 감각에서 무아를 말하는 불교의 설명에 이르기까지 여러 가지 의미로 사용되어 당황스러운 경우가 있다. 다음 도표를 보면 조금 더 분명하게 이해할 수 있다.

서양 심리학

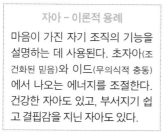

자아 – 이론적 용례

마음이 가진 자기 조직의 기능을 설명하는 데 사용된다. 초자아(조건화된 믿음)와 이드(무의식적 충동)에서 나오는 에너지를 조절한다. 건강한 자아도 있고, 부서지기 쉽고 결핍감을 지닌 자아도 있다.

건강한 자아 감각

삶을 주도하고 좌절에 대처하며 자원을 동원하고 갈등을 처리하며 일하고 사랑하고 창조하고 자신과 타인을 보살피는 기능적 능력

불교심리학

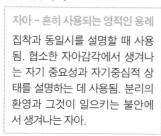

자아 – 흔히 사용되는 영적인 용례

집착과 동일시를 설명할 때 사용됨. 협소한 자아감각에서 생겨나는 자기 중요성과 자기중심적 상태를 설명하는 데 사용됨. 분리의 환영과 그것이 일으키는 불안에서 생겨나는 자아.

정신적 건강

지혜, 확신, 평정, 유연함, 사랑, 전일성, 통찰, 관대함 등 건강한 정신적 성질이 성숙하는 것.

무아

자아 감각과 분리 감각이 임시적이며 허구이고 집착과 동일시로부터 일어남을 알게 되는 것. 자아와의 동일시에서 놓여날 때 최상의 정신 건강, 자유, 연민, 기쁨을 가져옴.

동일시

무아의 가르침을 처음 들으면 혼란을 느끼거나 심지어 두려움이 일어날 수도 있다. 우리는 자아가 존재하지 않는다는 무아가 마치 내가 당장 죽는 것처럼 받아들인다. 또 무아가 나의 자아를 잃어버림을 의미하는 것은 아닌지

두려워하기도 한다. 그러나 무아의 심리학은 전혀 그런 것이 아니다. 실제로 우리는 무엇도 바꾸거나 없앨 필요가 없다. 단지 우리의 자아가 존재한다는 허구적 생각을 꿰뚫어 통찰하는 것이 전부다. 이렇게 통찰할 때 우리는 제한된 자아 감각을 내려놓을 수 있음을 알게 된다. 집착과 동일시가 우리의 선택사항임을 알게 된다.

이 동일시의 과정을 직접 확인하려면 이 책을 읽는 동안 당신 스스로 실험을 하나 해보라. 당신이 이 책이라고 상상해보라. 책을 곧 당신으로 동일시하는 것이다. 책이 곧 당신인 척하는 것이다. 당신이 책이라면 당신은 어떻게 느끼겠는가? '나는 새 책이야. 멋진 표지를 가진 나는 글과 앎으로 가득해. 사람들은 이런 나에게 관심을 가질 거야. 나는 사람들이 나를 읽는 게 좋아. 어쩌면 베스트셀러가 되어 유명해질지도 모르지. 물론 아닐 수도 있지만.' 이제 당신이 책을 덮을 때 어떤 일이 일어나는지 보라. 부드럽게 책을 덮어보라. '존중받는 이 느낌, 참 좋아.' 다시 책을 펼친 뒤 이번에는 거세게 책을 덮어보라. 방석 밑으로 밀어 넣거나 다른 책들 사이에 보이지 않게 책을 묻어보라. 이번에는 어떤 느낌이 드는가? '쾅 닫히는 느낌이 싫어. 눈에 보이지 않게 치워버리는 것도 싫고, 나를 떨어뜨리거나 안 보이는 곳에 숨기는 것도 마음에 들지 않아.' 자, 이제 책을 당신으로 동일시하는 것을 멈춰보라. 이제 책은 당신이 아니라 그저 '책'일 뿐이다. 다시, 책을 열고 닫아보라. 책을 다른 곳에 치워두거나 숨겨보라. 이번에는 느낌이 어떻게 다른지 보라. 이제 그 책은 당신이 아니다.

이런 동일시의 과정은 끊임없이 일어나고 있다. 내가 공부했던 인도의 정신적 스승 스리 니사르가닷타(Sri Nisargadatta)는 웃으며 이렇게 말하고는 했다. "당신은 자신을 사물과 너무 쉽게 동일시합니다. 당신의 몸, 당신의 생각,

마음이 아플 땐 불교심리학

당신의 의견, 당신의 역할을 당신으로 동일시합니다. 그래서 당신은 고통을 겪습니다. 나는 모든 동일시를 내려놓았습니다." 그는 자신의 손을 들어 설명하고는 했다. "지금 나의 엄지손가락과 집게손가락이 닿아있습니다. 두 손가락이 어떻게 닿아있는지 한번 보십시오. 만약 집게손가락을 나로 동일시한다면 나는 느끼는 주체가 되고 엄지손가락은 나의 경험 대상이 됩니다. 이제 동일시를 뒤바꾸어 엄지손가락을 나로 동일시한다면 이번에는 집게손가락이 대상이 됩니다. 이렇게 주의의 초점을 바꿔봄으로써 나는 내가 바라보는 그 대상이 됨을 알 수 있습니다. … 이처럼 지금과 다른 의식의 초점 속에 들어가는 능력을 나는 사랑이라고 부릅니다. 거기에 어떤 이름을 붙여도 좋습니다. 사랑은 이렇게 말합니다. '나는 모든 것이다.' 지혜는 이렇게 말합니다. '나는 아무것도 아니다.' 사랑과 지혜라는 두 길 사이로 나의 삶이 흐릅니다."

정체성을 바꾸는 능력은 인도의 정신적 스승들만 가진 것이 아니다. 그것은 인간이라면 누구나 가진 능력이다. 우리에게 주어진 다양한 과제는 서로 다른 정체성에 들어가는 우리의 능력을 키워준다. 최고의 사냥꾼은 자기가 좇는 동물이 되며, 능숙한 탐정은 범인의 정체성 안으로 들어간다. 연기자는 다른 정체성 안으로 설득력 있게 들어갈 때 멋진 연기를 할 수 있다. 자연스럽게, 그리고 본능적으로 아기와 동일시하는 어머니는 아기가 우는 이유를 안다. 사랑하는 연인들은 둘의 심장이 마치 하나처럼 뛴다고 말한다.

그런데 이상의 경우는 모두 건강하게 동일시를 내려놓은 사례이다. 그것은 정신병 환자가 자신의 손을 낯선 대상으로 바라보는 자기 소외와는 다르다. 정신병 환자의 자기 소외는 잘못된 단절이다. 그것은 망상과 병리의 결과이다. 그리고 동일시를 내려놓는다는 것은 모든 사람이 가진 저마다의 놀랍고 유일하고 독특한 본성을 부정하는 것이 아니다. 우리들 각자의 개성이 여전히 유지되면서도 자기중심적 집착과 두려움이 존재하지 않는다. 이제 우리의 정체성은 마치 강물처럼 보다 임시적이고 유동적인 것이 된다. 매 순간이 새로 태어난다. 지혜는 우리가 아무것도 아니라고 말하며, 사랑은 우리가 모든 것이라고 말한다. 우리의 삶은 이 둘 사이에서 흐른다.

역할과 이미지에 대한 동일시

우리는 삶이 우리에게 던지는 수많은 역할들을 살펴봄으로써 동일시를 직접적으로 공부할 수 있다. 예컨대 나는 자신을 남자, 아들, 부모, 노동자, 학생, 남편, 아버지, 교사, 납세자, 치유자, 환자, 시민, 반대자로 인식한다. 또 특정 종족과 민족과 종교의 구성원으로 간주한다. 이 모든 것이 역할이다. 자신이 처한 상황과 조건에 따라 각각의 역할이 생겨난다. 어렸을 때 우리는 부모님과 함께 있을 때 아들과 딸의 역할을 가장 강하게 느낀다. 우리는 아들과 딸의 역할을 다하려고 노력한다. 또 그에 따라 행동한다. 그러나 부모님이 곁에 없을 때, 친구들과 놀 때-물론 어머니가 본인의 불안정한 정체성 때문에 우리에게 언제나 어머니만을 생각하라고 말하지 않을 때-아들과 딸의 역할은 떨어져 나간다.

우리 중 많은 이가 일주일에 40시간 동안 노동자나 부양자의 역할을 수행한다. 그런데 이 정체성에 집착한다면 우리는 집착하는 만큼 고통을 당하게 된다. 만약에 내가 집에 돌아가서도 불교 지도자의 역할을 고수한다면 그것은 재앙이나 다름없다. 만약 녹초가 된 아내에게 인내와 관대함에 관한 불교의 가르침을 전하려 든다면 아내는 내가 그녀를 가르치려 든다는 것을 느끼고 즉시 정원 손질과 설거지가 내 차례임을 상기시킬 것이다. 또 우리 딸은 나에게 명상 지도자나 심리학자의 역할을 기대하지 않는다. 딸은 자기 말을 잘 들어주고 자기 경험을 이해해주며 함께 놀아주고 지지해주고 공감해주는 평범한 아버지를 원한다. 동업자, 남편, 아버지로서의 나의 역할은 각각 서로에게 배움을 얻는다. 만약 어느 여경찰관이 친구들과 밖에서 노는 동안 편안하게 한 사람의 인간으로 존재하지 못한다면 그녀는 자신의 정체성에 갇혀있는 것이다. 만약 어느 회사 사장이 아들을 보살펴야 하는 시간에도 회사 업무를 놓지 못한다면 아버지와 아들 모두 고통을 당한다. 마서즈 빈야드(미국 매사추세츠 주 케이프코드 연안의 섬. 고급 휴양지다-옮긴이)에 놀러간 어느 가족을 그린 만화가 생각난다. 가족들은 모두 수영복을 입고 있는데 오직 아버지만 비즈니스 정장을 입은 채 서류 가방을 들고 있다. 아내는 웃으며 이렇게 말한다. "당신이 매일 출근하는 덕분에… (우리가 이렇게 놀 수 있죠.)" 재미있는 만화이지만 그 아래 숨은 뜻은 꽤나 슬프다.

현명하기 위해 우리는 각각의 역할에 온전히 들어가는 동시에 알아차림과 연민의 마음을 일으켜야 한다. 자기 역할을 다했을 때는 그것을 내려놓을 줄도 알아야 한다. 결혼을 했다면 싱글의 습관에서 벗어나야 한다. 자녀가 성인이 되면 자녀의 삶을 관리하는 낡은 부모 역할을 내려놓아야 한다. 새 직장을 얻거나 기존 직장을 떠나는 경우, 그리고 퇴직을 하거나 직원에서 사장으로 역할이 바뀌는 경우, 우리는 기존 역할을 내려놓고 새 역할을 떠맡아야 한다. 이 모든 임시적 역할의 아래에서 이 역할들이 진정한 우리 자신이 아님을 잊지 않을 때 우리는 자유로울 수 있다.

자기가 맡은 역할을 자신으로 동일시하는 것과 마찬가지로 우리는 자기 이미지(self-image)에 대해서도 동일시하기 쉽다. '나는 사람들에게 똑똑하고 매력적이며 강한 사람으로 보이는가?' 우리는 자주 이런 걱정을 한다.

그 이유는 우리 안에 그와 반대되는 성질을 느끼기 때문이다. 그래서 이것을 보상하기 위해 자기 이미지를 만들어낸다. 나의 동료 한 사람은 명상 중에 이런 보상적 생각이 너무 자주 일어나 그것들이 일어날 때마다 농담조로 이름을 붙이기 시작했다. "좋은 사람으로 보이기, 좋은 사람으로 보이기." 그는 좋은 사람으로 보이려고 끝없이 애쓰는 자신을 단순하게 바라보면서 커다란 연민과 편안함을 느꼈다.

대중 강연가로서 나는 내가 긴장하는 때에 특히 더 주의를 기울이는 법을 배웠다. 나에게 있어 긴장한다는 것은 내가 동일시에 걸려있다는 징표이다. 이것은 내가 사람들에게 어떻게 보일까 걱정하고 있음을 보이는 확실한 징표이다. 이 상태에서 나는 사람들에게 진정으로 열려있지 못하다. 이럴 때 나는 이 생각들이 괴로움을 일으키는 과정을 직접적으로 경험한다. 나는 나의 걱정을 친절한 주의력으로 감싸 안는다. 그런 다음 '잭 콘필드'를 가르치는 것이 아니라 명상을 가르치는 것이 나의 일임을 떠올린다. 이렇게 하면 곧바로 편안해진다. 나는 더 온전히 현존하게 된다. 페마 초드론이 우리에게 말한 것처럼 "자기 이미지에 집착하는 것은 귀막이를 한 채 새가 지저귀는 나무를 만나는 것과 같습니다." 자기 이미지에 대한 집착을 내려놓을 때 커다란 안도감이 찾아온다. 그러면 세상은 새롭게 우리에게 자기를 열어 보인다.

우리가 정체성을 만들어내는 또 하나의 방식이 있다. 그것은 자신을 특정한 민족, 종교, 부족, 계급, 계층의 일원으로 간주하는 것이다. 나는 나 자신을 대학을 졸업한 중산층 미국인으로 동일시한다. 또 러시아와 터키 조상을 가진 유대인이라는 인종적 뿌리를 나로 동일시하기도 한다. 각각의 동일시는 특정한 환경과 사회구조에 대해 말한다. 하지만 깊은 차원에서 보면 이런 동일시 역시 임시적인 환영일 뿐이다. 어떤 경우에 우리는 종족과 민족에 대한 이야기를 건강한 방식으로 사용한다. 즉, 자기 문화를 칭송하고, 위엄과 존경심을 일깨우며, 타인과의 깊은 연결감을 높이 평가하는 식으로 그 이야기를 사용한다.

하지만 바로 이 동일시가 인종 차별적 목적에 사용되어 커다란 고통을 일으키는 경우도 있다. 권력과 안정을 얻으려는 목적에서 인종과 종교와 집단의 동일시가 반복적으로 동원되고 있다. 동일시는 '우리'와 '그들'을 갈라놓는다. 현대의 정치 선동가들은 이런 동일시를 이용해 '상대방'에 대한 강렬한 증오심을 불러일으켰다. 증오 전파자들은 보스니아, 세르비아, 크로아티아 사람들의 느낌에 매우 성공적으로 불을 지핀다. 이로써 최근의 참혹한 전쟁과 인종 청소가 꼬리에 꼬리를 물고 이어졌다. 힌두 근본주의자들이 인도 내의 힌두교인과 무슬림의 갈등을 부채질하는 이유도 정치권력을 얻기 위해서다. 이곳 미국에서도 기존의 시민과 새로 들어오는 이민의 갈등에서 이와 유사한 공포와 동일시가 동원되고 있다. 나는 갱단 단원들을 상담하는 과정에서 늘 이것을 목격한다. 같은 동네에서 자란 젊은이들이 자신의 정체성을 크립스(Crips) 아니면 블러즈(Bloods)로 규정하도록 강요당한다(크립스와 블러즈는 모두 미국 서부지역의 갱단-옮긴이). 때로는 비밀 신호나 재킷 색깔에 그들의 생명이 달려있다. 그러나 근본에서 보면 이런 동일시는 그들의 본질이 결코 아니다.

붓다는 시대를 통틀어 가장 혁명적인 다음 발언에서 역할과 계급, 인종과 믿음에 대한 맹목적인 동일시를 꿰뚫어 볼 것을 우리 모두에게 촉구했다. 그는 이렇게 선언했다. "자기에 대한 이해를 추구한다면 계급과 계층, 재산과 출신에 대해 묻지 말라. 대신 마음과 행동에 대해 물어라. 나무가 불에 탈 때 일어나는 불꽃을 보라. 불꽃의 밝은 성질은 어디에서 생겨나는가? 그것은 나무가 지닌 성질에서 일어난다. 이때 그것이 어떤 종류의 나무인가는 문제되지 않는다. 마찬가지로 지혜의 밝은 핵심도 어떤 종류의 나무에서든 빛날 수 있다. 우리는 어떻게 고귀한 사람이 되는가? 덕 있는 행동, 자애와 연민, 진리에 대한 앎을 통해 고귀한 존재가 된다."

우리가 가진 자기 이미지, 우리가 속한 종족, 우리가 하는 역할을 살펴보면 그것이 모두 임시적임을 알 수 있다. 그 역할을 나로 완전히 동일시하거나 거기에 매몰되지 않은 채 그 역할을 존중하는 법을 배울 수 있다. 셰익스피어가 희곡을 쓰고 있었을 때 그가 당하는 유일한 제약은 자신의 상상력과 넓은 범주의 연극적 가능성뿐이었다. 하지만 셰익스피어는 자신이 쓴 희곡을 직접 연출하기도 했다. 이럴 때면 그가 특정한 선택을 내릴 수 있었다고는 해도 모든 배우가 사용하는 공통된 대사를 따라야만 했다. 이렇게 그의 자유는 연출자라는 역할 속에서 제약을 받았다. 또 어떤 때 셰익스피어는 스스로 배우가 되기도 했는데, 그러자 그가 누릴 수 있는 자유는 더욱 줄었다. 그는 대사를 해석하고 낭독할 때 약간의 변화를 주는 자유를 누리는 데 그쳤다. 그럼에도 셰익스피어는 이들 각각의 역할에서 자신이 누구인지 알고 있었다. 그는 자기 내면에서 역할과 대사에 제약당하지 않았다.

우리는 각자의 삶에서 자신이 저자가 되었다고 느끼는 때가 있다. 어느 방향으로 갈지 선택할 수 있는 커다란 자유를 가졌다고 느끼는 때이다. 그러다 어느 순간, 보다 제한적인 역할을 해야 하는 때가 온다. 부모로서, 가장으로서, 시민으로서, 공동체 구성원으로서, 명상가로서의 역할을 해야 하는 때이다. 성숙한 삶을 위해서는 우리에게 주어진 각각의 역할에 들어갈 수 있는 능력이 필요하다. 자유는 우리가 그 역할들을 가볍게 떠안을 때, 그 역할들을 있는 그대로 볼 때 생겨난다.

마음이 아플 땐 불교심리학

자아와의 동일시

> 한 세기의 탐구 끝에 뇌 연구자들은 신체적 뇌에 자아가 존재하는 상상
> 가능한 자리는 없다는 결론을 이미 내렸다. 나아가 그들은 자아가 아예
> 존재하지 않는다는 결론을 내렸다.
>
> _〈타임〉, 2002년

이제 불교심리학에서 가장 심오하면서도 까다로운 측면인 무아의 경험에
대해 알아볼 차례다. 아잔 차 스님은 이렇게 말했다. "무아에 대해 천천히 숙
고하고 묵상해야 합니다. 그러지 않고 단지 생각만으로 무아를 이해하려 든
다면 머리가 터져버릴지 모릅니다." 알고 보면 임시적이고 견고하지 않은
것은 우리가 떠맡은 역할이나 자기 이미지만이 아니다. 우리의 자아 감각 자
체도 근본에서는 진실이 아닌 단지 개념에 불과하다. 불교심리학은 이것을
자아 없음(selflessness) 또는 무아(no-self)라고 부른다. 평소 우리는 자신의 습
관적 행동, 인식, 사고방식에 동일시되어있다. 우리의 몸과 생각, 느낌, 성격
이 모두 '나' 또는 '나의 것'으로 여겨진다. 그러나 가만히 살펴보면 이 모든
것 역시 임시적이며 변화에 종속되어있다. 우리는 어느 해에 무척 아프다가
도 다음 해에는 건강하다. 삶의 어느 단계에서 불안하고 우울하다가도 또 다
른 단계에서는 자신감을 갖는다. 몇 년 동안 은둔하다가도 사회적인 사람으
로 바뀔 수 있다. 하지만 우리는 자신을 계속 수줍은 사람으로 여긴다. 우리
는 각각의 정체성을 자신의 참모습으로 여긴다. 하지만 진실은, 우리가 이런
방식으로 고정되어있지 않다는 것이다.

　평생 담배를 피운 노년의 남성이 경미한 뇌졸중을 몇 차례 겪은 뒤

폐기종으로 병원에 입원했다. 아버지 곁에서 병간호를 하던 딸은 늘 그랬듯이 아버지에게 담배를 끊으라고 재촉했다. 하지만 남자는 말을 듣지 않았다. 오히려 딸에게 담배를 더 사오라고 시켰다. 남자는 딸에게 말했다. "나는 평생 담배를 피웠어. 그게 내 삶이야. 어떻게 할 도리가 없어." 그런데 며칠 뒤 남자는 또 한 번의 경미한 뇌졸중을 겪었다. 이번에는 기억을 담당하는 뇌 부위였다. 그때부터 남자는 영원히 담배를 끊었다. 남자는 자신의 결심으로 담배를 끊은 것이 아니었다. 어느 날 아침 깨어나서는 자신이 흡연자라는 사실을 망각한 것뿐이었다.

그렇다고 몸과 마음에 대한 동일시를 내려놓기 위해 뇌졸중이 찾아오기를 기다려야 하는 건 아니다. 우리는 몸에 대한 집착을 내려놓는 연습을 스스로 할 수 있다. 이렇게 하지 않으면 체중이 변하고 몸이 아프고 나이가 드는 과정에서 우리는 고통을 당할 것이다. 물론 우리는 자기 몸을 돌봐야 한다. 하지만 몸의 이미지에 집착한다면 그것은 문제가 된다. 마흔일곱 살 불교 수행자인 조엘은 급속하게 진행되는 다발성경화증을 앓았다. 다발성경화증이 발병한 처음 몇 년 동안 그녀는 몸의 균형감을 잃었다. 이후로는 제대로 걷거나 물건을 나르지 못했다. 마침내 휠체어를 타야 했다. 몸이 점점 쇠약해지자 세상과 더 격리되었다고 느꼈다. 그녀는 수치심을 느꼈다. 자신에게 무언가 근본적인 문제가 있는 것 같았다.

이후 그녀는 미국의 영적 스승 람 다스와 함께 명상 수련회에 참가했다. (『지금 여기에 존재하라Be Here Now』를 비롯한) 람 다스의 책과 강연은 한 세대의 명상가들에게 영감을 주었다. 30년 넘게 가난한 자들에게 가르침을 베풀며 봉사한 람 다스는 심각한 뇌졸중을 겪었다. 그 역시 휠체어 신세를 졌다. 말은 어눌했지만 그는 밝고 기뻤고 자유로웠다. 그는 말했다. "몸을 나의 본질로 여긴다면 결국 곤경에 빠지고 맙니다. 나는 몸이 나의 본질이 아님을 알았습니다." 그와의 만남으로 조엘의 삶은 크게 바뀌었다.

람 다스는 뇌졸중을 겪은 2년 뒤 다시 대중을 상대로 가르치기 시작했다. 그 무렵 그와 나눴던 이야기가 기억난다. 그때까지도 그는 어렵게 천천히 말을 했다. 아주 간단한 단어조차 쉽게 찾지 못해 그의 유명한 위트와 영적인 통찰이 제대로 드러나지 않았다. 다시 가르침을 펴는 것이 어떻게 느껴지는지 묻자 그는 어려웠다고 답했다. 람 다스는 미소를 지으며 말했다. "다시 가르침을 펴는 일이 어려웠던 이유는 사람들이 내가 이전의 람 다스가 되길 원하기 때문이에요. 하지만 나는 더 이상 그 람 다스가 아니에요."

정체성의 문제를 자세히 살펴면 우리가 매 순간 자아를 만들어내고 있다는 사실이 드러난다. 4장에서 나는 나의 점심 경험을 세밀히 관찰했다. 마찬가지로 우리는 자신의 경험을 살펴보면서 모든 순간이 몸의 감각인상, 느낌, 지각, 생각이라는 수많은 미시적 사건으로 이루어져 있음을 볼 수 있다. 이 사건들은 매우 단순하게 일어나 지나간다. 그런 다음 우리는 이 사건들에 자아 감각이 덧붙여져 '나'라는 것이 만들어지는 과정을 관찰할 수 있다. 우리는 자기 경험의 일부를 자신으로 동일시한다. 그러면서 그 느낌과 믿음, 내면의 서사와 이야기를 '나'와 '나의 것'으로 소유한다. 이 동일시와 자아견이 일어나는 즉시 그것은 '나'와 '상대방'이라는 분리의 환영을 만들어낸다. 그러나 자아와 상대에 대한 감각은 견고한 것이 아니다. 마치 텍사스 주와 오클라호마 주의 경계에 섰다고 해서 두 지역이 완전히 다르게 느껴지지 않는 것과 같다. 이런 동일시를 덧붙이지 않을 때 매 순간 경험은 단지 있는 그대로 '그러하게' 존재한다. 거기에는 그 경험을 소유하는 누구도 없다.

아잔 차 스님이 이러한 진실을 가르치는 데 즐겨 썼던 방법이 있다.

제자들에게 자신의 사회적 정체성에 대해 질문하게 만드는 것이었다. 스님은 종종 우리들의 역할을 다소 과장하면서 가르침을 시작했다. 스님은 우리를 연극의 전형적인 등장인물처럼 소개했다. "저 스님은 나의 정교수입니다. 이곳의 상임 지식인이죠. 대학원 학위를 두 개나 갖고 있어요. 그 모든 게 어떻게 머릿속에 다 들어가는지 몰라요. 그리고 이 스님의 별명은 슬리피(Sleepy)예요. 항상 졸기 때문이죠. 똑바로 앉아있어도 졸아요. 또 저 스님은 꽤 거칠어요. 싸움을 좋아하고 온갖 일에 문제를 일으키죠. 그리고 이 스님은 우리의 우울한 승려입니다. 절대 웃지 않아요. 스님에게 세상은 너무 무거워요. 이렇게 무거운 세상을 스님은 승려 가방에 넣고 다닌답니다. 그리고 나는 교사입니다. 좋은 사람이죠." 그런 다음 아잔 차 스님은 아주 자유롭게 웃음을 터트리고는 이렇게 말한다. "간단합니다. 경험을 소유하는 자가 아니라 단지 경험을 아는 자가 되세요." 생각하는 마음이 고요해지고 주의가 면밀해지면 별안간 깨닫게 된다. 한걸음 내딛어도 실은 걸음을 내딛는 자가 존재하지 않음을 깨닫는다. 단지 모습, 지각, 충동과 함께 일어나는 신체 움직임의 감각만이 존재한다. 생각과 의견이 일어나지만 그것은 붓다가 말했듯 '갠지스 강의 거품처럼' 스스로 생각하며 사라진다. 집착하지 않으면 생각과 의견은 우리에게 영향을 미치지 못한다. 알아차림의 빛 속에 있을 때 동일시라는 구성된 자아는 해체된다. 그러면 눈에 보이는 것은 오직 삶의 과정밖에 남지 않는다. 자아도 아니고 타인도 아니다. 오로지 전체의 일부인 삶이 펼쳐질 뿐이다.

　　여기서 자아 없음이 우리의 경험을 부정하거나 거부하는 것이 아니란 점을 말해야 한다. 우리는 무엇도 없애지 않는다. 경험은 동일하다. 바뀐 것은 우리가 경험을 자신으로 동일시하는 일을 멈추었다는 것뿐이다. 경험을 더 이상 '나' 또는 '내 것'으로 부르지 않는다는 것이다. 어떤 사람은 무거운 짐을 덜었다고 느낀다. 그는 평생 지고 살았던 환영의 짐을 깨닫고는 자신에 대한 연민으로 흐느낀다. 제한된 자아 감각을 내려놓을 때 우리는 이완하면서 자연스런 편안함을 찾게 된다.

불교심리학자인 나는 사람들이 무아의 가르침을 접하면 때로 불안해하거나 두려워한다는 것을 알고 있다. 이런 이유로 무아에 초점을 맞추는 것이 언제나 적절한 처방이라고 할 수는 없다. 불안과 정신적 외상이 있는 사람, 취약한 상태에 있는 사람에게 무아에 대해 말하면 방향 감각을 상실하거나 극도의 공포감을 유발시킬 수 있다. 이 경우에 필요한 것은 안전과 균형 감각이다. 확신을 주는 현존을 통해, 그리고 연민과 널찍한 알아차림을 다시 떠올림으로써 이런 균형 감각을 제공할 수 있다. 그렇지만 취약한 상태에 있는 사람이라도 궁극적으로 자기 이미지와 자아의 환영을 넘어선 자유로부터 이로움을 얻을 수 있다.

몇 년 동안 우울증을 겪은 캐서린이 생각난다. 그녀는 상태가 다소 호전되어 일주일간의 명상 수련회에 참가했다. 오후 명상이 끝나고 그녀가 나를 찾아왔다. 그녀는 무아를 걱정하며 이렇게 물었다. "나를 잃으면 나는 누가 되는 거죠? 세상 속에서 어떻게 내 역할을 할 수 있을까요?" 그녀가 지닌 제한된 자아관에서 볼 때 그것은 두려운 일이었다. 결코 있어서는 안 되는 일이었다. 나는 그녀가 편안히 이완하도록 했다. 이해하려 애쓰지 말고 단지 연민의 마음으로 현존하라고 했다. 며칠 뒤 그녀가 얼굴에 큰 웃음을 띠고 나를 찾아왔다. 그녀가 말했다. "마음챙김 수련을 하고 있었어요. 조용히 좌선을 하고 난 뒤 정원으로 가려고 자리에서 일어날 때였어요. 자리에서 일어나려는 의도가 생겼어요. 그러자 내 몸이 일어났어요. 나는 이 모든 것이 스스로 일어난다는 사실을 깨달았어요. 그러자 커다란 해방감과 경쾌함, 자유를 느꼈어요. 나는 그 자리에 서서 크게 웃었어요. 자아의 존재를 믿는다는 건 커다란 우스갯소리처럼 들렸어요. 이제 그것이 분명해졌어요." 그녀는 웃음을 짓고 원을 그리며 크게 돌았다. 그녀는 마치 춤을 추는 듯이 방에서 나갔다. 캐서린과 마찬가지로 우리도 자기를 잃는 것을 두려워한다. 그러나 진실은 이와 완전히 다르다. 그것은 지극히 안전하다. 우리는 편안히 이완하면서 동일시로 만들어진 거짓 자아감각을 내려놓을 수 있음을 안다.

무아는 부드러운 가슴을 만든다

우리 모두는 편안하고 유연한 방식으로 삶에 속한 사람과 함께한 경험이 있다. 그들은 무엇이든 개인적으로 받아들이지 않는다. 자애롭고 수용적이며 현재에 존재한다. 경직되어있지 않다. 자신의 관점을 강하게 고집하지 않는다. 반드시 어떻게 되어야 한다는 강한 집착도 없다. '나' 또는 '나의 것'에 무조건 매달리지 않는다.

　　나의 스승 중에는 불교계의 존경받는 어른인 캘커타의 디파마 바루아(Dipama Barua)가 있다. 그녀는 이런 정신을 잘 보여준 사람이다. 그녀는 명상가로 최고의 경지에 이른 동시에 사랑이 넘치는 할머니이기도 했다. 그녀의 아파트를 찾아가면 그녀는 실제적이고 겸손한 방식으로 내게 가르침을 전했다. 그녀 주변에는 고요함과 심오한 안녕감이 손에 만져질 듯 느껴졌다. 그것은 외부의 안정이 주는 안녕감과는 달랐다(그녀는 캘커타 가난한 지역의 작은 아파트에 살았다). 또 지위나 조건에서 생기는 안녕감도 아니었다. 그녀는 사람들에게 널리 알려진 인물이 아니었다. 매우 뛰어난 스승이었음에도 그녀는 자기를 내세우지 않았다. 이런 그녀의 마음은 그녀의 미소에서, 타인을 향한 배려에서 그대로 드러났다. 그리고 필요한 일이 있으면 그에 열린 태도를 보였다. 그녀는 텅 비어있는 동시에 환한 빛을 내며 현존했다.

디파마의 가슴은 그녀의 몸과 방 전체를 가득 메웠다. 그리고 주변의 모든 사람에게 가닿았다. 그녀가 지닌 현존의 감각은 사람들에게 큰 영향을 미쳤다. 주변 이웃들은 디파마가 이사 온 뒤로 그 지역의 아파트가 더 화목해졌다고 말했다. 어느 날 제자 한 명이 평소 자기 마음이 온갖 생각과 계획, 판단과 후회로 가득하다며 불평했다. 그는 자기를 내려놓은 채 산다는 것이 어떤 것인지 알 수 없었다. 그래서 자기와 다르게 사는 삶의 방식에 대해 디파마에게 단도직입적으로 물었다. "당신의 마음에는 무엇이 있습니까?" 그러자 디파마는 웃으며 이렇게 대답했다. "내 마음에는 오직 세 가지밖에 없습니다. 자애와 집중, 평화가 그것입니다." 이것이 나 없음이 맺는 결실이다. 나 없음은 나를 내려놓는 것이다. 나를 내려놓을 때 현존의 감각과 연결감, 자유가 생생히 살아난다.

자아 없음은 세상과 단절된 병적인 격리 상태가 아니다. 자아 없음은 "이것 봐, 내가 얼마나 나를 많이 내려놓았는지 보라고." 하고 말하지 않는다. 자아 없음은 또 하나의 영적 정체성에 사로잡힌 상태가 아니다. 자아 없음은 언제나 여기에 있다. 삶의 어느 순간에도 우리는 '나' 또는 '나의 것'이라고 이름 붙이지 않은 채 나를 내려놓고 삶을 경험할 수 있다. 사랑스러운 티베트 스승 까루 린포체는 이렇게 말했다. "깨닫고 나면 당신이 무(無)임을 알 것이다. 당신이 무라면 당신은 모든 것이 될 수 있다." 작은 자아 감각과의 동일시가 떨어져나가면 모든 것과 연결된 넓은 가슴만이 남는다.

자아가 만들어지고 사라지는 과정을 보기

> 자아가 존재한다고 말하는 것은 진실이 아니다. 자아가 존재하지
> 않는다고 말하는 것도 진실이 아니다. 그러면 무엇이 진실인가?
>
> _아잔 차

자아가 만들어지는 과정은 매 순간 관찰할 수 있는 과정입니다. 자신의 몸, 성격, 견해, 소유물 등 자기 경험의 일부를 '나' 또는 '나의 것'이라고 이름 붙일 때마다 자아가 만들어집니다. 자아 감각이 만들어지고 사라지는 과정을 깨어있는 마음으로 알아차릴 수 있습니다. 자아와의 동일시가 강할 때와 약할 때, 그리고 없어졌을 때가 어떠한지 볼 수 있습니다.

자아 감각을 살펴보기 위해 어느 하루를 선택합니다. 30분마다 확인하며 자아 감각이 얼마나 강한지 살펴봅니다. 하루 중 자아 감각이 가장 강하게 일어나는 때는 언제입니까? 어떤 역할/상황에서 자아 감각이 강하게 일어납니까? 자아가 강할 때 그것은 어떤 느낌입니까? 당신의 몸이 어떻게 느껴집니까? 당신의 강한 자아 감각에 사람들이 어떻게 반응합니까? 동일한 상황이라도 자아에 대한 강한 동일시가 존재하지 않을 때는 어떤 일이 일어납니까?

자아에 대한 집착이 약하거나 완전히 없는 경우를 관찰해보십시오. 당신이 편히 쉴 때나 잠자리에 들려고 준비할 때 자아에 대한 집착이 줄어듭니까? 당신이 맡은 역할을 가볍게 받아들일 때면 자아에 대한 집착이 어떻습니까? 신중

하게, 그러나 너무 개인적으로 받아들이지 말고 스스로 실험해보십시오. 자아 감각이 강하지 않거나 아예 사라졌을 때라도 평소처럼 생활할 수 있습니까? 자아 감각을 가지고 놀듯이 실험해보십시오. 당신이 어떤 생각과 감각, 감정을 가장 강하게 움켜쥐고 자신과 동일시하고 있는지 살펴보십시오. 또 당신이 가장 수월하게 내려놓을 수 있는 생각과 감각, 감정이 무엇인지 보십시오. 혹시 이 둘을 뒤바꿔 보면 어떻게 되는지도 보십시오. 가장 강하게 동일시하는 생각, 감각, 감정은 내려놓고 약한 생각, 감각, 감정들에 동일시해 보면 어떨까요?

그리고 비교하는 마음도 알아차려 보십시오. 자신을 타인과 비교할 때 어떻게 자아 감각이 일어나는지 보십시오. 이때 일어나는 자아에 집착하면 어떤 느낌이 듭니까? 또 그런 자아가 사라졌을 때는 어떤 느낌입니까? 누군가가 당신을 모욕하거나 깔보는 경우 당신의 자아 감각의 강도가 어떻게 변하는지도 관찰해보십시오. 동일시가 강하게 일어날 때 당신은 불안하고 화가 나고 마음이 불편할 것입니다. 만약 동일시가 강하지 않다면 웃을 수 있을지 모릅니다.

마지막으로 이것을 해보십시오. 바로, 자아라는 것이 존재하지 않는다고 가정하는 것입니다. 당신의 모든 경험이 영화나 꿈이라고 생각해보십시오. 그러면 그것을 붙잡거나 심각하게 받아들이지 않을 수 있습니다. 이럴 때 마음이 얼마나 가벼워지는지 보십시오. 당신 스스로 만든 영화 속 주인공이 되는 대신, 당신이 관객이 되었다고 해보십시오. '당신 자신'을 포함한 모든 배우가 연기하는 장면을 그저 지켜보십시오. 자아 감각을 내려놓고 편안히 이완한 채 알아차림에 머물러보십시오. 이렇게 집착하지 않을 때 삶이 어떻게 펼쳐지는지 보십시오.

6 보편적인 것에서 개인적인 것으로

역설의 심리학

형상은 공과 다르지 않으며[색즉시공],

공은 형상과 다르지 않네[공즉시색].

그러나 형상은 형상이고, 공은 공이네.

_ 반야심경

당신은 보편적인 것과 개인적인 것을 모두 알아야 한다. 형상의 영역뿐 아니라
형상에 집착하지 않는 자유의 영역도 알아야 한다. 세상에 존재하는 형상들은
자기만의 자리를 가지고 있지만, 또 다른 방식으로 거기에는 아무것도 존재하
지 않는다. 자유롭기 위해 우리는 이 두 가지 진실을 모두 존중해야 한다.

_ 아잔 차

마음이 아플 땐 불교심리학

간단히 말해 우리는 인간의 형상을 받고 태어난 영적 존재들이다. 우리가 기억해야 하는 것은 우리 집 주소뿐이 아니다. 우리가 원래부터 가진 불성도 기억해야 한다. 우리의 영적 본성을 부정하는 심리학은 그 어떤 것도 우리의 가장 깊은 잠재력을 발휘하도록 돕지 못한다. 그럼에도 참되고 완전한 영적 심리학이 되려면 몸, 느낌, 사회, 대지 자체에 존재하는 육체로서의 인간도 인정해야 한다. 우리는 이처럼 역설적인 존재이다. 우리는 형상과 비어있음의 변주로 만들어진 존재다.

불교심리학은 이런 다차원적 관점을 품어 안는다. 우리는 앞서 의식이 마치 빛처럼 어떤 차원에서는 입자로, 어떤 차원에서는 파동으로 작동함을 보았다. 우리의 존재 역시 보편적 차원과 개인적 차원을 모두 갖고 있다. 이 심리적 역설을 두 가지 진실(the Two Truths)이라고 부른다. 그런데 이 두 가지 차원, 이 두 개의 진실을 '절대적인 것'과 '상대적인 것'으로 잘못 해석하는 경우가 종종 있다. 이 잘못된 해석은 절대적이고 보편적인 것이 상대적이고 개인적인 것보다 높은 가치를 갖는 것처럼 보이게 만든다. 그러나 사실이 둘은 실재의 상호 보완적 측면이다. 아잔 차 스님은 깨어남에는 보편적인 차원과 개인적 차원에 대한 이해가 모두 필요하다고 보았다.

불교심리학의 여섯 번째 원리는 이것이다.

6
우리 삶은 보편적인 성격과 개인적인 성격을 함께 갖고 있다. 우리가 행복하려면 이 두 가지 차원을 모두 존중해야 한다.

보편적 차원

> 이 세상을 거품과 파도, 환영과 꿈으로서 경험하라.
>
> _『법구경』

보편적 차원은 큰 그림이다. 모든 사물과 현상의 자아 없음을 기억할 때 우리의 삶은 제자리를 잡는다. 보편적 차원은 지구의 모든 사물이 공에서 생겨나 사라지는 일시적이고 임시적인 성격을 지녔음을 기억하게 한다.

죽음에 이른 사람들은 이러한 진실을 직면한다. 불교 수행자인 미셸은 암으로 죽어가고 있었다. 그녀의 몸은 쇠약해져 갔다. 내가 그녀를 찾아갔을 때 그녀는 말했다. "지난 주 명상을 하던 중에 분명해진 사실이 있어요. 나의 몸이 곧 나인 것은 아니라는 사실이었어요. 그런데 오늘 내가 깨달은 것이 있어요. 나는 나에 관한 온갖 생각이 아니라는 거였어요. 누구나 그래요. 자신의 나이, 성격, 살아온 과거에 근거해 서로에 대해 너무 많은 생각을 갖고 살아요. 그러나 그런 생각들은 지극히 임시적이에요. 우리는 잠시 동안만 그런 방식으로 행동할 뿐이에요. 셰익스피어가 '온 세상은 무대요'라고 말했을 때 그는 그것을 매우 분명히 보았어요." 미셸은 보편적 관점의 지혜에 열리고 있었다.

이런 진실을 말할 때 어떤 고귀함이 생겨난다. "칭찬과 비난, 이익과 손실, 기쁨과 고통은 항상 변합니다. 그 어떤 것도 지속되지 않음을 보십시오. 그러면 당신의 성공과 실패가 제자리를 잡을 것입니다." 아잔 차 스님은 우리를 고무하기 위해 이렇게 말했다. 스님의 관점은 허무적인 것이 아니라—스님은 삶이 중요하지 않다고 말하지 않았다—매우 실제적인 것이었다.

사원의 음식이 부족하거나 형편없을 때, 장맛비가 끝없이 계속될 때, 세상의 소식이 우리에게 슬픔을 일으킬 때, 어느 승려가 싸움을 일으켰을 때, 아잔 차 스님은 더 보편적인 관점을 제시했다.

"우리는 즐거움을 얻고 고통을 피하려고 이 자리에 있지 않습니다." 아잔 차 스님은 이렇게 말하고는 했다. "누구도 아주 오랫동안 즐거움을 얻고 고통을 피할 수 없습니다. 그렇죠? 우리는 지혜와 연민을 키우려고 여기 있습니다. 깨달음의 길에서 더 성장하기 위해 여기에 있는 것입니다. 보편적인 진실을 기억하십시오. 그러면 모든 것이 더 수월해질 것입니다."

보편적인 관점에서 보면, 생겨나는 모든 것이 결국엔 사라지게 마련이다. 죽음은 우리의 가장 친한 친구와 가족에게도, 심지어 어린아이들에게도 찾아온다. 우리가 슬퍼하는 것은 곧 죽어간 모든 사람을 위한 보편적인 슬픔에 동참하는 것이다. 이것은 비극이 아니라 지혜에 더 가깝다. 보편적 관점에서 보면 삶은 한때 지나가는 순간적인 것이어서 더 소중하고 아름답다.

나의 스승 중 한 사람인 마하 고사난다 스님은 '캄보디아의 간디'로 알려진 인물이다. 그는 1975년에서 1988년 사이에 자행된 캄보디아 집단학살 생존자를 상대로 상담한 적이 있다. 당시는 지식인을 포함한 2백만 명을 학살한 급진 공산주의 세력 크메르루주에 나라가 넘어간 때였다. 대참사에서 살아남은 생존자들은 자신들이 살던 마을과 사원이 불에 타고 가족들이 죽임을 당하는 장면을 목격해야 했다. 어디를 가든 고사난다 스님은 생존자들에게 그들이 당한 상실과, 그들처럼 고통을 겪은 모든 이의 슬픔에 연민과 자애의 마음을 보내는 수행을 가르쳤다. 스님은 생존자들과 함께 이렇게 암송했다. "일어난 모든 것은 사라지게 마련입니다." 이어서 이렇게 말했다. "여러분은 너무나 많은 것을 잃었습니다. 이제 여러분은 세상의 모든 것이 얼마나 소중한지 알 것입니다. 여러분은 다시 사랑해야 합니다. 그렇게 함으로써 새로운 것이 자라나게 해야 합니다." 고사난다 스님은 생존자들의 드러나지 않은 아름다움과 불굴의 정신을 보았다. 스님은 생존자들이 마을을 재건하고 사원과 학교를 다시 짓도록 격려했다. 또 고아가 된 아이들이 따뜻한 가정을 다시 찾을 수 있도록 도왔다.

칼라에게도 이런 보편적 치유가 필요했다. 칼라의 가장 친한 친구가 그녀와 함께 당한 자동차 사고로 목숨을 잃었다. 바로 앞 차의 타이어가 갑자기 펑크가 났던 것이다. 누구의 잘못도 아니었다. 이렇듯 죽음은 언제 어디서든 일어날 수 있다. 칼라는 애도와 치유가 필요했다. 자신의 삶을 새롭게 일으켜 세워야 했다. 칼라는 몇 달간 명상을 하면서 친구를 애도했다. 불교 수행으로 칼라는 태어남과 죽음이 지닌 보편적 성질을 숙고했다. 그녀는 예상했든 그렇지 않았든 죽음이란 것이 세상의 모든 사람에게 닥침을 보았다. 이는 그녀가 트라우마와 슬픔을 통과해 삶을 새롭게 시작하는 데 도움이 되었다.

큰 그림을 갖지 못하면 삶의 피할 수 없는 변화에 닥쳤을 때 그것이 우리를 완전히 집어삼킬 수도 있다. 우리가 직장을 잃었을 때, 승진을 했을 때, 결혼생활을 접었을 때, 손자가 생겼을 때, 아프거나 건강할 때, 그것은 단지 개인적인 사건에 머물지 않는다. 그것은 삶이 추는 춤이다. 이 넓은 관점은 극한의 위기 상황에서 특히 중요한 의미를 갖는다.

최근에 나는 샌프란시스코에서 페마 초드론과 저녁 가르침을 함께할 기회가 있었다. 질문 시간에 어느 여성이 몇 주 전에 있었던 배우자의 자살에 대해 이야기했다. 그녀가 느끼는 고통스러운 슬픔이 손에 잡힐 듯 생생히 느껴졌다. 페마는 우선 연민의 마음을 보내는 것으로 시작했다. 다음으로

마음이 아플 땐 불교심리학

나는 그녀가 죄책감을 내려놓고 용서의 마음을 찾도록 돕는 방법을 소개했다. 나는 강당에 모인 3천 명의 사람들에게 가족이나 사랑하는 사람이 자살한 경험이 있는지 물었다. 그러자 거의 3백 명이 자리에서 일어났다. 나는 남편과의 사별을 이야기한 그 여성에게 지금 자리에서 일어난 사람들을 둘러보라고 했다. 그들이 그녀에게 보내는 연민과 지지를 느껴보라고 했다. 강당은 숙연해졌다. 그곳의 모든 사람이 함께한 무척이나 강력한 순간이었다.

나는 자녀를 잃은 부모를 상담할 때면 그들을 사별한 부모 집단에 함께 참여시킨다. 자녀를 잃은 부모들은 이토록 슬픈 상실을 이겨낸 다른 부모들과 함께할 필요가 있다. 그들은 이를 통해 때로 우리가 이번 삶에서 어떤 방법을 쓰더라도 자녀가 죽는 일이 생길 수밖에 없음을 알게 된다. 참전 용사와 자살 생존자, 거식증 환자를 상담할 때 나는 그들에게 비슷한 경험을 공유한 다른 사람들과 연결을 맺도록 권한다. 우리가 고통을 함께 나눌 때 그것이 더 이상 '나' 또는 '나의 것'이 아니라 '우리'임을 떠올릴 수 있다. 불교심리학과 서양심리학 모두 보편적 관점이 지닌 이런 치유력에 대해 인식하고 있다.

형상이 가진 신성함

돌보도록, 그리고 돌보지 않도록 자신을 가르치라.*

_T. S. 엘리엇

(* 돌봄이 어떤 의미인지 생각해 보라는 뜻. 돌봄 때문에 자신이 지쳐버리면 냉소적이 되거나 돌봄에서 멀어지기 쉽다. 엘리엇은 우리가 무엇을 돌보고 돌보지 않을지, 그리고 어떻게 돌봐야 하는지 알아야 한다고 생각했다-옮긴이)

만약 당신이 어느 선승에게 모든 것이 꿈과 같다고 말한다면 아마도 선승은 죽비로 당신의 머리를 세게 내리치며 이렇게 말할 것이다. "이래도 꿈입니까?" 큰 그림에만 초점을 맞추는 것으로는 충분하지 않다. 우리는 형상도 존중해야 한다. 성숙한 심리학은 다차원적 관점에서 삶을 바라보도록 우리에게 요구한다. 아잔 차 스님은 자신의 손을 활짝 펴 이를 보여주었다. 스님은 우리가 손을 활짝 펴면 거기에 물건을 올려놓을 수 있지만 그러면 손의 용도가 제약 받는다고 했다. 마찬가지로 손을 너무 꽉 움켜쥐면 무언가를 세게 타격할 수 있지만 이 경우에도 손의 용도는 지극히 제한적이 되고 만다. 손이 우리를 위해 적절히 일할 수 있는 이유는 무엇일까? 그것은 오직 손을 주변 환경에 대응해 폈다 쥐었다 할 수 있기 때문이다.

사람들은 흔히 보편적인 것에 집착하는 실수를 저지른다. 언제나 손바닥을 펴고 있는 것이 문제이듯 보편적인 것에 집착하는 것 역시 문제이다. 불교 경전은 형상이 공에서 생겨나지만, 형상의 세계는 또 그 자체로서 마주해야 한다고 말한다. 이것을 '참되게 그러하다'는 의미에서 진여(眞如)라고 부른다. 모든 사물은 자신의 방식대로 존재하고 있다. 우리는 보편적 차원에서 형상과 개별성의 세계로-그것에 걸려들지 않은 채로-돌아와야 한다.

한번은 마을 사람 하나가 아잔 차 스님에게 도움을 구하러 왔다. 그는 정신 나간 어떤 여자를 어떻게 해야 할지 몰라 당혹스러웠다. 서양에서라면 그런 여자를 미쳤거나 망상에 빠졌다고 할 것이다. 여러 날 동안 그 여자는 공(空)에 관한 불교의 가르침을 뒤섞어 음란한 말을 거리낌 없이 지껄이며 돌아다녔다. 밤새 마을을 돌아다니며 사람들을 불편하게 했다. 마을 사람들은 그녀에게 나쁜 귀신이 들렸다고 생각했다. 이윽고 아잔 차 스님이 그녀를 만나보겠다고 했다.

마음이 아플 땐 불교심리학

스님은 제자 승려들에게 즉시 옆에 커다란 구덩이를 파라고 지시했다. 다른 승려들은 큰 불을 지폈다. "불 위에 커다란 물솥을 올려놓아라." 스님이 말했다. 이내 한 무리의 남녀가 그 불쌍한 여자를 스님 앞에 데리고 왔다. 그들은 그녀가 들린 나쁜 귀신을 없애 주기를 스님에게 청했다.

아잔 차 스님은 그녀를 설득하려 했다. 그러나 그녀는 상스런 말을 멈추지 않은 채 공과 삶의 무의미함에 관한 이야기를 계속했다. 스님은 승려들에게 서둘러 더 뜨겁게 불을 지피고 구덩이를 더 깊이 파라고 지시했다. 스님은 그녀가 들린 나쁜 귀신을 제거하는 방법은 땅에 판 구덩이에 그녀를 묻고 뜨거운 물을 부은 뒤 그녀를 매장하는 것밖에 없다고 말했다. 그렇게 하면 분명히 악귀를 쫓을 수 있을 거라고 스님은 말했다. 물이 점점 뜨거워지자 스님이 말했다. "이제 여자를 구덩이로 데려오너라."

그때 여자가 갑자기 조용하고 온순해졌다. 그녀는 자리에 똑바로 앉더니 스님에게 이야기를 했다. 스님은 사람들을 물러가게 하고는 그녀에게 무슨 일이 있었는지 물었다. 스님은 진정한 연민의 마음으로 여자의 말을 들었다. 이렇게 스님은 그녀가 하는 이야기를 끝까지 들었다. 나중에 스님은 아직 의심이 남은 마을 사람들에게 뜨거운 물에 데어 죽을지 모른다는 두려움이 여자의 악령을 쫓았다고 말했다. 그런데 스님은 자신이 실제로 한 일은 여자의 자기보호 본능을 건드렸을 뿐이라고 했다. 자기보호 본능을 건드린 뒤 스님은 여자의 말을 귀담아 듣고는 그녀에게 필요한 도움을 주었다.

그렇다고 우리가 처한 상황에서 언제나 이런 과격한 개입이 필요하다는 의미는 아니다. 아잔 차 스님은 자신이 속한 문화적 맥락에서 볼 때 일종의 샤먼(무당)이었다. 스님은 이 여자의 삶에서 어떤 것이 사라져야 함을 알았다. 형상이 공함을 알았던 스님은 그 안에서 직관적이고 현명하게 움직일 수 있었다. 그러나 스님은 손에 만져지는 세상의 현실을 인정하는 법을 결코 잊지 않았다. 어떤 차원에서 볼 때 모든 사물은 꿈과 같다. 하지만 또 다른 차원에서는 우리의 실제적인 행동도 매우 중요하다.

나는 거의 일 년에 걸친 묵언 수련회를 포함해 몇 년을 사원에서 지낸 뒤 미국으로 돌아왔다. 당시 나는 보편적인 것에 빠져있었다. 내 마음은 고요하고 텅 비어있었다. 모든 것이 꿈처럼 보였다. 이 관점에서 보면 서양의 세계는 정신없이 빠르게 돌아가는 세상이었다. 그것은 끔찍이도 물질 중심적이었으며 폭력적인 이미지로 가득했다. 그것은 성공에 집착하고 있었다. 내가 보기에 서양 세계는 영적인 이해를 완전히 상실한 것 같았다.

나는 이런 세상에 어떻게 다시 적응할 수 있을지 알지 못했다. 나는 『마음의 숲을 거닐다A Path with Heart』라는 책에 당시 뉴욕에 살던 나의 형수 엘리자베스 아덴을 만난 이야기를 썼다. 그때 나는 아직 승려의 가사를 벗지 않은 상태였다. 나는 어느 온천의 위층에 올라가 형수를 기다리고 있었다. 그때 누가 더 이상해 보였을까? 머리를 빡빡 민 맨발의 탁발승일까, 아니면 얼굴에 아보카도와 머드팩을 바르고 머리에 낚시 릴 같은 괴상한 물건을 단 여성일까.

내국에서 5년을 보낸 내가 형상의 세계로 돌아가기란 쉬운 일이 아니었다. 나는 직장을 얻어야 했고, 살 거처를 마련해야 했다. 은행 계좌도 개설해야 했고 그밖에 수많은 결정을 내려야 했다. 나는 이런 세부사항들이 번거롭게 느껴졌다. 큰 그림에서 볼 때 이런 것들은 그리 중요하지 않은 문제로 보였다. 뒤에 나는 타이잔 마에즈미 로시(Taizan Maezumi Roshi)에 관한 이야기를 들었다. 그는 제자 목수에게 젠도(禪堂, 일본 불교의 사찰 또는 명상 홀-옮긴이) 리모델링 작업이 곧 마무리되는지 물었다. 그러자 제자 목수가 이렇게 답했다.

"거의 다 되었습니다. 디테일 몇 곳만 마무리하면 됩니다." 뜻밖의 대답에 선승은 잠시 놀란 채로 서 있다가 이렇게 말했다. "하지만 디테일이 가장 중요하다네!"

일과 돈, 인간관계의 세세한 일들이 중요하다는 것을 알기까지 나는 세상 속에서 꽤 오랜 노력과 수행이 필요했다. 그때 이후 명상 지도자로서 나는 영성을 형상의 세계를 회피하는 수단으로 사용하는 사람을 많이 보았다. 나이는 있지만 훌륭한 수피교(이슬람교의 신비주의-옮긴이) 수행자인 마크는 남의 집을 봐주며 정원 일을 하고 있었다. 마크는 독일에 살고 있는 아들이 하나 있었지만 신경을 쓸 여력이 없었다. 아들에게 줄 돈이라고는 한 푼도 없었다. 마크에게는 이 모든 것이 신이 추는 춤이었고 꿈같은 연극이었다. 그러나 솔직히 말해 마크는 집과 안정된 생활이 필요했다. 하지만 어떻게 그것을 얻을 수 있는지 알지 못했다. 또 테레사라는 여성은 우울증을 앓고 있었는데 괴로움과 무상이라는 불교의 가르침을 듣고는 오히려 우울증이 더 심해졌다. 테레사는 자신의 삶을 어떻게 변화시켜야 하는지 알지 못했다. 그녀는 영적인 타성에 걸려있는 자신을 정당화시켰다. "모든 게 무상하고 비어있을 뿐이에요." 그녀는 기분을 좋게 하려고 자주 이런 말을 했다.

문제는 테레사와 마크가 자신의 선택에 행복해하지 않는다는 사실이었다. 과거의 상처와 트라우마가 그들로 하여금 보편적 차원에서 벗어나지 못한 채 자신의 문제를 영적 차원의 문제로 만들게 했다. 이것은 영성 분야에서 흔히 일어나는 일이다. "모든 것은 꿈"이라고 말하는 불교인이든 "모든 것은 신의 뜻"이라고 믿는 기독교인이든 자신의 개인적 책임을 회피하는 데 이런 진실을 오용하는 수가 있다. 아무리 참된 내면의 영적 수련도 자신을 형상의 세계 너머에 둔다면 별 도움이 되지 않는다. 샌프란시스코에 있는 그레이스 대사원의 주임 사제 앨런 존스(Alan Jones)는 이렇게 말했다. "영적 체험은 실제로 허영심에 이를 수도 있습니다. 조금의 유머 감각도 없이 자신이 누구보다 깨어났다고 믿는 사람들만큼 견디기 힘든 사람도 없지요. 내가 아는 사람 중에 어떤 차원에서는 지극히 평화롭고 깨달았지만, 버스를 놓치면 도저히 참지 못하는 사람이 있습니다. 우리는 어떤 차원에서는 성인군자일지 몰라도 어떤 차원에서는 여전히 다섯 살 아이일 수 있습니다. 이런 사실은 우리를 겸손하게 합니다. 종교가 아주 재미있는 이유도 이것입니다."

어느 날 아잔 차 스님의 제자 한 사람이 스님을 찾아뵙고 다급히 말했다. "아잔 스님, 제가 깨달음의 첫 단계를 얻었습니다!" 그러자 스님이 대답했다. "개가 되는 것보단 조금 더 좋은 일이군요." 태국에서 개와 비교하는 것은 아무에게나 하지 못하는 커다란 모욕이었다. 아잔 차 스님은 이야기를 들려주는 중에 미소를 지으며 말했다. "그 제자는 내 말이 싫었던지 씩씩 화를 내고는 가버렸어요. 그 '깨달은 자'가 화가 났던 겁니다!"

우리는 자신의 어떤 경험에 대해서도 지나치게 영적인 척해서는 안 된다. 아잔 차 스님은 말하기를, 우리는 화가 나면 그 사실을 인정해야 한다. 그러면서 화가 난 이유를 들여다보고, 화가 어떻게 생겼는지 자세히 알아야 한다. 화가 나거나 놀라거나 수치스럽거나 다른 이의 도움을 필요로 하는 것은 우리가 인간으로서 처한 조건이다. 이것은 수행에 완벽한 장소이다. 아잔 차 스님은 지금, 여기가 아닌 다른 곳에서 자유와 깨달음을 얻을 수 없다고 했다. "바로 여기, 형상의 세계에서 자유와 깨달음을 찾아야 합니다. 오직 형상의 세계에서만 온전함과 인내심, 관대함, 진실함, 헌신, 연민, 붓다의 위대한 본성을 계발할 수 있습니다."

불교심리학은 지금의 삶이 두렵다면 우리가 느끼는 저항감을 살펴보아야 한다고 말한다. 실패에 대한 두려움이나 과거의 트라우마와 불안에 계속 사로잡힌다면 세상을 살아가는 일이 어렵게 느껴진다. 따라서 우리는 충만한 삶을 살지 못하게 방해하는 어떤 것이라도 의식할 수 있어야 한다.

48세의 샤론은 실리콘밸리에 소재한 어느 회사의 인사 담당 이사였다. 그녀는 경험 많은 명상가로서 묵언 마음챙김 수련회에 여러 번 참가했고, 티베트 불교 수련도 오랫동안 했다. 장기 휴가 기간에 맞춰 그녀는 스피릿록 명상센터에서 진행된 우리의 2개월 봄 수련회에 참가했다. 처음 2주 동안은 몸과 기억을 내려놓는 작업이 기복을 보였다. 하지만 그녀는 점차 안정을 찾아갔다. 마음이 고요해지자 자아 감각의 경계가 사라지기 시작했다. 그러면서 의식이 활짝 열렸다. 참나무를 보면서는 자신의 팔이 마치 참나무 가지인 양 느꼈다. 그녀가 숨을 쉬자 그녀가 머물던 방도 함께 숨을 쉬었다. 더 면밀하게 주의를 기울이자 원자처럼 미세한 지각의 차원이 드러나 보였다. 소리와 발걸음, 모습 하나하나가 점묘화의 세밀한 점처럼 따로따로 분리되어 보였다. 이후 몇 주 동안 그녀의 감각은 수천 개의 진동하는 불빛이 점처럼 흘러가는 모양을 했다. 처음에는 두려웠지만 샤론은 점차 믿음을 가지고 변화하는 이 흐름 속에 들어갈 수 있었다. 어느 날 샤론의 자아와 우주가 녹아 사라졌다. 그러면서 빛나는 비어있음 속으로 들어갔다. 이후 일시적인 자아 감각이 다시 나타났다. 그러면서 샤론은 며칠간 형상과 비어있음 사이에서 맴돌았다. 그녀는 당시의 경험을 '붓다처럼 앉아있기'라는 말로 표현했다. 그녀는 기쁨에 가득 찬 내려놓음을 경험하고 있었다. 그것은 오랜 수행에 따른 달콤한 결실이었다.

며칠 뒤 그녀가 나를 찾아왔다. 눈에는 눈물이 가득했다. 그녀는 비어있음으로부터 자신의 몸으로 다시 돌아오고 있었다. 그녀에게는 꽤 힘든 과정이었다. 그녀는 "자신의 삶을 위해 울었지만, 그것은 그녀의 삶이 아니라고" 말했다. 그녀가 하는 말의 의미가 분명하지 않아 나는 설명을 부탁했다. 그녀는 자신의 아버지가 늘 아들을 원했다는 말을 했다. (그녀의 어머니가 들려준 얘기에 따르면) 너무나 아들을 원했던 아버지는 병원에서 전화로 알린 예쁜 딸의 출산 소식을 아들을 출산한 것으로 잘못 알아들었다고 한다. 심지어 친구들에게 전화를 걸어 득남 소식을 전했다고 한다.

외동이었던 샤론은 아버지가 원했던 아들이 되라는 기대를 받으며 자랐다. 샤론은 그럭저럭 잘 해냈다. 운동과 학교에서 두각을 나타냈고 곧잘 사내아이처럼 행동하며 아버지의 사랑을 받았다. 이런 생활방식이 샤론의 생활을 온통 물들이고 있었다. 이제 그녀는 천진난만한 눈으로 나를 바라보았다. 얼마 전에는 분명히 자아가 텅 비어 보였는데, 이제 샤론은 형상의 충만함 속에 다시 태어나고 있었다. 이 순간 그녀는 마치 새로 태어난 것처럼 아주 어려 보였다. 나는 샤론에게 그렇게 보인다고 말했다. 그리고 지구에 예쁜 여자아이로 다시 태어난 그녀를 반갑게 맞이하고 싶다는 말도 했다. 나는 마치 샤론의 아버지가 된 것처럼 그녀의 새로운 탄생을 지켜보는 영광스런 목격자가 되었다. 샤론의 눈이 촉촉해지면서 얼굴도 부드러워졌다. 그런 다음 샤론이 내게 말했다. 나를 만나러 오기 직전에 샤워를 했는데, 샤워를 한 뒤 발가벗은 채로 욕실의 커다란 거울 앞에 한동안 서 있었다는 것이다. 샤론은 살면서 처음으로 여성으로서 자신의 몸을 인정하고 있었다. 그런 다음 그녀는 자리에서 일어섰다. 나도 그녀를 존중하며 맞아주었다. 그녀의 어깨를 감싸줄 분홍색 담요가 없는 것이 아쉬웠다.

이렇게 샤론은 완전히 새로운 삶을 시작했다. 여성으로 다시 태어난 것을 즐겁게 탐험하기 시작했다. 전에 입지 않던 새로운 옷을 입고 헤어스타

일도 바꿨다. 더 중요한 것은 그녀가 하는 모든 일에서 자신의 여성스러운 성격이 내면에서 꽃피는 것처럼 느꼈다는 점이었다.

보편적인 것과 개인적인 것 사이에서 : 개념의 영역

아잔 차 스님은 이런 말을 자주 했다. "개념을 사용하십시오. 단, 거기에 속지는 마십시오." 붓다는 또 이렇게 설명했다. "아난다가 마을에 탁발을 간다고 말할 때 나는 실제로는 몸, 느낌, 지각, 생각, 의식이라는 다섯 가지의 비어있고 무상한 과정이 마을에 간다고 안다. 다만 편의상 '아난다'라는 말을 쓰는 것뿐이다."

사람들이 유럽 사람과 태국 사람을 일반화시키며 아잔 차 스님과 한담을 나누면 스님은 미소를 지으며 이렇게 묻고는 했다. "당신의 왼쪽에 있는 신심 깊은 태국인 농부를 말하는 것이오, 아니면 지역 교도소에 수감된 유명한 태국 폭력배를 말하는 것이오?" 만약 당신이 항상 슬프거나 행복하다고 말하면 스님은 이렇게 물을지 모른다. "항상 그렇다고요?" 아주 깊은 슬픔에 빠졌을 때도 우리는 너무 바쁜 나머지 우리가 슬퍼하고 있다는 사실을 잊기도 한다. 커다란 기쁨을 느낄 때도 우리의 일부는 이렇게 의아해한다. "이 기쁨이 얼마나 오래 갈까? 기쁨 다음엔 무엇이 올까?"

불교심리학에서는 우리가 개념의 영역에서 직접 경험의 세계로 옮겨갈 때 치유가 일어난다고 본다. 사물과 사람, 대상, 느낌에 관하여 우리가 갖는 개념과 생각은 정적이다. 그것은 변하지 않는다. 그러나 경험이라는 실재는 끊임없이 변화하며 흐르는 강과 같다. 직접적인 지각은 사물의 이름 아래로 파고든다. 그러면서 사물의 무상하고 신비한 성질을 드러내 보인다. 경험을 직접 지각하는 데로 주의를 향할 때 우리는 더 생생하게 살아있고 더 자유로워진다.

손에 쥔 사과를 우리는 '사과'라는 이름으로 부른다. 그 사과가 매킨토시든, 와인샙이든, 롬뷰티든(모두 미국산 사과 품종-옮긴이) 사과라는 기본 성질은 바뀌지 않는다. '사과'는 이름이며 개념일 뿐이다. 개념은 매일매일 바뀌지 않는다. 점심 때 먹은 사과도 사과이고, 사과를 잘라도 여전히 사과 조각이다.

그러나 경험이라는 실재 속에서 견고한 사과란 존재하지 않는다. 눈에 보이는 사과의 모습은 실제로는 미묘하게 변화하는 시각적 패턴이다. 사과의 시각 패턴은 장밋빛과 진홍색, 붉은색과 황금색 등 빛나는 색깔로 끊임없이 바뀐다. 그것은 주변의 빛이 바뀌거나 보는 사람이 머리를 살짝만 움직여도 계속 다르게 보인다. 사과를 집어 드는 동안에도 딱딱하고 부드럽고 향기 나는 시원한 사과 껍질은 순간순간 모습을 바꾼다. 그 다음에는 은은히 퍼져가는 사과 향을 경험한다. 사과 속살을 깨물면 다채로운 맛이 입안에 퍼져나간다. 이렇게 사과는 우리 몸의 수분과 단맛이 된다. 이렇게 사과는 사라진다. '사과'라는 개념은 정적이다. 그것은 생각 속에 존재하는 대상일 뿐이다. 반면, 사과를 눈으로 보고 손에 쥐고 먹는 경험은 색깔과 형태, 지각이 끝없이 미세하고 미묘하게 변화하는 연속적인 과정이다. 그것은 한순간도 정지해 있지 않다. 모든 것이 이와 같다. 어느 차원에서는 고정되고 견고한 개념의 세계이지만, 또 다른 차원에서 그것은 직접적인 실재이다. 순간순간 일어나고 사라지는 천여 개의 감각 지각의 흐름인 것이다. 직접적인 지각에서는 고정적인 사과도, 사과를 지각하는 고정적인 사람도 존재하지 않는다.

역설적이지만 우리는 언제나 개념을 사용해야 한다. 우리는 국적, 소유관계, 시간, 자아 개념을 존중해야 한다. 비록 이것들이 삶의 직접적인 경험을 대변하지 않는다 해도 말이다. 그런데 지혜가 있어야만 개념에 속지 않고, 개념 속에서 길을 잃지 않은 채 그것을 사용하는 법을 배울 수 있다. 어떤 차원에서는 분리되고 독립된 자아가 존재하지 않는다 해도 우리는 주소와 주민등록번호를 기억해야 한다. 사람을 만날 때 우리는 인종, 계급, 성별이라는 개념이 과연 진실인지 볼 수 있다. 이런 개념은 전체 이야기의 일부일 뿐이다. 개념 너머에서 우리는 지금 앞에 있는 사람의 참된 본성을 알아볼 수 있다.

　　마찬가지로, 지혜가 있을 때 우리는 무엇을 '소유한다'는 것이 임시적이라는 사실을 안다. 우리는 집, 차, 자녀를 소유할 수 없다. 단지 그것들과 관계를 맺을 뿐이다. 사물을 '소유'한다는 생각에 단단하게 집착할수록 떠안게 되는 불행도 그만큼 커진다. 이러한 앎이 있을 때 우리는 관리인(집사)으로서 사물을 돌보되, 자아와 소유 개념에 붙들리지 않은 채로 살 수 있다.

　　돈에 관하여 우리가 공통적으로 갖고 있는 관념을 생각해보자. 우리가 인쇄된 이 작은 색종이에 엄청난 가치를 부여하는 이유는 무엇일까? 그것은 집단 합의 때문이다. 그렇지만 우리는 이 합의를 바꾸어 양초, 심지어 소똥에 가치를 부여할 수도 있다. 만약 모든 사람이 이런 관점을 갖는다면 양초와 소똥이 우리의 돈이 될 것이다. "당신의 값어치는 소똥 몇 개입니까?" 아잔 차 스님은 자주 이렇게 물었다.

　　시간조차도 관념이다. 실제로 우리는 언제나 영원한 현재에 살고 있다. 과거는 기억에 불과하며, 미래는 아직 오지 않은 이미지 또는 생각에 불과하다. 과거와 미래에 관하여 우리가 지어낸 모든 이야기는 그 순간에 일어나는 생각일 뿐이다. 오늘날의 문화는 목적, 계획, 발전 계획에 완전히 지배당하고 있다. 그런 나머지 우리는 끊임없이 미래를 위해 산다. 그러나 올더

스 헉슬리는 자신의 글에서 이렇게 상기시킨다. "영원을 시간으로 대체하는 종교는 우상숭배가 된다. … 무한한 발전이라는 관념은 악마의 작품이다. 그것은 오늘날에도 거대한 규모로 사람들의 희생을 요구한다."

명상 수련회를 시작할 때 참가자들은 시계를 벗게 되어있다. 마음챙김 수행에서 우리는 지금-여기에 살도록 자신을 훈련시킨다. 지금-여기야말로 가슴이 자유로워지는 장소이기 때문이다. 지혜의 거주지, 지혜가 사는 장소가 바로 지금이다. 하루 중 아무리 환경이 바뀌어도 그것은 언제나 지금이다. 시간에 관해 걱정하지 않을 때 현재에 생생히 살아있게 된다.

마고의 남편 브라이언이 췌장암 진단을 받았다. 마고는 현재에 머무는 것이 꼭 필요한 상황이었다. 조기에 진단을 받았고 종양을 제거했지만 의사는 브라이언의 3년 생존 확률을 50퍼센트 정도로밖에 보지 않았다. 브라이언은 털털한 성격에 명상 수련 경험도 있었고 인간관계도 두터웠다. 그런 덕에 브라이언은 의사의 진단에 균형 잡힌 받아들임의 태도를 유지했다. 오히려 아내 마고가 남편보다 더 힘들어했다. 마고는 잠을 제대로 이루지 못했고 끊임없이 걱정을 했다. 몇 차례 공황 발작을 겪은 뒤 그녀의 고통은 그녀의 친구와 성인 자녀들을 놀라게 했다. 이윽고 마고는 나를 찾아왔다.

나는 그녀를 상대로 보편적 차원과 개인적 차원 모두에서 상담했다. 브라이언은 언젠가는 죽게 될 것이었다. 죽음은 자연스러운 일이다. 올해에도 많은 사람이 암에 걸릴 것이고 그 일부는 죽을 것이다. 그중 어떤 사람은 더 오래 살 테지만 그들 역시 죽음에 이를 것이다. 마고도 마찬가지였다. 이것은 인간으로서 우리가 지닌 운명이다. 우리 두 사람은 죽음에 대한 두려움, 외로움, 버림받음, 후회 등 그녀의 모든 고통과 함께 자리에 앉았다. 우리는 함께 호흡하면서 마음챙김과 연민으로 모든 것을 품어 안았다.

　　　　　　　　　　　　　　　　　　　마음이 아플 땐 불교심리학

그와 동시에 나는 마고에게 현재에 사는 연습을 하게 했다. 마음챙김을 연습하며 마고는 자신의 몸을 느끼고 몸의 감각에 집중할 수 있었다. 그러자 몸의 긴장을 느꼈고 창밖에 있는 덤불어치(파랑새)의 노랫소리도 들렸다. 또 비스듬히 비추는 아침 햇살도 눈에 들어왔다. 이렇게 감각을 회복하는 과정에서 마고는 자신이 느끼는 걱정과 두려움이 현재 존재하는 진실이 아니라는 것을 알았다. 자신이 지어낸 두려운 이야기가 만들어낸 결과라는 것을 알았다. 또 마고는 마음챙김 걷기를 배워 자신의 발걸음을 느꼈다. 지금-여기에서 땅과 접촉하는 법을 배웠다. 마고는 남편 브라이언의 치료와 병원 방문, 오랜 기간의 암 투병 과정에서 마음챙김으로 현재에 머무는 법을 부지런히 연습했다. 그녀는 이것이야말로 자신의 유일한 위안이라고 말했다.

오늘날의 삶에서 커다란 불만족을 느끼는 이유는 우리가 점점 더 단절된 방식으로 살아가기 때문이다. 지금은 삶과의 연결을 다시 회복해야 할 때이다. 유명 천체물리학자 빅터 바이스코프(Victor Weisskopf)는 이런 이야기를 들려주었다.

몇 년 전 나는 투손에 있는 애리조나 대학에서 일련의 강의를 해달라는 부탁을 받았다. 나는 기꺼이 부탁을 수락했다. 왜냐하면 그곳에 있는 키츠피크(Kitts Peak) 천문대를 갈 수 있기 때문이었다. 그곳에는 내가 늘 보고 싶었던 성능 좋은 망원경이 있었다. 나는 천문대를 찾아 그곳 망원경을 통해 밤하늘의 흥미로운 대상을 두 눈으로 직접 보고 싶었다. 그래서 강의를 요청한 측에 저녁 일정을 조정해 달라고 부탁했다. 그런데 돌아온 대답은 천문대 망원경이 컴퓨터 촬영과 기타 연구 활동으로 24시간 사용 중이므로 관찰이 어렵다는 것이었다. 나는 이렇게 답했다. "그렇다면 강의를 할 수 없겠습니다." 그로부터 며칠 지나지 않아 나의 바람대로 일정을 조정하겠다는 답이 돌아왔다. 우리는 어느 매우 맑은 날 밤에 차를 몰고 산으로 올라갔다. 밝게 빛나는 별과 은하수가 손에 잡힐 듯 가깝게 보였다. 나는 천문대의 돔에 들어가 그곳 컴퓨터 망원경을 작동하는 기술자들에게 토성과 수많은 은하수를 보고 싶다고 말했다. 그전까지 사진으로만 보던 밤하늘의 자세한 모습을 두 눈으로 또렷하게 보는 것은 커다란 기쁨이었다. 망원경으로 밤하늘을 관찰하고 있노라니 어느새 천문대가 사람들로 가득 찼다. 한 사람 한 사람이 망원경을 들여다보았다. 알고 보니 그들은 모두 그곳 천문대 소속의 천문학자였다. 그럼에도 그들은 자신들의 연구 대상을 눈으로 직접 볼 기회를 한 번도 갖지 못했다고 했다.

자신이 진정 누구인지 기억할 때 우리는 보편적인 것과 개인적인 것을 결합할 수 있다. 영적 깨달음을 체화하지 못하거나 지나치게 엄격한 영적 태도를 갖는 대신, 삶이 추는 춤을 유머감각으로 대할 수 있다. 그러면 모든 것이 더 수월하고 가벼워진다. 우리는 정원에 핀 수국을 돌보고 자신의 콜레스테롤 수치를 살피는 동시에 불의에 항거하고 쓰나미와 지진 생존자를 위한 모금 활동에 참여한다. 우리가 만나는 모든 사람을 그의 고귀함과 시간을 초월한 아름다움 속에서 만난다. 나이와 성별, 인종과 무관하게 그들을 만난다. 끊임없이 변하는 인생의 계절을 받아들이며, 그것이 추는 무상하고 찰나적인 춤을 알아본다. 우리의 참된 본성에 깃든 이 역설을 존중할 때 지혜로써 웃을 수 있고 우리에게 주어진 소중한 나날을 따뜻하게 보살필 수 있다.

마음이 아플 땐 불교심리학

보편적 관점에서 보기

불교심리학은 우리를 보편적 관점으로 이동시키는 수행으로 가득합니다. 수행 참가자는 태어남과 죽음의 순환에 대해 숙고합니다. 자신이 수많은 이전 생에서 태어났다는 가능성을 떠올립니다. 이렇게 숙고함으로써 이번 생에 처한 환경을 중요하고 보편적인 교훈을 터득하는 완벽한 기회로 봅니다. 그런 다음 이 교훈이 무엇인지 스스로에게 자문합니다.

이제 이 보편적 관점을 사랑하는 사람이나 친한 친구처럼 당신과 가까운 사람에게로 확장해봅니다. 고요하게 자리에 앉은 다음, 그 사람을 머릿속에 그려봅니다. 평소 당신이 그 사람을 어떻게 대하는지 느껴봅니다. 이제 마음속에서 한발 물러나 그 사람이 맡은 역할과 그 사람이 자신을 규정하고 있는 정체성에 대해 생각해봅니다. 남자-여자, 아들-딸, 배우자, 친구, 학생, 교사, 예술가, 운동선수, 직원, 상사, 성공과 실패 등이 그것입니다.

이제 한발 더 물러나 그 사람의 업(業)이 어떻게 펼쳐지고 있는지 생각해봅니다. 그 사람이 특정 가정에 태어난 장면을 떠올려봅니다. 그러고는 아기, 어린이, 10대, 성인, 노인이 되어가는 과정을 머릿속에 그려봅니다. 그가 맡은 역할과 삶의 특정 단계 등 모든 겉껍질 아래에서 그 사람은 과연 누구입니까? 그의 본질은 무엇이고, 시간을 초월한 그의 영혼은 무엇입니까? 그가 삶이라는 기회를 통해 배우는 것은 무엇입니까? 그가 맡은 역할과 시간을 초월하여 그를 대한다는 것은 또 어떤 것입니까?

이와 마찬가지로 이런 보편적인 관점을 지금 당신이 걸려있는 문제 상황에 적용할 수 있습니다. 지금 당신이 처한 힘겨운 상황을 마음의 눈으로 당신 앞에 가져와봅니다. 이제 당신이 삶의 끝자락인 죽음에 가까이 왔다고 해봅니다. 이 상태에서 당신은 이 문제를 어떻게 바라볼 것입니까? 이것을 머릿속에 그려봅니다. 그런 다음 얼마나 많은 사람이 이와 비슷한 문제에 직면했을지 상상해봅니다. 이 문제를 지금부터 백 년 후의 관점으로 본다고 해보십시오. 그렇게 할 때 당신이 마주한 이 어려움은 어떻게 보입니까? 마지막으로, 이런 보편적 관점이 지금 당신이 직면한 어려움에 현명하고 따뜻한 방식으로 대응하도록 해주는지 스스로에게 질문해보십시오.

마음챙김 : 위대한 의술

7

마음챙김이 가진 해방의 힘

친구들이여, 과거와 미래에 대한 집착을 내려놓고, 애착과 슬픔을 여의며, 모든 갈애와 불안에서 벗어나며, 지금 여기에서 흔들리지 않는 마음의 자유를 일깨우는 방법이 있다. 그것은 바로 마음챙김이라는, 사랑 가득한 명료한 의식을 확립하는 것이다.

_붓다

몸, 느낌, 마음, 법에 대한 명료한 마음챙김을 확립하라. 이것은 그대를 해방으로 이끌 것이니.

_『디가 니까야』

전 세계의 신화 속에서 사람들은 고통에서 보호해주는 영약을 찾아다녔다. 이에 대한 불교심리학의 대답은 바로 마음챙김이다. 마음챙김은 어떻게 이런 효과를 내는가? 먼저 이야기로 시작해본다.

〈정글 속의 고릴라Gorillas in the Mist〉라는 영화를 보았다면 당신은 다이앤 포시(Dian Fossey)라는 사람에 대해 알 것이다. 그녀는 어느 고릴라 부족과 친해진 용감한 현장 생물학자였다. 포시는 자신의 스승 조지 셸러(George Schaller)의 작업을 이으려는 목적으로 아프리카로 향했다. 셸러는 저명한 영장류 동물학자로 이전의 어느 과학자보다 고릴라의 삶에 관한 친밀한 정보를 많이 모았다. 그의 동료가 어떻게 부끄럼 많고 숨기 좋아하는 이 동물에 관하여 그토록 많이 아느냐고 물었다. 그러자 셸러는 자신이 총을 지니지 않았다는 간단한 이유를 들었다.

이전 세대의 생물학자들은 고릴라가 위험하다는 전제를 가지고 이 거대한 동물들의 영역에 들어갔다. 학자들은 손에 장총을 든 채 공격성을 드러냈다. 고릴라들은 장총을 든 사람에게 풍기는 위험을 직감했다. 고릴라들은 사람들로부터 멀찍이 거리를 뒀다. 반면 셸러는-그리고 이후 포시는-무기를 갖지 않은 채 고릴라의 영역에 들어갔다. 그들은 천천히 부드럽게 움직였다. 그리고 무엇보다 고릴라들을 존중했다. 얼마 지나지 않아 이들의 자애로움을 직감한 고릴라들은 사람들이 자신들의 무리에 섞여 자신들의 생활 방식에 대해 알도록 허용했다. 포시는 몇 시간이고 자리에 가만히 앉아 신중하고 끈기 있는 주의를 기울였다. 마침내 그녀는 자신이 본 것을 이해하게 되었다. 고릴라 부족의 가족 관계에 대해, 그들의 독특한 성격, 습관, 의사소통 방식에 대해 완전히 새로운 세계가 눈에 들어왔다. 아프리카계 미국인 현자인 조지 워싱턴 카버(George Washington Carver)는 이렇게 말했다. "충분히 사

마음이 아플 땐 불교심리학

랑을 주면 어떤 대상이든 자신의 비밀을 드러내 보입니다."

마음챙김은 주의(attention)이다. 그것은 대상에 대해 판단하지 않고 대상을 존중하는 알아차림이다. 불행히도 대부분의 시간에 우리는 이런 방식으로 주의를 기울이지 않는다. 대신에 우리는 자동반사적으로 반응한다. 현재 일어나는 일을 좋아하거나 싫어하는 판단을 내리거나 아니면 그냥 무시하며 지낸다. 우리는 끝없는 기대와 비평, 비판으로 자신과 타인을 평가한다.

마음챙김을 연습하려고 명상 수업에 처음 참가하는 사람들은 고요하고 평화로운 마음을 경험하기를 기대한다. 그러면 그들은 대개 큰 충격을 받는다. 마음챙김 명상 첫 시간에 그들 앞에 드러나는 것은 고요하고 평화로운 마음과 정반대이다. 지금껏 보이지 않던 일련의 평가와 판단의 흐름이 오히려 더 뚜렷이 드러나 보인다. 이렇게 몇 분이 흘러가면 이제 들뜸과 지루함 사이를 왔다 갔다 한다. 문이 쾅 닫히는 소리가 들리면 조용해졌으면 하고 바란다. 무릎이 아파오면 통증을 피하려고 시도한다. 더 푹신한 방석이 있었으면 좋겠다고 생각한다. 호흡은 느껴지지 않는다. 이렇게 되면 우리는 실망한다. 마음이 끊임없이 계획을 세우고 있음을 알게 된다. 그러면서 자신이 명상에 소질이 없다고 느낀다. 그러다가 화를 내고 짜증을 내는 대상인 누군가가 떠오른다. 그러면 거기에 얼마나 많은 판단이 존재하는지 알아차린다. 또 그렇게 알아차린 자신을 우쭐해한다.

그러나 조지 셸러처럼 우리는 판단이라는 무기를 한쪽으로 치워둘 수도 있다. 그리고 마음챙김을 할 수 있다. 마음챙김으로 깨어있다는 것은 판단과 기대 없이 자신의 경험을 인정하고 받아들이는 것이다. 붓다는 이렇게 선언했다. "마음챙김은 어디에든 도움이 된다."

불교심리학의 일곱 번째 원리는 이것이다.

7
자신의 경험에 마음챙김으로 깨어있는 주의를 기울일 때 괴로움과 무지에서 벗어난다.
마음챙김은 전체를 보는 시각과 균형, 자유를 가져온다.

중세의 유명한 치유자인 파라켈수스는 이렇게 선언했다. "의사는 눈에 보이지 않는 것에 대해 말할 수 있어야 한다. 눈에 보이는 것은 의사의 지식에 속한다. 의사가 아닌 사람이 증상으로 병을 인지하듯이 의사도 눈에 보이는 증상으로 병을 인지한다. 그러나 눈에 보이는 것에 대해서만 말한다면 결코 의사라 할 수 없다. 의사는 이름 없고 눈에 안 보이는 비물질이라도 그것이 일정한 효과를 낸다면 그에 대해 알아야 한다. 그럴 때 진짜 의사가 된다." 마음챙김도 이와 마찬가지로 우리의 경험에서 지금껏 눈에 보이지 않던 것을 열어 보여준다.

중년의 컴퓨터 디자이너인 피터는 마음 안정을 위해 명상 수련회를 찾았다. 그는 최근의 사업 실패에다 불안정한 결혼 생활과 어머니의 병 때문에 힘들어하고 있었다. 그런데 명상은 피터에게 고역이었다. 그의 현재 상황에 만연한 분노와 실망이 고요한 방 안에서 일어나 그의 마음을 가득 채웠다. 호흡을 느껴 마음을 안정시키려는 노력은 가망이 없어 보였다. 피터의 주의는 마치 테니스공처럼 몸에서 계속 튕기어 나왔다. 그런 다음 그것이 더 심해졌다. 곁에 앉은 어느 여성은 자리에 가만히 있지 못하고 자주 소리 내어 기침했다. 명상 수련회 첫날이 지나자 그녀는 몸을 더 많이 움직이며 기침을 해댔다.

자신의 슬픔과 단지 함께하는 데 어려움을 겪던 피터는 좌절하고 화가 났다. 곁의 여자가 기침을 그치지 않자 분노했다. 피터는 나의 공동 지도자인 데브라 체임벌린-테일러(Debra Chamberlin-Taylor)를 찾아 명상이 자신에게 맞지 않는 방법이며 수련회를 떠나겠다고 말했다. 데브라는 피터에게 눈을 감고 몸의 상태를 깨어있는 마음으로 관찰하도록 했다. 피터의 몸은 긴장과 아픔으로 가득했다. 데브라의 도움으로 피터는 자신의 몸에 있는 긴장과 아픔을 더 수용적이고 친절한 주의로 품어 안을 수 있음을 알았다. 피터는 호흡을 하면서 조금 더 편안하게 이완했다. 그러면서 지금 자신에게 필요한 약은 그저 자신의 고통을 이해하는 것뿐임을 깨달았다.

다음으로 피터가 받은 지침은 간단했다. 자리에 앉아 자신의 몸에 대한 부드러운 마음챙김을 지속하면서 일어나는 어떤 일이든 그저 지켜보는 것이었다. 명상 홀에 돌아오고 몇 분 지나지 않아 곁의 부산스러운 여자가 다시 긴 기침을 시작했다. 여자가 기침할 때마다 피터는 근육이 조여오고 호흡이 멎는 것처럼 느꼈다. 이제 피터는 조금 호기심이 생겼다. 자기 몸이 어떻게 반응하는지 관심이 갔다. 피터는 여자의 기침 소리가 들릴 때마다 자기 내면에서 몸이 조이고 화의 물결이 일어나는 것을 관찰하기 시작했다. 그런데 여자의 기침 중간중간에 피터가 편안하게 이완하는 연습을 하자 몸의 조임과 화가 가라앉았다. 마침내 좌선 시간이 끝나자 피터는 자리에서 일어나 식당으로 걸어갔다. 식당에 도착했을 때 피터는 자신의 고문관이었던 기침하던 여성이 줄 앞쪽에 서 있는 것을 보았다. 그녀를 보자마자 피터는 위장이 조여오고 숨이 멎는 것을 알아차렸다. 다시 한번 피터는 이완했다. 점심을 먹고 명상 홀에 돌아온 피터는 명상 지도자와 잡혀있는 개인 면담 스케줄을 확인했다. 수행자 이름이 적힌 목록 저 아래에 그 여성의 이름이 보였다. 그녀의 이름을 보는 것만으로 피터는 위장이 조여오고 숨이 답답해졌다. 몸에 계속 주의를 기울이고 있던 피터는 다시 한번 이완했다. 피터는 자기 몸이 거울이라는 사실을 알았다. 마음챙김은 그가 겪고 있던 괴로움의 원인뿐 아니라 치료법까지 알려주고 있었다. 피터는 그렇게 자기 마음속의 긴장을 알아차리며 의식적으로 이완시켰다.

명상 수련회가 진행되면서 피터의 주의력은 더 정밀해졌다. 가족과 사업 문제에 관한 불안한 생각과 화난 생각이 여자의 기침 소리처럼 피터에게 조임과 긴장을 일으키고 있음을 관찰했다. 피터는 언제나 모든 일을 자기 통제 아래 두고 싶어 했다. 그랬던 그가 이제 삶이 자신의 통제를 벗어난 상황에 처하자 분노와 비난, 판단의 습관이 그를 더욱 곤란한 매듭에 얽어 넣었다. 피터는 일정한 반응을 일으킬 때마다 매듭이 꼬이는 것을 느꼈다. 매듭이 생기면 마음챙김으로 잠시 멈추어 매듭과 편안한 접촉을 가졌다. 피터는 마음챙김을 믿기로 했다. 명상 수련회가 끝날 즈음, 피터는 곁의 부산한 여자에게 고마운 마음이 일었다. 심지어 가르침을 전해주어 고맙다는 말을 하고 싶을 정도였다.

피터는 마음챙김으로 마음의 안정을 되찾았다. 호기심과 열린 마음이 가져다주는 이로움을 알게 되었다. 잘 알듯이 스즈키 순류는 이것을 초심(beginner's mind)이라고 불렀다. 그는 이렇게 말했다. "우리가 존중과 관심으로 주의를 기울이는 이유는 대상을 통제하기 위해서가 아니라 진실을 알기 위해서입니다. 진실을 볼 때 마음은 자유로워집니다."

마음이 아플 땐 불교심리학

인내하고 받아들이며 판단하지 않는 알아차림인 마음챙김은 서양의 심리치료에서도 매우 중요하다. 프로이트가 정신분석가들에게 권장한 '고르게 떠 있는 주의(even hovering attention)'라든지 칼 로저스를 비롯한 인본주의 심리학자들이 언급한 '무조건적이고 긍정적인 관심(unconditional positive regard)', 그리고 게슈탈트 심리학에서 말하는 '현재 중심의 알아차림(present centered awareness)'에 이르기까지 열린 형태의 알아차림은 주요한 치유 도구로 간주되고 있다. 1980년 이래 거의 천여 편의 과학 논문이 마음챙김의 효과를 증명하고 있다. 이 논문들은 종종 불교적 방법에 근거한 서양인들의 명상 연습을 연구한다. 그런데 중요한 차이점이 하나 있다. 서양 심리학은 치료자의 마음챙김에 주된 초점을 맞추는 반면, 불교심리학은 수행자의 체계적인 마음챙김 훈련을 행복과 안녕의 토대로 본다는 점이다. 마음챙김이 있으면 이해는 자연스럽게 펼쳐진다. 불교 지도자 샤론 샐즈버그(Sharon Salzberg)는 어느 날 이런 재담을 했다. "가르치는 건 쉬워요. 가르치는 사람이 할 일은 배우는 사람이 마음챙김을 하고 있는지 물어보는 것뿐이니까요."

마음챙김, 두려움 없는 현존

삶의 기술은 아무렇게나 이리저리 방황하는 것도, 두려움에 싸인 집착도 아니다. 삶의 기술은 매 순간에 민감하게 반응하는 것이다. 매 순간을 완전히 새롭고 유일한 것으로 간주하는 것, 마음을 활짝 열어 무엇이든 받아들이는 것이야말로 삶을 사는 기술이다.

_앨런 와츠

자신의(또는 타인의) 슬픔과 두려움을 안고 깨어있는 마음으로 자리에 앉는 것은 용기 있는 행위이다. 그것은 결코 쉽지 않다. 마지는 자신의 분노와 마주하면 자신이 죽을지 모른다는 생각이 들었다. 조지는 아들이 걸린 낭포성 섬유증을 생각하자 휠체어와 조기 사망이라는 끔찍한 이미지가 떠올랐다. 페리는 자신의 외도와 성적 특이성을 직면하기가 두려웠다. 제리는 보스니아에서 임무를 수행하던 중 목격한 살육 장면을 떠올리기가 힘들었다. 안젤라에게 암의 재발은 죽음과 직면하는 것이나 다름없었다.

그러나 이들은 모두 인내와 용기로 땅에 굳건히 자리 잡고 앉아 몸의 수축과 떨림에서 도망치지 않고 그것을 느끼는 법을 점차 배웠다. 이들은 두려움, 슬픔, 분노 등 감정의 홍수를 느끼면서 마음챙김으로 서서히 풀어지게 하는 법을 배웠다. 끝없이 반복되는 머릿속 이야기를 바라보는 법을 배웠다. 또 마음챙김과 연민이라는 마음의 자원으로 이야기들을 내려놓고 이완하는 법을 배웠다. 그들은 마음을 안정시키고 현재로 돌아오는 법을 배웠다.

우리는 때로 붓다 자신도 두려움을 느꼈다는 사실을 잊고는 한다. "달이 없는 캄캄한 밤 깊은 숲속의 묘지 근처 기이하고 무서운 장소에 간다고 해보라. 그렇게 내가 공포와 두려움을 알게 된다고 해보자. 그 와중에 야생동물이 어슬렁거리고 나뭇잎이 바람에 바스락거린다고 하자. 그러면 나는 '공포와 두려움이 다가오고 있구나'라고 생각할 것이다. 나는 공포와 두려움의 영향력을 물리치려고 굳게 결심한 채 자리에 앉거나 서거나 걷거나 눕는 등 어떤 자세든 그 상태 그대로 있는다. 나는 공포와 두려움을 직면할 때까지, 그것이 나에게 미치는 영향력에서 자유로워질 때까지 그 자세로 몸을 움직이지 않는다. … 이렇게 생각한 나는 그대로 행동하였다. 이렇게 나는 공포와 두려움에 직면함으로서 자유로워졌다."

아잔 차 스님의 숲속 사원에서 하는 전통 방식의 수행에서 우리는 밤에 숲속에 혼자 앉아 죽음에 관한 명상을 했다. 호랑이 등 야생동물과 마주친 승려들의 이야기는 우리가 주의 깊게 깨어있는 데 도움이 되었다. 코브라를 비롯한 뱀들도 많았다. 아잔 붓다다사의 숲속 사원에서 우리는 밤길을 걸을 때 지팡이를 톡톡 두드리라고 배웠다. 뱀이 우리가 내는 지팡이 소리를 '듣고' 길을 비켜주게 하려는 목적이었다. 또 다른 사원에서 나는 주기적으로 납골당에 밤새 앉아있고는 했다. 그럴 때면 몇 주에 한 번씩 시체가 들어왔다. 화장용 장작더미에 불을 붙이고 염송이 끝나면 사람들이 모두 떠난다. 몇몇 승려만이 남아 어두운 숲속에 불이 꺼지지 않도록 살핀다. 이윽고 한 사람의 승려만 남아 새벽까지 죽음에 대해 명상하며 그곳에 앉아있는다. 모든 승려가 이 수행을 하지는 않는다. 하지만 나는 당시 어렸었고 승려의 세계에 막 입문하려던 터라 힘들었지만 자연스레 이 수행에 끌렸다.

그런데 알고 보니 어두운 숲속에 호랑이와 함께 앉는 것은 내 마음속 악마와 자리에 앉는 것보다 쉬운 일이었다. 불안과 외로움, 수치심, 지루함이 내가 겪고 있던 온갖 좌절과 상처와 함께 올라왔다. 이런 마음속 악마와 함께 자리에 앉는 것은 납골당 바닥에 앉는 것보다 더 큰 용기를 필요로 했다. 그러나 나는 조금씩 그것들을 마음챙김으로 직면하는 법을 배웠다. 내 마음속 어두운 숲속에 조그만 빈터를 만드는 법을 터득했다.

마음챙김은 경험을 거부하는 것이 아니다. 마음챙김은 우리가 하는 경험이 곧 우리의 스승이 되게 하는 것이다. 심한 천식을 앓던 어느 불교 수행자는 자신의 호흡에 마음챙김으로 깨어있는 주의를 보내는 법을 배웠다. 몸에 쌓인 스트레스를 알아차리고 인내심으로 목구멍과 가슴의 근육을 이완시킴으로써 그는 천식 발작을 줄일 수 있었다. 암 치료를 받던 또 다른 남자는 마음챙김으로 통증에 대한 두려움을 진정시켰다. 또 항암치료의 보완법으로 자신의 몸에 자애의 마음을 보내는 수행을 했다. 지역의 어느 정치인은 마음챙김을 통해 자신을 공격하는 무리들에 기죽지 않는 법을 배웠다. 유치원 자녀들을 돌보느라 완전히 녹초가 된 어느 싱글맘은 마음챙김을 하며 자신의 긴장감과 휩쓸려가는 느낌을 알고는 자신과 아이들을 더 존중하는 마음 공간을 마련할 수 있었다. 이들 모두 삶의 어려움에 들어가는 과정에서 마음챙김을 신뢰하는 법을 배웠다. 이들 역시 깊은 숲속에 머문 붓다처럼 치유와 자유를 발견했다.

마음챙김 변화의 네 가지 원리

배움은 순수하고 여린 마음에서만 일어난다.

_크리슈나무르티

많은 서양의 마음챙김 수련회에서 RAIN이라는 머리글자를 가지고 마음챙김 변화(mindful transformation)의 네 가지 원리를 가르친다. 그것은 인지하고, 받아들이고, 살펴보고, 동일시하지 않는 것이다. 선시(禪詩) 가운데 "비는 모든 사물에 똑같이 내린다."는 것이 있다. 실제 내리는 비와 마찬가지로 RAIN의 내면적 원리는 우리가 당하는 어려움을 참되게 변화시킬 수 있다.

마음이 아플 땐 불교심리학

변화의 원리

....

1. 인지함(Recognition)
2. 받아들임(Acceptance)
3. 살펴봄(Investigation) : 몸, 느낌, 마음, 법(다르마)를 살펴보는 것
4. 동일시하지 않음(Non-identification)

인지(Recognition)는 변화의 첫 번째 원리이다. 살면서 어딘가에 막혀 있을 때 우리는 우선 지금 무엇이 막혀있는지 알아보려는 의지를 내야 한다. 누군가 우리에게 "여보세요, 지금 실제로 무슨 일이 일어나고 있죠?"라고 물었을 때 "아무 일도 없어요."라고 퉁명스럽게 답할 것인가? 아니면 잠시 멈추어 지금 여기, 나의 경험에서 실제로 일어나는 일을 알아볼 것인가?

인지를 통해 우리는 지금 일어나는 일을 부정하지 않게 된다. 부정은 우리의 자유를 갉아먹는다. 당뇨병 환자가 자신의 병을 부정한다면 병에서 자유로울 수 없다. 정신없이 바쁘고 스트레스에 찌든 회사 중역이 일로 잃어버린 자신의 삶을 부정한다면 그는 자유로울 수 없다. 예술 창작에 대한 자신의 사랑을 부정하며 자기 비난을 일삼는 화가 지망생도 마찬가지다. 또 자기 사회에 가난과 불의가 존재함을 부정한다면 그 사회는 자유의 일부를 잃어버린 것과 다름없다. 자신의 불만족, 분노, 고통, 야망을 부정할 때 우리는 고통을 당한다. 또 우리의 가치, 믿음, 바람, 선함을 부정할 때도 고통을 당한다.

현재 존재하는 상태 그대로를 참되게 인지할 때 거기에는 언제나 강력한 열림이 따라온다. 선사 토니 패커(Toni Packer)는 이렇게 말했다. "이해, 사랑, 지혜가 발현되고 꽃피는 것은 외부의 전통과는 관련이 없습니다. 그것은 인간이 두려움에 막히지 않은 채 질문하고, 놀라고, 경청하고, 바라볼 때 저절로 일어납니다. 자기에 대한 이기적 몰두가 잠잠해지면서 일시 정지할

때 천지와 우주 만물이 저절로 열립니다."

우리의 자각(알아차림)은 인지가 있을 때라야 기품 있는 주인처럼 된다. 자신의 경험에 이름을 붙이고 내면으로 그것을 존중한다. "아, 슬픔이구나. 이제 기쁨이군. 흠, 그래 이건 갈등이야. 이건 긴장이고, 오, 이제 고통이군. 그래, 이제 아, 판단하는 마음이야." 인지는 우리를 미망과 무지에서 자유로 데려간다. 붓다는 이렇게 말했다. "우리는 어둠 속에서 등불을 밝힐 수 있다." 우리는 현재 무엇이 어떠한지를 볼 수 있다.

다음으로 변화의 두 번째 원리는 **받아들임**(Acceptance)이다. 받아들임은 우리를 이완하게 하며, 우리 앞에 존재하는 사실에 마음을 열게 한다. 받아들임이 필요한 이유는 변화의 첫 번째 원리인 인지에 미묘한 회피와 저항, 그렇게 되지 않았으면 하고 바라는 마음이 종종 따라붙기 때문이다. 받아들인다고 해서 현재 상황을 개선하는 노력을 하지 말라는 의미는 아니다. 다만 지금 현재 상황이 이렇다는 것을 받아들이는 것이다. 선불교인은 이렇게 말한다. "당신이 이해한다면 사물은 있는 그대로일 것이다. 그리고 당신이 이해를 못한다 해도 사물은 여전히 있는 그대로이다."

받아들임은 수동적인 태도가 아니다. 그것은 변화의 과정으로 용기 있게 발을 들이는 것이다. "문제가 있다고? 삶 자체가 문제요. 오직 죽음만이 멋지다오." 그리스인 조르바는 이렇게 선언했다. "산다는 것은 소매를 걷어붙이고 문제를 받아들이는 것이오." 받아들임은 "이것마저도"라고 하면서 자기 앞에 있는 무엇이든 껴안는 마음을 기꺼이 내는 것이다. 개인으로서 우리는 자신의 괴로움이라는 현실에서 출발해야 한다. 사회로서 우리는 집단적 고통이라는 현실, 그리고 불의와 인종차별, 탐욕과 증오라는 현실에서 시작해야 한다. 자신을 변화시킬 때만이 세계를 변화시킬 수 있다. 칼 융은 언젠가 이렇게 말했다. "사랑받아야 하는 원수는 어쩌면 나 자신인지 모른다."

받아들임과 존중이 있으면 다루기 힘들게 보였던 문제도 다룰 만하게 된다. 어느 남자가 대구 간유가 개에게 좋다는 말을 듣고 자신이 기르던 도베르만(독일산 군용·경찰견—옮긴이) 개에게 간유를 듬뿍 먹이기 시작했다. 매일매일 남자는 저항하는 개의 머리를 자신의 양 무릎으로 조인 채 억지로 턱을 벌려 개의 목구멍에 간유를 들이부었다. 그러던 어느 날 목줄이 풀린 개가 마루를 돌아다니다 거기 놓여 있던 간유를 엎질렀다. 놀랍게도 개는 바닥에 쏟은 간유를 핥아먹기 시작했다. 그 순간 남자는 개가 정말로 저항했던 대상은 간유 자체가 아니라 자신이 억지로 간유를 먹인 방식에 있음을 깨달았다. 이처럼 받아들임과 존중이 있을 때 놀라운 변화가 일어난다.

인지와 받아들임에 이은 세 번째 변화 원리는 **살펴봄**(Investigation)이다. 선사 틱낫한은 이를 "깊이 보기"라고 부른다. 인지와 받아들임의 단계에서 우리는 자신의 딜레마를 인지하고 전체 상황의 진실을 받아들인다. 그다음에 우리는 그것을 보다 온전히 살펴보아야 한다. 우리가 어떤 곳에 막혀 있는 이유는 그 경험의 성질을 충분히 깊이 살펴보지 않았기 때문이다.

살펴볼 때 우리는 경험의 네 가지 주요 영역에 초점을 맞춘다. 그것은 몸, 느낌, 마음, 그리고 다르마 또는 법(法)이다. 이것을 마음챙김의 네 가지 토대(the Four Foundations of Mindfulness)라고 부른다. 다음 네 장에 걸쳐 그것을 자세히 살펴볼 것이다. 여기서는 간략한 개요만 소개한다.

마음챙김의 네 가지 토대	
1. 몸	3. 마음
2. 느낌	4. 다르마(또는 법)

어려움을 살피거나 우리 안에서 좋지 않은 일이 일어나려고 할 때는 우선 지금 자기 몸에서 일어나는 일을 알아차릴 필요가 있다. 어려움이 내 몸의 어디에 위치해 있는지 알 수 있는가? 때로 우리는 열, 조임, 딱딱함, 진동을 발견하게 된다. 어떤 때는 욱신거림, 무감각, 특정한 형태와 색깔을 관찰하게 된다. 우리는 이 경험의 영역에 저항하는가? 아니면 마음챙김으로 이 경험과 만나는가? 이 감각들을 마음챙김으로 품어 안을 때 어떤 일이 일어나는가? 감각이 열리는가? 또 다른 감각의 층이 존재하는가? 감각의 중심점이 존재하는가? 감각이 강해지는가? 감각이 움직이고, 확장하고, 변하고, 반복되고, 녹아 없어지고, 변화하는가?

다음으로 이 어려움에 어떤 느낌이 포함되어 있는지 살펴본다. 느낌의 주된 톤이 즐거움인가 불쾌함인가 아니면 중립적인 느낌인가? 이 느낌을 마음챙김으로 만나고 있는가? 이와 관련된 부수적인 느낌은 무엇인가? 때로 느낌이 무리 지어 일어남을 본다. 자신의 이혼을 떠올린 어느 남자는 슬픔, 분노, 질투, 상실감, 두려움, 외로움을 느꼈다. 중독인 조카에게 도움을 주지 못한 어느 여성은 갈망, 회피, 죄책감, 욕망, 공허함, 무가치함을 느낄 수 있다. 마음챙김이 있을 때는 이들 각각의 느낌을 인지하고 받아들인다. 각각의 느낌이 즐거운지 고통스러운지, 위축되어 있는지 이완해 있는지, 신상되어 있는지 슬픈지 들여다본다. 그 감정을 자기 몸의 어느 부위에서 느끼는지, 그 감정을 알아차림으로 품어 안을 때 어떤 일이 일어나는지 관찰한다.

다음으로 우리는 마음을 살펴보며 어떤 생각과 이미지가 이 어려움과 연관되어 있는지 자신에게 묻는다. 이 어려움과 관련하여 우리가 품고 있는 온갖 이야기와 판단, 믿음을 자각하고 알아차린다. 가까이 다가가 살펴보면 이것 가운데 일부는 편협하고 고정된 견해이거나 더 이상 유효하지 않은 습관적인 관점이라는 사실을 알게 된다. 이것들이 단지 이야기에 불과함을 알게 된다. 마음챙김이 있을 때 우리는 그것이 미치는 영향력에서 벗어난다. 우리는 그것에 덜 집착한다.

마음챙김의 네 번째 토대는 다르마이다. 다르마 또는 법(法)은 다면적 의미를 지닌 중요한 단어이다. 다르마는 불교의 가르침 또는 불교에서 걷는 수행의 길을 의미한다. 또 진리를 의미하기도 한다. 그리고 여기서는 우리의 경험을 구성하는 요소와 패턴을 의미한다. 다르마를 살펴볼 때 우리는 현재 작동하고 있는 원리와 법칙을 본다. 지금의 경험이 언뜻 그러하게 보이는 것처럼 실제로 견고한가? 경험은 변하지 않는 불변의 것인가, 아니면 무상하고 움직이며 이동하는 것, 스스로 다시 만들어내는 것인가? 경험은 우리가 통제할 수 있는 것인가, 아니면 스스로의 생명을 가졌는가? 경험이 자기 스스로 지어낸 것은 아닌지 관찰한다. 우리가 경험에 집착하고 있는지, 저항하고 있는지, 아니면 단지 있는 그대로 놓아두고 있는지 들여다본다. 지금 내가 경험과 맺고 있는 관계가 괴로움의 원천인지, 행복의 원천인지 살펴본다. 마지막으로 경험을 얼마나 자신과 동일시하고 있는지 본다. 이로써 우리는 RAIN의 마지막 단계인 '동일시하지 않음'의 원리에 이른다.

동일시하지 않음(Non-identification)은 자신의 경험을 '나' 또는 '나의 것'으로 취하지 않는 것을 말한다. 경험을 '나'로 동일시할 때 의존과 불안, 거짓이 만들어짐을 본다. 동일시하지 않는 연습을 통해 우리는 모든 상태, 경험, 이야기에 관하여 이렇게 묻는다. "이 상태와 경험과 이야기가 정말 '나'인가?" 우리는 이 정체성이 임시적인 성격을 지녔음을 안다. 그리하여 이로부터 자유로워지고 이것을 내려놓고 알아차림에 머문다. RAIN을 통해 우리가 겪는 어려움을 내려놓는 작업이 완성되는 단계이다.

불교 수행자인 듀앤은 자신을 실패자로 규정했다. 그의 삶은 수많은 실망으로 점철되어있었다. 불교 수행을 몇 년 하고 나서 그는 자신의 수행에도 실망하고 말았다. 물론 듀앤은 수행을 통해 조금 더 침착한 사람이 되었다. 하지만 여전히 자신을 향한 비판적 생각과 자기 비난에 시달리고 있었다. 혹독하고 고통스러운 과거의 경험이 아직 그에게 영향을 미치고 있었다. 듀앤은 자기비판과 자기 비난, 상처 입은 과거를 자기로 동일시하고 있었다. 자신에게 연민의 마음을 보내는 수행도 듀앤의 마음을 편안하게 하지 못했다.

그러다 열흘짜리 마음챙김 수련회에 참가하는 동안 듀앤은 탈동일시에 관한 가르침에서 영감을 받았다. 특히 붓다의 말에 크게 마음이 움직였다. 깨달음을 이룬 날 밤에 붓다는 마라(Mara)라고 하는 군대와 악귀의 유혹을 받았다. 이 이야기를 듣고 듀앤은 밤을 새우며 자신의 악귀와 직접 마주해야겠다고 작정했다. 몇 시간 동안 그는 자신의 호흡과 몸을 알아차렸다. 좌선을 하는 중간중간에 걷기 명상도 했다. 자리에 앉을 때마다 듀앤은 늘 그랬듯이 졸음과 몸의 통증, 자기를 비난하는 생각에 휩쓸렸다. 그러다 각각의 변화하는 경험을 알아차림이라는 한 가지 요소를 가지고 만나고 있음을 알아보았다.

어느 늦은 밤, 듀앤은 작은 깨달음의 순간에 이르렀다. 알아차림 자체는 이 경험 가운데 어느 것에도 영향 받지 않는다는 사실을 깨달았다. 알아차림은 마치 허공처럼 활짝 열려있었다. 그것은 손에 만져지지도 않았다. 듀앤이 겪고 있던 온갖 어려움과 고통스러운 느낌과 생각은 알아차림 자체에 조금도 영향을 주지 못했다. 그것들은 그저 일어났다가는 사라졌다. 이렇게 알아차림은 듀앤의 피난처가 되었다.

듀앤은 자신의 깨달음을 검증해 보기로 했다. 텅 빈 수행 홀에서 혼

마음이 아플 땐 불교심리학

자 바닥에 누워 몸을 이리저리 뒹굴었다. 알아차림은 그런 자신을 그저 관찰할 뿐이었다. 이번에는 자리에서 일어나 고함을 지르고 크게 소리 내어 웃었다. 재미있는 동물 소리를 내보기도 했다. 이번에도 알아차림은 단지 그것을 지켜볼 뿐이었다. 듀앤은 수행 홀을 이리저리 뛰어다니다가 가만히 바닥에 누웠다. 그러다 밖으로 나가 숲의 끝까지 가서는 돌멩이를 하나 집어 던졌다. 또 위아래로 뜀박질을 했다가 웃었다가 다시 수행 홀로 돌아와 자리에 앉았다. 알아차림은 이 모든 것을 단지 관찰할 뿐이었다. 이를 알고 듀앤은 자유를 느꼈다. 태양이 언덕 위로 부드럽게 솟아오르는 것이 보였다. 다음에는 한동안 잠을 자러 돌아갔다. 다시 깼을 때 듀앤의 하루는 기쁨으로 가득했다. 의심이 다시 고개를 쳐들어도 알아차림은 단지 그것을 지켜볼 뿐이었다. 세상 사물에 똑같이 내리는 비처럼 듀앤의 알아차림은 모든 것을 동등하게 허용했다.

이야기를 여기서 끝내면 지나친 장밋빛 이야기가 되고 말 것이다. 수련회 후반부에 듀앤은 다시 의심과 자기비판, 우울의 시간에 빠졌다. 하지만 이번에는 이 와중에도 그것이 단지 의심일 뿐임을 알았다. 단지 판단이고 우울일 뿐임을 알 수 있었다. 듀앤은 더 이상 그것을 자신의 확고한 정체성으로 받아들이지 않았다. 알아차림은 이것 또한 단지 관찰할 뿐이었다. 알아차림은 그렇게 고요하고 자유로웠다.

탈동일시가 주는 열매

불교심리학은 탈동일시를 깨어남이 머무는 곳이라고 부른다. 또 집착의 종식, 참된 평화, 열반 등의 이름으로도 부른다. 동일시에서 벗어날 때 우리는 자신과 타인을 존중하며 보살핀다. 그러면서 협소한 자아 감각이 지닌 두려움과 환영에 더 이상 얽매이지 않는다.

과연 이런 탈동일시가 매우 힘겨운 상황에서도 효과를 발휘할까? 마하 고사난다 스님은 15년 동안 캄보디아의 전쟁터를 두발로 걸어 다니며 평화를 설교하면서 이것을 몸소 실천해 보였다. 람 다스(Ram Dass)와 폴 고먼(Paul Gorman)이 함께 쓴 『내가 어떻게 도와줄까요How Can I Help?』라는 책에 나오는 어느 경찰관의 이야기도 같은 맥락이다.

범죄와 그에 대처하는 방법에 관한 두 가지 이론이 있다. 범죄 단속원들은 이렇게 말한다. "범죄자처럼 생각해야 합니다." 일부 경찰관은 이를 너무나 잘 터득해 스스로 범죄자의 사고방식으로 무장한다.

그러나 내가 이 문제에 대처하는 방식은 이와는 아주 다르다. 나는 평화 경찰관이다. 나는 사람은 본질적으로 순수하고 순진무구하다고 생각한다. 착한 본성을 가졌다고 본다. …

어떻게 그렇게 되는지는 매우 흥미롭다.

나는 화가 잔뜩 난 어느 남성을 체포한 적이 있다. 그는 유독 나에게 적대감을 드러냈다. 그를 범인 호송차에게 데려갔을 때 그는 내 얼굴에 침을 뱉었다. 그것도 모자라 의자로 나를 치려고 의자를 들고 내 뒤를 따라왔다. 우리는 남자에게 수갑을 채워 호송차에 태웠다. 그런데 호송 중에 나는 조금 전 일이 마음에 걸려 스스로에게 이렇게 말했다. "이 남자와 나는 서로 사랑하는 형제 사이야." 경찰서에 도착했을 때 나는 남자에게 자연스럽게 이렇게 말을 했다. "이봐, 자네 기분을 상하게 한 일이 있었다면 사과하네." 곁에 앉은 호송차 운전자는 나를 제정신이 아닌 사람처럼 쳐다보았다.

다음날 나는 남자가 밤을 지새운 경찰서 유치장에서 형사 법원으로 남자를 데려가야 했다. 남자를 차에 태우며 나는 속으로 이렇게 생각했다. "그 생각을 진실로 믿는다면 남자에게 수갑을 채우지 않아도 돼." 나는 남자에게 수갑을 채우지 않았다. 우리가 복도 중간에 다다랐을 때 남자는 그럴 의도가 있었다면 충분히 나를 덮칠 수 있었다. 그러나 남자는 갑자기 걸음을 멈췄다. 나도 멈췄다. 남자가 말했다. "저기요. 당신이 어제 한 말에 대해 생각해 봤어요. 사과하고 싶어요." 나는 깊은 인정과 감사, 이해를 느꼈다.

남자의 전과기록에는 남자가 혹독한 교도소 두 곳에서 가혹한 교도관과 문제를 일으킨 사실이 적혀있었다. 나는 무언가를 느꼈다. 나는 남자가 완전히 180도 변하는 것을 보았다. 나는 일종의 치유가 일어났다고 믿었다.

마음챙김과 두려움 없는 현존은 우리의 진정한 보호막이 되어준다. 우리가 인지하고, 받아들이고, 살펴보고, 동일시하지 않으며 세상과 만날 때 우리가 어디에 있든 자유로울 수 있다는 사실을 알게 된다. 하늘에서 내리는 비가 세상의 사물에 고르게 내려 그것을 똑같이 키워주듯이 말이다.

매일의 명상 수행 확립하기

우선 규칙적인 명상에 적합한 장소를 선택합니다. 그곳에 명상 방석이나 의자를 마련합니다. 신성하고 평화로운 장소임을 느끼게 하는 책이나 이미지로 이곳을 꾸며도 좋습니다.

당신의 하루 일과와 성격에 맞게 수행 시간을 정합니다. 일찍 일어나는 아침형 인간이라면 아침식사 전에 명상을 하도록 합니다. 저녁에 수행이 더 잘되고 저녁 스케줄이 수행에 더 적합하다면 저녁 시간에 수행을 합니다. 처음에는 한 번에 10~20분 정도 자리에 앉는 것부터 시작합니다. 이후 더 오래, 더 자주 앉을 수도 있습니다. 샤워하고 이를 닦듯이 매일 명상할 수 있습니다. 매일의 명상 수행은 당신의 가슴과 마음을 주기적으로 청소하고 고요하게 할 것입니다.

의자에 앉든 방석에 앉든 긴장하지 않은 상태로 몸을 곧게 펴십시오. 당신의 몸이 땅에 튼튼히 뿌리박고 있다고 생각합니다. 손은 편안하게 내려놓고, 마음은 부드럽게 하고, 눈은 가볍게 감습니다. 몸을 느껴보며 긴장이 두드러지게 느껴지는 부위가 있으면 부드럽게 풀어줍니다. 습관적인 생각과 계획이 마음에 일어나면 어떤 것이든 내려놓습니다. 이제 호흡 감각에 주의를 보내 호흡을 느껴봅니다. 심호흡을 몇 차례 하면서 호흡이 가장 선명하게 느껴지는 부위가 어디인지 알아봅니다. 콧구멍과 목구멍에서 차갑고 따끔거리는 느낌이 있을 수도 있고, 가슴이 움직이는 것이 느껴질 수도 있습니다. 배가 부풀어 오르고 꺼지는 느낌이 있을 수도 있습니다. 이제 숨을 자연스럽게 쉬어봅니다. 매번 일어나고 사라지는 호흡을 아주 면밀하게 느껴봅니다. 느껴지는 대로 매번의 호흡 속으로 이완해 들어갑니다. 아무 노력을 기울이지 않아도 호흡의 부드러운 감각이 일어나고 사라집니다. 이것을 관찰해봅니다.

아마도 호흡을 몇 차례 하기도 전에 당신의 주의는 딴 곳으로 달아날 것입니다. 딴 곳으로 얼마나 오래 또는 짧게 방황했든 상관없이 부드럽게 다시 호흡으로 돌아옵니다. 이때 호흡으로 돌아오기 전에 자신이 조금 전 어디에 있었는지 '생각, 방황, 들림, 가려움' 등 부드러운 단어로 마음속으로 명칭을 붙여 알아차려 봅니다. 당신의 주의가 어디에 가 있었는지 속으로 명칭을 붙입니다. 그런 뒤 편안하게 이완하면서 다음 번 호흡의 느낌으로 부드럽게 돌아옵니다. 명상 수행이 향상되면 주의가 어디로 떠도는지 더 잘 알아차릴 수 있습니다. 강렬한 느낌, 감정, 감각, 생각이 당신을 호흡에서 먼 곳으로 데려간다면, 호흡에 향했던 것과 똑같은 깨어있는 관찰력으로 그것을 받아들여 봅니다. 느낌과 감정, 감각과 생각이 일어남을 알아보고 그것에 부드럽게 명칭을 붙여봅니다. 그것들이 지나가면 다시 호흡으로 돌아옵니다. 명상을 막 시작한 단계이거나 더 안정된 마음으로 명상을 하고 싶다면 한 단어로 자신의 방황을 알아본 다음 호흡으로 돌아오는 것이 좋습니다. 호흡을 지켜보며 자리에 앉아있는 동안 호흡의 리듬이 자연스럽게 바뀌도록 놓아둡니다. 호흡이 짧아지거나 길어지거나 빨라지거나 느려지거나 거칠거나 편안해지거나 있는 그대로 호흡을 놓아둡니다. 호흡 속으로 편안하게 이완해 들어가면 저절로 마음이 안정될 것입니다. 호흡이 부드러워지면 당신의 주의도 호흡과 마찬가지로 부드럽고 면밀해질 것입니다.

마치 강아지를 훈련시키는 것처럼, 천 번이고 자신을 부드럽게 호흡으로 되가져옵니다. 이렇게 몇 주, 몇 달을 연습하면 호흡을 이용해 점점 마음이 고요해지고 집중력이 커집니다. 이 과정에서 여러 차례 기복을 겪기도 합니다. 수행이 잘 안 되는 흐린 날도 있고, 수행이 잘 되는 맑은 날도 있을 것입니다. 어쨌거나 호흡에 대한 알아차림을 통해 당신의 몸과 마음을 안정시키고 고요하게 만들 수 있습니다. 이렇게 처음 경험한 마음챙김으로 당신에게 일어나는 다른 경험도 균형감 있게 마주할 수 있습니다. 끊임없이 변화하는 삶의 와중에서 중심을 잡을 수 있습니다.

8

인간으로
태어난
소중한 몸

1.8미터도 채 안 되는 우리의 몸과 마음에 모든 가르침이 다 들어있다.

_붓다

세계를 탐구할 때 결코 마음이 몸을 내팽개치지 않도록 하라. 몸의 성질을 살펴고, 몸을 구성하는 요소를 직접 보라. 이렇게 몸의 참된 성질을 온전히 보고, 마음으로 명료하게 보라. 그럴 때 세계의 경이로움이 분명히 드러난다.

_아잔 문

불교 수행을 할 때 겪게 되는 신비한 경험 가운데는 마음을 고요히 하는 능력, 자기 몸과 세계를 새롭게 감각하는 능력 등이 있다. 선시를 쓴 시인들은 겨울 눈길을 걷는 뽀드득 소리, 가사에 떨어지는 봄꽃, 소나무 사이로 불어오는 바람, 가을 안개에 젖은 채로 걷는 것, 아이들의 웃음소리에 귀 기울이는 것을 찬양한다. 아시아의 숲속 사원과 미국의 명상 수련회에서 수행자들은 침묵 속에 느긋이 식사한다. 마음챙김이 있을 때 우리는 배, 체다 치즈, 오렌지, 갓 구운 따뜻한 빵을 제대로 맛본다. 마음챙김이 있을 때 우리는 서두르지 않고 걷는 법을 다시 익힌다. 피부에 불어오는 산들바람의 감촉과 새들의 노랫소리, 걸음걸이의 리드미컬한 움직임과 발밑의 땅을 제대로 알아본다. 마치 수개월을 독방에서 홀로 지낸 죄수가 우연히 찾아온 개미 한 마리의 존재에 감사하듯 마음챙김이 있을 때면 삶의 가장 작은 디테일도 생기를 띠면서 우리에게 즐거움을 선사한다.

불교심리학과 서양 심리학 모두 우리의 몸을 현명한 심리학의 일부로 포함해야 한다고 주장한다. 프로이트뿐 아니라 융, 라이히 같은 그의 추종자도 우리가 생명 에너지가 흐르는 통로인 자기 몸에 다시 거주하도록 지난한 투쟁을 벌였다. 그들의 작업을 통해 우리는 인간 본능이 지닌 가치에 대해 알게 되었다. 또 섹슈얼리티가 가진 힘과 신체적 삶의 근본 동기와 추동력을 존중해야 하는 이유도 알게 되었다. 신체적 삶의 이러한 복권(復權) 요구는 오래 지속되어 온 투쟁의 일부였다. 빅토리아 여왕 시대(1837~1901)의 압제적 사회는 수백 년의 부정(否定) 위에 세워져 있었다. 프로이트가 보기에 빅토리아 시대 사회는 지나치게 폐쇄적이었다. 그것은 건강한 사회가 아니었다. 신플라톤주의와 중세 기독교라는 서양의 유산은 신체와 본능의 가치를 폄하하는 동시에 영적인 것과 이성을 중시했다. 수백 년 동안 두려움

가득한 금욕적인 기독교 교부들은 육신의 고행을 죄를 사하는 필수 과정으로 칭송했다.

그런데 지금 또 다시 테크놀로지 사회가 나름의 방식으로 몸의 지혜를 무시하는 것을 우리는 목격하고 있다. 현대의 삶에서 우리 몸은 생활을 위한 기계, 스테로이드와 성형수술로 대변되는 관리의 대상으로 전락했다. 우리의 육신은 이제 새로운 형태로 굴욕을 당하고 있다. 우리는 차량정체에 꼼짝없이 갇힌 채 앉아있어야 하고 답답한 사무실에서 일해야 한다. 학생들은 인공 불빛 아래의 학교 책상에서 공부해야 한다. 또 패스트푸드와 비디오 게임으로 주의가 분산되어 있다. 많은 아이가 수천 년 동안 인간의 유산이던 공동체의 따뜻한 지지와 이야기가 아니라 텔레비전에 의해 양육 당하고 있다. 우리는 자연스럽고 본능적인 삶과의 연결을 잃어버렸다. 불행히도, 몸을 무시할 때 그것은 여러 증상을 통해 우리에게 그 사실을 알린다. 건강한 신체적 연결이 사라질 때 우리는 활기를 잃고 만성 통증과 스트레스 관련 질병에 시달린다. 궤양과 대장염, 고혈압과 뇌졸중에 시달린다. 또 거식증과 비만, 우울증과 불안, 보복 운전과 중독을 경험한다. 우리 중 많은 사람이 제임스 조이스의 소설에 등장하는 미스터 더피(Mr. Duffy)처럼 "자기 몸에서 조금 떨어져" 길을 잃은 채 살고 있다. 뉴욕 AP 연합통신의 보도에 따르면, 멀쩡하게 차려 입고 아침 출근길에 나섰던 어느 41세 남성이 만원 지하철 안에서 사망한 일이 있었다. 그런데 꼬박 하루가 지나도록 누구도 그의 죽음을 알아보지 못했다고 한다.

주변을 살피지 않는 뉴욕 지하철 이용객과 달리, 아잔 차의 사원에서 우리는 일부러 송장 곁에 앉는다. 몸의 끊임없이 변하는 무상한 성질을 보기 위해서다. 그런데 그와 똑같이 중요한 이유가 또 있다. 그것은 우리 몸이 살아있는 동안 몸이라는 선물을 소중히 여기기 위해서다.

불교의 이해 방식에서는 인간으로 태어난 몸을 매우 소중히 여긴다. 그 이유는 자유와 참된 행복을 실현하는 데 필요한 조건을 제공하는 것이 몸이기 때문이다. 우리는 몸에 대한 체계적인 훈련에서 시작한다. 앉고 걸을 때, 먹고 움직일 때, 우리는 마음챙김을 계발한다. 몸의 생명력으로 돌아오는 능력을 키운다. 우리 몸에서 일어나는 괴로움과 행복감을 관찰한다. 마음이 맑고 탁할 때, 가슴이 열리고 닫힐 때, 몸이 어떻게 반응하는지 알아본다. 우리는 몸이라는 생명의 신비를 존중으로 품어 안는 법을 배운다.

불교심리학의 여덟 번째 원리는 이것이다.

8
몸에 대한 마음챙김은 우리를 온전히 살도록 해준다. 몸에 대한 마음챙김은 치유와 지혜, 자유를 가져온다.

제임스가 불교 수행을 하겠다고 왔을 때 그는 고혈압과 심계항진(불규칙하거나 빠른 심장 박동이 비정상적으로 느껴지는 증상-옮긴이)을 겪고 있었다. 힘겹게 사업을 이어가는 사업주이자 중학생 두 자녀의 아버지인 제임스는 아이들에 대한 양육권과 양육 책임을 전 부인과 분담하고 있었다. 그는 명상이 자신의 스트레스 수치를 낮춰줄 것이라고 기대했다. 뿐만 아니라 제임스는 깨달음에도 관심이 있었다. 선(禪) 관련 책에서 깨달음이 그의 문제를 해결할 수 있

마음이 아플 땐 불교심리학

다는 내용을 읽었다. 제임스는 깨달음을 극락의 상태로 여겼다. 한번 깨달음을 얻으면 삶의 세속적인 어려움을 모두 뛰어넘을 수 있다고 생각했다.

그러나 제임스에게 다소 의외로 다가온 것은 불교 수행이 호흡과 몸에 면밀히 주의를 기울이는 데서 시작한다는 점이었다. 제임스는 실망했다. 그가 보기에 호흡과 몸에 집중하는 것은 깨달음을 얻는 것과는 아무 상관이 없었다. 호흡과 몸에 대한 집중은 오히려 지금-여기에 존재하는 것과 관련이 있었다. 호흡과 몸에 집중하는 단순한 수행을 해나가자 제임스는 자신이 그동안 얼마나 미래에 관한 생각에 깊이 빠져있었는지 알았다. 또 자신의 몸을 얼마나 단단하게 조이고 있었는지, 자신의 삶이 얼마나 정신없이 돌아가고 있었는지 깨달았다. 그의 가족사는 온통 학교와 운동, 직장에서의 성취에 관한 이야기였다. 야망이 컸던 제임스의 부모님과 엄한 운동부 감독님은 제임스에게 끊임없이 분발하고 분투하라고 몰아세웠다. 그랬던 제임스가 이제 자신과 아이들을 몰아붙이고 있었다.

자신의 긴장과 들뜸이 어느 정도인지 알게 된 제임스는 이제 쫓기는 느낌이 들지 않는 순간에 면밀히 주의를 기울이도록 지침을 받았다. 이 간극을 마음챙김으로 관찰하기 시작하자 분투하지 않는 것이 어떤 경험인지 스스로 알 수 있었다. 그것은 그에게 익숙하지 않은 낯선 상태로 다가왔다. 그것은 제임스가 지금까지 살면서 언제나 회피해 왔던 불편하고 공허한 느낌이었다. 그러나 여기에 명료하게 주의를 기울이자 자신에게 낯설게 다가온 공허감에 실은 만족이 깃들어 있음을 알게 되었다. 아주 오랜만에 제임스는 자기 몸에서 편안함의 순간, 집에 돌아온 듯한 느낌을 느꼈다. 그렇게 제임스는 깨달음을 맛보기 시작했다.

나의 경우, 몸으로 구현된 삶(embodied life)의 아름다움을 처음 맛본 것은 아잔 차 스님의 숲속 사원에서였다. 나는 마음챙김 수행이 얼마나 나의 감각을 생생하게 깨웠는지 기억하고 있다. 도시 근교의 지식인 가정에서 자란 내가 접할 수 있는 야외란 기껏해야 우리 집 뒷마당이나 쇼핑몰의 캠핑용품점이 고작이었다. 대학에 가서도 나의 야외 경험은 도서관과 학생회관 사이를 왕복하는 것에 그쳤다. 그러나 사원에서는 사원 건물이 숲 한가운데의 빈터에 세워져 있고, 주변은 높이 치솟은 티크 나무와 열대 덩굴, 새와 코브라가 가득한 빽빽한 숲에 둘러싸여 있었다. 우리가 기거하던 작은 움막은 이 숲의 여기저기에 흩어져있었다.

이 숲에서 나는 계절의 변화를 실감할 수 있었다. 땀에 젖은 가사와 무더운 여름밤 매미의 시끄러운 노랫소리, 진흙투성이의 발과 몬순 장맛비의 끝도 없는 눅눅함을 느낄 수 있었다. 추운 계절 건조한 바람이 불어오면 나는 체온을 보존하려고 가사 밑을 수건으로 감싸기도 했다. 이때 나는 밤하늘의 달이 서서히 모양을 바꾸는 것을 두 눈으로 처음 관찰했다. 또 새벽녘과 황혼녘에 새벽별과 저녁별이 떠오르는 모습도 처음 보았다.

우리는 날마다 우물물을 길어 설거지를 하고 목을 축이고 몸을 씻었다. 나는 야생 곤충과 움막을 함께 쓰는 법을 배웠다. 쏘이면 엄청 아픈 불개미가 다니는 길을 밟지 않도록 조심하는 법도 배웠고, 야생 숲속의 암닭이 낳은 병아리를 알아보는 법도 배웠다.

내 몸의 자연스러운 리듬을 알아가기 시작했다. 명상하느라 밤새 깨어있다가 늦은 아침에야 몸을 누이고는 했다. 처음에는 밥을 아주 많이 먹었다. 1일 1식을 하면 배가 고프지 않을까 걱정되었기 때문이다. 나중에는 그 두려움을 그대로 쫓아가지 않았다. 내 몸이 필요한 만큼만 먹는 법을 배웠다.

몸의 통증이 심해지자 나는 그것을 처리하는 법을 배웠다. 태국 마을 사람들은 몇 시간이고 가부좌를 한 채 방석도 없이 땅바닥이나 사원의 돌 마루에 앉는 데 익숙했다. 그러나 나는 의자에 길들여진 뻣뻣한 미국인이었다. 나는 허리와 엉덩이, 무릎이 아팠다. 어떤 때는 명상이 마치 천천히 가해지는 고문처럼 느껴졌다. 나는 통증을 부드럽게 만들고 통증 주변부를 이완하는 기술을 배웠다. 나의 몸이 강렬한 통증 감각을 수용하는 공간을 만들도록 초대했다. 아잔 차 스님이 자주 강조했듯이 우리가 살면서 불가피하게 만나는 아픔(pain)과 그 아픔 주변에 우리가 만들어내는 괴로움(suffering)을 구분해 아는 것이 중요하다.

아픔을 다루는 법을 배우는 것은 매우 유용하다. 왜냐하면 우리는 누구나 언젠가 아픔을 경험할 것이기 때문이다. 작년에 진행성 류머티스 관절염을 앓던 말리크라는 남자가 명상을 하려고 수련회를 찾아왔다. 의학적으로 자신이 할 수 있는 모든 조치를 취했음에도 그는 여전히 절망하고 화가 나 있었다. 나와 말리크는 통증을 둘러싼 그의 분노와 혐오를 부드럽게 만드는 작업을 함께 했다. 말리크는 호흡을 하면서 자신의 위축된 몸을 따뜻한 주의로 품어 안는 법을 배웠다. 그는 우는 아이를 품에 안고 보호하는 전통적인 부모 이미지를 떠올렸다. 또 자신의 판단과 좌절감, 분노, 자기연민의 마음을 내려놓는 법을 배우는 것도 그에 못지않게 중요한 작업이었다. 말리크는 자신에게 연민의 마음을 보내는 수행법을 익혔다. 그런 다음 몸의 통증으로 고생하는 모든 사람에게로 연민 수행을 확장시켰다.

점차 말리크의 신체 통증과 좌절감은 다룰 만하게 되었다. 그는 불구가 된 자기 몸을 따뜻한 주의로 존중하는 법을 알았다. 그는 미국 작가 앤 모로 린드버그(Anne Morrow Lindbergh)가 아이를 출산할 때 얻은 다음과 교훈을 깨달았다. "통증과 '함께' 가세요. 통증이 당신을 데려가도록 놓아두세요. …

통증을 향하여 손바닥과 몸을 활짝 펴세요. 통증이 파도가 되어 다가올 때 당신은 열려있어야 합니다. 마치 해변에 정박해 있는 배처럼 통증이 당신을 가득 채우도록 놓아두세요. 그런 다음 통증은 물러갈 것입니다. 그러면 당신은 다시 텅 비고 깨끗한 상태로 남습니다. … 깊게 호흡하면-이 호흡은 통증만큼이나 깊어야 합니다-통증으로부터 자유로운 내면의 경지에 이를 수 있습니다. 통증은 '당신 몸'의 것이지 '당신'의 것이 아닙니다. 당신은 그것을 알게 됩니다. 영혼이 몸을 신성한 제단에 올려놓습니다."

가슴을 몸으로 데려오기

> 우리 내면에 담긴 실재 외에 실재는 따로 존재하지 않는다. 이를 깨닫지 못하기에 그토록 많은 사람이 그토록 실재와 동떨어진 삶을 산다. 사람들은 자기 바깥의 이미지를 실재로 착각한다. 사람들은 자기 몸과 마음의 내면세계가 <u>스스로 드러나도록 놓아두는</u> 일이 없다.
>
> _헤르만 헤세

유괴에 강간을 당한 케이티라는 젊은 여성에게 몸에 대한 마음챙김은 조심스럽고 고통스러운 여정이었다. 그녀는 자신의 트라우마를 치유하고 내면의 평화를 찾기 위해 한 달간의 명상 수련회에 참여했다. 처음에는 고통스러운 기억이 너무 강렬해 자신의 몸과 전혀 접촉하지 못했다. 그 다음에는 걸을 때 발에 부드러운 주의를 보내 그것을 느껴볼 수 있음을 알았다. 그런데 앉아서 수행하는 것은 케이티에게 무척 힘겨운 일이었다. 과거에 유괴를 당해 굵은 줄에 묶인 경험이 있던 그녀에게 움직이지 않고 자리에 가만히 앉아있는 것은 유괴 경험과 아주 비슷하게 느껴졌다. 그래서 자리에 앉는 좌선 수행 대신, 걷는 수행을 계속했다. 케이티는 땅을 밟고 있는 자신의 발과 다리, 그리고 그 움직임을 온전히 느끼는 법을 배웠다. 다음으로는 자신의 호흡을 이용했다. 천천히 걸으면서 굳어있고, 두려워하고, 긴장하고 있는 어깨와 팔, 가슴에 연민의 마음을 불어넣었다. 때로 두려움과 분노, 슬픔의 파도가 덮쳐와 잠시 쉬어야 했다. 이럴 때면 나무에 몸을 기대거나 발이 땅과 닿아있음을 느끼는 방식으로 자신이 괜찮다는 느낌을 다시 일으켰다.

자신이 조금 강해졌다는 느낌이 들자 케이티는 자리에 앉기 시작했다(자리에 앉는 것을 그녀는 '움직이지 못하게 되었다'고 표현했다). 그러면서 굵은 줄에 대한 기억과 공포가 조금씩 일어나도록 허용했다. 그녀의 수행을 지지하기 위해 나는 그녀와 자주 함께 자리에 앉았다. 그렇게 그녀의 치유가 일어날 수 있도록 연민이라는 신뢰의 장을 마련했다. 케이티는 자신의 주의를 친절로 인도하면서 오랫동안 회피해온 모든 감각을 느끼기 시작했다. 그녀의 몸은 울음을 터뜨렸고 이리저리 흔들렸다. 그런 다음 서서히 그 느낌과 이미지에 마음을 열었다. 한 번에 조금씩 기억을 받아들이면서 기억을 견디는 능력이 점차 커졌다. 그렇게 기억의 많은 부분을 내려놓을 수 있게 되었다. 몇 주간 이 수행을 한 뒤 케이티는 그 이야기에 붙잡힌 상태에서 벗어날 수 있었다. 그녀의 경험은 이제 단지 몸의 감각과 느낌, 기억에 불과했다. 케이티는 유괴가 더 이상 여기에 존재하지 않는다는 사실을 알고는 안도감을 느꼈다. 지금-여기에 존재하는 것은 몸의 감각, 생각, 느낌, 널따란 놓여남뿐이었다. 케이티는 자유를 느끼기 시작했다.

우리가 혼란과 공포, 야망, 우울, 상실로 힘들 때 불교심리학은 자신의 몸에서 이런 것을 어떻게 경험하고 있는지 느끼도록 요청한다. 결혼 생활의 파국을 맞은 어느 남성은 가슴을 짓누르는 단단한 바윗덩어리 같은 슬픔을 알아차렸다. 어느 여성은 유방암 증세가 호전되는 과정에서 가슴이 조이고 호흡이 가빠지는 데서 죽음에 대한 두려움을 보았다. 사업과 가정을 양립하려고 오래도록 애쓴 또 다른 남성은 사업이 매각되고 자녀가 대학 입학으로 가정을 떠나자 복부에 큰 구멍이 뚫린 것처럼 커다란 공허감을 느꼈다.

케이티의 경우처럼 때로 고통과 정신적 불편감이 너무 큰 나머지 우리는 자리에 앉아 명상하거나 몸을 고요하게 두지 못한다. 이때 걷기 명상이나 요가 등의 움직임 연습을 시도할 수 있다. 또 바닥을 쓸고 음식을 준비하는 마음챙김 수련이 마음을 고요하게 만드는 데 사용되기도 한다. 명상 수련회에서 힘들어하는 참가자에게는 명상센터 정원에서 일을 하면서 시간을 보내도록 권한다. 많은 참가자가 인내심으로 식물을 돌보고 땅을 파는 일을 통해 삶으로 돌아온다. 이런 수행은 산산이 조각나 부서진 마음이 몸에 터를 잡도록 도와준다. 내가 기억하는 극단적인 경우가 있다. 인도에 기거하던 노년의 티베트 라마승이 힘들어하는 제자에게 부서진 마음을 안정시키는 방법으로 불상에 십만 번 절을 하라고 시켰다. 십만 번 절을 하는 데 꼬박 일 년이 걸렸지만 이 수행은 젊은이에게 도움이 되었다. 그리자 라마승은 젊은이에게 이것을 두 번 더 하도록 시켰다. 이번에는 연민 수행도 포함시켰다. 3년 뒤 남자의 내면적 안녕감은 눈에 띄게 회복되었다.

내가 아잔 차 스님의 사원에서 미국으로 돌아온 뒤 얻은 첫 번째 직업은 대형 정신병원 응급병동의 보조요원 일이었다. 나는 동료들에게 불교의 마음챙김 명상에 관해 열정적으로 이야기했다. 동료들은 마음챙김 명상이 환자들에게 도움이 될 수 있다고 생각하는 듯했다. 그러나 얼마 지나지 않아 명상을 하려고 눈을 감는 것은 대부분의 환자에게 필요한 일이 아니라는 사실이 분명해졌다. 환자들은 자신의 마음속에서 이미 길을 잃고 있었다. 그들에게 필요한 수행은 걷기 명상, 요가, 태극권, 정원 일처럼 몸으로 하는 수행이었다. 환자들은 자기 몸을 다시 땅에 터 잡게 할 필요가 있었다.

그 뒤로 나는 병원에 명상이 절대적으로 필요한 거대 집단이 있음을 알게 되었다. 그것은 바로 스트레스에 지친 심리학자, 사회복지사, 간호사, 정신과의사, 그리고 보조요원이었다. 이들에게 마음챙김은 개인적 안녕뿐 아니라 그들의 일에서 더 큰 효과를 낼 수 있었다. 나는 병원 스태프에게 마음챙김 명상을 가르치는 수업에 자원했다. 많은 사람이 이 수업에 참가했다. 그들은 마음을 고요히 하고 지친 몸을 돌보는 체계적인 방법을 배웠다. 그들은 이것이 크게 도움이 되었다고 말했다. 나는 그들이 돌보는 환자에게도 분명 도움이 되었다고 확신한다.

불교심리학은 인간의 몸을 소중히 여긴다. 그래서 자신의 삶이 어떤 단계에 있더라도 몸을 소중히 보살피라는 가르침을 받는다. 몸에 병이 생기면 내가 품위 있는 존재라는 감각이 훼손당하기 쉽다. 또 병이 있으면 수치심과 자기 증오도 일어난다. 마치 병이 나의 잘못 때문인 것처럼 병을 개인적으로 받아들이기도 한다. 그러나 병과 건강은 인간이면 누구나 피할 수 없는 삶의 일부다. 우리의 가슴이 이해로 열리면 우리가 처한 환경이 어떠하든 이 몸과 마음을 친절로 대할 것이다. 나는 버마의 유명한 투앙풀루 사야도가 일 년에 한 번 열리는 3개월 집중 수련회에서 몸이 아픈 제자를 지도하는 장면을 곁에서 보았다. 그 제자의 이름은 돈이었다. 돈은 전이성 뇌암에 걸린 41세의 남성으로 모든 치료가 허사로 돌아가 의사들도 포기한 상태였다. 종양으로 부어오른 머리 부위가 눈으로 확인될 정도였다. 돈은 살날이 얼마 남지 않은 것처럼 보였다. 나는 돈을 투앙풀루 사야도의 특별 인터뷰에 데려갔다. 나는 스님이 불교 전통에서 중요하게 여기는 의식적인 죽음을 위한 수행법을 돈에게 가르쳐주리라 기대했다. 그러나 스님의 반응은 전혀 달랐다.

투앙풀루 스님은 돈의 이야기를 들은 뒤 자신의 손을 돈의 종양 위에 얹고는 직접적인 치유를 전했다. 스님은 인간으로 태어난 일은 매우 소중하며, 돈 역시 자신을 치유하기 위해 할 수 있는 모든 것을 해야 한다고 말했다. 스님은 잠시 염송을 하고는 돈이 특별한 치유의 물을 마시게 했다. 그런 다음 신성한 기도를 전하며 암송하라고 했다. 또 광범위한 치유의 이미지도 제시했다. "당신은 자신을 치유하기 위해 노력해야 하며 최대한 오래 살아야 합니다. 왜냐하면 인간으로 태어난 이 몸은 모든 형태의 태어남 가운데 영적인 배움을 얻는 소중한 원천이기 때문입니다. 이 물을 마시고 명상 수행을 하십시오. 그리고 당신의 온 가슴으로 치유하십시오. 만약 이렇게 해도 소용이 없다면, 이렇게 해도 당신이 죽을 수밖에 없다는 걸 알게 된다면 죽음 수행으로 옮겨갈 때입니다. 그렇지만 아직은 죽지 마십시오." 돈은 완전히 치유되지는 않았지만 투앙풀루 스님의 격려 덕분에 의사들의 예측보다 훨씬 오래 생명을 이었다.

몸을 통해 불사(不死)로

의식은 빛이 지닌 파동의 성질과 입자의 성질을 모두 신비스럽게 반영한다. 마찬가지로 우리의 몸도 모순의 영역이다. 칼 융은 "우리 몸의 원초적인 동물적 본성"을 존중하라고 상기시킨다. 그러나 이어서 몸이 또한 "가장 높은 형태의 영혼과 연결되어 있다."고 말한다. 융은 영혼과 본능이 조화를 이룰

마음이 아플 땐 불교심리학

때 우리가 꽃필 수 있다고 주장한다. "동물적 본성이 너무 강해지면 문명화된 인간의 모습이 일그러진다. 반면에 문화가 비대해지면 아픈 동물들이 만들어지기 십상이다." 지혜와 고귀함이 꽃피려면 몸으로 체화된 삶과 보편적 관점을 함께 포괄하는 균형을 이뤄야 한다.

현대 미국 문화는 몸의 외적인 모습에 대한 과도한 동일시를 조장하고 있다. 그리고 이를 넘어서기란 쉬운 일이 아니다. 우리는 외모와 옷을 가꾸고, 몸을 치장하고 단련하는 데 엄청난 시간을 투자한다. 그러나 아무리 외모에 매달린다 해도 나이가 들어가면 몸은 우리를 배신한다. 만약 우리 자신을 신체적 욕망의 충족에 한정시키며 몸이 곧 우리 자신이라고 믿는다면 나중에 늙음과 질병, 어려움과 죽음에 마주해야 하는 때 우리는 길을 잃고 두려워할 것이다.

아잔 차 스님은 이렇게 말한다. "우리는 (몸이라는) 이 집에 세 들어 살고 있습니다. 만약 이 집이 우리 소유라면 몸에게 아프지 말고, 늙지 말라고 말할 수 있어야 합니다. 그러나 몸은 이런 바람을 철저히 외면합니다. 지혜가 있으면 몸이 살아있어도 좋고, 곧 죽음에 이르러도 상관이 없습니다. 만약 의사가 나에게 암에 걸렸으니 몇 개월 후 죽게 될 거라고 말했다고 합시다. 그러면 나는 의사에게 이렇게 말할 겁니다. '조심하세요, 죽음은 당신에게도 닥칠 것이니까요. 누가 먼저 가느냐의 문제일 뿐입니다.'"

불교심리학은 우리 몸을 보편적 관점에서 바라보는 수십 개의 훈련을 제공한다. 우리 몸을 진동하는 에너지 장으로 느끼는 명상도 있고, 차크라와 에너지 중심의 네트워크로 보는 명상도 있다. 몸을 살과 뼈, 액체와 고체로 된 해부학적 체계로 느끼는 수행법도 있다. 어느 사원에서는 이 수행법으로 자신의 해골을 느끼는 데 집중한다. 산책을 갈 때 자신의 뼈를 가져가라고 가르친다. 그러면 산책 나가는 다른 사람을 볼 때도 그들이 뼈를 가져간다고 본다. 이때 우리는 자신이 간직한 이야기와 멜로드라마에서 즉각 벗어난다. 이때 우리의 정체성은 완전히 바뀐다.

또 다른 중요한 수행법에서는 몸을 네 개의 주요 요소와 스물네 개의 파생된 기본 성질로 경험하는 법을 배운다. 불교심리학은 우리의 신체적 존재가 지(地)·수(水)·화(火)·풍(風)이라는 기본 요소를 지녔다고 설명한다. 이것은 고대 그리스와 중국, 아프리카, 아메리카 원주민 사회의 전통적인 심리 및 의료 체계와 유사하다. 현대의 독자는 이것이 원소 주기율표의 원시 버전이 아닌가 하고 잘못 생각할 수도 있다. 그러나 사실 지·수·화·풍의 네 요소는 우리가 몸을 직접 경험하는 방식에 관한 설명이다.

눈을 감고 가만히 느껴보면 당신은 '몸'을 느낄 수 없다. '몸'이라는 것은 단어에 불과하다. 그것은 생각과 개념의 차원이다. 눈을 감고 몸을 느끼려고 할 때 당신이 실제로 느끼게 되는 것은 딱딱함과 부드러움, 눌림, 무거움의 영역이거나 거칠고 부드러운 질감 같은 것이다. 이것을 땅[地]의 요소라 한다. 또 당신은 따뜻함과 차가움의 영역을 느낄 것이다. 이것은 불[火] 또는 온도의 요소이다. 또 당신은 진동과 고요함의 영역을 느낄 것이다. 이것은 공기[風] 또는 진동의 요소이다. 그리고 당신은 응집과 흐름을 느낄 것이다. 이것은 물[水]의 요소이다. 눈을 깜박이거나 침을 삼켜보기만 해도 당신은 물의 요소를 느낄 수 있다.

우리가 자신의 몸을 가장 직접적으로 아는 것은 위와 같은 방식을(즉, 4대 수행을) 통해서이다. 또 우리는 색깔, 소리(귀에서 일어나는 공기의 요소), 냄새, 맛 등의 이차적 요소를 통해서도 몸을 안다. 몸을 구성하는 이 요소들을 직접적으로 살필 때 우리는 동일시와 얽힘이라는 두터운 층에서 자유로워진다. 마이크에게 이런 일이 일어났다. 마이크는 질투심에 관한 명백히 비합리적인 생각에 강박적으로 매여있었다. 그는 내게 말하기를, 그의 이성적인 정신은 자기를 괴롭히는 생각이 자신의 실제 인간관계에 근거하지 않음을 안다고 했다. 그는 그 생각을 내려놓으려고 노력했으나 번번이 이야기에서 벗어나지 못했다. 나는 마이크와 함께 자리에 앉았다. 그러고는 질투의 생각이 지금-여기에 떠오르게 하라고 했다. 그리고 그의 몸 어느 부위에서 질투의 생각이 느껴지는지 관찰하도록 했다. 그러자 가슴 부위에서 느껴지는 뜨겁고 조이는 강렬한 감각을 알아차렸다. 그 감각을 직접적으로 느끼자 혐오와 두려움을 알아차릴 수 있었다. 그러나 마이크는 질투와 가슴에서 느껴지는 감각이 어떻게 관련되어 있는지 모르겠다고 했다.

나는 마이크에게 각각의 요소를 면밀히 관찰하도록 했다. 나는 우선 땅의 요소에 대해 물었다. 그의 가슴 부위가 딱딱한지 부드러운지, 뭉쳐있는지 느슨한지, 무거운지 가벼운지 물었다. 다음으로 불의 요소에 대해 물었다. 가슴이 따뜻한지 차가운지, 따뜻하지도 않고 차갑지도 않은지. 그러고는 공기의 요소에 대해 물었다. 가슴 부위가 진동하는지 고요한지. 그런 다음 색과 향이라는 이차적 요소에 대해서도 물었다. 만약 그의 가슴 부위가 색과 향을 가졌다면 지금 어떤 색과 향으로 나타나고 있는가? 그는 가슴의 감각이 딱딱하고 거친 질감이라고 했다. 또 고동치고 있으며 약간 뜨겁다고도 했다. 색깔은 검은색이라고 했다.

그런 다음 나는 마이크에게 이 기본적 감각과 관련된 느낌과 이미지가 떠오르는지 관찰하게 했다. 마이크는 두려움과 버림받은 느낌이 일어나는 것을 관찰했다. 다음으로 마이크가 일곱 살 때 부모님이 이혼한 기억이 밀려왔다. 그는 그 기억 가운데 최악의 순간을 떠올렸다. 어머니가 집을 나간 날이었다. 마이크는 이 모든 이야기를 털어놓으며 울음을 터뜨렸다. 자리에 앉아 이 경험을 마음챙김으로 품어 안으며 마이크는 점차 상실과 공허, 그리고 몸과 마음에 무의식적으로 담았던 버림받은 느낌을 견디는 법을 배우고 있었다.

마이크는 한동안 슬픔, 분노, 상실, 두려움의 느낌을 처리하는 시간을 가졌다. 그러자 자기 삶에서 버림받음이라는 반복된 패턴을 인식하기 시작했다. 자신을 버림받은 일곱 살 남자아이로 떠올리자 친절함의 파도가 일어났다. 얼마 뒤 나는 마이크에게 연민의 마음을 더 확장하도록 했다. 부모가 이혼한 모든 아이들이 겪는 고통, 나아가 버림받은 모든 사람이 당하는 고통에 마음을 열도록 초대했다. 이렇게 마이크는 자신이 당하는 고통에는 개인적 성질뿐 아니라 보편적 성질도 들어있음을 깨달았다. 그의 경험은 점차 비개인적인 성격을 띠었다. 마이크는 이제 그저 상처 입은 존재에 불과하지 않았다. 성인이 된 그는 명상에 잠겨있었다. 그는 지금까지 걸어온 자신의 과거인 동시에 그 모든 것을 목격하는 의식이기도 했다.

몸은 요소들로 이루어진 삶

몸을 구성하는 요소는 우리가 지니고 있는 숨은 이야기와 무의식적 패턴 속으로 들어가는 출입문이다. 이 문을 지나는 과정에서 우리는 더 넓고 보편적인 맥락에서 생의 활동을 감지한다. 생명의 요소가 우리 안에서 움직이는 것을 느낄 수 있다. 흔들리고, 뻣뻣하고, 떨고, 눌리고, 떠있고, 나긋나긋하고, 안정되고, 흐려지고, 맑아지는 모든 경험은 몸을 구성하는 요소들이 일으키는 작용이다. 몸의 경직된 자세든 가뿐한 춤이든 몸 안의 땅의 요소가 움직

마음이 아플 땐 불교심리학

이는 것이다. 우리가 느끼는 슬픔은 물의 요소의 작용이다. 그것은 눈물의 바다이다. 우리가 하는 하품과 우리가 부르는 노래는 공기의 울림이다. 틱낫한 스님은 이렇게 말했다. "언젠가 당신은 산이었고 구름이었습니다. 나의 이 말은 시가 아니라 과학입니다."

몸을 구성하는 기본 요소에 대한 명상은 죽음을 이해하는 데도 사용된다. 이 명상은 우리 삶에 가장 큰 변화를 일으키는 명상 가운데 하나다. 서양에서는 늙음과 죽음에 대해 숙고하는 것을 꺼린다. 죽음은 실패로 간주되며 우리를 무서움에 떨도록 만들기 때문이다. 반면, 불교의 접근법에서는 의도적으로 죽음과 직면한다. 이것은 지혜와 전체적 조망, 하루하루를 충만하고 의미 있게 살려는 동기를 일으키려는 목적이다. 티베트의 까루 린포체는 우리가 죽음에 이르렀을 때 몸을 구성하는 요소가 어떻게 무너지는지 생생하게 묘사한다. 린포체는 이에 대해 주의 깊게 숙고해볼 것을 권했다. 우리의 정체성을 몸에서 우리의 참된 본성인 의식으로 이동시키기 위함이다. 죽음의 과정에 관한 생생한 묘사를 읽으며 당신 자신에 대한 생각이 어떻게 변하는지 관찰해보라.

우리가 죽음에 이르면 땅의 요소가 사라지기 시작한다. 기력을 잃고 제대로 앉지 못하며 물건을 올바로 쥘 수도 없다. 볼은 홀쭉해지고 머리를 가누지 못한다. 눈을 뜨고 감는 것도 힘들어지고 얼굴은 창백해진다. 어떤 자세를 취해도 무겁고 불편한 느낌이다. 일으켜 세워 달라고 주변에 부탁해야 한다. 어느 경전에서는 이것을 두고 땅 밑으로 떨어지거나 꺼지는 느낌, 엄청난 무게에 짓눌리는 느낌, 심지어 산이 내 몸을 누르는 느낌으로 표현한다. 이처럼 땅의 요소는 다시 땅으로 돌아간다.

다음으로 물의 요소이다. 죽음에 이르면 체액을 조절하는 능력을 상실한다. 콧물이 질질 흐르고 눈에서는 분비물이 흐르며 대소변을 참지 못한다. 혀를 움직일 수 없고 눈구멍은 말라가는 느낌이 든다. 입술은 핼쑥하고 핏기가 없어지며 입과 목구멍은 텁텁하고 꽉꽉 막힌다. 콧구멍은 무너지고 목이 마른다. 몸을 떨면서 경련을 일으킨다. 어느 경전에는 우리가 죽음에 이르렀을 때 그것은 마치 대양에서 익사하는 느낌, 또는 거대한 강물에 휩쓸리는 느낌으로 표현되어 있다. 이렇게 물의 요소도 다시 물로 돌아간다.

다음은 불의 요소이다. 죽음에 이르면 우리의 입과 코가 완전히 말라버린다. 몸의 모든 온기가 발, 손, 그리고 심장 순으로 빠져나가기 시작한다. 머리 정수리에서는 김나는 열기가 빠져나가고 입과 코를 통과하는 숨은 차가워진다. 음식을 소화시킬 온기가 더 이상 남지 않는다. 외부 사물을 인지하는 것이 점점 어려워진다. 이때의 내면 경험은 이글거리는 화염에 타는 느낌 또는 세상이 거대한 화재로 타들어가는 느낌이다. 이렇게 불의 요소도 불로 돌아간다.

다음은 공기의 요소이다. 죽음에 이르면 숨을 쉬기가 점점 어려워진다. 들숨은 얕아지고 날숨은 길어진다. 숨을 거칠게 쉬고 헐떡이기 시작한다. 숨이 짧아지고 힘겨워진다. 몸이 씰룩거리며 경련한 다음 정지한다. 또렷하던 시야도 흐릿해지고 불분명해진다. 이때의 내면 경험은 거대한 바람이 세상을 휩쓸어버리는 느낌 또는 거대한 소용돌이가 온 우주를 날려버리는 느낌이다. 이렇게 공기의 요소도 공기로 돌아간다.

이처럼 몸을 이루는 요소들이 무너지는 장면을 떠올릴 때 죽음이 생생히 다가온다. 번쩍 하고 정신이 들며 이 몸이 일시적이라는 것을 느낀다. 더 지혜롭게 살아야겠다고 생각한다. 이와 함께 죽음에 이르러 몸을 이루는 요소가 무너지는 현상은 몸이 우리의 참된 본성이 아님을 분명히 보여준다.

　　　　　　　　　　　　　　　　　　마음이 아플 땐 불교심리학

인간의 몸에 주의를 기울일 때 치유와 재생이 일어난다. 그런데 죽음에 관한 보편적 수행은 널찍한 공간으로 우리의 의식을 데려가 몸 너머를 관찰하게 한다. 몸에 대한 알아차림을 통해 우리는 우리가 진정 누구인지를 기억한다.

걷기 명상

몸에 주의를 기울이는 가장 유용하고 안정적인 방법 가운데 하나가 걷기 명상입니다. 걷기 명상은 평온함과 연결감, 몸에 깃든 알아차림을 키우는 단순하면서도 보편적인 수행법입니다. 걷기 명상은 앉기 명상의 전과 후에 규칙적으로 하면 좋습니다. 또 직장에서 바쁜 하루를 보낸 뒤 또는 나른한 일요일 아침 등 어느 때고 그 자체로 수련해도 좋습니다.

걷기 명상을 위해서는 우선 실내든 야외든 편하게 10~30보정도 왕복해서 걸을 수 있는 조용한 장소를 선택합니다. 양발을 땅에 굳게 붙인 채로 '걷기 코스'의 한쪽 끝에 섭니다. 양손은 편안하게 내려놓습니다. 몇 차례 깊이 호흡한 다음 눈을 떠 주변을 보고 느껴봅니다. 그렇게 1분 정도 있다가 이제 자신의 몸으로 주의를 향합니다. 몸을 의식의 중심에 둔 채로 내 몸이 지금 땅 위에 어떻게 서 있는지 느껴봅니다. 발바닥이 땅을 누르는 느낌이나, 이렇게 서 있을 때 일어나는 자연스러운 느낌을 느껴봅니다. 지금 여기에 현존하며 깨어있습니다.

이제 평소 걸음보다 약간 느린 속도로 걷기 시작합니다. 편안하게 그러나 위엄 있는 동작으로 걸음을 걷습니다. 마치 왕과 왕비가 한가로이 거닐 듯 몸에 힘을 빼고 우아하고 자연스러운 걸음으로 걷습니다. 이때 자신의 몸에 주의를 기울입니다. 걸음을 걸을 때마다 발과 다리가 바닥에서 떨어지는 느낌을 느껴봅니다. 걸으면서 각각의 걸음을 온전히 느낍니다. 걷기 코스의 끝에 다다랐으면 걸음을 잠시 멈춥니다. 당신의 몸을 의식 중앙에 두면서 천천히 몸을 돌립니다. 반대 방향으로 몸을 돌렸으면 다시 한 번 잠시 멈춥니다. 이제 첫 번째 걸음을 떼면서 그것을 온전히 알아차립니다. 걸음의 속도와 보폭을 자신에게 맞도록 실험해보아도 좋습니다. 어쨌거나 지금 여기에 현존하는 데 도움이 되게 하는 것이 가장 중요합니다.

10~20분 정도 또는 더 긴 시간 동안 마음챙김으로 왕복해서 걷습니다. 자리에 앉아 호흡을 관찰할 때와 마찬가지로, 걷기 명상에서도 주의가 걸음이 아닌 다른 곳으로 자꾸 달아날 것입니다. 마음이 달아난 것을 관찰하는 순간, 부드럽게 마음이 어디에 있었는지(방황, 생각, 들림, 계획 등) 알아차립니다. 그런 뒤 다음 발걸음을 느끼는 것으로 돌아옵니다. 강아지를 훈련시키는 것처럼 천 번이고 자신의 발걸음으로 주의를 돌립니다. 주의가 걸음에서 다른 곳으로 달아난 시간이 1초이든 10분이든 중요하지 않습니다. 그저 주의가 어디에 가 있었는지 알고 편안하게 이완한 다음, 지금-여기에 생생히 살아있는 채로 다음 발걸음으로 돌아오면 됩니다.

걷기 명상을 이용해 정신을 집중하고 몸 안에서 더 깨어있는 삶을 살 수 있습니다. 처음에는 집에서 해봅니다. 그런 다음 쇼핑을 갈 때나 길을 걸을 때, 차에 타거나 차에서 내릴 때 당신의 깨어있는 걷기 수련을 비공식적인 방식으로 확장해봅니다. 걷는 동안 계획과 생각 속에 길을 잃지 않고 단지 '걷기를 위한 걷기'를 즐기는 법을 배울 수 있습니다. 걷기 명상처럼 간단한 방식을 통해 당신은 참되게 현존할 수 있습니다. 당신의 몸과 가슴, 마음을 한데 모아 삶을 살 수 있습니다.

9

느낌의 강물

즐거운 느낌이 일어나면 '이것은 즐거운 느낌의 경험이다'라고 알아야 한다. 괴로운 느낌이 일어나면 '이것은 괴로운 느낌의 경험이다'라고 알아야 한다. 즐겁지도 괴롭지도 않은 느낌이 일어나면 '이것은 즐겁지도 괴롭지도 않은 느낌의 경험이다'라고 알아야 한다.

_『대념처경』

대법원 판결의 90퍼센트는 감정에 따른 판결이다. 이때 우리 안의 이성적인 부분이 하는 일이란 고작해야 우리의 편애를 지지하는 이유를 제공하는 것뿐이다.

_윌리엄 O. 더글러스 판사

아버지는 65세 때 심각한 심근경색을 일으켜 중환자실에 실려 갔다. 심장수술을 받아야 했지만 약해진 신장과 기타 신체 기능이 정상 수준으로 돌아와야만 수술을 받을 수 있었다. 어머니와 세 남동생 그리고 나는 병원에 갔다. 아버지는 예후가 좋지 않았다. 의사들은 아버지가 수술을 받을 수 있을지 확신이 없었다. 우리 가족들도 크게 걱정이 되었다.

중환자실은 한 번에 한 사람, 그것도 15분씩만 면회가 허용되었다. 당시 나는 슬펐고 거의 충격 상태에 있었다. 이 세상과 저 세상 사이에 있었던 나는 비상 상황에서 흔히 그러듯 잠을 제대로 이루지 못했다. 나는 아버지가 어쩌다 그토록 이해하기 어렵고 대하기 힘든 남자가 되어버렸는지 생각했다. 아버지는 명석한 과학자였지만 집에서는 독재자이자 아내를 구타하는 남편이었다. 그런 아버지 때문에 아들들도 힘들었지만 누구보다 힘든 것은 어머니였다. 어머니는 우리 집 커튼 뒤에 유리병을 숨겨두고는 했는데 비상사태 시 자신을 방어하기 위해서였다. 그러나 언제나 효과를 보지는 못했다. 또 어머니는 검푸른 멍 자국을 숨기기 위해 여름이면 긴소매를 입었다. 그런데 아버지가 입원했을 무렵, 나는 용서 명상과 치료를 통해 나의 고통과 분노를 이미 상당 부분 내려놓은 상태였다.

중환자실에 입원한 지 사흘째 되던 날, 아버지는 현저히 기력이 떨어졌다. 나는 아버지를 보러 갔다. 어쩌면 이것이 아버지를 보는 마지막일지 모른다는 생각이 들었다. 아버지는 산소호흡기와 삐 소리를 내는 여러 기계장치를 단 상태로 누워있었다. 팔과 몸에는 관과 전기 모니터링 선이 거미줄처럼 연결되어있었다. 나는 아버지의 병상 옆에 앉아 어떠시냐고 물었다. 아버지는 끙끙 앓는 소리를 내며 고통스럽고 불행한 표정을 지었다. 나는 아버지와 우리 가족에 대해 조금 이야기한 뒤 잠시 말을 멈췄다.

마침내 나는 아버지를 쳐다보았다. 허약하고 연약한 아버지는 죽어 가고 있었다. 내가 말했다. "사랑해요." 아버지의 눈동자가 커지는 듯했다. 아버지는 반창고와 주사바늘, 관이 붙어있는 한쪽 팔을 자신의 얼굴 부위까지 힘겹게 들어 올리고는 고약한 냄새를 맡지 않으려는 듯 코를 틀어막았다. 그리고 모멸감에 얼굴을 찌푸렸고 머리를 좌우로 흔들었다. 아버지는 이렇게 말하고 싶어 하는 듯했다. "우리 집에서는 이러지 않아. 감정을 인정하지 않아. 자기감정을 인정하는 건 너무 감성적이고 약해빠진 일이야."

느낌을 느끼는 능력을 내가 다시 회복하는 데는 여러 해의 훈련이 필요했다. 나는 승려로 명상을 하고 서양 심리치료를 공부하면서 동시에 인간관계의 상호작용 속에서 느낌을 느끼는 훈련을 했다. 인간으로 현명하게 살려면 자신이 느끼는 바를 이해해야 한다. 또 느낌을 어떻게 다루어야 하는지도 알아야 한다.

일차 느낌

불교심리학은 우리가 느낌의 두 가지 중요한 측면을 구분하도록 해준다. 느낌의 첫 번째이자 가장 본질적인 성질은 **일차 느낌**(primary feeling)이라고 부르는 것이다. 이 관점에 따르면 우리의 감각 경험에는 매 순간 느낌의 톤(feeling tone)이 들어있다. 화학에 원자가(價)가 있는 것처럼 우리의 시각, 청각, 미각, 촉각, 후각, 생각 하나하나에는 모두 즐거운 성질, 괴로운 성질, 즐겁지도 괴롭지도 않은 성질이 들어있다. 현대 신경과학은 우리 뇌에 기록되는 모든 것에 부정적이거나 긍정적인 '값'이 매겨진다는 사실을 보여준다. 다음으로 이 단순한 일차 느낌에서 온갖 '이차 느낌'이 생겨난다. 우리가 익히 아는 기쁨, 분노, 두려움, 즐거움 등의 느낌이 모두 이차 느낌이다.

"일차 느낌을 다루는 것은 깨달음으로 가는 지름길이다." 나의 버마 스승 한 분이 이런 말을 했다. 일차 느낌의 흐름은 언제나 우리와 함께 있다. 그럼에도 우리는 종종 삶이 그렇지 않다는 잘못된 견해를 갖고는 한다. 우리는 옳은 행동을 하면 우리가 갖는 느낌의 흐름은 언제나 즐거운 느낌일 거라고 믿는다. 고통과 상실이 절대 존재하지 않을 거라고 암암리에 믿는다.

그래서 괴로운 경험이 일어나면 우리는 그것을 제거하려 하고 즐거운 경험이 일어나면 붙잡으려 한다. 즐겁지도 괴롭지도 않은 느낌은 그냥 무시해버린다. 우리는 항상 옳은(즉, 즐거운) 느낌을 원하며, 잘못된(즉, 괴로운) 느낌은 피하려 한다. 불쾌한 경험을 하면 그것을 바로잡으려 애쓰는 식으로 끊임없이 반응한다.

그러나 조금 더 현명해지면 느낌의 흐름을 바꾸는 방법은 별로 효과가 없다는 사실을 알게 된다. 일차 느낌은 단지 느낌일 뿐이다. 우리의 매일은 수천 개의 즐겁고 괴롭고 즐겁지도 괴롭지도 않은 순간들로 이루어져 있다. 그것은 당신이나 콘돌리자 라이스나 달라이 라마나 믹 재거(영국의 록 가수-옮긴이)나 붓다나 모두 마찬가지다. 이 일차 느낌은 잘못된 느낌, 나쁜 느낌이 아니다. 일차 느낌은 생명의 흐름이다. 나의 동료 실비아 부어스틴은 이렇게 말했다. "내가 처음 참가한 명상 수련회에서 겉으로는 매우 행복해 보이는 사람들이 진실을 그토록 명료하게 말해주니 얼마나 마음이 놓였는지 모른다. 그 진실이란 삶이 어렵고 고통스럽다는 첫 번째 고귀한 진리이다. 삶이 힘든 것은 삶 자체가 가진 성질이다. 우리가 삶을 잘못 살아서 힘든 것이 아니다."

우리가 하는 고통스러운 경험은 실패를 의미하지 않는다. 명상의 고수들도 평범한 우리처럼 질병과 통증을 겪는다. 스즈키 순류, 라마나 마하리쉬, 6대 카르마파 라마 모두 암으로 세상을 떠났다. 아잔 차 스님은 뇌출혈로 몇 년 동안 혼수상태에 있었다. 라마 예셰는 심장병으로 오랜 시간 병원 신세를 졌다. 그는 엄청난 고통을 겪은 일을 이렇게 기록했다. "중환자실에서 41일을 지내고 나니 나의 몸은 묘지에 묻힌 영주처럼 되었다. 내 마음은 신을 거부하는 존재가 되었고 내가 내뱉는 말은 미친 늙은 개가 짖는 소리처럼 되었다." 그럼에도 그들은 고수들이다. 즐거움과 괴로움, 즐겁지도 괴롭지도 않은 경험을 우아하게 받아들이는 것이 그들의 수행이다.

불교심리학의 아홉 번째 원리는 이것이다.

9
지혜는 지금-여기에 어떤 느낌이 존재하고 있는지 알면서도 그 느낌 속에서 길을 잃지 않는다.

아산 붓냐냐사의 숲속 사원에서 우리는 각각의 소리와 활동에 깃든 느낌의 톤을 알아차리라는 가르침을 받았다. 아침에 숲속 길을 걸을 때면 우리는 발걸음의 즐겁지도 괴롭지도 않은 느낌의 톤을 관찰했다. 또 걸을 때 몸이 흔들리는 즐거운 느낌도 관찰했다. 오후가 되면 열대의 한낮에 몸에 흐르는 불쾌하고, 뜨겁고, 끈적거리는 땀을 느꼈다. 천천히 몸을 움직이며 쉬거나 자리에 앉거나 책을 읽을 때마다 거기에 따라오는 즐겁고, 괴롭고, 즐겁지도 괴롭지도 않은 느낌의 톤을 느꼈다. 그런 다음 느낌에 대한 반응이 일어나면 그것을 관찰했다. 지금 나는 명상 지도자로서 자동 반응에 빠진 수행자들에게 일차 느낌에 대한 마음챙김을 자주 하도록 지도한다.

젊은 예술가인 자밀라는 불안한 생각에 쉽게 압도당했다. 나는 자밀라에게 불안한 생각의 내용에 집중하는 대신, 그 불안에 앞서 일어나거나 동시에 일어나는 몸과 마음의 일차 느낌을 관찰하도록 했다. 자밀라는 그 일차 느낌이 모두 불쾌한 느낌이라는 사실을 관찰했다. 그녀는 가슴에서 고통스러운 조임을, 위장에서는 메스꺼움을 느꼈다. 불쾌한 공허감도 느꼈다. 자밀라가 갖는 불안한 생각은 전반적인 불쾌감에서 습관적으로 달아나려는 시도로 보였다. 자밀라는 자신의 마음이 지어내는 반복되는 이야기 안에서 많은 시간을 보냈다. 그러던 그녀가 이제 일차 느낌으로 주의를 옮기자 불안한 생각에서 조금씩 벗어나기 작했다. 자밀라는 자기 몸의 불쾌한 감각을 실제로 알아차릴 수 있음을 알았다. 불쾌한 감각을 견디는 일은 쉽지 않았지만 수행을 통해 불쾌한 감각과 함께하면서 받아들이는 법을 배웠다. 그러자 불안한 생각은 예전만큼 문제가 되지 않았다.

또 다른 수행자인 프레더릭은 틱(tic)이라는 신체 경련을 겪고 있었다. 그는 틱 때문에 오랫동안 고생했다. 나는 그에게 느낌의 톤을 제대로 관찰하게 했다. 그러자 프레더릭은 경련이 일어나기 직전 자신의 몸이 기쁨을 느낀다는 사실을 알았다. 그렇게 기쁨을 느낀 다음에는 경련이 시작되었다. 그랬던 그가 그 즐거운 감각을 의식하자 경련이 멈추었다.

세 번째로 제이컵은 카리스마 넘치는 어느 티베트 라마승과 몇 해 동안 함께 살았다. 그런 다음 결혼을 하고 세 자녀를 둔 그는 지역 신문사에서 일하고 있었다. 그는 라마승과 이별한 뒤에도 매일 명상을 했다. 내가 처음 그를 만났을 때 그는 명상을 하면 마음이 아주 편해진다고 말했다. 그러나

고개를 푹 숙인 채 기운 없이 처져있는 제이컵의 자세에 나는 조금 놀랐다. 나는 그가 경미한 우울증을 정당화하고 자신의 두려움을 감추는 데 영적 수행을 이용하고 있는 건 아닌가 싶었다.

수행이 더 깊어지기를 바라던 제이컵은 자신의 일차 느낌을 살펴보기로 했다. 처음에는 즐겁지도 괴롭지도 않은 느낌이 많이 일어나 멍하니 넋을 잃은 채 있는 때가 많았다. 즐거운 순간도 있었으나 오히려 제이컵은 그것이 두려웠다. 즐거움이 너무 강해지지 않을까 두려웠다. 그는 즐거운 순간을 온전히 느끼도록 자신에게 허용했을 때 무엇을 알게 될지 걱정스러웠다. 나는 제이컵에게 스스로 의식하지 못하도록 감추고 있는 것이 없는지 물었다. 그리고 이것에 관해 그 자신에게 편지를 쓰게 했다.

제이컵은 자신에게 보내는 편지를 썼다. 편지에서 만약 자신이 더 생생하게 살아있으면 아마 쾌락을 더 즐기기 위해 계속해서 탐욕을 부렸을 것이라고 적었다. 또 화가 날 때면 분노로 여러 사람을 죽일지도 모른다고 생각했다. 제이컵은 이렇게 자신의 일차 느낌을 계속 관찰했다. 하루 중 일어나는 즐거운 느낌, 괴로운 느낌, 즐겁지도 괴롭지도 않은 느낌을 관찰했다. 그리고 거기에 욕망, 분노, 두려움 같은 이차 느낌을 보탰다. 그러자 자신의 느낌과 그에 대한 자신의 반응을 알아보고 인내하는 능력이 점차 커졌다.

제이컵은 자신의 느낌에 더 열리면서 느낌을 더 잘 알아차리게 되었다. 나는 제이컵이 느낌을 자신의 몸과 연결시켜 보도록 했다. 나는 그에게 앉은 자세에서 똑바로 일어서도록 했다. 그러면서 자신이 생생히 살아있는 느낌을 느끼는 모험을 해보게 했다. 나는 제이컵에게 고귀함이라는 붓다의 가르침을 상기시키며 자신을 왕자처럼 안아주게 했다. 그가 온전히 살아있을 가치가 있는 존재라는 점을 인정하도록 했다. 제이컵은 이 작업이 힘들었지만 뿌듯함을 느꼈다. 나중에는 이렇게 말했다. "처음에 느낀 두려움이 잦아든 다음 나는 이 대지에 존재할 권리를 가진 왕자처럼 걷는 수행을 했어요. 이렇게 하니 몸이 매우 편안해졌고 행복감과 에너지가 일어났어요. 나는 놀랐어요. 훨씬 자유로워진 느낌이었거든요. 앞으로도 계속 이렇게 되었으면 좋겠어요." 나는 그에게 모든 상태와 마찬가지로 그 상태도 영원히 지속되지는 않을 거라고 말했다. 그렇지만 제이컵은 고귀함과 자유를 맛보았다. 언제든 거기로 다시 돌아올 수 있을 것이다.

제이컵처럼 영적 수행을 찾는 많은 사람이 자신의 느낌을 두려워한다. 그들은 명상 수행으로 혼란스러운 세상을 완전히 초월할 수 있기를 원한다. 그리고 힘겨운 느낌에 상처 입지 않도록 보호받기를 바란다. 그러나 이것은 잘못된 초월이다. 그것은 삶을 부정하는 것이다. 지혜를 가장한 두려움에 지나지 않는다.

감정에 대한 작업

우리가 느끼는 부정적이고 긍정적인 감정은 모두 우리가 온전히 인간이 되고 온전히 깨어있고 온전히 살아있는 데 반드시 필요하다. 이 깨달음은 우리에게 큰 도움이 된다.

_페마 초드론

현대 영어에서 느낌(feeling)과 감정(emotion)이라는 단어는 흔히 동의어로 사용된다. 그러나 불교심리학에서는 일차 느낌과, 그에 따라오는 다양한 감정을 구분한다. 일차 느낌이 지니는 느낌의 톤 하나하나는 이차 감정을 일으킨다. 이차 감정에는 앞서 4장에서 본 것처럼 건강한 정신적 상태와 건강하지 않은 정신적 상태가 모두 포함된다. 우리는 즐거운 일차 느낌이 집착, 질투, 갈애 등 건강하지 못한 이차 감정으로 이어질 수도 있고 기쁨, 편안함, 행복 같은 건강한 정신 상태로 이어질 수도 있음을 안다. 또 즐겁지도 괴롭지도 않은 중립적인 느낌의 톤이라면 지루함, 무기력, 멍 때림 같은 건강하지 못한 이차 감정을 일으킬 수도 있고 평화, 안정, 만족 같은 건강한 정신 상태를 일으킬 수도 있다. 괴로운 경험이라면 회피, 판단, 경직됨, 두려움 같은 건강하지 못한 마음 상태를 일으킬 수도 있고 명료함, 끈기, 지혜 등의 건강한 상태를 일으킬 수도 있다. 이들 이차 감정은 모두 의식에 특정한 맛을 더하는 정신 상태라 할 수 있다.

불교심리학의 관점에서는 우리의 감정을 어떻게 대하는가? 인지(Recognition), 받아들임(Acceptance), 살펴봄(Investigation), 동일시하지 않음(Non-identification)으로 이루어진 RAIN이라는 마음챙김 훈련은 감정을 대하는 기초 문법을 제공한다. 앞서 보았듯이 우리는 우선 지금 여기에 무엇이 존재하고 있는지 인지해야 한다. 우리가 느끼는 감정이 지금 우리 몸에서 어떻게 나타나고 있는가? 그 감정은 나의 마음에서 어떻게 느껴지는가? 우리가 어떤 경험에 빠져있다면 감정을 인지하는 일이야말로 우리가 밟아야 하는 가장 중요한 첫 단계이다. 우리는 혼란스러운가, 슬픈가, 화가 났는가, 두려운가, 집착하고 있는가, 아니면 희망에 차 있는가? 감정은 무리 지어 나타나기도 하므로 주의 깊게 인지하면 한 번에 몇 가지 감정을 관찰할 수도 있다. 분노에는 종종 슬픔이 함께하며, 내려놓음에는 편안함과 행복이 따라오기도 한다. 그리고 인지에는 체계적이고 신중한 주의력이 필요하다.

그런데 자신의 감정을 이해하는 일을 힘겨워하는 사람도 있다. 트라우마와 상실 때문에 자신의 느낌으로부터 단절된 사람들이다. 나 역시 성장 과정에서 느낌을 두려워하는 법을 배웠다. 우리 집에서 강렬한 감정이란 억압되거나 이내 사라져야 하는 무엇이었다. 이런 패턴은 여러 세대에 걸쳐 내려올 수도 있다. 내가 아버지의 어머니와 할머니 댁을 방문했던 기억이 지금도 남아있다. 할머니는 구두쇠였고 증조할머니는 돈을 아주 잘 쓰는 분이었다. 길 하나를 사이에 두고 살았던 두 분은 서로를 미워했다. 나는 우리 집에서 감지한 억압과 변덕의 느낌을 두 분 할머니에게서 그대로 보았다. 명상 지도자가 된 지금, 나는 명상을 배우는 수행자들에서도 이처럼 느낌과의 연결을 잃어버리고 혼란스러워하는 모습을 자주 목격한다.

느낌에 대한 마음챙김을 매우 자세하게 해야 하는 것은 아니다. 단순하게 시작해도 좋다. 나는 어느 8학년 학생에게 다음과 같은 편지를 받았다. 그 학생이 다니는 중학교에서 스피릿록 명상센터에 오후 명상을 하러 왔다. 그 여학생은 편지에 이렇게 썼다. "처음에는 명상을 진지하게 받아들이지 않았어요. 부모님과 크게 싸움을 벌이기 전까지는 말이에요. 그런데 엄마와 대판 싸움을 벌인 어느 날 밤 나는 보잘것없는 나의 명상 지식을 갖고 지붕 위로 올라가 명상을 했어요. 명상이 끝나 눈을 뜨고 집에 들어갔을 때는 조금 전과 달리 화가 가라앉았어요. 이제 나는 명상을 하고 있어요. 분노를 가라앉히는 데 도움이 되거든요. 방법을 알려줘 고마워요."

많은 서양 수행자에게 있어 일정 시간 자신의 느낌을 적극적으로 다시 불러오는 일은 매우 중요하다. 이렇게 느낌을 회복하는 일은 쉽게 되지 않으므로 주변의 도움이 필요할 수도 있다. 수행자와 지도자가 함께 자리에 앉아 탐구한다. 지금 여기에 어떤 감정이 존재하고 있는가? 지금 여기에서 그 느낌들을 온전히 인지하고 받아들일 수 있는가? 저항을 내려놓으려면 지금 상태의 느낌이 강렬해지도록 놓아둘 필요도 있다. 그렇게 느낌이 열리고 확장되도록, 더 커지고 변화하여 마침내 사라지도록 할 필요가 있다.

이렇게 우리는 힘든 상태를 두려움 없이 경험하는 능력을 신뢰할 수 있다. 시인 하피즈는 이렇게 썼다.

> 외로움에 너무 쉽게
> 굴복하지 말라.
> 외로움이 당신 안으로 깊이 파고들게 하라.
> 외로움이 당신 안에서 발효되도록
> 그리고 당신 안에 온전히 녹아들도록 하라.
> 그렇게 할 수 있는 사람은 많지 않으니까.
> 심지어 신적인 존재도 잘 하지 못하니까.

마음챙김이라는 공간은 우리에게 커다란 편안함과 유머감각을 열어준다. 평소 자주 화를 내고 판단하기 좋아하던 어느 명상 수행자는 이렇게 말했다. "간선도로를 달리던 어느 날 한 운전자가 갑자기 차선을 바꾸더니 내 차 앞으로 끼어들었어요. 순간 무섭고 짜증이 났죠. 하지만 나는 이내 미소 지으며 생각했어요. '이 멍청한 친구야. … 하지만 당신에 대해 판단을 내리지 않겠어.'"

집중 수련회에서는 강렬한 감정을 경험하는 시간을 지나기도 한다. 처음에 이 감정은 우리를 압도하지만 결국에는 마음챙김으로 존재하는 중간 지대를 찾을 수 있다. 이 중간 지대에서 우리는 감정을 억압하지도 않고 감정에 완전히 휩쓸리지도 않는다. 깨어있는 마음으로 감정을 허용한다. 그러면 놀랍게도 감정은 그 자체로 더 생생히 살아난다. 기쁨과 슬픔이 가진 강렬하고 순수한 느낌을 그 자체로 경험할 수 있다. 느낌의 강물에 휩쓸리더라도 그저 놓아둘 수 있게 된다. 이제는 느낌의 강물에서 헤엄치는 법을 알기 때문이다.

일어난 느낌을 받아들였으면 이제 그것을 살펴보아야 한다. 그 느낌이 나의 몸에서 어떻게 느껴지는지 관찰한다. 느낌의 색깔과 강도, 크기와 기분이 어떤 에너지를 지녔는지 관찰한다. 또 그 느낌이 일어날 때 나의 마음이 지어내는 이야기도 관찰한다. 이렇게 하면 느낌이 얼마나 자동적으로 일어나는지, 그것이 과거의 조건화된 상태에서 저절로 일어남을 알게 된다.

제이컵의 경우가 그랬다. 자신의 느낌에 주의를 기울이고 마치 왕자처럼 위엄이 있게 걷는 수행으로 제이컵은 평소 빠져있던 멍한 상태에서 벗어났다. "더 이상 이대로는 안 되겠다 싶었어요." 제이컵이 말했다. "바쁜 일에 휩쓸리다 보면 몸이 구부정해져요. 멍하고 우울한 느낌으로 돌아가 버리죠." 내가 말했다. "자연스러운 현상입니다." 나는 제이컵에게 마치 인류학자처럼 자신의 느낌이 어떤 주기를 타는지 좀 더 살펴보도록 했다. 그 느낌은 하루 중 언제 일어나는가? 대낮에 나타나는가 한밤중에 나타나는가? 일어난 느낌은 얼마나 오래 지속되는가? 느낌을 통제할 수 있는가, 아니면 제 마음대로 움직이는가? 등을 살피게 했다.

그로부터 몇 주가 지났다. 제이컵은 야외에서 시간을 보내고 영감을 주는 책을 읽고 친구와 시간을 보낸 뒤에는 왕자와 같은 편안함이 일어남을 알았다. 반면 점심 식사 후나 취침 시간임에도 깨어있을 때면 머리가 멍해지는 것을 알았다. 그런 다음 제이컵은 자신의 오후 우울증을 어린 시절과 연결시켰다. 제이컵의 부모님은 자주 화를 냈다. 이 때문에 제이컵은 긴장감을 피하려고 방과 후 자기 방에 숨어지냈다고 했다. 제이컵에게 일어난 가장 중요한 변화는 자신의 느낌이 얼마나 빠르게 변하는지 관찰했다는 점이다. 어느 때는 왕자가 된 것 같다가 어느 때는 두려움에 떠는 아이가 되었다. 어느 때는 외롭고 도움이 필요한 사람이었다가 어느 때는 행복하고 강한 어른이 되었다. 그 다음에는 슬퍼하는 어른이 되었다. 각각의 느낌은 서로 다른 관점, 세상을 바라보는 서로 다른 방식과 연결되어있었다.

　"느낌은 매우 비개인적인 것이군요." 제이컵은 마침내 이렇게 말했다. "이 모든 느낌이 계속 바뀌어요. 느낌이 가진 관점도 계속 바뀌고요. 그것들을 느껴볼 수 있겠어요. 그런데 이제부터는 어떻게 해야 하죠? 각각의 느낌을 더는 믿지 않아야 할까요?" 제이컵은 마음챙김을 통해 직관적 지혜가 커졌다. 그는 빠르게 바뀌는 느낌 중 어떤 것은 자신의 오랜 습관적 반응이라는 것을 알았다. 그리고 그 느낌들을 느끼면서 내려놓을 수 있다는 사실도 알았다. 또 중요한 메시지를 담고 있는 느낌은 존중할 필요가 있었다. 제이컵은 점차 자신의 느낌에 관한 내면의 지혜가 커졌다. 이제 느낌이 어떻게 작용하는지 온전히 경험할 수 있었다. 그러면서 더 넓은 관점으로 느낌을 품어 안았다.

　제이컵과 마찬가지로 우리도 느낌을 인지하고 받아들이고 살피는 연습을 할 수 있다. 그러면 느낌이 가진 비개인적이고 비어있는 성질이 드러난다. 느낌이 어떻게 일어나 한동안 지속되는지, 그 다음에는 어떤 일이 일어나는지 관찰할 수 있다. 대개 우리는 느낌과 감정이 오랜 시간 지속된다고 생각한다. 우리는 '아침 내내 걱정했다'거나 '하루 종일 불안했다'고 말한다. 또 '한 주 내내 어떤 것에 꽂혀있었다'거나 '한 달 내내 우울했다'고 말한다. 그러나 자세히 살피면 대부분의 느낌이 15~30초 이상 지속되지 않음을 알 수 있다.

지금 우리가 분노나 갈망의 상태를 느낀다고 하자. 이 상태를 자신의 몸과 마음에서 면밀히 느껴보자. 그러면 그것은 틀림없이 변화한다. 그것은 커지거나 강해지거나 사라질 것이다. 아니면 다른 느낌으로 바뀌는 수도 있다. 화가 분노로, 아픔으로, 다시 분노로 돌아온다. 아니면 갈망이 사랑과 슬픔으로, 위축으로, 다시 갈망으로 돌아오기도 한다. 그러다가 느닷없이 생각이 올라오기도 한다. "저녁엔 뭘 먹지?" 이 모든 일이 1~2분 사이에 일어난다.

느낌은 의식에서 일어나는 일련의 파도와 같다. 각각의 느낌은 내가 젊거나 늙었다는 생각, 널찍하거나 위축되었다는 생각을 일으킬 수 있다. 자신의 느낌을 추적하는 법을 배우면 감정 지능이 커진다. 마음챙김이 있으면 자연스러운 직관과 분별력이 일어난다. 마음챙김이 있으면 어떤 느낌이 행동을 요청하는지, 또 어떤 느낌이 우리를 불필요한 고통에 이르게 하는지 알 수 있다. 물론, 중요한 메시지를 담고 있는 느낌도 있다. 우리는 그런 느낌을 일으키는 조건에는 응답을 하고 다루어주어야 한다. 그러나 특정 상태의 느낌이 마치 우리 주변의 공기처럼 단순하게 존재하는 경우도 많다. 느낌이 강렬하다 해도 억압할 필요가 없다. 또 느낌에 집착하거나 그것과 자신을 동일시할 필요도 없다. 이 모든 변화 과정에서 우리는 걱정하지 않아도 좋다. 왜냐하면 어떤 감정도 최종적이거나 확정적이지 않기 때문이다.

알리샤가 불교 수련을 하러 왔을 때 그녀는 4년 전 이혼을 겪은 뒤 줄곧 우울에 빠져있었다고 말했다. 딸 그리고 두 손자와 사이가 멀어졌고 잠도 제대로 이루지 못했다. 한동안 알리샤는 항우울제와 수면제를 먹었는데 지금은 먹지 않는다고 했다. 나는 그녀에게 때로는 약을 먹을 필요가 있다는 점을 알고 있다고 말했다. 어떤 사람에게는 지속적인 우울에 맞서 싸우는 데 약이 중요한 역할을 할 수도 있다. 또 양극성 장애(조울병)를 비롯한 중증 정신질환을 겪는다면 더욱 약이 필요할 수 있다. 많은 수행자가 불교 수행을 하면서 약을 먹는다. 그들은 약을 먹으면서도 수행을 할 수 있음을 안다.

그러나 알리샤는 이제 약을 끊어야 할 때가 되었다고 생각했다. 그리고 자신에게 덮친 두려움과 분노, 슬픔을 직접 다뤄야 하는 때라고 생각했다. 우선 나는 알리샤에게 그녀를 무섭게 만드는 감정의 파도에 휩쓸리지 않도록 계속 몸에 터를 잡도록 격려했다. 그녀는 자신이 얼마나 자기 느낌을 싫어하는지 보았다. 그러한 저항 때문에 그녀는 늘 어딘가에 막혀있었다. 이제 거기에 마음을 열자 알리샤는 놀랐다. 자신의 저항에 대해 부드럽게 ('회피', '싫음', '판단' 등의) 이름을 붙이며 그것을 인정하고 거기에 공간을 마련해주었다. 그러자 저항은 오래 지속되지 않았다. 10~20초가 지나자 마음이 부드러워지고 이완되었다. 그녀의 내면이 열리고 있다는 신호였다. 저항이 사라지자 알리샤는 자신이 그토록 힘겨워하던 감정과 직면할 수 있었다. 거기에는 슬픔, 분노, 두려움이 있었다.

알리샤는 모습을 드러낸 감정 하나하나에 모두 이름을 붙였다. 그녀는 그 감정들을 자신의 몸에서 느꼈다. 그리고 거기에 일정한 공간을 마련했다. 각각의 감정이 커지고 강해지다 결국 저절로 사라지게 될 공간이었다. 이번에도 이 감정 가운데 어느 것도 지속되지 않았다. 알리샤는 놀랐다. 분노는 열과 수축으로 바뀌었고 점점 강해지다가 이윽고 불이 붙어 확 번져나간 다음 다시 부드러워졌다. 이번에는 심장이 마구 뛰기 시작했다. 슬픔이 일어나면서 더욱 강해졌다. 그러다가는 눈물이 흘렀고 엄청난 통증이 심장에서 목구멍으로 올라왔다. 그 다음에는 저항의 파도가 일더니 두려움으로, 진통과 울부짖음으로, 다시 차가움과 고요한 텅 빔으로 이어졌다. 느낌은 잠시도 멈추지 않고 끊임없이 흘렀다. 알리샤는 감정과 감각의 강물이 하나에서 다른 것으로 계속 모양을 바꾸는 과정을 지켜보았다. 모든 것이 지극히 비개인적인 성격을 띠었다. 쉬지 않고 모양을 바꾸는 하늘의 구름을 관찰하는 것 같았다.

이후 몇 주 동안 알리샤는 감정의 파도에 계속 마음을 열었다. 그러자 감정의 파도가 일어날 때 이미지와 이야기가 함께 따라왔다. 그녀는 사이가 멀어진 딸과 헤어지는 슬픔을 느꼈다. 또 딸과 자신이 서로에게 입힌 상처를 느꼈다. 알리샤 자신이 어린 시절 학대받은 기억이 떠올랐다. 그러면서 슬픔과 수치심의 파도가 밀려왔다. 알리샤는 자신의 감정에 대한 이해가 깊어졌다. 그녀는 이제 이 느낌들을 무서워하지도, 그 속에서 길을 잃지도 않았다. 자신과 딸이 지금까지 얼마나 혼란스러웠는지 보았다. 그녀는 자신의 삶을 존중하면서 있는 그대로 받아들였다. 자신의 삶이 지금과 달랐으면 하고 바라는 갈망을 느꼈지만 이 갈망 역시 자신이 화해해야 하는 또 하나의 마음 상태라고 받아들였다. 알리샤는 지혜가 커졌다. "딸아이는 결코 내가 바라는 딸이 될 수 없을 거예요. 나도 딸이 바라는 엄마가 될 수 없고요. 우리 두 사람을 위한 연민의 마음이 커지는 걸 느껴요. 딸과 손자들에게 슬픔과 소원함을 유산으로 남겨서는 안 되겠죠."

자신의 고통스러운 상태를 견디는 법을 배우는 과정에서 알리샤는 삶의 작은 기쁨을 더 잘 느끼게 되었다. 그녀는 하늘거리는 푸크시아(바늘꽃과에 속하는 풀꽃의 색-옮긴이)를 빨아먹는 벌새와 현관 앞을 지나가는 딱정벌레, 접시에 담은 다양한 색깔의 봄철 샐러드를 알아보았다. 감각은 그녀를 다시 삶으로 데려오고 있었다.

자신의 느낌과 감정에 자동 반응하거나 그것을 차단시키지 않은 채 온전히 경험하는 데는 용기가 필요하다. 그런데 바로 여기에 우리의 자유가 존재한다. 알베르트 카뮈는 우리에게 이렇게 말한다. "우리 모두는 자신의 죄와 황폐함이라는 유배지를 자기 안에 지니고 있다. 우리가 할 일은 그것을 세상에 그대로 풀어놓는 것이 아니다. 우리가 할 일은 자신이 지은 죄와 황폐함을 자신과 타인의 내면에서 변화시키는 것이다."

마음챙김이 있을 때 우리는 강렬한 느낌과 감정마저도 두려움의 대상이 아니라는 것을 안다. 그것은 단지 에너지에 불과하다. 느낌과 감정을 인지하고 인정하고 살필 때 집착에서 벗어난다. 집착에서 벗어나면 선택을 내릴 수 있다. 반응해야 하는 느낌에 대해서는 행동으로 옮기고, 그렇지 않은 느낌에 대해서는 생명의 에너지로 자유로워지게 한다.

슬픔에 대한 명상

느낌에 대한 명상 가운데 가장 도움이 되는 것은 슬픔에 대한 마음챙김입니다. 우리의 삶을 정신없이 서두르도록 재촉하는 현대의 문화에서 우리는 눈물을 존중하는 중요성에 대해 잊고 있습니다. 그러나 슬픔은 상실에 대해 가슴이 보이는 자연스러운 반응입니다. 슬픔을 느낄 때 우리는 삶에 존재하는 고통과 배반, 비극이라는 진실을 느끼도록 자신에게 허용하는 것입니다. 기꺼이 애도함으로써 우리는 상실이라는 진실을 조금씩 인정하고 통합하고 받아들입니다. 어떤 것을 내려놓고 다음으로 나아가는 가장 좋은 방법은 온전히 애도하는 것입니다.

슬픔에 대한 명상을 하려면 우선 혼자 또는 편안한 친구와 함께 자리에 앉습니다. 잠시 시간을 내어 지지의 분위기를 만듭니다. 준비가 되었다면 자신의 호흡을 느끼는 것에서 시작합니다. 가슴 부위의 호흡을 느껴봅니다. 자기 안에 무엇이 존재하든 거기에 현존해봅니다. 나약한 한 인간을 품에 안는다고 생각하면서 한 손을 들어 가슴 위에 가볍게 얹습니다. 그 사람은 바로 당신입니다.

계속 숨을 쉬면서 당신이 슬퍼하고 있는 상실과 고통을 마음에 가져옵니다. 그 상실과 고통에 관련한 이야기와 이미지, 느낌이 자연스럽게 일어나도록 허용합니다. 그것들을 부드럽게 안아줍니다. 서두르지 마십시오. 그 느낌이 하나씩 그리고 조금씩 일어나도록 놓아두십시오.

부드럽게 연민의 마음으로 계속 호흡합니다. 고통과 눈물, 분노와 사랑, 두려움과 슬픔 등 일어나는 어떤 느낌이든 있는 그대로 놓아둡니다. 그 느낌과 부드럽게 접촉합니다. 그 느낌이 당신의 몸과 마음 바깥으로 풀려나게 합니다. 상실과 고통에 관련한 이미지가 떠오르면 거기에 공간을 만들어줍니다. 그와 관련된 모든 이야기가 풀어지도록 허용합니다. 호흡하면서 부드러움과 연민으로 이 모든 것을 품어 안습니다. 당신과 타인 모두를 위한 친절의 마음으로 품어 안습니다.

우리가 지닌 슬픔은 세상의 슬픔의 일부입니다. 그것을 부드럽게 안아봅니다. 그것을 소중히 여깁니다. 더 이상 그 슬픔을 당신 안에 지니고 있지 않아도 좋습니다. 그 슬픔이 연민의 가슴 속으로 들어가도록 할 수 있습니다. 당신은 울수 있습니다.

우리가 지니고 있는 슬픔을 내려놓는 작업은 오랜 시간이 걸리는 눈물 가득한 과정이다. 그러나 그것은 몸과 마음의 자연스러운 지혜를 따른다. 그것을 신뢰하고 그 과정을 신뢰하라. 명상을 하면서 당신의 슬픔 중 일부를 글로 적거나 소리 내어 울어도 좋고 노래를 부르거나 춤을 춰도 좋다. 당신 내면의 초시간적 지혜가 당신을 슬픔을 지나 열린 가슴으로 데려가도록 하라.

10

이야기를
지어내는
마음

당신의 적은 누구인가? 마음이 당신의 적이다.

당신의 친구는 누구인가? 마음이 당신의 친구이다.

마음이 움직이는 방식에 대해 알라. 마음을 주의 깊게 살펴라.

_붓다

명상의 고수에게 현대 세계는 어떻게 보일까?

아마 생각에 빠진 채 헤매는 것처럼 보일 것이다.

_아잔 붓다다사

처음 가사를 입고 아잔 차 스님의 수행 공동체에 들어갔을 당시 나는 이미 혼자서 2년간 명상 수행을 하고 있었다. 이제 숲속 공터의 작은 움막에서 마음챙김으로 앉기와 걷기 수행을 하다 보니 내 마음은 더 열리고 깨어있게 되었다. 어느 날 몸에 주의를 보내는 바디스캔을 하고 있었다. 그런데 아무 감각도 느껴지지 않는 신체 부위가 있어 흥미롭게 관찰한 적이 있다. 마치 피부가 마비된 것 같았다. 알아차림이 커지자 이 지각은 더 명료해졌다. 나는 팔다리에 감각이 없는 것이 혹시 나병의 첫 징조가 아닌가 생각했다. 평소 건강염려증이 있는 건 아니었지만 나는 평화봉사단 시절 농촌 건강 프로그램에 참여하면서 나환자들과 함께한 적이 있었다. 슬슬 걱정이 되었다. 팔다리의 마비된 감각이 어쩌면 내가 나병에 걸렸다는 의미일지 모른다. 무서웠다. 이제 어떻게 하지? 나병에 걸린 환자라면 사원에 머물 수 없겠지? 두려움은 급속도로 커져갔다. 생각이 꼬리에 꼬리를 물었다. 나는 앞으로 평생을 나병 환자로, 추방자로, 다음엔 거지로 살아가야 하는 걸까? 그런 내 모습을 머릿속에 그렸다. 이미 숲속 움막에서 혼자 지내고 있었지만 이젠 정말로 외로움을 느꼈다. 그러다 어머니에게 말해야겠다는 생각이 들었다. "나병 환자가 된 당신 아들은 이제 다시 집에 돌아갈 수 없습니다." 그러자 공포심에 자기 연민이 보내졌다. 이런저런 생각이 미친 듯 일어났다. 이제 어떡하지? 나병 이야기를 하는 건 내게 무척 수치스러운 일이었다. 만약 그게 사실이 아니라면? 또 사실이라면? 내 머릿속에 상영되는 이 영화는 며칠 동안이나 계속되었다. 나는 그저 수행을 하며 기다리는 수밖에 없었다.

그러다 나는 팔다리의 감각이 없는 부위가 조금씩 자리를 옮기며 변하는 것을 관찰했다. 나는 선배 승려에게 감각에 대해 물었다. 물론 나병에 대해 묻지는 않았다. 그는 명상을 할 때 몸에 대한 감각이 어떻게 변하는지 설명해주었다. 어떤 때는 전에 없던 새로운 감각을 느끼기도 하고, 또 어떤 때는 신체 일부가 녹아 사라지는 것처럼 느낀다고 했다. 이것은 피부에서 일어날 수도 있고 몸 안에서 일어날 수도 있었다. "이 모든 걸 마음챙김으로 관찰하십시오." 선배는 나의 걱정을 덜어주려는 듯 웃으며 말했다. 선배의 말을 듣기 전 사흘 동안 나는 '나환자'로 살았다. 그러던 것이 선배의 말을 듣고는 이 모든 생각이 흔적도 없이 꿈처럼 사라졌다. 이제 내 마음은 또 무엇을 만들어낼까?

이처럼 이야기를 지어내는 마음에 대해 우리는 어떻게 해야 할까? 시인 뮤리얼 루카이저(Muriel Rukeyser)는 이렇게 말했다. "우주는 원자가 아니라 이야기로 이루어져 있다." 불교심리학은 우리가 지어내는 이야기의 영향력에 대해 알아야 한다고 말한다. 그리고 그런 이야기와 삶의 직접 경험이 서로 다르다는 사실을 알아야 한다고 말한다. 이런 방식으로 우리는 생각의 덫에 걸리지 않는 채 생각을 사용할 수 있다. 나의 스승 한 분은 이렇게 말했다. "생각은 신하로서는 훌륭하지만 주인으로서는 그다지 좋지 못합니다."

이야기를 지어내는 마음을 다룰 때 우리가 밟아야 하는 첫 단계는, 자신의 경험에 따라붙는 생각과 논평의 끝없는 흐름을 관찰하는 것이다. 명상을 하려고 자리에 앉아본 적이 있다면 누구나 생각이 끊임없이 일어나는 과정에 크게 놀란다. 호흡과 몸, 기도에 주의를 집중하려 해도 생각과 기억, 계획이 폭류처럼 마구 흘러 우리를 방해한다. 이 핵심적 통찰을 '폭포수 바라보기'라고 부른다. 어느 불교 명상지도자는 한 사람이 하루 평균 떠올리는 생각의 가짓수가 무려 1만 7천 개라고 말했다.

침샘이 침을 분비하듯이 마음은 생각을 분비한다. 생각은 자기 스스로 생각한다. 생각이 일어나는 것은 나쁜 일이 아니다. 마음은 원래부터 생

각을 일으키도록 만들어져 있다. 내가 본 어느 만화에 미 서부 사막의 긴 간
선도로를 달리는 자동차를 묘사한 것이 있다. 만화의 도로변 표지판에는 이
런 경고가 적혀 있었다. "당신의 지루한 생각, 앞으로 300킬로미터 동안 계
속됨" 불교심리학은 생각의 내용뿐 아니라 생각의 과정까지 살펴보도록 안
내한다.

불교심리학의 열 번째 원리는 이것이다.

10
생각은 종종 한쪽으로 치우쳐 있으며 진실이 아닌
경우가 많다. 우리가 배워야 하는 것은 생각 속에
빠지는 것이 아니라 생각을 알아차리는 것이다.

끊임없이 일어나는 반복적인 생각의 과정을 살펴보면 우리의 생각이 매우
습관적으로 자아와 타인의 개념을 만들어낸다는 사실을 알게 된다. 야키족
인디언 주술사 돈 후안은 사신의 제자 카를로스 카스타네다에게 이렇게 말
했다. "자네는 자신에게 말을 너무 많이 하네. 물론 자네만 그런 건 아니네.
우리는 자기 내면의 대화로 자기 세상을 만들고 지켜가지. 지혜 있는 남자
(또는 여자)는 자신에게 하는 말을 멈출 줄 안다네. 또 그럴 때 세상이 완전히
바뀐다는 걸 안다네."
    생각의 과정에 마음챙김으로 초점을 맞추면 지금까지와 완전히 다
른 존재의 차원이 나타난다. 우리의 터무니없고 반복적인 생각의 흐름이 자

아 감각을 끊임없이 일으키는 것을 보게 된다. 이 자아 감각은 판단과 방어, 야망과 보상의 심리 기제로 제약당하고 있다. 이 과정을 제대로 살피지 않으면 그 생각을 사실로 믿게 된다. 만약 어떤 사람이 내 곁을 계속 따라다니며 내가 떠올리는 생각을 끝없이 나의 귀에 속삭인다면 어떨까? 그 사람의 말이 금세 지겨워질 것이다. 그런데도 그가 계속 속삭인다면 우리는 그의 계속되는 비판이 당황스럽고 무섭기도 할 것이다. 심지어 입을 다물지 못하느냐며 버럭 화를 낼지도 모른다. 마침내 그 사람이 정신이 나간 미친 사람이라고 결론 내릴 것이다. 그런데 우리는 자기 자신에게 이런 일을 하고 있다!

그리고 대개는, 자신에게 솔직하다면, 우리가 내리는 판단이 진실이 아님을 알게 된다. 아잔 차 스님은 이렇게 말했다. "아주 간단합니다. 누군가 당신을 똥 묻은 개라고 부른다면 이때 당신이 할 일은 자기 엉덩이를 살피는 것뿐입니다. 거기에 꼬리가 달려있지 않다면 문제는 자연스레 해결됩니다." 스님의 말은 우리가 자신에 대해 판단을 내릴 때도 똑같이 적용된다.

실험을 하나 해보자. 이 문단을 읽은 다음 책을 덮고 눈을 감은 채로 1~2분 동안 당신이 떠올리는 생각의 수를 세어보라. 쥐구멍에서 쥐를 기다리는 고양이처럼 가만히 앉아 생각이 일어나기를 기다린다. 생각이 떠오를 때마다 수를 센다. 어떤 일이 일어나는지 보라.

이렇게 하면 몇 가지 흥미로운 사실을 관찰할 수 있다. 어떤 사람은 주로 말로 된 생각을 떠올리고, 어떤 사람은 그림으로 된 생각을 떠올린다. 또 어떤 사람은 말 생각(word thought)과 그림 생각(picture thought)을 모두 떠올린다. 또 어떤 생각은 몸에 토대를 둔 직관적 앎의 미묘한 형태를 띠기도 한다. 이렇게 생각을 관찰하다 보면 처음에는 생각이 일어나는 속도가 느려지고는 한다. 생각을 관찰하면 생각에 완전히 빠져 자신으로 동일시하는 일이 줄기 때문이다. 그러다 1~2분이 지나면 다섯 개, 열두 개 또는 스무 개의 말 생각 또는 그림 생각이 올라올 것이다. 어떤 생각은 뒤에서 슬그머니 다가온다. "지금까지는 생각이 많이 일어나지 않았지?" 또 어떤 생각은 당신의 정체성을 사로잡으려 시도한다. "내가 지금 제대로 하고 있는 건가?" 주의 깊게 관찰하면 생각과 생각 사이의 빈 공간을 알아차릴 수도 있다. 이 빈 공간이 알아차림의 공간이다. 생각이 일어나는 무대가 되는 공간이다. 이때 당신은 고요하게 열린 상태로 모든 것을 생생하게 관찰하는 목격자가 되었다고 느낀다. 그런데 더 관찰하면 자신이 목격자도 아님을 알게 된다. 왜냐하면 자아를 찾으려 해도 거기에는 단지 목격하는 행위, 즉 알아차림 자체만 있을 뿐이기 때문이다. 목격하는 누군가가 존재하지 않기 때문이다.

생각에 대한 마음챙김을 계발하면 우리의 믿음과 두려움이 우리를 눈멀게 한다는 사실을 알 수 있다. 명상 수련회에서 65세의 임상심리학자인 아론은 신에 관한 자신의 생각과 직면했다. 제2차 세계대전 당시 폴란드에서 태어난 아론과 그의 가족은 폭격과 약탈을 피해 난민촌에서 지내야 했다. 그의 형제 두 명이 죽었고, 그는 어린 시절 내내 비참한 시간을 보냈다.

오랜 시간의 교육과 치유, 내면 작업 끝에 아론은 자신의 과거와 꽤 많이 화해했다. 그러나 명상을 하러 왔을 때 그는 자신과 명상 지도자를 신뢰하지 못했다. 그는 영적이고 종교적인 모든 것에 거부 반응을 보이는 듯했다. 그러면서도 그런 것에 끌렸다. 나는 그와 이야기를 나누었다. 그에게 의심이 올라오고 신뢰가 일어나지 않을 때마다 그것을 알아차려 보라고 제안했다. 나는 그에게 자신의 느낌과 이야기에 즉각 반응하지 않은 채 그것을 관찰하도록 독려했다. 그러나 그의 의심과 두려움은 더 커졌다. 그는 더 무서워했다. 자신이 작아졌다고 느꼈다. 나는 아론에게 이 모든 것을 품어 안는 마음챙김의 공간을 만들도록 일깨웠다.

　　아론은 어린 소년 시절을 떠올렸다. 그때 그가 가진 종교와 영성에 대한 이미지는 단순했다. 그것은 성경에서 온 이미지였다. 하늘의 하나님은 누가 옳고 그른지 심판을 내리는 턱수염을 기른 강력한 존재였다. 그런데 전쟁과 살육, 파괴와 상실이 일어나도록 내버려둔 것 역시 하나님이었다. 아론은 이미 오래 전에 하나님을 신뢰할 수 없다고 결론 내렸다. 박사 학위를 받고 오랜 시간 심리치료를 받았지만 하나님에 대한 불신은 그의 마음 깊숙한 곳에 강력하게 자리 잡고 있었다.

　　종교에 대한 자신의 무의식적 두려움을 알게 되자 아론은 웃음을 터뜨렸다. 그 두려움을 인정하자 하나님에 대해 가졌던 오랜 이미지가 녹아 사라지기 시작했다. 하나님에 대한 이런 생각이 사라지면 어떤 일이 벌어질까? 나는 아론에게 마음을 활짝 연 채 있으라고 했다. 다음 날 아론은 팔을 활짝 벌린 채 이렇게 말했다. "이제 알겠어요. 이게 하나님이에요! 땅, 식물, 동물, 인간으로 된 온 세상이, 모든 것이 신성한 존재예요. 나는 그 한가운데 있어요." 아론은 지금-여기에서 삶의 신성함을 발견했다.

생각 살피기

불교심리학이 생각을 다루도록 돕는 중요한 방식은 두 가지다. 하나는 생각의 내용을 인지하도록 가르치는 것이고, 또 하나는 생각에서 풀려나는 법을 가르치는 것이다.

　　마음챙김으로 자신의 생각 흐름을 관찰하면 자기 내면에서 틀어대는 사운드 트랙과 만나게 된다. 사운드 트랙이 재생되는 동안 우리는 영웅도 되었다가, 희생자도 되었다가, 왕자도 되었다가, 나환자도 된다. 우리 머릿속에는 이른바 '드라마 부서'라는 것이 존재한다. 이 부서의 배역 감독은 우리에게 마구잡이로 배역을 맡긴다. 내면의 독재자와 판사 배역을 맡기는가 하면 모험가와 돌아온 탕아의 역할도 맡긴다. 우리는 내면에서 한껏 의기양양했다가 한없이 초라해지기도 한다. 명상 수업에서 자리에 앉으면 우리는 이 모든 것을 알아보게 된다. 앤 라모트(Anne Lamott)는 이렇게 말했다. "나의 마음은 그다지 달갑지 않은 이웃입니다. 그래서 나는 혼자서는 그곳에 잘 안 가려고 하죠."

생각이 강박적으로 지속되는 과정을 지켜볼 때 우리는 삼사라(samsara)라는 윤회의 심리적 진실을 이해하게 된다. 삼사라는 끝없이 계속 태어남을 의미하는 산스크리트어이다. 불교의 가르침에서 삼사라는 흔히 끝없이 구르는 생명의 바퀴를 가리킨다. 생명이라는 바퀴를 탄 존재는 깨달음과 해탈을 얻기 전까지는 계속 다시 태어나 괴로움을 당하는 수밖에 없다. 그밖에도 삼사라라는 표현은 일상생활의 건강하지 못한 반복적 패턴을 가리킬 때도 사용한다. 매 순간 차원에서 우리는 윤회를 일으키는 생각 패턴이 무의식적이고 제한된 방식으로 계속 일어남을 본다. 예컨대 우리는 자신의 생각에 두려움과 판단, 집착이 자주 끼어드는 것을 알 수 있다. 생각은 자신의 관점을 정당화하려고 시도한다. 어느 인디언 속담에 이런 것이 있다. "춤을 못 추는 사람은 바닥이 평평하지 않다고 불평한다."

생각에 주의를 기울였을 때 가장 먼저 알게 되는 것이 있다. 그것은 건강하지 못한 생각이 설탕시럽처럼 끈적끈적해 떼어내기가 어렵다는 사실이다. 아잔 붓다다사 스님이 말한 것처럼 우리는 대부분의 시간 동안 "생각에 빠져" 있다. 다행히 우리는 연습을 통해 인식을 조건 짓는 생각 패턴을 알아차릴 수 있다. 두려움, 경쟁심, 질투심, 판단, 야심 같은 끈적끈적한 생각의 패턴에 틈을 낼 수 있다.

우선 자주 일어나는 생각에 어떤 것이 있는지 알아볼 필요가 있다. 자신에게 일어나는 생각 가운데 상위 10위, 즉 '생각 톱 텐'에 하나씩 이름을 붙여보는 것이다. 돈에 관한 생각일 수도 있고, 인간관계나 내면의 갈등에 관한 생각일 수도 있다. 아니면 걱정스런 계획에 관한 생각일 수도 있다. 또 하나의 흔한 생각 패턴에 판단하는 마음이라는 것이 있다. 판단하는 마음은 우리가 어린 시절부터 지녀온 비판적인 목소리, 쉽게 실망하는 목소리다. 이때 판단하는 마음에 맞서 싸우는 것은－"판단을 내리면 안 돼. 난 너무 가혹한 사람 같아"처럼－오히려 판단을 더 일으키게 할 뿐이다. 판단하는 마음이 일어나면 내면에서 그 마음에 인사를 건네며 단순하게 그의 존재를 인정한 뒤 이렇게 말한다. "아, 그래, 판단하는 마음이구나." 이렇게 하는 순간, 판단하는 생각이 휘두르던 영향력은 약해진다. 우리는 심지어 이렇게 말할지도 모른다. "판단하는 마음아, 의견을 줘서 고마워."

조각가가 여러 가지 조각 도구를 갖고 있듯이 생각의 덤불을 헤쳐가는 데도 다양한 도구가 있다. 생각에 쉽게 휩쓸린다면 우선 호흡에 집중하거나 시각 이미지와 만트라(주문)를 단순 반복하는 방법으로 마음을 안정시킬 수 있다. 또 몸에 대한 마음챙김이나 걷기 명상을 통해 생각에서 살짝 옆으로 비켜날 수도 있다. 죽음과 사랑, 비어있음에 대해 숙고해 봄으로써 생각을 내려놓을 수도 있다. 고요한 순간이 일어날 때마다 그것을 찾아볼 수도 있다.

때로는 한 사람의 스승 덕분에 수행 공동체 전체가 고요함에 이르는 길을 발견하기도 한다. 아잔 차 스님이 우리와 함께 앉을 때면 스님의 주변에는 침묵이 존재했다. 이로써 우리는 마음을 고요하게 유지하는 데 도움을 받았다. 틱낫한 스님은 몸을 움직이는 중에도 이러한 고요함을 지니고 다닌다. 스님은 스피릿록 명상센터의 야외에서 수천 명의 사람을 대상으로 정기적으로 가르침을 폈다. 가르침을 시작하려고 길을 걸을 때면 우리는 누구나 매우 천천히 아름답고 주의 깊게 발을 딛는 스님의 모습을 볼 수 있었다. 거기 모인 수많은 청중에게 고요함이 내려앉았다. 틱낫한 스님이 지닌 마음챙김의 힘은 모든 사람을 현재로 데려왔다. 스님의 현존은 우리가 깊이 주의를 기울이는 데 영감을 주었다.

누구나 이렇게 주의를 기울일 수 있다. 반드시 틱낫한 스님과 함께 앉거나 그랜드캐니언 협곡에서 걸어야 하는 건 아니다. 어디에 있건 우리는 깊이 호흡하고 자신의 몸을 느끼며 감각을 열 수 있다. 마음이 지어내는 끝없는 이야기에서 벗어날 수 있다. 우리는 멈출 수 있다. 우리의 자각을 널따랗고 연민에 찬 가슴 속에 놓을 수 있다. 그럴 때 우리는 생각의 흐름과 온갖 걱정, 이미지가 실은 더 큰 이야기의 일부에 지나지 않음을 알게 된다.

이야기에서 풀려나기

우리가 지어내는 이야기는 우리의 본질이나 우리에게 일어나는 일을 백 퍼센트 규정하지 못한다. 이를 알 때 우리는 커다란 위안을 느낀다. 삼나무 숲에서 진행된 여름 수련회에 참가한 수행자가 있었다. 그녀는 한밤중에 놀라 잠에서 깼다. 심장이 마구 뛰었다. 바깥에서 으르렁거리는 소리가 들려왔기 때문이다. 그녀는 무서운 곰이 나타난 것이 틀림없다고 여겼다. 작은 손전등을 켜 주변을 살폈다. 그녀는 동물이 다시 소리를 내지 않는지 두려운 마음으로 기다렸다. 처음에는 아무 소리도 없었다. 그러다 1분쯤 지나 그녀의 위장에서 꼬르륵 소리가 났다. 알고 보니 전날 저녁 먹은 콩 수프가 위장에서 소화되는 소리였다! 으르렁거리는 소리의 주범은 그녀 자신이었다.

마음챙김이 있으면 자신에게 말하는 이야기에서 한발 비켜나 그것을 단순하게 관찰할 수 있다. 이때 우리는 이야기를 관찰하는 목격자, 즉 알아차림이라는 공간이 된다. 이렇게 할 때 우리는 아잔 차 스님이 말한 이른바 '아는 자(One Who Knows)'가 된다. 마음이 고요해지면 아는 자는 우리가 자신의 이야기를 반복해 들려주는 것으로 자신의 세상을 창조함을 본다. 그리고 으르렁거리는 곰처럼 그 이야기가 대부분 진실이 아님을 알게 된다.

사람들은 명상을 하려고 앉으면 머릿속이 온통 생각으로 가득하다고 말한다. 그럴 때면 나는 이렇게 묻는다. "주로 어떤 생각을 합니까?" 그러면 그들은 자신의 갈망과 후회에 관한 이야기, 성공과 실패의 이야기를 말한다. 또 가족 이야기, 직장 이야기, 자신의 몸 이야기, 영적인 세계와 정치 세계에 관한 이야기를 말한다. 나는 그들이 이야기에 빠져있지 않은지 함께 살핀다. 나는 이렇게 묻는다. "혹시 지금처럼, 그저 이야기가 존재함을 알고 거기에 따라붙는 느낌을 자신으로 동일시하지 않을 수 있나요? 그러면서 따뜻한 주의로 이야기의 존재를 인정할 수 있습니까? 혹시 그런 순간이 있었나요?" 그러면 사람들은 깊이 숨을 쉬고는 좀 더 편안함을 느낀다고 말한다. 만약 힘들고 두려운 이야기라면 나는 그 이야기를 앞에 놓고 그들과 함께 자리에 앉는다. 우리는 거대한 생각과 감정의 덩어리를 남김없이 볼 때까지 그 이야기가 간직한 분위기를 한동안 받아들이며 자리에 앉는다. 그런 다음 그 이야기가 과연 진실인지 살펴본다. 그 이야기로 인해 만들어진 나에 관한 믿음은 어떤 것인가? 그 이야기가 간직한 세계관은 무엇인가? 그것은 정말 진실인가? 이런 것을 살핀다.

고통스러운 이혼을 겪은 여성이 명상을 하러 왔다. 그녀의 이름은 폴라였다. 남편은 자신과 여섯 살 아들을 남겨둔 채 집을 떠났다. 그녀가 느끼는 슬픔과 두려움, 분노는 매우 컸다. 그녀는 몇 주 동안 자신의 느낌을 알아차리려고 했다. 그녀가 느끼는 두려움의 아래에는 그녀에게 계속 이야기를 들려주는 어떤 목소리가 있었다. 그것은 그녀가 얼마나 사랑스럽지 못한 존재인가에 관한 이야기였다. 그리고 그녀가 앞으로도 계속 남겨지고 버림받을 거라는 이야기였다. 나는 그녀에게 얼마나 오랫동안 자신을 이렇게 느끼고 있었는지 물었다. 그녀는 평생 지니고 살았던 이야기라고 답했다. 세 살 때 아버지는 폴라와 엄마를 버리고 집을 나갔다. 그로부터 몇 년 후 아버지는 세상을 떠났다. 성장 과정에서 그녀는 아버지가 집을 나간 일이 자기 잘못 때문이라고 생각했다. 폴라는 자신이 문제라고 생각했다. 자신에게 뭔가 문제가 있으며 그래서 사랑받지 못하는 것이라고 믿고 있었다.

　　몇 주 동안 나는 폴라가 자신의 이혼 과정을 자각하는 과정에 귀를 기울였다. 그리고 이때 그녀가 느끼는 슬픔과 분노, 두려움에도 귀를 기울였다. 폴라는 자신의 몸과 고통스러웠던 과거를 연민의 마음으로 품어 안는 연습을 했다. 마침내 그녀는 가장 고통스러웠던 장면을 마음에 다시 떠올릴 준비가 되었다. 나는 그녀에게 눈을 감은 채 아버지가 집을 나가는 장면을 떠올리게 했다. 그때 그녀는 세 살이었다. 아이는 하늘색 코튼 드레스를 입고 계단 위에 서서 부모님이 싸우는 소리를 듣고 있었다. 끔찍한 기억이었다. "아버지는 나를 쳐다보지도 않았고 아무 말도 하지 않았어요." 나는 폴라에게 이 어린 여자아이가 어떤 생각을 하고 있는지 물었다. 그러자 폴라는 말했다. "내가 뭔가 잘못한 게 틀림없어요. 나에게 문제가 있었던 거예요. 그렇지 않다면 아빠가 집을 나가지 않았을 거예요."

폴라는 슬픔에 짓눌린 세 살 여자아이를 연민의 마음으로 한동안 품어 안았다. 그런 다음 나는 그녀에게 문간에 선 아버지의 경험 속으로 들어가는 것을 상상할 수 있는지 물었다. "만약 당신이 아버지가 된다면 당신의 몸을 어떻게 느낄 것 같나요?" "끔찍해요. 긴장되고 뻣뻣하고 터져버릴 것 같아요. 무서워요. 내가 원치 않았던 끔찍한 결혼 생활과 희망 없는 직업에 발목이 잡혀있어요. 우리 부부는 항상 싸워요. 나는 죽어가고 있어요. 여기서 벗어나야 해요. 달아나야 해요. 그래야 나의 목숨을 구할 수 있어요." 내가 말했다. "여행 가방을 들고 문을 나서고 있군요. 그런데 계단 위에 당신의 딸 폴라가 서 있는 걸 알고 있나요?" "알아요, 하지만 그 아이를 쳐다볼 수 없어요. 도저히 그럴 수 없어요. 아이의 얼굴을 보면 절대 집을 나가지 못해요. 아이를 너무 사랑하지만 집을 떠나지 않으면 내가 죽어버릴 것 같아요. 여기서 나가야 해요." 폴라는 아버지와 아버지가 느끼는 두려움, 그리고 모든 사람의 고통을 애도하며 울기 시작했다.

말없이 함께 앉아 나는 폴라에게 아버지가 집을 나간 날 이후 그녀가 자신에게 들려주고 있는 이야기에 대해 물었다. 즉 그녀가 무언가를 잘못했으며 자신이 사랑받지 못할 존재라는 이야기에 대해 물었다. "그 이야기는 누가 만들었죠?" 잠시 머뭇거리더니 그녀가 나지막이 대답했다. "제가 만들었어요." "그 이야기는 진실인가요?" "실은 그렇지 않아요." 그녀는 나에게 살짝 미소를 지으며 답했다. "확실해요?" 내가 물었다. 그녀는 웃었다. 우리는 그녀가 사랑받지 못하는 존재라는 이야기 패턴을 계속 지어내기를 바라는지 이야기 나눴다. "만약 이 이야기가 당신이 아니라면 그렇다면 당신은 누구인가요?" 우리는 그녀가 느끼는 두려움의 바깥에서 서로를 바라보았다. 우리는 시간의 바깥에서, 고요한 가슴 속에서 서로를 바라보았다. 우리는 그 모든 이야기보다 훨씬 많은 것을 담고 있는 현재 순간의 신성한 아름다움 속에서 함께 앉아있었다. 이제 폴라는 자유를 느끼고 있었다.

생각 아래 존재하는 실재

자신의 생각을 관찰하고 자신의 믿음에 의문을 가질 때 알게 되는 사실이 있다. 그것은 생각과 계획, 기억이 우리 삶에 반드시 필요하지만 우리가 아는 것보다 더 임시적이라는 사실이다. 우리의 생각은 우리가 아는 것보다 더 임시적이며 더 한쪽으로 치우쳐 있다. 대개 우리는 생각을 사실로 믿지만 생각에 의문을 던지는 것이야말로 불교 수행의 핵심이다. 우리가 믿는 것은 과연 실재하는가? 우리의 믿음은 견고하며 확실한가? 작가 리처드 하이트(Richard Haight)는 이렇게 말했다. "샤이엔 인디언(북미 원주민 부족-옮긴이)의 매부리코 추장 로먼 노즈(Roman Nose)와 그의 추종자들은 그가 불멸의 존재라고 믿었다. 물론 그와 추종자들의 생각은 그가 살아있던 동안에는 매일매일 옳았다. 그가 죽음에 이른 하루만 제외하고 말이다."

아잔 차 스님은 말했다. "당신은 수많은 견해와 의견을 가지고 삽니다. 어떻게 되어야 한다는 좋고 나쁜 견해, 옳고 그른 의견들입니다. 그러나 자신의 견해에 집착하면 커다란 고통을 겪습니다. 당신도 알다시피 그것들은 단지 견해일 뿐입니다." 자신의 생각과 견해를 사실로 믿으면 근본주의자가 된다. 불교인 중에도 근본주의자가 있고 과학자, 심리학자 중에도 근본주의자가 있다. 그렇지만 아무리 자기 견해를 철썩같이 믿는다 해도 언제나 다른 관점이 존재하게 마련이다. 이것은 우리의 개인적 관계에서 더 분명히 드러난다. 관계는 (반드시 상대의 의견이 옳다고 믿지 않는다 해도) 상대방이 옳을 수 있다는 가능성을 상대에게 부여할 때 성숙해진다.

우리가 겪는 정신적 고통의 대부분은 자신의 믿음에 강하게 집착하는 데서 생긴다. 사원에서 아잔 차 스님은 미소를 지으며 자주 이렇게 물었다. "그것이 정말 진실입니까?" 스님은 우리가 생각을 좀 더 가볍게 대하는 법을 배우기를 바랐다. 불교 수행에서 우리는 생각을 해체한다. 생각의 구도 전체를 조목조목 허문다.

바보 성자인 물라 나스루딘(Mullah Nasrudin)이라는 수피에 관한 유명한 이야기가 전해온다. 왕은 백성들이 정직하지 못한 데 환멸을 느낀 나머지 억지로라도 백성들이 진실을 말하게 해야겠다고 작정했다. 어느 날 아침 도시의 문이 열렸다. 문 바로 앞에는 교수대가 세워져 있었다. 근위병이 공표했다. "도시에 들어오는 자는 누구나 도시 근위대 대장이 던지는 질문에 먼저 답해야 한다." 물라 나스루딘이 먼저 나섰다. 근위대장이 물었다. "어디 가시오? 사실대로 말하지 않으면 교수형에 처할 것이오." 나스루딘이 말했다. "저 교수대에서 죽으러 갑니다." 근위병이 말했다. "거짓말 하지 마라!" 나스루딘이 침착하게 대답했다. "만약 내 말이 거짓이면 나를 교수형에 처하시오!" 어리둥절해진 근위병이 말했다. "그런데 당신을 교수형에 처하면 당신 말이 진실이 되잖소!" 나스루딘이 말했다. "맞소. 그렇지만 그건 당신이 옳다고 여기는 진실에 불과하오."

명상의 고요함 속에 있을 때 우리는 생각의 실체 없는 성질을 보게 된다. 말과 이미지가 일어난 뒤 사라지는 과정, 아무 흔적도 남기지 않는 과정을 관찰한다. 이미지와 연상이 연달아 일어나면—이것을 흔히 '정신적 증식'이라고 부른다—거대한 생각의 성(城)이 만들어진다. 하지만 이런 생각의 성도, 머릿속의 계획도 컵에 담긴 소다수의 기포처럼 한동안 떠다니다 결국

엔 사라진다. 명상으로 마음이 매우 고요해지면 미세한 생각 에너지가 생겼다가 사라지는 과정을 실제로 느낄 수 있다.

그런데 생각이 실체가 없이 비어있다면 우리는 무엇에 의지해야 하는가? 우리는 어디에 머물러야 하는가? 이 질문에 인도의 성자 니사르가닷타는 이렇게 말했다. "마음(mind)이 만든 깊은 나락을 건너는 것은 가슴(heart)이다." 생각하는 마음은 옳고 그름, 선과 악, 자기와 타인이라는 관점을 만들어낸다. 이것이 깊은 나락이다. 생각이 오고 가더라도 거기에 집착하지 않으면 생각을 활용할 수 있다. 이때 우리는 가슴에 머문다. 가슴에는 순진무구함이 있다. 우리 모두는 영혼의 아이들이다. 타고난 지혜도 갖고 있다. 우리 자신이 고대에서 내려오는 오래된 지혜이다. 가슴에 머물 때 우리는 숨, 몸과 조화를 이루며 산다. 가슴에 머물 때 우리는 신뢰를 주는 존재, 용기 있는 존재가 된다. 그렇게 우리의 인내심은 커진다. 머리로 생각하지 않아도 좋다. 삶은 늘 주변에서 펼쳐지고 있다. 인도의 성자 카론 싱(Charon Singh)은 이렇게 말했다. "풀밭의 풀도 시간이 지나면 우유가 된다."

물론 이야기는 나름의 가치가 있다. 나는 명상 지도자인 동시에 이야기를 들려주는 사람이다. 나는 이야기가 가진, 사람들의 주의를 환기시키는 힘을 높이 산다. 그리고 이 책에서도 나는 많은 이야기를 독자에게 들려준다. 그렇지만 이들 이야기조차 실은 달을 가리키는 손가락에 불과하다. 기껏해야 이 손가락은 미망에 빠진 문화 내러티브(서사)와 잘못된 환상을 연민의 이야기로 대체할 뿐이다.

일대일로 진행하는 명상 인터뷰에서 나는 수행자들이 지어내는 이야기의 차원 아래로 들어간다. 거기서 나는 그들에게 자기 주변에 빛나는 아름다움을 보게 한다. 심리학자 렌 버건티노(Len Bergantino)는 내담자가 상담자와 심리적으로 멀리 떨어져 있을 때 또는 반대로 상담자를 지나치게 기쁘게 만들려고 할 때 상담 세션이 매우 힘들어진다고 말한다. 그의 말이다. "그날 나는 내담자에게 아무 말도 하기 싫었어요. 내담자는 좀 놀랐겠지만 나는 만돌린을 꺼내 부드럽고 사랑스럽게 '돌아오라 소렌토로'를 연주했어요. 내담자는 이내 눈물을 터뜨렸어요. 상담 세션의 마지막 40분 동안 울음을 그치지 않았죠. 그러고는 내담자가 말했어요. '버건티노 선생님, 오늘은 정말 제 돈이 아깝지 않아요.' 이에 내가 대답했어요. '생각해보면 지금까지 내담자들에게 이야기를 들려주느라 그 많은 시간을 허비했군요.' 이야기의 아래로 들어갈 때 우리는 지금-여기의 신비에 다시 이끌린다.

아기, 목욕물, 그리고 현명한 생각

마음챙김의 핵심은 생각을 제거하는 것이 아니다. 그것은 생각을 능숙하게 바라보는 법을 배우는 것이다. 불교 전통은 우리가 생각하는 마음과 지성을 가지고 명료하게 그리고 바람직하게 사고하도록 훈련시킨다. 물론 우리는 계획을 세우고, 생각하고, 조직하고, 상상하고, 창조해야 한다. 사려 깊고 신중한 생각은 커다란 재능이다. 생각을 통해 일의 방향을 정하고 사태를 바르게 이해하며 분석하고 분별한다. 또 생각을 통해 주변의 생명체와 조화를 이루며 산다. 그런데 가슴에 머물 때 우리는 생각을 더 현명하게 사용할 수 있다. 계획을 세우고 상상하더라도 더 자애로운 방식으로 할 수 있다.

　　위상수학(topology)을 전공하는 어느 대학교수가 명상을 하러 왔다. 그는 평소 오랜 시간 생각에 잠기는 자신이 명상을 할 수 있을지 걱정되었다. 대부분 시간 동안 복잡한 수학 문제를 골똘히 생각하는데 어떻게 명상 수행을 해야 하는지 물었다. 만약 그가 명상을 한다면 어떻게 해야 할까? 생각에서 물러나 계속 자기 생각을 의도적으로 알아차려야만 하는가? 이렇게 해보았더니 그는 자꾸 자기를 의식하게 되었다. 이것은 그를 혼란스럽게 만들었다. 나는 단순하게 이런 지침을 주었다. "먼저, 당신이 수학을 연구하는 동기를 살펴보세요. 긍정적이고 창의적인 방식으로 수학에 다가가세요. 수학에 대해 생각할 때면 오직 수학만 생각하세요. 다른 연구자보다 먼저 답을 발표해야겠다는 경쟁심이 일어납니까? 그건 수학이 아닙니다. 노벨상이나 필즈상(국제 수학 연맹이 4년마다 개최하는 세계 수학자 대회에서 뛰어난 수학자에게 수여하는 상 - 옮긴이)을 받을 날만 고대하나요? 그것 역시 수학이 아니죠. 당신이 수학을 공부하는 현명한 동기를 찾아보세요. 그런 다음 수학을 하세요. 그렇게 마음의 창조성을 마음껏 즐기세요."

현명한 생각에 이르는 열쇠는 무엇일까? 그것은 생각 이면에 존재하는 에너지의 상태를 감지하는 것이다. 주의를 기울여보면 어떤 생각은 두려움과 협소한 자아 감각에 의해 일어난다는 것을 알 수 있다. 이런 생각에는 흔히 집착, 경직됨, 무가치함, 방어, 공격성, 불안이 따라온다. 이런 괴로움이 관찰될 때는 편안하게 이완하고 호흡하면서 동일시를 느슨하게 만들어야 한다. 이렇게 알아차릴 때 마음은 더 열리고 더 말랑말랑해진다. 이런 멈춤이 있을 때 자신의 불성으로 돌아올 수 있다. 이제 생각하고 상상하고 계획하더라도 편안함과 자애의 마음으로 생각하고 상상하고 계획한다. 이렇게나 간단하다.

한쪽에 치우친 생각

지금 당신의 삶에서 힘겹게 느끼는 영역이나 갈등을 일으키고 있는 중요한 영역을 하나 선택합니다. 그런 다음 그 상황과 사람, 조직, 환경에 대해 당신이 갖고 있는 핵심 믿음과 생각이 무엇인지 떠올려봅니다. "그들은 …하다. 나는 …하다. 그것은 …하다"처럼 말입니다. 그 믿음을 마음에 떠올렸으면 이제 그것에 질문을 던집니다. 그 믿음은 백 퍼센트 진실인가? 혹시 한쪽으로 치우친 생각은 아닌가? 그 이야기는 누가 만들었는가? 혹시 그 이야기와 반대되는 이야기 또한 진실이 아닌가? 만약 이 생각과 믿음을 내려놓으면 어떻게 될까? 이 믿음을 내려놓고 그저 모를 뿐이라는 '알지 못함'의 상태에 머물러 봅니다. 자애의 마음에 머물러 봅니다. 이렇게 할 때 당신의 몸과 마음에 어떤 일이 일어납니까? 이것은 또 지금 당신이 처한 상황에 어떤 영향을 미칩니까? 생각에 붙들리지 않은 채 산다는 것이 어떤 것인지 느낄 수 있습니까?

11

아주
오래된
무의식

의식은 우리의 모든 감각 경험과 지각을 받아들여 보관하는 장소이다. 이것을 저장식(storehouse consciousness, 아뢰야식)이라고 한다. 저장식은 그것이 드러나는 조건이 다시 만들어지기 전까지 언제나 드러나지 않고 의식되지 않은 상태로 존재한다.

_『유식오십송』

마음이 아플 땐 불교심리학

몇 해 전 나는 어머니와 함께 골든게이트 공원에서 산책하고 있었다. 갑자기 검은색 래브라도 레트리버(뉴펀들랜드 원산의 사냥개-옮긴이)가 우리를 향해 달려왔다. 어머니와 나에게 그것은 보는 경험만이 순수하게 존재하는(pure seeing) 순간이었다. 그 다음에 '이것은 개다'라는 인식이 일어났다. 그런 다음 거의 즉각적으로 우리 두 사람의 반응 패턴이 일어났다. 큰 개를 좋아하는 나의 반응 패턴은 따뜻한 느낌이었던 반면 어머니의 반응 패턴은 두려움이었다.

어머니는 네 살 때 엄한 삼촌과 함께 살았다. 삼촌은 어머니가 행동을 바르게 하지 않으면 어두운 지하실에 집어넣겠다고 자주 엄포를 놓았다. 지하실에는 덩치가 크고 사나운 로트와일러(최대 체중이 59킬로까지 나가는 대형견으로 경찰견이나 화재감시견으로 활동하기도 한다-옮긴이)가 살고 있었다. 공원에서 자신에게 달려오는 개를 보자 어머니의 무의식적 기억과 믿음, 감정 등 몸이 간직한 모든 것이 깨어났다. 어머니는 트라우마를 지닌 네 살짜리 아이의 무의식적 지각을 가지고 그 다정다감한 검정색 래브라도를 보았던 것이다. 어머니는 이제 자신이 느끼는 두려움의 근원을 알고는 두려움이 조금 줄었다. 하지만 두려움에 동일시되어 있는 자신을 아직도 충분히 의식하지 못한 상태였다. 어린 시절에 만들어진 이야기와 조건화가 어머니가 여전히 어린아이인 것처럼 지금도 계속 작동하고 있다.

프로이트와 융이 무의식을 탐구하기 2천 년 전에 불교심리학은 인간 행동의 무의식적 토대에 대해 가르쳤다. 불교심리학은 인간 행동의 무의식적 토대에 두 가지가 있다고 설명한다. 하나는 개인적 무의식이고, 또 하나는 저장식(識)(아뢰야식이라고도 한다-옮긴이)이라고 부르는 보편적 무의식이다. 이 두 가지 차원은 평소 의식적으로 자각되지 않지만 우리의 삶을 지배하고 있다. 그런데 마음챙김을 닦으면 이 무의식을 의식할 수 있고 점진적으로 변화시킬 수 있다.

개인적 무의식

우리 어머니가 개에 대해 갖는 두려움은 개인적 무의식이다. 개인적 무의식에는 기억과 이미지, 세계의 본질과 우리 자신에 관한 믿음 등이 들어있다. 또 두려움, 공격성, 욕망, 불안, 방어, 이타심, 사랑, 용기, 지혜 같은 일시적 감정도 들어있다.

개인적 무의식이 지닌 지각의 패턴을 상카라(sankhara)라고 부른다. 이 저장된 패턴은 씨앗과 같다. 이것은 과거에 행한 행동과 지각의 결과물이다. 우리가 하는 모든 경험은 예외 없이 일정한 자국을 남긴다. 이 자국이 씨앗으로 저장되었다가 적절한 조건이 만들어지면 다시 나타난다. 씨앗은 미래에 싹을 틔울 잠재성을 간직하고 있다. 특정 패턴을 자주 반복할수록 씨앗이 가진 힘은 더 강해진다. 특정 사건에 대해 잊었다 해도 그 씨앗과 인상은 무의식에 남아있다. 그 씨앗과 인상은 다시 일어나 현재에 영향을 미친다. 그리고 미래의 지각과 사건을 형성할 수도 있다. 개에 대한 어머니의 두려움은 어린 시절에 뿌려진 씨앗이지만 지금까지도 강하게 일어나고 있다.

이렇게 저장된 지각 패턴에는 기억과 믿음, 그와 연관된 감정뿐 아니라 신체적 차원의 패턴도 들어있다. 마음챙김 수행은 개인적 무의식에 담긴 이러한 패턴을 드러내는 작업이다. 이 패턴은 우리의 몸, 감정, 이미지, 꿈을 통해 드러난다. 우리는 무의식적인 상카라를 의식적인 상카라로 만들 수 있다.

진은 몇 해 동안 호흡 명상을 아주 열심히 했다. 그러나 진은 호흡에 주의를 가져갈 때마다 뜨거운 프라이팬의 물이 튀듯이 주의가 튕겨져 나온다고 나에게 말했다. 또 두 차례만 숨을 쉬어도 기절한 사람처럼 몽롱한 상태에 들어간다고 했다.

나는 진이 명상 주제를 호흡에서 자신의 몸 전체로 바꾸면 어떨까 생각했다. 그리고 마음이 안정되도록 소리를 듣는 것도 좋겠다고 생각했다. 처음에 나는 그가 더 호기심을 갖게 했다. 나는 진에게 호흡에 집중하며 어떤 일이 일어나는지 가만히 관찰하게 했다. 진은 즉각 좌절했다. 호흡에 집중하는 일은 그에게 도저히 불가능했다. 나는 진에게 좌절감이 자신의 몸에서 어떻게 느껴지는지 알아차려 보도록 했다. 그렇게 하자 진은 더 가만히 있지 못했다. 목구멍과 목이 조이고 뜨겁다고 했다. 두려움은 커졌고 호흡은 거의 멈추었다. 진은 소리를 지르고 싶어 했다. 나는 진에게 온몸에서 일어나는 과정과 감정을 깨어있는 마음으로 느껴보게 했다. 일어나는 어떤 현상이든 일어나도록 하라고 했다. 마음의 널따란 공간을 마련하라고 했다.

두려움은 더 커졌고 진은 몸을 떨었다. 얼굴색이 변했다. 그는 놀란 표정이었으며 더 젊어 보였다. 나는 그에게 두려움과 함께 일어나는 모든 이미지를 알아차리라고 했다. 눈물이 그의 볼을 타고 흘렀다. 잠시 뒤 진은 무언가를 알았다는 표정으로 눈을 뜨고 말했다. "1938년 내가 여섯 살 때였어요. 아버지는 마을 치과의사였고 우리는 오하이오 농장 마을 외곽에 살았죠. 우리 집에서 기르던 고양이가 새끼고양이를 여러 마리 낳았는데 아무도 데려가려는 사람이 없었어요. 집을 찾아주지 못했던 마을 농부들은 강아지와 새끼고양이를 일부러 물에 빠트려 죽였어요. 아버지는 마취용 에테르에 푹 담근 천으로 새끼고양이들의 코를 틀어막았어요. 숨을 안 쉴 때까지요. 그런 다음 우리는 고양이들을 땅에 묻었죠.

3주 뒤 나는 편도선을 절제해야 했어요. 아버지는 나를 인근에 개업한 친구 의사에게 데려갔어요. 병원에서는 내 수술을 준비했어요. 아버지는 나를 마취시키려고 에테르가 담긴 병을 꺼냈어요. 그 순간, 나는 너무 무서웠어요. 나는 저항했지만 곧 기절하고 말았죠. 그렇게 편도선을 절제했어요. 이후로 이 일에 대해 생각해본 적이 별로 없었어요. 그런데 이제야 호흡을 느끼는 게 이토록 힘든 이유를 알 것 같아요. 어린 시절 편도선 수술을 받은 이후로 줄곧 호흡을 참고 있었던 것 같아요."

나는 진에게 다시 눈을 감은 채 어떤 일이 일어나고 있는지 관찰하게 했다. 조이고 타는 듯한 목구멍의 느낌은 이제 조금씩 잦아들었다. 호흡도 한결 수월해졌다. 두려움도 조금씩 수그러들었다. 진은 신이 나서 이제 한 번에 다섯 차례 연이어 호흡을 느낄 수 있다고 했다. 우리는 자리에 함께 앉아 몇 분마다 한 번씩 체크했다. 진은 이제 새로운 방식으로 명상을 했다. 몇 달 후 진은 호흡이 계속해서 편하다고 했다. 내면의 삶과 몸의 감각이 이전보다 훨씬 자유로워졌다.

진의 이야기는 자신의 무의식적 반응 패턴을 알아차릴 때 편안함이 일어날 수 있음을 보여준다. 그러나 이 과정이 언제나 단순하고 즉각적으로 치유를 가져오는 것은 아니다. 트라우마와 무의식적 패턴을 드러내는 데 몇 년이 걸리는 경우도 있다. 불교 지도자이자 정신과의사인 로버트 홀(Robert Hall)은 40세 때 몸 치유 작업을 받았다. 그는 치료에서 치료사가 자신의 다리를 누르자 일어난 일련의 강력한 이미지에 대해 이야기했다. 홀은 밧줄의 이미지를 보았다. 그리고 자신이 밧줄에 묶일 것 같은 강렬한 두려움을 느꼈다. 그런데 밧줄의 이미지가 어디서 비롯되었는지는 전혀 기억이 없었다. 그것은 매우 불편했다. 그는 밧줄의 이미지가 자신이 꾼 꿈이나 자기가 본 영화에서 비롯됐을지 모른다고 생각했다.

얼마 뒤 로버트는 이 이야기를 어머니에게 털어놓았다. 그러자 어머니는 홀이 세 살 때 며칠 동안 유괴된 적이 있었다는 이야기를 했다. 수사팀이 결국 로버트를 찾았을 때 그는 야외 판잣집의 바닥에 밧줄로 묶여있었다. 어머니는 아들의 유괴 사건을 보도한 신문 기사 스크랩을 아직도 가지고 있었다. 어머니는 로버트에게 말하기를, 가족들은 아들을 구하고 난 뒤 이 사건에 대해 입을 열지 않는 게 가장 좋겠다고 결정을 내렸다는 것이다. 우리는 트라우마를 간직한 로버트의 기억에 빛을 비추었다. 그러자 그가 느끼는 두려움과 혼란이 많은 부분 설명되었다. 로버트는 한결 마음이 편해졌다. 그렇지만 새롭게 알게 된 내용은 그가 트라우마와 화해하는 출발점에 지나지 않았다. 이후 몇 년간 로버트가 자신의 과거에 담긴 깊은 두려움과 괴로움을 치유하는 일은 결코 수월하지 않았다. 그렇지만 그 과정에서 로버트는 서서히 이 기억의 영향력에서 풀려났다. 그리고 더 큰 연민의 마음을 키우면서 자유로워졌다.

저장식

저장식은 모든 기억과 역사, 잠재성이 자리 잡고 있는 광대한 무의식적 차원을 가리키는 불교심리학의 용어다. 저장식은 개인적 차원과 보편적 차원을 모두 갖고 있다. 개인적 차원에서 저장식은 각 개인이 지닌 과거의 행동 패턴과 상카라를 담고 있다. 보편적 차원에서 저장식은 집단적 기억과 이미지, 욕망의 공동 저장소라고 할 수 있다. 칼 융은 저장식의 몇 가지 차원을 탐색하는 과정에서 집단 무의식(collective unconscious)라는 말을 사용했다. 최근에 신경 과학자 칼 프리브람(Karl Pribram)과 물리학자 데이비드 봄(David Bohm)은 의식을 작은 부분에 전체에 대한 정보가 모두 담겨있는 홀로그램에 비유했다. 홀로그램에 드러난 기록은 저장식의 개인적 측면과 보편적 측면이 상호 침투하는 것이라고 할 수 있다. 모든 문화권의 수행자와 신비가, 주술사는 인간 경험의 이러한 차원을 탐색하고 설명해 왔다.

고대에 불교 화엄종의 어느 선사가 의식의 상호 침투적 성격을 중국 황제에게 보여주고자 했다. 그는 12면으로 된 임시 구조물을 설치하고는 벽과 바닥, 천장을 모두 거울로 뒤덮었다. 선사는 황제를 구조물 안으로 모신 뒤 구조물 정중앙에 걸린 양초에 불을 붙였다. 하나의 촛불이 거울에 비쳐 나타난 수백 개의 이미지가 황제의 눈에 들어왔다. 선사는 말했다. "이것이 바로 하나가 다수가 되는 것을 보여주는 사례입니다." 그러고는 그 양초 밑에 다시 다면체의 수정을 걸었다. 왕은 가까이 다가가 보았다. 그랬더니 수정의 작은 면 하나가 수백 개의 촛불 이미지를 반사하고 있었다. 선사가 말했다. "이것은 다수가 하나가 됨을 보여줍니다."

불교 수행을 하는 과정에서 수행자는 개인적 무의식 차원과 보편적 무의식 차원을 모두 만나게 된다. 이블린이라는 여성은 스피릿록 명상센터에서 이런 경험을 했다. 이블린의 영국인 조상은 1840년대에 미주리 주에 정착했다. 그녀는 어릴 때부터 서부개척 시대의 마차 그리고 인디언과 벌인 전투가 등장하는 가족 이야기를 들으며 자랐다. 나중에 그녀는 자신의 피 가운데 16분의 1이 인디언의 피라는 사실을 알았다. 명상 수련회 도중 그녀의 마음에 이런 가족사에 관한 이미지, 투쟁과 전투의 이미지가 밀려들었다. 그 이미지는 학교에서 배운 역사와 그녀의 고압적인 아버지에 대한 기억과 뒤섞였다. 이블린이 본 이미지 가운데 일부는 자신의 어린 시절을 반영했다.

하지만 그 이미지들은 보다 큰 무엇을 가리키고 있었다. 초등학교 때부터 이블린은 노동자의 권리나 과테말라 마야족과 이스라엘의 팔레스타인 민족처럼 자신들의 땅에서 쫓겨난 민족의 역경에 관심이 많았다. 명상을 하려고 자리에 앉은 이블린은 자신에게 섞인 아메리카 원주민의 피와 압제 받는 자의 경험을 느꼈다. 동시에 그녀는 자기 안에서 영국인의 피를 느끼고 압제자가 된 것처럼 느끼기도 했다. 이블린은 자기 가족이 수치스러웠다. 하지만 원주민을 살육한 일은 그녀 가족만의 업보가 아니었다. 북미에 사는 모든 사람이 원주민 살육의 역사에 일정 부분 관여했던 것이다. 그러자 이블린은 세계의 모든 곳이 그러하다는 사실을 깨달았다. 즉, 누구나 압제자인 동시에 압제 받는 사람이었다. 그것은 우리 모두에게 일어나는 일이었다.

연민의 파도가 그녀를 휩쓸고 지나갔다. 그녀는 우리 모두가 고통의 근원일 뿐 아니라 선을 향한 잠재성도 함께 갖고 있음을 보았다. 우리는 그저 타인을 비난할 수만은 없다. 왜냐하면 우리는 전체의 일부이기 때문이다. 알렉산드르 솔제니친은 이렇게 말했다. "그토록 단순하면 얼마나 좋을까! 음흉한 악행을 저지른 자들을 우리에게서 분리시킨 뒤 없앨 수 있다면! 하지만 선과 악을 가르는 경계선은 모든 사람의 가슴 속에 있다. 그럴진대 우리 중 자기 가슴의 한 조각을 선뜻 파괴할 수 있는 자, 누구일까?"

명상에서 수행자는 개인적 무의식과 보편적 무의식의 상호 작용을 경험한다. 처음에 수행자는 오래된 기억과 잊힌 어린 시절의 장면들, 이전에 의식하지 못한 충동과 느낌이 저절로 올라오는 것을 관찰한다. 처음에 수행자는 반쯤 잠든 최면 상태에 들어가기도 한다. 그러다가 모르는 사람과 이상한 물건, 낯선 장소가 뒤죽박죽된 몽환적 이미지를 경험한다. 이 이미지들은 때로 길고 몽환적인 이야기 줄거리로 합류한다. 그러면 이야기 줄거리는 이제 하나의 완전한 드라마로 펼쳐진다.

명상이 깊어지면 몸과 마음에 새겨진 무의식적 패턴이 일어나기도 한다. 이전에는 의식하지 못한 과거사와 믿음, 이미지를 의식하게 된다. 다음에는 자신이 알고 인정하는 것을 훨씬 넘어 탐욕과 분노, 두려움, 슬픔 같은 강력한 느낌과 직면한다. 이 느낌들은 자신의 개인사와 관련되어 있을 수도 있고 보편적인 저장식 차원에서 일어나기도 한다. 저장식이 열리면 불교 심리학에서 말하는 다양한 존재의 층위를 자연스럽게 경험하게 된다. 여기에는 천상의 영역에서 동물 영역, 고통스러운 영역에 이르기까지 다양한 영역이 존재한다. 천상 영역을 의식할 때 우리는 많은 전통에서 사용하는 신성한 종교적 이미지가 자연스럽게 일어남을 경험한다. 또 수십 가지 천상의 기쁨과 만나기도 한다. 거기에는 사원, 성인, 천사, 천신, 합창 소리가 있다. 나의 경우, 빛나는 존재들이 부르는 천상의 음악을 들으며 오랜 시간을 즐겁게 보냈다. 백여 가지 모양의 신성한 수풀과 사원도 눈에 들어왔다. 어떤 때는 동물 영역이 나타나기도 했는데 그럴 때면 내가 연어, 까마귀, 개미가 된 것처럼 느꼈다.

나는 또 어떤 때 보편적 고통의 차원을 경험하기도 했다. 그것은 상실과 파괴의 이미지였다. 명상 수련회에 며칠을 앉아있다 보면 죽음에 관한 수백 가지 이미지가 저절로 떠오른다. 나는 내 몸이 전쟁터에서 죽임을 당하고 칼로 찔리고 짓밟히는 장면을 보았다. 또는 질병으로 무력하게 병상에 누워있는 나를 보았다. 또 사고로, 낙상으로, 익사로, 구타로 죽어가는 나의 모습이 보였다. 살이 썩어가고 뼈가 부서지는 것을 느꼈다. 해골만 남은 것 같았다. 어떤 때 이 이미지는 마치 나 자신의 기억처럼 개인적인 것이었다. 또 어떤 때 그것은 삶과 죽음의 본성을 드러내 보이려는 듯 어떤 원형에 더 가까웠다. 나는 수행의 이 시점에서 마음챙김과 평정심이라는 튼튼한 토대를 갖추었기에 이 이미지에 현명하게 응대할 수 있었다. 스승은 나에게 주의를 안정시켜 알아차림의 공간에 머물도록 독려했다. 스승은 이것을 죽음에 관한 평정심 수행이라고 불렀다.

불교심리학의 열한 번째 원리는 이것이다.

11
개인적 무의식과 보편적 무의식이 있다. 무의식에 알아차림을 가져갈 때 이해와 자유가 일어난다.

전생의 무의식

집중된 마음이 순수해지고 안정되고 흔들림 없는 경지에 이르렀다. 그때 나의 마음은 과거 생을 기억하는 앎으로 향했다. 그러자 수없이 많은 과거 생을 떠올렸다. 한 생, 다섯 생, 열 생, 오십 생, 천 생, 그리고 십만 생을 기억해냈다.

_붓다, 『맛지마 니까야』

이제 서양인들의 정신에 진지한 의문을 일으키는 불교심리학의 차원에 대해 알아볼 차례다. 그것은 과거 생과 미래 생에 관한 가르침이다. 수없이 태어나고 죽는다는 다생(多生) 관점은 동양의 대중적 문화는 물론 공식 우주론에도 뿌리내렸다. 이 다생 관점을 이해하면 개인적, 사회적 환경의 많은 부분이 설명된다.

숲속 수행처에 처음 갔을 당시 나는 과학적 마인드로 무장한 젊은이였다. 나는 환생에 대해 지극히 회의적이었다. 아잔 차 스님은 그런 나를 보고 웃으며 걱정하지 말라고 했다. 스님은 나에게 환생이나 윤회를 믿지 않아도 자유를 찾을 수 있다고 했다. 그런 다음 붓다가 나눈 유명한 대화를 소개했다. 대화에서 어느 떠돌이 수행자가 죽은 뒤 어떤 일이 벌어지는지 붓다에게 물었다. 이에 대해 붓다는 다시 일련의 질문을 던졌다. "만약 다음 생이 존재한다면 그대는 어떻게 살겠는가?" 질문자는 이렇게 답했다. "다음 생이 존재한다면 미래에 지혜를 얻을 수 있도록 씨앗을 뿌릴 것입니다. 관대함과 연민의 마음으로 살고 싶어요. 이것은 지금 바로 행복을 가져오는 동시에 미래의 풍요로움을 위한 씨앗을 뿌리는 행위입니다." 붓다가 말했다. "그렇다면 다음 생이 존재하지 않는다면 그대는 어떻게 살겠는가?" 수행자는 잠시 생각하더니 비슷한 방식으로 답했다. "만약 이번 생이 나의 유일한 생이라 하더라도 깨어있는 마음챙김으로 살 것입니다. 무엇도 그냥 흘려보내고 싶지 않거든요. 관대함과 연민의 마음으로 살 것입니다. 그것은 지금 여기에서 행복을 가져올 것입니다. 게다가 우리가 영원히 가질 수 있는 것은 아무것도 없으니까요." "진실로 그러하다." 붓다가 답했다. 붓다는 두 질문에 동일한 답을 끌어내 현명한 삶은 내생에 대한 믿음과 상관이 없다는 것을 보였다.

그런데 붓다는 미래 생과 달리 과거 생에 대해 기회 있을 때마다 가르침을 폈다. 과거 생에 대한 가르침은 심리적으로 두 가지 중요한 기능을 한다. 첫째, 현재의 삶이 괴롭고 즐거운 상태에 처한 원인이 과거 생과 과거의 행위에 있다면 변화무쌍하고 혼란스러운 자기 운명에 대한 불안을 덜 수 있다. 이런 관점은 삶의 어려움에 직면해 받아들임과 편안함, 초연함, 우아함으로 맞서게 한다. 윤회의 가르침이 갖는 두 번째 기능은 더 진지한 삶을 살게 된다는 점이다. 윤회가 존재한다면 현재 자신이 행한 행위가 미래 생에 가져올 결과에 관심을 갖지 않을 수 없을 것이다.

윤회에 대한 믿음은 삶에 일정한 질서감과 깨달음을 가져오지만 잘못 사용되는 수도 있다. 윤회를 고통 받는 자를 비난하거나 불의에 체념하도록 만드는 구실로 사용하던 때도 있었다. 모든 우주론은 건강한 방식으로 사용될 수도 있고 건강하지 못한 방식으로 사용될 수도 있다. 천국과 지옥이라는 서양의 종교적 우주론과 기계적이고 과학적인 우주론 역시 바람직하게 사용되기도 했지만 파괴적인 방식으로 사용된 적도 있었다. 그러나 불교 문화권에서 과거와 미래 생에 대한 믿음은 대부분 긍정적인 것이다. 그것은 암울하고 힘든 상황에 처한 사람들이 느끼는 영향을 진정시키는 효과가 있었다. 예를 들어 커다란 상실과 고통을 당한 캄보디아의 불교 수행자들은 자신들이 당한 고통이 자신의 과거 행위와 업의 결과라고 믿었다. 이런 믿음은 그들로 하여금 자신의 고통을 평정심과 위엄으로 받아들이고 거기에 증오심을 보태지 않도록 했다. 그것은 미래의 고통을 미리 예방하는 방법이었다.

그리고 불교의 우주론은 경험에 근거하고 있다. 명상과 내면 탐구를 통해 불교의 우주론은 저장식에서 전생의 기억이 일어나는 과정을 설명한다. 전생에 대한 기억은 『청정도론』 등의 명상 텍스트에서 설명하는 의도적 훈련을 통해 접근할 수도 있고 저절로 일어나는 수도 있다. 물론 전생에 대한 기억이 사실이라고 증명할 방법은 없다. 그럼에도 몇몇 흥미로운 연구에서 전생의 기억이 사실임을 증명하려는 시도를 한 적이 있다. 예컨대 버지니아 대학의 이안 스티븐슨(Ian Stephenson) 박사는 한 번도 가본 적 없는 장소로 연구자들을 데려간 아이들의 사례를 다수 발표했다. 이 아이들은 이번 생에서는 알기 불가능한 과거 생의 삶과 사람, 주변 환경을 자세히 기억하고 있었다. 그러나 아직까지 심리학에서 전생에 대한 기억을 몽상이나 꿈과 분명히 구분하는 방법은 존재하지 않는다.

그런데 전생에 대한 기억처럼 느껴지는 상황이 실제로 일어나는 경우도 있다. 숲속 수행처에 머문 지 2년차 되던 해에 나는 중세 중국의 어느 사원에 머문 기억이 불현듯 떠올랐다. 나는 그곳의 생활을 자세히 느낄 수 있었다. 그곳 사원에서 우리는 맛없는 죽을 먹었고, 냉골인 선방에서 오랜 시간 수행했었다. 나는 그곳에 있고 싶지 않았다. 그곳 사원에 대한 거부감 때문에 제대로 수행을 할 수 없었다. 어쩌면 이 때문에 나는 태국의 불교 사원에서 삭발하고 수행하는 삶에 신비스럽게 다시 끌렸는지 모른다. 나는 승려의 삶이 신기하게 친숙했다. 이제야 나는 자발적으로 수행하는 삶을 살고 있다. 전생에 대한 기억이 강한 영향을 미쳐 이번 생만큼은 제대로 수행을 해보자는 강한 동기로 작용했는지 모른다.

내가 지도하는 수행자 가운데도 전생을 기억하는 사람이 많았다. 셀리는 삶의 중심을 잡아야겠다는 목표를 가지고 불교 수행을 하러 왔다. 그녀는 대체로 행복하긴 했지만 정신없이 바쁜 삶을 살고 있었다. 그녀의 삶의 바닥에 흐르는 정서는 걱정이었다. 특히 일곱 살과 열 살 아들과 딸에 대한 걱정이 컸다. 처음 참가한 명상 수련회의 좌선에서 셀리는 걱정이 올라와 호흡이 얕아지고 몸이 뻣뻣해졌다. 특히 어깨와 팔이 많이 긴장되어있었다. 점차 그녀는 신체적 긴장과 온몸을 타고 흐르는 걱정을 알아차리는 법을 배웠다. 걱정에 쉽게 사로잡혀 동일시된 상태에서 벗어나 이제 걱정을 관찰할 수 있었다. 그녀는 기뻤다.

마음이 아플 땐 불교심리학

며칠 뒤 그녀가 내게 오더니 자신이 평생토록 지니고 살던 두려움이 명상을 하면서 다시 일어났다고 말했다. 여덟 살 때 동네 수영장에서 수영을 배웠는데 그녀는 물을 편하게 느낀 적이 한 번도 없었다고 했다. 이제 곧 여름이 되면 두 자녀가 동네 수영장이나 친구네 집 수영장에서 수영을 할 것이다. 이런 생각을 하자 그녀는 끔찍했다. "나는 어린 시절부터 줄곧 물에 빠져 죽으면 어떡하나 하는 커다란 두려움을 안고 살았어요. 엄마에게 이유를 물어봤지만 엄마도 내가 왜 그런지 알지 못했어요. … 나는 아기 때 처음 목욕을 할 때부터 물이 무서웠어요."

셸리는 두려움을 마음챙김과 연민으로 더 깊이 들여다보았다. 그리고 두려움이 만들어낸 이야기와 신체 감각도 살폈다. 한번은 명상 중 깊은 침묵 상태에서 몸을 부르르 떨었다. 그녀의 머릿속에서 20대 후반의 농촌 여성이 두 아이를 안고 달리는 모습이 보였다. 여자는 마을을 집어삼키는 거대한 홍수를 피해 달아나고 있었다. 셸리는 그 여자가 되었다. 여자는 손에 잡히는 무엇이든 붙잡으려 했다. 하지만 결국 홍수에 떠내려가고 말았다. 두 아이를 잃었고 자신도 물에 빠져 익사했다. 당시 그녀가 느낀 두려움과 슬픔은 상상하기 어려울 정도였다.

그녀가 이야기를 들려주는 과정에서 나 역시 공포감과 혼란, 상실의 강한 감정을 느꼈다. 더 신기한 것은, 이 모든 마음 상태가 나에게 친숙하게 느껴졌다는 점이다. 그것은 이야기나 꿈이 아니라 마치 전생에 대한 실제 기억 같았다. 명상 수행자를 상대로 상담을 하다 보면 백 번 중에 한두 번 정도 이런 느낌이 일어난다. 그리고 이것은 저장식에서 떠오르는 일반적이고 전형적인 이미지와 성격이 달랐다.

나는 셸리에게 눈을 감고 그 장면으로 돌아가게 했다. 그녀는 눈물을 흘렸다. 자신에 대한 연민의 파도가 일어남을 느꼈다. 이제 그녀가 느끼는 연민의 마음은 자식을 잃은 모든 부모에게 확장되었다. 그것은 보편적인 연민의 마음으로 흘리는 눈물이었다.

나는 셸리에게 현자의 눈으로 그 이미지를 보게 했다. 이제 그녀는 그 기억에서 약간 거리를 둔 채 앉아있었다. 그 장면이 과연 사실일까? 그녀는 물음을 던졌다. 설령 사실이었다 해도 그 장면은 지금 어디에 있는가? 그러자 그녀가 단단히 붙잡고 있던 정체성이 흔들리기 시작했다. 그녀가 그 농부 여인이었던가? 그 농부 여인이 곧 셸리였던가? 그녀는 자리에 앉아 창조와 허공이 마구 뒤엉킨 신비스런 연결망을 말없이 묵상했다.

셸리가 느끼던 불안은 한동안 잦아들었다. 하지만 완전히 사라지지는 않았다. 갑자기 일어난 불안을 부드럽게 받아 안는 법을 배우는 데는 몇 년이 걸렸다. 그렇더라도 그렇게 할 수 있었던 핵심 열쇠는 전생에 대한 기억을 통해 얻은 앎이었다. 셸리는 이 모든 것을 경험하면서 더 지혜롭고 더 편안하고 더 자유로워졌다.

꿈과 무의식

옛날이야기에 따르면 붓다의 탄생 직전에 왕비였던 붓다의 어머니가 꿈에 흰색 코끼리를 보았다. 궁정의 현자를 불러 꿈을 해석했더니 세상을 다스리는 전륜성왕이나 위대한 성인이 태어날 꿈이라고 했다. 이처럼 불교심리학은 처음부터 꿈이 가진 상징적이고 예언적인 가치를 인식하고 있었다. 즉 우리의 욕망과 갈등, 욕동이 꿈에 반영된다는 사실을 불교심리학은 알고 있었다. 불교의 어떤 종파에서는 꿈 해석을 매우 자주 한다. 수행자에게 잠에서 깨자마자 자신이 꾼 꿈을 기억하고 그에 대해 명상하게 한다. 꿈에서 나타난 이미지와 강렬한 느낌에 편안해지고 그로부터 자유로워질 때까지 마음챙김으로 들여다보게 한다.

그로부터 2천 년 뒤 프로이트와 융의 추종자들은 꿈이야말로 "무의식으로 들어가는 왕도"라고 주장했다. 그들은 꿈이 무의식적 갈등과 욕망, 정체성, 패턴을 드러낸다고 보았다. 그리고 꿈이 일상에서 작동하는 미처 몰랐던 힘을 우리에게 보여준다고 생각했다. 꿈이 가진 지혜를 끌어내는 방식에는 해석과 상징, 적극적 상상, 그리고 현대 서구의 수십 가지 꿈 작업이 있다. 불교의 마음챙김 수행과 마찬가지로 대부분의 꿈 작업은 잠에서 깨자마자 지난밤 꿈의 단편을 떠올린 다음 그것을 자세히 들여다보는 과정으로 이루어진다.

그런데 불교심리학은 꿈 요가(dream yoga)라는 수행을 통해 여기서 더 나아간다. 이 수행은 꿈을 떠올릴 뿐 아니라 꿈을 꾸는 동안 자신이 꾸는 꿈을 자각하도록 가르친다. 꿈 요가에서는 자신의 꿈을 어느 정도 통제할 수도 있다. 꿈이 드러내는 의식의 차원을 의도적으로 탐색하는 것이다. 자각몽(lucid dreaming)이라고 하는 이 능력을 서양 과학은 오랫동안 인정하지 않았다. 그러다 지금부터 20년 전 스탠퍼드 대학의 스티븐 라버지(Stephen LaBerge)가 이끄는 수면 연구자들은 우리가 의식적으로 꿈을 꾸면서 꿈의 내용을 자기 의도대로 만들어가는 일이 가능함을 보였다.

불교 수행에서는 집중과 여러 날에 걸쳐 반복적으로 의도를 일으키는 방법으로 자각몽을 계발한다. 그런데 의도적인 훈련을 하지 않아도 장기 수련회에서 자각몽이 저절로 일어나기도 한다. 나는 깊은 집중 상태에서 여러 번 이런 경험을 했다. 이 단계에서 나는 잠을 자려고 몸을 가만히 누인 뒤 편안하게 이완한 상태로 명상을 계속했다. 몸이 지극히 고요해지고 호흡이 매우 부드러운 상태가 되었다. 나의 마음은 잠에 빠져들었다. 그러면서 최초의 꿈이 나타났다. 그런데 이때에도 내가 며칠, 몇 주 동안 닦아온 마음챙김은 계속되었다. 그렇게 나는 잠에 떨어진 뒤 꿈이 일어나는 과정을 의식적으로 관찰했다. 나는 명상하며 자리에 앉았을 때처럼 꿈이 끝나고 꿈 없는 잠에 빠지기 전까지 계속 꿈을 알아차렸다.

케빈이라는 수행자도 2개월간 진행된 봄철 수련회에 참가하는 동안 자연스럽게 일어나는 자각몽을 경험했다. 어느 날 케빈은 자신이 꿈을 목격했다는 이야기를 했다. 그것은 낭떠러지 절벽에 서서 떨어질까(falling) 무서워하는 흔한 꿈이었다. 이 꿈과 연관된 상징적인 의미를 찾는 작업은 어렵지 않았다. 아닌 게 아니라 케빈은 작가로서 자신의 경력이 산산이 부서질까봐(falling apart) 절치부심 고민하고 있었다. 또 명상 수련회에 참가하기 몇 주 전에는 어떤 여성을 만나 사랑에 "빠졌다(falling for)."(절벽에서 떨어진다는 의미의 영단어 fall을 경력 단절과 사랑에 빠진 일에 연결시켰다—옮긴이)

나는 케빈에게 만약 이 자각몽이 앞으로 계속 나타나면 좌선 명상에서 하듯이 거기에 마음챙김을 가져가 보라고 했다. 그렇게 하자 그는 단지 일어나는 대로 놓아둘 수 있었다. 며칠 뒤 꿈이 다시 나타났다. 케빈은 내려놓았고 그러자 자신이 절벽에서 떨어지는 것을 느꼈다. 한순간 공포감을 느낀 뒤 케빈은 하늘로 붕 날아올랐다. 그런 다음에는 한 번도 본 적 없는 짙은 녹음의 시골길을 걷고 있는 자신을 발견했다. 이 꿈을 꾼 뒤 몇 주 동안 케빈의 명상은 더 깊어졌다. 케빈은 그밖에 다른 자각몽도 꾸었다. 그런데 전에 없던 신뢰의 감각이 일어나 명상 수련회 내내 지속되었다고 했다.

불교에서 하는 꿈 훈련의 마지막 단계에 이르면 알아차림이라는 명상적 상태를 지속하도록 가르침을 받는다. 잠에서 깬 상태와 꿈을 꾸는 상태, 꿈이 없는 수면 상태를 번갈아 관찰한다. 이 상태들이 모두 한동안 의식에서 일어난다. 그러나 이 모두가 텅 비어있음을 관찰한다. 이 관점에서 보면 서양에서 중시하는 꿈의 내용은 불교 수행에서 부차적인 차원으로 간주된다. 명상의 목적은 의식의 장에서 평정을 찾는 것이다. 잠이 들었든 깨어 있든 어떤 상태에서도 흔들리지 않는 편안함을 찾는 것이 명상의 목적이다.

괴로움의 무의식적 뿌리

불교심리학은 무의식적 욕동이나 본능이 가진 힘과 그것이 일으키는 커다란 괴로움과 화해해야 한다고 말한다. 우리는 건강하지 못한 세 가지 뿌리(집착·혐오·미망)를 분명하게 이해하고 변화시켜야 한다. 앞으로 보겠지만 이것은 어려운 과정이다. 탐진치라고 부르는 이 세 가지 뿌리는 우리의 무의식에서 주를 이루는 욕동이다. 이것은 우리가 경험하는 온갖 힘든 정신 상태의 근본 원인이다. 집착, 혐오, 미망은 분노, 자만심, 두려움, 나태한 마음을 낳는다. 또 잘못된 지각과 의심, 들뜸, 미세한 즐거움에 대한 갈망, 비교하는 마음을 일으킨다. 이 무의식적 영향은 잠재 상태로 있다가도 적절한 조건이 갖추어지면 즉시 활성화된다.

　　마음챙김이 있을 때 욕망과 자만심, 분노 등의 충동을 알아차리고 그것의 강한 영향에서 자유로워질 수 있다. 그러나 한동안 그 영향에서 벗어난다 하더라도 우리가 이내 알게 되는 사실은 그것이 또 일어난다는 점이다. 그 이유는 충동의 무의식적 뿌리를 건드리지 않았기 때문이다. 불교심리학은 충동의 무의식적 뿌리가 얼마나 깊고 강력한지 설명한다. 프로이트와 그의 서양인 동료들이 한 것처럼, 불교심리학도 충동의 무의식적 뿌리를 의식에 드러내는 시도를 한다. 그러나 불교의 가르침은 인간의 발달이 단지 욕동을 자각하고 돌보는 것(주로 서양에서 해온 임상 작업의 결실)을 넘어 더 의미심장한 걸음을 내딛을 수 있음을 보인다. 불교는 우리가 가진 충동의 무의식적 뿌리를 변화시킬 수 있다고 가르친다. 서양이 지금껏 몰랐던 자유를 가져오는 방식으로 그 뿌리를 바꿀 수 있다고 가르친다.

이 깊숙한 욕동, 무의식적 두려움, 집착, 혼동을 잠재적 뿌리라고 한다. 우리는 심오한 통찰과 깊은 명상으로 잠재적 뿌리에서 풀려날 수 있다. 이것은 우리에게 점진적인 자유를 가져오는데 이것을 '깨달음의 단계'라고 한다. 첫 번째 깨달음의 단계에서 우리는 이 길에 대한 혼동과 자유에 대한 의심, 자아에 대한 잘못된 견해를 내려놓는다. 그 다음 두 개의 깨달음 단계에서는 탐욕과 공격성에 내재한 본능적 뿌리를 약화시키고 내려놓는다. 깨달음의 마지막 단계에서는 의식의 미세한 상태에 대한 무의식적 갈망과 아주 미세한 자아 감각에 대한 집착이 모두 사라진다.

이 과정에서 불교 수행은 알아차림을 개인의 정신 맨 밑바닥까지 뚫고 들어가게 한다. 숲속 수행처의 상급 수행자들은 의도적으로 이 무의식적인 힘을 살핀 뒤 그 영향에서 스스로 벗어나도록 가르침을 받는다. 수행자들은 마음을 집중하고 안정시키며 명료하고 투명하게 만드는 훈련을 한 다음 자신의 가슴을 들여다보며 그곳에 존재하는 괴로움의 잠재적 뿌리를 찾아 내려놓는다. 수행자들은 자신이 가장 두려워하거나 싫어하거나 갈망하는 대상의 이미지를 체계적으로 떠올린다. 이 수행은 우리가 살면서 괴로워하는 모든 영역에 적용할 수 있다. 자신이 지금 괴로워하는 삶의 영역을 마음에 떠올린 다음 괴로움의 무의식적인 뿌리를 찬찬히 살핀다. 이 괴로움은 지금 나

마음이 아플 땐 불교심리학

의 몸 어디에서 가장 강하게 느껴지는가? 괴로움의 아래에 어떤 감정과 이미지, 신념이 자리 잡고 있어 괴로움이 사라지지 않는가? 자신이 힘들어하는 이미지와 느낌, 몸의 위축을 정면으로 마주하고 반복적으로 살핀다. 깊은 주의를 통해 우리는 이런 본능과 욕동이 실체가 없이 비어있으며 환영의 산물이라는 사실을 깨닫는다. 이때 우리는 거기에서 풀려나 자유로워진다.

무의식적인 성향에서 풀려나는 것은 평생에 걸쳐 이뤄지는 작업이다. 다음 장들에서는 우리를 눈 멀게 하는 이런 잠재적 성향을 변화시키는 일이야말로 해방(liberation)을 이루는 핵심 열쇠임을 살펴볼 것이다. 우리는 이 잠재 성향이 우리의 본 모습이 아님을 거듭 확인할 것이다.

괴로움의 뿌리를 변화시키다

12

불교에서 보는 성격 유형

계율에 열심인 자들은 지계(持戒) 제일인 우팔리에게 공부하고, 직관적 기질을 지닌 이들은 신통 제일인 마하 목갈라나에게 모여들며, 지혜로운 기질을 지닌 이들은 지혜 제일인 사리풋타에게 모인다.

_ 붓다가 상수 제자들의 기질을 이야기하며

당신은 곧은 나무를 보고 둥근 바퀴나 굽은 서까래로 만들려고 하지 않는다. 당신은 나무 본연의 성질을 왜곡하기보다 알맞은 자기 자리를 찾도록 할 것이다.

_ 장자(莊子)

다자녀 어머니는 아이들 하나하나가 태어난 날부터 성격이 다 다르다는 사실을 안다. 나는 이란성 쌍둥이인데 동생과 나는 성격이 완전히 다르다. 자라면서 동생은 나보다 외향적이었고 사회성도 더 좋았다. 덩치도 크고 모험도 잘 하는 동생은 학교에서 미식축구를 했고 연극 주인공도 맡았다. 반면에 나는 학교 오케스트라에서 오보에를 연주하는 정도였다. 비쩍 마른 체형에 하나만 파고드는 머리형에 가까웠던 나는 자신감이 부족했다. 우리 형제가 나이 예순에 이르자 어머니는 말했다. "두 아들의 닮은 점이 이제야 겨우 보이는구나. 머리가 빠지는 거 말이야."

처음으로 자신의 성격을 알게 된 사람들은 대개 불만족스러워한다. 다른 사람의 성격이 더 좋아 보이는 것이다. 불교 공동체에서 수행자들은 흔히 지도자의 행동 방식과 성격을 무의식적으로 모방해 자신의 불만족을 극복하려고 한다. 나는 어느 유명한 라마승을 따르는 추종자들이 그 라마승과 똑같은 면을 먹고, 똑같은 손짓을 하며, 비슷한 티베트 억양으로 말하는 것을 보았다. 또 내가 아는 어느 서양인 선 스승의 제자들은 스승과 비슷한 모자를 쓰고 신발을 신으며, 그녀가 좋아하는 텔레비전 게임쇼에 열광했다. 이처럼 혼란과 분노, 두려움에 대처하는 법을 찾는 과정에서 우리는 모방을 시도한다. 지금 자신의 성격을 없애 달라이 라마처럼 존경받는 인물이 되고 싶어 하는 것이다.

아잔 차 스님은 1979년 매사추세츠 배리의 통찰명상회(Insight Meditation Society)에서 명상 수련회를 이끌던 당시, 수행자들에 만연한 자기 불만족을 보았다. 스님은 서양인 수행자들이 자신에게 가혹하며, 있는 그대로의 자기에 만족하지 못하고, 그것을 바꾸려고 지나치게 애쓴다는 데 놀랐다. 걷기 명상을 하던 어느 날 오후, 나는 스님을 바깥으로 모셨다. 스님과 나

마음이 아플 땐 불교심리학

는 잔디밭에서 천천히 걷기 명상을 하고 있는 수십 명의 수행자 사이를 거닐었다. 스님은 나에게 그곳 명상센터가 병원 같다고 말했다. 수행자들 곁을 지나던 스님은 미소를 지으며 장난삼아 수행자들에게 이렇게 말했다. "빨리 회복되길 빌어요."

자신을 변화시킨다는 것은 무슨 의미일까? 사람은 얼마만큼 변할 수 있는가? 또 얼마나 많이 변해야 하는가? 자신의 마음 상태를 들여다볼 때 이런 질문은 매우 중요하다. 포괄적 심리학이라면 이런 물음을 다루어야 한다. 불교심리학은 우리의 성격에 커다란 변화를 일으킨다. 그러나 자신의 타고난 성격이라는 황금과, 앞서 소개한 황금 불상을 덮은 진흙이라는 건강하지 못한 상태를 구분한다. 앞으로 여러 장에 걸쳐서 보겠지만 우리는 자신에게 괴로움을 일으키는 건강하지 못한 뿌리를 변화시킬 수 있다. 그러나 그것은 어디까지나 자기 성격과 기질의 틀 안에서 일어나는 변화여야 한다. 기존의 자기 성격과 기질을 완전히 없애는 것이 아니다.

태국 남부 출신의 나의 스승 아잔 줌니언(Ajahn Jumnian)은 사람들의 성격과 기질을 변화시키려는 의도로 과장된 표현을 좋아했다. 예를 들어 스님은 건축업자이자 도급업자인 솜차이라는 사람에 대해 이야기했다. 솜차이가 일 년 동안 사원에서 승려 생활을 하려고 스님의 사원에 찾아왔다. 태국 사회에서는 승려의 계를 받는 것을 이타적인 행위로 여긴다. 그러나 솜차이는 승려가 되었음에도 자만심이 가득했다. 그는 자신이 지은 아름다운 집과 사업상 성공을 끝없이 자랑했다. 아잔 줌니언 스님도 그의 말을 듣고 그를 칭찬했다. 그런 다음 스님은 솜차이에게 매일 사원을 찾는 수백 명의 방문객을 맞이할 대규모의 우아한 손님맞이 홀이 필요하다고 말했다. 스님은 솜차이가 그 일을 맡을 능력이 되는지 확신이 서지 않았지만 솜차이는 스님이 던진 미끼를 덥석 물었다. 솜차이는 홀을 짓는 일에 착수했다. 나중에 아잔 줌니언 스님이 말하기를, 만약 솜차이가 사원의 사람들과 협력해 홀을 성공적으로 짓는다면 다른 사람을 존중하고 덜 우쭐대는 법을 배울 것이었다. 반대로 솜차이가 홀을 짓는 데 실패한다면 그 자체로 거만한 솜차이에게 좋은 교훈이 될 거라고 했다. 일 년 간의 힘든 작업 끝에 결국 사원에는 새 홀이 만들어졌다. 솜차이는 다른 사람과 조화롭게 일하는 법을 배웠다.

다음 해에는 나크라는 이름의 터프한 권투 선수가 사원에 찾아왔다. 어머니가 돌아가시자 나크는 어머니를 기리기 위해 승려가 되었다. 아잔 줌니언 스님은 나크의 명성을 익히 알고 있었다. 한동안 나크를 관찰한 스님은 자신의 보디가드가 되어달라고 부탁했다. 사실, 스님은 보디가드가 필요하지 않았다. 스님은 유명한 평화 중재자로, 지역 공산당 반군을 상대로 벌인 전쟁을 종식하는 활동을 15년째 이어오고 있었다. 오직 다르마 하나만을 믿으며 맨손으로 분쟁 지역에 걸어 들어가 공산당과 정부군을 상대로 설득하는 것이 스님의 수행이었다. 그런데 나크가 맡은 보디가드 역할은 그로 하여금 자신의 공격성을 품위 있는 성격으로 변화시키는 방법이 되었다. 보디가드를 맡은 나크는 아잔 줌니언 스님을 따라다니며 가슴을 여는 데 필요한 연민의 마음을 스님에게 배웠다.

프라서트도 새로 스님이 되었다. 그는 성격 좋은 마을사람이었지만 알코올 중독자이기도 했다. 그는 자신의 매력과 너그러운 기질로 얼마 되지 않아 사원에서 친구를 많이 사귀었다. 그런데 사원에 온 지 얼마 뒤 프라서트가 밤에 사원 담을 넘어 옛날 친구들과 사원 밖에서 술을 마신다는 소문이 아잔 줌니언 스님의 귀에 들어갔다. 일을 추궁당한 프라서트는 자백을 하고 다시는 그러지 않겠다고 맹세했다. 그러나 알코올 중독은 맹세만으로 잘 해

마음이 아플 땐 불교심리학

결되지 않는다. 야간 음주에서 돌아오던 프라서트를 목격한 아잔 줌니언 스님은 모임을 소집했다. 스님은 사원 안과 밖의 프라서트의 친한 친구들을 모두 불러 모았다. 스님은 프라서트의 친절한 마음씨를 칭찬하며 많은 사람이 그를 좋아한다고 말했다. 그렇지만 만약 프라서트가 또 다시 술을 마신다면 승려의 전통 계율에 따라 그를 내쫓을 수밖에 없다고 말했다. 스님은 계속해서 말을 이었다. "여러분 모두 그의 친구니까 그를 여러분의 책임하에 두도록 하겠습니다." 그날부터 친구들은 프라서트를 만나주지 않았다. 이제 프라서트에게 친구들과 음주로 곤란한 일을 당하는 일은 생기지 않았다.

위 사례들에서 아잔 줌니언 스님은 먼저 제자들의 기질에 담긴 기본적인 선함을 인식했다. 그런 다음 솜차이의 집착, 나크의 공격심, 프라서트의 어리석음을 변화시키는 데 초점을 맞췄다.

우리는 앞에서 집착, 혐오, 어리석음이라는 건강하지 못한 세 가지 마음 뿌리를 살펴보았다. 이것은 모든 건강하지 못한 상태의 근본 원인이 되는 고전적인 '세 가지 뿌리'이다. 이것은 또 건강하지 못한 세 가지 성격 유형, 즉 세상에 다가가는 세 가지 유형도 만들어낸다. 첫 번째는 솜차이의 경우처럼 원하는 마음에 지배당하는 유형이다. 두 번째는 나크의 경우처럼 거부감의 지배를 받는 유형이다. 세 번째는 프라서트의 경우처럼 혼동에 지배당하는 유형이다. 그런데 마음챙김이 있을 때 우리는 건강하지 못한 기질 하나하나를 건강한 패턴으로 변화시킬 수 있다. 그런 다음 성격이 영원히 지속되는 본질이 아니라는 사실을 본다. 몸과 마찬가지로 성격 역시 일시적인 상태이다. 그것은 우리의 진짜 모습이 아니다.

때로 사람들은 선(禪)에 관한 책을 읽거나 무아와 비집착에 관한 불교의 가르침을 듣고는 불교가 개인의 성격에는 무관심하다고 여긴다. 하지만 이는 잘못이다. 불교를 처음 접하는 사람들은 명상을 하면 자신이 아무 성격도 없는 무채색의 존재가 되지 않을까 두려워한다. 그러나 우리가 가진 기질은 제거의 대상이 아니라 이해의 대상이다. 자신의 기질을 알면 이러한 앎을 자신과 타인에게 연민의 마음을 보내는 데 사용할 수 있다. 또 자기 성격에 대한 작업을 통해 건강하지 못한 일면을 변화시킬 수도 있다. 이렇게 할 때 우리는 특정 성격 유형을 넘어 자신의 진정한 본성을 인식할 수 있다.

불교심리학의 열두 번째 원리는 이것이다.

12
자기 성격의 불건강한 패턴을 인식한 뒤 그것을 타고난 기질이 건강하게 표현되는 방식으로 변화 시킬 수 있다.

동양과 서양의 심리학은 아이들이 자기만의 고유한 기질과 유형을 갖고 세상에 태어난다고 본다. 불교는 우리 각자가 가진 고유한 기질과 유형이 자신의 업에 따른 성향이라고 본다. 한편 서양 심리학은 각자의 기질과 유형을 유전으로 물려받은 것으로 본다. 그러나 이것은 우리가 가진 성격의 일부에 불과하다. 이후 우리의 타고난 기질은 부모와 환경에 의한 조건화에 의해 형성되어간다. 성격은 유전과 조건화의 상호작용, 본성과 양육의 상호작용을 통해 형성된다.

서양은 성격에 대한 수십 가지 설명 방식을 내놓았다. 프로이트, 라이히, 융, 프롬, 에릭슨 등은 성격 발달, 기질, 인지 유형을 설명하는 다양한 이론을 제시했다. 각각의 이론이 초점을 맞추는 성격의 일면은 조금씩 다르다. 어떤 이론은 욕망의 패턴에, 어떤 이론은 권력과 권위의 관계에, 어떤 이론은 자율성의 정도에, 또 어떤 이론은 사고 유형에 초점을 맞춘다. 각각의 이론은 인간 발달을 이해하는 데 빛을 던져줄 뿐 아니라 치료적 개입에 필요한 또 하나의 통로를 제공한다.

불교에서도 성격 체계를 자세하게 설명했다. 지난 시대의 목록 작성 자들은 인간의 기본적인 성격 유형 세 가지를 더 확장해 하위 유형 열네 가지와 더 미세한 유형 여든네 가지로 세분했다. 그리고 티베트의 체계는 이들 성격을 다섯 가지의 주요 성격 군(群)으로 분류했다. 다행히도 이 모든 것이 세 가지 기본적인 성격 유형에 뿌리를 두고 있다. 이 세 가지 유형은 우리가 변화의 전 과정을 이해하는 데 필요한 모든 것이다. 성격의 기본 유형 세 가지를 이해하는 방식은 이렇다.

나의 성격 유형 찾기

당신이 친한 친구로부터 새로 이사 간 집에 놀러오라는 초대를 받았다고 하자. 친구는 현관문에서 당신을 맞이한다. 당신은 집 안으로 들어간다.

이때 당신은 맨 먼저 무엇을 하는가? 친구의 집에서 마음에 드는 부분-돌로 된 벽난로, 멕시코 풍의 타일, 그림, 벽면의 색상 등-을 보고, 그에 대해 생각하는가? 이렇게 당신이 좋아하는 부분을 찾으며 돌아다니는가? 무엇을 더하면 더 좋을지, 사소한 문제가 있다면 어떻게 고치면 좋을지, 각각의 방을 어떻게 더 낫게 만들지 상상하는가?

아니면 당신은 친구의 집을 돌아보며 분명하게 눈에 띄는 문제를 더 잘 인지하는 유형인가? 부엌이 너무 좁다든가, 이웃집이 너무 붙어있다든가, 알루미늄 창이 싸구려라든가, 전망이 가려진다든가 하는 문제들 말이다. 당신은 친구의 집을 돌아보는 그 짧은 시간 동안 친구가 이 새 집에서 과연 잘 지낼 수 있을지 걱정하는가?

아니면 당신은 조금 늦게 도착해 친구에게 반갑다는 인사를 허둥지둥 건네며 친구의 집에는 별로 집중하지 않는가? 집을 둘러보고는 친구에게 축하의 인사말을 건넨 뒤 무슨 말을 해야 할지 잘 모르는가? 혹시 당신은 정신이 산만한 상태로 다른 것에 대해 생각하고 있지 않은가?

이 세 가지 시나리오 중 당신의 유형에 가장 맞는 것은 무엇인가? 첫 번째인가, 두 번째인가, 아니면 세 번째인가?

이제 당신이 친구 집을 방문하는 동안 친구가 당신에게 제3의 친구가 내뱉은 불손한 말에 관한 이야기를 했다고 하자. 그것은 제3의 친구가 당신이 현재 일하고 있는 비영리 단체를 비난하는 내용이었다. 이때 당신은 어떻게 반응하는가? 친구의 말을 부드럽게 받으며 공감하는 관점으로 이해하려고 노력하는가? 아니면 친구의 말이 얼토당토않다며 그들의 주장에 반대하는 데 열을 올리는가? 그도 아니면 친구의 말을 들은 체 만 체하며 다음 대화 주제로 넘어가는가?

마지막으로, 친구가 얼마 전에 들은 새로운 영적 가르침에 대해 당신에게 열광적으로 이야기한다고 하자. 친구는 자신에게 영감을 준 말과 관점을 반복해서 이야기한다. 마치 그것이 지구상에서 최고의 가르침인 것처럼 말이다. 친구의 말을 듣는 동안 당신은 어떻게 반응하는가? 친구의 열정에 영감을 받아 그의 말에 담긴 작지만 소중한 진실을 기꺼이 받아들이는가?

아니면 친구가 지닌 열정에 의심의 눈길을 보내며, 그 가르침이 닳고 닳은 가르침을 다시 포장했을 뿐 별반 새로운 것이 없다고 여기며 비판적으로 보는가? 그도 아니면 당신은 친구의 말이 잘 이해가 되지 않고 친구의 새로운 관점이 당신의 영적인 삶과 어떻게 연결되는지 잘 모르겠는가? 또 친구의 관점이 그가 평소에 가졌던 믿음과 어떤 관계인지 잘 이해되지 않는가? 당신은 이 중 어떤 반응을 보일 것 같은가?

이 세 가지 각본 각각은 뿌리 깊게 자리 잡은 인간의 세 가지 기질이 흔히 보이는 패턴이다. 첫 번째 반응은 집착하는 기질을 가진 사람이 보이는 반응이며, 두 번째 반응은 혐오하는 기질을 가진 사람이 보이는 반응이다. 세 번째는 어리석은 기질의 사람이 보이는 반응이다. 물론 우리는 이 기질을 모두 조금씩 가지고 있다. 전통 텍스트에서도 이를 인정한다. 그런데 세상을 살다 보면 특정 기질이 다른 기질보다 우세하게 나타나는 경우가 종종 있다.

이제 이 반응들을 더 자세히 살펴보자.

변화 이전의 집착하는 기질

집착과 탐욕이라는 기질은 욕망을 중심으로 만들어진다. 집착과 탐욕의 기질은 무언가를 구하고 더 많이 원하며 거기에 중독되는 감각으로 경험된다. 그것은 어떤 상황에서도 편안함을 움켜쥐고, 부조화를 회피한다. 감각 세계에서 자신이 좋아하는 것을 찾아다니며 쾌락을 통한 만족을 욕망한다. 좋아하는 데 그치지 않고 갈망과 욕정, 육욕으로 빠르게 바뀌기도 한다. 집착의 뿌리에서 그와 연관된 허영심, 고의성, 자만심, 자기중심성, 질투, 탐욕, 기만, 중독 등의 마음 상태가 일어난다. 집착의 기질은 지·수·화·풍의 요소가 고르게 균형을 이룬 상태와 관련이 있다.

각각의 기질에는 그에 고유한 신체적 유형도 있다. 전통적 가르침에 따르면 집착하는 기질을 가진 사람은 우아하게 걷는다고 한다. 그들은 우아하고 자신감 있게 걷는다. 서 있는 자세가 확신에 차고 안정되어 있다. 편안하게 잠자는 것을 좋아하고 천천히 잠에서 깨며 몸을 스트레칭하고 이완한다. 음식을 허겁지겁 먹지 않으며 영양소 풍부한 단 음식을 좋아한다. 오늘날의 생활에 대입하면 집착의 기질을 가진 사람은 차를 운전할 때 이완되고 편안한 주의를 기울이며 교통 흐름 속에서 우아하게 움직인다.

집착의 기질을 가진 사람은 방에 들어갈 때 자신이 좋아하는 것을 먼저 보며 계속 거기에 머문다. 아쉬워하며 즐거운 장소를 천천히 떠난다. 처음 만나는 사람에게 그들이 가진 사소한 장점에 집착하면서 그들의 진짜 결점은 대수롭지 않게 여긴다. 대화 중에 갈등을 피하고, 심지어 거짓으로라도 상대와의 조화를 추구한다.

변화 이전의 혐오하는 기질

혐오 기질은 경험에 대한 판단과 거부를 중심으로 만들어진다. 결점을 잘 찾아내는 불만족의 성질을 갖는다. 이 기질을 가진 사람에게는 도처에서 문제가 눈에 띈다. 비판적이고 쉽게 불쾌해하며 싸우기를 좋아하고 많은 것을 폄하한다. 이것이 가진 혐오의 성질은 분노, 복수심, 거만함, 증오, 잔인함, 공격성, 통제하려는 투쟁을 일으킨다. 이 기질은 인색하고 경직된 성질을 갖는다. 이것은 불의 요소, 바람의 요소와 관련이 있다.

전통적으로 혐오 기질은 빠르고 거친 걸음으로 걷는 사람에게 많이 나타난다. 그들이 서 있는 자세는 뻣뻣하다. 이런 성격은 경직되고 불균형한 자세와 긴장되고 꽉 조인 상태에서 몸을 움직인다. 혐오 기질은 성급하게 자리에 눕고, 찡그린 표정을 지은 채 잠을 자며, 잠에서 일어날 때도 누가 잠을 깨운 것처럼 황급히 일어난다. 시고 거친 음식을 맛도 음미하지 않은 채 성급히 먹는다. 음식이 마음에 들지 않으면 불쾌해하고 분개한다. 오늘날에 대입하면 혐오 기질을 가진 사람은 성급하게 운전을 한다. 운전대를 꽉 잡은 채로 홱홱 아무렇게나 방향을 틀며 다른 운전자에게 쉽게 화를 낸다.

혐오 기질을 가진 사람이 방에 들어가면 잘못된 점을 먼저 찾는다. 불편한 부분에 초점을 맞추며 조금이라도 불쾌한 대상에 집착하고 사소한 결함을 집어내는 한편, 진정한 장점은 폄하한다. 주변에 제대로 주의를 기울이지 않으며, 지치고 지루해하며 주변과의 참된 연결을 피한다. 그들은 서둘러 그곳을 떠난다.

변화 이전의 어리석은 기질

어리석음 또는 혼동의 기질은 불확실성과 혼동을 중심으로 만들어진다. 이런 기질을 가진 사람이 주로 하는 경험은 자신이 무엇을 해야 하는지, 세상과 어떻게 관계 맺어야 하는지 알지 못하는 것이다. 그들은 현재 일어나는 일을 무시한다. 무덤덤한 태도와 행동하지 않는 데서 편안함을 찾는다. 어리석음의 기질은 곤혹스러움과 걱정, 의심, 나태, 산만한 생각, 불안, 동요를 일으킨다. 어리석음 유형의 사람은 쉽게 흥분하고 도취한다. 그것은 땅 요소의 무거움이나 물 요소의 움직임과 관련이 있다.

전통적으로 어리석은 성격은 몸의 자세가 안정되어있지 않고, 아무렇게나 성급하게 발을 질질 끌며 걷는다. 될 대로 되라는 식으로 우유부단하게 행동한다. 팔다리를 아무렇게나 벌리고 얼굴을 아래로 향한 채 잠을 자며 잠에서 깰 때는 '어?' 하는 소리와 함께 일어난다. 자신이 어떤 음식을 원하는지 몰라 아무것이나 먹는다. 먹을 때도 마음이 딴 데 가 있어 음식을 흘리며 지저분하게 먹는다. 오늘날에 대입하면 이들은 부주의한 운전자이다. 교통 흐름 속에서 아무렇게나 구불구불 차를 운전한다.

어리석은 성질을 가진 사람은 방에 들어갈 때 무엇을 어떻게 해야 하는지 몰라 어리둥절해한다. 자신의 몸과 연결되어 있지 않으며 자신을 잘 모른다. 대화를 할 때도 다른 사람의 반응을 그대로 따라한다. 모두가 칭찬하면 칭찬하고, 모두가 비판하면 따라 비판한다. 일반적으로 일관성이 없고 자기 줏대도 없다.

자신의 별난 성격 받아들이기

아무리 나이가 들어도 어머니의 눈에는 중년 자식의 모자란 점이 눈에 들어온다.

_플로리다 스코트-맥스웰

처음에는 이런 성격 유형 중 어느 것도 우리의 마음에 들지 않는다. 성격과 기질을 자세히 들여다보는 것은 마치 몸을 가까이서 관찰하는 것과 같다. 인간의 몸은 적당한 거리를 두고 부드러운 빛 아래서 볼 때 가장 멋져 보인다. 반면, 너무 가까이서 보면 땀구멍, 이빨, 체모, 체형, 잡티가 다 눈에 들어온

마음이 아플 땐 불교심리학

다. 그러면 아무리 젊고 아름다운 몸이라도 커다란 결점이 있는 것처럼 본인에게 보인다. 그런데 성격을 자세히 관찰하는 것은 이보다 더 스트레스를 받는 일이다.

묵언 명상 수련회에서 수행자들이 처음으로 자리에 앉아 좌선을 하면 자신의 성격 패턴이 크게 확대되어 보인다. 어느 명상 수련회에서 일정이 절반쯤 지났을 때 게시판에 어느 수행자가 손으로 쓴 글이 올라왔다. "자기를 안다는 것은 나쁜 소식이다."라는 글이었다. 이때 만약 혐오 유형의 사람이라면 자기 안에 수백 가지 판단-자신과 다른 수행자에 대한 판단, 지도자에 대한 판단, 그리고 방에 대한 판단 등-이 일어남을 볼 것이다. 집착 유형이라면 자신에게 모자란 부분을 끊임없이 원하는 허기를 발견할 것이다. 그는 최고의 좌석, 가장 편안한 방, 커다란 디저트 조각을 원할 것이다. 그의 중독성 성격은 더 강화될 것이다. 만약 그가 혼동의 유형이라면 의심이 더 커질 것이다. 자신이 여기서 무엇을 하는지, 왜 하는지 의아해할 것이다. 명상 지도자를 의심하고, 조용히 앉아 좌선하는 것이 무슨 소용이 있는지 의문을 가질 것이다. 또 '내가 이 모든 관심을 받을 만한 가치가 있는 존재인가?' 하고 자기 자신도 의심할 것이다.

어느 수행자는 자기 성격을 고치려고 꼬박 5년을 자신의 본래 성격과 다르게 보이도록 행동했다고 한다. 또 다른 수행자는 자신이 완전한 성격 개조를 원한다고 했다. 그러나 성격은 이런 식으로 변하지 않는다. 우리는 현재 자신이 가진 것을 가지고 작업해야 한다.

나는 숲속 수행처에서 내가 전형적인 탐욕 유형이라는 것을 금방 알았다. 나에게 다 무너져가는 집과 숲속 움막을 줘보라. 그러면 나는 그곳을 깨끗하게 청소한 뒤 창가에 꽃을 꽂을 것이다. 어떤 사람은 탐욕 기질은 다루기가 쉽다고 말한다. 그러나 나의 경험으로 볼 때 탐욕은 혐오 유형만큼 세상을 명료하게 보지 못하게 나를 방해한다. 그리고 탐욕 유형인 나는 어리석음 유형보다 훨씬 더 집착한다. 마음챙김이 없다면 나는 원하는 것을 찾아 계속 헤맬 것이고 모든 것을 더 좋게 만들려고 애쓸 것이다. 내가 음식, 접촉, 감각적 욕망과 맺는 관계에는 중독적 성향이 있다. 그리고 이보다 깊은 채워지지 않은 외로움도 있다. 무의식적으로 나는 항상 사람들을 기쁘게 하려고 한다. 이런 상태에서 모든 것이 미래를 향하고 있다. 나는 더 바빠지며 더 많은 것을 이루려고 한다. 모든 것을 바로잡고 더 잘, 더 크게 만들려고 한다. 집착이 강해지면 유혹, 가능성, 오만, 자만심도 커진다. 나는 갈등을 무시한 채 목표를 달성하느라 여념이 없다. 모든 것이 탈 없이 이루어지기만을 원한다.

좋은 소식은 내가 곧 나의 성격은 아니라는 사실이다. 이것은 누구도 마찬가지다. 나는 때로 성격이라는 것을 고집 세고 요구사항이 많은 애완동물에 비유한다. 우리는 애완동물이 바르게 행동하도록 훈련시킬 수 있다. 하지만 녀석은 앞으로 살아있는 동안 관심과 물, 사료가 필요할 것이다. 별난 성격을 가진 애완동물을 돌보는 데는 어느 정도 유머감각이 필요하다. 실제로 나를 포함한 불교와 힌두교 영적 지도자가 모인 공동체는 그 자체로 다소 별나고 기이한 성격을 지닌 사람들의 모임이라고 할 수 있다.

나의 친구인 어느 선(禪) 지도자는 자신을 지극한 혐오 유형으로 묘사한다. 다른 지역으로 여행할 때면 그녀는 그곳의 음식과 기후가 항상 불만족이다. 그녀는 그곳이 너무 덥거나 추워서, 또는 너무 변화무쌍하거나 너무 지루해서 마음에 들지 않는다고 말한다. 또 몸의 느낌과 친구들의 행동도 온통 불만투성이다. 그렇지만 그녀는 유머 감각을 갖는 법을 안다. 그래서 혐오감이 엄습해도 재미있게 대처한다. 그녀가 말한다. "혐오감의 공습을 받았어요. 말도 안 되는 그 공항이 정말 싫었어요. 게이트에서 체크인을 하는 그 바보 같은 방식이라니요. 다시는 여행을 안 할 거예요." 그녀는 잠시 멈추었다가 말을 이었다. "물론 당신은 내 말이 사실이 아니라는 걸 알겠죠. 다음 달에 또 여행을 갈 거예요. 그때도 지금처럼 불평을 그치지 않겠지만 말입니다." 그런 다음 정말로 사랑스러운 웃음을 지었다.

또 한 사람의 불교 지도자는 자신이 로마 황제의 살아있는 후예라고 생각하는 탐욕 유형이다. 그는 음식과 육체적 만족, 안락, 쾌락, 만족을 좋아한다. 그리고 이에 관하여 아주 솔직하다. 자기를 내세우지 않고, 따뜻하고 관대하며, 자선을 베풀기 좋아한다. 그는 다른 사람들 또한 있는 그대로의 자기 모습을 받아들이기를 바란다. 그의 주변 사람들은 실제로 그렇게 한다. 사람들은 그와 함께 시간을 보내는 것을 좋아하고, 삶에 대한 그의 사랑은 사람을 향한 구체적인 관대함으로 나타난다.

내가 아는 또 한 사람의 영적 지도자는 자신을 어리석음 유형으로 부른다. 신체 차원에서는 그다지 문제가 없지만 다소 혼란스럽고 뒤죽박죽이다. 여행할 때 세세한 것을 잘 챙기지 못하고 현실감각이 다소 떨어진다. 다른 사람과 일할 때 허둥대며 자신이 무슨 일을 하는지도 잘 모른다. 그렇지만 따뜻한 가슴과 깊은 연민, 정직한 연약함으로 주변 사람에게 사랑을 많이 받는다. 그가 가진 건망증 교수(absentminded professor) 기질은(한 가지 일에 몰두하다가 다른 일에 신경 쓰지 못하는 것을 말한다-옮긴이) 주변 사람에게 그를 매력적으로 보이게 하는 요소다.

어느 연구 수련회에서 우리는 이 세 가지 불교의 유형을 더 잘 드러내기 위해 비슷한 기질을 가진 사람들끼리 모았다. 우리는 동일 유형에 속한 대여섯 명이 세상을 살아가는 자신들의 방식에 대해 이야기하는 자리를 마련했다. 탐욕 유형들은 조화롭고 공손했다. 그들은 지금까지 자신이 문제를 최소화하고 최상의 결과를 얻는 환경을 만든 흥미로운 사례를 많이 들려주었다. 혐오 유형들은 판단과 문제의 이야기를 들려주었다. 이야기를 하는 중에도 그들은 서로 갈등을 일으켰다. 이야기를 듣는 사람들과도 문제를 일으켰다. 어리석음 유형들은 집중하지 못했고 혼란스러운 상태에 있었다. 이들 다른 유형을 한데 모아놓자 혐오 유형들이 말했다. "어리석음 유형에 속하는 내 친구들에게 도대체 무슨 문제가 있는지 전혀 모르겠어요. 그것 또한 온전한 존재 방식이라는 걸 이제 알겠어요."

일단 성격의 패턴을 인지하면 우리는 그것의 정체를 제대로 볼 수 있다. 그것은 그저 성격의 에너지 패턴이 서로 다를 뿐이라는 사실이다. 이런 관점은 결혼과 파트너십, 공동체에서 서로를 바라보는 방식에 큰 도움이 된다. 우리의 성격은 무언가 '잘못된' 것이 아니라 서로 다를 뿐이다. 이 사실을 받아들일 때 자신의 성격을 널찍한 의식의 장에 품어 안을 수 있다. 현자 크리슈나무르티는 이러한 받아들임이야말로 깨어남의 토대라고 말한다. "있는 그대로의 당신이 아닌 다른 무언가가 되고자 노력하는 한, 마음은 스스로를 지치게 만들 뿐입니다. 그러지 않고 만약 '이것이 나다. 이것이 내가 지금부터 살피고 이해해야 하는 사실이다'라고 말할 수 있다면 그것을 넘어 나아갈 수 있습니다."

아잔 줌니언과 아잔 차 스님처럼 나 역시 사람들과 상담할 때 그들이 처음에 보이는 기질적 패턴에 관심을 갖는다. 비판적이고 논쟁적이건, 남과 어울리기 좋아하건, 부끄러움을 많이 타건, 혼란스럽고 정신없건 상관없이 각 유형은 엄청난 잠재력을 가지고 있다. 나에게 상담하러 온 수행자 사라는 가족에서 기인한 커다란 수치심과 불안감을 지니고 있었다. 그녀는 부끄럼을 많이 타고 쉽게 혼란에 빠지는 유형이었다. 그녀가 느끼는 혼란스러움과 편하게 말하지 못하는 태도가 자신이 겪은 트라우마의 결과인지, 애당초 그녀의 기질인지 분명하지 않았다. 알고 보니 두 가지 모두였다. 그녀는 명상을 좋아했다. 처음에 그녀는 명상을 통해 가족에게 당한 고통에서 벗어나는데 도움을 받았다. 마음이 고요해지자 마음이 더 명료해졌다. 하지만 사라는 그룹에서 여전히 매우 수줍어했다. 그리고 이것이 자신에 대해 매우 비판적인 생각을 갖게 만들었다. 사라는 자신에 대해 내리는 판단을 비개인적인 것으로 바라보는 수행을 했다. 그 판단을 과거의 조건화에 따른 패턴으로, 진실이 아닌 것으로 바라보는 수행을 했다. 허브를 가꾸는 정원사인 사라는 혼자 시간 보내는 것을 좋아했다. 그녀는 사람들과 많이 접촉하는 것이 불편했다. 사람들은 그녀를 외톨이라 규정했다. 그녀도 자신을 그렇게 판단했다.

　나는 사라에게 자신이 매우 내성적이라는 것을 알고 있는지 물었다. 그녀는 고개를 끄덕였다. 나는 서로 어울리기 좋아하는 미국 문화에서 내성적인 성격의 사람들이 얼마나 큰 어려움을 겪는지 말했다. 우리 명상 수련회를 찾는 사람 중에는 사라처럼 내성적인 사람이 많다. 그들은 아무도 자신을 이해해주지 않고 인정해주지 않는다고 말한다. 그런데 모든 문화권이 그런 것은 아니다. 나는 사라에게 핀란드와 라플란드(스칸디나비아 반도 북부-옮긴이) 전역을 히치하이킹으로 여행한 어느 친구의 이야기를 들려주었다. 그는 대화를 나누기 불편한 사람들과 수백 킬로미터를 함께 다닌 이야기를 했다. 사라는 이 이야기를 듣는 것이 좋았다. 그녀는 자신이 고독을 충분히 갖지 않으면 자신으로부터 단절되는 것 같다고 나에게 말했다. 그리고 그것이 항상 자기 잘못처럼 느껴진다는 말도 했다. 대화를 마친 뒤 그녀는 아름답고 수줍은 미소를 내게 건넸다. 거기에는 그녀가 본래 가진 선함이라는 황금이 빛나고 있었다.

제프라는 이름의 수행자는 물이 반쯤 든 잔을 보면 반이나 비어있다고 보는 다소 우울한 유형이었다. 기질로 볼 때 그는 혐오 유형으로, 자신과 타인에 대해 쉽게 판단을 내렸다. 그러나 제프는 창의적인 위트와 분명한 비전도 갖고 있었다. 나는 그와 이야기하는 것이 좋았다. 조금 우울하기는 했지만 제프는 똑똑했고 교육을 잘 받았으며 재미도 있는 사람이었다. 나는 제프가 자기 식대로 농담을 섞어 재미있게 블루스를 부르는 것을 들은 적이 있다. 블루스에 담긴 고통과 유머 모두 제프에게 완벽히 어울렸다. 불교 수행을 해나가는 과정에서 제프의 유머감각에는 자기 자신도 포함되었다. 그는 자신의 성격 패턴을 더 큰 받아들임으로 바라보았다. 그러자 사납게 흐르던 판단의 강물이 부드러워졌다. 감사 수행을 하면서 우울함도 줄어들었다. 그런 뒤 제프는 자신이 하던 작은 사업을 그만두고 고등학교 과학 선생님이 되었다. 정직성과 날카로운 위트로 제프는 학생들의 사랑을 받았다. 그로부터 몇 년에 걸쳐 그의 기질은, 근본적으로 달라지지는 않았지만, 커다란 변화를 겪었다. 이제 제프의 명료함은 더 큰 위엄과 고귀함을 갖추어 모든 사람의 눈에 분명하게 띄었다.

물리치료사로 일하던 조셉이라는 수행자도 있다. 조셉은 불안하고 두려운 기질을 가진 혐오 유형이었다. 사소한 문제가 생길 때마다 그의 상상력은 최악의 사태를 향해 치달았다. 아내의 전화를 받지 못하면 그것은 곧 아내가 병원에 입원한 것을 의미했다. 일기예보에서 폭풍우를 예보하면 그것은 곧 아들이 탄 비행기가 착륙 시에 충돌하는 것을 의미했다. 조셉은 불행한 가족사가 있었다. KKK단이 그의 할머니 집을 불태웠고, 아버지는 우울증으로 병원에 입원했다. 조셉은 아이 때 아주 민감한 성격이었다. 잘 놀라고 쉽게 혼란스러워했다. 이런 초민감성은 물리치료사로서 그의 일에 도움이 되었지만 그의 개인적인 삶은 이 때문에 매우 힘들었다. 조셉은 호흡 수행을 통해 몸의 스트레스를 이완하는 법을 배웠다. 그리고 조바심치는 파괴적인 생각을 자신으로 동일시하는 데서 벗어나는 법도 배웠다. 조셉은 사려 깊음과 배려의 마음을 지속시켰다. 스트레스와 불안을 다스릴 수 있게 되었다. 그러자 조셉이 가진 민감성은 훌륭한 치유자가 되는 데 오히려 도움이 되었다. 물론 아직도 불안할 때가 있지만 조셉은 자신의 불안을 믿지 않는다. 그는 자기도 모르는 사이에 두려움이 사라진 상태가 되었다.

변화의 연금술

현대 화학의 기초를 놓은 앙투안 라부아지에는 이렇게 말했다. "모든 것이 변할 뿐 사라지는 것은 아무것도 없다." 그의 말은 화학 반응만큼이나 우리의 가슴과 마음에 대해서도 진실이다. 변화는 가능하다. 변화는 예외적인 현상이 아니라 보편적으로 일어나는 규칙에 가깝다.

사원의 불상 주조 과정은 이런 변화를 의식(儀式)으로 보이는 과정이다. 불상을 주물로 만들기 전에 참가자들이 사원에 모인다. 이때 특별한 조합의 금을 만든다. 그런 뒤 붓다의 머리에서 일어나는 깨달음의 불꽃을 주물로 뜬다. 귀한 보석과 신성한 부적, 심지어 오래된 결혼반지까지 용광로에 넣어 녹인다. 이렇게 지혜의 불꽃을 만든다. 상징적으로 말하면 이것은 허영과 물질중심주의, 미신, 부서진 가슴 등의 비(卑)금속을 벗어남이라는 금으로 바꾸는 과정이다.

이와 마찬가지로 우리는 자기 성격의 건강하지 못한 상태를 변화시키는 법을 배울 수 있다. 건강하지 못한 성격 상태는 나의 진짜 모습이 아니다. 하지만 그것은 금처럼 완전히 사라지지도 않는다. 건강하지 못한 성격 상태를 인지하고 나로 동일시하지 않는다고 해서 우리가 가진 문제가 사라지는 것은 아니다. 하지만 자동반사적인 상태, 꽉 막힌 상태에 계속 걸려있는 일은 없다. 이 해방된 에너지가 우리를 살아있게 한다.

집착하는 기질이 변화를 겪으면 아름다움과 풍요가 일어난다. 솜차이가 아잔 줌니언을 위해 멋진 명상 홀을 지었던 것처럼 우리는 자신이 처한 상황을 받아들이고 거기에 아름다움을 더할 수 있다. 주변 사람의 선함과 관대함을 드러내 보이고 자신의 집과 공동체를 조화의 장소로 만들 수 있다. 탐욕 유형인 나는 스피릿록 명상센터의 벽돌과 방석, 예술작품의 아름다움에 주의를 기울여 그곳을 멋진 수행 장소로 만들었다. 또 주변 사람들에게 멘토로서 조언을 건네고 그들을 존중하려고 노력했다. 나는 우아한 일터가 주는 이익을 믿는다. 나와 마찬가지로 탐욕 유형인 동료 한 사람이 생각난다. 의사인 그는 수술실에 아름다운 음악을 튼 이야기를 들려주었다. 그러자 자신이 이끄는 수술 팀의 효율이 높아졌다. 이런 식으로 우리가 가진 습관적 성향이 주변 사람에게 선물이 될 수 있다.

혐오 기질이 변화를 겪으면 분별력 있는 지혜, 비호전성, 자애의 마음을 일으킨다. 분노는 반대되는 것을 통합하는 힘과 명료함으로 바뀐다. 스피릿록 명상센터의 가장 소중한 아이디어는 혐오 유형 사람들의 신중한 불만족에서 나온다. 그저 그런 평범함과 진실성의 결핍을 용납하지 않는 그들은 우리가 가진 문제의 진실을 솔직히 이야기한다. 그들은 집단 에너지를 활성화시키는 촉매 작용을 한다. 역경을 두려워하지 않으며 갈등을 창조적으로 해결하는 것이 가치 있는 일임을 안다. 시인이자 사업가인 제임스 오트리

마음이 아플 땐 불교심리학

(James Autry)는 이렇게 말했다. "당신은 갈등과 다양성을 다룰 때 많은 문제가 일어난다고 생각하는가? 그렇다면 당신은 획일성을 다룰 때 일어나는 문제를 제대로 생각해보지 않았다. 나는 완전 복사체인 사람들로 가득한 그룹에서 눈곱만큼의 혁신과 창의성을 쥐어짜는 쪽을 택하지 않을 것이다. 나는 서로 물고 뜯는 사람들 사이에서 조화와 선의를 이루어내는 쪽을 택할 것이다."

어리석음의 기질이 변화를 겪으면 널찍함, 평정심, 이해가 일어난다. 이것을 위대한 질문이 지닌 지혜라고 부른다. 스피릿록 명상센터에서 혼란 유형의 사람들은 그들의 순진무구함과 초심(初心)으로 센터에 기여한다. 그들은 이렇게 묻는다. "명상에 관해 아무것도 모른 채 이곳에 온다는 것은 어떤 느낌일까요? 어떤 일이 벌어질지 이해할 수 있을까요? 안전하다고 느낄까요? 우리는 왜 이 일을 하고 있을까요? 그냥 습관처럼 하는 걸까요?" 다음과 같은 수피 이야기가 있다. 지혜 학교에서 공부를 많이 한 어느 남자가 마침내 시간이 다 되어 죽음에 이르렀다. 그는 영원의 문 앞에 서 있는 자신을 발견했다. 빛의 천사가 그에게 다가와 말했다. "오, 그대 인간이여, 천국에 들어갈 자격이 있는지 나에게 먼저 증명해 보이시오. 그러기 전에는 못 들어가오." 그러자 남자가 대답했다. "잠깐만요. 먼저 이곳이 정말로 천국이 맞는지 나에게 증명해 보일 수 있소? 혹시 죽음을 통과하는 혼란스러운 내 마음이 만들어낸 환상이 아닌지 알고 싶어서 말이오." 천사가 미처 답을 하기도 전에 문 안쪽에서 외치는 목소리가 들려왔다. "그를 들여보내시오. 우리와 같은 편이니까."

마침내 우리는 변화를 넘어 성격과 동일시된 상태에서 완전히 벗어나는 법을 배울 수도 있다. 불교 지도자이자 나의 친구인 해리슨 호블리젤(Harrison Hoblitzelle)은 자신이 병에 걸렸을 때 이런 변화를 실제로 구현해 보였다. 60대에 홉은 알츠하이머 진단을 받았다. 알츠하이머를 비롯한 각종 치매는 대부분 사람에게 끔찍한 질환이다. 그리고 실제로 홉이 쇠락해 가는 과정은 그의 가족에게 길고 힘겨운 시련으로 다가왔다. 그러나 처음 알츠하이머 진단을 받았을 때 홉은 자신의 질환을 수련의 기회로 삼고자 결심했다. 그는 알츠하이머에 걸리기 전에도 관대하고 신사적인 인물로 학생들에게 헌신하고 열심히 자애 수행을 했었다. 알츠하이머에 걸린 뒤 기억력과 자기 정체성이 쇠락해가는 과정에서도 홉은 세상 사람들에게 계속 따뜻한 마음을 보냈다.

쇠락해 가는 처음 몇 년 동안에도 홉은 간간이 학생들을 가르치며 자신이 겪은 경험에 대해 이야기했다. 어느 날 저녁 그가 한 무리의 수행자들 앞에 섰다. 순간 홉은 자신이 누구인지, 왜 거기에 있는지 생각이 나지 않았다. 그러자 홉은 그저 자신의 경험을 깨어있는 마음으로 소리 내어 인정하기 시작했다. "마음이 텅 비었어요. 초조하고 두려워요. 몸이 긴장돼요. 당황스러워요. 그런데 시원해요. 호기심이 일어나고 다시 초조해져요. 이제 고요하고 편안해요. 다시 마음이 텅 비었어요. 사랑의 느낌이 일어나고 더 따뜻해져요. 떨림은 줄었지만 여전히 불확실해요." 그렇게 몇 분이 흘렀다. 그것이 홉이 할 수 있는 전부였다. 홉은 멈추었다가 말없이 쉬었다. 그러고는 청중에게 인사했다. 청중들은 자리에서 일어나 홉의 현존과 용기에 박수를 보냈다. 몇몇 사람이 말했다. "그건 내가 받은 최고의 가르침이었어요." 그렇게 홉은 잠시나마 알츠하이머병을 자유로 변화시켰다.

자신의 성격 유형 인정하기

이제 259쪽의 퀴즈('나의 성격 유형 찾기')로 다시 돌아갑니다. 세 가지 시나리오에 대해 생각해볼 때 나에게 가장 자주 일어나는 경험을 세 가지 기본적 기질 중 하나에 둡니다. 나에게 가장 가까운 기질을 택했으면 그것에 대해 알아차려 봅니다.

- 하루 동안 당신의 기질이 주변 사람과 환경, 즐거움과 어려움에 어떤 작용을 하는지 관찰합니다.
- 기질이란 것이 어느 정도 자동으로 작동하는 비개인적 패턴이라는 사실을 관찰합니다.
- 자신의 성격에 대한 판단이 일어나면 그것을 관찰합니다. 또 그 판단을 내려놓으면 어떻게 되는지 살펴봅니다.
- 감사, 명료함, 낙천적 성격 등 나의 기질이 가진 장점에 무엇이 있는지 관찰합니다.
- 이런 긍정적 측면에 초점을 맞출 때 어떤 일이 일어나는지 봅니다.

이제 당신과 전혀 다른 기질을 가진 친구나 친한 사람을 한 사람 떠올립니다. 그 사람이 앞의 세 가지 각본에 놓여있다고 상상합니다. 그런 다음 그를 세 가지 기본적 기질 중 하나에 둡니다. 그의 기질을 선택했다면 이제 그 사람에 대해 다음과 같이 알아차려 봅니다.

- 하루 동안 그 사람의 기질이 주변 사람과 환경, 즐거움과 어려움에 어떤 작용을 하는지 관찰합니다.
- 성격 유형이란 어느 정도 자동으로 작동하는 비개인적 패턴이라는 점을 관찰합니다.
- 그 사람의 성격에 대한 판단이 일어나면 그것을 관찰합니다. 또그 판단을 내려놓으면 어떻게 되는지 봅니다.
- 감사, 명료함, 낙천적 성격 등 그의 기질이 가진 장점에 무엇이 있는지 관찰합니다.
- 이런 긍정적 측면에 초점을 맞출 때 어떤 일이 일어나는지 봅니다.

13

욕망을
풍요로
변화시키다

대부분의 사람이 실재를 보지 못하는 이유는 욕망 때문이다. 그들은 물질 대상에, 쾌락에, 세상의 사물에 달라붙어 있다. 그들은 집착하고 있다. 이 집착이야말로 괴로움을 일으키는 근본 원인이다.

_『맛지마 니까야』

그대, 세상에서 가장 부자인 자여. 그대는 끝도 없이 일하며 분투해 왔다. 그대가 구하는 모든 것을 이미 가졌다는 사실을 알지 못한 채.

_『묘법연화경』

여덟 살 때 나는 고열 상태로 며칠을 앓다가 온몸이 거의 마비된 상태로 병원에 실려 갔다. 어쩌면 소아마비인지도 몰랐다. 나는 죽을지 모른다는 생각을 하면서 이상한 병동에 누웠던 기억이 난다. 그때 세인트루이스는 지독히 더운 여름이었다. 밤이었음에도 병원은 삐걱거리는 소리와 신음소리, 이상한 냄새로 가득했다. 요추 천자(척추 아랫부분에 바늘을 꽂아 골수를 뽑아내는 것-옮긴이)를 실시하는 데 필요한 마취제도 없이 거대한 말[馬] 바늘을 찔러 넣었다. 상상하기 어려운 커다란 고통이 밀려왔다. 그곳은 가톨릭 병원이었는데 나는 검정 옷을 입은 신부님과 수녀님이 무서웠다. 그들은 나에게 기도와 고해성사에 대해 물었고 나는 그것이 이상하고 불편했다.

당시 내가 원한 것은 그곳 병원을 벗어나 형제들과 신나게 다시 뛰어노는 것이었다. 침대에서 몸을 일으켜 세우자 창밖의 풀밭이 눈에 들어왔다. 어느 날에는 거기서 뛰어노는 아이들의 소리가 들렸다. 나는 풀밭을 얼마나 그리워했던가. 그곳은 내게 놀랍도록 아름다워 보였다. 풀밭에서 걷고 다시 움직이는 것이 나의 가장 큰 바람이었다. 그러다 어느 날 나는 실제로 풀밭을 걸을 수 있었다. 얼마 뒤 몸의 마비는 저절로 사라졌다. 나는 평생을 휠체어에서 지내지 않아도 되었다. 마침내 집에 돌아왔을 때 내가 제일 먼저 한 일은 발사나무(모형 물체를 만드는 데 쓰이는 가벼운 열대 아메리카산 나무-옮긴이)로 만든 모형 비행기를 가지고 공원으로 직행하는 것이었다. 그곳에는 병원 창밖의 잔디처럼 짙은 잔디밭이 펼쳐져 있었다. 나는 잔디밭에 몸을 굴렀다. 기쁨에 겨워 구르고 또 굴렀다.

우리가 사는 세상은 욕망으로 굴러간다. 성적 욕망이 존재하지 않았다면 우리는 세상에 존재하지 않을 것이다. 욕망이 지속되지 않으면 우리는 죽음에 이른다. 사랑, 연결, 이해, 성장에 대한 욕망도 있다. 삶의 욕망을 잃은 사람은 다리에서 뛰어내리거나 알약을 삼킨다. 이처럼 우리는 욕망이 필요하다. 그러나 욕망은 우리에게 커다란 도전이기도 하다. 많은 사람이 오해하는 것 중 하나가 불교가 욕망을 무조건 비난한다는 생각이다. 그러나 욕망을 완전히 제거하기란 불가능하다. 대신, 불교심리학은 건강한 욕망과 건강하지 못한 욕망을 구분한다. 그런 다음 우리를 욕망의 영역보다 더 넓은 자유로 이끈다. 자유로워질 때 우리는 욕망을 참된 풍요로움으로 변화시킬 수 있다.

물론 그러한 변화는 쉽게 일어나지 않는다. 숲속 수행처로 향하던 젊은 시절의 나는 욕망에 관하여 아직 혼란스러웠다. 나는 1960년대의 반(反)물질주의 분위기에 경도되어있었다. 나는 끊임없이 물건을 손에 넣고 가혹한 노동시간에 시달리며 지루한 광고가 이어지는 미국의 경박한 소비문화를 동지들과 함께 조롱했다. 우리는 우리 문화에서 영혼의 상실을 발견한 최초의 사람이라고 생각했다. 하지만 1823년에 이미 알렉시스 드 토크빌은 다음과 같은 진단을 내렸다. "나는 세계에서 가장 행복한 환경에 사는 가장 자유롭고 최상의 교육을 받은 사람들을 보았다. 그런데 그들의 이마에는 구름이 끼어있었다. 그들은 스스로를 즐기고 있었음에도 심각했다. 심지어 슬퍼 보였다. … 왜냐하면 그들은 자신들이 갖지 못한 좋은 것에 대한 생각을 그치지 못했기 때문이다."

나는 욕망에 대해 꺼림칙한 부분이 많았다. 하지만 욕망이 백 퍼센트 나쁜 것이 아니라는 것도 알고 있었다. 나는 자유로운 사랑과 멋진 음악, 여행과 모험이 주는 즐거움을 원했다. 내가 속한 대항문화는 세속적 욕망은 죄악이고 천한 것이라는 청교도적 견해를 거부했다. 현대 심리학은 '문명화된' 억압이라는 무거운 중압감에서 욕망을 해방시켰다. 나는 거기에 있었다. 나는 나의 욕망 가운데 어떤 것은 원하고 어떤 것은 원하지 않았다. 나는 주변의 많은 사람이 나와 비슷하게 욕망에 대해 갈등하고 있는 것을 보았다.

아잔 차 스님의 사원에 들어갔을 때 나는 이 혼란의 와중에 있었다. 그곳 사원은 엄격한 금욕주의로 유명한 곳이었다. 만약 수행처 생활을 하게 된다면, 욕망 유형인 나는 그것 역시 제대로 하고 싶었다. 나는 사원의 엄격한 수행을 받아들이고 심화시켰다. 나는 지극히 간소한 생활을 이어갔다. 낡은 가사를 입고 간식 없이 하루 한 끼만 먹었다. 광대한 욕망의 행렬에 반응하지 않은 채 그것이 왔다가 가는 것을 지켜보았다. 이런 삶이야말로 나를 정화시키는 자유로운 삶으로 느껴졌다. 욕망에 사로잡히는 대신, 나는 욕망을 모조리 제거했다. 그런데 내가 점차 깨달은 사실이 있다. 그것은 비록 내가 실험으로 많은 것을 배웠다 해도 그것은 여전히 나의 부족한 부분을 메우려는 일종의 과잉 보상이라는 사실이었다.

이 점은 내가 미국으로 돌아왔을 때 더 분명해졌다. 처음에 나는 택시기사 일을 하다가 보스턴에 아파트를 하나 얻었다. 그때 하버드 대학에서 가르치는 동료 여성 강사와 사귄 적이 있다. 그녀를 만난 처음 몇 주 동안은 솔직하고 낭만적이고 즐거움으로 가득한 시간이었다. 그러나 그녀는 나에게 조금씩 지쳐가고 있었다. 원하는 바를 절대 입 밖에 내지 않는 나에게 말이다. 그녀가 나에게 이탈리아 식당, 중국 식당, 인도 식당 중 어디를 가고 싶으냐고 물으면 나는 다 좋다고 답했다. 영화를 고를 때도 나는 아무 영화나 상관없다고 말했다. 시간이 흐르자 나의 이런 성향은 그녀를 미치게 만들었다. 사원에서 나는 나에게 주어진 가사면 가리지 않고 입었다. 또 내 밥그릇에 담긴 음식이면 무엇이든 가리지 않고 먹는 법을 배웠다. 이를 통해 나는 받아들임과 평정의 마음을 배웠다. 하지만 그와 동시에 나는 자신의 욕망과 접촉하는 법을 모르게 되었다. 내가 좋아하는 것은 아주 깊은 곳에 묻혀있어

　　　　　　　　　　　　　　마음이 아플 땐 불교심리학

나는 그것을 인지하지 못했다. 참다못한 여자 친구는 내게 휴대용 수첩을 하나 사주었다. 그녀는 내가 좋아하는 것 다섯 가지와 싫어하는 것 다섯 가지를 매일 수첩에 적게 했다. 내가 다시 세상에서 살아가는 법을 알게 하려는 목적이었다.

나는 집으로 돌아온 처음 몇 달 동안 보스턴에서 택시 운전을 했다. 그러면서 내가 좋아하고 싫어하는 것을 작은 수첩에 적는 연습을 했다. 그때 나는 내가 불교의 가르침을 잘못 이해하고 있다는 사실을 깨달았다. 불교에서 가르치는 바는 욕망을 없애는 것이 아니었다. 그것은 욕망과 현명한 관계를 맺는 것이었다. 아잔 줌니언이 생각났다. 그는 명상의 고수이자 샤먼으로 수천 점의 신성한 부적과 치유 용품을 수집했다. 그리고 필립 카플로(Philip Kapleau) 선사도 생각났다. 생의 끝자락에 이른 카플로는 실의에 빠진 친구들에게 스위스 다크 초콜릿을 건네며 이렇게 말했다고 한다. "이거 먹고 힘내게!" 또 시인 윌리엄 블레이크는 이렇게 말했다. "천국의 문에 들어가는 사람은 욕망이 전혀 없거나 욕망을 억제한 사람이 아니다. 욕망에 대한 이해를 계발한 사람이 천국에 들어간다."

불교심리학의 열세 번째 원리는 이것이다.

13
욕망에는 건강한 욕망과 건강하지 못한 욕망이 있다. 둘의 차이를 알아야 한다. 그러면 욕망의 한가운데서 자유를 발견할 수 있다.

우리는 이 원리를 어떻게 수행해야 할까? 불교인들은 욕망의 뿌리를 중립적인 정신 요소와 연결 짓는다. 무엇인가를 하려는 의지로 본다. 그것은 삶이 지닌 에너지의 일부다. 무언가를 하려는 의지를 건강한 방식으로 일으키면 건강한 욕망이 일어난다. 무언가를 하려는 의지를 건강하지 못한 방식으로 일으키면 건강하지 못한 욕망이 일어난다. 전통적인 설명에 따르면 건강하지 못한 욕망에는 탐욕, 중독, 지나친 야망, 도박, 여색에 빠지는 것, 과욕 등이 있다. 건강하지 못한 욕망은 강한 소유욕, 자기중심적 태도, 불만족, 강박적 충동, 무가치하다는 생각, 끝없는 탐닉과 그와 비슷한 괴로움을 일으킨다.

　　건강한 욕망이 있을 때 자신을 먹이고 입히고 돌볼 수 있다. 우리의 몸과 아이들을 돌볼 수 있다. 우리의 일과 우리가 사는 공동체를 발전시킬 수 있다. 건강한 욕망은 돌봄, 감사, 자애와 관련이 있다. 이 점은 불교 국가들의 부모-자녀 관계에서 보이는 건강한 돌봄의 관계에서 분명히 드러난다. 태국, 티베트, 스리랑카 어린이들은 부모의 무릎에 앉는다. 그곳 아이들은 기쁨에 넘치는 얼굴을 하고 있다. 거리낌 없는 활달함과 생명에 대한 사랑으로 가득 차 있다. 이 건강한 욕망은 우리 모두에게 헌신, 끈기, 책임감, 우아함, 관대함, 유연함을 일으킨다. 이것들은 행복의 원천이다.

　　불교심리학은 건강한 욕방에서 더 나아가 우리 문화에서 제대로 이해하지 못하나 누구나 알고 있는 자유에 대해 이야기한다. 이곳은 욕망의 끈적거림과 집착이 사라진 우리 내면의 자유의 장소이다. 이곳에서 우리는 욕망에 사로잡히지 않은 채 행동할 수 있다. 우리가 정말 사고 싶은 집이 한 채 있다고 하자. 그런데 다른 사람이 더 높은 가격을 부르는 바람에 그 집을 살 수 없게 되었다. 우리는 그 집을 사려는 욕망을 내려놓는다. 그런데 2주 후 부동산 중개업자로부터 그 집을 사려던 사람이 입찰에 떨어졌다는 연락이

온다. 우리가 그 집을 살 수 있게 되었다. 이제 우리는 강박적 충동을 일으키지 않은 상태에서 다시 숙고한다. 우리가 정말 그 집을 원하는가? 우리 가족에게 정말 필요한 집인가? 마침내 우리는 그 집을 사기로 하고 가구를 들인다. 이제 우리는 걱정과 집착이 없는 자유로운 상태에서 그렇게 한다. 이것은 훨씬 편안하게 느껴진다. 이것은 집착을 내려놓은 상태에서 가볍고 자유롭게 욕망의 세계에 들어가는 능력이다.

다음의 간단한 그림은 욕망에 대한 불교의 이해방식을 잘 보여준다.

무언가를 행하려는 의지
모든 행동과 함께 일어나는 생명 에너지의 발현으로 중립적인 정신 상태

건강하지 못한 욕망	건강한 욕망
괴로움을 일으킴 탐욕과 무지에 기초함 과도한 소유욕, 두려움, 탐욕, 집착을 일으킴	행복을 일으킴 지혜와 연민에 기초함 돌봄, 책임감, 관대함, 통합성, 영적 성장을 일으킴

욕망을 넘어선 자유와 풍요의 경지
욕망의 세계에 가벼움과 편안함을 가져옴

욕망에 집착한 대가

> 금가루가 아무리 귀해도 당신의 눈에 앉으면 시야를 흐린다.
>
> _당나라 시대 선승

불교심리학은 건강하지 못한 욕망을 내려놓고 건강한 욕망을 가볍게 붙들라고 가르친다. 욕망을 변화시키기 위해서는 우선 욕망이 어떻게 작동하는지 몸과 마음의 친밀한 경험으로 느껴야 한다. 욕망은 고상한 기쁨에서 과도한 중독으로 우리를 떨어뜨릴 수도 있고, 신체적 생존에서 영적 갈망으로 우리를 고양시킬 수도 있다. 욕망은 버섯 채집, 투자 은행 업무, 수피 무용, 로큰롤을 만드는 근원적인 힘이다.

그런데 방금 말한 것들은 모두 욕망의 내용이다. 욕망이 일어나는 순간, 욕망 자체는 실제로 어떻게 느껴지는가? 욕망은 어떤 효과를 일으키는가? 우리가 욕망에 강하게 집착할 때 어떤 일이 일어나는가? 몸에는 긴장이 일어나고, 감정적으로 위축되며, 마음이 끈적끈적해진다. 아직 일어나지 않은 미래의 일에 마음이 가 있게 된다. 떠밀려가는 느낌이 든다. 불안, 질투심, 경직, 불안이 더 커진다.

욕망이 마법을 걸면 우리는 그에 대한 대가를 치러야 한다. 욕망에 빠져있을 때 우리의 가슴은 닫힌다. 인도에는 이런 말이 있다. "성자를 만나도 소매치기의 눈에는 성자의 호주머니만 보인다." 자기 욕망으로 가득한 상태로 누군가를 만나면 우리는 계산적이 된다. 그것이 우리에게 무엇을 가져다줄지를 기준으로 자신이 할 말을 선택한다. 배가 고플 때도 마찬가지다. 위장이 텅 빈 상태에서 거리를 걸을 때 우리 눈에 들어오는 것이라고는 식당

마음이 아플 땐 불교심리학

뿐이다. 이때 우리는 인도에 줄지어 선 나무와 늦은 오후의 빛나는 햇볕, 행인들의 얼굴을 알아보지 못한다. 여행을 많이 다닌 내 친구는 이렇게 털어놓았다. "나는 유럽의 전 도시를 돌아다녔다. '화장실이 어디지?'라는 렌즈를 끼고 말이다." 선가(禪家)에는 이런 말이 있다. "갈망으로 눈이 흐려지지 않은 사람에게만 비밀이 드러나 보인다."

극단적인 경우 집착과 욕망은 중독으로 변한다. 불교심리학은 중독의 상태를 배고픈 귀신이 되는 것에 비유한다. 아귀라는 배고픈 귀신은 아무리 먹어도 배가 부르지 않다. 그것은 욕망이 더는 채워지지 않으며 갈애의 목마름이 해소되지 않는 의식 상태이다. 배고픈 귀신은 중독자처럼 한 번의 음주, 마약의 황홀감, 한동안의 탐닉 후 잠시 멈추었다 다시 더 많이 원한다.

욕망의 괴로움은 중독에서 분명하게 드러나지만 우리가 갖는 일반적인 욕망에도 괴로움은 따른다. 우리는 더 날씬해지기를, 더 매력적인 외모를 갖기를, 사람들의 존경을 받기를, 성공하기를, 안정적인 삶을 살기를 원한다. 우리는 욕망을 통해 불편함에서 딴 곳으로 주의를 돌린다. 불안, 지루함, 공허함 같은 무의식적인 느낌이 일어나면 그를 뒤따라 욕망이 일어난다. 우리는 냉장고 문을 열고 텔레비전을 켠다. 산만함과 바쁨, 중독에 빠진 채 자기를 잃는다. 우리는 초콜릿 한 조각을 더 먹으면 영감이 생겨날 거라 기대한다. 술을 한잔하거나 재미있는 수다를 떨면 기분이 좋아질 거라고 기대한다. 욕망은 일시적인 진통제 역할을 한다. 그런데 이것은 처음에는 해가 없어도 잘못하면 습관이 된다. 외롭고 단절되어 있다고 느낄수록 이를 보상하려고 욕망에 손을 뻗는다. 우리는 하나의 욕망과 또 다른 욕망이 끝없이 이어진 욕망의 사슬에 묶인 채 하루를 보낸다. 그러다 보면 마침내 자신이 도대체 누구인지 알지 못하는 지경에 이른다. 정신없이 바쁘게 살면 세상이 보상을 해주기도 하지만 우리의 내면은 그만큼 쪼그라든다. 버지니아 울프는 이렇게 말했다. "직업상 큰 성공을 거둔 사람들은 감각을 잃는다. … 그들에게는 광경이 사라져 그림을 쳐다볼 시간이 없다. 그들에게는 소리가 사라져 음악을 들을 시간이 없다. 그들에게는 말이 사라져 대화할 시간이 없다. 그들은 균형 감각을 잃는다. … 결국 인간성이 사라진다."

현대의 삶에서 강박적 욕망은 전 지구적 차원에서도 나타난다. 석유를 둘러싸고 일으키는 탐욕, 열대우림의 벌목, 강과 호수의 사유화, 콩과 옥수수 등 인간이 먹는 주요 식품에 대한 특허권 등이 그런 사례다. 아잔 차 스님은 말했다. "세계가 열병을 앓고 있다." 불교 활동가인 헬레나 노르베리 호지(Helena Norberg-Hodge)는 현대의 욕망이 인도 라다크의 티베트 공동체에 어떤 영향을 끼쳤는지 이야기한다. 과거 천 년 동안 라다크 사람들은 자신들을 축복받은 존재로 여기며 살았다. 그들은 단순한 삶을 살았다. 비는 작물을 키울 정도로 적당히 내렸고, 사원을 돌볼 시간이 충분했으며, 일 년 동안의 신성한 리듬을 따라가며 살았다. 1970년대에 라다크가 처음으로 서양에 문을 열었을 때 라다크 사람들은 방문객들에게 자신들의 삶이 얼마나 풍요롭다고 느끼는지 이야기했다. 그로부터 30년이 지난 지금, 라다크 사람들은 인도와 미국의 텔레비전, 손목시계, 음악과 패션에 노출되었다. 그들은 이제 자신들이 너무도 가난하다며 방문객에게 불평을 늘어놓는다. 이제 모든 것이 비교의 대상이 되고 말았다. 가난하다고 느낀 많은 라다크 사람들이 살던 마을을 떠났다. 그들은 현대 세계가 약속하는 행복을 구하며 도시의 빈곤한 밀집 지역에 살고 있다. 물론 현대화에도 축복의 측면은 있다. 우리는 라다크 마을사람들이 수돗물과 전기를 욕망하는 현상을 충분히 이해한다. 그러나 욕망이 균형을 잃었을 때 생기는 물질주의로 치러야 하는 대가를 우리는

마음이 아플 땐 불교심리학

인식해야 한다.

우리가 본래 가진 자유와 균형감각을 회복하기 위해서는 욕망에 대해 공부하고 욕망을 변화시키는 작업에 기꺼이 임해야 한다. 어떻게 하면 되는가? 그것은 자신이 조건화된 상태에 따라 다르다. 나는 탐닉에 쉽게 기우는 유형인가, 아니면 욕망을 억압하는 편인가? 욕망에 쉽게 탐닉해 하나의 욕망과 그 다음의 욕망을 계속해서 채우려는 사람에게 가장 바람직한 방법은 욕망을 내려놓는 강력한 훈련이다. 한편, 욕망을 무시하고 억압하며 두려워하는 사람에게는 그와는 다른 처방이 필요하다.

존은 성공한 부동산 전문 변호사였지만 무절제한 섹스와 코카인, 음주에 탐닉하며 '쾌락'을 좇는 삶을 살고 있었다. 그런 그에게는 욕망의 한계를 설정하고 욕망을 내려놓는 수행이 필요했다. 존은 끝없는 탐닉에 도사린 괴로움을 느끼고는 불교 수행을 시작했다. 그는 미국의 자그마한 숲속 사원 근처에 살면서 지도자와 공동체의 격려를 받았다. 그러면서 자신과 남에게 해를 입히는 행위를 하지 않고 정신을 취하게 하는 약물을 먹지 않겠다는 계를 받았다. 계를 받고 공동체의 지지를 받으며 존은 점차 술에서 벗어날 수 있었다. 금욕을 통해 실로 오랜만에 내면의 자유를 맛보는 순간을 발견했다. 명상이 더 깊어지면서 존은 욕망을 일으키는 고통스러운 원천과, 살아오면서 겪은 버림과 배신에 마음을 열었다. 마침내 존은 욕망 자체의 비어있는 성질을 깨달았다. 그렇게 자신이 그토록 오랫동안 찾던 침묵과 안녕을 즐길 수 있었다.

또 다른 수행자인 트루디에게 있어 욕망에 대한 수행은 존과는 반대의 접근 방식이 필요했다. 그녀는 오랜 시간 연하장 가게를 운영하는 성공한 사업주로 일했다. 부지런히 저축을 했고 결코 쾌락에 탐닉하는 법이 없었다. 그녀가 가지고 있는 옷은 낡았으며 그나마 일할 때 입는 옷이 거의 전부였다. 그녀의 삶은 규칙적이고 제한적이었다. 한 번도 살아있다는 느낌을 느껴보지 못했다. 여가, 여행, 사랑, 음악은 그녀에게 희망사항에 불과했다. 그녀는 가슴을 열어 오랫동안 닫아둔 채 탐닉으로 치부하고 말았던 자신의 욕망을 살펴볼 필요가 있었다. 주변의 격려로 그녀는 욕망에 대한 혐오감을 살피기 시작했다. 그녀는 자신이 욕망을 얼마나 빨리 비난하는지 알았다. 점차 트루디는 어떤 욕망이 건강한 욕망인지, 어떤 욕망이 자신을 두려움에 밀어넣고 혼란스럽게 만드는지 구분할 수 있었다. 그녀는 볼룸댄스와 탱고 수업을 들었다. 일주일에 두 번씩 친구들과 외식을 했다. 크루즈 여행도 하고 남자도 사귀었다. 그런데 생각만큼 기쁘지 않았다. 그러다 옷을 잘 차려입고 자신을 더 돌보면서 가슴이 열렸다. 그녀는 그렇게 열린 가슴을 다른 사람과 세상에 나누어주었다. 존과 다른 방식이긴 하지만 트루디도 존과 마찬가지로 욕망과 관련해 새로운 자유를 찾아가기 시작했다.

우리는 우리의 욕망이 아니다

명상을 처음 하는 수행자들은 자리에 앉았을 때 욕망이 많이 일어나는 데 놀란다. 마음이 고요해지기를 바라는 욕망, 허리 통증이 사라지기를 원하는 욕망, 좌선 종료를 알리는 종이 어서 울리기를 바라는 욕망이 그것이다. 그리고 이 욕망들 사이사이에도 수백 가지 다른 욕망이 일어난다. 맛있는 점심식사에 대한 욕망, 사랑하는 사람과 전화하고 싶은 욕망, 낮잠을 자고 싶은 욕망, 빨리 비가 그쳐 산책을 나가고 싶은 욕망, 따뜻한 햇볕을 받고 싶은 욕망, 다시 일터로 돌아가 성공을 거두고 싶은 욕망이 일어난다.

마음챙김이 있을 때 우리는 욕망이 일어나고 사라지는 것을 관찰할 수 있다. 몸의 감각, 느낌의 상태, 욕망이 들려주는 이야기에 대해 판단을 내리지 않고 우아하게 그것을 받아 안는다. 깨어있는 마음챙김으로 욕망을 대하면 한동안 욕망의 에너지가 더 강해지는 것처럼 보이기도 한다. 욕망이 우리를 집어삼키는 것처럼 보인다. 그러나 이때 허겁지겁 욕망을 채우지 않고 단순히 현재에 머물 수 있다면 불편감은 결국 사라진다. 그러면 편안한 느낌, 몸과 마음의 평화가 일어남을 보게 된다. 그러다 조금 지나면 다시 욕망이 한 차례 더 올라온다. 대개 좌선이 끝나갈 무렵 몸이 근질거리고 불편함을 느낄 때 이런 현상이 나타난다. 몸을 움직이고 싶은 욕망이 느껴지고 몸의 긴장과 좌절이 따라온다. 어서 종이 울리기만을 간절히 바란다. 그러다 종이 울리는 순간, 몸을 전혀 움직이지 않았음에도 드라마틱한 변화가 일어난다. 몸이 이완되고 긴장이 사라진다. 몸이 힘들어하는 상태에서 편안한 상태로 바뀐다. 달리 한 것이 없는데 어떻게 이렇게 되는 것일까? 간단하다. 벨이 울리는 동시에 욕망도 그쳤기 때문이다. 욕망이 그치면 마음과 가슴은 편안한 상태가 된다.

아잔 차 스님의 숲속 수행처에서 승려로 지내던 시절, 우리의 삶은 아주 단순했다. 나는 이러한 단순한 삶이 욕망을 제거해주리라 믿었다. 어떤 옷을 입어야 할지 결정할 필요가 없었다. 먹을 음식을 고르느라 메뉴판을 자세히 들여다볼 필요도 없었다. 케이블 텔레비전도 없었고 식당에서 제공하는 와인 목록도 없었다. 우리는 소유한 물건이 거의 없었다. 가사 한 벌과 발우 하나, 그리고 책 몇 권이 전부였다. 그러나 욕망은 그 자체의 힘을 가지고 있었다. 새로 승려가 된 나는 쇠로 된 낡은 발우(스님들이 탁발을 하고 식사를 할 때 사용하는 그릇-옮긴이) 하나를 갖고 있었는데 꽤 무겁고 녹이 슬어 색이 약간 변한 상태였다. 그때 선배 승려가 모양이 잘 빠진 스테인리스 발우를 갖고 있었다. 나는 그것을 보고 새 발우를 갖고 싶은 강한 욕망이 일어났다. 나는 거기에 놀랐다. 당시 나는 새 옷을 입고 싶어 하는 중학생과 다름없었다. 나는 마침내 스테인리스 발우를 얻었다. 그러고는 그것을 내 숙소에 가져다 놓고는 며칠 동안 즐거움에 빠졌다. 가진 것 없는 탁발승에게 다소 과한 물건이었던 것이다.

승려의 계를 받으면 독신 생활을 해야 한다. 그래서 나는 강한 욕망, 특히 강력한 성적 환상과 맞서 싸워야 했다. 젊은 남성인 나는 자연스럽게 일어나는 성적 욕망을 마음챙김으로 관찰하려고 노력했다. 그러나 엄청난 에너지를 동반한 욕망은 멈추지 않고 계속 일어났다. 너무 강한 욕망이었기에 스승은 나에게 성적 환상과 함께 일어나는 마음 상태에 면밀히 주의를 기울이게 했다. 스승은 특히 그 상태가 일어나는 과정을 관찰하도록 했다. 그렇게 관찰하자 내가 알게 된 사실이 있었다. 그것은 놀랍게도 성적 환상이 일어날 때면 그에 앞서 언제나 외로움의 느낌이 존재한다는 사실이었다. 나는 살면서 줄곧 외로움으로 힘들었다. 쌍둥이인 나는 어쩌면 엄마 뱃속에 있을 때부터 혼자 지내는 것을 싫어했는지 모른다. 외로움을 받아들이는 것은 나에게 무척 힘든 일이었다. 그러나 스승은 나에게 외로움에 머무르며 그것과 함께하라고 했다. 그렇게 외로움을 찬찬히 살피는 과정에서 나는 내 안에 어떤 불안이 존재함을 보았다. 애정에 굶주린 공허함이 내 안에 존재함을 알았다. 아주 어린 시절부터 이런 느낌을 가졌던 기억이 났다. 나의 성적 욕망은 많은 부분 공허함과 외로움을 채우려는 무의식적인 시도였다. 이 느낌을 연민으로 품어 안자 외로움이 조금씩 잦아들기 시작했다. 나는 점차 성적 환상이 일어나고 사라지는 과정을 깨어있는 마음챙김으로 바라볼 수 있었다.

그저 갈망만 하는 상태가 아니라 마음챙김에 머물며 나 자신과 세상으로 다시 돌아올 수 있었다.

어린 시절에 특정한 결손과 트라우마, 애정 결핍을 경험한 경우 자아감각에도 커다란 결함이 생길 수 있다. 나는 이것을 43세의 이혼남 아서에게서 확인했다. 아서는 자신의 첫 명상 수련회에서 나에게 찾아와 이야기를 나눴다. 아서는 욕망으로 가득했다. 그는 최근에 만난 어느 여성에게 푹 빠져있었다. 그동안 벌여온 사업도 팔아치울 작정이었다. 그는 사업을 매각한 큰돈으로 자유롭게 여행을 다닐 생각만 하고 있었다. 나는 아서에게 욕망과 씨름하지 말고 깨어있는 마음으로 자신의 욕망을 살펴보게 했다. 욕망이 일어날 때 자신의 몸에서 어떤 일이 벌어지는지 관찰하게 했다.

아서는 사업 거래와 관련한 욕망부터 관찰하기 시작했다. 몸에 머물기 힘들었지만 욕망이 일어날 때면 긴장과 떨림도 함께 일어남을 관찰했다. 욕망의 아래에는 두려움과 불안의 감각이 자리 잡고 있었다. 그의 마음은 성공이라는 행복 이야기와 실패라는 끔찍한 이야기 사이를 계속 오갔다. 느낌과 이야기의 놀음에 걸려든 것 같았다. 환상이라는 강박적 사이클의 덫에 걸린 것 같았다.

나는 아서와 함께 명상을 하면서 욕망이 커지게 내버려둔 채로 그것이 강해질 대로 강해지게 했다. 그렇게 널찍한 마음 공간을 마련하게 했다. 아서의 몸은 더 큰 에너지와 긴장감으로 가득 찼다. 성공적인 사업 매각에 관한 그림과 이야기가 그의 마음을 가득 메웠다. 또 원함과 희망의 느낌도 커졌다. 이때 내가 물었다. "그 감정이 당신의 몸 어디에서 가장 강하게 느껴지나요?" 아서는 가슴 부위에 통증이 느껴진다고 했다. 배가 조여드는 느낌도 있다고 말했다. 그 느낌에 더 자세히 주의를 기울였다. 그러자 텅 비어

있고 애정에 굶주린 무언가 결핍된 느낌이 일어나는 것이 보였다. 그것은 아서에게 익숙한 느낌이었다. 그는 아버지가 직장을 잃었던 일이 떠올랐다. 열 살이라는 어린 나이에 아서는 돈을 벌고 가정을 세우는 아버지를 돕고 싶었다. 명상을 계속하면서 아서는 더 어린 자신의 모습을 머릿속에 그렸다. 그리고 부모님의 불안한 결혼생활과 경제적 어려움에 따르는 슬픔을 느꼈다. 이 슬픔의 아래에서 아서는 강렬한 욕망, 사랑받고자 하는 열망을 느꼈다. 이제 몸에서 나타나는 욕망의 느낌이 더 커졌다. 그러더니 그것은 마침내 내면의 텅 빈 널찍한 공간으로 변했다.

　나는 아서에게 텅 빈 느낌이 더 커지도록 놓아두게 했다. 그 느낌이 방을 가득 채운 뒤 온 세상을 가득 채우게 했다. 텅 빈 느낌은 서서히 방과 세상을 가득 메웠다. 텅 빈 느낌이 커지고 아서의 저항이 줄었다. 그러자 그가 내면에서 느끼던 텅 빈 괴로움은 이제 상처나 결함이 아니라 활짝 열린 고요한 공간에 더 가깝게 느껴졌다. 아서의 몸은 편안하게 이완했다. 이제 텅 빈 공간은 행복과 만족으로 가득한 놀랍도록 즐거운 경험으로 다가왔다. 아서는 이제 아무것도 원하지 않는 데서 느끼는 만족이 어떤 것인지 알 수 있었다. 그런 다음 아서는 미소를 지었다. 그러자 그가 기르던 개, 숲속의 산책, 가족과 이웃, 친구 등 그가 사랑하는 존재들의 이미지가 떠올랐다. 아서는 원하는 마음 없이 그들을 사랑할 수 있음을 알았다. 이 열린 공간에서 그는 그들과 그리고 모든 것과 자연스럽게 연결되어있었다. 그는 이것이 자신이 평생토록 갈망해온 연결감이라는 것을 알았다.

　이 상태에서 나는 아서에게 사업 매각에 집착하던 일을 떠올리게 했다. 나는 이 관점에서 사업 매각이 어떻게 보이는지 그에게 물었다. 아서가 웃으며 대답했다. "바보 같은 일이죠. 위축되고 두려워하는 상태는 진짜 내 모습이 아니에요. 이제야 내가 온전한 사람이 된 것 같아요." 이것은 아서가 앞으로 나아가는 중요한 한 걸음이 되었다. 새로운 배우자에 대한 갈망이 올라오자 아서는 이제 그것을 개인적이지 않은 방식으로 볼 수 있었다. 아서는 끌림과 원하는 마음을 느낀 다음, 내면의 텅 빈 공간을 느꼈다. 그런 다음 미소를 지었다. 그는 그러한 환상에 대한 자신의 욕망을 이해했다. 자신이 그 욕망을 따를 수도 있고 따르지 않을 수도 있음을 알았다. 아서는 자신의 욕망을 변화시키는 기나긴 작업을 시작하고 있었다. 그러나 그는 또한 "이 욕망이 곧 나인 것은 아니라는" 사실을 알았다. 꽉 부여잡는 집착이 사라질 때 거기에는 부드러운 다정함이 존재한다는 사실을 깨달았다. 아서는 자신이 어떤 선택을 내리든 더 건강하고 자유로운 선택이 될 거라고 느꼈다.

건강한 욕망

불교심리학은 고통스러운 욕망과 건강한 에너지를 구분하라고 가르친다. 고통스러운 욕망이란 중독이나 무엇에 쫓기는 듯한 야망을 가리키며, 건강한 에너지란 헌신과 전념을 말한다. 멋진 소설을 쓰는 일이든, 올림픽에서 좋은 성적을 거두는 것이든, 사업을 성공시키는 것이든, 우리가 꿈과 강력한 목표를 추구하는 방식은 여러 가지가 있다. 만약 그런 활동의 목표가 자기 가치를 증명하고 불안을 숨기며 타인보다 우월한 존재가 되는 것이라면 궁극적으로 자신에게 만족감을 주지 못한다. 그것은 우리를 불행한 결말에 이르게 할 것이다. 그런데 똑같은 활동이라도 헌신과 전념, 사랑의 마음을 담아 건강한 방식으로 추구할 수도 있다.

티베트 승려들은 정교하고 복잡한 모래 만다라를 지치지도 않고 즐거운 마음으로 며칠씩 쉬지 않고 그런다. 그들은 의식을 치른 뒤 만다라가 바람에 날려 사라진다는 사실을 안다. 또 정원사는 내년에 같은 꽃을 심어야 한다는 걸 알면서도 한해살이 꽃을 정성으로 심는다. 우리는 누구나 헌신과 돌봄의 마음으로 자신을 삶에 내어주는 경험에 대해 알고 있다. 건강한 욕망은 우리를 자유에 이르게 한다. 농구선수는 내려놓을 때 최고의 집중을 발휘하는 '무아지경'에 이른다는 사실을 터득한다. 헌신적인 상품 거래인은 냉정함과 리듬, 훌륭한 직관을 적절히 배합하는 법을 깨닫는다. 최고의 성관계는 정해진 목적에 이르는 것이 아니다.

붓다는 건강한 욕망을 칭송했다. 붓다는 부모는 자식을 돌보고 도덕적으로 바른 가르침을 전하며 교육을 시키고 지원하고 영양을 제공해야 한다고 했다. 또 배우자는 서로를 아끼고 존중하며 서로에게 충성하고 서로를 돌보며 서로의 이익을 위해 행동해야 한다고 했다. 고용주는 직원에게 적절한 일과 임금을 제공해야 하며 직원이 아프거나 휴식이 필요할 땐 지원을 아끼지 않아야 한다고 했다. 그리고 직원은 고용주에게 헌신하고 정직하며 그를 위해 열심히 일하고 적극적으로 돕는 자세가 필요하다고 했다.

이런 가르침은 무표정하고 아무 감정도 없는 불교인의 모습과 다르다. 아무것도 원하지 않는 전형적인 불교인의 모습과는 전혀 다르게 보인다. 내 여자 친구는 그런 전형적인 불교인인 나와 함께 살면서 아마도 몹시 짜증이 났을 것이다. 세상 속에서 현명하게 살려면 욕망에 무감각하거나 욕망에 푹 빠진 채 지내는 양 극단을 넘어야 한다. 건강하지 못한 욕망은 내려놓고 건강한 욕망은 가볍게 붙드는 법을 배워야 한다.

집착에서 풍요로

우리는 마음챙김과 연민 수행으로 욕망을 변화시킬 수 있다. 먼저 우리는 집착과 탐욕, 결핍된 자아 감각에서 벗어날 수 있다. 이렇게 하면 상호성의 심리 원리를 통해 자연스럽게 그와 반대되는 마음이 일어난다. 관대함, 풍요로움, 헌신, 아름다움에 대한 사랑 같은 마음 상태가 일어난다. 욕망을 넘어선 온전함과 충만함의 상태가 우리의 자연스러운 상태임을 알게 된다.

탐욕, 집착, 중독,
건강하지 못한 욕망을
내려놓을 때

자연스럽게 풍요, 관대함,
장식, 아름다움에 대한 사랑이
일어난다

'욕망을 넘어선 곳에 존재하는 풍요'라는 개념은 서양인들이 잘 이해하기 어려운 개념이다. 지금까지 서양에서 사용한 정신분석 방법은 욕망의 억압에서 우리를 해방시키는 것이었다. 서양의 행동주의자들은 보상과 강화에 초점을 맞췄다. 동기심리학(motivational psychology)조차 욕망이 없는 상태에 대한 연구는 미미했다. 기껏해야 욕망이 사라진 고통스러운 우울 상태인 무쾌감증(anhedonia)의 존재를 인정하는 정도에 그쳤다. 욕망에서 벗어난 상태를 연구하는 것은 급진적인 행동이었다. 만약 「정신질환 진단 및 통계 매뉴얼 DSM」에서 탐욕과 이를 추동하는 욕망을 인간이 지닌 장애로 분류한다면 어떨지 상상해보자. 우리는 욕망에 문제가 있다고 생각하지 않는다. 지금은 상업이 우리 행동의 많은 부분을 좌지우지하는 시대다. 소설가 리타 메이 브라운(Rita Mae Brown)은 이렇게 선언한다. "미국에서는 팬티스타킹을 판매하는 데 혁명(revolution)이라는 단어를 사용한다!"

그런데 진짜 혁명적인 일은 욕망의 속박에서 벗어나는 것이다. 우리는 욕망을 내려놓았을 때 일어나는 기쁨과 단순함을 느끼지 못하며 살고 있다. 내가 아는 많은 사람이 삶을 단순하게 살고 싶다고 이야기한다. 실제로 삶을 단순하게 살 때 더 행복해진다. 나의 친한 친구이자 동료인 조셉 골드스타인(Joseph Goldstein)은 어머니 에비가 당시 인도에 있던 아들을 찾아온 이야기를 들려주었다. 조셉은 그때 7년간 아시아에서 수행을 하고 있었다. 그곳에서 보낸 시간에 크게 영감을 얻은 조셉은 어머니에게 수행하러 오라고 설득했다. 그는 어머니가 명상 수행에 대해 알기를 바랐다. 어머니가 자신의 현명하고 친절한 명상 스승인 아나가리카 무닌드라(Anagarika Munindra)에게 가르침을 받기를 원했던 것이다.

어머니 에비는 길고 힘든 여행길에 올랐다. 꼬박 24시간을 공항과 비행기에서 보낸 뒤 인도의 느린 만원 열차와 금방이라도 쓰러질 듯한 택시, 그리고 마침내 마차를 타고 인도 보드가야에 있는 버마 사원에 도착했다. 편안한 미국식 가구와 현대적 편의시설에 익숙했던 에비는 사원의 '최고 시설'인 자신의 숙소에 들어가 보고는 놀랐다. 콘크리트 바닥의 작은 오두막에는 금속 침대와 매트리스, 나무 의자가 전부였다. 재래식 화장실은 조금 떨어진 바깥에 있었다. 기왕 이렇게 된 것 견뎌보자는 생각에 에비는 아들 조셉과 함께 가르침을 받아보기로 했다. 처음에는 잠시 주변 관광을 했다. 그 뒤 바로 한 달 동안 마음챙김을 열심히 수련했다. 그녀는 이처럼 명상적인 삶을 산 뒤 다시 미국으로 돌아왔다. 모든 것이 갖춰진 부엌과 서재, 편안한 침대와 욕실, 산더미처럼 쌓인 편지와 친구의 방문, 일과 쇼핑의 세계로 다시 돌아온 것이다. 나중에 에비는 단순하게 이렇게 말했다. "인도의 콘크리트 오두막에 머물던 때가 내 인생의 가장 행복한 시간이었어요."

단순한 외부 환경 덕분에 에비는 자기 내면의 풍요로움으로 돌아갈 수 있었다. 그렇다고 우리가 인도의 사원을 직접 찾아가야 하는 것은 아니다. 우리는 세상 속에 살면서도 집착과 욕망 속에 길을 잃지 않을 수 있다. 그 좋은 예가 나의 스승으로 매년 스피릿록 명상센터를 방문하는 태국 남부 출신의 아잔 줌니언 스님이다. 아잔 줌니언은 욕심이 없고 늘 생기발랄한 즐거움이 넘치는 스님이다. 스님은 아무것도 원하지 않는다. 대신에 자신에게 다가오는 것이면 무엇이든 제대로 알아본다. "누군가 내 발우에 음식을 담으면 고마움을 느낀다. 왜냐하면 음식은 가르칠 수 있는 힘을 나에게 주기 때문이다. 또 아무도 음식을 주지 않아도 이것 역시 좋은 일이다. 왜냐하면 다이어트를 할 수 있기 때문이다. 수행자들이 수업을 부탁하면 나는 어디든 마다않고 기꺼이 달려간다. 수행자들이 관광을 시켜주면 가르침에 도움이 되는 새로운 것을 배울 수 있어 좋다. 아무도 불러주지 않으면 조용히 자리에 앉아 명상을 할 수 있어 행복하다. 이처럼 어떤 일이 일어나든 그것을 즐길 수 있다."

"그렇지만 그분은 스님이잖아요." 여러분은 이렇게 반박할지 모른다. "속세의 골치 아픈 일을 겪지 않아도 되는 스님이요. 욕망에서 벗어나는 건 좋은 일이죠. 하지만 스님은 전세 대출금을 갚고 아이들 학비를 대느라 새벽같이 일어나 직장에서 종일을 보내지 않아도 되잖아요." 그러나 아잔 줌니언의 이야기는 언뜻 보이는 것보다 더 흥미로울 뿐 아니라 우리의 실제 삶과도 연관성이 크다. 아잔 줌니언은 남부 태국의 숲속에 커다란 사원과 학교가 있는 번창하는 마을을 세웠다. 또 수천 명이 찾는 순례객 센터도 지었다. 그는 그곳의 주지 스님으로 이 커다란 마을의 복지를 도맡고 있다. 또 수많은 초보 스님과 남녀 승려들의 공부와 명상 수행을 지도한다. 앞서 보았듯이 스님은 훌륭한 정치 활동가이기도 하다. 유혈이 낭자했던 15년간의 공산

주의 내란 시기에 스님은 태국 남부의 전쟁 당사자들 사이에서 가장 영향력 있는 평화 중재자였다. 스님은 이제 일흔의 나이에 아직도 세계 각지에서 가르침을 펴고 있다.

스님은 어떻게 집착과 욕망이 없이 이런 일을 할 수 있었을까? 스님에게 묻자 이렇게 대답했다. "나는 편안하게 이완한 상태로 연민과 자애의 마음을 행동의 동기로 삼습니다." 탐욕과 원함이 없다는 것은 세상에서 멀어지는 것을 의미하지 않는다. 탐욕과 원함이 없을 때 우리는 세상에서 멀어지기보다 오히려 세상의 풍요로움에 깨어난다.

풍요로움과 충족감

나의 스승인 인도의 성자 니사르가닷타는 제자들에게 이렇게 말했다. "여러분의 문제는 욕망을 가졌다는 사실이 아닙니다. 오히려 너무 적게 욕망하는 것이 문제입니다. 왜 모든 것을 욕망하지 않나요? 왜 완전한 충족, 완전한 기쁨, 완전한 자유를 원하지 않나요?" 니사르가닷타가 말한 욕망은 만족을 모르는 끝없는 탐욕과 다르다. 탐욕이 세상과 무관하게 동떨어져 존재하지 않음을 알고서 한 말이다. 인도의 신비주의 시인 카비르는 이렇게 말했다. "바다의 물고기도 목마름을 느낀다는 말을 들으면 나는 그저 웃지요."

우리는 우리가 욕망하는 모든 것을 우리 안에 가지고 있다. 이를 알면 풍요의 감각을 가지고 모든 일에 임할 수 있다. 내면의 풍요로움은 자신이 가치 있고 소중한 존재라는 생각을 발산한다. 편안함의 감각과 세상에 기여할 무언가를 내가 가졌다는 생각을 발산한다. 또 세상에 기여하는 것을 즐기는 감각을 만들어낸다. 풍요의 감각이 없으면 아무리 돈이 많아도 굶주린 유령이 된 것처럼 느낀다. 현명한 부모와 교사는 아이들 각자가 세상에 기여하는 기회를 마련해 아이 내면의 풍요로움을 끌어낸다. 자녀 양육이든 사업이든 정원 일이든 공동체에 대한 봉사든 이런 일을 할 때는 누구나 진심어린 헌신이 필요하다. 그리고 우리 자신이 내면에서 풍요롭다는 감각에서 지혜로운 헌신이 솟아난다.

나의 경우, 숲속 수행처에서 지내는 동안 원하는 마음을 내려놓고 소나기의 리듬과 야생 물새의 울음소리에 마음을 열었다. 이것은 나에게 풍요로움을 경험하는 법을 알려주었다. 마음챙김을 닦는 수행자들도 명상 수련회를 마치고 떠날 때면 마음의 열림을 경험한다. 수행자들은 우리가 당연하게 여기는 마트에 들어가 자리에 선 채로 고대 황제에게 바칠 만큼 어마어마한 식품을 바라보며 미소 짓는다. 풍요로움에 열릴 때 우리는 오늘 아침 눈이 녹아 안개가 피어오르는 장면을 즐긴다. 또 점심 식탁에 오른 뜨거운 토마토 쌀죽 그릇에서 피어오르는 김을 즐긴다. 풍요로움에 열릴 때 우리는 피곤에 지친 식당 종업원이 짓는 억지 미소를 알아본다. 우리가 여기에 존재하고 있다는 사실을, 기적 같은 지구에서 우리가 숨을 쉬며 함께 살아있음을 축복한다.

이런 충족감은 책과 워크숍에서 선전하는 방법과는 다르다. 멋진 자동차와 거대한 저택, 빠르게 불어나는 은행 잔고의 이미지를 머릿속에 그리는 이른바 '성공 의식(prosperity consciousness)'과는 차원이 다르다. 이런 '성공 구하기'는 설령 '영적'이라는 수식어를 달았다 해도 결국엔 제약, 다시 말해 무언가 불충분하다는 생각의 반영일 뿐이다. 진정 풍요로운 마음은 그 자체로 이미 온전하다. 풍요의 마음은 기쁨과 두려움, 이익과 손실, 고귀함과 이기심이 뒤엉킨 이 세상을 온전히 품어 안는다. 스즈키 순류 선사는 암으로 죽어가는 동안 제자들에게 이렇게 말했다. "내가 죽는다 해도, 괴로움을 겪는다 해도 거기에는 아무 문제가 없다. 그러니 혼란스러워하지 말라. … 지금 나는 괴로움을 겪는 붓다일 뿐이다." 선사는 마지막까지 모든 것을 품어 안는 모습을 제자들에게 보였다. 커다란 통증을 동반한 삶의 마지막 단계에서도 그는 병상에서 몸을 일으켜 가장 좋은 가사를 입고 사원의 차기 주지에 권한을 넘기는 장시간의 이임식을 끝까지 마쳤다. 그런 다음 여전히 품위 있는 현존감으로 다시 자리에 누웠다. 스즈키 선사는 그로부터 며칠 뒤 세상을 떴다.

풍요의 상태는 깊은 감사의 마음과 연결되어 있다. 일본에는 우울, 불안, 신경증을 치료하는 방법으로 감사의 마음을 강조하는 불교 치료법이 있다. 이것을 내관(內觀)이라고 한다. 이 치료법은 지금까지 살아온 자신의 삶을 전체적이고 체계적으로 되돌아보며 자기에게 주어진 모든 것에 감사의 마음을 일으키는 방법이다. 이와 비슷한 치료법이 밥에게 도움이 되었다. 밥은 일 년 동안 노숙자로 지내다 지금은 근처 산중의 선센터에서 지내고 있었다. 밥은 공원에서 노숙을 하는 동안 누군가 물건을 빼앗거나 칼로 찌를까 봐 두려움으로 매일 밤 선잠을 잔 기억이 있었다. 이 때문에 밤에 잠드는 것이 무서웠다. 또 가족과 관련한 트라우마도 있었다. 밥은 열다섯 살에 중독자 아버지와 계모가 살던 집을 나와 거리에서 마약을 했다. 이후 그는 목수와 기계공으로 일하며 살아왔다.

불교센터에 온 밥은 삶을 다시 회복하려 애쓰고 있었다. 그곳 선사들은 밥의 불안과 불신을 직접 느낄 수 있었다. 밥의 이런 상태를 완화하려고 선사들은 간단한 감사 수련법을 가르쳤다. 밥은 알코올중독자모임(AA)에서 하는 것처럼 잠시나마 자신에게 주어진 음식과 옷, 주거에 대해 하루에 한 차례씩 감사의 마음을 보내는 연습을 했다. 그는 어디를 가든, 하던 일을 멈추고 감사의 마음으로 사람들이 안 보는 곳에서 하루 열 번 절을 했다. 밥은 절을 하는 것이 습관이 되었다. 주방에서 함께 밥 먹는 친구에게도 절을 했고 같이 나눠 먹는 아침식사에도 절을 했다. 아침의 우울증에도, 자신이 무가치한 존재라는 느낌에도 절을 했다. 목공 도구에도 절을 하고, 자신이 느끼는 불안, 오후의 태양, 그리고 근처 들판에서 시끄럽게 소음을 울리는 트랙터에도 절을 했다.

밥은 두 번째 가르침도 받았다. 그것은 자신의 괴로움을 넘어선 곳을 바라보는 것이었다. 밥은 서서히 자기 내면에 존재하는 안녕의 순간을 관찰하기 시작했다. 또 놀랍게도 자기 내면의 고통이 잠시 멈추는 순간과 작은 축복의 시간을 관찰하기 시작했다. 밥은 사원의 정원에 있는 것을 좋아했다. 살아있는 참나무와 정원 길옆의 뿌리 덮개(갓 심은 나무를 보호하는 톱밥·퇴비·종이·비닐 등-옮긴이) 사이를 거닐었다. 정원 길에는 쭉쭉 뻗은 삼나무 기둥과 여린 물망초, 오렌지 데이지 꽃이 심겨있었다. 밥은 몇 년 만에 처음으로 마음이 고요해졌다고 말했다. 그가 지닌 괴로움은 아직 무거웠지만 거대한 침묵이 그보다 더 컸다. 어느 날 저녁식사를 알리는 사원의 종이 울리는 순간 밥은 가슴이 확 트였다. 그의 고통과 갈망은 살아있음에 대한 숭고한 감사의 물결에 밀려 사라졌다. 밥은 다시 삶으로 돌아오고 있었다.

자연스러운 관대함

욕망이 사그라지면 자연스럽게 관대함이 일어난다. 우리가 현재에 존재하며 현재와 연결되어있을 때 주는 것 외에 무엇이 남을까? 아프리카에 이런 속담이 있다. "무엇을 실제로 주는 것은 가슴이다. 손가락은 단지 그것을 손에서 놓을 뿐." 가족 중 누군가가 배가 고프거나 어려움에 처하면 돕고 싶은 마음이 자연스레 일어난다. 가슴이 집착에서 벗어날 때 우리의 가족은 성장한다. 내가 만나는 모든 사람이 나의 삼촌과 이모, 조부모와 사촌이 된다. 동물 형제자매들도 나의 형제자매와 다름없는 존재가 된다. 모든 존재와의 상호의존성을 느낀다.

가슴이 풍요로워지면 우리가 느끼는 안녕감도 커진다. 아이오와 주에 옥수수를 기르는 농부가 있었다. 그는 주에서 주관하는 농산물 박람회에서 언제나 최고상을 수상했다. 그런데 그는 늘 이웃 농부들에게 최상급 종자용 옥수수를 나눠주었다. 이유를 묻자 그는 이렇게 대답했다. "실은 나 좋으라고 하는 겁니다. 바람이 불면 꽃가루가 이 들판에서 저 들판으로 날리죠. 만약 이웃 농부가 질 낮은 옥수수를 재배하면 타화수분(他花受粉)으로 우리 옥수수의 품질도 떨어져요. 이게 내가 이웃 농부들이 최상의 옥수수를 심도록 신경 쓰는 이유입니다."

불교심리학은 이런 풍요의 감각을 다시 일깨우기 위해 기쁨의 존재 방식으로 관대함을 의도적으로 계발하는 수련법을 가르친다. 매일 무언가를 주는 연습을 하고, 봉사에 헌신할 것을 맹세한다. 나의 헌신이 모든 이의 안녕에 기여하는 모습을 머릿속에 그린다. 주는 이와 받는 이라는 분리된 생각이 사라질 때까지 연습을 반복한다. 우리 모두는 자신에게 밥을 주는 붓다와 같은 존재이다.

폴은 은행가로 은퇴한 뒤 딱히 무엇을 해야 할지 몰랐다. 이런 그에게 불교의 가르침은 봉사의 길을 가도록 제안했다. 폴은 사원에서, 위원회에서, 그리고 공동체 호스피스에서 돕는 일을 시작했다. 지금껏 성공과 자기중요성을 최고의 가치로 여기며 살아온 그가 타인을 위한 봉사의 삶을 시작

마음이 아플 땐 불교심리학

했다. 그러자 이기심이 줄고 무의식적인 두려움도 사라졌다. 호스피스 봉사는 살면서 가장 중요한 것이 사랑이라는 사실을 가르쳐줬다. 처음에 그의 통명스럽고 오만한 태도에 반감을 가졌던 사람들도 이제는 그와 함께 있는 것을 좋아했다. 봉사하는 삶을 살면서 폴의 가슴은 좋은 와인처럼 부드럽고 그윽해졌다.

이 관대함 수행은 '좋은' 사람이 되는 방법이 아니다. 그보다는 우리가 행복해지는 방법이다. 반드시 호스피스나 병원 응급실에서 도움을 주어야 봉사하는 것이 아니다. 미소, 침묵, 경청, 따뜻한 접촉을 나눠주는 것도 관대함을 연습하는 방법이다. 행동, 시간, 돈, 정의에 대한 관심, 더 나은 세상에 대한 비전도 관대함을 닦는 방법이 된다. 모든 형태의 주는 행위는 축복이다. 나는 대규모 불교센터 몇 곳의 운영을 돕는 과정에서 돈에 편안해지는법을 배워야 했다. 너무 많든 너무 적든 돈을 둘러싸고 수치심과 두려움, 판단과 기대가 쉽게 일어나게 마련이다. 어쩌면 우리는 돈이 진정한 영적 삶과병존할 수 없다는 잘못된 견해를 갖고 있는지 모른다. 그러나 돈은 현명하게사용할 수도 있고 현명하지 못하게 사용할 수도 있다. 돈은 중립적인 에너지이다. 붓다는 물질적 풍요를 적절히 취득하고 관대하게 사용하는 것을 칭찬했다. 또 돈을 현명하게 사용하면 자신과 가족의 복지에 도움이 된다. 또 그러한 관대함은 내가 사는 공동체와 나의 영적인 삶, 공동선으로까지 확장된다고 말했다.

서양의 많은 여행자가 보듯이 불교문화에는 관대함이 특히 두드러지게 나타난다. 태국은 특히 그러했다. 나는 아잔 차 스님의 사원에서 매일새벽 좁은 논두렁을 지나 근처 마을에 탁발을 하러 다녔다. 외딴 사원 인근의 가난한 마을에는 음식이 풍부하지 않았다. 그렇지만 매일 아침 마을사람들은 흙바닥에 무릎을 꿇은 채 정성스럽게 승려들에게 음식을 올렸다. 나는 상대적으로 부유한 서양인으로서 그들의 음식을 먹는 데 살짝 죄책감을 느끼기도 했다. 그러나 마을사람들은 커다란 관대함으로 음식을 올렸다. 그들은 마치 이렇게 말하는 것 같았다. "저희는 붓다의 가르침과 사원의 축복을 매우 소중히 여깁니다. 그래서 부족하나마 저희 음식을 스님들에게 기쁜 마음으로 공양 올립니다." 탁발은 묵언으로 행하기 때문에 나는 마을사람들이 건네준 생선 카레와 말린 망고에 고맙다는 인사를 할 수 없었다. 내가 할 수 있는 것은 그들이 주는 음식을 축복과 은혜로 받는 것뿐이었다. 그리고 내가 할 수 있는 최선을 다해 진지하게 그리고 연민의 마음으로 수행하는 것이 내가 할 수 있는 전부였다.

욕망이 장식품이 되다

몇 년 전 나는 런던의 어느 빈곤 구역에 관한 연구 결과를 보았다. 연구는 1.6킬로미터 정도 떨어진 비슷한 거리 두 곳을 선택했다. 두 거리는 빈곤도와 높은 범죄율 등 일어나는 문제에 있어 큰 차이가 없었다. 그곳 주민들 모르게 두 거리 중 한 곳을 일 년 동안 매일 청소를 했다. 쓰레기를 조금도 남기지 않고 치웠으며 그라피티도 모두 지웠다. 차도 가장자리에 꽃을 새로 심고 물을 주었다. 고장 난 램프와 표지판도 수리하고 다시 칠해 관리했다. 그러나 이렇게 청소하고 관리하는 사실을 공개적으로 알리지 않았다. 일 년 뒤 두 거리를 비교했더니 깨끗하게 청소하고 관리한 거리의 범죄율이 거의 50퍼센트나 줄었다는 통계가 나왔다.

집착과 욕망을 내려놓으면 세상의 활동이 우리의 현명한 가슴에 다

마음이 아플 땐 불교심리학

는 장식품 정도가 된다. 아름다움이 지닌 자연스러운 사랑에 대해 알고 그것을 구현한다. 붓다는 말했다. "길을 발견할 때, 즉 지금-여기의 아름다움을 알 때 아름다움이 참으로 무엇인지 알 수 있다."

어느 불교 사원에서 우리는 아름다운 것을 관찰하고 아름답지 않은 것을 버리는 연습을 했다. 우리는 자신의 생각과 말, 행동이 아름다운지 아름답지 않은지 관찰하며 하루를 보냈다. 그러자 아름다운 생각과 말, 행동에 담긴 즐거움을 느꼈다. 또 아름답지 않은 생각과 말, 행동에 담긴 괴로움을 느꼈다. 우리는 점점 아름다움을 알아보는 쪽으로 나아갔다. 우리는 기분 좋은 상태를 의식적으로 즐겼다. 차 한 잔을 마셔도 다도에서 하듯이 음미하며 마셨다. 걸음걸이는 물 흐르듯 자연스러웠다. 승려들 사이에 갈등이 생겨도 우리는 더 큰 부드러움과 품위를 가지고 어려움 속으로 들어갔다. 우리에게 일어난 모든 일이 우리가 가는 길의 장식품으로 사용되었다.

베네딕트회의 데이비드 스타인들-라스트(David Steindl-Rast) 수사는 이렇게 말했다. "우리를 살아있게 만드는 것이 있다면 그것이 우리가 가는 영적인 길의 참된 일부입니다. 정원 일이 우리를 살아있게 한다면 그것이 우리의 영적인 길입니다. 음악이, 대화가 우리를 살아있게 한다면 그것이 우리의 영적인 길입니다. … 우리를 살아있게 하는 것을 따라야 합니다." 가슴이 집착에서 놓여날 때 관대함과 아름다움이 꽃을 피운다.

관대함

삶은 하루 중 매 순간에 생명을 불어넣고 있습니다. 며칠 동안 이 끝없는 관대함의 움직임에 주의를 기울여보십시오.

우선 하루 일과 중에 자연세계가 주는 선물을 관찰해 봅니다. 모든 사물의 바탕에 햇볕이라는 선물이 흐르고 있음을 관찰합니다. 햇볕은 우리가 먹는 식물에게 밥을 줍니다. 오래된 숲에서 채굴한 석유는 우리가 타는 자동차의 연료가 되며 밤의 등불을 밝혀줍니다. 비와 강물은 우리 혈관 속의 피와 주변의 벌레와 나무에 자신을 내어줍니다. 우리가 함께 헤엄치는 상호의존의 협력 체계에 자신을 내어줍니다. 이제 이 지구가 당신의 집에서, 당신의 발밑에서 얼마나 관대하게 당신을 품어 안고 떠받쳐주는지 관찰합니다. 또 당신이 숨 쉬는 공기가, 한낮의 따뜻함과 저녁의 시원함이 얼마나 관대하게 당신을 안아주고 떠받쳐주는지 관찰합니다.

이제 여러분의 주변 사람이 베푸는 끝없는 배려와 관대함을 살펴봅니다. 부모는 자녀에게, 선생님은 학생에게 봉사합니다. 치유자와 사업가도 서로에게 봉사합니다. 당신이 안전하게 길을 건널 수 있도록 신호등에 빨간불이 들어옵니다. 그러면 차들이 멈춥니다. 마트에서 줄을 서고, 공원은 함께 사용합니다. 사무실에서는 수많은 방식으로 서로 협력합니다. 가게 주인과 기계공, 은행원과 요리사, 치료사와 엔지니어는 자신이 하는 일에 헌신합니다. 오랜 시간의 말 없는 관대함과 사랑으로 서로가 서로를 지지합니다. 물론 화가 나고 당황스러운 때도 있습니다. 주변 사람들이 기분이 상하고 불만을 품을 때도 있습니다. 그러나 대부분의 시간 당신 주변의 사람들은 당신에게 무언가를 주고 있습니다. 대화를 통해, 행동을 통해 자신의 생명 에너지를 전체의 흐름에 보태고 있습니다. 어디에나 존재하는 이 관대함의 흐름을 관찰해보십시오. 거기에 이름을 붙이고 절을 하면서 하루 또는 한 주를 보내보십시오.

이제 당신은 이 관대함의 흐름에 당신의 관대함을 보태는 선택을 의도적으로 내릴 수 있습니다. 그것은 의무감에서 하는 것이 아닙니다. 당신이 행복하기 위해서입니다. 모든 사람과 마찬가지로 당신도 이미 수천 가지 방식으로 무언가를 주고 있습니다. 어떤 일을 하든 기쁜 마음으로 하십시오. 그러면 기쁨이 점점 커질 것입니다. 그리고 이렇게 수련해보십시오. 무언가를 주겠다는 생각이 일어나면 즉시 실행에 옮깁니다. 돈이든 시간이든 도움을 주는 배려든, 물건을 주는 일이든 관대한 행동이 떠오르거든 그것을 따라가십시오. 때로 우리는 관대한 행동을 한 뒤 후회하지 않을까 생각하며 관대한 행동을 주저하기도 합니다. 의심이 일어나는 때가 있습니다. 그러나 그런 의심을 믿지 마십시오. 관대함에 관한 생각이 자연스럽게 일어나면 그것을 따르십시오. 그러면 그것이 당신을 필연코 행복하게 만들어준다는 사실을 알게 될 것입니다. 한번 해보십시오.

14

증오를 넘어 싸우지 않는 가슴으로

세상에는 즐거움과 괴로움, 이익과 손해, 비방과 명예, 칭찬과 비난이 존재한다. 깨어난 자는 이런 외부적인 것에 휘둘리지 않는다. 그것은 일어나는 때와 마찬가지로 덧없이 사라질 것이다. 사람들이 당신에 대해 안 좋게 말하더라도 화내지 말라. 화내지 않으면 당신 내면의 자유를 지킬 수 있다. 사람들의 거친 말이 멈출 때까지 그것을 인내심으로 참는 법을 배우라. 사람들이 당신을 칭찬할 때도 마찬가지다. 무엇이 거짓이고 무엇이 진실인지 알라. 그런 뒤에 사실만을 인정하라.

_『디가 니까야』와 『법구경』

증오를 품은 자는 증오에서 괴로움과 슬픔이 일어남을 경험할 것이다. 분노와 복수심, 횡포와 질책, 완고함과 경멸은 바른 길이 아니다. 이것을 모두 버리도록 자신을 훈련하라.

_『맛지마 니까야』

마음이 아플 땐 불교심리학

불교 수행에 처음 들어섰을 때 나에게는 분노와 두려움의 뿌리를 이해하는 일이 매우 중요했다. 성장 과정에서 예측 불가의 폭력을 경험한 나는 어떤 일이 일어날지 몰라 매우 신중하고 조심스러운 태도를 갖게 되었다. 바깥세상에서 아버지는 군(軍) 우주의학 분야의 존경받는 과학자였다. 의과대학에서 가르쳤고 인공 심장을 설계하기도 했다. 그러나 집에서는 완전히 딴판이었다. 때로 가족에게 사랑을 주기도 했으나 아버지는 통제하려 드는 편집증이 심한 사람이었다. 누군가 자신을 지켜보고 있다며 늘 걱정하기도 하고 심지어 거리를 지나는 행인들까지 의심했다. 군과 계약을 위해 보관하던 비밀 문서를 FBI에서 조사하지 않을까 걱정하기도 했다. 아버지가 집에 돌아오면 우리는 그날 아버지의 기분이 어떤지 살피며 늘 전전긍긍했다. 아버지는 우리 형제에게도 몹시 화를 냈지만, 최악의 학대는 늘 어머니의 몫이었다. 아버지는 어머니를 계단에서 밀치기도 했다. 심지어 창문 밖으로 어머니의 머리를 밀어 넣은 채 위협하기도 했다.

　아잔 차 스님은 분노가 어떻게 증오와 공격성을 일으키는지 가르쳤다. 스님은 분노가 일어날 때마다 자신의 경험을 회피하지 말고 똑바로 쳐다보게 했다. 스님의 가르침은 처음에는 소박하게 시작했다. 스님은 우리에게 혐오가 처음 일어나는 움직임을 관찰하게 했다. 하루를 지내는 동안 일어나는 불만족과 분함, 판단을 지켜보게 했다. 스님은 이렇게 물었다. "그것이 어떻게 일어납니까? 외부적인 것에 의해 일어납니까? 아니면 습관이나 몸의 본능 때문에 일어납니까? 아니면 마음속의 이야기 때문에 일어납니까?"

　어느 날 나는 선배 승려가 나를 부당하게 대하는 데 크게 화가 난 상태였다. 아잔 차 스님은 웃으며 말했다. "잘 되었습니다. 화가 어떻게 작동하는지 관찰할 수 있으니까요." 스님은 나에게 숲속의 내 작은 숙소로 돌아가

문과 창문을 모두 닫고 가사를 갖추어 입은 채 자리에 앉아 화를 내도록 지시했다. 그때는 한여름이라 숙소의 자리에 앉아있는 것이 마치 불 속에 앉은 것처럼 뜨거웠다. 바깥도 더웠지만 숙소 안은 더 더웠다. 나는 그 상황에 대해 내가 일으키고 있는 화를 느꼈다. 부글부글 끓고 있는 나의 신체 상태, 파도를 일으키며 나에게 일어나는 공격성도 느꼈다. 또 나에게 다가오는 두려움도 관찰했다. 그것은 상대방에 대한 두려움이자 내가 저지를 수도 있는 행동에 대한 두려움이었다. 또 과거를 똑같이 반복하는 데 대한 두려움이자 내가 느끼게 될 수치심에 대한 두려움이었다.

화와 두려움에 대한 나의 탐구는 이후 몇 개월 동안 계속되었다. 나는 내가 느끼는 두려움이 실제로 그 순간 존재하는 것에 대한 두려움이 아님을 알았다. 고통과 아픔이 존재할 때 그것은 단지 고통과 아픔일 뿐이다. 나중에 일어날 일에 대한 불안을 키우는 범인은 두려움이다. 두려움은 몸과 마음을 집어삼키는 무서운 이야기로 우리에게 다가온다. 두려움은 자신의 이야기를 백 번이고 반복해 말한다. 그럴 때마다 나는 두려움에 걸려들 것이다. 두려움을 단지 알아차리면서 "어, 너 두려움이구나?"하고 알아보기 전까지 말이다.

나는 분노와 두려움 외에 내면의 비판자, 판단하는 마음이 작동하는 방식도 알았다. 나는 부모님과 선생님, 영적 스승들의 비판적인 말을 되뇌고 있는 자신의 목소리를 들었다. 판단이 너무나 자주 올라오는 나에게 스승 중 한 분은 판단이 일어날 때마다 수를 세도록 했다. 나는 통증과 방황하는 마음에 대해, 주변의 소음에 대해, 벌레에 대해, 사원에 대해, 세계에 대해 판단을 내리고 있었다! 한 시간에 판단이 백여 가지나 일어났다. 나는 타인에 대한 분노가 그들에 대한 비난으로 바뀌는 것을 보았다. 그리고 나에게 향한 분노는 당황스러움과 수치심으로 변했다. 줄스 파이퍼(Jules Feiffer)는 자신의 만화에서 이렇게 말하는 남자를 그린다. "나는 자라서 아버지의 외모, 아버지의 말하는 방식, 아버지의 자세, 아버지의 의견을 갖게 되었어요. 그리고 그런 아버지를 경멸하는 어머니의 마음도요." 모든 것이 거기에 있었다.

나는 모든 수준의 혐오에 대해 더 잘 알게 되었다. 모기가 물면 싫어하는 사소한 반응부터 화가 어떻게 증오로, 이윽고 거대한 분노로 커지는지 알았다. 나는 우리들 누구나 자기 안에 내면의 판사와 배심원, 철의 장막(예전 동구 공산권과 서구 사이에 존재하던 장벽-옮긴이)과 경찰관을 두고 있음을 보았다. 우리는 자기 내면에 탈레반과 망명지를 가지고 있다. 때로 나는 내면의 악마인 마라와 마주한 채 보리수 아래 앉은 붓다가 되었다고 느꼈다. 그 이야기가 전하는 바에 따르면, 깨달음을 이룬 날 밤에 붓다는 북부 인도의 보리수 아래에 앉아있었다. 단단히 결심하고 자리에 앉은 붓다는 완전한 자유를 얻기 전에는 결코 자리에서 일어나지 않겠다고 다짐했다. 얼마 지나지 않아 미망과 악의 상징인 인도의 신 마라가 붓다가 목표를 이루는 것을 방해하려는 의도를 가지고 나타났다. 이를 위해 마라는 자신의 딸들을 보냈다. 가장 아름다운 요부들을 붓다에게 보낸 것이다. 그러나 붓다는 동요하지 않은 채 이렇게 말했다. "마라여, 나는 너를 보았다." 붓다의 욕망을 일으키려는 시도가 실패하자 마라는 화를 내며 이번에는 대규모 군대를 보냈다. 무서운 얼굴 표정을 한 끔찍한 악마들이 함성을 질렀다. 몽둥이와 불타는 화살, 무서운 창을 던지며 나타났다. 이번에도 붓다는 자리에 앉아 미동도 없이 이렇게 말했다. "나는 너를 보았다, 마라여." 그런 다음 붓다는 자신의 손을 들어 연민의 마음으로 마라의 군대를 건드렸다. 그러자 그들의 창과 화살이 마치 꽃잎처럼 붓다의 발아래 떨어졌다. 마지막으로 마라는 의심으로 붓다를 공격했다. "그대는 누구인가? 여기 앉아 깨달음을 얻겠다는 그대는 도대체 무슨 권리를 가졌는가?" 이 말에 붓다는 한 손을 땅에 대고 말했다. "이 땅이 나의 증인이네." 붓다의 손짓과 함께 땅의 여신이 일어났다. 여신은 그날 밤 붓다가 이룬 깨달음의 준비 과정으로 수많은 생에 걸쳐 수행한 인내와 헌신, 진실함과 연민, 보시와 지혜를 증명했다. 마라의 대군은 여신이 머리카락 한 올로 일으킨 홍수에 휩쓸려 떠내려갔다.

이와 비슷하게 나도 숲속 수행처에 앉아있을 때 분노와 혐오, 짜증, 판단이 일어났다. 그때 나는 연민의 마음으로 이렇게 말할 수 있었다. "또 너구나, 마라?" 우리가 어디에 있든 마라는 자신의 군대를 거느리고 나타날 것이다. 이럴 때 우리는 동요하지 않는 방법을 찾아야 한다.

증오가 가진 성질

혐오와 분노, 증오는 어떤 경험에 반동하여 그것을 밀어낸다. 그 순간 존재하는 현상을 거부한다. 그것은 우리의 바깥에서 오지 않는다. 혐오와 분노, 증오가 우리 바깥에서 오지 않는다는 통찰은 우리가 일반적으로 삶을 인식하는 방식과는 반대다. 아잔 차 스님은 이렇게 말한다. "대개 우리는 외부의 문제가 우리에게 덮쳐온다고 생각합니다." 보통 우리는 외부의 일이 잘못되었기 때문에, 사람들이 잘못 행동하기 때문에 우리가 증오와 괴로움을 느낀다고 생각한다. 그러나 우리의 경험이 아무리 고통스럽다 해도 거기에 혐오와 증오라는 반응을 더하기 전까지 그것은 그저 고통이라는 경험에 불과하다. 우리가 거기에 혐오와 증오의 반응을 더할 때 비로소 괴로움이 일어난다. 증오와 혐오로 반응하면 이 마음의 성질이 습관이 될 수 있다. 왜곡된 자가면역반응(자신의 신체 조직 성분에 대해 면역을 일으키거나 과민 반응을 일으키는 현상-옮긴이)과 마찬가지로 증오라는 잘못된 반응은 우리를 보호하지 못한다. 증오는 오히려 우리가 느끼는 끝없는 불행의 원인이 된다.

불교심리학의 열네 번째 원리는 이것이다.

14
화와 증오에 집착할 때 괴로움을 겪는다. 우리는 강력하고 지혜롭게 연민의 마음으로, 증오의 마음을 품지 않은 상태로 화와 증오에 대응할 수 있다.

붓다는 이렇게 선언했다. "증오로 격분하는 사람, 마음이 올가미에 걸린 사람은 자신은 물론 타인의 파멸을 가져온다." 자신의 삶과 피에 젖은 세계 각지에서 어떻게 하면 증오라는 비극적 유산을 없앨 수 있을까? 그것은 화와 증오, 공격성을 깊이 이해함으로써만 가능하다. 화와 증오, 공격성은 어디에나 존재하는 보편적 에너지다. 그것은 세상에 커다란 고통을 일으키는 원형적 힘이다. 그것이 생겨나는 원천을 인간 가슴의 심연에서 찾을 때 우리는 놀라운 진실을 발견하게 된다. 그것은 붓다처럼 우리도 연민과 용기, 헌신적 노력으로 마라의 공격에 마주해 그 에너지를 변화시킬 수 있다는 사실이다.

앞서 보았듯이 프로이트와 그의 추종자들은 공격 본능이 인간의 주된 본능이라고 생각했다. "이웃을 너 자신처럼 사랑하라"는 문화의 계명은 … 이 계명만큼 인간의 본성에 강하게 반하는 것도 없다는 사실에 의해 정당화될 뿐이다. 제2차 세계대전 이후 콘라트 로렌츠(Konrad Lorenz)와 로버트 안드레이(Robert Andrey) 등의 사회생물학자도 인간 종이 선조 유인원이나 다른 동물처럼 영역성과 공격성의 본능이 필요했다고 보았다. 그들은 인간에게 영역성과 공격성이 불가피하다고 가정했다. 오늘날에도 진화생물학과 신경과학은 공격성의 유전적 기능과 그것이 가진 신경학적 메커니즘을 자세히 기록하고 있다.

그러나 불교심리학에서 볼 때 공격성과 분노, 혐오가 인간의 보편적 유산으로 주어졌다는 사실은 시작에 불과하다. 공격성과 분노, 혐오를 마주하는 법을 알았다면, 즉 그것이 삶에서 일어나고 작동하는 방식을 알았다면, 우리는 이제 혁명적인 발걸음을 내딛어야 한다. 심오한 통찰 수행과 동일시에서 벗어나 연민심을 보내는 수행을 통해 우리는 시냅스와 세포 아래의 차원에 이르러 이 본능적 영향의 지배에서 자유로워져야 한다. 우리는 이것이 노력을 통해 가능함을 알 수 있다.

혐오와 분노는 위협적이고 고통스러운 상황에 처했을 때 거의 언제나 일으키는 직접적 반응이다. 이때 혐오와 분노를 제대로 이해하지 못하면 증오로 확대된다. 앞서 보았듯이 고통과 상실은 인간 삶의 부정할 수 없는 일면이다. 불교 경전은 고통이 산처럼 거대하다고 표현한다. 우리가 흘리는 슬픔의 눈물은 4대양을 가득 채우고도 남는다고 한다. 고통, 아픔, 상실, 좌절을 경험할 때 우리가 보이는 습관은 혐오하며 뒤로 물러나는 것이다. 아니면 분노를 일으키며 되받아치거나 상대를 비난하고 도망치는 것이다.

분노와 증오에 앞서 흔히 일어나는 마음에는 고통 외에 두려움도 있다. 상실에 대한 두려움, 아픔에 대한 두려움, 당황스러움과 수치심, 약함, 알지 못함에 대한 두려움이 그것이다. 두려움이 생길 때 분노와 혐오를 일으키

마음이 아플 땐 불교심리학

면 자신이 안전하다고 느끼는 데 도움이 된다. 즉 우리가 강하고 안전하다고 선언하는 데 도움이 된다. 실제로 불안하고 취약하다고 느낄 때 우리는 분노와 공격성으로 두려움과 취약함을 덮어 가린다. 우리는 직장에서, 결혼 생활에서, 도로에서, 그리고 정치에서 이렇게 한다. 자신이 두려워하고 있다는 사실을 인정하지 않을 때 우리가 두려워하는 상황은 분노로 바뀐다. 시인 하피즈는 이렇게 말한다. "두려움은 우리가 사는 집에서 가장 싸구려인 방입니다. 나는 더 좋은 환경에서 당신을 보고 싶습니다." 통찰을 계발하지 않으면 두려움이라는 싸구려 방에서 살아갈 운명에 처한다.

다행히도 우리는 마음챙김으로 사는 삶을 스스로 훈련할 수 있다. 마음챙김으로 사는 삶은 두려움과 고통에 대해 습관적인 혐오와 분노가 아닌 지혜를 가지고 만나는 것이다. 고통스럽고 위협적인 사건이 일어날 때 거기에 눈을 뜰 수 있다. 고통을 견디고 두려움에 직면하는 법을 알 수 있다. 그러면 고통과 두려움을 비난하거나 가족 구성원과 다른 집단 등 타인에게 고통과 두려움을 전가하지 않는다. 마음챙김이 있으면 자동적 반응이 아닌 널따란 명료함과 목적의식, 굳건함과 연민의 마음을 가지고 대응할 수 있다. 현명한 대응에는 자신과 타인의 생명을 위한 돌봄의 마음을 담은 모든 행동이 포함된다.

건강한 마음은 어떠한 차원의 증오에도 얽히지 않은 마음이다. 증오에 얽히지 않은 마음을 갖는 것이 처음에는 불가능해 보일지 모른다. 증오에 얽히지 않은 마음을 갖는 것이 인간의 타고난 공격 본성을 점잖게 표현하려는 이상적 시도처럼 보일지 모른다. 그러나 증오에서 벗어난 자유는 영적인 억압과 다르다. 그것은 고통과 두려움에 직면하여 지혜를 갖는 것이다. 다음 그림은 이러한 자유가 일어나는 과정을 보여준다.

고통스럽고 위협적인 경험

건강하지 못한 반응	건강한 대응
혐오 : 경험에 대한 온갖 형태의 거부 분노, 증오, 공격성, 두려움, 판단, 비난	싸우지 않음 : 경험에 대한 자유와 명료함 마음챙김, 연결성, 연민, 관심, 힘, 두려움 없음

건강한 대응 방식 키우기

고통과 두려움에 대한 건강한 대응 방식이 있다. 고통과 두려움이 분노로 변하기 전에 알아차림을 확립하는 것이다. 우리는 감각 경험의 순간과 뒤이어 일어나는 반응 사이의 간격을 알아차리는 훈련을 한다. 의식은 입자를 닮은 성격을 지녔으므로 본능과 행동 사이, 충동과 반응 사이에 존재하는 공간에 들어갈 수 있다. 그러기 위해서는 고통과 두려움을 견디는 법을 배워야 한다. 이것은 쉬운 일이 아니다. 제임스 볼드윈(James Baldwin)은 이렇게 말했다. "대부분의 사람이 증오가 사라지면 고통을 다루어야만 한다는 사실을 알게 된다." 이것이 처음에 작은 것, 즉 작은 고통과 실망에 먼저 주의를 기울이는 이유이다. 아내와 다툼이 생길 때 만약 내가 거기에 주의를 기울인다면 내가 흔히 상처를 받고 두려움을 느끼는 것을 관찰할 수 있다. 만약 아내에게 화를 내면서 언성을 높인다면 아내도 방어적인 태도가 되어 싸움은 더 커질 것이다. 만약 알아차림을 한다면 나는 분노와 비난의 마음에 빠지는 대신 아내

　　　　　　　　　　　　　　　　　　마음이 아플 땐 불교심리학

에게 나의 상처와 두려움에 대해 말할 수 있을 것이다. 그러면 아내는 그런 나에게 관심과 걱정을 기울일 것이다. 여기에서 지금까지와 다른 솔직한 대화가 일어난다.

이것이 첫 단계이다. 그러나 분노를 바르게 다루기 위해서는 붓다의 첫 번째 고귀한 진리인 괴로움의 진리에 담긴 심오함을 이해해야 한다. 우리의 삶과 세상에는 괴로움이 존재하고 있다. 실망, 불의, 배신, 인종차별, 외로움, 상실감 등이 그것이다. 블루스의 명인 버디 가이(Buddy Guy)와 주니어 웰스(Junior Wells)는 이렇게 말했다. "블루스(우울이라는 뜻도 있다-옮긴이)는 진실이다." 어떤 방법을 써도 우리는 상실과 슬픔, 질병과 죽음에서 완전히 벗어날 수 없다. 이것이 인간의 삶이다. 이 진실을 회피하려 해도 그것은 여전히 진실이다. 선(禪)의 격언은 우리에게 이렇게 상기시킨다. "만약 당신이 이해한다면 사물은 있는 그대로 여여(如如)하다. 만약 당신이 이해하지 못한다 해도 사물은 있는 그대로 여전하다."

아잔 차 스님의 사원에 처음 왔을 때만 해도 나는 스스로를 화 잘 내는 사람으로 여기지 않았다. 나는 우리 집에서 일어나는 폭력에 대해 가정의 평화 중재자가 되려고 했다. 나는 맏이로서 항상 침착하려 노력했다. 스물셋의 나이에 사원에 온 나는 내가 아버지와 정반대되는 사람이라고 믿었다. 그런데 사원에서 받은 사소한 부당한 대우에 나는 크게 화를 냈다. 상황에 적절한 정도를 넘어 그토록 화를 낸 사실은 내게 충격으로 다가왔다. 어렸을 때 느끼기에 위험했던 내 안에 쌓인 분노의 문을 명상이 열고 말았다. 나 자신을 분노의 에너지에 열자 그곳에는 분노와 슬픔의 화산이 있었다. 핵폭발의 이미지가, 상처와 분노라는 광대한 우주가 있었다. 내면에서 나는 아버지와 다르지 않았다.

다행히도 윌리엄 블레이크가 말했듯이 "분노하는 호랑이는 훈계하는 말[馬]보다 지혜롭다." 나는 나의 좌절과 판단을 지켜보고, 나의 분노와 함께 자리에 앉았다. 그렇게 나의 분노가 가진 힘을 느꼈다. 그러면서 많은 것을 배웠다. 나는 사원에서 고통스럽고 무서운 일을 조금만 경험해도 과거에 축적된 분노를 건드려 적절하지 않은 반응을 일으킬 수도 있다는 것을 알았다. 나는 내가 얼마나 많은 자기 판단을 지니고 있었는지 보았다. 그 상처와 취약함을 단순히 느끼는 것이 얼마나 어려운 일인지 관찰하기 시작했다. 나는 조금씩 고통, 좌절과 화해할 수 있었다. 또 그것을 더 잘 견뎌낼 수 있었다. 그런데 그 '조금씩'이 나에게는 매우 큰 걸음으로 느껴졌다.

그렇지만 나는 아직 가야 할 길이 멀었다. 사원을 떠나 미국에 돌아온 나는 심리학 대학원에 입학했다. 보스턴에서 나는 분노 격류의 인간관계에 휘말렸다. 그 일은 오래 묵은 우리 가족사의 고통을 건드렸다. 불안, 분노, 오랜 의존의 지난 일이 모두 올라왔다. 마음챙김을 하고 있었던 나는 내가 무엇을 생각하고 느끼는지 분명히 알고 있었다. 하지만 강한 감정을 드러내는 일은 나에게 여전히 두려웠다. 나는 어렸을 적 우리 집에서 폭발하는 분노와 슬픔이 너무 두려웠다. 그래서 강렬한 느낌을 억압해 안으로 꼭꼭 눌러 남고 통제하는 법을 배웠다. 동양 심리학과 서양 심리학의 교차점에서 공부하는 과정에서 나는 하버드 의과대학의 심리학자인 마이런 섀라프(Myron Sharaf)와 심리치료에 들어갔다. 마이런은 논란의 중심에 있는 신체 중심(body-centered)의 훌륭한 정신과의사 빌헬름 라이히(Wilhelm Reich)와 함께 직접 작업한 적이 있었다.

마이런은 나의 에너지를 움직이며 그것을 겉으로 표현하게 했다. 나는 겉으로는 침착을 유지하면서도 내 안에서 일어나는 일을 잘 알아차리고 있었다. 마이런은 이것을 '승려의 방어기제'라고 불렀다. 진전이 없던 어느 치료 회기를 끝내고 마이런이 나에게 하루 중 가장 힘들게 느끼는 시간이 언제인지 물었다. 나는 이른 아침이 힘들다고 답했다. 이른 아침에 나는 제대로 일어나지 못하고 늘 늦잠을 자고 싶어 했다. 마이런은 웃음을 터뜨리더니 우리의 치료 세션을 오전 6시 30분으로 조정했다. 그 시간은 나의 에고의 방어기제가 약해지는 때였다. 마이런은 아침 6시 30분에 나를 바닥에 눕히고는 강력한 호흡 수행을 하도록 했다. 이를 통해 내 몸 전체의 시스템이 활성화되도록 했다. 그런 다음 그는 내게 과거의 이야기를 하도록 했다. 어떤 때 마이런은 위대한 오페라의 아리아를 부르기도 했다. 내가 호흡과 나의 이야기에 열중한 채 그가 부르는 아리아를 듣는 동안 마이런은 내 몸을 이리저리 밀고 만지며 에너지가 자연스럽게 흐르게 했다. 너무 열심히 했던지 어느 날 아침에 나의 갈비뼈 두 개가 부러지고 말았다.

어쨌거나 그것은 효과가 있었다. 나는 점차 분노를 터뜨리고 울 수 있게 되었다. 두려움과 흥분감으로 몸을 떨 수 있었다. 나는 느낌을 더 잘 알아차렸으며, 느낌을 표현하는 일도 예전만큼 두렵지 않았다. 이제 나의 반응을 자유롭게 선택할 수 있었다. 분노와 혐오는 단단히 틀어막아야 하는 무서운 힘이 더는 아니었다. 이제 분노와 혐오는 느끼고 내려놓아야 하는 에너지였다. 분노는 누구에게도 해를 입히지 않은 채 의식적이고 의도적으로 활용해야 하는 에너지가 되었다.

사원을 떠나 바이런과 작업한 지난 30년 동안 나는 강력한 느낌에 편안해지는 법을 배웠다. 나는 그 느낌들을 있는 그대로 놓아두는 법을 배웠다. 필요하면 그것을 표현하는 법도 배웠다. 슬픔과 눈물, 분노와 힘, 기쁨과 슬픔은 이제 더 열려있고 활기찬 방식으로 내 안에서 움직였다.

몇 년 전 아내와 우리 집 리모델링을 하던 중에 계약업자와 문제가 생겼다. 평소 나는 그 사람을 무척 마음에 들어 했었다. 그는 성실한 일꾼으로 우리 집 리모델링 프로젝트의 사려 깊은 협력자였다. 그러나 리모델링 작업이 계약서에 명시한 일정보다 많이 지연되고 있었다. 그의 작업 팀은 우리 집 외에 다른 작업을 세 개나 떠맡은 상태였다. 내가 속도를 좀 내달라고 아무리 재촉해도 작업 속도는 그대로였다. 아마 나의 느긋한 태도가 그로 하여금 작업 속도가 중요하지 않다고 여기게 만든 것 같았다. 하지만 곧 유럽 여행을 앞둔 우리 가족은 서둘러 리모델링을 마무리 지어야 했다. 나는 점점 화가 났다. 그래서 그에게 고함을 지르고 욕을 퍼부었다(꽤 만족스러웠다). 그리고 나서는 정한 기일까지 작업을 마치지 않으면 법원에 끌고 가겠다고 으름장을 놓았다.

그는 눈을 크게 뜨더니 나를 쳐다보며 말했다. "아, 진짜로 작업을 빨리 끝내야 하는군요?" 다음날 아침 우리 집에 들이닥친 작업반은 신속하게 작업을 진행시켰다. 나중에 나는 내가 '건축 계약업자의 언어'로 말했음을 알았다. 이 바닥에선 화를 내며 소리 지르는 것이 일상적인 대화의 방식이었다. 나는 이곳에서 통하는 '적절한 언어'를 사용했던 것이다.

그렇다면 혐오라는 괴로움에 대하여 불교심리학은 어떤 약을 처방할까? 우선 우리 내면에 존재하는 혐오라는 힘을 알아차린다. 몸에서 느껴지는 경직된 공격성과 고통스러운 분노, 조여드는 두려움을 인지한다. 이렇게 자신이 경험하는 좌절, 분노, 비난에 친숙해지는 과정이 먼저다.

다음으로 자동적인 반응(reaction)과 대응 또는 응답(response)의 차이를 구분한다. 토스트를 태워 먹었을 때 우리는 씩씩거리며 주방 조리대를 내려치는 자동적 반응을 보일 수도 있고, 내 안에 일어나는 짜증을 가만히 느끼며 식빵 한 조각을 다시 토스트기에 집어넣을 수도 있다. 다른 차가 내 차 앞에

마음이 아플 땐 불교심리학

갑자기 끼어들었을 때 우리는 그 차의 뒤를 좇아가 고함을 지르며 보복할 수도 있고, 차분하게 숨을 쉬며 상황이 그냥 지나가도록 놓아둘 수도 있다. 다른 사람에게 비난을 받았을 때, 물건을 팔지 못했을 때, 상대에게 배신을 당했을 때, 우리는 자동 반응으로 그 상황의 고통을 더 키우지 않을 수 있다.

붓다는 두 개의 화살이 있다고 말했다. 첫 번째 화살은 처음에 일어난 사건 자체, 즉 아픔을 일으키는 경험을 가리킨다. 그 일은 이미 일어났으며 이미 일어난 일은 어쩔 수 없다. 그런데 두 번째 화살이 있다. 그것은 우리 자신에게 쏘는 화살이다. 이 화살은 선택사항이다. 우리는 처음에 일어난 아픔에 위축되고 화난 경직된 마음을 덧보탤 수도 있고, 고통스러운 사건을 '나'로 동일시하거나 혐오하지 않으며 편안하게 연민의 마음으로 경험하는 법을 배울 수도 있다.

고통스러운 사건에 편안하게 연민의 마음으로 대한다고 해서 힘이 있게 대응하지 못한다는 의미일까? 그렇지 않다. 때로 우리는 자리에서 일어나 진실을 외쳐야 한다. 행진하고 저항하며 나와 타인의 삶을 지키는 데 필요한 조치를 취해야 한다. 간디와 마틴 루터 킹 주니어 같은 위대한 비폭력의 귀감들은 이 점에서 전략적이고 능숙했다. 그들은 사람들을 단결시키고 법원을 이용하고 법을 어길 줄 알았다. 길을 막았고 협상을 했으며 이리저리 움직이며 연합군을 찾았다. 돈과 권력, 수치심, 연설, 정치를 이용할 줄 알았다. 이 모두가 자신이 옳다고 여기는 일에 나서는 목적이었다. 하지만 그들은 증오심이나 폭력적인 마음으로 행동하지 않았다. 이것은 강력한 모범이다. 자기 정당성에 빠진 분노가 일어나더라도 우리는 그것을 있는 그대로 놓아둘 수 있다. 명료함을 유지한 채 사랑에 찬 마음으로 정의를 추구할 수 있다.

붓다는 우리에게 극도의 어려움을 겪은 뒤라도 분노를 내려놓으라고 말한다. 붓다의 말씀을 모은 『법구경』에 이런 유명한 구절이 있다. "'그가 나를 학대하고 나를 때렸다. 나를 던지고 나의 물건을 훔쳐갔다.' 이런 생각을 계속 되뇌면 증오 속에 살게 된다. '그가 나를 학대하고 나를 때렸다. 나를 던지고 나의 물건을 훔쳐갔다.' 이 생각을 버리면 사랑 속에 살 수 있다. 세상의 증오는 결코 증오로 멈출 수 없다. 증오는 오직 사랑으로만 치유할 수 있다. 이것은 아주 오래된 영원한 법칙이다."

나는 캄보디아의 난민촌에서 마하 고사난다 스님과 함께 봉사하던 시절에 이 교훈을 직접적으로 배웠다. 작은 체구에 오렌지색 가사를 입은 마하 고사난다 스님은 훌륭한 학자이기도 했다. 이빨이 몇 개 빠진 채 순진무구한 미소를 머금은 스님은 캄보디아의 전쟁 지역에서 비폭력 평화 행진을 주도하며 난민들의 마을 복귀를 도왔다. 간디와 마찬가지로 스님도 캄보디아를 치유하는 데 오랜 세월 자기 삶을 바쳤다. 가족들 대부분이 죽임을 당했음에도 스님은 비통함에 무릎 꿇지 않았다. 마하 고사난다 스님은 살던 마을이 불타고 사랑하는 이들이 죽임을 당한 수천 명의 난민을 난민촌에서 만났다. 스님은 그들 곁에 앉아 거듭 이렇게 말했다. "증오는 결코 증오에 의해 멈추지 않습니다. 오직 사랑으로만 증오를 치유할 수 있습니다." 스님은 슬픔보다 더 큰 진실로써 난민들에게 영감을 주고 싶었다. 또 그들이 증오의 마음을 내려놓고 살아갈 수 있도록 용기를 북돋아주고 싶었다. 세계 시민이라면 누구나 이러한 진실을 알아야 한다. 그들의 미래의 행복과 해방은 여기에 달려 있다.

우리는 개인적인 삶에서도 전쟁을 치르며 산다. 그레첸은 자녀 양육권 문제를 둘러싸고 남편과 끔찍한 전쟁과 험악한 이혼 과정을 겪은 뒤 명상 수련회를 찾았다. 그녀는 성공한 여성 사업가였고 남편은 변호사였다. 이혼 과정에 큰돈이 개입되었다. 두 사람 모두 불륜을 저질렀다. 하지만 그레첸은 자신이 저지른 잠깐의 불륜은 먼저 불륜을 행한 남편의 냉담함과 학대에 대한 보복이라고 주장했다. 그녀는 또 노련한 변호사인 남편이 법정에서 그녀를 엄마로서 부적격으로 판단하도록 몰아갔다고 주장했다. 그레첸은 당시 여섯 살, 여덟 살 자녀에 대한 양육권을 박탈당했다. 그레첸은 할 수 있는 데까지 자기 입장을 주장했지만 결국 양육권을 내주고 말았다. 그녀가 느끼는 비통함과 고통은 이루 말할 수 없었다.

명상 수련회에서 그레첸은 마음챙김을 통해 서서히 자기 몸으로 돌아왔다. 그렇게 자신의 몸에 친절한 주의를 기울였다. 그녀는 자리에 앉아 탈진과 위축, 분노와 두려움을 느꼈다. 남편과 자신에 대한 비난, 분노에 찬 복수심, 아이들의 삶에 대한 불안 등 그녀의 혼란스러운 마음이 지어내는 온갖 이야기를 그저 지켜보았다.

점점 그녀는 이 모든 것의 아래에 존재하는 자신의 연약함과 접촉할 수 있었다. 그녀는 마음의 살갗이 벗겨져 쓰라린 상태였다. 자신에게 일어난 잘못된 일과 아이들, 결혼생활, 지구상에 존재하는 불의한 일에 대해 슬퍼하며 울었다. 그녀는 이 모든 것이 일어나도록 허용했다. 모든 상실과 고통을 알아보고 위축과 이야기들을 지켜보았다. 그렇게 6~7일이 지나자 그레첸은 이것이 파도처럼 일어났다 사라지는 비개인적인 힘이라는 것을 볼 수 있었다.

그레첸은 또 눈물과 분노 사이에 존재하는 잠시 멈춤의 순간을 찾아 그것을 자꾸 알아차려 보라는 가르침도 받았다. 이 가르침에서 시작해 그녀는 스스로에게 질문을 던졌다. 그녀는 자녀들에게 비통함과 갈등을 유산으로 남겨주길 원하는가? 그레첸은 자신과 아이들을 대상으로, 그리고 아주 조금이지만 전 남편을 대상으로 연민 명상을 했다. 어느 날 그레첸은 매우 기품이 있는 태도로 인터뷰에 와서는 이렇게 말했다. "이제 고통과 상실을 받아들일 수 있어요. 그러나 비통하고 두려운 삶을 살지는 않을 겁니다." 그 수련회에 참여한 지 벌써 10년이 지났지만 그녀는 여전히 자기가 했던 이 말에 충실한 삶을 살고 있다. 그레첸은 연민의 마음을 닦으며 자신이 할 수 있는 최대한으로 아이들을 보살폈다. 그레첸은 이제 성인이 된 자녀들과 튼튼한 돌봄의 관계를 새롭게 형성했다.

분노와 혐오를 알아차림으로 관찰하면 자기 정체성에 커다란 변화가 일어난다. 분노와 혐오의 상태는 우리의 참 모습이 아니다. 그것은 조건화된 결과이며 비개인적인 상태이다. 그것은 우리가 '가진 것'이 아니다. 그레첸은 처음에 자신의 부정적 반응에서 벗어나는 것이 두려웠다. 부정적인 반응은 그녀에게 필요한 보호막처럼 보였기 때문이다. 상대에 대한 비난을 내려놓는 것은 나에게, 그리고 나와 갈등 관계에 있는 사람에게 무서운 일로 다가온다. 우리가 분노의 춤을 더 이상 추지 않을 때 상대방이 어리둥절해하기도 한다. 내가 분노의 춤을 그치면 상대방도 어떤 변화를 요구받는다. 싸움을 내려놓을 때 우리는 자신의 진정한 장점과 고귀함을 회복할 수 있다.

노벨 평화상 수상자인 아웅산 수치는 버마 독재정권의 폭력과 잔인한 압제 아래 오랜 시간 가택연금에 놓인 시절 이렇게 말했다. "우리는 안락이 아니라 역경을 통해 지혜를 얻습니다. 우리가 당한 역경에서 힘을 길어내는 능력을 키워야 합니다. … 자신의 가슴에 불을 댕겨 폭풍우가 몰아치는 어두운 밤을 환히 밝혀야 합니다." 역경 속에서 우리는 굴복하지 않는 용기, 물러서지 않는 용기, 두려움과 분노에 무너지지 않는 용기를 발견한다. 싸우지 않는 가슴에 머물 때 우리는 주변을 밝히는 등불이 되고, 세상을 치유하는 약이 되며, 강력한 현존이 된다. 이렇게 우리는 세상이 그토록 필요로 하는 치유의 귀감이 된다.

정직함 그리고 싸우지 않는 가슴

"세상에는 이익과 손해, 비방과 영예, 칭찬과 비난이 함께 존재한다. 깨어난 자는 이런 외부적인 것에 휘둘리지 않는다. 그것들은 일어날 때와 마찬가지로 덧없이 사라질 것이다. 사람들이 당신을 안 좋게 말하더라도 화내지 말라. 그러면 내면의 자유를 보호할 수 있다. 사람들의 거친 말이 멈출 때까지 그것을 인내심으로 참는 법을 배우라." 붓다가 이 말을 하던 당시 그의 제자들은 질투심 많은 주변의 사제들로부터 부당한 비난을 받고 있었다. 그 당시 제자들이 겪었던 고충은 지금 우리가 겪는 고충보다 결코 적지 않았다. 그렇기에 당시 붓다가 제자들에게 전한 조언은 오늘날만큼이나 적절했다. 그렇지만 다른 모든 가르침과 마찬가지로 우리는 그 가르침을 현명하게 사용해야 한다. 우리는 고의로 자신을 타인의 거친 말을 당하는 처지에 두어서는 안 된다. 또 힘있게 대응할 수 없다고 생각해서도 안 된다. 그리고 자리를 뜨는 것이 최상의 방책인 경우에 그 상황을 떠나서 안 된다고 생각할 필요도 없다.

환경 정의를 필생의 과업으로 여기는 섀넌은 스트레스를 다루는 데 도움을 받으려고 불교 수련회를 찾았다. 그녀는 미국과 세계 빈곤 지역의 오염을 중단시키는 일에 앞장서고 있었다. 그녀는 권력을 가진 자들이 가난한 자들을 이런 식으로 착취하는 데 분노했다. 그러나 섀넌은 36세의 나이에 이미 지치고 말았다. 그녀는 언제나 강한 모습을 보이려고 노력했다. 섀넌이 자기 이야기를 털어놓는 과정에서 나는 그녀가 가족과도 불화를 일으키고 있음을 알았다. 그녀는 가족의 재산을 두고 아버지와 형제들과 싸우고 있었다. 요가도 했는데 가장 힘든 자세를 가르치는 아헹가 요가 교사에게 배웠다.

처음 해보는 명상에서 섀넌은 자신의 스트레스와 죄책감을 단지 느꼈다. 그러면서 점차 그녀의 가족사가 미친 영향을 알아보았다. 거기에는 홀로코스트(1930~40년대 나치에 의한 유대인 대학살-옮긴이)에서 돌아가신 할머니가 남긴 자취가 있었다. 또 이민자로 큰돈을 벌었으나 크게 고생한 아버지가 있었다. 그녀는 서서히 자신의 느낌을 있는 그대로 현존하게 했다. 느낌에 인사를 건넸으며, 느낌의 안과 주변에서 의도적으로 숨을 쉬었다. 그곳에 빈 공간을 마련했다. 주의를 기울이자 몸의 긴장은 분노와 슬픔, 눈물로 바뀌었다. 그녀의 어린 시절에서부터 환경을 경시하는 최근의 문화에 이르기까지 갈등과 트라우마의 이미지가 연달아 일어남을 보았다. 연민 수행을 통해 갈등과 트라우마에 대한 그녀의 반응이 조금씩 누그러졌다. 이제 몸의 긴장은 없애야 하는 문제가 아니라 생생하게 살아있음의 징표로 경험되었다. 그녀는 마음챙김을 통해 널찍하고 편안한 감각을 새롭게 가졌다. 그러나 동시에 두려움도 커졌다. 적극적 활동가인 섀넌은 이제 자신이 취약하고 허약하다고 느꼈다. 이런 연약함의 느낌은 그녀에게 끔찍하게 다가왔다.

나는 섀넌에게 눈을 감고 자신의 두려움과 연약함을 친절함으로 품어 안게 했다. 그러자 그 느낌은 불쾌한 공허감으로 바뀌었다. 섀넌은 그 경험을 자신이 디딜 땅이 없다고 표현했다. 그녀가 살던 세상의 견고한 속성이 허물어지고 있었다. "그것을 없애려고 하지 마세요. 오히려 더 활짝 열리도록 놓아두세요." 내가 말했다. 그녀는 자신이 딛고 선 토대가 무너지게 놓아두었다. 그러자 그녀의 몸도 변하기 시작했다. 놀라운 표정을 지으며 그녀가 말했다. "몸이 확장되는 것 같아요. 내가 아주 커진 느낌이에요." 나는 그녀에게 내면에서 일어나는 일을 단지 깨어있는 마음으로 관찰하도록 했다. 그녀는 자신의 몸이 이제 땅에 앉아있지 않은 것처럼 느껴진다고 했다. 그녀는 이제 땅 자체가 되었다. 땅이 된 그녀는 견고하고 강력하며 흔들림이 없는 상태가 되었다. 깊은 만족으로 꽉 찬 느낌이었다. 이제 그녀의 마음과 몸

마음이 아플 땐 불교심리학

은 고요하고 널찍해졌다. 그러면서도 그녀는 허약하지 않았다. 오히려 굳건하고 강했다. 나는 그녀에게 이 깨달음과 함께 머물도록 격려했다.

새년은 이 관점에서 자신의 개인적 삶과 정치 영역에서 겪은 지난날의 힘겨운 일을 돌아보았다. 그녀가 웃으며 말했다. "나는 잘못된 방식으로 강해지려고 했어요. 강해지기 위해 계속 싸웠던 거예요. 나는 강함이 이미 내가 가진 일부라는 걸 몰랐어요. 강함이 삶이 가진 일부라는 사실을 몰랐던 거예요." 그녀는 갈등과 곤란에 지금까지와 다른 방식으로 다가갈 수 있음을 알았다. 그녀는 이제 투쟁을 통해 강해지지 않았다. 땅에 튼튼히 딛고 선 흔들림 없는 굳건함으로 그녀는 강해졌다.

참된 강함과 지혜의 칼

아잔 차 스님은 싸우지 않는 이 수행을 "전쟁 멈추기"라고 불렀다. 스님은 우리가 끊임없이 세상과 전쟁을 벌이고 있다고 지적했다. 우리는 잘못된 일을 바로잡느라 싸운다. 너무 길고 너무 짧은 것, 너무 빠르고 너무 느린 것이 마음에 들지 않아 전장에서 용감하게 싸운다. "전쟁에서 좀 벗어나 보면 어떨까요?" 스님은 싸우지 않는 가슴에 우리가 머물도록 이렇게 말하곤 했다.

공격성의 반대는 수동성이 아니다. 공격성의 반대는 참된 강함이다. 타고난 고귀함의 감각을 잃을 때 우리는 두려움과 허약함을 믿는 오류를 범한다. 증오와 공격성을 발휘함으로써 강해지려고 노력한다. 그러나 우리가 공격성을 내려놓을 때 거기에서 참된 강함과 두려움 없는 마음을 발견할 수 있다. 슬픔과 두려움에 맞설 용기, 미워하지 않고 응대할 용기를 찾을 수 있다. 마틴 루터 킹 주니어는 이 흔들림 없는 강함을 "영혼의 힘(soul force)"이라고 불렀다. 고대 그리스에서는 분노를 고귀한 감정으로 묘사했다. 분노는 옳은 것을 위해 자리에서 일어났다. 정의를 지키기 위해 목소리를 높였다. 싸우지 않음은 사랑의 마음을 담은 이런 용기를 갖는다. 마하트마 간디는 이렇게 말했다. "비폭력은 폭력보다 더 큰 용기가 필요하다."

참된 강함은 삶의 연약함을 돌봄과 용기로 마주한다. 참된 강함은 세상에 두 가지 커다란 힘이 존재함을 안다. 첫 번째 힘은 죽이는 것을 무서워하지 않는 힘이고, 두 번째 힘은 사랑하는 것을 두려워하지 않는 힘이다. 참된 강함은 극도의 위험 상황에서 사랑을 선택한다. 마틴 루터 킹은 가장 암울한 시대에 이런 사랑의 힘을 증명해 보였다. 그는 말했다. "우리는 영혼의 힘으로 고난을 맞이할 것입니다." 아일랜드 가톨릭과 청교도, 팔레스타인과 이스라엘이 벌이는 폭력의 악순환을 종식시키는 데는 참된 강함이 필요하다. 그들이 상대의 고통을 참으로 느끼기 위해서는 용기가 필요하다. 그것은 땅과 문화, 존엄이 사라지고 파괴되는 두려움을 인정하는 용기이다. 상대가 당하는 고통과 두려움을 현명하게 품어 안지 않는다면 증오의 악순환은 계속될 것이다.

참된 강함은 환영을 잘라내는 칼처럼 우리에게 명료함을 가져온다. 이것을 '분별하는 지혜'라고 부른다. 비난과 분투에 갇히지 않을 때 있는 그대로 볼 수 있다. 윌리엄 버틀러 예이츠는 이렇게 노래했다. "우리는 흔들림 없는 물처럼 마음을 고요하게 할 수 있다. 그러면 주변의 존재가 우리 곁에 모여들 것이다. 그들은 고요한 물에 비친 자기 모습을 볼 것이다. 또 그들은 우리가 가진 고요함 덕분에 잠시나마 더 명료하게, 어쩌면 더 치열하게 삶을 살지 모른다." 필요하다면 우리는 치열하고 강해져야 한다. 명료함의 칼을 휘둘러야 한다. 분노에서 벗어날 때 두려움 없이 진실을 말할 수 있다. 악의에서 벗어나는 순간, 우리의 행동은 모든 존재의 행복을 위한 돌봄의 행위가 된다.

아잔 차의 제자인 우리는 스님이 지혜의 칼을 꺼내드는 것을 좋아했다. 방문객이 찾아오면 스님은 그들과 함께 자리에 앉아 연민의 방식으로 가르침을 전했다. 방문객에게 무엇도 바라지 않았던 스님은 자유롭게 진실을 말했다. 한번은 돈 많고 자랑하기 좋아하는 어느 상인이 스님에게 자기 돈의 일부를 숲속 수행처에 기부할지, 아니면 기존에 하던 대로 병원과 공익 자선단체에 기부해 사람들의 관심을 끌지 물었다. 스님은 웃으며 그 남자가 할 수 있는 가장 바람직한 행위는 가진 돈을 모조리 문 강(Mun River, 태국 중부에 있는 강-옮긴이) 다리 밑에 버리는 것이라고 말했다. 또 한번은 군인들이 축복과 보호를 받기 위해 스님을 찾아왔다. 스님은 동정적인 사람이었지만 그들이 보호받는 유일한 방법은 죽이지 않는 것이라고 말했다. 정부 관료들이 찾아왔을 때는 '일부러' 부패가 지닌 중한 업력에 대해 설법했다. 또 가족이 치유를 위해 데리고 온 어느 나이 든 여성을 보고는 이렇게 말했다. "가족들은 당신에게 말하지 않았겠지만 당신은 지금 죽음으로 가고 있습니다." 스님은 이어서 말했다. "하지만 죽는 것은 몸뿐입니다." 그런 다음 여자에게 죽지 않음에 대한 가르침을 전했다.

물론 아잔 차 스님의 칼은 방문객만을 위한 것은 아니었다. 스님은 남녀 승려들에게 개인적으로 집단적으로 우리의 어리석음, 우리의 집착과 두려움, 우리의 옹졸함과 비난을 지적했다. 이렇게 해서 사원은 정직과 연민의 공동체가 되었다. 그것은 우리가 정신적으로 성장하는 데 최적의 환경이었다.

우리는 분노와 증오가 피할 수 없는 마음이라고 잘못 믿고 있다. 불교심리학은 그렇지 않음을 보여준다. 우리는 싸우지 않는 가슴을 가지고 세상에서 살아갈 수 있다. 우리는 두려움과 분노에 굴복하지 않고, 거기에 물러서지 않을 수 있다. 또 두려움과 분노 안에서 무너지지 않는 용기를 발견할 수 있다. 우리는 진실을 말하고 정의를 위해 떨쳐 일어날 수 있다. 현명한 가슴에 머물 때 우리는 세상을 밝히는 등불, 세상을 치유하는 약이 된다. 그리고 모든 존재를 위한 자유의 현존이 된다.

분노 뒤에 숨은 고통과 두려움 발견하기

분노의 상태가 당신의 삶에서 얼마나 자주 일어나는지 마음챙김으로 관찰해봅니다. 분노는 비판자, 자기 정당화에 빠진 희생자, 자동 반응하는 통제자, 판사, 아는 체하는 사람 등 다양한 모습으로 나타납니다. 분노가 당신의 신체 여러 부위에 어떻게 영향을 미치는지 느껴봅니다. 천천히 시간을 갖고 제대로 느껴봅니다. 그런 다음 분노와 함께 따라오는 공격성, 복수심, 불안, 흥분 등 다른 감정의 파도도 관찰합니다. 깨어있는 마음을 유지합니다. 이제 분노가 들려주는 온갖 이야기와 분노를 떠받치고 있는 자기 정당성이라는 믿음과 견해를 알아차립니다. 그러한 믿음과 견해에 집착하기가 얼마나 쉬운지 관찰합니다. 이 모든 경험을 '나'로 동일시하기가 얼마나 쉬운지 관찰합니다.

이제 분노 뒤에 무엇이 있는지 관찰할 차례입니다. 싸우고 비난하려는 움직임이 일어나는 것을 느껴봅니다. 그런 다음 지금 분노를 일으키는 원인이 되는 아픔과 두려움이 무엇인지 자신에게 물어봅니다. 자신이 아파하고 고통당하는 느낌을 솔직하게 바라봅니다. 어떤 일이 일어나는 것을 두려워하고 있는지 정직하게 바라봅니다. 이 깊은 차원의 연약함을 전체 상황의 일부로 인식합니다. 이제 당신이 느끼는 두려움과 아픔을 비난하지 않습니다. 그것과 어떻게 소통할지 생각해봅니다. 당신의 가슴이 가르침을 주도록 놓아둡니다. 당신은 자신과 타인을 존중하는 방식으로 말하고 문제에 대응할 수 있습니다. 분노를 다룰 때면 언제나 이렇게 수련해보십시오.

15

미망에서
지혜로

꿈에서 깨어나기

미망은 우리의 눈을 멀게 하고 실재를 꿰뚫어보지 못하게 한다. 미망은 경험의 참된 본성을 덮어버리고 현명하지 못한 주의를 일으키며 우리로 하여금 어리석은 행동을 하게 한다.

_『청정도론』

여보게, 자네는 오랫동안 잠들어 있었네. 이제 깨어날 시간이 되지 않았나?

_아잔 차 스님의 사원 입구에 세워진 간판

마음이 아플 땐 불교심리학

불교심리학의 목표는 명료하게 보도록 돕는 것이다. 미망에 빠지면 매우 분명한 진실조차 제대로 알아보기 어렵다. 아잔 차 스님은 말했다. "미망은 지금 말을 타고 있으면서 '말이 어디 있지?'라고 묻는 것과 같다."

현대 심리학의 가장 놀라운 발견 가운데 하나는 우리의 습관적인 지각이 얼마나 잘못될 수 있는가 하는 점이다. 하버드 대학의 연구에서 대니얼 사이먼스(Daniel Simons)는 3분짜리 농구 동영상을 실험 대상자에게 보여주었다. 동영상에는 검정 옷을 입은 팀과 흰 옷을 입은 팀이 자기 편 선수끼리 농구공을 패스하는 장면이 담겨있었다. 사이먼스는 실험 대상자에게 각 팀이 농구공을 몇 회나 패스하는지 수를 세도록 했다. 그런데 동영상 중간에 고릴라 분장을 한 사람이 농구 코트 가운데로 걸어 나와 카메라를 정면으로 응시하고는 몇 차례 가슴을 두드린 뒤 걸어 나간다. 3분이 다 되었을 때 동영상을 본 실험 대상자의 절반이 고릴라를 전혀 보지 못했다고 답했다. 이들은 농구공의 패스 횟수를 세느라 공에 온 신경을 집중하고 있었다. 특별한 사건이 없었는지 물었더니 그들은 결코 없었다고 답했다. 동영상을 다시 보여주자 그들은 입이 쩍 벌어졌다. 고릴라가 너무 분명히 눈에 보였음에도 전혀 보지 못한 것이다.

물론 동영상의 고릴라처럼 우리의 주의를 산만하게 만드는 요소를 무시하는 것도 때로 도움이 된다. 다른 것을 배제한 채 특정 과제에 집중하는 경우가 그렇다. 사실, 명상도 이렇게 하도록 돕는 방법이다. 그렇지만 사물에 관한 우리의 견해가 얼마나 한쪽으로 치우칠 수 있는지 알 필요는 있다. 그래서 우리가 실재의 많은 부분을 놓칠 수 있음을 깨달을 필요는 있다. 흔히 우리는 믿고 싶은 것만 본다. 잘 알듯이 우리는 사랑에 눈이 멀기 쉽다. 마찬가지로 우리는 자신의 몸에, 자신이 세운 계획에, 자신의 재정 상태에,

자신의 과거와 미래에 관한 망상에 빠지기가 쉽다. 마찬가지로 국가는 자국의 국내외 정책에 관하여 망상에 빠질 수 있다.

"당신은 환영 속에 살고 있습니다. 당신은 사물의 겉모습만 보며 살고 있습니다." 티베트의 라마승 까루 린포체(Kalu Rinpoche)는 이렇게 말했다. "실재가 존재하는데도 당신은 이것을 모르고 있습니다." 명료하게 보지 못하면 사물의 표면적 환영을 실재로 간주하고 만다. 건강하지 못한 모든 마음 상태의 근저에는 이런 미망이 자리 잡고 있다. 집착은 어떤 것이 부족하다는 미망에서 비롯된다. 즉 우리가 지닌 전체성과 삶의 풍요로움을 느끼지 못하는 데서 집착이 일어난다. 혐오와 증오는 안전에 대한 잘못된 추구의 결과이다. 즉 증오가 우리를 안전하게 만들어준다는 잘못된 믿음에서 혐오와 증오가 일어난다. 그리고 미망의 뿌리에는 독립되고 한정된 자아 감각이라는 환영이 자리 잡고 있다.

미망에서 벗어난 자유는 매우 중요하다. 이 때문에 붓다가 깨달음 직후 처음 읊은 시도 미망에서 벗어남을 묘사한 것이었다. 붓다는 "아, 집을 짓는 자여, 나 이제 너를 보았으니"라고 노래 불렀다. "대들보는 부서지고 서까래는 산산이 조각났다. 너는 다시는 슬픔의 집을 짓지 못하리라." 미망은 집착, 분노, 두려움, 슬픔이라는 서까래를 떠받치고 있는 대들보와 같다. 미망을 꿰뚫어본 붓다는 인간이 당하는 괴로움의 집에서 스스로를 해방시켰다. 그렇게 그는 자유의 몸으로 표표히 걸어갔다.

미망에서 깨어날 때 우리의 삶은 변한다. 그러나 미망에서 깨어나는 일은 쉽지 않다. 미망이라는 대들보를 알아보기가 만만치 않기 때문이다. 아잔 차 스님의 사원에서 승려들 사이에 갈등과 불화가 일어나자 스님은 승려들을 경책하며 이렇게 말했다. "이것을 분명히 보라. 이것이 무지이고 이것이 미망이다."

　미망은 사람을 유혹하는 힘이 있다. 미망은 언제 어디서나 일어날 수 있다. 불교 경전에는 코삼비에서 벌인 유명한 싸움에 관한 이야기가 나온다. 이 싸움에서 붓다의 제자들은 서로 불화를 일으키는 중에 붓다의 말에 귀를 기울이지 않는다. 도겐 선사는 미망이 순간적으로 얼마나 빨리 일어날 수 있는지 경고한다. "깨달음의 생각이 일어난 한순간, 당신은 붓다가 된다. 그러나 바로 다음 순간 평범한 생각이 일어나자마자 당신은 다시 미망에 빠진 인간이다." 명상 지도자인 나는 불교계의 가장 위에 있는 사람에게서도 미망을 보았다. 어떤 선사와 제자들은 다른 선사의 수행법을 폄하하고 그들의 제자들을 학대하기도 한다. 그러면서 이것이 자기 제자들에게 도움이 되는 일이라고 믿는다. 나에게 정직하자면, 나 역시도 오만하고 둔감한 경우가 있다. 나 또한 자신의 미망에 사로잡힐 때가 있다.

　미망은 정보를 갖지 못한 것과 다르다. 미망은 가솔린 엔진의 작동방식과 중동의 역사적 사실을 모르는 것이 아니다. 미망은 우리로 하여금 사실을 못 보게 만들고 자신의 관점과 견해에 집착하도록 만든다. 미망은 실재와의 연결을 상실하게 만든다. 극단적인 경우 미망은 실제로 정신병이 된다. 우리가 가진 일상의 미망은 현재 순간의 실재로부터 우리의 생각과 혼란스러운 착각이라는 비(非)실재로 우리를 데려간다. 미망이 있을 때 우리는 꿈과 같은 무의식의 삶 속에 길을 잃는다. 당신은 미망에 관한 이 챕터를 읽다가 잠에 떨어질지도 모른다. 미망이 어떻게 작동하는지 관찰하라. 알아차림을 통해 미망의 영향과 미망이 일으키는 괴로움에서 놓여날 수 있다.

　불교심리학의 열다섯 번째 원리는 이것이다.

15

미망은 세계를 잘못 이해하게 하고 자신이 누구인지 망각하게 만든다. 미망은 온갖 건강하지 못한 마음 상태를 일으킨다. 자신을 미망에서 자유롭게 하라. 지혜의 마음으로 세상을 보라.

부주의 : 미망의 첫 번째 차원

불교심리학은 우리 삶에 존재하는 미망의 세 가지 차원에 대해 말한다. 미망의 첫 번째 차원은 주의의 결핍이다. 주의가 결핍된 현상은 서쪽의 사악한 마녀(『오즈의 마법사』에 등장하는 마녀-옮긴이)가 우리 고향에 양귀비 가루를 뿌리는 바람에 우리가 지금 어디에 있는지 알지 못하는 것과 비슷하다. 이것을 '망각의 미망'이라고 부를 수 있다. 망각의 미망은 지금 일어나고 있는 일을 관찰하지 못할 때 일어난다. 생각에 빠져 반쯤 잠든 상태에서 일어난다. 망각의 미망은 목적지에 도착해 차를 주차한 뒤 그곳에 이른 과정을 전혀 떠올리지 못하는 경험과 비슷하다. 또 음식이 한가득 담긴 접시를 싹 비우고는 "이걸 누가 다 먹었지?"라고 말하는 것과 비슷하다.

　우리는 평소 미망에 빠진 채 비행기의 자동 조종 상태로 살고 있다. 거리를 걷다 집에 돌아온 뒤 자신이 지금껏 어디에 있었는지, 무슨 일이 일어났는지 기억하지 못한다. 폭풍우가 몰아치는 날에도 하늘을 지나가는 구름을 알아보지 못한다. 발아래 첨벙거리는 빗물이, 황혼녘에 반짝이는 창문의 불빛이 눈에 들어오지 않는다. 햇볕이 환한 봄날 아침 반짝이는 공기를 알아보지 못한다. 집에 도착해서는 심지어 사랑하는 이의 얼굴도 알아보지

　　　　　　　　　　　　　　　마음이 아플 땐 불교심리학

못한다.

　미망에 빠져 있으면 삶의 모든 시간이 흔적 없이 사라져버린다. 현대 생활의 광란의 속도 속에서 우리는 만성적 주의력 결핍의 문화에 살고 있다. 학교와 직장은 우리에게 멀티태스킹을 요구한다. 우리의 주의는 분산되어 피상적이고 얕아졌다. 각종 자극에 둘러싸인 상태에서 지루해하고 잠시도 가만히 있지 못한다. 이럴 때 우리는 온갖 종류의 중독에 이끌리기 쉽다. 작가인 앤 윌슨 섀프(Anne Wilson Schaef)는 이렇게 지적한다. "우리의 감각을 무디게 만들고 일회성 쾌락에 매달리게 만들며 우리를 무감각한 좀비로 만드는 상품 판매를 촉진하는 주범은 바로 소비 사회의 이익이다." 불행히도 서양 심리학이 '정상(normal)'으로 간주한다 해도 실제로 우리는 심각한 미망의 차원에서 살고 있을 수 있다. 외면적 성공을 거두어 돈으로 살 수 있는 모든 것을 가졌다 해도 내면의 평화를 경험하지 못한다면 이런 미망이 일어날 수 있다.

　마음챙김 훈련은 우리가 미망의 구덩이에서 깨어나도록 한다. 마음챙김은 환상에서 벗어나 명료하게 보도록 이끈다. 마음챙김이 없을 때 마음은 미망에 빠져 습관적으로 즐거운 경험을 붙잡고 불쾌한 경험을 내친다. 이보다 관찰하기 어려운 것이 있는데, 미망에 빠지면 즐겁지도 괴롭지도 않은 경험을 알아보지 못한다는 점이다. 즐겁지도 괴롭지도 않은 중립적인 경험을 할 때 우리는 지루해하고 멍해진다. 이것은 우리가 문화적으로 높은 수준의 자극을 구하도록 조건화되었기 때문이다. 우리는 하루 중 많은 시간을 차지하는 중립적 경험의 이면에 존재하는 생생함을 알아보지 못한다. 그러나 주의력이 커지면 지금까지 중립적이고 지루해 보였던 것이 눈에 보이지 않는 풍요로움으로 가득해진다.

우리는 미망을 완전히 제거하려고 애쓰기보다 미망이 일어나는 순간을, 즉 자동조종 모드에 들어가는 순간을 그저 관찰해야 한다. 알아차림이 부족한 상태에 관심을 기울여야 한다. 이를 위해서는 자기 삶에서 가장 무의식적으로 움직이는 영역을 찾아볼 필요가 있다. 그러면 미망이 주의산만, 속도, 중독과 나란히 간다는 것을 알게 될 것이다. 미망에 주의를 기울이는 것은 자신의 습관에 도전을 던지는 일이다. 미망에 주의를 기울일 때 우리는 깨어나기 시작한다.

졸음과 무감각은 첫 번째 차원의 미망, 즉 망각의 미망에 빠졌을 때 나타나는 증상이다. 생물학적 차원에서 볼 때 졸음은 피곤하거나 갱신, 즉 새로 고침이 필요할 때 일어난다. 명상 수련회에 처음 참가하는 사람들은 명상을 시작하자마자 기분 좋은 잠을 실컷 자는 경우가 종종 있다. 이것은 지금 그들의 몸이 고요함이 아닌 잠을 필요로 한다는 신호이다. 이 건강한 졸음은 자연스러운 반응으로 존중되어야 한다. 어떤 사원에서는 이 졸음을 일종의 '미니 열반'으로 부르기도 한다. 하지만 어떤 경우에 졸음과 둔함은 단지 미망인 경우가 있다. 졸음과 둔함은 마치 마음의 아편굴처럼 유혹적인 망각을 일으킨다. 그것은 자기 앞의 현상을 보지 못하게 만든다.

어느 수련회에서 나는 카일이라는 남자와 상담을 했다. 사업가인 카일은 명상을 하려고 자리에 앉을 때마다 졸음이 밀려온다고 했다. 그는 이미 며칠을 수련회에 참가하며 휴식을 취한 상태였기에 그의 졸음은 탈진이나 소진은 아니었다. 그의 에너지 수준도 고요해진 마음 상태와 균형을 맞출 정도로 강한 상태였다. 나는 카일의 졸음이 자신의 경험을 숨기는 작용을 하고 있지 않은지 의구심이 들었다. 나는 함께 자리에 앉아 카일에게 눈을 감고 내면을 살펴보라고 했다. 카일은 주의를 기울이며 잠시 자리에 고요히 앉아

있었다. 이내 졸음이 밀려오자 내가 물었다. "만약 졸음이 오지 않는다면 어떤 느낌이 들까요?" 잠시 뒤 카일의 눈에 눈물이 고였다. 카일의 졸린 상태는 몇 년 전 연인의 자살로 힘들고 외로웠던 슬픔의 샘물을 덮어 가리고 있었다. 카일의 슬픈 기억이 하나씩 밀려왔다. 미망에 주의를 기울이자 카일은 자신이 오랫동안 회피해온 슬픔과 고통에 마음이 열렸다. 지금까지 자기 안에 지닌 슬픔과 고통을 느끼지 않으려 했던 카일은 자신이 반쯤 살아있는 상태로 삶을 근근이 유예하며 살아왔다고 말했다. 카일은 고통에 다가가는 길을 가로막은 둔감함 때문에 온전히 느끼고, 창의적으로 행동하며, 다시 사랑하는 능력을 잃어버린 상태였다.

마음챙김이 있을 때 우리는 미망에서 깨어날 수 있다. 미국 군대도 병원과 기업에서 성공을 거둔 존 카밧진(Jon Kabat-Zinn)의 스트레스 완화 프로그램(MBSR)에 바탕한 마음챙김 훈련을 받고 있다. 성질이 급한 어느 젊은 육군 장교는 분노와 스테레스 관련 문제를 일으킨 적이 있었다. 그는 연대장으로부터 8주간의 마음챙김 훈련 수업에 참가하라는 명령을 받았다. 스트레스 수준을 낮추려는 목적이었다. 몇 주 동안 스트레스 감소 수업에 참가한 그는 어느 날 귀갓길에 잠시 마트에 들렀다. 언제나처럼 그는 서두르는 상태였으며 약간 짜증이 나 있었다. 카트를 계산대로 밀고 갔지만 줄이 너무 길었다. 바로 앞에 선 여자는 물건을 달랑 하나 들고는 계산대에서 시간을 오래 지체했다. 심지어 아기를 안은 채 계산원과 이야기를 나누고 있었다. 젊은 장교는 안달이 났다. 앞에 선 여자는 계산원과 잡담을 하며 뒤에 선 사람들을 기다리게 했다. 심지어 여자는 품에 안은 아기를 계산원에게 안겼다. 계산원은 잠시 동안 아기에게 정답게 무언가를 속삭였다. 그 순간 젊은 장교는 습관처럼 화가 치밀었다. 하지만 마음챙김 수련을 했기에 몸에서 느껴지는 열기와 긴장을 알아차렸다. 그 고통을 느꼈다. 호흡하면서 이완했다. 다시 바라보았을 때 남자 아기가 미소를 지었다. 계산대에 이른 장교가 계산원에게 말했다. "정말 귀여운 아기군요." 그러자 계산원이 말했다. "오, 아기를 좋아하세요? 우리 아기예요. 아기 아빠는 공군에 근무했는데 작년 겨울에 하늘나라로 갔지요. 이젠 내가 전업으로 일을 해야 해요. 친정엄마가 손자를 하루에 한두 번씩 데려와 아기 얼굴을 내게 보여주죠."

　　미망 속에 살 때 우리는 타인에 대해 경솔한 판단을 내린다. 또 그들 내면의 아름다움을 알아보지 못한다. 그들의 고통을 알아보지 못하며 그들을 연민으로 대하지 못한다. 주의를 기울이지 않으면 우리는 바로 앞의 식사도, 지나가는 행인도, 끊임없이 변화하는 풍경도 알아보지 못한다. 열린 마음으로 맺는 세상과의 연결도 알아보지 못한다.

부정이라는 미망

부주의보다 더 깊은 차원에서 우리는 두 번째 미망과 만난다. 그것은 부정 (denial)이라는 미망이다. 부정은 우리 눈앞에 실제로 존재하는 것을 믿지 않을 때 일어난다. 개인적 차원에서 우리는 직장에서 일어나는 문제를 부정하고 결혼생활의 어려움을 부정한다. 또 자신의 우울과 중독을 부정한다. 마치 그것을 부정하면 문제가 사라지는 것처럼 말이다. 부정하는 우리는 한번 연애를 시작하면 낭만적 도취가 영원히 지속될 거라고 믿는다. 또 주식시장이 오직 오르기만 할 뿐 절대 내려가지 않을 거라고 여긴다.

　　우리 중 많은 이가 어린 시절에 부정을 학습한다. 나는 가족의 비밀을 모른 체하라고 배웠다. 우리 어머니는 아버지에게 맞은 멍을 다른 구실로

　　　　　　　　　　　　　　　　마음이 아플 땐 불교심리학

둘러댔다. 아버지가 얼마나 미치광이인지 사람들이 알지 못하도록 어머니는 집에 손님을 들이지 않았다. 부정 속에 있을 때 우리는 서로에게 진실을 말하기를 두려워한다. 나는 암으로 죽어가는 열두 살 여자아이를 알고 있었다. 아이 부모는 크리스마스 선물로 아이에게 새 스키를 사줬다. 스키를 선물한 목적은 아이에게 희망을 주기 위해서가 아니었다. 부모는 스키 휴가를 몇 년 더 다니면 이제 아이가 다시는 스키를 타지 못한다는 사실을 직면하기 어려웠다. 어린이 환자를 대하는 이들이 자주 하는 말에 따르면 아이들은 자신이 죽어가고 있음을 안다고 한다. 그럼에도 아이는 부모가 자신이 죽어가고 있다는 사실을 몰랐으면 하고 바란다고 한다. 이렇게 아이들은 외로운 작업을 스스로 견뎌내고 있다. 죽어가는 아이들과 시간을 보내면서 나는 아이들이 가진 지혜와 두려움 없음에 놀라는 때가 있다. 이 아이들은 부정 속에 사는 어른들, 비탄에 잠긴 어른들을 위한 교사이다.

부정은 집단적으로 작동하는 수도 있다. 사회 전체가 무지와 인종차별, 두려움의 전염으로 폭력 사태에 내몰릴 수 있다는 점을 불교심리학은 이야기한다. 일상의 소비 광고와 텔레비전의 선전은 의도적으로 우리의 불안을 조장하고 정치적, 경제적 미망을 부추긴다. 이로 인해 치러야 하는 대가를 깨닫지 못한 채 집단 미망이 오랜 시간 동안 작동하는 수도 있다. 우리는 존재하지도 않는 '대량살상무기'를 없애는 명분으로 수천 명의 목숨을 빼앗고 수십억 달러를 쏟아 부은 이유를 스스로에게 물어야 했다.

198○년대 미하일 고르바초프의 집권 시절에 소비에트 제국이 붕괴되기 시작하자 그 전까지 부정하던 많은 일이 없어졌다. 그 이전에 러시아 공산 독재정권은 자신들의 모든 악행을 부정하고 있었다. 그들의 역사책은 스탈린의 숙청으로 죽임을 당한 수천만 명, 시베리아의 끔찍한 정치범 수용

소를 부정했다. 그리고 대규모의 농업 실패는 절대 없었던 일인 것처럼 둘러댔다. 숙청으로 '제거된' 관료들의 흔적을 남기지 않으려고 사진을 조작하기도 했다. 1988년 고르바초프가 조성한 새로운 개방이 정점을 찍을 당시 소련 기관지 〈이즈베스티야〉는 소련 정부가 53만 명의 학생에게 역사 과목 기말시험을 치르지 않기로 결정했다는 소식을 일면에 실었다. 신문은 그 이유로 세대를 넘어 기만하고 마음과 영혼을 오염시킨 역사 교과서가 학생들에게 거짓말을 가르쳤기 때문이라고 했다. 신문은 이어서 이렇게 썼다. "오늘 우리는 도덕적 방종에 따른 쓰디쓴 결과를 받고 있다. 우리는 순응에 굴복한 대가를 치르고 있다. 얼굴이 화끈거릴 정도로 수치심을 일으키는 일들, 우리 아이들에게 어떻게 정직하게 답해야 할지 모르는 온갖 일들을 침묵으로 용인한 대가를 지금 치르고 있다."

자신이 저지른 일을 부정함으로써 소련이 치러야 했던 대가는 우리에게 매우 분명해 보였다. 그런데 불행히도 우리 역시 우리가 처한 환경 위기, 지속적으로 창궐하는 인종 차별과 거짓 민족주의, 전 세계의 거대한 무기 산업에의 가담을 계속 부정하고 있다. 안전이라는 명분 아래 우리는 전 세계 군비 예산의 10퍼센트로 지구상의 모든 굶주리는 사람을 먹여 살릴 수 있다는 사실에 눈감고 있다.

우리는 명백한 위험에 직면해서도 미망에 집착하기도 한다. 내가 좋아하는 이야기가 있다. 고속도로에서 차를 몰던 어느 남자가 있었다. 마침 라디오에서 안전 경고 방송이 흘러나오고 있었다. "187번 주간(州間) 고속도로의 북쪽 방향으로 향하는 운전자는 예외 없이 경고음을 울려주세요. 지금 고속도로에서 역주행하는 차량이 한 대 있습니다." 남자는 차량 앞 유리를 통해 전방을 유심히 살피며 이렇게 중얼거렸다. "한 대가 아닌데? 수백 대가

역주행하고 있어."(남자의 차량이 역주행 차량이었다-옮긴이)

　　마음챙김 훈련과 유사하게 서양 심리학은 부정이라는 중간 수준의 미망을 꿰뚫어보도록 돕는 데 초점을 맞춘다. 정신분석을 비롯한 여러 심리치료는 자신이 부정하는 일을 반복적으로 마주하게 한다. 자신이 지금까지 부정해 온 것을 살피고 질문하고 해석하고 억지로라도 직면하면서 느끼게 한다. 나는 첫 심리치료사와 함께 앉아 내 인간관계의 커다란 도전과 다른 도시로 이사 가는 일에 관해 많은 이야기를 나눴던 기억이 있다. 그가 갑자기 내 말을 끊고 이렇게 말했다. "당신은 지금 슬퍼하는군요. 그렇죠? 슬프고 화가 나 있어요." 갑자기 나의 마음이 멈춰 섰다. 지극히 간단한 그의 말이 내 마음에 콱 들어와 박혔다. 나는 울음을 터뜨렸고 몸을 떨었다. 인정하기 힘든 나의 진실과 직면했다. 나는 ~~아메스로~~ 스로 지어낸 이야기를 그치고 부정에서 벗어날 필요가 있었다.

　　마찬가지로 아잔 차 스님은 제자들이 어떤 것을 부정하면 그것을 지적하고는 했다. 스님은 나에게 이렇게 말했다. "자네, 오늘은 제대로 주의를 기울이지 않는 것 같아." 존을 보고는 이렇게 말했다. "어이, 자네는 명상을 하고 있다고 생각하겠지만 자네 코고는 소리가 여기까지 들린다네." 프라서트에게는 이렇게 말했다. "자네는 움막 주변의 귀신을 두려워하는군. 그런데 내가 본 것 중에 유령과 제일 비슷한 놈은 커다란 흰색 서양원숭이라네." 아잔 차 스님은 미망에 깊이 빠진 제자 승려들을 위해 아주 간단한 수행 지침을 전했다. 스님은 간결하지만 크고 분명하게 쓴 글씨로 제자들의 혼란스러운 마음을 뚫고 들어갔다. "하루 네 번 명상을 하라. 그리고 자신의 몸에 집중하라." 또는 "가사를 단정히 하라." 스님은 마음에 대해서도 간결한 지침을 내렸다. "마음에 일어나는 의심을 사실로 믿지 말라. 그저 '이것은 의심이다'라고 말하라." 아잔 차 스님은 말했다. "화는 쉽게 관찰할 수 있다. 그런데 탐욕은 화보다 관찰하기가 조금 더 미묘하다. 가장 관찰하기 어려운 것이 미망이다. 미망과 함께 일어나는 마음 상태는 어느 것이나 흐리멍덩하고 혼란스럽다." 스님은 이어서 이런 말도 했다. "명료함의 순간을 찾아보라. 혼란스러운 생각을 따라가지 말고 자신의 경험에 충실하라. 그리고 명료함과 혼란이 어떻게 다른지 구분해 알라." 이렇게 우리는 연습을 통해 혼란스러운 마음에서 벗어나는 법을 배웠다.

실재에 대한 잘못된 지각

가장 깊은 차원의 미망은 '현실에 대한 잘못된 지각'이라고 하는 것이다. 이 차원의 미망을 직면하기가 가장 어려운 이유는 우리가 가장 내밀히 간직한 가정(假定)을 위협하기 때문이다. 근본적으로 우리는 행복과 영원성에 관한 미망에 빠져있다. 그리고 우리 자신의 본성에 관한 미망에 빠져있다. 먼저, 행복에 관하여 우리가 가진 생각을 살펴보자. 우리는 누구나 외면적 안락이 기쁨과 편안함, 안정을 가져온다는 것을 안다. 붓다는 이렇게 말했다. "이 경험이 즐겁지 않았다면 우리는 거기 얽혀들지 않았을 것이다." 그런데 우리가 외면적 안락이라는 행복을 즐길 수도 있지만 그것은 완전하지 않은 행복이다. 우리 내면의 지혜는 외면적 안락만으로 충족을 느낄 수 없음을 알고 있다. 불교심리학은 우리에게 행복이라는 미망을 살펴보도록 독려한다.

커다란 부와 명예를 가진 사람도 어마어마한 괴로움과 상실을 경험한다. 한편, 지극히 가난한 환경에 사는 사람도 놀라울 만큼의 행복을 누릴 수 있다. 행복은 우리 안에 있다. 복권 당첨자를 관찰한 연구에 따르면, 복권 당첨자의 행복은 당첨금 수령 뒤 대략 2년 동안 증가하다 이후에는 대개 처음의 행복 수준으로 돌아간다고 한다. 만약 복권 당첨 이전에 그가 행복했다면 행복했던 수준으로 돌아갈 것이고, 복권 당첨 전에 우울하거나 두렵거나 비참했다면 수백만 달러의 복권에 당첨되어도 그 상태로 다시 돌아간다는 것이다. 더 놀라운 사실은 상상하기 어려운 최악의 운명을 가진 전신마비 환자에 대한 연구이다. 그들 또한 몇 년간 하반신 마비와 전신 마비를 겪은 뒤에는 처음의 행복 수준으로 돌아간다고 한다.

따라서 외부 환경을 바꾸는 것은 행복에 이르는 참된 길이라고 할 수 없다. 참된 행복은 마음이 건강한 상태에 있을 때 일어난다. 현명하고 자애로운 마음에서 참된 행복이 일어난다. 어느 여성이 가슴 부위에 만져지는 암 덩어리가 림프절에 전이되었다는 사실을 의사로부터 통보받았다. 그 여성은 불교 수련을 하러 왔다. 그녀는 수술과 항암치료를 받아야 하는 상태였다. 그녀는 행정사로 일했는데 두 자녀는 이미 장성했고 남편도 필요한 것이면 아낌없이 그녀에게 도움을 주었다. 암 치료를 받는 동안 그녀는 질병과 죽음에 대한 두려움이 자신의 삶을 망가뜨릴 수 있을까 질문했다. 그러자 질병과 죽음에 대한 두려움과 무관하게 행복할 수 있음을 깨달았다. 사람을 좋아하는 따뜻한 가슴을 가진 그녀는 친구도 많았다. 사실 그녀는 자신을 행복하게 하는 것을 이미 갖고 있었다. 그녀를 행복하게 해준 것은 안락한 삶이 아니었다. 암도, 힘겨운 치료도 그녀의 행복을 앗아가지 못했다. 그녀를 행복하게 만든 것은 다름 아닌 그녀의 따뜻한 가슴이었다.

실재에 대한 잘못된 지각에 있어 두 번째의 기본적 미망은 영원성에 대한 미망이다. 미망은 우리가 경험을 붙잡을 수 있다고 믿는다. 그러나 삶에서 견고하고 영원한 것은 아무것도 없다. 우리의 어린 시절은 지금 어디로 갔는가? 1990년대는 지금 어디에 있는가? 지난 해, 지난 달, 어제는 어디로 갔는가? 모두 사라지고 없다. 시인 루미는 이렇게 말한다. "텅 빈 곳에서 경험이 밤낮으로 무리 지어 나오고 있네." 영원성에 대한 미망을 가진 우리는 느낌과 경험, 사람이 영원히 나의 것인 양 집착한다. 우리는 세상을 붙잡으려 애쓰지만 살아온 날들은 신기루와 꿈처럼 사라져버린다.

변화의 진실을 받아들일 때만 우리는 현명하게 살 수 있다. 아잔 차 스님 사원의 핵심 교육 과정은 무상과 죽음이다. 삶을 멈추지 않고 흐르는 강물로 볼 때까지 우리는 의도적으로 우리의 기분에 대해, 계절의 변화에 대해 숙고했다. 그리고 오고가는 방문객에 대해, 우리의 늙음에 대해, 호흡의 움직임에 대해 숙고했다. 스즈키 순류 선사는 불교의 가르침을 간명하게 이렇게 요약했다. "항상하지 않은 것."

내가 좋아하는 만화에 어느 베두인족 가족이 낙타를 타고 광활한 사막을 지난다. 아버지가 앞장서 가장 큰 낙타를 타고 뒤이어 어머니와 세 아이가 조금씩 작은 낙타를 타고 뒤를 따른다. 아버지가 고개를 돌려 막내를 향해 이렇게 말한다. "이제 다 왔는지 묻지 말거라. 보라고, 우리는 유목민이란 말이다!"

우리는 미망에 빠진 채 모두가 나그네라는 사실을 잊고 산다. 우리는 자기 몸이 영원히 젊음을 유지하고, 아이들은 영원히 아이이며, 우리가 가진 재산은 안전하고, 결혼생활은 지금과 똑같이 유지될 거라고 여긴다. 그러나 칭찬과 비난, 이익과 손실, 기쁨과 고통, 명예와 오명은 삶이라는 끝없이 변하는 직물을 짜나가는 재료다. 니체는 이렇게 말했다. "어떤 것을 눈에 보이는 것보다 하루 더 길게, 특히 하루 더 빨리, 좋다고 말하지 않는 것이야말로 기쁨을 순수하게 유지하는 유일한 방법이다."

마음이 아플 땐 불교심리학

미망을 잘라내기 위해 아잔 차 스님의 사원에서 우리는 보통 사람이라면 겁에 질릴 만한 내용을 담은 불교 경전의 말씀을 숙고했다. "그대는 팔구십 먹은 노인을 한 번도 보지 못했는가? 노쇠하고 비틀거리는 걸음에 이빨은 부서지고 주름살이 졌으며 피부에 반점이 가득한 팔다리의 노인을 보지 못했는가? 그리고 이런 일이 당신에게도 일어날 것이라고 한 번도 생각해보지 못했는가? 큰 병으로 아파 다른 사람에게 실려 가고 병상에 눕히는 사람을 보지 못했는가? 당신도 큰 병에 걸릴 수 있다는 생각을 한 번도 하지 않았는가? 죽은 뒤 이틀만 지나면 부풀어 오르고 검푸르게 썩어가는 시체를 한 번도 본 적이 없는가? 그리고 당신 역시 죽음에서 벗어날 수 없다는 생각을 한 번도 해보지 않았는가?"

이 질문은 단도직입적인 끔찍한 질문이다. 이 질문은 우리의 편안함에 도전을 던진다. 우리가 죽음에 비추어 지혜로운 삶을 살도록 이끄는 질문이다.

명상 수련회를 찾았을 때 톰은 이미 몇 년 동안 불교 수행을 하고 있었다. 톰은 둔감하고 맥빠지고 종종 멍하니 있는 기질이었다. 미망 유형에 속했다. 내가 톰에게 발과 팔, 가슴 등 몸에 주의를 기울이게 하자 자신이 얼마나 불안한지 느끼기 시작했다. 즉시 톰은 최근에 파킨슨병 진단을 받은 아내를 걱정하기 시작했다. 톰은 어떻게 해야 할지 몰랐다. 톰이 나에게 말했다. "아내의 파킨슨병 진단 이후로 내가 어떻게 느끼는지 모르겠어요."

나는 톰에게 자신에게 보내는 편지를 쓰도록 했다. 그가 일상적으로 자각하지 못했던 모든 것을 자세히 적도록 했다. 하루 동안 명상을 한 뒤 톰은 자신의 아내와 부부의 미래, 사라지지 않는 불안에 대한 두려움을 적어 내려갔다. 그런 다음 어린 시절과 첫 결혼에서 경험한 불안을 떠올렸다. 자신에게 쓴 편지를 나에게 읽어주며 톰은 생기를 되찾고 자기 내면의 혼란스러움을 느꼈다. 이렇게 자신의 경험을 더 명료하고 정직하게 알아갔다.

톰은 알아차림을 신뢰하기 시작했다. 그런데 마음이 열리면서 괴로운 느낌도 더 커졌다. 톰은 이제 아내가 겪는 어려움뿐 아니라 질병과 불안정한 상황으로 사람들이 당하는 고통까지 눈에 들어왔다. 이렇게 괴로운 느낌이 더 커졌다. 나는 톰과 자리에 앉아 그의 가족과 세상 사람들이 당하는 괴로움을 모두 받아들이게 했다. 그런 뒤 그 괴로움이 더 커지고, 열리고, 변하게 허용하도록 했다. 처음에는 끔찍하게 느껴졌다. 모든 존재가 당하고 있는 괴로움과 질병을 떠올리면서 톰은 흐느꼈다. 괴로운 느낌이 점점 커졌다. 톰의 몸과 마음에서 열기와 고통이 느껴졌다. 마치 불이나 별이 된 것 같았다. 그런 다음 톰은 별이 우주 공간으로 확장되는 것을 느꼈다. 톰은 이것을 환한 비어있음이라고 표현했다. 톰의 얼굴이 부드러워졌다. 고통 사이로 편안함이 일어났다. 그의 마음속에서 어떤 목소리가 이렇게 말했다. "이제 너는 고통 속에서 세상의 편안함을 발견할 준비가 되었어. 이제 자유롭게 사랑할 수 있어."

이제 아내를 머릿속에 떠올리자 전에 없던 널찍한 여유로움과 신뢰가 일어났다. 이렇게 자신이 당하는 어려움을 자애로운 가슴으로 품어 안았다. 멍하니 지내던 상태에서 이제 널따랗고 사랑을 주는 현존으로 변해있었다. 집으로 돌아온 톰은 아내에게 가까이 다가갔다. 아내의 질병을 두려워하는 마음도 줄었다. 이로써 아내도 두려움이 줄었다. 톰은 주기적으로 명상 수련회를 다시 찾아 자신의 명상을 새롭게 했다. 아내의 질병과 두 부부가 함께하는 삶은 새로운 단계에 들어섰다. 그러면서 톰은 자신의 마음을 넓히고 활짝 열었다.

행복과 영원성에 관하여 갖는 미망은 우리가 누구인지 망각하는 가

마음이 아플 땐 불교심리학

장 깊은 미망에 뿌리를 두고 있다. 자신의 참된 본성을 망각할 때 우리는 자신을 분리된 존재로 여긴다. 협소한 관점에 매몰된다. 말이 눈가리개를 하고 달리는 것과 같다. 몸에 집착하는 것과 마찬가지로 우리는 일시적인 느낌과 생각에 집착한다. 그리고 그것을 우리의 근본적인 정체성으로 간주한다. 늙음과 노쇠에 관한 명상으로 몸에 대한 지각을 변화시키듯이 불교의 가르침은 마음에 대한 집착도 허물도록 권한다. "마음과 마음의 상태, 마음의 의식이 자아를 구성하는 요소라는 주장은 근거가 빈약하다. 이해가 부족한 자들은 마음보다는 여러 요소로 이루어진 몸을 자아로 간주하는 것이 더 편할 것이다. 그런데 계속해서 변하는 몸은 일 년 또는 몇 십 년 지속될 수는 있어도 마음과 마음이 일으키는 생각, 의식 상태는 밤낮으로 끊임없이 빠르게 일어나고 사라진다. 그러므로 과거와 현재, 미래의 거칠고 미세한 모든 신체적 경험과 느낌, 지각과 생각, 의식에 대해 '이것은 나의 것이 아니다. 이것은 내가 아니다. 이것은 나의 자아가 아니다'라고 지혜로써 분명하게 보아야 한다."

미망에 휩싸여 있을 때 우리는 올바른 관점을 갖지 못한다. 집착하면서 우리가 가진 빛나는 참된 본성을 망각한다. 앨런 와츠는 이것을 두고 '자신이 누구인지 아는 것을 금기시하는 것(the taboo against knowing who you are)'이라고 했다.

당신이 누구인지 기억하기

얼마나 놀라운가. 깨어남과 자유라는 불성을 가진 모든 살아있는 존재가 이 사실을 깨닫지 못하고 있다는 것이. 그들은 자기도 모르게 여러 생에 걸처 고통의 바다에서 헤매고 있다. 이제 자신의 불성을 깨달아야 할 때다.

_『반야경』

우리가 빠져 있는 미망은 한순간에 몰아낼 수 있다. 지혜의 깨달음에 늦은 때란 결코 없다. 지금까지 얼마나 오래 어둠이 계속되었는가는 중요하지 않다. 잘 알려진 이야기에서 어느 영적 구도자가 인도 전역을 다니며 가르침을 구하고 있었다. 그는 붓다의의 가르침을 짤막하게 요약해달라고 청했다. 바히아(Bahia)라는 이름의 구도자는 앞으로 살날이 많지 않음을 두려워했다. 그리고 실제로 붓다를 만난 지 얼마 안 되어 죽음에 이르렀다. 바히아의 다급한 처지를 들은 붓다는 자아를 넘어선 자유의 경지를 가리켜 보였다. "볼 때는 단지 보이는 것만 있을 뿐이다. 들을 때는 단지 들음만이, 감각이 일어날 때는 단지 감각만이 있을 뿐이다. 생각이 일어날 때는 단지 생각만 존재할 뿐이다." 붓다의 말씀을 이해한 바히아는 분리된 자아가 존재한다고 여기던 미망을 몰아낼 수 있었다. 자아에 관한 환영이 떨어져나가자 바히아는 삶의 참 실상에 즉시 활짝 깨어났다. 바히아는 자신이 찾던 자유가 자신의 현명한 가슴 안에 있었음을 알게 되었다.

　분리의 미망에서 벗어날 때 우리는 편안함을 느낀다. 불교 호스피스 간호사인 필리파는 자신이 일하는 군(郡) 병원에서 일어난 이야기를 내게 들려주었다. 자신이 돌보던 어느 환자가 지역 교도소의 감독 아래 그 병원에 실려 왔다고 했다. 44세인 빌은 무장 강도 혐의로 장기간 실형을 선고받고 복역 중이었다. 그런데 그는 에이즈 바이러스(HIV)와 C형간염 합병증으로 죽어가고 있었다. 빌은 자신의 삶이 너무 수치스러워 어머니가 병원에 찾아오는 것을 원하지 않았다. 그런데 필리파는 빌이 느끼는 수치심의 이면을

　마음이 아플 땐 불교심리학

보았다. 필리파는 빌과 진솔한 대화를 나눈 뒤 어머니와 만날 수 있는 자신감을 불어넣었다. 며칠 뒤 여든이 넘은 빌의 노쇠한 어머니가 슬픔이 가득한 얼굴로 병원을 찾았다.

빌의 어머니가 병실에 들어왔다. 몇 년 동안 자신에게 말 한마디 없던 아들이 이제 죄수복을 입고 침상에 수갑이 묶인 채 누워있는 모습이 보였다. 필리파는 위엄있고 엄격한 어머니가 그런 아들에 대해 판단을 내리거나 아들에게 실망을 하지 않을까 걱정했다. 그러나 어머니는 깊은 고요함 속에 선 채 가만히 아들을 바라보았다. 두 사람은 서로에게 시선을 고정한 채 그대로 있었다. 그러자 주변 환경과 괴로움, 역할과 옷, 모든 것이 떨어져나갔다. 필리파는 빌의 어머니가 아들을 마치 신생아를 바라보듯이 응시했다고 말했다. 기적을 목격하는 성자처럼 모든 어머니가 가진 따뜻한 마음으로 말이다. 빌과 어머니는 그렇게 서로를 용서하고 영원히 지속되는 본래적 선함을 보았다. 어머니와 아들은 한 시간 동안 손을 맞잡은 채 함께 앉아있었다. 어머니가 떠나자 빌은 이제 평화롭게 죽을 수 있다고 말했다.

분리의 미망이 사라질 때 우리는 우리가 맡은 역할과 드라마의 아래를 들여다볼 수 있다. 그렇게 우리는 영혼의 차원에 다가간다. 삶이 추는 보편적인 춤을 알아본다. 그곳에서는 우리가 맡은 역할과 드라마가, 심지어 연기자 자신조차도 일시적인 존재, 꿈과 같은 존재가 된다. 그곳에서 우리는 아무것도 아닌 동시에 모든 것이 된다.

널따랗고 명료한 가슴

숲속 선사 아잔 마하 부아(Ajahn Maha Bua)는 미망의 상태는 강도에 강탈당한 마을과 같다고 말했다. 무지를 쫓아낼 때 강도는 더 이상 지배력을 휘두르지 못하고, 그러면 마을사람들은 다시 자유롭게 생업에 종사할 수 있다.

불교 수행자인 찰스는 결혼 생활에 낙담한 상태로 명상 수련회를 찾았다. 그는 모든 게 문제가 없다고 스스로를 다독였지만 마음 깊은 곳에서는 그렇지 않음을 알고 있었다. 며칠에 걸쳐 찰스는 자리에 앉아 명상하면서 자신의 호흡과 몸, 마음을 느끼기 시작했다. 마음이 점점 고요해지고 가슴이 더 열리자 찰스는 한발 뒤로 물러나 자신이 처한 전체 상황을 지혜의 눈으로 보았다고 내게 말했다. "나는 그다지 배려심이 많은 배우자는 아니었어요. 아내는 마음에 큰 상처를 입고 화가 나 있었어요. 그래서 나와 헤어지고 싶어 했죠. 내가 보살펴야 하는 지점도 바로 여기예요." 여성 사업가인 또 한 사람의 수행자에게도 이런 명료함이 일어났다. 그녀는 이렇게 깨달았다. "내 후원자들은 나의 이익을 염두에 두지 않아요. 그들 스스로 사업을 이어가기를 원하죠." 또 어느 어머니는 결혼한 지 얼마 안 된 아들이 런던으로 이사가 그곳에서 삶을 꾸리는 걸 보고는 아들에 대한 자신의 의존적 관계가 바뀌어야 함을 깨달았다. 심각한 암이 재발한 어느 남자는 암의 영향을 무시하다 결국에는 깨달았다. "아, 이제 죽게 되는구나. 죽음을 준비해야겠어."

널찍하고 명료한 상태에 있을 때 우리는 우리 모두가 삶의 경이로움과 아름다움뿐 아니라 상실과 괴로움에도 동참하고 있음을 깨닫는다. 이것은 우리에게 판단과 부정이 아니라 연민의 마음을 일깨운다. 연민과 널찍함은 함께 일어난다. 미망이 사라질 때 우리는 더는 자신에 대해 무서워하거나 걱정하지 않는다. 분리된 자아라는 환영이 사라지면 삶이라는 놀이는 덜 개인적인 성격을 띤다. 그것은 '사계절의 일어남과 사라짐'이라는 영원한 춤의 일부가 된다. 전 세계의 전통 사회는 분리의 환영을 없애는 것이 매우 중요함을 알고 있었다. 그래서 명상과 무아지경(trance), 영계(靈界)와의 교류 의식(북미 인디언 부족에서 행해진 남자의 의례-옮긴이), 향정신성 약물, 불면, 음악, 춤을 이용했다. 불교 수행은 우리가 주기적으로 그리고 능숙하고 체계적으로 분리의 환영을 없애는 방법을 알려준다. 미망이 사라진 자리에는 커다란 자유의 느낌이 자리 잡는다.

　　이 무시간적 열림 속에서 우리의 가슴도 함께 열린다. 토머스 머튼은 어느 평범한 날 오후에 이런 깨달음이 충격처럼 자신에게 덮쳐온 일을 이야기한다. "루이빌 포스월넛 가의 모퉁이, 쇼핑 구역 한가운데서 불현듯 이런 자각이 나를 덮쳤다. 내가 이 모든 사람을 사랑한다는 것, 그들은 나의 사람들이고 나 역시 그들의 사람이라는 것, 완전히 낯선 타인일지라도 결코 아무 관계없는 존재일 수 없다는 것. 이 자각은 마치 꿈에서 깨어나는 것과 비슷했다. 수도승들이 어떤 별세계, 포기와 거룩함으로 이루어진 별세계에서 세상과 분리되어 있다는 미망에서 깨어나는 것과 비슷했다. … 이런 거짓 구분에서 깨어나는 느낌이 얼마나 지극한 위안과 기쁨으로 다가왔던지 나는 크게 웃음을 터뜨릴 뻔했다."

　　마음에서 널따란 명료함을 발견할 때 우리는 사랑이라는 나라의 시민이 된다.

자유 발견하기

16

괴로움과
내려놓음

괴로움이 존재한다. 괴로움의 원인이 존재한다. 괴로움의 소멸이 존재한다. 괴로움의 소멸에 이르는 길이 존재한다. 이 네 가지 고귀한 진리는 괴로움과 괴로움의 소멸을 가르친다.

_붓다

긴장과 파멸의 세계에는 자기 내면의 삶의 통합을 추구하는 사람들이 존재해야 한다. 그들은 고뇌를 회피하고 문제에서 달아나는 것이 아니라 있는 그대로의 실재 속에서, 그리고 그 일상성 속에서 고뇌와 문제를 직면함으로써, 자기 내면의 삶을 통합하려고 하는 사람들이다.

_토머스 머튼

불교의 가르침을 접해본 사람이라면 불교의 출발점이 무엇인지 알 것이다. 그것은 모든 살아있는 존재에는 필연코 고통이 따른다는 피할 수 없는 진실이다. 이것을 첫 번째 고귀한 진리라고 한다. 그러나 이 진실을 온전히 받아들이기란 얼마나 어려운 일인가. 내가 처음 숲속 수행처의 승려가 되었을 때 아잔 차 스님은 나를 환영하며 이렇게 말했다. "괴로움을 두려워하지 않기 바랍니다." 스님의 말에 깜짝 놀란 나는 그 말뜻에 대해 물었다. 스님은 이렇게 대답했다. "두 가지 종류의 괴로움이 있습니다. 첫 번째 괴로움은 당신이 도망쳐도 어디를 가나 당신을 따라다니는 괴로움입니다. 그리고 두 번째 괴로움이 있으니 당신이 직면함으로써 벗어나는 괴로움입니다." 불교심리학의 전체 지도에서 괴로움과 괴로움의 소멸을 가르치는 고귀한 진리는 가장 핵심적인 가르침이다. 불교심리학의 전체 목표, 즉 불교심리학의 윤리, 철학, 수행, 공동체 생활의 전체 목표가 바로 인간 삶의 괴로움에 직면해 자유와 기쁨을 발견할 수 있다는 것이다. 네 가지 고귀한 진리인 사성제는 일종의 심리적 처방으로 펼쳐져 있다. 증상과 증상의 원인, 치유의 가능성과 치유에 이르는 길이 그것이다.

우리가 치유자이든 치료사이든 친구이든 사람들이 우리에게 도움을 구하러 올 때 우리는 그들의 괴로움을 처음으로 목격하는 자가 된다. 그들이 겪는 괴로움이 어떤 형태를 띠든-갈등, 두려움, 우울, 스트레스, 강박, 혼란, 정신 질환, 이혼, 직장과 가정과 법 문제, 제대로 펼치지 못한 창의성, 짝사랑 등-우리는 먼저 괴로움이 존재한다는 진실을 기꺼이 인정할 필요가 있다.

우리는 또 그들이 당하는 괴로움의 목격자이기도 하다. 불교심리학은 아픔(pain)과 괴로움(suffering)을 분명히 구분한다. 아픔은 자연세계의 피할 수 없는 측면이다. 낮이 지나면 밤이 오듯이 그리고 딱딱함과 부드러움,

뜨거움과 차가움이 공존하듯이 아픔은 우리의 존재 자체에 새겨진 신체적·생물적·사회적 측면이다. 인간의 몸을 받아 사는 우리는 끊임없이 반복되는 밀물과 썰물처럼 쾌락과 고통, 이익과 손실을 경험한다. 인간 사회에서 사는 것도 마찬가지다. 칭찬과 비난, 명예와 불명예, 성공과 실패, 일어남과 사라짐을 끝없이 만나게 된다.

그런데 괴로움은 아픔과 다르다. 괴로움은 삶의 피할 수 없는 아픔에 대해 우리가 일으키는 반응이다. 우리가 당하는 개인적 괴로움에는 불안, 우울, 두려움, 혼란, 슬픔, 분노, 상처, 중독, 질투, 좌절 등이 있다. 그런데 괴로움은 개인적인 것만이 아니다. 집단적 괴로움도 있다. 우리가 당하는 집단적 괴로움에는 전쟁과 인종차별의 슬픔, 죄수에 대한 격리와 고문, 불필요한 기아와 질병, 모든 대륙에서 자행되는 인간 유기 등이 있다. 첫 번째 고귀한 진리는 이들 개인적이고 집단적인 괴로움을 가리킨다. 이것은 우리가 이해하고 변화시켜야 하는 대상이다.

두 번째 고귀한 진리는 집착이라는 괴로움의 원인에 대한 설명이다. 집착은 혐오와 미망을 일으킨다. 그리고 이 세 가지 뿌리에서 질투, 불안, 증오, 중독, 소유욕, 몰염치 등 모든 건강하지 못한 마음 상태가 일어난다. 이 건강하지 못한 마음 상태가 개인적이고 집단적인 괴로움의 원인이다.

세 번째 고귀한 진리는 괴로움에서 벗어난 경지, 괴로움이 끝난 지점을 가리켜 보인다. 아픔과 달리 괴로움은 불가피한 것이 아니다. 자동 반응과 두려움, 집착을 내려놓을 때 괴로움에서 벗어나는 자유를 누릴 수 있다. 이 자유를 열반이라고 부른다. 이것이 세 번째 고귀한 진리이다.

네 번째 고귀한 진리는 괴로움의 소멸에 이르는 길이다. 이 길을 중도(中道)라고도 한다. 중도는 우리가 어디에 있든 지금 여기에서 평화를 찾도록 초대한다. 삶에 집착하지 않고 삶을 거부하지도 않을 때 우리는 기쁨과 슬픔의 한가운데서 깨어있음과 자유를 발견할 수 있다. 중도를 따라 걸어갈 때 우리는 삶의 전일성을 확립하고 마음을 고요히 만드는 법을 터득하며 지혜로 보는 법을 알게 된다.

불교심리학의 열여섯 번째 원리는 이것이다.

16
아픔은 피할 수 없지만 괴로움은 피할 수 있다. 괴로움은 집착 때문에 일어난다. 그러므로 집착을 내려놓으면 괴로움에서 벗어날 수 있다.

네 번째 고귀한 진리는 우리의 몸과 마음에서 일어나는 고통과 이 세상의 고통을 마주하라고 말한다. 이 진리는 고통에서 도망가지 말라고 가르친다. 오직 있는 그대로의 세상의 슬픔에 용기 있게 마음을 열 때 자유를 발견할 수 있다. 이것은 깨어남에 이르고자 하는 모든 사람에게 부과된 요구사항이다. 조셉 캠벨(Joseph Campbell)은 이렇게 상기시킨다. "삶의 경이로움과 신비를 아는 첫 단계는 세속적 인간사의 영예뿐 아니라 그 흉측한 면까지 보는 것이다."

물론 서양 심리학도 괴로움의 존재를 분명히 인정한다. 그런데 어떤 면에서 서양 심리학은 그저 괴로움을 받아들이라고 말한다. 프로이트는 우리가 당하는 괴로움을 일상적 차원의 신경증이라고 불렀다. 프로이트는 잘 알려진 체념하는 듯한 말투로 이렇게 말했다. "정신분석의 목적은 이드(인간의 원시적·본능적 요소가 존재하는 무의식 부분-옮긴이)라는 광대한 바다에서 에고 (자아)를 조금 더 많이 주장하는 것이다.” 프로이트와 마찬가지로 사르트르 나 카뮈 같은 위대한 실존철학자도 우리가 당하는 괴로움의 불가피성에 초 점을 맞추었다. 그러나 우리의 일상적 불행을 철학적, 심리적 차원에서 그저 받아들이는 것은 이야기를 완결짓는 방법으로 별로 바람직하지 않다.

사성제는 이보다 더 많은 것을 약속한다. 네 가지 고귀한 진리는 완 전하고 체계적인 심리학적 원리이자 괴로움의 원인을 소멸시키는 데 사용 할 수 있는 가르침이다. 사성제를 이해하면 자유를 실현할 수 있다.

첫 번째 고귀한 진리

사성제 수행이 전개되는 방식은 이렇다. 괴로움의 존재를 인정하는 것이 시작 이다. 사원에서 아잔 차 스님은 제자들이 당하는 괴로움이 어떤 것인지 알아 보려는 것처럼 찬찬히 들여다보고는 했다. 스님은 때로 이렇게 소리 내어 물 었다. “그대의 괴로움은 어떤 종류입니까?” 제자들이 몸의 통증, 유령에 대한 두려움 등이라고 대답하면 스님은 연민의 마음으로 바라보며 이렇게 물었다. “견딜 수 있습니까?” 이후에 스님은 제자들이 괴로움을 변화시킬 수 있도록 마음챙김과 뉘우침, 연민과 고독의 수행법을 제시했다. 그러나 스님은 제자들 이 우선은 자신이 당하는 괴로움을 위엄있게 품어 안는 법을 배우길 바랐다.

누구나 늙음과 질병, 상실을 피할 수 없다. 이것은 어떻게 해도 바뀌 지 않는다. 외로움과 배신, 불안을 외부적으로 치유하는 방법은 없다. 붓다 는 제자들에게 이런 기본적인 괴로움을 늘 상기시켰다. “우리가 영원하다고 생각되어도 그렇지 않다. 우리가 안정되었다고 생각되어도 실은 그렇지 않다. 우리가 영원히 살 것처럼 생각되어도 실은 그렇지 않다." 딴 곳으로 주의를 돌려도 괴로움은 우리를 따라올 것이다. 고통과 괴로움에 의연하게 직면하는 것이야말로 우리가 성장할 수 있는 유일한 길이다.

내 삶에 대해 말하자면, 나는 아버지에게 받은 상처와 직면해야 했다. 나는 우리 가족이 당한 고통의 무게감을 느껴야 했다. 그 상처와 배신, 분노와 슬픔을 경험해야 했다. 이것은 사원에서, 심리치료를 받으면서, 그리고 오랜 시간 수련하는 동안 몹시 힘든 과정이었다. 부모님이 이혼했을 당시 나는 대학원을 졸업한 뒤 가르침을 펴기 시작했다. 아버지에게 이혼은 힘든 과정이었다. 아버지는 무엇을 해야 할지 몰랐다. 일도 하지 못했다. 집을 떠난 뒤 일 년쯤 지나 실의에 빠진 어느 날, 아버지는 나와 동생 한 명과 같이 살려고 우리 집을 찾아왔다. 아버지는 내가 동생과 살던 보스턴의 큰 아파트 서재에서 잠을 잤다. 그리고 되도록이면 아들의 눈에 띄지 않으려고 조용히 다녔다. 아버지는 스스로 새로운 삶을 꾸려가는 방법을 찾고 있었다. 아버지가 느끼는 우울이 내게도 전해졌다. 그러자 아버지에 대한 감정이 분노에서 가여움으로, 마침내는 연민으로 바뀌었다. 결국 아버지는 자기만의 소박하고 오붓한 삶을 꾸렸다. 한편 나는 어머니가 새로 이사 간 워싱턴의 아파트를 가끔씩 들렀다. 어머니는 새로운 친구들을 사귀는 등 이전보다 행복한 삶을 살고 있었다. 이를 보면서 나는 어머니가 결혼생활을 접는 데 왜 그토록 오랜 시간이 걸렸을까 생각했다. 어머니는 그동안 우리 가족이 얼마나 끔찍한 시간을 보냈는지 솔직하게 돌아보았다. 이것은 나에게 위안이 되었다. 하지만 어머니는 거기서 빨리 벗어나 자신의 현재 삶에 집중하고 싶어 했다. 하지만 나는 그게 잘 되지 않았다. 나는 우리 가족이 겪은 괴로움을 하나씩 다룰 필요가 있음을 알았다. 나는 기꺼이 애도하는 것이 필요했다.

서아프리카에서 치료 주술사로 일하는 나의 동료 말리도마 소메(Malidoma Somé)는 서양 사람들은 애도하는 법을 잊어버렸다고 말했다. 그는 서양의 거리에는 애도 받지 못한 망자로 가득하다고 말한다. 애도의 가치를 충분히 인식하는 말리도마의 문화에서는 우리가 겪는 상실과 고통을 소중히 돌보는 의례를 행한다. 그가 아는 아프리카의 어른들은 슬픔과 분노, 갈망과 고통, 눈물을 있는 그대로 받아들일 때에만 이 모든 것을 품어 안는 현명한 가슴을 발견할 수 있다고 말한다. 이렇게 우리는 첫 번째 고귀한 진리를 소중히 받아안는 법을 배운다.

나는 전문 워크숍에 참석한 어느 융 심리학자에 관한 이야기를 들었다. 그 워크숍에서는 칼 융의 마지막 제자 중 한 사람이자 위대한 꿈 분석가인 마리-루이제 폰 프란츠(Marie-Louise von Franz)가 만든 영화를 상영했다. 영화가 끝난 뒤 칼 융의 손자이자 저명한 융 분석가인 패널 한 사람이 카드에 적어 무대에 제출한 청중의 서면 질문에 답하는 시간을 가졌다.

질문 카드 중에는 나치의 고문과 잔혹행위로 인간의 존엄을 통째로 빼앗긴 끔찍한 꿈을 자주 꾼다는 내용도 있었다. 패널 중 한 사람이 그 꿈의 내용을 소리 내어 읽었다. 워크숍에 참석한 어느 여성 심리학자는 패널의 반응을 예상하며 머릿속에서 꿈 해석을 했다. 그녀는 이것이 아주 쉬운 문제라고 여기며 꿈에서 묘사한 고문에 관한 상징적 해석을 분주히 머릿속에 그리고 있었다. 하지만 패널의 반응은 그녀가 예상한 것과 전혀 달랐다. 꿈의 내용을 모두 읽은 뒤 융의 손자는 많은 청중을 바라보며 말했다. "모두 자리에서 일어나주십시오. 이 꿈에 대해 생각하며 잠시 침묵 속에 함께 서 있도록 하겠습니다."

청중들이 자리에 서 있는 동안 그 여성 심리학자는 곧이어 토론이 이어질 거라고 예상했다. 그러나 청중들이 자리에 앉은 뒤 패널은 곧장 다른 질문으로 넘어갔다. 그녀는 이 상황이 도저히 이해되지 않았다. 며칠 뒤 그녀가 융 분석가인 자신의 지도자 한 사람에게 물었다. 그는 이렇게 대답했다. "아, 그건 이렇습니다. 삶에는 극도의 연약성이 존재하지요. 말로 표현할 수 없는 그런 괴로움 말입니다. 그것에 직면하여 우리가 할 수 있는 일은 그저 목격자로 함께 서는 것밖에 없지요. 누구도 혼자서는 그것을 감당할 수 없으니까요."

우리가 겪는 괴로움의 목격자가 되는 데는 억압이나 억제와 다른 신성한 성질이 깃들어있다. 이 목격이야말로 명상의 핵심이다. 이 목격은 주의 깊은 알아차림, 연민의 마음을 담은 알아차림이다. 때로 괴로움의 증인이 되는 것 외에 우리가 할 수 있는 일이 없는 경우가 있다. 물론 괴로움을 목격한 뒤 강하게 대응해야 하는 경우도 있다. 어느 경우든 우리가 겪는 괴로움을 의식적으로 품어 안아야 한다는 점은 다르지 않다. 나치가 끼친 괴로움을 조사하는 데 평생을 바친 노벨상 수상자 엘리 위젤(Elie Wiesel)은 이렇게 말했다. "괴로움은 그 괴로움을 당하는 자에게 특권도 권리도 아니다. 괴로움을 어떻게 사용하느냐에 모든 것이 달려있다. 만약 타인의 고통을 키우는 데 괴로움을 사용한다면 괴로움을 비하하고 괴로움을 배반하는 행위다. 그렇지만 괴로움이 인간을 고양시킬 수 있다는 사실을 이해하는 날이 언젠가는 올 것이다. … 신은 우리가 괴로움을 견디도록 돕는다."

괴로움의 원인

아픔은 몸에서 일어나는 일이며, 괴로움은 마음에서 일어나는 일이다.

마음이 아플 땐 불교심리학

괴로움은 순전히 집착과 거부 때문에 일어난다. 괴로움은 움직이지 않으려는, 삶과 함께 흐르지 않으려는 신호다. 모든 삶에 아픔이 없을 수 없지만 현명한 삶은 괴로움으로부터 자유롭다. 현명한 이는 불가피한 일에 나긋나긋하다. 따라서 괴로움을 겪지 않는다. 그들 역시 아픔을 알지만 아픔은 그들을 파괴하지 않는다. 물론 그들도 균형을 회복하기 위해 할 수 있는 일이 있다면 할 것이다. 그러나 만약 할 수 있는 일이 없다면 모든 것이 자기 길을 가도록 놓아둘 것이다.

_니사르가닷타

아픔과 괴로움을 구분할 줄 알면 아픔이 때로 행동을 요청하는 신호임을 알 수 있다. 그런데 어떤 때는 우리가 당하는 상실과 비극을 그저 받아들여야만 하는 때도 있다. 어느 경우든 아픔은 일어난 뒤에 사라질 것이다. 그런데 괴로움은 처음의 아픔에 대한 우리의 반응 때문에 생겨난다. 두 번째 고귀한 진리는 집착할 때 괴로움이 일어남을 말한다. 아잔 차 스님은 수행에 어려움을 겪는 수행자에게 나지막한 목소리로 이렇게 물었다. "자네, 괴롭나?" 수행자가 아니라고 답하면 스님은 웃으며 "잘됐군."이라고 말했다. 만약 수행자가 괴롭다고 답하면 스님은 역시 웃으며 이렇게 말했다. "흠, 자네는 지금 너무 세게 붙들고 있네." 괴로움은 줄을 빨리 타고 내려왔을 때 손을 데는 것과 같다. 손을 데지 않으려면 줄을 가볍게 붙잡아야 한다.

불교심리학은 집착이 어떻게 작동하는지 직접 살펴보도록 안내한다. 더 많이 붙잡을수록 괴로움을 더 크게 경험한다. 주변 사람을 소유하고 통제하려고 애쓸 때 우리는 괴로움을 겪는다. 자신의 몸과 느낌을 통제하려고 할 때도 마찬가지다. 만약 한 국가가 집착과 탐욕의 행동을 일삼는다면 주변 세계가 괴로움을 당한다. 명상은 우리에게 집착을 내려놓도록 가르친다.

38세의 여성 로니는 에이즈 진단을 받은 다음 해에 일주일간 진행되는 명상 수련회에 참여했다. 에이즈 진단을 받은 뒤 몇 개월 동안 그녀는 혼란과 두려움에 빠진 채로 지냈다. 명상 수련회에서 그녀는 자기 스스로가 얼마나 거대한 괴로움을 만들어내고 있는지 볼 수 있었다. 그녀는 편안하게 이완한 상태로 마음챙김을 했다. 그러자 자신이 느끼는 두려움이 몸의 통증보다 훨씬 강하다는 사실을 알았다. 로니는 두려운 생각과 느낌이 올라올 때마다 내려놓는 작업을 시작했다. 처음에는 두려운 생각과 느낌이 아주 강했다. 끈적끈적해서 잘 떨쳐지지 않았다. 그렇지만 그것이 일어날 때마다 부드럽게 놓아두는 연습을 했다. 이렇게 며칠이 지난 뒤 로니의 몸과 마음은 편안히 이완되었다. 그녀는 자신이 기대하지 않았던 치유의 사랑과 은총으로 가득 찼다. 내려놓는 것이 핵심 열쇠였다. 또 다른 수행자인 스티브는 성인 자녀들과 갈등을 겪는 와중에 명상 수련회를 찾았다. 명상을 하려고 자리에 앉은 스티브는 자기 내면이 비난과 두려움, 혼란으로 가득한 것을 보았다. 그리고 그런 마음의 작용을 꽉 붙들고 있는 자신을 발견했다. 그런 뒤 그는 두려움이 잦아들면서 가슴이 활짝 열리는 순간을 보았다. 스티브는 이제 '이렇게 되어야 한다'는 생각을 꽉 붙잡는 것이 아니라 '지금 시점에서 모두에게 가장 좋은 방법이 무엇일까?'라는 관점에서 바라보았다. 이렇게 조금 더 내려놓자 자녀들을 위한 돌봄의 마음이 다시 살아났다.

스티브처럼 필라의 내면도 비난과 분노로 가득 차 있었다. 다니던 회사의 구조 조정으로 필라는 최근에 직장을 잃었다. 그녀는 이것이 여성의 승진을 못마땅하게 여기는 권위적 상사 때문이라고 여겼다. 너무나 화가 난 나머지 복수를 할까도 생각했다. 자신의 부당한 해고에 대해 법적 소송을 하고

마음이 아플 땐 불교심리학

싶었다. 명상을 하면서 그녀는 자신이 얼마나 큰 고통 속에 있는지 느낄 수 있었다. 그녀는 명상을 통해 자신이 당하는 괴로움의 원인을 탐구했다. 이로써 그녀가 깨달은 사실은 집착과 분노의 마음으로 행동하면 괴로움을 겪을 거라는 사실이었다. 법적 소송이 필요하다는 생각은 바뀌지 않았지만 그녀는 이제 소송을 하더라도 다른 방식으로 할 수 있음을 알았다. 즉, 자신과 그녀를 따르는 사람을 위한 연민과 돌봄의 마음으로 행동한다면 똑같은 행동이라도 훨씬 적게 괴로움을 겪을 것이라는 사실을 알았다.

괴로움을 일으키는 원인을 내려놓는 작업은 일회적 사건이 아니라 시간이 걸리는 과정이다. 어떤 경우에는 있는 그대로 그저 놓아두는 것을 의미할 수도 있다. 자신의 경험을 없애려 하지 않고 있는 그대로 놓아두는 상태에 부드럽게 들어간다. 이 부드러운 놓아둠은 우리의 몸과 마음에 안도의 감각을 가져온다. 아잔 차 스님은 우리에게 집착하는 고통을 직접 느낀 다음 이완하면서 무거운 짐을 내려놓는 연습을 하게 했다. 스님은 우리에게 이렇게 말했다. "오늘날 우리는 무엇이든 서두르며 억지로 힘을 주어서 하고 있습니다. 요즘은 망고가 전혀 달지 않습니다. 채 익지 않은 망고를 따서 인공적으로 익히기 때문입니다. 사람들은 서둘러 망고를 따고 싶어 합니다. 그렇지만 서둘러 딴 망고를 먹어보면 맛이 십니다. 단맛이 나는 망고를 먹고 싶다면 우선은 자연스러운 과정에 따라 망고가 시도록 놓아두어야 합니다. 서둘러 망고를 따놓고 우리는 시다고 불평합니다."

신시아가 불교 수련을 하러 왔을 때 그녀는 자신이 마치 배고픈 귀신 같다고 말했다. 그녀는 견디기 힘든 공허감에 사로잡혀 있었다. 내면에서 자신이 무가치하고 추한 존재라고 느끼고 있었다. 그녀는 몇 년 동안 심리치료를 받으며 자신이 입양된 가정에 고통이 존재할 뿐 사랑이 없음을 알았다.

그녀는 또 폭식으로 고통 받고 있었다. 혹시나 음식이 고통을 해결해 주지 않을까 '마법을 기대하며' 음식에 손을 뻗었지만 그럴 때마다 실패로 돌아갔다. 이것은 그녀에게 '이루 말하기 어려운 수치심과 괴로움'을 안겼다. 그녀는 자신의 폭식을 기억장애, 혼란, 인간성의 상실이라고 말했다. 나중에 그녀는 말했다. "물론 음식이 정답도 아니고 문제도 아니란 걸 알고 있었어요."

신시아가 서서히 변화를 일으킨 계기는 마음챙김과 친절함이었다. 그녀가 내게 말했다. "'또 폭식하고 말았다'는 수치심과 후회에 무감각해지려고 더먹어대는 일을 그만뒀어요. 폭식 후에 따르는 통증과 구토, 불면을 그저 받아들였죠. 이것은 나에게 승리의 느낌으로 다가왔어요."

신시아는 자신이 지금껏 지니고 다니던 수치심과 후회를 다루는 법을 알아야 했다. 나는 그녀에게 수치심이 강하게 일어날 때면 자신의 몸에 연민의 마음을 보내도록 했다. 나를 찾아왔을 때 신시아는 눈물을 흘리고 있었다. 수치심을 있는 그대로 느끼자 그것이 그녀에게 강렬한 현존감을 갖게했기 때문이었다. 수치심에 걸려든 상태에서 벗어나려면 신시아는 연민의 마음과 마음챙김이 더 필요했다. 연민과 마음챙김을 더 계발하자 그녀는 조금씩 치유되기 시작했다.

신시아는 나중에 이 일을 두고 이렇게 말했다. "'배고픈 귀신'의 기질이 일어난다고 해서 내가 인간으로서 실패자라는 의미가 아니라는 걸 조금씩 알았어요. 자신을 미워하는 마음이 강했던 나는 이렇게 기도하는 수밖에 없었어요. '고통 받는 내 몸이 치유되기를, 슬픔에 잠긴 내 마음이 슬픔에서자유로워지기를' 그런데 놀랍게도 최근에 음식이라는 환영의 마법에 다시손을 뻗으려는 충동이 일어났을 때 연민심으로 가득한 알아차림이 일어나이렇게 말하는 거예요. '아, 나는 이걸 정말로 원하는 게 아니야. 이걸 먹으면 고통과 슬픔이 더 커질 뿐이야.' 정말 기적의 순간이었어요. 배고픈 귀신이라는 극도의 고통에서 벗어나는 순간이었거든요. 깨달음을 이룬 날 밤에 마라의 유혹을 받은 붓다처럼 나는 고통을 느끼고 음식에 집착하는 나를 보며 마침내 이렇게 말했어요. '마라여, 나는 너를 보았다.' 그렇게 나는 음식에 대한 집착을 내려놓을 수 있었어요. 이 일로 나의 가슴은 타인이 당하는 고통에 열렸어요. 배고픈 귀신은 언제나 우리 주변에 존재해요. 비단 음식만이 아니라 모든 종류의 집착이 배고픈 귀신일 수 있어요. 배고픈 귀신이 우리에게 얼마나 큰 아픔을 주는지 알기 때문에 나는 사람들이 당하는 고통에 커다란 연민을 느껴요. 오직 배고픈 귀신을 내려놓을 때에만 사람들은 치유될 수 있고 또 그들의 가슴이 자유로워질 수 있어요."

내려놓음

신시아는 내려놓음의 과정을 서두르지 않도록 우리에게 일깨운다. 그런데 내려놓아도 아무 일도 일어나지 않는 것처럼 보일 때가 있다. 즉각적인 결과를 원하는 서양인들에게 이것은 힘들게 느껴진다. 우리는 이 길을 가면서 작은 열림이 일어나는 순간을 관찰하는 법을 배워야 한다. 수련을 통해 내려놓은 다음 고요함과 연민의 순간으로 이완해 들어갈 수 있다. 이렇게 안녕의 순간을 신뢰할 수 있다. 아잔 차 스님은 말했다. "조금 내려놓으면 작은 평화를 얻을 것이고, 많이 내려놓으면 큰 평화를 얻을 것입니다. 완전히 내려놓는다면 어떤 일이 일어나더라도 당신의 가슴은 자유로울 것입니다." 우리는 커다란 고통과 어려움을 당해 내려놓는 법을 배울 수 있다.

　　달라이 라마는 티베트를 계획적으로 파괴하는 중국 공산당을 미워하지 않는다고 말했다. 어느 기자가 자주 인용되는 그의 발언에 대해 재차 물었다. 달라이 라마는 이렇게 대답했다. "중국 공산당은 티베트를 앗아갔습니다. 그들은 우리의 사원을 파괴하고, 우리의 성전을 불태웠으며, 우리의 마을을 파괴하고, 우리의 자유를 앗아갔습니다. 너무 많은 것을 가져갔습니다. 이런 마당에 그들이 내 마음의 평화까지 앗아가도록 해야 할까요?" 내려놓는 법을 아는 달라이 라마는 티베트의 밝은 미래를 창조하기 위해 자유롭게 일할 수 있다. 그는 괴로움에 집착하는 것이 티베트가 가야 할 길이 아님을 알고 있다.

내려놓는다고 해서 돌봄과 대응을 소홀히 한다는 의미는 아니다. 내려놓더라도 우리는 부모로서 자녀에게 사랑과 보호, 가르침과 양육을 주어야 한다. 아이들이 원하는 것은 부모의 통제가 아니라 지지다. 자녀 양육은 내려놓음을 배우는 평생의 과업이다. 부모는 자녀를 양육하는 거의 모든 상황에서 개입과 불개입 사이의 균형을 섬세하게 재조정해야 한다. 아이들이 어렸을 때는 내려놓는 작업이 자전거 타는 법을 가르치는 것과 비슷하다. 방향과 균형을 잡아주는 동시에 아이를 너무 꽉 붙들지 않아야 한다. 그러다 아이들이 한 발짝씩 앞으로 나아가면서 새로운 성취를 이루면-처음으로 외박을 하고, 캠핑에 참가하며, 차를 운전하고, 대학에 들어가면-그때마다 부모는 새로운 차원의 내려놓음에 직면하게 된다. 이 과정에서 부모는 자녀에 대한 사랑과 지지의 마음을 변함없이 유지해야 한다.

내려놓음은 보험회사 지사장인 헬렌에게 매우 중요했다. 헬렌은 43세에 직장의 스트레스 완화 프로그램에서 마음챙김 수행을 처음 경험했다. 그녀는 아직 적당한 배우자를 찾지 못하고 자녀를 갖지 못해 불안과 외로움을 느꼈다. 그녀는 자기 삶에 중요한 무언가가 빠져있다고 생각했다. 혼자

마음이 아플 땐 불교심리학

늘어가는 것이 점점 끔찍해졌다. 오랜 시간 헬렌은 자녀를 갖지 않기를 바랐다. 자신이 자라온 것과 비슷한 가정을 하나 더 만들기가 두려웠다. 헬렌은 폭압적인 아버지와 우울증에 걸린 계모, 화를 잘 내는 두 이복 오빠와 함께 컸다. 자신을 성추행한 이복 오빠는 이미 죽었고, 다른 오빠는 교도소에 있었다. 헬렌은 오랜 시간 불안을 안고 살았다. 심리치료에서 트라우마를 다루는 작업도 했고, 약도 복용하고 있었다. 이제 그녀는 스트레스 완화 수업에서 도움을 받았다.

헬렌의 마음챙김 명상 지도자는 그녀에게 스피릿록 명상센터를 다녀올 것을 제안했다. 그녀는 명상센터를 주기적으로 찾아왔다. 헬렌은 불교 수행의 매 걸음마다 내려놓음 수행을 했다. 자신의 몸에 주의를 향하자 질병과 체중 증가에 대한 두려운 생각이 일어났다. 그저 자신의 몸 안에 존재하는 것에 관한 두려운 생각도 일어났다. 헬렌의 마음챙김 명상 지도자는 매 순간 그녀의 경험이 일어나고 사라지도록 그저 놓아두라고 했다. 생각과 두려움, 판단이 일어날 때마다 그에 대해 '내려놓음, 내려놓음'이라고 속으로 말하는 것이 헬렌의 수행법이었다. 그러다 주말 수련회에 참가했을 때 그녀가 느끼는 불안과 외로움은 더 커졌다. 그녀는 앞으로 자녀를 갖지 못할 거라는 것을 인정해야 했다. 이후 몇 주 동안 헬렌은 '내려놓음, 내려놓음' 수행을 부드럽게 계속했다. 어떤 때는 자신이 감당하기 어려운 느낌이 밀려오기도 했다.

신심이 깊은 헬렌은 달라이 라마 등 불교 승려에 관한 연민의 이야기를 듣고 영감을 얻었다. 상황이 안 좋을 때면 마음을 안정시키기 위해 달라이 라마를 떠올린 뒤 자신에게 괴로움을 안긴 모든 사람을 향해 자애의 마음을 보냈다. 조금 지나자 그녀는 자신의 느낌과 두려움에 덜 집착한 상태로 그것을 볼 수 있었다. 하지만 자녀를 둔 자기 연배의 여성들을 볼 때마다 그녀의 갈망과 가족 트라우마에 관한 기억이 자극을 받아 일어났다. 헬렌은 가족 트라우마에서 결코 벗어날 수 없을 것 같아 두려웠다.

다음 번에 헬렌은 더 장기간의 명상 수련회를 찾았다. 나는 그녀와 함께 자리에 앉았다. 그녀는 예전에 느끼던 불안에 사로잡혀 있다고 말했다. 나는 그녀에게 그 불안을 소리 내어 알아차릴 수 있는지 물었다. 헬렌은 자기 몸의 고통스러운 상태와 두려움, 갈망, 절망의 감정에 대해, 그리고 반복되는 이야기에 대해 말했다. 그녀는 자기가 감옥에 있는 것 같다고 말했다. 궁금한 나는 이렇게 물었다. "누가 열쇠를 갖고 있죠?" 헬렌은 내 질문에 잠시 어리둥절해하는 것 같았다.

이틀 뒤 헬렌은 늦은 밤 명상을 하다 문득 떠오른 이미지에 대해 내게 말했다. 지금은 세상을 뜬 오빠가 따뜻하게 그녀에게 다가와 그녀의 손을 잡고는 이렇게 말했다는 것이다. "넌 우리와 달라." 그런 뒤 오빠는 헬렌의 주머니에 든 열쇠를 가리켜 보였다고 한다. 헬렌은 미소를 지으며 이렇게 말했다. "이제 자유로워졌어요! 자유! 자유!" 헬렌은 내려놓음을 통해 자신이 일종의 은총에 열렸음을 느꼈다. 그 수련회가 있은 지 5년 뒤 나는 우연히 헬렌과 마주쳤다. 그녀는 나에게 다정하게 인사를 건넸다. 내가 기억하는 헬렌보다 더 따뜻하고 활기가 넘쳐 보였다. 헬렌은 어느 티베트 불교 지도자를 만나 좋은 치료 관계를 유지하며 도움을 받고 있다고 내게 말했다. 또 나이 지긋한 배우자를 만나 두 10대 자녀의 새엄마가 되었다고도 했다.

헬렌의 이야기를 돌아보며 나는 그녀가 복용한 우울증 약이 치유에 중요한 역할을 했다는 점을 인정했다. 헬렌이 복용한 항우울제를 비롯한 정신과 약물을 영적 수행과 병행해도 좋은지를 두고 지난 십여 년간 불교계에 활발한 토론이 이어졌다. 처음에 일부 불교 지도자는 약물이 두려움을 직면하고 내려놓는 과정에 방해가 될 수 있다며 난색을 표했다. 나는 그들에게 우리는 일상에서 많은 향정신성 약물을 복용한다는 사실을 상기시켰다.

반대자들의 말도 일리는 있다. 약물을 과다 처방하거나 오용하는 경우 미묘한 느낌을 감지하지 못하도록 막아버릴 수도 있기 때문이다. 수많은 아이들이 행동 조절을 목적으로 강력한 정신과 약물을 사용한다는 사실은 특히 경종을 울린다. 그 근본 원인을 제대로 살피지 않고 다른 형식의 치료를 제공하지도 않은 채로 말이다. 그런데 자신의 경험을 또렷이 마주하는 능력을 무력화하는 불안과 우울에는 생화학적 원인도 존재한다. 슬픔과 트라우마를 원인으로 습관화된 화학적 불균형이 우리의 신경계에 일어날 수 있다. 이 원인을 제대로 살펴야 한다.

지금은 대부분의 분별 있는 명상 지도자들이 특히 명상 초기에 마음의 안정이 필요한 시기에 약물의 역할을 인정하고 있다. 적절히 사용하는 경우 약물은 불안과 우울에 빠진 사람이 마음챙김의 능력을 발견하도록 도울 수 있다. 이렇게 약물은 한동안 내려놓음을 방해하는 것이 아니라 오히려 도움을 줄 수 있다. 실제로 최근에 내가 아는 많은 영적 지도자가 힘든 시기에 그들 스스로 항우울제와 그와 유사한 약물을 사용하고 있다. 여기서 중요한 것은 정해진 이상에 매달리는 것이 아니라 마음이 본래적으로 가진 지혜와 선함을 유지하도록 마음의 균형을 이루는 일이다.

내려놓음과 은총

스피릿록 명상센터와 연계해 진행하는 통찰 교도소 프로젝트(Insight Prison

Project)에 참가한 어느 남자는 내려놓음을 극적인 방식으로 발견했다.

오늘 이곳에서 나의 스물여덟 번째 해를 맞이합니다. 당신이 나에게 승려가 되어도 좋겠다고 쓴 것을 읽고 나는 크게 웃었어요. 이곳 교도소에서 나를 부르는 별명이 '트렌턴(미국 뉴저지 주의 주도-옮긴이)의 승려' 또는 '미소 짓는 붓다'이거든요.

내가 항상 이랬던 건 아니에요. 첫 10년 동안 나는 비열하고 위험한 녀석이었죠. 1985년에 나는 어떤 남자를 칼로 찔러 수감되었어요. 교도소에서 나의 멘토는 수행자가 된 아일랜드 조직폭력단의 청부 살인업자였어요. 그는 나에게 『들숨과 날숨에 대한 알아차림 경』 한 권을 건네주며 평생을 화와 분노로 살 수는 없지 않느냐고 했어요. 그리고 호흡 연습(프라나야마)과 좌선 명상을 겸한 하타 요가도 주기적으로 하게 했죠. 또 낡은 『마음챙김 확립 경』도 한 권 주었어요. 당시 내 일기에는 이렇게 적혀 있어요.

"어렸을 땐 사람들이 나를 인정해주기를 원했다. 사람들이 나를 인정해준 다음에 나는 힘을 원했다. 힘을 가진 다음에는 지혜가 없는 힘은 슬픔을 불러온다는 사실을 깨달았다. 적으나마 지혜를 얻은 다음부터 나는 더 이상 사람들의 인정을 원하지 않았다. 나는 그저 홀로 있기를 갈망했다."

그 뒤 2년 동안 나는 하루 한 번 복도와 계단의 대걸레질 청소를 제외하고는 내 방에서 나오지 않았어요. 내가 가진 물건도 법률 서류와 책을 제외하고 모두 줘버렸고요. 나는 요가와 호흡, 명상에 집중했어요. 오랜 시간 호흡을 지켜보며 마음챙김을 수련했어요. 아무 일도 일어나지 않는 것 같았지만 어느 순간 알아차림의 대상에 질감이 생기는 걸 보았어요. 여기서 질감이란 깊이를 말해요. 이 질감은 처음에는 기억과 상상에서 생

마음이 아플 땐 불교심리학

겼기 때문에 일종의 환영이 아닌가 생각했어요. 하지만 이내 명료해졌어요. 이것은 기억과 상상이 일으키는 왜곡 없이 현재 순간의 알아차림을 향해 가는 것이었어요. 마음이 안정되면서 나는 모든 투쟁을 내려놓았어요. 지금은 할 수 있는 최대한 이렇게 살고 있어요. 이렇게 하는 것이 맞는지 잘 모르지만 어쨌든 이것이 나에게 일어난 일이에요. 나는 고요해졌고 자신에게 귀 기울여 들었어요. 그리고 나를 돌보는 법을 배웠어요. 사람들이 나를 '트렌턴의 승려'라고 부르기 시작한 것도 이 무렵이었어요.

붓다는 괴로움에 끝이 있다고 말했다. 고통이 더 이상 없다는 것이 아니라 고통이 휘두르는 영향에서 벗어날 수 있다는 의미다. 이것이 열반이다. 대부분의 불교 경전은 열반을 아주 간략하게 묘사하는데, 사람들이 열반을 제멋대로 상상해 거기에 집착하지 않도록 하기 위해서다. 붓다는 말했다. "탐욕과 성냄, 어리석음이 사라질 때 우리는 더 이상 자신과 타인에게 비애를 일으키지 않는다. 이것이 열반이다." 열반은 일어남도 사라짐도 없는 불생불멸의 경지라고 한다. 왜냐하면 열반은 특정한 조건이나 상태가 아니라 어디에도 집착하지 않을 때 일어나는 기쁘고 자연스러운 평화와 행복이기 때문이다. 때로 내려놓음이 매우 깊어지면 우리가 가진 정체성이 완전히 떨어져 나간다. 이 변화의 순간에 열반은 텅 빔, 암흑과 무시간성, 또는 모든 사물이 환하게 빛나는 공(空)으로 경험된다. 또 어떤 때 열반의 평화와 행복은 일상적인 성격을 띤다. 모든 것이 변하는 와중에도 마음은 방해받지 않고 흔들림 없이 알아차림에 가만히 머문다. 스즈키 선사는 이것을 이렇게 설명한다. "모든 사물이 변하는 와중에도 거기서 평정을 찾을 수 있다면 열반에 이른 자신을 발견할 것이다."

동양 불교권의 대중문화에서는 열반을 노승들이 수많은 생에 걸쳐 정화와 자기 부정을 행하는 천상의 영역으로 상상하며 잘못 묘사하고 있다. 서양인 중에도 열반을 히말라야의 수행자나 가능한 아주 먼 초월적 상태로 여기는 이가 있다. 그러나 이는 잘못이다. 붓다는 이렇게 말했다. "열반은 직접적인 것이다. 그것은 바로 여기에서 볼 수 있다. 와서 보라고 초대할 만한 훌륭한 것이다. 현명한 가슴을 가진 이라면 보고 이해할 수 있는 것이다."

아잔 차 스님의 동료인 아잔 붓다다사 스님은 자주 제자들에게 지극히 간단한 방식으로 일상의 순간에서 열반을 찾으라고 했다. "열반은 모든 것을 내려놓을 때 일어나는 시원함이다. 열반은 생에 대한 집착도 거부도 없을 때 일어나는 본래적 기쁨의 경험이다. 그러므로 우리는 언제라도 열반을 경험할 수 있다." 스님은 또 이렇게 설명한다. "집착과 혐오가 하루 24시간 밤낮으로 그치지 않고 계속됨을 안다면 누가 그것을 견딜 수 있겠는가? 이 상태라면 살아있는 생명체는 죽음에 이르거나 미쳐버릴 것이다. 그런데 우리가 죽거나 미치지 않는 이유는 시원하고 온전하고 편안해지는 시간이 존재하기 때문이다. 실제로 이런 시간은 우리가 집착과 두려움의 불길에 휩싸여 지내는 시간보다 오래 지속된다. 우리를 지탱시켜주는 것은 이런 시간이다. 우리는 이 휴식의 시간을 통해 새롭게 활기를 얻고 안녕감을 느낀다. 그렇다면 우리는 이 일상의 열반에 감사해야 하지 않는가?"

우리는 이미 내려놓는 법을 알고 있다. 밤에 잠들 때 우리는 기꺼이 세상일을 내려놓는다. 세상일을 내려놓고 곤히 잠드는 것은 매우 기분 좋은 일이다. 잠을 자지 않고 깨어있는 동안에도 무언가를 내려놓으면 기분이 좋아진다. 삶의 변화하는 상황에 대한 집착을 내려놓을 때 우리는 스스로 자유로워진다. 아잔 차 스님은 이렇게 말했다. "내려놓아라. 그리고 조건 지어

지지 않은 상태, 순수한 알아차림의 상태에 머물라. 그저 아는 자(One Who Knows)가 되라." 아는 자에 머물 때 시간도 자아도 떨어져나간다. 이렇게 해서 고통 받는 자가 벗어남을 이룬다. 우리는 모든 것에 대한 알아차림 자체가 된다.

역설적인 것은, 내려놓음은 우리가 이르러야 하는 목적지인 동시에 우리가 가야 하는 길이라는 점이다. 내려놓음 수행을 하는 모든 이에게서 내려놓음의 결과가 빛나는 것을 보게 된다. 삶의 힘듦을 내려놓는 과정에서 은총과 관대함도 커진다. 붓다는 내려놓음에 따라오는 편안함을 이렇게 말한다. "꿀벌은 꽃의 진액과 꽃가루를 가져가지만 꽃의 아름다움과 향기를 해치지 않는다. 마찬가지로 현명한 이는 이생에서 자유롭게 노닐며 '오직 축복만'을 지니고 다닌다."

내려놓음의 결실

내려놓는 과정에서 사람들이 괴로워하는 모습을 보면 우리의 가슴은 연민으로 가득 찬다. 괴로움의 상당 부분은 인간이 지어낸 것이다. 우리는 자신의 개인적 상처 너머에 존재하는 아픔과 연약함에 깨어난다. 어느 선사는 이런 돌봄의 마음을 '수행의 길에서 흘리는 눈물(tears of the way)'이라고 표현했다. 개인으로 겪는 괴로움이 줄면서 세상에 존재하는 슬픔과 고통에 대한 자각이 커진다. 가슴이 열리면서 모든 사물과 연결되어 있음을 느낀다.

평화로운 가슴에 머물 때 우리는 탐욕과 성냄, 어리석음의 괴로움에 길을 잃은 채 사는 수많은 존재들의 어리석은 행동에 눈물을 흘린다. 누가 시키지 않아도 자발적으로 행동한다. 길에서 아이가 넘어지면 누구라도 아이가 크게 다치지 않도록 달려가 일으켜 세울 것이다. 사람들이 괴로움을 당하는 모습을 보면 그에 응대한다. 평화를 위한 할머니들(Grandmothers for Peace)이라는 재단을 설립한 바바라 위드너(Barbara Wiedner)는 이렇게 말한다. "나는 이런 질문을 던지기 시작했어요. 우리 손자들에게 어떤 세상을 물려줄 것인가? 그 즉시 나는 '평화를 위한 할머니들'이라는 피켓을 들고 거리의 모퉁이에 섰어요. 그런 다음 군수품 제조공장 앞에 인간 장벽으로 무릎을 꿇은 사람들에 합류했어요. 나는 교도소에 끌려가 발가벗긴 채 조사를 당했고 감옥에 수감되었어요. 그때 나에게 어떤 일이 일어났어요! 그들이 더 이상 나를 어떻게 할 수 없음을 알았어요. 그러자 나는 자유로워졌어요." 지금도 바바라와 '평화를 위한 할머니들'이라는 그녀의 조직은 세계 각국에서 활동을 이어가고 있다.

『도덕경』에서는 이렇게 말한다. "내려놓았기 때문에 그녀는 어머니가 자식을 돌보듯이 모든 존재의 행복을 돌볼 수 있다." 우리가 괴로움을 당하는 존재이기를 놓을 때 우리는 어디를 가든 자유롭게 축복을 지니고 다닌다.

내려놓기

내려놓음은 과거에서 얻은 앎을 잃는 것이 아닙니다. 내려놓는다는 것은 영혼을 얽매는 온갖 이미지와 감정, 원한과 두려움, 집착과 실망에서 벗어나는 것을 말합니다. 마치 컵을 비우는 것처럼 내려놓음은 무엇이든 받아들이게 하며, 새롭게 활기를 얻게 하며 민감하게 하고 깨어나게 합니다.

내려놓음을 수련하려면 먼저 자리에 편안하게 조용히 앉습니다. 그런 다음 몸과 호흡에 따뜻한 주의를 보냅니다. 몇 분 동안 현재 순간에 편안하게 자리를 잡습니다.

내려놓을 때가 된 당신의 모든 이야기와 상황, 느낌, 반응을 알아차려 봅니다. 그것들에 부드럽게 이름을 붙인 뒤(배신, 슬픔, 불안 등) 그것이 존재할 수 있는 공간, 저항 없이 떠다닐 수 있는 공간을 만들어줍니다. 그러면서 연민의 가슴으로 품어 안습니다. 그런 다음 자신에게 이렇게 묻습니다. "이 이야기를 다시 되풀이해야 할까? 이 상실, 이 느낌을 여전히 붙들고 있어야 할까? 이제 내려놓을 때가 되지 않았을까?" 가슴은 이 질문에 대한 답을 알 것입니다. 당신이 붙들고 있는 것을 이제 내려놓는 것이 현명하지 않은지 스스로에게 물어봅니다. 내려놓았을 때 얻는 이익과 내려놓음으로써 일어나는 편안함을 느껴봅니다.

이제 자신에게 부드럽게 말합니다. "내려놓음, 내려놓음"이라고 거듭 말합니다. 몸과 마음을 부드럽게 한 다음, 마치 욕조에서 물이 빠져나가듯 일어나는 어떤 느낌도 당신의 내면에서 흘러나가게 합니다. 그 이미지들, 믿음들, 내가 옳다는 생각, 내가 무가치하다는 생각이 모두 흘러가도록 놓아둡니다. 모든 것이 흘러가게 합니다. 이렇게 내려놓았을 때 생겨나는 텅 빈 공간을 느껴봅니다. 가슴이 어떻게 풀어지는지, 몸이 어떻게 열리는지 느낍니다.

이제 상황을 내려놓은 미래를 상상하며 그곳에 마음을 향합니다. 내려놓음이 가져오는 자유와 순수, 편안함을 느껴봅니다. 속으로 "내려놓음"을 몇 차례 더 되뇌어봅니다. 고요히 앉은 채 그 느낌이 다시 일어나는지 관찰합니다. 그 느낌이 다시 일어날 때마다 거기에 절을 하듯 부드럽게 숨 쉬며 친절하게 말합니다. "나는 너를 내려놓았어."

그 이미지와 느낌은 여러 번 다시 찾아올 것입니다. 그러나 수련을 계속하면 마침내 옅어질 것입니다. 서서히 마음은 내려놓음의 공간을 신뢰하게 될 것입니다. 점차 가슴이 편안해지면서 당신은 자유로워질 것입니다.

마음이 아플 땐 불교심리학

17

가슴의
나침반

의도와 업

어떤 행위를 하든 그 결과는 가장 먼 곳까지 그 사람을 따라다닐 것이다.
행위가 결과를 맺지 않는 곳은 지상에도 천상에도 존재하지 않는다.

_『법구경』

카르마란 당신이 용케 피할 수 있는 것은 아무것도 없다는 뜻이다.

_루스 데니슨

우리는 카르마(karma)라는 단어를 자주 듣는다. 카드 회사 아메리카익스프레스는 자사를 '좋은 카르마를 쌓는 공식 카드'로 선전한다. 브리트니 스피어스에 관한 〈뉴욕타임스〉 기사의 헤드라인은 '미디어와 나쁜 카르마가 있는 여자(Miss Bad Media Karma)'이다. 좋지 않은 일이 불시에 닥쳤을 때 사람들은 "당신이 지은 카르마 때문"이라고 말한다. 그런데 카르마, 즉 업(業)은 실제로 어떤 의미일까?

업은 뿌린 대로 거둔다는 원인-결과의 법칙을 말한다. 더 중요한 의미로서 업은 우리가 일으키는 의도의 결과이다. 어떤 남자가 칼로 다른 남자의 몸을 찔러 그 남자가 죽었다고 하자. 이때 그 남자는 어떤 업을 짓게 될까? 만약 칼을 쥔 남자가 상대방의 고통을 덜기 위한 위험한 수술을 집도한 숙련된 외과의사라면 설령 상대가 사망에 이른다 해도 그의 업은 긍정적인 것이 될 것이다. 반면 동일한 행위라도 화 때문에 한다면 그는 살인이라는 고통스러운 업을 짓게 될 것이다.

의도와 동기는 업의 뿌리로서 불교심리학에서 매우 중요하게 다룬다. 달라이 라마는 오랜 망명과 정치적 억압의 시기에 티베트인들을 이끌었다. 달라이 라마는 그가 의지하는 유일한 것이 자신의 진실한 동기라고 말했다. 자신의 업을 바른 방향으로 이끄는 가장 효과적인 방법은 자신이 가진 동기를 깨끗이 하고 바람직한 의도를 내는 것이다.

우리가 고귀함, 존중, 연민의 마음으로 살겠다는 의도를 낼 때, 그리고 이런 의도에 따라 행동할 때, 우리는 긍정적인 미래를 만들게 된다. 반면 우리가 가진 동기가 분노, 무가치함, 집착, 자기비판, 두려움, 우울에 뿌리를 둔다면 그리고 이런 의도에 따라 행동한다면 고통스러운 패턴을 영속화시키게 된다.

마음이 아플 땐 불교심리학

불교심리학의 열일곱 번째 원리는 이것이다.

17
의도를 알아차려라. 의도는 미래를 만들어가는 씨앗이다.

업과 습관

고대 경전에서는 업을 업보(業報, karma-vipaka)라는 복합어로 사용하고 있다. 업보는 '행위와 그에 따른 결과'라는 의미다. 원인과 결과로 불러도 좋다. 이 것은 철학적 개념이 아니라 일상에서 우리의 경험이 전개되는 과정에 관한 심리학적 설명이다.

업을 이해하는 좋은 방법은 자신의 습관적 패턴을 관찰하는 것이다. 자신의 습관과 조건화를 관찰할 때 뇌와 의식이 어떻게 반복적 패턴을 만들어내는지 감지할 수 있다. 테니스 연습을 많이 하면 공이 상대 선수의 라켓을 떠나는 순간 내가 어떻게 받아쳐야 하는지 안다. 화내는 연습을 많이 하면 사소한 모욕에도 분노가 촉발된다. 이런 패턴은 여러 번 쓰고 지울 수 있는 콤팩트 디스크(CD)와 비슷하다. 화를 자주 내다보면 그 패턴이 일상적 반응이 되어버린다. 현대 신경과학은 이를 매우 설득력 있게 증명한다. 반복되는 생각과 행동 패턴은 실제로 우리의 신경계를 변화시킨다. 주의를 집중하고 자신의 의도를 따를 때마다 우리의 신경이 발사되고 시냅스가 연결되면서 특정 신경 패턴이 강화된다. 뉴런이 그 방향으로 커진다.

선사 틱낫한은 의식에 씨앗을 심는 비유로 업에 따른 조건화의 과정을 설명한다. 씨앗은 그것을 키우는 조건이 만들어지면 싹을 틔울 잠재성을 가지고 있다. 목련 씨앗과 삼나무 씨앗은 그 안에 각각 목련과 삼나무의 전체 생명 패턴을 가지고 있다. 물, 토양, 햇볕 등 적절한 조건이 갖추어지면 씨앗이 자란다. 중국의 불교 경전은 씨앗을 이렇게 설명한다. "의도에서 행동이 나오고, 행동에서 습관이 나온다. 습관에서 성격이 만들어지고, 성격에서 운명이 결정된다."

무엇이든 자주 하면 습관이 된다. 한때 이익을 주던 일이 나중에는 족쇄로 작용하기도 한다. 기자들이 앤드루 카네기의 부의 축적에 대해 물었다. "언제라도 부를 그만 쌓을 수 있지 않았습니까? 왜냐하면 당신은 늘 필요한 것보다 많은 부를 가졌으니까요." 카네기가 대답했다. "네, 맞습니다. 그런데 멈출 수가 없었어요. 부를 그만 쌓는 법을 잊어버렸거든요." 습관에는 개인적 성격뿐 아니라 집단적 성격도 있다. 헨델의 메시아 초연에서 조지 2세가 할렐루야 합창을 듣고는 큰 감동을 받은 나머지 모든 관례를 무시하고 자리에서 일어나 박수를 쳤다. 물론 왕이 자리에서 일어나면 다른 사람도 모두 기립해야 한다. 그날 이후로 연주가 훌륭하지 않아도 모든 청중이 자리에서 일어섰다. 물론 이것은 해로울 것이 없는 관습이다. 그러나 많은 사회가 인종차별과 증오심, 복수 등 파괴적인 습관까지 똑같이 반복한다.

우리는 습관을 변화시킬 수 있다. 7장에서 설명한 RAIN이라는 마음챙김 과정을 통해 신경계의 회로를 다시 짤 수 있다. 변화의 출발점은 어떤 의도를 갖느냐는 것이다. 불교심리학은 우리가 행하는 모든 행위에 앞서 의도가 먼저 존재한다고 본다. 그런데 의도는 종종 우리가 의식하지 못하는 때도 있다. 인지(Recognition), 받아들임(Acceptance), 살펴봄(Investigation), 동일시하지 않음(Non-identification)으로 이루어지는 RAIN을 통해 우리는 업을 새

　　　　　　　　　　　　　마음이 아플 땐 불교심리학

로 지을 수 있다. 마음챙김 그리고 동일시하지 않음을 통해 새로운 의도를 지닐 수 있다. 매 순간 새로운 의도를 낼 수 있을 뿐 아니라 장기적인 의도를 세워 자신의 삶을 변화시킬 수도 있다.

의식적으로 의도를 일으키는 것은 마을 푸드뱅크를 운영하는 타마라에게도 중요한 일이었다. 그녀는 삶의 균형을 회복하려고 명상을 찾았다. 그런데 명상에서 처음으로 자리에 고요히 앉아 호흡을 느끼려 하자 공황 증상이 나타났다. 타마라는 공기가 부족해 숨을 쉴 수 없을 것 같았다. 나는 그녀에게 몸을 편안히 이완하면서 한동안 호흡에서 몸으로 주의를 이동하게 했다. 나중에 몸에서 호흡으로 다시 주의를 되돌리자 이번에도 공황 증세가 나타났다. 이를 궁금히 여기던 타마라는 어느 순간 마취제 알코올의 띵한 냄새가 기억에 떠올랐다. 이어 타마라는 자신의 출생 이야기가 떠올랐다. 타마라는 산소 부족으로 온몸이 새파래진 상태로 태어났다. 의사는 어머니에게 아기가 숨을 쉬게 하는 데 오랜 시간이 걸렸다는 이야기를 들려주었다. 명상을 하면서 타마라는 자신이 호흡과 공황의 느낌을 조절하지 못한다는 사실을 알았다. 하지만 따뜻함으로 현재에 존재한 뒤 모든 것을 내려놓겠다는 의도를 낼 수는 있었다. 긍정적인 의도를 내자 그녀의 명상은 좋은 방향으로 변해갔다.

2005년 당시 타마라는 허리케인 카트리나 생존자들의 식사 배급을 돕기 위해 두 달간 루이지애나에 갔다. 그녀는 명상에서 키운 것과 똑같은 집중된 의도가 그곳에도 필요함을 알았다. 그녀는 자기 안에서 발견한 것과 유사한 공황 증상에 사로잡힌 사람들을 그곳에서 만났다. 그들은 놀랐고, 화가 났으며, 스트레스에 지쳐있었다. 그럼에도 살아가려 애쓰고 있었다. 생존자를 돌보는 사람들조차 공포와 충격에 휩싸여 힘들어했다. 타마라는 자신의 호흡을 통제할 수 없듯이 그 사람들과 상황도 자신이 통제할 수 없다는 사실을 얼마 안 가 깨달았다. 때로 그녀 자신도 자동반사적으로 반응했다. 그러나 이런 일이 일어날 때 그녀는 호흡을 하면서 선한 의지를 가지고 현존한 다음 모든 것을 내려놓겠다는 의도를 냈다. 친절한 의도를 계속해서 내는 방법으로 타마라는 2개월 동안 겁을 먹거나 소진되지 않고 그곳에서 일할 수 있었다.

헌신과 장기적인 의도

장기적인 의도를 헌신이라고 한다. 숲속 수행처에서 우리는 새벽 동이 트기 전에 촛불을 밝힌 어둠 속에 한데 모였다. 승려들은 그날 하루를 수행에 헌신한다는 의미에서 낭랑한 목소리로 아침 염송을 한다. 염송을 통해 고귀한 삶의 방식에 자신을 바칠 때 깨어남의 길을 갈 수 있다는 사실을 상기했다. 그리고 우리가 받은 도움을 모든 존재를 향한 연민의 마음을 일깨우는 데 사용했다.

　장기적 의도를 세우는 것은 가슴의 나침반을 설정하는 것과 같다. 폭풍우가 아무리 거세도, 지형이 아무리 험난해도, 장애물에 걸려 원래 지리에 맴돈다 해도, 우리가 나아갈 방향은 분명하다. 인간이 행하는 최상의 노력에서 우리는 이런 헌신의 결과를 눈으로 확인할 수 있다. 넬슨 만델라와 아웅산 수치의 정치 리더십에서, 랜스 암스트롱과 마이클 조던 같은 운동선수에서, 요요마와 메리 올리버 같은 예술가에서 이를 목격할 수 있다.

　때로 우리의 헌신이 실용적인 성격을 띠는 경우도 있다. 피아노를 잘 치는 법을 배우거나 사업을 번창시키기 위해 노력하는 일, 아름다운 정원을 가꾸는 일 등이 그렇다. 그런데 이것과 다른, 이 모든 것을 포괄하는 더 중요한 헌신도 있다. 우리는 자신의 삶을 기도에 바칠 수도 있고, 흔들림 없는 진실에 헌신할 수도 있다. 또 세계 평화를 위해 일할 수도 있다. 이런 큰 의미의 헌신은 외부 환경에 상관없이 삶의 나침반이 되어준다. 그것은 우리에게 방향과 의미를 부여한다.

로드니는 지구 평화를 촉진하는 데 도움을 주길 바라는 젊은 활동가였다. 명상을 배운 뒤 그는 자기 내면에서도 평화를 발견해야 함을 깨달았다. 그래서 먼저 자신의 가슴과 가정에 평화구역을 만들기 위해 노력했다. 그의 헌신은 여기서 더 넓게 확장되었다. 컬럼비아에서 인권 운동을 했으며 분쟁을 해결하는 훈련을 했다. 지금은 UN 소속으로 서아프리카에서 임무를 수행하고 있다. 내딛는 걸음마다 그는 헌신의 마음으로 움직였다. 그는 웬델 베리의 말을 몸소 실천했다. "정말 진지하게 평화를 추구한다면 전쟁을 준비하는 것과 똑같은 열심과 진지함, 지속성과 면밀함, 용기를 가지고 평화를 위해 일해야 한다."

이런 글을 읽으면 우리는 영감을 받는다. 그것은 우리의 본래적 고귀함과 용기를 건드린다. 그러나 동시에 다음과 같은 죄책감과 자기의심도 일어난다. "나는 어떠한가? 나는 충분히 잘 하고 있는가? 왜 나의 삶은 로드니의 삶만큼 '고귀하지' 못한가?"

자신의 헌신에 의문을 제기하는 것은 불편한 일이지만 역시 바람직한 일이다. 우리는 '무엇에' 자신의 삶을 바쳤는가? 이 헌신의 자세를 얼마나 마음깊이 간직하고 있는가? 지금은 나의 삶을 다시 헌신할 때가 아닌가? 그러나 자신을 타인과 비교하는 것은 별로 쓸모가 없다. 로드니의 헌신은 우리의 헌신과 다르다. 우리는 자신의 길에 충실해야 한다. 나는 저녁 시간을 노숙자를 위한 샌드위치 준비에 바친 어느 교장선생님의 이야기를 들었다. 샌드위치를 다 만들고 나면 그 여자 교장선생님은 도시의 극빈 구역을 돌아다니며 샌드위치를 나누어준다고 했다. 이미 하루 일과에 시간 여유가 없는 선생님이었지만 밤늦은 봉사활동에 그녀는 조금도 지치지 않았다. 오히려 그 일로 더 행복해졌다. 그녀의 샌드위치 봉사활동은 죄책감이나 의무감, 외부의 압력 때문이 아니었다. 그저 자신에게 의미 있는 방식으로 사람들에게 나누어주었을 뿐이다. 거리에서 음식을 나누어주었을 때 거절당하더라도 자신이 거부당했다고 느끼거나 화를 내지 않았다. 왜냐하면 받아들임과 감사의 마음을 갖기 위해 봉사활동에 임했기 때문이다.

그러던 중 지역 신문에서 그녀의 활동을 전해 듣고는 그녀의 이야기를 기사화했다. 그녀는 즉시 나름 유명인사가 되었다. 대중과 동료 교사들은 그녀의 활동을 후원하기 위해 돈을 보냈다. 그런데 놀랍게도 그녀는 다음과 같은 메모와 함께 돈을 몽땅 돌려보냈다. "여러분 각자의 샌드위치를 만들어보세요!"

헌신에 관한 또 한 가지 중요한 점은 한 번 헌신한 뒤 나 몰라라 해서는 안 된다는 점이다. 아내 리아나와 나는 결코 쉽지 않은 교제 기간을 거쳤다. 우리는 서로 깊이 사랑했지만 기질이 정반대였고, 각자 나름대로 가족과 인간관계의 고통을 안고 있었다. 마침내 우리 두 사람은 문제를 헤치고 결혼에 골인했지만 나는 여전히 잘 해 나갈 수 있을지 걱정했다. 이제 겨우 30대인 우리가 어떻게 '죽음이 우리를 갈라놓을 때까지' 상대에게 헌신할 수 있을까? 그래서 내가 존경하는 노부부인 데이비드 맥클랜드(David McClelland)와 메리 맥클랜드(Mary McClelland)를 찾아가기로 했다. 남편 데이비드는 하버드대학 심리학 및 사회관계 학부 학과장이었고 아내 메리는 화가였다. 부

마음이 아플 땐 불교심리학

부는 여섯 자녀를 두었다. 캠브리지에 있는 부부의 큰 집은 동서양 심리학을 이끄는 지도자들의 아지트 같은 곳이었다. 1960~70년대는 아주 흥분되는 시절이었다. 당시 데이비드와 메리의 집에 종종 들렀던 나는 그곳에서 초감 트룽파, 대니얼 골먼, 람 다스, 마크 엡스타인 그리고 신(新)의식운동 주창자들과 시간을 보냈다.

퀘이커교를 믿었던 데이비드와 메리 부부에게 상호존중이란 그들의 관계를 떠받치는 토대였다. 말다툼을 벌일 때도 부부는 상대를 '그대' 또는 '당신'으로 불렀다. 두 사람의 목소리는 공경과 배려, 친밀함의 톤을 바닥에 깔고 있었다. 나는 어떻게 하면 평생 지속되는 결혼 맹세를 할 수 있는지 물었다. 데이비드의 대답에 나는 깜짝 놀랐다. "평생 지속되는 결혼 맹세 같은 건 없어요." 아내 메리가 덧붙였다. "매일 새로 맹세해야죠."

토머스 머튼은 어느 젊은 활동가에게 이런 조언을 주었다. "바라는 대로 결과가 나올 것이라고 기대하지 마십시오. … 당신이 기대했던 바와 정반대의 결과는 나오지 않겠지만 어쩌면 당신의 활동이 가치가 없고 아무 성과도 없다는 사실을 직면해야 할 수도 있습니다. 이 생각에 익숙해지는 과정에서 결과가 아니라 중요하게 여기는 일 자체의 가치와 정당성, 진실성에 집중해야 합니다." 나의 헌신이 내가 가진 최상의 의도와 부합할 때 자신의 온 존재가 가야 하는 길로 나아갈 수 있다. 이럴 때 항해가 아무리 힘들고 난관이 아무리 거대해도 자신이 어디로 가는지 알 수 있다.

지옥으로 가는 길과 어리석은 의도

"지옥으로 가는 길은 선의로 포장되어 있다(실제 행동으로 옮기지 않는 선의는 의미가 없다-옮긴이)"는 격언을 들어보았을 것이다. 만약 좋은 의도를 냈음에도 불구하고 인간관계가 망가지거나 누군가에게 상처를 주었다면 그것은 왜 그럴까? 이것은 아주 간단하게 설명할 수 있다. 바로 선한 의도에 미망이 섞일 수 있다는 점이다. 이때 결과에 어느 정도 선함이 들어있다 해도 거기에 따르는 미망과 무지는 우리에게 괴로움을 가져올 수 있다.

내가 아는 어느 가정에서는 '선한 기독교적 의도'를 가진 부모가 자신의 딸이 결혼하지 않은 채 고의로 아이를(부모 입장에서는 손자를) 낳은 일로 부모-자녀의 연을 끊어버렸다. 불행히도 이 부모가 일으킨 의도는 추방자, 죄인, 가난한 자에 대한 예수의 한결같은 사랑이 아니라 『구약성서』의 엄한 처벌에 가까웠다. 이 부모가 가진 '좋은' 의도에는 사랑에 대한 미망, 분노, 그리고 딸을 통제하려는 자기중심적인 집착이 섞여 있었다. 이 때문에 일어난 괴로움은 오랜 시간 지속되었다.

나의 몇몇 친구는 1970년대에 시작된 정신질환자들의 탈시설화(장애인, 정신질환를 시설에 수용하는 것에서 탈피하여 지역 사회에 거주하게 하고 필요한 서비스를 제공하는 것-옮긴이) 운동을 성공적으로 이끌었다. 그들이 낸 소송의 결과로 법원은 당시 끔찍한 상태에 있던 다수의 주립 병원에 폐쇄 명령을 내렸다. 주정부 관리들은 그때까지 병원 시설에 들어가던 돈을 지역사회가 이들 환자를 지속적으로 관리하는 데 사용하겠다고 약속했다. 그러나 결과는 그렇게 되지 않았다. 주정부 관리들은 정신병원을 폐쇄한다는 연민 어린 의도를 냈으나 그에 대한 대안적 지원 체계를 갖추는 일이 시간을 요하는 힘든 과정이라는 사실을 미처 인식하지 못했다. 병원에서 나온 이들은 교도소에 수감되거나 노숙인으로 거리를 방황했다. 아무도 그들을 돌보지 않았던 것이다.

극단적인 경우, 좋은 의도가 아주 깊은 미망과 뒤섞일 수 있다. 스탈린과 마오쩌둥 모두 그들의 강력한 선대가 일삼았던 인민에 대한 착취를 청산하고 인민의 복지를 증진한다는 좋은 의도를 내세웠다. 하지만 그들의 의도에는 미망이 섞여 있었다. 이 때문에 수백만 명이 굶어죽거나 살해당했다. 현명해지려면 우리의 의도에 미망이 섞이지 않았는지 분명하게 살펴야 한다. 목적이 옳다고 해서 수단이 정당화되는 것은 아니다. 우리의 행동이 타인에게 해를 입힌다면 그 행동이 특정한 '선'을 실현하기 위함이라 해도 거기에는 거의 틀림없이 미망이 섞여 있다고 보아야 한다. 우리의 행동이 따뜻한 마음에서 나오지 않는다면, 사랑에 찬 용기와 연민에서 나오지 않는다면 그것은 미망에 빠진 행동이다. 우리의 행동이 '우리' 대 '그들'의 구분에 기초한다면 미망에서 나오는 행동이다. 우리가 함께 엮여 있음을 깨닫고 분리가 없는 지혜의 마음으로 행동하는 만큼 우리의 의도는 이로움을 가져올 것이다.

우리가 내는 의도에는 지지가 필요하다

의도가 아무리 지혜롭다 해도 거기에는 지지가 필요하다. 우리는 사회적 존재로서 끊임없이 주변사람에게 영향을 받는다. 사원에서 우리는 매일 자신의 서원을 반복적으로 염송해 자신이 일으키는 의도를 강화시켰다. 불교심리학은 이러한 강화의 힘을 활용하도록 돕는다. 그 방법 중 하나가 주변 자극을 받아 의도를 강화하는 것과 자극 받지 않은 채 강화하는 두 가지 반응을 서로 구분하는 것이다. 시장에서 체리모야나 람부탄 같은 익숙하지 않은 과일을 맛본다고 하자. 이때 곁에 있던 친구가 말한다. "오, 람부탄이네. 세상에서 가장 맛있는 열대과일이지. 넌 람부탄을 좋아하게 될 거야." 내가 처음으로 람부탄을 맛보는 동안 친구는 기대에 찬 눈빛으로 나를 쳐다본다. 이때 나는 친구의 부추김으로 람부탄을 좋아할 가능성이 높다. 잘 모르는 음식을 조심하는 습관이 있다 해도 나의 조건화된 습관은 친구가 가진 열정에 압도 당한다. 그런데 내면에서 일어나는 부추김도 있다. 이것 역시 외면적 부추김과 같은 방식으로 작동한다. 당신이 지금 탄수화물과 설탕을 멀리하는 저탄수화물 다이어트를 시작해 열심히 한다고 하자. 그러던 중 람부탄을 시식하는 기회를 만난다. 당신은 람부탄을 맛보고 싶다. 그러자 문득 나의 무설탕 다이어트 각오가 과일 때문에 흔들리고 있다는 생각이 든다. 그러면 과일을 주저하고 회피하는 반응이 촉발된다. 람부탄이라는 과일이 별로 달갑지 않다. 이제 조금 더 힘든 상황을 떠올려보자. 누군가가 우리에게 모욕을 안겼다고 하자. 평소 누가 뭐라고 하지 않아도 스스로 상처받았다고 느끼는 때가 있기 마련이다. 그런데 화난 반응을 습관처럼 일으키는 누군가에 의해-예컨대 "그 사람 하고 싶은 대로 두지 마세요." 같은 말로-자극을 받는다면 화를 내기가 한층 쉬워진다.

만약 평소 마음챙김의 힘을 충분히 키우지 않았다면 이런 자극에 휘둘리기 더욱 쉬운 상태가 된다. 이때 우리는 헌신의 마음을 쉽게 잃어버린다. 자애의 마음 상태가 우리 가슴의 타고난 본래 상태라고 해도 이것을 잊어버린다. 이런 이유로 불교심리학은 수행을 강조한다. 사소한 상황에서든 중요한 상황에서든 현명한 말, 싸우지 않는 태도, 관대함, 연민을 계속 수행해야 한다.

산타크루즈 캘리포니아 대학에서 가르친 바이오다이내믹 농법(독일의 루돌프 슈타이너가 제창한 유기농법 중의 하나-옮긴이)의 선구자 앨런 채드위크(Alan Chadwick)라는 마스터가드너(master gardener)의 이야기가 떠오른다. 한번은 채

마음이 아플 땐 불교심리학

드위크가 폐품 처리장에서 현장 수업을 진행했다. 그곳은 녹슨 자동차와 부서진 유리창, 시멘트 조각, 모래, 버려진 쓰레기로 가득한 곳이었다. 채드위크는 그곳 관리인에게 폐품 처리장을 꽃과 채소를 키우는 실험에 사용해도 좋은지 물었다. 관리인은 "네, 해도 됩니다. 하지만 당신은 제정신이 아닌 것 같군요. 여기 토양은 완전히 죽었습니다." 수업을 듣는 학생들은 몇 개월 동안 그곳의 토양을 다시 살리는 데 온 정성을 쏟았다. 나중에 이 정원은 맛이 좋기로 유명한 채소와 멋진 꽃으로 유명해졌다. 마찬가지로 우리는 내면의 수행과 자극을 통해 어떠한 어려움도 변화시킬 수 있는 의식의 씨앗을 심을 수 있다.

마음 상태가 타인의 영향을 쉽게 받는다는 사실을 알면 정신적 우정이 얼마나 중요한지 알 수 있다. 명상 모임에서든, 교회에서든, 집단 상담에서든, 익명의 알코올중독자 모임에서든, 서로에게 주는 도움은 매우 중요한 의미를 갖는다. 한번은 붓다의 시자 아난다가 붓다에게 수행하는 성스러운 삶의 절반을 차지할 만큼 정신적 우정이 중요하지 않느냐고 물었다. 붓다는 이렇게 대답했다. "현명하고 고귀한 친구와 사귀는 정신적 우정과 현명하고 고귀한 행동은 성스러운 삶의 절반이 아니다. 그것은 성스러운 삶의 전부이다." 우리가 어떤 의도를 내든 누구나 주변 사람의 도움을 필요로 한다. 그들은 우리를 비춰주는 거울이다. 길을 잃고 잘못된 방향으로 갈 때 우리는 냉정한 비판이라는 형태의 자극이 필요하다. 알코올중독자 모임의 후원자가 필요할 수도 있고 친구의 정직한 피드백이 필요할 수도 있다. 또 우리의 선함을 알아보고 지혜와 용기로 우리의 선한 가슴에 대고 이야기하는 사람의 격려도 필요하다.

타인의 부정적 자극이 우리의 실패감을 강화시킬 때 우리는 움츠러든다. 이것은 인종 차별과 기회 부족이 도심 지역의 젊은 유색인에게 미친 영향을 보면 알 수 있다. 나는 어려움에 처한 어린이와 청년을 상대로 20년 동안 명상 수련회를 공동 지도해 왔다. 그런데 이 일을 하도록 영감을 준 이는 나의 동료이자 신화학자, 스토리텔러인 마이클 미드(Micahel Meade)이다. 마이클은 교도소와 소년원, 문제 학교를 일부러 찾아다닌다. 그곳에서 그는 문제를 일으키는 아이들과 상담을 청한다. 그는 갱단 멤버와 10대를 상대로 상담하면서 신화와 가입 의례(initiation ritual, 성년식)를 활용한다. 가슴에 닿는 시와 극도로 힘든 상황을 극복한 고대의 영웅 이야기로 그들에게 영감을 준다. 그러면서 그들이 겪는 슬픔을 예술로 승화시키도록 한다. 마이클은 이 젊은이들에게 자신을 존중하는 솔직한 시를 써보게 한다. 이렇게 쓴 시를 읽어보면 가슴 아픈 내용이 많다. "당신들은 우리가 실패하기를 바라죠. 우리가 실패하도록 가르쳐요." "우리가 실수해도 모른 채 지나가고 방관하면 우리는 어떻게 되죠?"

　　　마이클은 감호 상태의 남녀 젊은이에게 그들의 이야기를 소리 내어 들려주게 했다. 그들이 들려준 학대와 버림받음, 가난의 끔찍한 생존 이야기는 교사와 보호 관찰관에게 놀라움과 감동으로 다가왔다. 그들의 목소리를 듣고 그들이 당한 고통을 인정하자 그들은 스스로와 그들의 경험을 소중히 여기기 시작했다. 그들은 더 솔직해졌고 서로에게 더 가까워졌다. 자신들에게 무언가 말할 것이 있음을, 지역사회에 기여할 무언가가 있음을 보았다. 이렇게 그들이 본래적으로 가진 선함의 씨앗에 물을 주었다. 그러자 씨앗이 싹을 틔우기 시작했다.

매 순간의 의도를 명료하게 하기

장기적 전망을 가지고 마음의 씨앗을 뿌리는 것은 삶의 방향을 이끌어가는 중요한 방법이다. 그렇지만 자신의 사소한 행동 이면에서 업과 의도가 어떻게 작동하는지도 알아야 한다. 이것은 순간순간 작동하는 업의 차원이다. 태국과 버마의 사원에서 우리는 경험의 미세한 단계를 분석한 뒤 그에 대해 우리가 어떻게 반응하는지 알아가는 훈련을 했다. 강력한 집중력을 계발함으로써 우리는 관찰력을 극도로 예리하게 키웠다. 마음의 집중력이 커지면서 소리와 생각이 일어나는 순간의 미묘한 인상을 감지할 수 있었다. 또 느낌, 지각, 반응이 매 순간 빠르게 일어나고 사라지는 과정을 명료하게 관찰했다. 하버드대학의 신경과학자들은 상급 수행자들이 빠르고 미세하게 사건을 인지한다는 사실을 증명했다. 이는 이전에 사람을 상대로 측정한 어떤 결과보다 더 분명했다. 이런 미세한 관찰력을 가지고 고대 불교심리학자들은 인지의 경험 하나에 열일곱 개의 미세한 마음 순간이 들어있다는 사실을 발견했다. 이 마음 순간은 다시 두 단계로 나뉘는데 각 단계는 1초도 안 되는 짧은 시간에 일어난다.

첫 번째 단계는 경험을 받아들이는 단계로 과거 업의 결과로 일어난다. 이 단계에서는 마치 문에 노크를 하듯이 의식의 바닥을 흐르는 흐름을 깨움으로서 지각이 시작된다. 그 결과 감각의 문으로 의식이 향하고 그 경험을 느끼고 조사하며 인식한다. 이렇게 마음이 감각 경험을 받아들이는 순간은 모두 과거에 조건화된 결과이다.

인지의 두 번째 단계는 반응이라는 미세한 순간들로 되어있다. 이것은 두려움이나 마음챙김, 혐오나 사랑 등 현재 우리가 지닌 마음 상태에 따라 색깔이 입혀진다. 이렇게 일어난 반응은 어떤 것이든 패턴이나 씨앗으로 저장식(storehouse consciousness)에 등록된다. 우리가 새로운 업을 짓는 단계도 바로 이 두 번째 단계다.

우리는 순간적으로 일어나는 이 과정을 현명한 삶을 살아가는 실제적인 목적에 사용할 수 있다. 기본적인 심리 법칙은 과거의 일은 이미 끝났으며 바꿀 수 없다는 사실이다. 우리는 과거에 일으킨 자신의 의도와 지은 행동의 결과를 그저 받는 수밖에 없다. 그러나 이 결과에 어떻게 반응하는가에 우리의 자유가 존재한다. 우리가 일으키는 반응은 새로운 업을 짓게 된다. 종국에는 결과를 맺게 될 새로운 패턴을 만든다. 더 바람직한 미래를 창조할 때 바람직하지 못한 과거를 보완할 수 있다.

젊은 명상가인 마샤는 명상 수업이 끝난 뒤 나를 찾아왔다. 그녀는 흥분되고 불안한 상태였다. 자신이 나쁜 업을 지었다는 생각이 든다고 했다. 그녀는 자신이 직장 동료인 주디스의 심기를 건드렸다고 했다. 파티에서 주디스의 남자친구를 유혹하고 주디스에 관해 좋지 않은 말을 했다는 것이다. 다음 날 명상을 하려고 자리에 앉은 마샤는 죄책감과 후회가 마음에 밀려왔다. 그녀는 자신이 친구 관계를 망가뜨렸으며 주디스가 이 일로 마음의 상처를 입었다는 사실을 알았다. 나는 마샤에게 그녀가 업의 첫 번째 부분만을 보고 있다고 말해주었다. 그것은 이미 지난 일이었다. 그에 관하여 그녀가 할 수 있는 일은 아무것도 없었다. 그런 다음 나는 마샤에게 그녀의 행동(업)으로 일어난 결과(위빠까)는 다음에 주디스에게 말을 걸 때 새로운 업을 짓는 기회라는 점을 설명했다.

주디스의 말에 묻어나는 어쩔 수 없는 고통과 분노를 마주한 마샤에게 이제 선택권이 생겼다. 마샤는 "그냥 술 한 잔 하면서 농담을 나눴을 뿐이야."라며 방어적인 태도를 취할 수도 있었다. 그렇게 했더라면 정직하지 못한 그녀의 마음이 그녀를 주디스로부터 더 멀어지게 만들어 고통스러운 결과를 가져왔을 것이다. 한편 마샤는 주디스가 느끼는 고통과 자신의 고통을 동정하며 자기 행동을 뉘우치는 마음을 표현할 수도 있었다. 주디스가 화를 낼 때 잠시 멈추어 자신의 마음 밑바닥에 존재하는 의도를 살펴볼 수 있었다. "내가 그렇게 해서 정말 미안해. 술을 마시며 너의 이야기를 꺼내면 그 사람과 쉽게 친해질 수 있다고 생각했어. 어리석었지. 날 용서해주길 바래." 이런 식으로 마샤는 자동반사적 반응이 아닌 따뜻한 돌봄의 마음으로 대응할 수 있었다. 주디스가 자신의 말에 마음을 열든 열지 않든 마샤는 앞으로 주디스와의 관계에서 좋은 씨앗을 뿌리고 있었다.

친구 사이의 배신, 별거 중인 가족, 자동차 사고, 엄하고 까다로운 상사는 모두 고통스러운 결과이다. 연말 보너스, 자녀가 쓴 사랑스러운 편지, 즐거운 휴일, 창의적인 성공은 모두 즐거운 결과이다. 우리는 과거 자신의 어떤 행동과 선택이 현재의 상황에 이르게 했는지 과정을 아는 경우도 있다. 하지만 원인이 명확하든 명확하지 않든 우리는 자신의 과거 행동에 따른 결과를 항상 받고 있다. 중요한 것은 지금 어떻게 반응하는가이다. 업과 그에 따른 결과(업보)는 우리가 언제나 새로 시작할 수 있음을 가르쳐준다. 너무 늦은 때란 없다. 나바호족 인디언은 매일 새로운 태양이 뜬다고 믿는다. 매일 새롭게 출발하며 자신의 하루를 신성하게 만드는 일이야말로 매일 뜨는 태양을 축복하는 일이다. 우리는 신성하고 연민에 가득한 방식으로 대응함으로써 미래를 위한 새로운 패턴을 만들어간다.

신성한 멈춤

진실은, 우리가 아직 자유롭지 못하다는 것이다. 우리는 자유로울 수 있는 자유를 얻은 것에 불과하다.

_ 넬슨 만델라

경험은 너무나 빨리 일어나기 때문에 자신이 미처 알기도 전에 우리의 입과 손에서 습관적인 행동이 나오는 수가 있다. 그렇기에 상황이 힘들지 않을 때 현명하게 대응하는 연습을 하는 것이 좋다. 이렇게 하면 어려운 상황이 닥치더라도 자신의 대응 패턴을 유지할 수 있다. 또 반응하기 전에 잠시 멈추는 연습을 하는 것도 좋다. 이것을 신성한 멈춤(sacred pause)이라고 한다. 하던 일을 멈추고 문제와 반응에 대한 동일시를 내려놓는 순간이다. 멈춤이 없을 때 우리의 행동은 자동반사적 행동이 되고 만다. 멈춤의 순간, 과거 행동에 따른 결과와 그에 대한 자동 반응 사이의 연결고리를 끊을 수 있다. 멈출 때 우리는 즐거움과 괴로움, 두려움과 흥분 등 자신의 실제 경험을 관찰한다. 습관이 일어나기 이전에 존재하는 멈춤 속에서 우리는 자유로워진다.

이러한 멈춤의 상태에서 자신의 의도를 살핀다. 삶을 위한 장기적 의도와 헌신을 확립했다면 자신의 서원을 잊지 않아야 한다. 아니면 그저 자신이 가진 동기를 살필 수도 있다. 우리는 어떻게 해서든 비기거나 이기려고 하는가? 아니면 자신과 타인을 위한 존중의 마음으로 행동하면서 이해와 용기의 씨앗을 심고자 하는가? 이것은 우리 손에 달려 있다.

의도가 가진 힘은 우리가 하는 말에서 가장 잘 드러난다. 대화 중에 우리는 상대의 즉각적인 피드백을 받는다. 우리가 가진 의도는 상대로부터 돌아오는 반응에 그대로 반영된다. 그렇기 때문에 말을 내뱉기 전에 자신의 의도를 먼저 살펴야 한다. 모든 사람을 위한 연민과 관심이라는 동기를 가졌는가? 아니면 그저 자기 생각과 관점이 옳기만을 바라는가? 자신의 의도를 분명하게 살피는 것은 어려움을 겪는 시기에 특히 중요하다. 상대와 의견 차이와 갈등이 존재할 때 상대의 생각에 진심으로 귀 기울이고자 하는가? 마음을 연 채 배우고 보려 하는가?

넬슨은 열정적인 중학교 교사로 명상 수련회 기간 중 나를 찾아와 이야기를 나누었다. 어머니가 최근에 돌아가셨고 퇴직한 의붓아버지 앨버트와 돈 문제로 갈등을 겪고 있었다. 넬슨은 평생을 우울증과 불안으로 힘들어했는데 어머니가 돌아가시자 평소보다 더 우울한 상태로 직장에서 집으로 돌아왔다. 넬슨이 대학 입학으로 집을 떠났을 때 의붓아버지 앨버트는 넬슨이 어릴 적부터 살던 집으로 이사를 왔다. 그로부터 11년 동안 앨버트와 넬슨은 그럭저럭 다정한 관계를 유지했으나 넬슨의 어머니가 세상을 떠나면서 집과 재산의 상당 부분을 앨버트에게 남긴 일로 넬슨은 격분했다. 넬슨은 의붓아버지와 대화할 때마다 다투었다. 양쪽 모두 상대에 대한 비난과 질책, 나쁜 감정을 가득 품고 있었다.

넬슨은 의붓아버지와의 갈등을 다루는 데 도움을 받기를 원했다. 나는 넬슨과 함께 자리에 앉아 그의 몸과 마음에 지금 무엇이 존재하고 있는지 느껴보게 했다. 그 즉시, 슬픔의 파도와 어머니를 잃은 상실감이 밀려왔다. 넬슨은 울음을 터뜨렸다. 자신이 버림받았다고 느꼈다. 버림받았다는 느낌 때문에 우울과 불안, 의붓아버지와 갈등이 악화된다는 것을 알았다. 나는 넬슨에게 연민의 마음을 수련하면서 상실과 슬픔이라는 경험 전체를 따뜻한 마음으로 품어 안도록 했다. 조금 뒤 나는 넬슨에게 상실과 슬픔을 경험하는 주변의 모든 사람을 향해 연민의 마음을 보내도록 했다. 그러자 키우던 개를 얼마 전 하늘나라로 보낸 친구가 떠올랐다. 다음으로 딸이 자녀를 잃은 이웃이 생각났다. 이를 시작으로 상실과 슬픔을 경험한 많은 사람이 떠올랐다.

마침 그 주 뉴스에 소개된 쓰나미로 집을 잃은 아시아의 이재민들도 떠올랐다. 또 볼티모어에서 백혈병을 앓는 사촌도 생각났다. 이제 넬슨이 겪는 고통은 인간이 당하는 고통, 세계가 지니고 있는 상실감의 일부로 변했다. 마침내 의붓아버지 앨버트도 떠올랐다. 넬슨은 자신이 어머니를 잃은 고통을 당하는 것처럼 의붓아버지 앨버트도 아내를 잃은 일로 고통을 당하고 있음을 느꼈다.

나는 넬슨에게 자신이 버림받은 일과 살면서 경험한 실패, 의붓아버지와의 갈등을 중심으로 제멋대로 지어낸 이야기를 알아차리게 했다. 넬슨은 다시 명상을 하러 갔다. 명상을 하면서 자신이 스스로를 영화 주인공이자 인내심 강한 교사로 여기고 있음을 보았다. 그가 지어낸 이야기는 자신을 돋보이게 하려는 시도였다. 그것은 반드시 진실이 아니었다. 그렇다고 거짓도 아닌 그저 하나의 이야기에 불과했다. 이제 넬슨은 자신이 느끼던 슬픔과 괴로움을 연민의 마음과 널찍한 알아차림으로 품어 안았다. 그러자 내면이 훨씬 편안하고 자유로워졌다고 느꼈다. 이렇게 그는 이야기가 아닌 현재 순간에 사는 경험을 하기 시작했다. 그로부터 며칠 뒤 넬슨이 내게 말했다. "이제 삶을 믿을 수 있을 것 같아요. 돈이 아니라 삶이요."

이윽고 나는 넬슨이 의붓아버지를 만나 해결되지 않은 문제를 허심탄회하게 이야기하는 장면을 머릿속에 그리게 했다. 나는 그가 이 만남에 대해 품을 수 있는 최선의 의도와 접촉해보도록 했다. 넬슨에게 이것은 어려운 일이 아니었다. 그가 품은 의도는 자신과 앨버트가 잘 되기를 바라는 마음과 연민의 마음이었다. 넬슨은 이 의도를 간직한다면 의붓아버지의 말을 경청하며 대화할 수 있을 것 같았다. 나중에 마침내 두 사람이 대화를 나누게 되었을 때 넬슨은 의붓아버지가 느끼는 불안, 상실감, 우울이 자신의 그것과

마음이 아플 땐 불교심리학

실제로 다르지 않음을 알았다. 그는 앨버트도 그런 느낌에 사로잡힌 채 두려워하고 있음을 보았다. 넬슨은 연민의 마음이 커졌다. 이제 두 사람은 새로운 마음으로 금전적 갈등을 해결해 갔다.

다음에 당신이 다툼이나 갈등에 휘말리면 잠시 멈추어보라. 모든 사람이 겪는 힘듦을 연민의 마음으로 품어 안아보라. 당신이 낼 수 있는 최선의 의도와 연결하라. 상황이 힘들어질 때면 말하기 전에 잠시 멈추어 당신의 가장 현명한 의도를 느껴보라. 이렇게 하면 모든 일이 더 잘 풀릴 것이다. 이것이 현명한 말의 비결이다. 붓다는 이렇게 말했다. "친절한 동기를 품고 말하라. 진실인 말, 도움이 되는 말을 하라. 적절한 때에 말하고 모두에게 도움이 되는 말을 하라." 자신의 가장 고귀한 의도와 연결할 때 우리는 연민의 눈으로 보는 법을 배운다. 그리고 이럴 때 모든 일이 더 잘 풀린다.

가슴의 나침반 설정하기

시인이자 영적 교사인 오리아 마운틴 드리머(Oriah Mountain Dreamer)는 어느 뉴에이지 명상 세미나 참가자를 돕는 것에 관하여 이렇게 썼다.

아주 길었던 하루가 끝날 무렵, 체구보다 큰 파카를 입은 작고 마른 어느 여성이 자신을 이사벨이라고 소개했다. "혼자 명상을 해도 될까요?" 그녀가 물었다.

나는 대답했다. "네, 그럼요. 많은 사람이 단체로 명상 수련을 하면 더 수월하다고 말합니다만 혼자 해도 상관이 없습니다. 다만 혼자 할 때 어려운 점은 규칙성 있게 명상하는 부분입니다."

"그렇다면 매일 이걸 했을 때 무엇을 얻을 수 있죠?" 그녀의 목소리 톤이 약간 징징거리기 시작했다. 그녀가 계속 말을 이어가자 나는 짜증이 올라오는 것을 느꼈다. "효과를 보려면 얼마나 걸리나요? 일주일 지나면 차이가 느껴질까요? 효과가 있다는 걸 어떻게 알죠?"

이렇게 하면 저렇게 된다는 식의 빠른 치료법을 구하는 것, 확실한 결과와 간단한 해답을 얻으려는 욕심은 내가 가장 싫어하는 것이었다. 아들이 기다리던 터라 나는 어서 집에 가고 싶었다.

나는 심호흡을 하고 이사벨을 정면으로 바라보았다. 그리고 배낭을 바닥에 내려놓았다. 나는 의도적으로 말을 느리게 했다. 그러면 인내심이 생길 거라고 생각했다. 내가 말했다. "명상은 목적 지향의 활동이라기보다 하나의 과정입니다. 당신 내면과 주변에서 일어나는 일을 더 잘 알아차리게 해주지요. 그러면 스트레스도 줄어듭니다. … 내가 줄 수 있는 최선의 조언은 명상을 시도하는 과정에서 자신에게 인내심을 가지라는 것입니다." 나는 가방을 둘러메고는 코트 단추를 채우기 시작했다. 이제 정말 자리에서 일어나야 할 시간이었다. 나는 그녀의 머리를 한 대 후려치지 않은 나를 뿌듯해하며 자리를 뜨고 싶었다.

몸을 일으켜 세우려는데 이사벨이 갑자기 가까이오더니 엄청난 힘으로 내 팔을 붙잡았다. "잠깐만요. 내가 알고 싶은 것은요." 정말 절박한 듯 그녀의 목소리가 다급해졌다.

"명상이 하나님을 찾는 데 도움이 될까요? 명상을 하면 누군가가 내 말을 들어주고 진정으로 나와 함께하는 경험을 하게 될까요?"

그녀의 절박한 마음이 파도처럼 내게 전해졌다. 내 눈에 눈물이 고인 걸 알고 나도 놀랐다. 이 여자는 게을러서 쉬운 답과 확실한 공식을 찾고 있는 게 아니었다. 어떤 것이 효과가 있는지 생각할 능력과 의지가 없어 그저 간단한 방법을 원하는 것이 아니었다. 그녀는 힘들어도 겨우 버티고 있었다. 그렇기 때문에 빠른 효과를 내는 방법을 원하고 있었다. 그녀는 앞으로 몇 달, 몇 년간 그 방법을 알아내지 못할까 두려웠다. 그래서 일주일이면 효과를 보이는 어떤 것을 원했던 것이다.

나는 내 팔을 붙잡은 이사벨의 손에 내 손을 얹고 이렇게 말했다. "괜찮아요, 이사벨. 누구나 때로 아주 절박한 마음이 되죠. 혼자 그걸 이겨내는 사람은 없어요. 누구나 다른 사람의 도움이 필요하죠." 내 손 아래 놓인 이사벨의 손이 약간 느슨해졌다. 그때 그녀가 울기 시작했다. 우리는 긴 시간 이야기를 나눴다. 그곳에 '그들'은 없었다. '우리'밖에 없었다. 내가 그곳을 떠났을 때 나는 우리 둘 중 한 사람을 남기고 온 게 아니었다. 나는 우리 둘 중 한 사람, 즉 최선을 다해 우리 모두의 가슴이 갈망하는 고향을 찾고 있는 한 사람의 인간에게 작별인사를 했다.

오리아 마운틴 드리머가 말하듯이 우리는 모두 함께이다. 이 여정을 가는 과정에서 우리는 우선 연민의 길로 나침반의 방향을 정해야 한다. 모든 존재를 향한 긍정의 의도로 행동할 때 상황을 변화시킬 수 있다. 이 헌신의 마음은 어떤 경우에도 사랑의 마음으로 행동하는 참됨과 자유를 선사한다. 처음에는 자신이 지은 과거 업의 결과에서 시작해야 한다. 그러나 캔버스는 아직다 채워지지 않았다. 그림을 더 그려 넣을 수 있다. 무의식적 습관에서 한발 벗어나 자신의 현명한 가슴과 연결할 수 있다. 이렇게 지금까지와 다른 새로운 대응 방식을 자유로이 선택할 수 있다.

어느 수행자는 눈물을 머금은 채 이러한 깨달음에 대해 이야기했다.

"너무 감사해요. 이 가르침이 나에게 얼마나 큰 자유를 선사했는지 몰라요. 나는 평생 심리치료를 받았고 22년 동안이나 술을 안 마셨죠. 그렇지만 그 기간에도 여전히 과거의 고통에서 벗어나지 못하고 있었어요. 어떤 면에서는 치유되었지만 지금과 다르게 변할 수 있을 거라고는 생각하지 못했어요. 그런 나에게 명상은 새로 시작하는 법을 가르쳐줬어요. 날아오를 수 있는 창문을 열어주었다고 할까요. 이제 나는 더 이상 과거의 고통당하던 내가 아니에요." 지금 처한 상황이 어떠하든 우리는 자신의 최상의 의도를 선택할 수 있는 자유, 즉 자유를 선택하는 자유를 가지고 있다. 업과 의도를 이해할 때 가슴의 나침반의 방향을 정할 기회가 생긴다. 또 우리의 가장 높은 의도에 자신을 헌신하는 기회가 생긴다. 이를 통해 우리가 사는 세상을 변화시킬 수 있다.

현명한 의도를 가지고 어려움에 직면하기

현재 다른 사람과 어려움이나 갈등을 겪고 있는 상황을 한 가지 떠올립니다. 그들과 마지막으로 만난 장면을 머릿속에 그려봅니다. 이제 그 상황에서 당신이 어떤 동기를 가지고 행동했는지 돌이켜봅니다. 그 동기를 가지고 행동했을 때 어떤 일이 일어났습니까? 이제 다음번에 그들과 만났을 때 당신이 가질 수 있는 최선의 의도가 무엇일까 생각해봅니다. 잠시 시간을 갖고 이 의도에 대해 생각해봅니다. 그것은 어떤 의도입니까? 이 의도에 타인과 당신 자신을 위한 연민의 마음이 들어있습니까? 이것은 현명하고 용기 있는 의도입니까? 이것을 살펴봅니다.

이러한 최선의 의도를 마음에 간직한 채로, 힘들다고 여기던 상황에 다시 들어간다고 상상해봅니다. 마지막으로, 꾸준히 수행하십시오. 이 의도에서 벗어나는 때도 있을 것이란 사실을 기억하십시오. 그러나 꾸준히 수행하면 당신이 가진 의도는 더 안정적이고 더 강력해질 것입니다.

18

신성한
비전

상상·의례·귀의처

사원을 방문하는 것은 붓다가 살다 간 깨어남의 삶에 헌신하는 모든 이에게 이로움을 줄 것이다.

_『대반열반경』

의례가 없으면 우리는 어두운 한밤중에 지나가는 배와 같다.

_말리도마 소메

마음이 아플 땐 불교심리학

아잔 차 스님의 사원은 태국, 라오스, 캄보디아의 접경 지역인 우볼(Ubol) 주에 위치해 있었다. 베트남전쟁 당시 우리는 머리 위로 폭격기와 전투기가 지나가는 장면을 자주 목격했다. 아잔 차 스님의 일부 사원에서는 지평선에서 불이 번쩍이는 장면도 보였다. 한번은 라오스와 베트남에서 활동하던 퀘이커교 친구들이 우리 사원을 찾아온 적이 있었다. 그들은 숲속의 우리 승려들이 정치적으로 능동적이지 못한 데 놀랐다. 어떻게 가만히 앉아 아무것도 하지 않는단 말인가?

우리 사원에 도착했을 때 그들은 지칠 대로 지친 상태였다. 전쟁 지역에서 활동한다는 것은 그 자체로 엄혹한 수행이다. 용기 있는 훌륭한 행동도 보이지만 최악의 행동, 두려움에 휩쓸린 행동, 타락한 행동도 보인다. 친구들은 휴식이 필요한 상태였다. 그들이 전쟁에 반대하는 열정적인 말을 쏟아내자 아잔 차 스님은 전쟁을 멈추는 일이 반드시 필요하다고 하면서 자신의 가슴을 가리켰다. "우선 여기서 일어나는 전쟁을 멈춰야 합니다. 네, 정치적 행동주의는 좋습니다. 그러나 우리가 최선의 노력을 다하더라도 전쟁은 계속해서 일어날 것입니다. 우리가 내면의 전쟁을 멈추는 법을 알기 전까지는 결코 외면으로 성공할 수 없습니다. 내면의 전쟁을 멈추는 법을 아는 것, 이것이 이곳에서 하는 일입니다."

그렇게 며칠이 지나면서 활동가 친구들의 생각이 변하기 시작했다. 친구들은 조용한 오솔길과 묵언하는 스님들 사이를 다니며 그곳 사원이 존중과 전일성의 살아있는 보고 역할을 하고 있음을 보았다. 이 사원은 온전한 정신의 섬이자 평화의 물리적 상징이었다. 이른 아침 승려들은 현명한 가슴에 관한 염송을 했다. 스님들은 하루 종일 돌봄의 태도로 명상을 하면서 함께했다. 수행 중에 길을 잃거나 어려움이 닥치면 다른 스님들이 보살펴준다.

지갑을 떨어뜨리면 누군가가 찾아준다. 사원에서는 미물도 존중했다. 일주일이 지난 뒤 나의 친구들은 인간은 힘든 시기에 자신이 진정 누구인지 떠올리기 위해 안식처와 신성한 이미지가 필요하다는 것을 이해하기 시작했다.

아시아 대부분의 불교 사원은 깨어남의 이미지로 가득하다. 붓다와 보살은 남성과 여성, 회화, 조각, 청동, 버터, 진흙으로 만든 수많은 형식을 띠고 있다. 연민의 보살인 관음보살은 고통당하는 모든 존재에게 손을 내밀기 위해 천 개의 팔을 가졌다. 보호와 평화의 여신 다라(다라불모(多羅佛母)라고도 한다. 관음의 광명에서 출현했다고 한다. 관음부의 불모로서 중생을 피안으로 인도하는 보살로 생각되며 특히 인도, 티베트, 중국에서 출현한 후기 밀교에서는 관음과 어깨를 나란히 할 정도로 추앙을 받는다─옮긴이)도 있다. 모든 어리석음을 잘라내기 위해 칼을 지니고 다니는 문수보살도 있다. 깨달은 조상들은 은자나 하인, 왕족, 용기 있는 지도자의 모습으로 그려진다. 그리고 이들 주위에는 태어남과 죽음, 형상과 공의 완벽한 조화를 상징하는 탑과 만다라가 있다. 불교 사원에 들어가려면 문을 지키고 선 무서운 수호 귀신상을 지나가야 한다. 우리 내면에 존재하는 탐욕과 공격성, 무지의 귀신을 어떻게 지나가느냐는 신성한 지각에 들어가는 상징적인 열쇠이다. 이 귀신을 부정하지 않고 그렇다고 거기에 유혹당하지도 않을 때 우리는 그것을 분명히 보고 그 속에서 자유로이 걸어갈 수 있다.

그런데 이것이 불교심리학과 무슨 관련이 있는가? 이런 것은 그저 종교적 숭배를 과장해 드러내는 시각 요소가 아닌가? 만약 이렇게 본다면 거대한 심리적 진실을 보지 못하고 놓치는 것이다. 우리의 상상력은 꿈에 보이는 이미지와 마찬가지로 상징을 통해 작동한다. 우리는 언제나 상징을 사용하고 있다. 옷과 몸짓, 광고, 이 책에 적힌 글자도 모두 상징이다. 불교심리

　　　　　　　　　　　　　　　　　　마음이 아플 땐 불교심리학

학은 붓다(깨달은 자)와 성인, 깨달은 조상들에 관한 인간적 이미지를 사랑과 헌신, 내면의 아름다움, 용기 같은 마음 성질을 가리키고 일깨우는 상징적 입구로 사용한다. 차원은 조금 다르지만 한 나라의 국기도, 미식축구 팀의 로고도, 에르메스 가방도 모두 상징적인 용도를 갖는다. 그리고 파괴적인 경우지만 나치의 문양도 마찬가지다. 상징이 지닌 힘을 알면 상징을 우리의 내면세계를 가리키는 외면적 형식으로 인식할 수 있다.

불교심리학에서는 신성한 이미지를 특별한 방식으로 사용한다. 전 세계의 사원과 책표지를 아름답게 장식하는 남녀 부처님의 조각상과 회화 이미지는 실제로는 의식을 변화시키는 고도의 기술을 상징한다.

상징이 작동하는 방식을 예로 들어 설명하면 이렇다. 당신이 지금까지 본 것 중 가장 평화로운 붓다의 이미지에 대해 명상하는 상상을 한다. 이 이미지를 붓다의 자애로운 마음을 체화한 지도자에게 받았다고 상상한다. 당신 안에 이러한 최고의 가능성을 발견할 수 있다고 일깨우는 지도자로부터 받았다고 상상하는 것이다. 이 아름다운 붓다의 모습을 매우 꾸준히 또렷하게 머릿속에 그린 나머지 눈을 감았을 때 자세한 부분까지 보인다고 상상한다. 이 붓다가 보이는 고요함과 안정됨, 명료함의 에너지를 몇 시간 동안 당신 스스로 실제로 느껴본다. 이 느낌이 당신의 가슴과 접촉하게 한다. 이제 당신이 한 발 더 나아가는 모습을 상상한다. 이 붓다를 당신의 내면으로 데려온다고 느낀다. 붓다가 몸과 마음에 완전히 들어와 가득 채운다고 느낀다. 이제 당신은 붓다가 되었다. 붓다의 고요와 명료함, 연민을 실제로 체화할 수 있음을 느껴본다. 한동안 이 상태에 머문 채 앞으로 당신이 살면서 어떻게 행동할지, 그리고 이 불성을 주변 사람에게서 보게 될 것을 상상한다. 마지막으로, 마음이 온갖 가능성을 지어내고 허무는 과정을 알면서 붓다가 다시 텅 빈 공으로 돌아가도록 내려놓는다.

　이 수행을 천 번, 만 번 한다고 상상해보자. 그러면 이 시각화가 당신에게 어떤 영향을 미치는지 느낄 수 있을 것이다.

　불교심리학의 열여덟 번째 원리는 이것이다.

18
우리가 반복적으로 머릿속에 그리는 것은 몸과 의식을 변화시킨다. 그러니 자유와 연민을 머릿속에 그려라.

시각화의 힘

시각화는 불교심리학에서 중요한 변화 도구 중 하나이다. 서양 심리학도 시각화 도구를 사용한다. 칼 융의 적극적 상상(active imagination)이나 정신통합(psychosynthesis, 이탈리아 출신의 정신의학자 아사지올리가 창시한 심리치료 분파로서 자아초월심리치료의 대표적인 형태-옮긴이) 같은 것이 그것이다. 또 유도 심상(guided imagery)을 다양한 방식으로 적용하기도 한다. 그러나 불교의 시각화는 이보다 더 심도 깊고 정교하다. 실제로 불교심리학은 시각화라는 변화 수행을 통해 자애의 마음 상태를 일으킨다.

　신성한 이미지(sacred image)는 무색계와 색계 사이에 존재하는 원형적 에너지를 그린다. 그 중간 차원을 보신(報身, sambhogakaya)이라고 하는데, 이것은 융의 원형이나 플라톤의 이상(ideal)과 비슷한 작용을 한다. 불교의 신

　　　　　　　　　　　　　　　　　마음이 아플 땐 불교심리학

성한 이미지는 특정한 세속적 경험이 일어나는 무시간적인 패턴이다. 이 신성한 형상들은 보고 듣고 상상하는 것을 통해 접촉하는 모든 이의 상상력을 자극하고 영감을 준다.

　시각화 기법은 자세히 설명되어 있다. 첫 단계는 마음을 고요히 한 상태로 시각화를 일으키고 유지하는 법을 배우는 단계다. 이 안정화 과정을 위해 염송이나 만트라(주문)를 반복적으로 외기도 한다. 이렇게 처음의 시각화 초기 단계가 안정되면 더 풍부하고 매우 복잡한 상징을 머릿속에 그려 깨어난 가슴과 마음의 특정 성질을 일깨운다. 능숙한 명상가라면 연습을 통해 수백 가지 모양의 복잡한 만다라를 마음에 떠운다. 오늘날 뇌 스캔 영상이 보여주는 것처럼 한 번에 몇 시간에 걸쳐 이렇게 할 수 있다. 이는 서양 신경과학이 가능하다고 여겼던 것보다 훨씬 더 집중된 주의 능력을 보여준다. 불교의 훈련은 수천 가지 시각화를 차용한다. 각각의 시각화는 연민, 용기, 사랑, 고귀함, 관대함, 철저한 정직함, 비어있음 등 수많은 잠재력의 측면을 나타낸다. 이런 시각화를 내면에서 반복적으로 만들고 사라지게 하는 과정에서 이들이 상징하는 마음 상태를 체현하는 법을 터득한다.

　태국의 숲속 사원에서는 시각화가 기본적인 수행이었다. 우리는 붓다의 이미지를 비롯한 간단한 이미지를 사용해 헌신, 지혜, 연민으로 마음을 가득 채웠다. 태국의 다른 사원에서 우리는 자신의 몸 차크라 안에 있는 깨어난 존재들을 시각화했다. 티베트와 일본 전통에서는 불교의 시각화 수행이 훨씬 정교하게 발달되어 있다. 능숙한 많은 지도자들의 작업을 통해 이제 서양에서도 이런 훈련을 할 수 있다.

　이런 시각화, 상징, 의례는 심오한 치유력을 가질 수 있다. 그러나 또한 이것들의 한계에 대해서도 알아야 한다. 이것을 사람들에게 강요해서는 안 된다. 종교에 상처받은 많은 사람이 불교 수행을 찾는다. 어린 시절 강요받은 종교적 독단이 있거나 종교적 학대를 당한 사람들이다. 이들은 아무리 단순한 영적 형식도 유해하다고 여길 수 있다. 게다가 많은 명상 수행자가 이미 특정한 영적인 길에 헌신하고 있다. 명상 수련회에 참가하는 사람 중에는 유대교 랍비도 있고 가톨릭 수녀, 목사도 있다. 무신론자, 불가지론자도 있으며 알라, 시바, 마술을 숭배하는 사람도 있다.

이런 다양성 때문에 스피릿록 명상센터를 찾는 사람들에게 외면적인 종교 형식을 강요하는 일은 없다. 우리는 절을 하지 않으며, 아시아의 문화적 관행도 따르지 않는다. 우리는 일체의 도그마와 의례에서 벗어나 연민과 마음챙김 등 내면을 계발하는 수행법을 제공할 뿐이다. 아잔 차 스님은 불교에 대해 이런 말을 한 적이 있다. "불교를 기독교 등 어떤 이름으로 불러도 좋습니다. 이름은 문제가 되지 않습니다. 중요한 것은 수행입니다." 우리는 알아차림과 연민의 수행부터 시작한다. 그런 다음 도움이 된다고 생각되면 시각화와 의례, 의지처를 더한다.

올리비아는 이런 수행으로 도움을 받았다. 올리비아는 학대와 중독의 과거에서 치유된 뒤 6년 동안 노숙 여성을 위한 쉼터를 운영하고 있었다. 그녀는 알코올중독자모임(AA)인 12단계 프로그램을 열심히 하던 중 명상이 일부 포함된 AA 11단계에서 불교 수행을 하러 왔다. 올리비아는 마음을 안정시키기 위해 호흡과 마음챙김 수행부터 시작했다. 그런데 여성의 몸으로 깨달음을 빌었던 보호와 평화의 여성 보살 다라에게 특별한 영감을 느꼈다. 올리비아는 매일 아침 직장에 나가기 전 염송, 기도와 함께 다라를 시각화하는 수행을 했다.

처음에 올리비아는 안정적으로 시각화를 수행하기가 어려웠다. 그

마음이 아플 땐 불교심리학

리고 다라를 자신의 몸 안에 들이기는 더 어려웠다. 그녀는 자기 내면에서 다라를 시각화하기 전에 우선 자신이 가치 없다는 생각과 두려움, 분하다는 생각을 상당 부분 내려놓아야 했다. 그런데 몇 개월 뒤 올리비아는 수행으로 자신이 어떻게 바뀌었는지 나에게 이야기했다. "나 자신이 다라가 되자 마음이 크게 안정되고 지혜로워졌어요. 직장의 권위적인 상하관계를 다뤄야 할 때면 내가 무한한 평화와 연민을 지닌 다라가 되었다고 상상해요. 그러면 훨씬 수월하게 상황을 다룰 수 있어요. 그러다 어떤 때는 주변의 모든 사람이 다라라고 상상해요. 사람들이 하는 말과 행동이 나의 인내와 사랑을 계발하는 더없이 좋은 기회라고 생각하죠. 기적 같은 일이에요. 나는 이제 더 이상 감정에 휩쓸리지 않아요. 더 관대하고 자유로워졌어요. 이제 벽이라도 뚫고 지날 수 있을 것 같아요."

시각화 기법을 하기 위해 반드시 불교적 형상이 필요한 것은 아니다. 전 세계 문화권은 기도하는 사람에게 영감을 주기 위해 성 프란체스코, 과달루페 성모상(가톨릭의 3대 기적 중 하나가 일어난 멕시코의 성당에 있는 성모상-옮긴이)이나 크리슈나 신 등 신성한 이미지를 사용한다. 그런데 불교 수행은 그들에게 축복을 비는 기도에 머물지 않는다. 불교 수행은 자신이 그들과 분리된 존재가 아님을 기억한다. 그들의 고귀함과 나의 고귀함이 우주의 동일한 원천에서 샘솟는다는 사실을 떠올린다. 기독교 신비주의자 성 시메온(St. Symeon)은 이 경험을 이렇게 묘사한다.

우리는 그리스도의 몸에서 깨어난다.
마치 그리스도가 우리의 몸을 깨운 것처럼
나의 가련한 손은 그리스도이다.

그가 나의 발에 들어와 무한히 내가 된다.

내 손을 움직인다. 그러자 놀랍게도

내 손이 그리스도가 된다. 그리스도의 모든 것이 된다.

알렉스는 삶의 힘든 시기를 지나는 중에 명상 수련회를 찾았다. 이제 그는 아소카왕의 이미지와 이야기로 자기 운명이 바뀌었다고 말한다. 알렉스는 시각화에 대해 들어본 적이 없었다. 또 고등학교 세계사 교과서에 나오는 고대 인도의 아소카왕도 들어본 적이 없다. 기원전 3세기의 지배자인 아소카왕은 인도 역사에서 가장 크고 지혜로웠던 마우리아 왕조를 세웠다. 이 왕국의 유적과 아소카왕의 자애로운 칙령은 인도 전역의 돌기둥에 새겨져 있다. 아소카왕의 칙령은 그 땅의 백성들에게 서로 존중하고 도덕적인 삶을 살라고 가르친다. 또 우물을 파고 길을 내며 가난한 자를 돌보고 모든 형식의 종교를 존중하라고 가르친다. 그러나 아소카왕이 언제나 현명하기만 했던 것은 아니다.

아소카왕의 변화에 관한 잘 알려진 설명에 따르면 왕의 변화는 커다란 전투를 치른 직후 일어났다고 한다. 아소카왕은 언덕에 앉아 막 커다란 승리를 거둔 남인도 전쟁의 대학살 장면을 굽어보았다. 아소카왕은 슬픔에 잠겨 부서진 마차와 죽은 말, 양측의 사망한 전사 수천 명을 바라보고 있었다. 그때 불교 승려 한 사람이 전쟁터 바로 곁의 길을 따라 평화로운 모습으로 걸어오고 있었다. 왕은 별안간 자신이 초라하게 느껴졌다. 군대와 궁궐, 아내와 부하, 신하 등 모든 것을 가진 왕이었지만 밤이면 잠을 이루지 못했다. 그의 가슴은 평화롭지 않았다. 승려의 평온한 모습은 왕의 마른 가슴에 떨어지는 감로수 같았다. 왕은 승려의 제자가 되어 덕과 연민의 가르침, 모든 생명을 향한 존중의 가르침을 따랐다. 그런 다음 왕은 군대에 명령해 도

마음이 아플 땐 불교심리학

로를 건설하고 백성들을 보호하게 했다. 아소카왕은 오늘날까지 존경받고 있는 연민의 칙령을 반포했다.

알렉스는 열흘간 진행되는 수련회에서 아소카왕에 대한 이야기를 들었다. 그 역시 아소카왕처럼 밤에 잠을 이루지 못해 수련회를 찾았다. 알렉스는 크게 성공한 기업가였다. 소규모 스타트업으로 시작한 공구점 체인을 수십억 달러 규모의 기업으로 키웠다. 야망에 찬 경쟁과 오랜 시간의 노력으로 이룬 결과였다. 그렇지만 지금은 고혈압으로 고생하며 게다가 이혼 과정에 있었다. 큰딸은 과식증 치료를 받고 있었고, 그 아래 아들은 아버지와 말을 하지 않았다. 게다가 알렉스는 핵심 투자자로부터 소송을 당하는 중이었다. 알렉스는 호흡에 집중해 마음을 안정시키려 했으나 가만히 앉아있을 수 없었다. 의지가 강한 편이었으나 수행 홀에 있는 것 자체가 고역이었다. 알렉스는 엿새 동안 마음과 몸이 아파 힘들어했다. 후회와 실수에 시달렸다. 그러던 중에 아소카왕의 이야기를 듣고는 자신도 평화로 가는 길을 찾아야겠다고 생각했다.

다음 날 아침의 명상 세션에서 알렉스는 자애와 연민 수행을 배웠다. 그는 우선 자신과 자신이 당한 고통에 집중했다. 그리고 그날 종일 울었다. 아이들과 자신, 이별하는 아내 그리고 이 모든 고통에 대해 애도했다. 자기 느낌의 심연을 경험하도록 스스로에게 허용하자 알렉스는 마음이 고요해졌다. 고통을 인정하고 그것을 연민의 마음으로 품어 안을 수 있었다. 수련회를 떠날 무렵 알렉스는 행동과 표정이 완전히 바뀌었다. 더 평화로워졌고 잠도 잘 잤다. 그의 가정은 여전히 문제가 있었지만 자신의 고통을 연민의 마음으로 품어 안았듯이 그는 친절한 주의로 문제를 대했다. 그것은 예전과 완전히 다른 느낌이었다.

알렉스는 집으로 돌아간 첫 한 달을 아주 잘 지냈다. 그러던 중 수련회 지도자에게 전화를 걸어 안 좋은 소식을 전해야 했다. 가장 친한 친구가 수술이 힘든 췌장암 진단을 받은 사실을 알았다고 했다. 알렉스는 이 소식을 견디기 어려웠다. 지역의 명상 그룹을 찾아 지도자와 함께 여럿이서 명상을 했다. 알렉스는 그들의 관심 덕에 힘을 많이 얻었다. 그러다 집에서 명상을 했는데, 명상을 할 때마다 주변의 고통과 자신이 진 짐에 완전히 압도당하고 말았다. 지도자는 그렇다 해도 자리에 앉아 명상을 하라고 했다.

며칠 후 알렉스는 명상을 하던 중 어떤 장면이 떠올랐다. 마치 아소카왕이 전쟁터를 굽어보듯이 자기 삶을 바라보며 앉아있었다. 너무 많은 전쟁을 치른 탓에 이제 지쳐 생각에 잠긴 채 앉아있었다. 그렇게 앉아있는데 아주 평온한 모습의 스님 한 분이 자기에게 걸어오고 있는 것이 보였다. 놀랍게도 그 스님은 알렉스의 얼굴을 하고 있었다. 알렉스는 큰 감동을 받았다. 이 모습은 알렉스가 평화의 가슴으로 전쟁터를 걸어갈 수 있음을 보여주는 것 같았다. 세상을 변화시키도록 요청 받은 이는 바로 알렉스 자신이었다.

이 상상의 장면은 알렉스의 삶이 변하는 데 영감을 주었다. 그는 명상에 전념했다. 베풂과 연민, 마음챙김과 존중의 마음을 열심히 수행하기 시작했다. 이후 몇 해에 걸쳐 알렉스의 가정은 서서히 회복했다. 회사도 더 성장했다. 알렉스는 비즈니스 세계에서 자애롭고 현명한 리더십의 본보기로 유명해졌다. 상상에 나타난 승려와 아소카왕의 정신이 그의 내면에 자리 잡고 있었다.

의례 : 가슴의 언어

시각화를 통해 변화를 경험할 수 있는 것과 마찬가지로 우리는 의례의 힘으로 변할 수도 있다. 의례는 인간의 가장 오래되고 보편적인 언어 중 하나다. 의례는 근본 상징을 통해 말한다. 상징은 꿈과 마찬가지로 우리의 근원적 언어다. 의례(ritual)라는 말은 라틴어 리투스(ritus)에서 왔는데 '함께 어울린다'는 뜻이다. 의례는 커다란 의미와 우주라는 직물로 우리를 한데 엮어준다.

몇 년 전 나는 남성 수행자 모임에서 베이 지역(Bay Area) 가난한 동네의 젊은 남성들과 함께 수행을 하도록 초대받았다. 당시 그 동네에는 갱단 범죄가 증가하고 있었고 우리가 함께 수행하는 그룹에도 갱단 생활을 접으려고 생각하는 십여 명의 젊은이가 있었다. 그 젊은이들은 처음에 자신들의 멘토와 함께 멘도시노의 삼나무 숲에 와서 신화 이야기와 예술 창작, 명상과 무예, 가슴 시리도록 솔직한 이야기를 나누며 일주일을 보냈다. 마지막 날 밤에 나는 마이클 미드, 말리도마 소메, 시인이자 활동가인 루이스 로드리게스(Luis Rodriguez)와 함께 성인식 의례를 거행했다. 의례는 새벽까지 이어졌다. 많은 젊은이가 의미 있는 통과 의례를 치르지 못한 채 마약과 총기, 자동차 폭주로 거리에서 삶을 시작한다. 명상 수련회에서 우리는 세상을 떠난 그들의 친구를 기리는 제물을 삼나무 숲 제단에 바쳤다. 우리는 타오르는 모닥불 두 개를 지나며 기도를 했다. 달도 뜨지 않은 캄캄한 밤에 촛불만 밝힌 채 강물에 뛰어들어 우리 스스로를 새롭게 갱신했다. 문신을 한 청년들의 딱딱한 껍질이 열리고 있었다.

한 주가 끝날 무렵이면 우리 그룹은 새롭게 깨달은 바를 마을에 알려주러 단체로 캠프를 떠났다. 우리는 중심가를 따라 동네 공원까지 행진을 했다. 수십 명의 젊은이가 드럼 소리에 맞춰 댄스 리듬으로 춤을 췄다. 어떤 젊은이는 집에서 만든 화려한 가면을 쓰는가 하면 어떤 젊은이는 동네 지킴이가 되려는 의도를 상징하는 긴 나무 지팡이를 들었다. 우리가 드럼을 두드리고 춤을 추면서 거리 행진을 하자 낡은 아파트의 커튼이 올라가고 창문과 문이 소리를 내며 열렸다. 그러자 아이티와 멕시코, 라오스와 파키스탄, 니카라과와 팔레스타인 이민자들의 호기심 어린 얼굴이 나타났다. 우리는 그들에게 인사하며 밖으로 나와 함께 어울리자고 했다. 놀랍게도 수백 명이 우리와 함께했다. 그들은 우리를 몰랐지만 우리의 에너지에 이끌려 함께 웃고 춤을 추었다. 영어를 못하는 사람도 많았지만 그 행진이 무엇을 의미하는지는 모두가 알았다. 아이티든 에티오피아든 엘살바도르든 베트남이든 의례와 드럼, 행진이라는 만국의 언어가 그들의 마음을 움직인 것이다.

1.6킬로미터를 행진한 뒤 우리는 리본과 꽃으로 장식한 대나무 아치 길을 통과해 공원으로 들어갔다. 그곳에 서 있던 두 젊은이가 공원에 들어온 마을사람들에게 인사를 하고는 그들의 손에 작은 양초를 하나씩 전했다. 미리 전해들은 바는 없어도 양초를 어떻게 해야 하는지 모두가 알고 있었다. 공원 중앙에 꽃으로 만든 제단과 평화의 상징을 만들어놓았는데, 우리는 한 사람씩 제단에 촛불을 올리며 자신과 마을, 세계를 위해 기도했다.

그런 다음 우리는 마을 축제에서 노래를 부르며 음식을 나눠 먹었다. 젊은이들은 시 낭송을 하고, 노인들은 이야기를 들려주었다. 사람들은 오직 의례의 언어만이 할 수 있는 방식으로 교류했다. 물론 우리의 행신으로 생난 폭력이 완전히 사라진 것은 아니다. 하지만 이 일로 그곳 사람들은 전에 없이 한데 뭉쳤다. 한때 두려움과 고립 속에 살았던 마을사람들은 이제 마을의 문제에 관해 서로 이야기를 나누었다. 또 떨쳐 일어나 자신의 경험을 이야기하고 자신이 직접 지은 시를 낭송한 젊은이들에게 감사와 존경의 마음을 표했다. 이 의례는 서로 외면하며 지내던 마을 사람들 사이에 다리를 놓아주었다.

서양 심리학에는 의례가 거의 존재하지 않는다. 심리치료사와 치유

　　　　　　　　　　　　　　마음이 아플 땐 불교심리학

자들은 클리닉과 사무실의 살균된 형광불빛 아래 환자를 만난다. 불편한 의자에 앉아 의례의 언어라는 도움 없이 환자와 만나는 것이다. 아니면 접촉과 포옹이라고는 전혀 없는 아주 이상한 의례를 따르고 있다. 치료사가 잘 지내고 있는지 질문하지 않고 오직 '시간이 다 됐네요'라는 규칙만 엄격히 지킨다. 가슴으로 하는 작업을 분석적이고 의료적이며 과학적인 양식에 들어맞도록 설계했기 때문이다.

이것은 놀랄 일이 아니다. 변화와 어려움의 시기에 의례가 필요함을 우리 사회 전체가 잊어버렸다. 물론 결혼과 졸업, 장례 등 삶의 중요한 변화를 표시하는 몇몇 의례는 아직 남아있다. 그러나 이마저도 진정한 영적 연결감을 일으키지 못한다. 부와 지위에 바치는 자질구레한 공물이 되고 말았다. 말리도마 소메가 말한 것처럼 의례가 없으면 우리는 캄캄한 밤에 다니는 배처럼 서로를 알아보지 못한 채 지나치고 만다.

물론 의례를 잘못 사용하는 경우도 있다. 아무 생각 없이 관례적, 습관적으로 경통(經筒, 티베트의 라마교도가 사용하는 경전이 적혀 있는 원통-옮긴이)을 돌리고 묵주를 만지작거린다. 또 아무 의미 없는 의례를 기계적, 반복적으로 행하는 때도 있다. 의례는 미신이 될 수 있고 심지어 변질될 수도 있다. 많은 서양인이 의례를 첫 만남처럼(물론 이것은 특히 어려운 의례이다) 미신이나 어리석은 행위, 어색한 행위로 여긴다. 우리는 의미 있는 방식으로 함께하려는 열망을 갖지만 그럼에도 영성과 신성에 대해 느끼는 어떤 문화적 불편감이 존재한다.

그렇지만 현명하게 사용하면 의례는 우리가 미처 깨닫지 못한 방식으로 도움을 준다. 인턴 의사인 데이비드는 나의 친한 친구이자 의사들의 교사인 레이첼 레멘(Rachel Remen) 박사에게 도심의 어느 대형 에이즈 병동에서 의사로 일한 자신의 경험에 대해 이야기했다. 당시는 프로테아제 억제제(에

이즈 치료제)를 비롯한 약물 치료법이 아직 개발되기 전이라 데이비드가 근무하는 병동에 실려 온 환자는 거의 대부분 사망에 이르렀다. 그들 중 많은 환자가 데이비드와 비슷한 연배의 젊은 남성이었기에 그들의 생명은 데이비드에게 더 깊은 의미로 다가왔다. 데이비드는 자신이 그들에게 도움이 되지 않는다는 생각에 괴로워했다.

데이비드는 이전부터 불교 수행을 했었다. 그리고 지금까지도 환자가 죽으면 티베트 전통에 따라 49일 동안 자기 집 제단에 촛불을 켜놓는다. 샌프란시스코 종합병원에 근무하는 내내 데이비드는 젊은 사람이 죽을 때마다 그를 위해 기도하며 자기 집 제단에 촛불을 켰다. 오랜 시간이 지난 뒤 데이비드는 이 일에 대해 미소를 지으며 이야기한다. 이 일은 그를 놀라게 했다. 자신이 병원에 있는 이유가 어쩌면 자기가 알던 그 이유가 아닐 수도 있다는 생각이 들었기 때문이다. 그는 환자들을 치료함으로써 그들에게 도움을 주기를 바랐었다. 그런데 자신이 가진 의학 지식으로 환자들의 문제가 해결되지 않는다는 사실에 데이비드는 자신이 쓸모없는 존재라고 느꼈다. 그러나 데이비드가 병원에 있는 이유는 사람들을 치료하기 위해서가 아닐지도 몰랐다. 그가 병원에 있는 이유는 환자들이 자신을 위해 기도하는 사람 없이 죽음에 이르지 않도록 하는 것일 수도 있었다. 그래서 데이비드는 자신의 모든 환자를 정성들여 보살폈다.

불교심리학은 의례의 힘을 사용해 의식을 변화시킨다. 의례는 자연력의 요소로 구성되는데 이는 우리가 살고 있는 땅으로 우리의 감각을 되돌리려는 것이다. 의례의 물리적 요소는 가장 오래된 고대의 언어라고 할 수 있다. 예컨대, 불의 요소는 양초와 모닥불, 제물을 올릴 때 지피는 불에 나타난다. 물의 요소는 물을 붓고 물로 축복하고 물을 뿌리며 세례하고 물에 띄우고 물을

마음이 아플 땐 불교심리학

마실 때 나타난다. 또 땅의 요소는 흙에 묻고 흙을 뿌리는 행위, 신성한 돌과 신성한 땅, 성소에 나타난다. 그리고 공기의 요소는 염송과 노래, 기도와 종, 드럼에서 보인다. 이 자연력의 요소들은 제단과 각종 몸짓, 절하기, 와인 따르기, 기도하기, 씨앗 심기, 한순간이나 하루 동안 행하는 신성한 멈춤과 결합해 우리를 시간이라는 기준에서 벗어나게 한다. 이렇게 함으로써 우리는 잠시나마 우리가 하던 일, 성공과 실패에서 벗어난다. 어떤 사원에는 출입문을 일부러 낮게 만들었는데 이것조차 의례적인 절을 하게 하려는 것이다.

지극히 간단한 몸짓도 의례가 될 수 있다. 이야기를 나누려고 동그랗게 둘러앉는 행위도 하나의 의례이다. 넬슨 만델라가 대통령 취임식에서 이전 자신의 교도소 간수에게 상석에 앉으라고 권한 것도 강력한 의미를 갖는 의례의 몸짓이다. 불교 공동체에는 용서 의례라는 것이 있는데 주지 스님과 장로 스님들이 자신의 가르침과 리더십에 잘못이 있었다면 그에 대해 스님들에게 절을 하며 용서를 구하는 의식이다. 매년 2개월간 진행되는 춘계 수련회가 끝날 무렵 우리는 용서 의례를 거행했다. 우리는 수련회에 참가한 수행자들에게 서면으로 제안과 피드백을 받는다. 그런 다음 여섯 명의 지도자가 방석과 의자에서 일어나 수련회의 모든 참가자를 마주 보며 맨바닥에 앉는다. 지도자들은 수행자들과 그들의 진심 어린 수행에 절을 한 다음 지도자가 혹시라도 수행자들에게 해를 끼쳤거나 잘못 지도한 부분이 있었다면 용서를 구한다. 지도자들은 수행자들에게 최선을 다했다는 말도 전한다. 많은 경우에 용서 의례가 끝나기도 전에 눈물이 쏟아진다.

의례 만들기

불교심리학자로서 나는 적절한 의례를 활용하는 것이 내가 상담하는 많은 사람에게 중요하다는 것을 알았다. 때로 상담 세션이 끝나기 전에 나와 내담자는 서로 인사를 나누며 우리가 가진 불성을 축복한다. 또 상담을 시작할 때 명상적 묵상과 침묵을 잠깐이나마 하기도 한다. 또 필요하다 싶으면 촛불을 켜고 간단한 제단을 마련하는 경우도 있다. 이런 방법은 우리의 삶을 신성의 관점에서 바라보는 데 도움을 준다.

얼마 전 앨리사라는 심리학자가 명상 수련회를 찾았다. 앨리사는 UN과 협력해 새로 들어온 난민을 보살피는 일을 하고 있었다. 그녀가 맡은 임무는 난민 중에서도 고문을 당했거나 미국에 정치적 망명을 희망하는 이들을 돕는 일이었다. 앨리사는 나에게 제대로 잠을 이루기 어렵다고 했다. 그녀는 아프가니스탄, 우간다, 아이티, 버마, 과테말라, 르완다, 이라크, 보스니아 등 많은 나라에서 온 난민이 고통당하는 이야기와 모습을 뇌리에서 떨쳐내기 어려웠다. 앨리사는 규칙적으로 명상을 했지만 명상을 할 때면 난민들이 고문당하는 이야기가 생생히 떠올랐다. "어떤 때는 감당하기가 너무 힘들어요." 그녀의 말이다.

수련회에 참가하는 동안 앨리사는 연민과 평정심의 수행으로 난민들이 고통당하는 모습을 다루었다. 그러자 명상이 점점 쉬워졌다. 나는 앨리사에게 이 깊은 슬픔을 그녀 혼자 감당할 필요는 없다고 말했다. 나는 그녀가 도움이 필요한 상황이라고 말했다. 그리고 사무실 뒤쪽 벽에 큼직한 제단을 만들도록 제안했다. 또 영적인 영감을 주는 물건을 제단 위에 올려놓게 했다. 처음에 앨리사는 관음, 다라, 붓다, 예수, 과달루페 성모상을 올려놓았다. 시간이 지나면서 남미와 아프리카, 아이티 신들의 형상도 제단에 올렸

마음이 아플 땐 불교심리학

다. 코란에 나오는 아랍어로 된 구원의 구절을 올리기도 했다. 그녀의 사무실에 온 난민들은 그녀 뒤편에 놓인 신성한 형상의 신들을 보았다. 형상들 아래에는 꽃과 과일이 공물로 놓여있었다. 앨리사는 매일 하루를 시작하며 그 신들과 조상들을 부른다. 그러면서 자신을 지지해달라고, 자신들의 고통을, 그녀에게 가져오는 난민들을 품어 달라고 부탁한다. 그리고 하루가 저물면 오늘 하루 들었던 슬픔의 이야기를 제단 위에, 신들의 연민 어린 손에 상징적으로 놓는다.

이제 앨리사는 혼자서 짐을 질 필요가 없다고 느꼈다. 그녀가 마련한 제단은 세상에 존재하는 연민의 힘이 그녀가 헌신하는 활동을 지지하고 있음을 날마다 상기시켰다. 반드시 혼자 외롭게 분투하며 변화를 일으켜야 하는 것은 아니다. 생명의 힘이 늘 우리와 함께 있으면서 우리를 돕고 있다.

기도를 하거나 촛불을 밝히는 등 간단한 의례만으로 한 사람의 내면 작업에 경배의 느낌과 새로운 가능성을 일으킬 수 있다. 또 즉석에서 만든 맞춤 의례가 최고의 약으로 작용하는 경우도 있다. 예컨대 과거에 받은 연애편지를 불태우거나 슬픔의 유물을 땅에 묻는 의례를 행할 수 있다. 자신의 습관과 두려움의 대상을 종이에 적어 파도에 띄워 보내는 방법도 있고, 건강하지 못한 삶의 단계가 끝났음을 알리는 종을 칠 수도 있다. 또 새로 얻은 자유를 상징하는 촛불을 켤 수도 있다. 이 모든 의례를 통해 우리는 지나온 과거를 떠나보내고 자신의 참된 본성을 다시 일깨운다.

브루스가 처음 불교 수련회에 참여했을 때 그의 몸은 무거운 짐을 진 것처럼 경직된 채 통증에 시달리고 있었다. 물리치료사인 브루스는 문제가 많은 의료 시스템과 사람들과의 갈등, 힘들었던 어린 시절을 아직도 무거운 짐처럼 지고 있었다. 많은 환자를 치료한 브루스는 이제 자신을 치유해야 했다. 그런데 처음 참가한 명상 수련회에서 고통이 더 크게 일어났다. 브루스는 연민과 공(空) 같은 불교의 가르침을 들어본 적이 있었다. 그런데 명상을 시작하자 오히려 이와 정반대인 견고함과 딱딱함, 커다란 좌절감이 일어났다. 오래 앉아있을수록 그가 느끼는 두려움도 커졌다. 그는 나와 나의 동료인 트루디 굿맨(Trudy Goodman)과 이야기를 나누기 위해 왔다. 그는 자신이 우리에 갇힌 늑대인간이 된 것 같다고 했다. 나는 브루스에게 호흡을 하며 지금-여기에 존재하는 현상을 깨어있는 마음으로 관찰하라고 했다. 그러자 브루스는 늑대인간이 아주 오랫동안 우리에 갇혀있다고 말했다. 또 늑대인간이 배가 고파 죽을 지경이라고도 했다.

궁금한 내가 물었다. "늑대인간이 무얼 먹고 싶어 하나요?" 내가 물었다. "브루스를 잡아먹고 싶어 해요." 그는 몸을 떨며 말을 이었다. "늑대인간이 정말 원하는 건 내 심장이에요." 나는 불교 전통에 악령과 배고픈 귀신이 나타났을 때 먹이를 주는 의례 수행이 있다고 말했다. 이 수행은 귀신을 위해 무엇을 할 수 있는지 의도적으로 머릿속에 그린다. 이로써 우리 내면의 극악하고 과격한 에너지, 두려움에 찬 에너지를 변화시킨다. 귀신들이 원하고 필요로 하는 무엇이든 주는 장면을 머리에 그린다. 심지어 우리 자신의 몸까지도 귀신들이 배부를 때까지 내어준다. 나는 브루스에게 늑대인간에게 먹이를 줄 수 있느냐고 물었다. 이 야수에게 자신의 심장을 내어주는 일은 브루스에게 끔찍한 일이었다. 다음번에 우리가 함께 앉았을 때 브루스는 자신이 당하는 고통이 너무 커 이제 무엇이라도 해야 한다고 느꼈다. 그는 늑대인간에게 먹이를 주겠다고 결심했다. 브루스는 눈을 감은 채 늑대 우리의 문을 열었다. 그런데 늑대인간은 브루스에게 덤벼들지 않았다. 늑대인간은 브루스를 가만히 응시했다. 그리고 늑대인간이 브루스의 심장을 먹고 싶다고 말한 것

마음이 아플 땐 불교심리학

은 사실 그의 사랑을 원한다는 뜻이라고 말했다. 그런 다음 브루스에게 걸어가 다리를 살짝 스치고는 야생으로 걸어 나갔다. 브루스는 크게 놀랐다.

그 다음으로 브루스는 늑대인간이 어디서 나왔는지 내게 말했다. 브루스는 어린 시절 텍사스 작은 마을의 외곽에 있는 소목장에서 자랐다. 마을 사람들은 기르던 개를 돌볼 수 없게 되면 목장에 데려다놓고 가버렸다. 브루스의 아버지는 브루스에게 이 '쓸모없는' 개들을 '처분하도록' 시켰다. 총으로 쏴 죽이라는 의미였다. 여덟 살에서 열여섯 살 동안 브루스는 열여섯 마리의 개를 쏴 죽였다. 이 이야기를 들려주며 브루스는 울음을 터뜨렸다.

나는 브루스에게 함께 명상을 하자고 제안했다. 우리는 부드럽고 치유적인 호흡에 단순하게 집중하는 시간을 가졌다. 그런 뒤 나는 소리 내어 염송을 했다. 그러면서 죽은 개들과 외롭고 예민한 아이인 브루스 자신을 대상으로 연민의 마음을 일으키게 했다. "너희의 고통을 커다란 연민의 마음으로 품어 안을게. 너희가 슬픔에서 벗어나기를. 너희가 평화롭기를." 브루스는 이 구절을 귀로 들으며 자신의 슬픔에 숨을 불어넣었다. 그러자 세계의 모든 젊은 군인, 총을 들고 강제로 사람을 죽여야 하는 입장에 몰린 모든 청년이 당하는 고통을 느낄 수 있었다. 브루스의 가슴은 모든 인류를 향한 연민의 마음에 열리고 있었다.

그런데 신체를 통해 치유를 활성화시켜야 하는 때도 있다. 나는 브루스에게 치유 의례를 만들어보자고 제안했다. 그러자 그의 눈이 빛났다. 다음 며칠에 걸쳐 브루스는 수련회 센터 근처의 언덕에 적당한 장소를 찾아 열여섯 개의 돌로 조심스럽게 둥그런 원을 만들었다. 이 돌은 브루스의 양심을 짓누르던 열여섯 마리 개를 상징했다. 땅거미가 지는 저녁 무렵 브루스와 트루디, 나 셋이서 언덕을 올랐다. 조금씩 별들이 선명하게 보였다. 브루스는 그

중 가장 큰 돌은 북쪽 방향의 시리우스, 즉 천랑성(天狼星, the Dog Star)을 향하고 있다고 말했다. 그 개의 불멸의 영혼을 기리는 의미였다. 각 돌의 아래에는 글로 쓴 속죄의 기도를 두었다. 그리고 중앙에는 가장 큰 돌 바로 옆에 작은 돌을 하나 놓았다. 브루스는 눈물을 흘리며 이 작은 돌은 총에 맞은 마지막 순간까지 새끼를 지키려 했던 죽어가는 어미라고 했다. 이 개들은 그가 마지막으로 죽인 개였다. 우리는 저녁의 적막함 속에서 명상을 했다. 브루스는 절을 하고 촛불을 켰으며 기도를 올렸다. 또 그의 가슴이 무엇을 배웠는지, 그리고 개들의 영혼이 그의 남은 날을 위해 선사한 가르침에 관하여 개들에게 이야기했다.

그러나 브루스는 아직 자유롭지 못했다. 죽은 개들이 아직 자기에게 무언가를 바라고 있다는 생각이 들었기 때문이다. 브루스는 속죄하고 싶었다. 그래서 동물 복지를 위해 5천 달러를 기부하기로 결정했다. 또 앞으로 계속 개를 키울 것이며, 향후 10년 동안 하루 중 절반을 근처 동물 보호소에서 매일 봉사하기로 했다. 이것은 브루스가 스스로 좋아서 하는 일이었다. 나는 6개월 뒤에 브루스를 만났다. 그는 자신의 치유 작업이 언제나처럼 만만치 않았지만 이제는 많이 좋아졌다고 말했다. 나도 그것을 눈으로 확인할 수 있었다. 그의 온 영혼이 더 가벼워 보였다. 몸도 더 편안히 이완된 것 같았다. 그의 내면에 있던 늑대인간은 이제 완전히 다른 모습으로 바뀌었다. 그것은 양치기 개처럼 자유롭게 뛰어다니고 있었다.

귀의처 찾기

1장에서 언급한 나치 포로수용소의 생존자 빅터 프랭클은 의미 찾기를 중시하는 로고테라피(의미치료)의 창시자이기도 하다. 그는 포로수용소에서 살아남은 이들은 대부분 자신과 세상의 커다란 목적에 신념을 갖고 있었다는 사실을 알았다. 이들 생존자처럼 우리 각자도 바쁜 현대생활의 분열된 힘 가운데서 자신의 나아갈 방향을 정하고 스스로를 지지하려면 일정한 목적의식이 필요하다. 이런 필요에 불교심리학이 내놓은 대답이 바로 귀의처(refuge)에 머무는 수행이다.

붓다가 가르침을 편 첫날부터 붓다의 길을 따르는 이라면 누구나 이렇게 암송해야 했다. "붓다에 귀의합니다. 법(다르마)에 귀의합니다. 상가(수행공동체)에 귀의합니다." 이것은 어딘가에 가담해야 한다거나 무엇이 되어야 한다는 의미가 아니다. 다만 우리의 가슴이 방향을 바꾸어야 한다는 의미다.

귀의처는 기쁨과 슬픔, 이익과 손실을 겪으며 살아가는 우리의 여정에 지원을 제공한다. 귀의처에서 우리는 세상과 맺은 신성한 연결을 다시 확인한다. 귀의처가 반드시 종교적인 것일 필요는 없다. 가르침의 계보에 대한 믿음을 의식적으로 일으키는 단순한 행위도 귀의처가 될 수 있다. 지금도 의사들은 고대 그리스의 히포크라테스 선서를 한다. 물리학자들은 아르키메데스, 갈릴레오, 뉴턴, 아인슈타인 등 오랜 세월 이어온 과학자의 계보에 믿음을 갖고 있다. 전문 음악가들은 자신의 스승, 스승의 스승의 이름을 자랑스럽게 거명한다. 모든 대학과 심리훈련소에도 선배들의 전통을 기리는 사당이 있다. 후배들의 존경과 사랑을 받으며 벽에 걸린 초상화와 사진 속 선배들이 우리를 내려다보고 있다.

우리는 익명의 알코올중독자모임에서 하듯이 더 높은 힘에서 귀의처를 찾을 수도 있다. 고차원의 힘에 대한 믿음은 사람을 변화시키는 힘을 갖는다. 이 점에서 서양의 심리학 사고에서 종종 귀의처와 믿음의 요소를 배제하는 것은 다소 뜻밖이다. 12단계 모임을 비롯한 지지 모임의 성공 요인은 대개 참여자들의 상가(sangha), 즉 참여자들끼리 만드는 의식적 공동체가 가진 힘에 대한 믿음에 있다. 믿음이 있을 때 우리는 성장한다. 우리가 갖는 믿음은 영적인 믿음일 수도 있고, 지극히 비종교적인 믿음일 수도 있다. 또 자연세계에 대한 믿음일 수도 있고, 아직 태어나지 않은 미래 세대에 대한 믿음일 수도 있다. 아니면 생명 자체에 대한 믿음일 수도 있다. 현명한 삶을 위해서는 나와 세계가 믿음의 관계로 연결되어 있음을 알아야 한다. 건강관리 연구에 따르면 애완동물을 기르고 식물을 가꾸는 행위가 수명을 연장하고 안녕감을 증가시킨다고 한다.

자신의 의도를 정하고 특정 목표에 헌신하는 것과 마찬가지로, 귀의처에 머무는 것 역시 삶의 방향을 새롭게 조정한다. 우리가 정한 귀의처는 도전에 맞닥뜨릴 때마다 우리를 시험하는 시금석이 된다. 또 영감을 주는 원천이 된다. 불교에서 귀의의 맹세는 평생 한 번 하면 되지만 일부 전통에서는 수십만 번 반복한다. 귀의처에 대한 맹세를 염송할 때마다 과거의 깨달은 존재들에게 온몸으로 절을 하는데 이로써 귀의처에 대한 맹세가 더욱 튼튼해진다. 어느 전통을 따르든 귀의처에 머물 때 우리는 깨어남의 흐름에 합류하게 된다.

전통적으로 불교에는 세 가지 차원의 귀의처가 있다. 외면의 귀의처, 내면의 귀의처, 그리고 더 깊은 내면의 귀의처가 그것이다. 외면적 차원에서 우리는 역사적 붓다에 귀의한다. 그는 우리 내면의 자유를 가리켜 보인 놀랍도록 현명한 인간이다. 또 우리는 다르마에 귀의하는데, 이것은 자유를 가져다주는 관대함과 연민, 지혜의 가르침을 의미한다. 그리고 우리는 상가에 귀의하는데, 이는 깨어난 존재들로 이루어진 불교 공동체이다. 외면적 귀의처를 통해 우리는 전통과 연결된다. 또 붓다가 제시한 길을 따라 걸어간 수백만 명의 사람과도 연결된다. 이제 우리는 붓다에서 내면적 귀의처를 찾는다.

이렇게 함으로써 우리는 역사적 붓다에서 모든 존재의 불성으로 옮겨간다. 모든 존재가 가진 깨어남의 가능성, 즉 불성에 귀의하는 것이다. 또 다르마에 대한 내면적 귀의를 통해 우리는 외면적 가르침에서 내면적 진실로 옮겨간다. 이로써 사물과 현상의 실재를 있는 그대로 보게 된다. 이때 우리는 그 진실을 따라 살아야겠다고 믿는다. 다음으로 상가에 대한 내면적 귀의를 통해 불교 공동체로부터 깨어남에 헌신하는 모든 존재에게 옮겨간다. 우리보다 앞서 깨어난 존재들이 걸어간 길의 흐름에 귀의한다.

마지막으로 우리는 내면의 가장 깊은 귀의처에 귀의한다. 이것은 무시간적 의식과 자유에 귀의하는 것을 말한다. 아잔 차 스님은 이렇게 말했다. "우리는 붓다에 귀의합니다. 그런데 이 붓다는 누구입니까? 지혜의 눈으로 보면 붓다가 무시간적이며 태어남이 없는 존재, 어떠한 몸과 역사, 장소와도 무관한 존재임을 알게 됩니다. 붓다는 모든 존재의 토대이자 흔들림 없는 마음이라는 진실을 구현한 존재입니다. 그러므로 붓다는 인도에서 깨달음을 얻지 않았습니다. 사실 그는 결코 깨달은 적이 없습니다. 태어난 적도, 죽은 적도 없습니다. 이 무시간적 붓다야말로 우리의 참된 고향, 우리가 영원히 머물 장소입니다."

다음으로 가장 깊은 내면의 다르마에 귀의한다는 것은 영원한 자유에 머문다는 뜻이다. 중국 선종의 제10대 조사인 황벽 희운은 이렇게 말했다. "미망에 빠진 순간에도 당신은 결코 자신의 참된 본성을 잃어버릴 수 없습니다. 그렇다고 깨달음의 순간에 참된 본성을 얻는 것도 아닙니다. 그것은 마음의 본질이자 모든 사물의 원천입니다. 당신이 본래적으로 가진 빛나는 명민함입니다. 이렇게 세상에서 가장 부자임에도 당신은 참된 본성을 찾아 힘들게 헤매고 있습니다. 당신이 찾는 보물은 전부 당신 안에 있습니다. 이것이 당신의 본래 모습입니다."

마지막으로, 가장 깊은 내면의 상가에 귀의한다는 것은 모든 생명과 맺은 분리될 수 없는 연결성을 알아본다는 의미다. 내면 깊은 곳에 존재하는 상가는 믿음을 일으키는 궁극의 원천이다. 이것을 시인 존 던(John Donne)은 이렇게 표현했다. "이 세상에 섬처럼 홀로인 사람은 아무도 없다네." 마틴 루터 킹 주니어 목사는 "우리는 상호성이라는 그물로 서로 엮여있습니다. 운명이라는 옷 한 벌을 함께 입은 것과 같습니다."고 했다. 우리는 이 상호연결성에서 떨어져나오거나 분리될 수 없다. 우리가 붓다, 다르마, 상가에 귀의할 때 세상 모든 것이 생명의 하나이자 참된 본성임을 보이는 스승이 된다.

귀의 의례는 우리의 의식을 변화시킬 수도 있다. 장기 재소자인 테드는 처음에 우리가 진행한 교도소 불교 프로젝트가 제공한 책과 테이프로 수행을 시작했다. 빅터 프랭클이 포로수용소에서 알게 되었듯 테드도 끔찍한 교도소 생활을 견디려면 의미 있는 목적이 필요함을 알았다. 귀의는 테드에게 삶의 커다란 전기가 되었다. "지도자가 나를 방문했고 나는 귀의의 맹세를 했어요. 그런 뒤 지금까지 내 삶의 태도를 진지하게 돌아보았어요. 나는 누구에게도 해를 입히지 않고, 누구도 학대하지 않겠다는 맹세를 했죠. 수감 중에도 붓다를 보았어요. 나는 주변에 알리지 않은 채 명상을 계속했어요. 이른 아침에 귀의처 수행을 했고요. 귀의처 염송을 반복해 되뇌자 내가 무척 단단해진 것 같았어요. 그런 다음 나는 교도소의 다른 구역으로 옮겼어요. 그곳에도 문제가 많았지만 귀의 수행을 계속했어요. 나에게 나쁜 짓을 한 두 남자에게 복수하고 싶은 유혹도 느꼈지만 그들의 눈을 바라보며 나의 가슴에 귀의했어요. 나에게 큰 도움이 되었어요. 이곳에서 지내려면 누구든 무언가에 귀의해야 한다고 생각해요."

시각화

신성한 이미지에 대한 작업을 하려면 우선 과거의 역사나 영적 전통에 등장하는 한 사람을 선택합니다. 특히 당신의 가슴에 호소력을 갖는 사람이면 더 좋습니다. 명상을 하는 동안 당신 앞에 선명하고 아름다운 사진을 놓아두어도 좋습니다. 사진을 지긋이 응시합니다. 사진의 이미지와 그것이 자아내는 느낌을 두 눈으로 흠뻑 받아들입니다. 눈을 부드럽게 떴다 감으며 당신의 내면에서 그 사람의 모습을 반복해서 보려고 시도합니다. 쉽게 눈에 보이는 것부터 시작하면 됩니다. 다른 곳으로 주의가 달아나면 다시 처음의 이미지로 주의를 가져옵니다. 이 이미지를 눈으로 보는 데만 몇 주가 걸릴 수도 있습니다. 그렇지만 계속해서 연습하면 안정적이고 정확하고 자세하게 이미지를 시각화하는 법을 알 수 있습니다. 이 신성한 이미지를 안정적으로 보게 되었다면 이제 이 형상이 환한 빛으로 가득 차 있다고 상상합니다. 그런 다음 그 빛과 사랑, 밝음이 그 인물로부터 당신에게로 쏟아져 들어온다고 상상합니다. 이렇게 하는 것만으로도 기분이 좋아질 것입니다.

이제 다음 단계를 밟습니다. 당신이 머릿속에 그린 인물이 누구이건 그가 당신의 몸과 마음속으로 들어올 수 있다고 상상합니다. 당신의 인격을 내려놓고 그 존재가 당신의 가슴속에 들어와 연민과 용기, 순수함, 밝은 빛으로 당신을 완전히 가득 채우게 합니다. 내면에서 당신이 이 존재가 된다는 것이 어떤 느낌인지 느껴봅니다.

이 상태에 한동안 머물러봅니다. 당신이 이 에너지를 몸으로 체현할 수 있음을 인식합니다. 이 에너지가 당신 존재의 모든 세포, 의식의 구석구석을 채웁니다. 지혜롭고 자애로운 이 존재의 눈으로 세상을 보십시오. 당신이 신성한 존재라고 느껴보십시오. 이 상태가 당신의 '일상적인' 정체성이 아니라 가슴의 자연스러운 상태가 될 때까지 반복적으로 연습하십시오.

이제 시각화를 종료할 때가 되면 그 이미지를 당신의 몸에서 풀어줍니다. 그러면서 그를 당신 앞에 다시 가져다 놓고, 그런 다음 허공으로 사라지게 합니다. 이렇게 의식 자체가 온갖 형상을 만들고 지우는 과정을 관찰해봅니다. 다시 순수한 자각으로 돌아와 머뭅니다. 당신의 몸과 마음이라는 자연스러운 세계가 다시 나타나도록 허용합니다. 그러면서도 이 시각 경험에 대한 신성한 의식에 가만히 젖어 들어봅니다.

19

가슴을
더한
행동주의

불교의 인지 훈련

무엇이든 자주 생각하고 곱씹으면 그것이 그 사람의 마음의 성향이 된다.

_붓다

현명하지 못한 생각으로 말하고 행동하면 슬픔이 그대를 따를 것이다.
마치 수레를 끄는 소를 수레바퀴가 따르듯이.
현명한 생각으로 말하고 행동하면 행복이 그대를 따를 것이다.
마치 그림자가 흔들림 없이 당신을 따라 다니듯이.

_『법구경』

아잔 차 스님은 농촌 마을 출신이었다. 스님은 생각에 빠져 사는 고학력의 서양 사람들에게 아주 평이한 말로 이야기했다. 스님의 서양인 제자 가운데 짐이라는 호주인이 있었는데, 그는 사원을 자주 드나들었다. 수차례 승복을 입었다 벗기를 반복했다. 그는 호감이 가는 친구였지만 사소한 문제와 의심에 강박적으로 붙들려있었다. 자신이 머물던 숙소가 건물 출입구에 가까워 그곳으로 드나드는 사람들 때문에 방해가 된다고 여겼다. 그래서 외딴 숲속 수행처로 거처를 옮겼지만 이번에는 음식이 마음에 들지 않았다. 그래서 좋은 음식을 제공하는 방콕 근교의 수행처로 옮겼다. 하지만 이번에는 수행처의 분위기가 너무 산만했다. 결국 아잔 차 스님의 사원으로 돌아온 그는 예를 올린 뒤 자신이 가장 최근에 경험한 의심과 불만족을 예전과 다름없이 늘어놓았다. 그에게는 무엇도 만족스럽지 않았다.

아잔 차 스님은 짐이 사원을 들락날락하는 모습을 흥미롭게 지켜보고 있었다. 어느 날 오후 짐이 다른 사원으로 옮길 계획이라고 스님에게 말했다. 그 자리에는 다른 승려들도 있었는데, 아잔 차 스님은 짐을 가리키더니 이렇게 말했다. "이 친구는 승려 가방을 똥통에 처박아놓고도 모르고 있다네. 그렇다면 어디를 가든 이상한 냄새가 난다고 이 친구가 말하고 다니지 않겠나."

우리가 종일, 매일같이 어떤 생각을 하느냐에 따라 경험의 색이 달라진다. 그런데 일단 이 생각들을 관찰하기 시작하면 그것이 대부분 '재방송'이라는 걸 알게 된다. 재방송이 아니라면 그것은 우리가 해결해야 할 문제에 관한 생각이다. "지붕 문제로 다시 존에게 전화해야 해. 존이 고칠 수 있을 거야." 아니면 자신이 좋아하는 것에 관한 생각일 수도 있다. "이 사람 말하는 방식이 마음에 들어." "교통체증은 정말 지긋지긋해." 또 다른 많은 생각은 자기

마음이 아플 땐 불교심리학

평가에 관한 것이다. "이런, 또 일을 망쳤군. 내가 어쩌다 이 지경이 되었지?" "와, 내가 얼마나 잘 했는지 보라고. 이 정도면 사람들이 나를 알아주겠지!"

불교 경전은 이렇게 묻는다. "생각이란 무엇인가? 생각이란 그대의 친구가 될 수도, 적이 될 수도 있다. 현명하지 못한 생각만큼 그대에게 해를 입히는 것도 없다. 현명한 생각만큼 그대에게 도움을 주는 것도 없다. 자식을 지극히 사랑하는 부모조차도 그 정도로 도움을 주지는 못한다." 삶은 우리가 어떤 생각을 하느냐에 따라 만들어지고 결정된다.

대개 우리는 생각이 우리의 삶을 어떻게 이끌어가는지 어렴풋이 의식할 뿐이다. 우리는 생각을 실재로 여기며 생각 속에 빠져 산다. 스스로 머릿속에서 만들어낸 생각을 너무 진지하게 받아들인 나머지 아무 망설임 없이 생각의 편을 든다.

앞서 얘기했듯이 스스로를 나병 환자로 여긴 사흘 동안 나는 평생을 나병에 걸린 채 살아야 한다는 생각을 거의 기정사실로 굳히고 있었다. 그때 나는 두려움에 가득 차 있었다. 두려움이 몸 구석구석을 빠르게 돌아다니는 것을 느꼈다. 명치가 꽉 조이고 숨이 가빴으며 근육이 뭉쳤고 손바닥에는 땀이 났다. 거기다 불안한 느낌과 불안정한 기분, 불안정한 공포가 더해졌다. 그로부터 사흘 뒤 나는 이 모든 신체 증상이 나의 생각 때문에 일어났음을 알게 되었다.

우리가 느끼는 두려움이 사태를 정확히 예측하지 못하는 것으로 판명되는 경우는 드물지 않다. 마크 트웨인은 이를 두고 이렇게 말했다. "내 인생은 끔찍한 불운으로 가득 차 있었다. 그런데 이 불운의 대부분은 한 번도 일어나지 않았다!" 두려워하는 생각을 깨어있는 마음으로 알아차릴 때 가장 먼저 보게 되는 것은 두려움이 극적인 느낌을 동반한 이야기에 불과하다는 사실이다. 그러니 우리는 이야기를 곧 진실로 받아들이지 않아도 좋다.

　마음이 무엇을 만들어내는지 본다면 거기서 커다란 자유를 발견할 수 있다. 티베트의 라마승 켄체 린포체는 이렇게 말했다. "윤회도, 열반도 모두 마음이 지어냅니다. 그런데 마음은 그리 대단한 것이 아닙니다. 마음은 그저 생각일 뿐입니다. 생각이 특정한 실체가 없이 비어있음을 깨달아야 합니다. 이때 마음은 더 이상 우리를 기만하는 힘을 갖지 못합니다."

　그러나 아무리 노력해도 반복적으로 일어나는 생각에서 벗어나지 못하는 때가 있다. 이런 때는 생각이 실체 없이 텅 비어있음을 안다 해도 별로 도움이 되지 않는다. 우리는 이미 끝난 관계에 대해, 직장에서의 실패의 두려움에 대해 몇 달 동안 강박적으로 집착한다. 이런 힘겨운 사고 패턴이 반복되고 지속되면서 의식을 깊이 물들이는 나머지 우리는 이것으로 괴로워한다. 그래서 이런 사고 패턴을 왜곡 없이 있는 그대로 보지 못한다. 만약 이 사고 패턴을 바람직하지 못한(unskillful) 마음 상태로 단순하게 안다면 자신이 신경증에 걸렸다거나 희망이 없다고 말하지 않을 것이다. 그럴 때 우리는 이에 대해 무언가를 해볼 수 있다.

　실제로 불교인들은 최초의 인지행동 치료사였다. 현재 서양에서 행해지는 인지치료는 합리적 정서치료의 창시자인 앨버트 엘리스(Albert Ellis)와 정신과의사 아론 벡(Aaron Beck)의 작업으로부터 처음 시작되었다. 현대의 인지치료는 행동치료에서 발전된 것으로 정신분석에서 하듯이 가족사와 무의식에 초점을 맞추기보다는 지금-여기에서 무슨 일이 일어나고 있는지를 보았다. 행동주의자들은 행동을 변화시킬 수 있다면 나머지는 자연스럽게 따라온다고 믿었다. 여기에 인지적 요소를-내면에서 끝없이 계속되는 이야기의 내용을-더하자 그것은 강력한 변화 도구가 되었다.

공황발작과 공포증에 대한 표준 인지치료를 통해 이것이 어떻게 작동하는지 확인할 수 있다. '나는 두려워하고 있다'는 생각이 들 때마다 '나는 강하다'는 글이 적힌 손목밴드를 만지는 방법으로 두려운 생각을 대체한다. 그런 다음 그렇게 얻은 힘을 가지고 행동에 옮긴다. 때로는 이런 행동주의적 방법에 체계적 둔감화라는 작업을 병행하기도 한다. 만약 높은 장소를 두려워한다면 견딜 만한 높이까지 조금씩 높이 올라가는 연습을 한다. 이 방법은 우울하거나 두려운 생각을 변화시키는 데도 적용할 수 있다. 인지치료에서 우리는 바람직하지 못한 행동과 두려운 마음 상태가 불합리한 사고 패턴에서 생겨나는 과정을 본다. 우울하고 두려운 생각을 사실로 믿지 말라고 자신에게 이야기함으로써 이 생각들에 도전하는 것이다. 그런 다음 긍정적으로 행동하면서 자신이 두려워하던 것을 행동에 옮긴다.

동양 심리학과 인지치료 사이에는 상당한 공통점이 존재한다. 하지만 불교 수련은 부정확한 사고 패턴에 대한 순전히 합리적인 대안을 제시하는 것 이상을 제공한다. 불교의 이런 접근 방식을 가슴을 더한 행동주의(behaviorism with heart)라고 부를 수 있겠다. 불교의 접근 방식은 더 크고 자애로운 의도의 힘을 활용한다. 나에게 괴로움을 일으키는 사고 패턴을 마음챙김으로 알아보는 데서 시작한다. 이런 사고 패턴에는 자신이 무가치하다는 생각, 질투심, 증오, 복수심, 불안, 집착, 탐욕 등이 있다. 그런 다음 자기 마음 안에 있는 것들을 연민의 마음으로 변화시킨다. 자신이 가진 생각을 변화시켜 자신과 타인을 위한 사랑의 보호막으로 삼는다.

불교심리학의 열아홉 번째 원리는 이것이다.

19

우리가 어떤 생각을 자주 하느냐에 따라 우리가 사는 세상이 만들어진다. 연민의 마음을 내어 건강하지 못한 생각을 건강한 생각으로 대체하라.

달라이 라마가 좋아하는 수행법

달라이 라마는 생각을 변화시키는 수행을 자신이 가장 좋아하는 수행법이라고 했다. 그는 이렇게 말한다. "짜증, 분노, 자신에 관한 판단 등 바람직하지 못한 생각 패턴이 당신에게 어떤 영향을 미치는지 머릿속에 그려봅니다. 당신의 내면에서 그 생각들이 긴장, 심박동 증가, 불편감 등 당신에게 미치는 영향을 관찰하십시오. 또 바깥으로는 그런 생각이 그것을 품은 사람에게 어떤 영향을 주는지, 그들을 화나게 만들고 경직되고 추하게 만들지 않는지 보십시오. 그런 다음 연민의 마음으로 이렇게 결심하십시오. '이 마음상태 때문에 내 마음의 평화를 잃지 않겠다.'라고 말입니다."

베리는 오랜 시간 불안과 우울을 겪은 뒤 불교 수행자가 되었다. 2년간 치료를 받으면서 그는 자신의 과거에서 원인을 찾을 수 있었다. 베리의 어머니는 병으로 그의 곁에 있어 주지 못했고 아버지도 일찍 돌아가셨다. 그러나 이 통찰도 그가 구하는 편안함을 주지 못했다. 베리는 지금 현재 자기 마음을 다루는 방법이 필요했다. 몇 차례 명상 수업과 수련회에 참여한 뒤 그는 호흡에 주의를 기울여 마음을 안정시키는 법을 배웠다. 그럼에도 아주 사소한 좌절감이 다시 일어날 때면-어쩌다 늦게 일어났거나 도로 공사 때문에 길이 막히거나 친구들이 자기만 빼놓고 어디에 갔을 때-그때마다 불안하고 우울한 생각이 다시 일어나 그를 괴롭혔다.

베리에게 호흡에 대한 마음챙김은 시작에 불과했다. 그가 밟아야 하는 다음 단계는 자신의 생각이 만들어내는 불안하고 우울한 생각 패턴을 인식하는 것이었다. 이런 생각 패턴에 걸려들 때마다 어떤 요인이 이를 촉발시키는지 알아야 했다. 점차 베리는 우울하고 불안한 생각이 일어나기 시작하는 때를 알아채기 시작했다. 직장에서 문제가 생기거나 앞의 운전자가 무례하게 끼어들 때 베리는 고통스러운 사고 패턴이 시작됨을 관찰했다. 달라이 라마가 제안한 것처럼 베리는 긴장과 불편감이라는 신호가 일어나는 것을 지켜보았다. 우울한 생각이 일어나는 것을 처음 의식하며 관찰했을 때 베리는 자신의 몸이 수축되면서 마비되는 것을 실제로 느꼈다. 자신이 두려움에 떠는 무가치한 존재라는 이야기를 들려주려고 그의 마음이 준비하고 있음을 보았다. 이제 베리는 이 고통스러운 생각과 느낌에 연민의 마음을 보내라는 가르침을 받았다. 불안과 어둠의 순간에 베리는 자신에게 친절하기로 했다. 그러자 마음의 공간이 조금씩 열렸다. 베리는 이제 전과 다른 생각을 선택할 수 있었다. 베리는 이렇게 말했다. "예전에는 삶이 온통 문제투성이라고 여겼는데 이제 주의를 기울이고 보니 문제는 다름 아닌 나의 생각이었다는 걸 알겠어요."

고통스러운 생각은 매우 자동적으로 우리를 집어삼킨다. 묵언 수련회에서는 강박적 마음이 아주 분명히 드러난다. 어느 여성은 옷을 잘못 가져왔다는 생각에 3개월 수련회 내내 강박적으로 시달렸다. 또 어떤 남성은 35년 전 아버지가 동생을 더 편애했다는 이야기를 반복적으로 이야기했다. 우리는 남자친구, 새로 산 차, 노래, 방 리모델링을 어떻게 할지, 누군가 우리를 무시한 이유 등 어디에나 강박적으로 집착할 수 있다. 이것이 '단지 생각에 불과하다 해도' 쉽게 사라지는 것은 아니다. 정원의 잡초처럼 계속 자란다. 시인 루미는 이렇게 말했다. "요즘은 단기로 작물을 재배하는 시기. 우리가 무엇을 심건 그것은 빨리 돌아온다네." 고통스러운 사고 패턴은 너무나 빠른 속도로 일어나기 때문에 그것을 관찰하기가 쉽지 않다. 고통스러운 사고 패턴은 어쩌면 우리가 숨 쉬는 공기와 같다.

때로 우리는 충격적인 일을 당하고 나서야 자신이 생각에 푹 빠져있었다는 걸 알게 된다. 이때 세상을 보는 관점이 순식간에 바뀔 수 있다. 불교 지도자 페마 초드론은 자신의 제자 가운데 중동에 갔던 일을 글로 적은 어느 젊은 여성의 이야기를 들려주었다. 중동에서 그녀는 어느 날 자신과 친구에게 조롱과 고함을 퍼부으며 돌을 던지려고 위협하는 사람들에 둘러싸였다. 단지 그녀와 그녀의 친구가 미국인이라는 이유였다. 물론 그녀는 매우 무서웠다. 하지만 그 다음에 일어난 일이 그녀를 더 놀라게 했다. 별안간 그녀는 자신이 지금까지 인류 역사에서 조롱당하고 미움 받았던 모든 사람이 된 것처럼 느꼈다. 그녀는 피부색, 민족, 성적 기호, 성 등 어떤 이유에서건 사람들에게 멸시를 당하는 것이 어떤 느낌인지 알 수 있었다. 그녀의 내면에서 무언가가 크게 열렸다. 그러면서 그녀는 압제받는 수백만 사람들의-그녀를 미워하는 사람들을 포함해-처지에 서 있는 자신을 느꼈다. 어쨌거나 그녀와 친구는 고요함에 머물며 간단하고 진심어린 몸짓으로 해를 입지 않고 가던 길을 갔다. 그날의 깨달음은 그녀의 사고방식을 완전히 바꿔놓았다. 내면 깊숙이 자리 잡았던 분리의 감각이 이제 열리기 시작했다. 그녀는 모든 존재가 한 가족이라는 커다란 연결감을 느꼈다. 이제 사람들을 만날 때면 두려움이 아니라 배려하는 생각이 먼저 일어났다. 이렇게 그녀는 모든 생명을 향한 참된 연민의 마음을 일깨웠다.

마음이 아플 땐 불교심리학

우리는 급작스러운 변화를 희망하지만 대부분의 경우 마음을 철저히 다시 훈련시키는 작업은 꾸준하고 인내심 있는 노력이 필요하다. 현대 신경과학이 발견한 신경가소성(neuroplasticity)의 원리 덕분에 우리가 자신의 정신적 조건을 변화시키는 힘을 가졌다는 점이 과학적으로 증명되었다. 신경가소성은 연령에 상관없이 자신의 뇌를 재훈련하고 재형성할 수 있다는 개념이다. 이는 불교 수행에 깃든 심오한 희망과 이해를 잘 보여준다. 불교 수행은 서양의 인지 훈련처럼 괴로움을 일으키는 왜곡된 사고를 있는 그대로 보라고 가르친다. 예를 들어 우리가 한 가지 특수한 문제를 자신의 인생 전반으로 확대시키는 경우 이를 관찰한다. 사업에 실패하거나 경력이 잠시 퇴보하면 우리는 이렇게 생각한다. "난 실패자야. 결코 성공하지 못할 거야." 인지치료에서는 자신의 이런 사고 패턴이 가진 착각의 성질을 잘못된 일반화(false generalizations)로 알아본다. 그리고 잘못된 일반화가 일어날 때마다 이를 인지하고 관찰한다. 그러면 다음처럼 현명한 생각으로 대체할 수 있다. "꽤 괜찮은 인생이야. 사랑스런 가족도 있고 지금껏 살면서 성공도 많이 거뒀잖아."

그런데 불교의 관점은 이 과정에서 한발 더 나아간다. 불교는 자기증오와 공격성, 복수심, 탐욕에 뿌리박은 왜곡된 사고가 우리에게 참되게 이롭지 않는다는 사실을 보게 한다. 이런 생각들이 우리의 행복을 염두에 두지 않는다는 점을 실제로 볼 수 있다. 이런 생각들은 나쁜 친구나 노상강도와 같다. 그것의 해로운 영향을 알아보는 즉시 다른 방향으로 몸을 돌려야 한다. 아잔 차 스님은 이것을 썩은 망고를 알아보는 것에 비유했다. 물론 망고가 아니라 사과라 해도 무방하다. "우리가 과일을 먹을 때 싱싱한 망고를 딸까요, 썩은 망고를 딸까요? 마음도 똑같습니다. 당신의 마음에 썩은 생각이 일어나면 즉시 몸을 돌리십시오. 그리고 잘 익은 아름다운 마음을 바구니에 담으십시오."

우울하고 무섭고 화가 나면 온갖 바람직하지 못한 생각이 폭포수처럼 쏟아지며 이런 이야기로 우리를 유혹한다. "나는 도저히 해낼 수 없어." "앞으로도 계속 이럴 거야." "좋은 인간관계를 결코 맺지 못할 거야." 이런 생각들은 고통스럽고 협소한 거짓 자아감각을 만들어낸다. 그러나 수행을 통해 이런 생각이 일으키는 고통을 느낄 수 있다. 또 그 생각들을 흘려보낼 수도 있고 더 현명한 생각으로 대체하는 것도 가능하다. 아잔 차 스님은 이렇게 말했다. "마음이 당신에게 어떤 이야기를 하더라도 속아 넘어가지 마십시오. 그것은 마음이 부리는 기만술에 불과합니다. 마음이 부정적 평가와 관점을 내놓을 때마다 그저 '내 알 바 아니야'라고 말한 다음 내려놓으십시오." 또 달라이 라마는 더 콕 집어서 이렇게 제안한다. "걱정과 불안이 일어나면 이렇게 생각해보십시오. '만약 문제를 해결할 수 있다면 그에 관해 걱정할 필요가 없어. 만약 해결책이 없다면 그에 대해 걱정하는 건 소용없는 일이지. 아무것도 할 수 있는 게 없으니까 말이야.' 이런 사실을 자신에게 계속 상기시키십시오." 티베트 사람들의 운명을 책임진 달라이 라마가 두려움과 걱정에 굴복하는 것은 충분히 상상할 수 있다. 그럼에도 달라이 라마는 티베트인을 진정으로 염려하는 동시에 인생에 대한 낙관적이고 즐거운 태도를 잃지 않는다. 그는 자신이 희망하는 미래에 대해 아주 따뜻한 마음을 지니고 있다.

마가렛은 생각을 변화시키는 법을 배워 도움을 받았다. 불교 수행을 하러 왔을 때 마가렛은 가깝게 지내던 유일한 남매가 최근에 세상을 뜬 일로 우울하고 두려운 상태였다. 당시 법률사무소 직원으로 일하던 47세의 그녀는 첫 결혼에서 이혼한 뒤 혼자 살고 있었다. 슬하에 자녀는 없었다. 알츠하이머병을 앓고 있는 어머니는 요양보호시설에 있었다. 마가렛은 항우울제를 복용하고 있었다. 종류도 몇 가지나 되었다. 그런데 부작용이 있었다. 손발이 저리고 성욕이 사라졌다. 감정은 물에 젖은 솜처럼 축 쳐졌다. 그녀는 항우울제 복용을 중단했다. 이제 마가렛은 명상을 하면서 걱정과 절망의 생각이 얼마나 자주 일어나는지 지켜보았다. 상사가 던진 비판적인 말이나 주차 딱지를 떼이는 등 그리 대수롭지 않은 일에도 그녀는 삶은 살 가치가 없으며 앞으로 절대 달라지지 않을 거라고 속삭이는 생각을 계속 일으켰다.

그런데 마가렛은 마음챙김을 통해 생각이 지극히 빠른 속도로 일어나고 사라지는 덧없는 성질을 지녔음을 보았다. 그럼에도 힘겨운 상황에 처할 때마다 건강하지 못한 생각이 그녀를 집어삼켰다. 그녀는 점차 이 생각들이 일으키는 고통을 느끼는 법을 배웠다. 그리고 썩은 망고나 나쁜 조언을 주는 잘못된 친구를 피하는 것처럼 고통을 관찰한 뒤 그것을 거부하는 법도 배웠다. 그녀는 다음 네 구절을 이용해 건강하지 못한 생각을 불교에서 전하는 메시지로 대체하는 법을 배웠다. "나는 좋은 사람, 마음씨 따뜻한 사람이야. 지금까지 우리 가족을 충분히 사랑하며 살았지. 삶은 소중해. 어려움을 당하더라도 그것을 내가 정신적으로 강해지는 데 사용해야 해."

처음에 마가렛은 이 메시지를 가끔씩만 암송했다. 별로 확신이 없었기 때문이다. 이런 '기계적 방법'이 과연 효과가 있을까 싶었다. 그러나 이것이라도 하지 않으면 고통밖에 남는 것이 없었다. 그래서 그녀는 놓지 않고 계속했다. 마가렛은 또 이런 긍정적인 관점을 강화하기 위해 자애 명상도 수련했다. 자신에게 보내는 자애의 마음을 키우는 것부터 시작했다. 자신을 향한 자애의 마음이야말로 다른 모든 자애의 마음을 키우는 바탕이 되기 때문이다.

그런 뒤 자애 수행을 확장하는 차원에서 마가렛은 주변 사람에게 도움을 베풀기로 했다. 이민자를 위한 문해(文解) 프로그램의 자원봉사자로 일하면서 자신에게 배우는 학생들에게 깊은 배려의 마음을 갖게 됐다. 이렇게 그녀는 내면과 외면으로 따뜻한 마음을 닦는 수행을 했다. 이를 통해 자신을 뒤덮고 있던 걱정과 우울의 어두운 장막을 걷어냈다. 연민이라는 새로운 메시지는 그녀가 알던 자신의 정체성에 조금씩 꾸준한 변화를 일으켰다. 그렇게 긍정적인 생각이 더 많이 일어나면서 마가렛이 느끼는 안녕감도 커졌다.

마음을 다시 훈련시키다

불교심리학은 생각을 변화시키는 지침을 매우 명확히 제시한다. 붓다는 제자들에게 이렇게 가르쳤다. "능숙한 목수가 휘어진 못을 뽑아버리고 좋은 못으로 바꿔 박듯이 고통을 일으키는 생각을 제거한 뒤 아름다운 생각으로 바꾸어야 한다." 여기서 '목수의 못'이라는 표현은 건강하지 못한 생각을 제거하고 건강한 생각으로 바꾸는 방법을 실감나게 묘사하고 있다. 우리에게 필요한 것은 건강하지 못한 생각을 대체할 바람직한 생각을 선택해 반복적으로 수행하는 것이다. 반복이 열쇠다. 반복과 연민의 마음, 그리고 고통스럽게 지속되는 생각을 변화시킬 수 있다는 믿음이야말로 새로운 사고 패턴을 만드는 데 도움이 된다.

그렇다 해도 건강하지 못한 사고 패턴은 매우 끈질기다. 질투, 분노, 두려움, 내가 무가치하다는 생각, 불안 등은 단순히 다른 생각으로 대체한다고 해서 쉽게 해결되지 않는다. 붓다는 이런 생각에 대해서는 더 강력한 방법을 권한다. 붓다는 이어서 이렇게 가르친다. "바람직하지 못한 생각 패턴이 계속 올라온다면 생각이 일으키는 고통과 괴로움의 위험성을 분명히 보아야 한다. 그러면 썩어가는 쓰레기를 버리듯이 마음은 이 생각으로부터 자연스럽게 멀어질 것이다. 이때 마음은 더 안정되고 고요하며 깨끗해진다."

우리는 질투와 분노의 생각에 사로잡히거나 불안에 꼼짝달싹 못할 때 그 위험성을 실제로 느껴볼 수 있다. 이런 생각은 우리의 온몸을 긴장시키며 스트레스를 가한다. 이때 우리는 제대로 쉬지 못한다. 또 이런 생각을 행동으로 옮길 경우 그 결과에 대해 우리는 부끄러워하고 후회할 거란 사실을 안다. 자기 내면의 이런 생각을 보았을 때 이에 대해 판단을 내리거나 자신을 비난하지 않는 것이 중요하다. 이 수행은 그저 강력하고 새로운 의도를 세우는 것이다. 우리가 일으키는 생각이 스스로 초대하지 않은 비개인적이고 고통스러운 것이라는 사실을 알아보는 것이다. 자신에 대한 연민의 마음으로 이런 생각이 갖는 위험성을 느낀다. "썩은 쓰레기를 내다버리듯 이런 생각을 놓아야 한다."

그렇다 해도 일부 파괴적인 사고 패턴은 매우 강력해 더 강력한 조치가 필요한 경우가 있다. 붓다는 이렇게 말한다. "이런 생각들은 의도적으로 그리고 직접적으로 무시하라. 불편하고 해로운 광경을 보았을 때 눈을 감고 고개를 돌리듯이, 그런 생각으로부터 고개를 돌려 아예 관심을 주지 말라." 그래도 이런 사고 패턴이 계속되는 경우에는 이런 지침을 전한다. "바람직하지 못한 생각이 매우 거칠게 일어나면 조금씩 천천히 숨을 쉬는 방법으로 그것을 늦추다가 결국엔 정지시켜야 한다. 사람이 빠른 속도로 달리다가 다음에는 걷다가 마침내 한자리에 정지하듯이."

우리는 지금 토끼 군이 착각한 타르 인형처럼 끈적끈적한 사고 패턴에 대해 이야기하고 있다(「토끼 군과 타르 인형Brer Rabbit and the Tar Baby」이라는 동화에 나오는 이야기로 늑대가 타르로 만든 인형을 친구로 착각한 토끼가 인사를 건네도 답이 없자 주먹을 날리지만 토끼의 온몸에 타르가 묻어 떨어지지 않는다는 이야기다-옮긴이). 우리는 누구나 경험을 통해 두려움과 의심, 강박적인 생각이 들러붙어 떨어지지 않는 경우를 안다. 불쾌한 생각임에도 마음은 거기 걸린 채 어떻게 해야 할지 모른다. 떨어지지 않는 타르 인형과 마찬가지로 헤어진 연인을 잊으려는 생각 때문에 오히려 그(녀)에 대한 더 깊은 생각에 빠져버리는 경우가 있다. 이런 생각들은 그저 무시하거나, 깨어있는 마음으로 걸으며 천천히 호흡하는 방법을 통해 줄일 수 있다. 그래도 줄지 않는 경우에 붓다는 자주 사용하지 않는 최후의 방법을 제시한다. "이런 생각은 강력하게 다루어야 한다. 난폭한 범죄자를 구속하듯이 이를 꽉 물고 혀를 입천장에 단단히 붙인 채 이런 생각을 눌러버리겠다고 결심하라. 이런 방법으로 우리는 생각과 생각의 흐름을 다스리는 주인이 될 수 있다. 이런 방법으로 우리는 자유로워진다."

그런데 이것은 달콤한 '자기 존중'의 수행법과는 다르다. 우리는 매일 아침 거울을 들여다보며 이렇게 말한다. "나는 사랑스러운 사람이니까 세상은 내가 원하는 걸 줄 거야." 마음의 해로운 습관은 어떤 경우에 매우 끈질기다. 고통 받는 세상이라는 현실을 제대로 다루려면 단단한 결심과 자기 규율이라는 요소가 반드시 필요하다.

이런 강인함은 이스트세인트루이스(일리노이 주 서남부의 도시-옮긴이) 거리 출신의 어느 젊은이에게 매우 중요했다. 그는 우리가 주최한 다문화 남성 대상의 명상 수련회에서 불교 수행을 처음 접했다. 갱단 활동을 접은 청년을 위한 멘토링 그룹에 최근 합류한 그는 동네 대청소는 물론 어린이들을 돕는 활동에도 참여했다. 시에서 지원하는 프로젝트에도 참여했다. 갱단 활동에 가담했던 지난 몇 년 동안 그의 친구 가운데 여러 명이 죽었다. 이제 갱단을 떠난 그에게 폭력이 난무했던 시절은 저물고 있었다. 그런데 지난 4개월 동안 멘토링 그룹의 가장 친한 단짝이자 과거 여자 친구가 총에 맞아 숨

마음이 아플 땐 불교심리학

지는 일이 있었다. 그의 내면에 잠재한 갱단 본능이 걷잡을 수 없이 일어났다. 그의 옛 친구들은 갱단의 명예가 달린 문제라며 복수를 부추겼다. 복수하려면 총을 구해야 했다. 이런 위험한 생각은 그가 거리와 교도소에서 살인을 저지르게 할 것이었다. 또 그 자신도 죽임을 당하게 될 것이었다. 그는 이런 생각을 멈춰야 한다는 걸 알았다. 나는 캠프에서 그에게 해골 모양의 구슬을 꿴 목걸이를 하나 주었다. 티베트 스님들이 스스로 늘 죽음을 떠올리며 지혜롭게 살도록 상기하는 목걸이였다. 우리는 죽음에 직면해서도 삶을 선택한 자의 열렬한 가입식에 관하여 이야기했다. 처음에 그는 자신이 이것을 할 수 있을지 확신이 없었다. 갱단의 대부분 젊은이는 스무 살이 넘어서까지 사는 것을 상상하기 어려웠다. 우리 두 사람은 힘이 들었지만 새로운 비전을 향해 나아갔다. 이제 그는 "살아갈 거예요."라고 생각했다. "어린 아이들의 생명을 구할 거예요."라고도 생각했다. 자기가 당하는 고통의 불길에 지금까지와 다른 방식으로 마주해야 한다는 걸 알았다. 그는 자신의 생각을 바꿈으로써 새로운 연민의 삶 속으로 한걸음씩 들어가는 법을 배웠다. 5년이 지난 지금 그는 아버지이자 지역사회 청년들의 리더가 되었다.

　　생각의 전환은 위 갱단 멤버의 경우처럼 삶의 방향을 통째로 바꿔놓을 수 있다. 또 생각의 전환은 치유의 과정에 들어가는 첫 단계일 수도 있다. 어느 정신과의사는 화를 잘 내는 강박증 환자에게 현재의 생각을 다른 생각으로 대체하는 방법으로 불교의 자애 명상을 권했다. 래리가 그 환자였다. 의사는 래리를 강박성이 있는 경계성 성격장애 환자로 진단했다. 그는 종종 상사와 아내에게 불같이 화를 내고는 했다. 지나치게 까다로운 상사를 보면 래리는 살인을 저지르고 싶은 충동과 복수의 환상이 일어났다. 또 아내와는 자녀 양육 문제로 갈등을 빚고 있었다. 다행히 불교의 가르침에 관심을 가진 래리는 자신의 화내는 생각이 스스로를 해치는 무기라는 사실을 깨달았다. 그래서 분노의 생각을 다른 생각으로 바꾸기로 했다. 우선 분노에 찬 생각이 올라올 때마다 "괴로운 생각, 괴로운 생각"이라고 명칭을 붙였다. 그러고는 그 생각을 잘라낸 뒤 연민의 기도로 바꾸었다. 그러자 자신뿐 아니라 자신을 괴롭히는 사람에게도 사랑을 느끼려는 생각이 강하게 일어났다. 화내는 생각이 일어날 때마다 부지런히 사랑의 생각으로 바꾸었다. 며칠 안 되어 래리는 마음이 훨씬 편해졌고 화내는 생각도 줄었다. 일 년 뒤 그는 여전히 강박증이 있었지만 자애의 구절을 계속 되뇌었다. 그러자 상처 입은 그의 마음에 새로운 기운이 감돌았다. 의사는 이것이 래리가 건강한 삶으로 나아가는 데 중요한 단계라고 보았다.

물론 건강한 집착이 건강하지 못한 집착보다 바람직하다. 물론 이것이 지금의 생각을 다른 생각으로 대체하는 목적은 아니다. 그렇지만 심각한 신경증적 생각을 이 방법으로 줄일 수 있다. 위 정신과의사는 이웃들이 자신을 해치는 음모를 꾸민다고 믿는 어느 피해망상증 환자의 이야기를 들려주었다. 그는 불안하고 초조한 마음에 늘 이웃에게 복수할 방법을 궁리하고 있었다. 의사는 남자에게 이 생각 때문에 그의 몸과 마음에 일어나는 괴로움을 보도록 했다. 또 자애의 구절로 그것을 대신하게 했다. 남자는 피해망상이 있었지만 자애 수행을 시작했다. 과거에는 옆집의 커다란 개가 시끄럽게 짖어대면 자신을 물려는 것이라고 생각했다. 그랬던 남자가 어느 날 의사에게 이렇게 말했다. "개가 시끄럽게 짖는 건 내가 분노와 부정적인 생각을 보내고 있기 때문이에요. 이 생각을 바꿔야 해요." 환자는 이렇게 마술적 사고(자신의 생각이 외부 세계에 영향을 미칠 수 있다는 믿음-옮긴이)와 진실이 혼합된 태도로 자애의 마음을 보내는 데 온 마음을 기울였다. 그러자 사정이 나아졌다. 남자의 말로는 이제 개가 덜 짖는다고 했다. 비록 개 짖는 소리가 심기를 아주 불편하게 만드는 상황에서 벗어나는 정도이긴 했지만 말이다. 어쨌거나 몇 달 안에 그는 두려움이 줄면서 더 평온한 상태가 되었다.

우리 자신을 자유롭게 하기

건강하지 못한 생각은 우리를 과거에 얽어맨다. 이런 생각은 위빠까(vipaka), 즉 과거에 지은 업의 과보로 생기기 때문에 우리는 이것을 어찌할 수 없다. 그러나 현재 일어나는 해로운 생각을 변화시킬 수는 있다. 우리는 마음챙김 훈련을 통해 이런 해로운 생각들을 오래 전부터 학습한 나쁜 습관이라고 알아볼 수 있다. 그런 뒤에 매우 중요한 다음 단계를 밟는다. 이런 강박적 생각이 우리가 느끼는 슬픔과 불안정, 외로움을 덮어서 가리고 있음을 볼 수 있다. 가슴 밑바닥에 자리 잡은 괴로움을 연민의 마음으로 품어 안아야 한다. 이 저변의 에너지를 견디는 법을 배울 때 그것의 영향력을 줄일 수 있다.

그러나 힘겨운 사고 패턴이 어디서 일어나는지 알고 연민의 마음으로 느낀다 해도 매우 힘겨운 사고 패턴을 변화시키기에 역부족인 경우도 있다. 이런 때는 그 사고 패턴을 다른 사고 패턴으로 대체해야 한다. 이것은 더 건강한 업을 짓는 순간이다. 이 '사고 대체법'은 자신의 이야기에 매우 충실한 우리에게 힘들게 느껴질 수 있다. 우리가 지어내는 이야기는 곧 우리의 정체성이다. 지금껏 자신에게 들려주던 해로운 이야기가 무너지는 경험은 우리에게 불편한 순간으로 다가온다. 이때 우리는 걱정하고 의심하며 멍한 상태가 되거나 미지의 것에 놀란다.

해로운 이야기가 지닌 영향과 잘못된 조언에서 스스로 거리를 두어야 하는 때도 있다. 해로운 생각의 저 아래에서 우리는 그 생각이 진실도 아니고 효력도 없으며 살아있는 것도 아님을 알고 있다. 이 낡은 이야기를 내려놓을 때 완전히 새로운 관점이 떠오른다. 이때 두려움은 현존과 기쁨으로 변한다. 혼란은 활짝 열려 흥미로 변하며, 불확실성은 놀라움으로 들어가는 입구가 된다. 자신이 무가치하다는 생각은 이제 우리를 위엄으로 이끄는 생각으로 변한다.

우리의 참된 본성 신뢰하기

바람직하지 못한 사고 패턴은 인간의 타고난 조건이 아니다. 달라이 라마는 이 점을 강조하며 이렇게 말한다. "탐욕, 분노, 증오, 걱정은 마음의 변화시킬 수 없는 본래적 일부가 아닙니다. 어릴 때 우리는 무지한 채로 태어났습니다. 이것은 자연스러운 일입니다. 무지는 교육과 배움을 통해 물리칠 수 있습니다. 마찬가지로 바람직하지 못한 마음 상태도 정신적으로 격리시켜 줄일 수 있습니다. 그러면 행복이 일어납니다. 행복이 일어나면 바람직하지 못한 마음 상태는 설 자리가 없어집니다."

소설가 바버라 킹솔버(Barbara Kingsolver)는 『투손의 만조High Tide in Tucson』라는 책에서 우리의 낡은 삶이 망가졌을 때라도 변화가 가능함을 이야기한다.

우리는 누구나 삶을 새롭게 시작하라는 요청을 여러 차례 받는다. 죽을 병에 걸렸다는 진단, 결혼과 이사, 직장을 잃고 팔다리를 잃고 연인을 잃는 것, 학교를 졸업하는 것, 새로 태어난 아기를 집으로 데려오는 것 등이

마음이 아플 땐 불교심리학

그것이다. 이 모든 것이 처음에 어떻게 시작되었는지 생각하기란 거의 불가능하다. 결국 이 모든 것을 앞으로 밀고 가는 원동력은 지하에서 움직이는 살아있음의 밀물과 썰물일 것이다.

내 최악의 계절에 나는 단 하나의 찬란한 사물, 즉 내 침실 창밖에 핀 붉은색 제라늄을 오래도록 바라보는 방법으로 절망의 무채색 세계에서 귀환했다. 그 다음에는 또 다른 찬란한 사물을 바라보았다. 노란색 드레스를 입은 우리 딸이었다. 다음으로는 초승달에 숨겨진 완전한 암흑의 구체가 그리는 완벽한 아웃라인을 바라보았다. 그렇게 나는 삶과 다시 사랑에 빠지는 법을 알 때까지 그것들을 바라보았다. 나는 잃어버린 기술을 되찾으려고 뇌의 새로운 부위를 재훈련하는 뇌졸중 환자처럼 자신에게 기쁨을 다시, 또다시 가르쳤다.

이것은 우리를 자유롭게 하는 깨달음이다. 우리가 자신의 건강하지 못한 이야기에서 안녕으로 옮겨갈 수 있다는 것 말이다. 오늘 우리는 직장에서, 차를 운전하면서, 대화하면서, 쇼핑하면서, 몸을 움직이면서, 누군가를 돌보면서, 어떤 사운드트랙을 재생할지 선택할 수 있다. 비참과 슬픔을 가져오는 과거의 망가진 레코드를 틀 것인가, 아니면 그런 생각을 내려놓고 삶의 경이와 가능성을 불러올 것인가? 우리는 생각의 풍경을 변화시켜 우리가 사는 온 세상을 혁명적으로 변화시킬 수 있다.

괴로운 생각을 연민의 마음으로 바꾸기

만약 당신에게 해로운 생각이나 자기를 평가하는 생각, 비난, 수치심, 무가치하다는 생각이 자주 반복적으로 일어난다면 다음 연습을 한 주 또는 한 달 동안 꾸준히 해봅니다.

우선 당신의 내면에서 일어나는 목소리의 내용과 리듬을 가만히 알아차려봅니다. 당신 내면의 목소리가 자주 뱉어내는 건강하지 못한 발언과 파괴적인 평가에 어떤 것이 있습니까? 그것을 들으면 어떤 느낌이 듭니까? 내면의 이런 발언과 평가가 당신에게 얼마나 큰 괴로움을 일으키고 있는지 살펴보십시오. 그것이 당신을 집어삼키고 당신에게 해를 입히는 과정을 느껴보십시오. 하루 중 언제 그런 발언과 평가가 강하게 일어납니까? 낮입니까 밤입니까? 어떤 상황에서 일어납니까? 사람들과 만나는 행사입니까, 가족끼리 시간을 보낼 때입니까? 아니면 배우자와 함께 있을 때입니까? 경쟁적인 상황에서입니까? 직장에서입니까? 휴식을 취하는 때입니까? 어느 경우에 내면의 발언과 평가가 강하게 일어납니까? 이 발언과 평가가 당신의 몸과 마음, 행동, 당신의 온 존재를 비난하고 있지 않습니까?

내면의 발언과 평가가 지어내는 특정 구절을 관찰합니다. 또 해롭고 건강하지 못한 관점, 판단, 수치심, 자기 비난도 관찰합니다.

이제 건강하지 못한 생각이 늘어놓는 거짓말을 완전히 변화시키는 반대 구절을 두세 가지 만들어봅니다. 당신이 찾을 수 있는 가장 건강한 단어로 이 구절을 만들어봅니다. 처음에는 사실로 믿지 않아도 좋습니다. "삶은 소중하다."

"오늘 하루를 잘 살 테야."처럼 단순한 구절도 좋습니다. 아니면 수치스러운 생각에 반대되는 건강한 생각을 표현할 수도 있습니다. "고귀함과 위엄을 지니고 살거야." 아니면 불안을 상쇄시키는 표현도 좋습니다. "믿음을 가지고 삶을 살아갈거야." 도움이 된다면 이 표현들을 자애 수련에서 하는 다음 구절에 덧붙여 사용해도 좋습니다.

> 있는 그대로 나 자신을 사랑하기를
> 내가 가치 있는 존재이고 안녕하다고 느끼기를
> 내가 세상을 신뢰하기를
> 자신을 연민으로 안아주기를
> 타인의 고통과 무지를 연민의 마음으로 대하기를

이제 당신이 만든 구절을 가지고 일주일 동안 수행을 해봅니다. 특히 당신에게 괴로운 사고 패턴을 촉발시키는 상황에 주의를 기울여봅니다. 해롭고 건강하지 못한 생각을, 비록 그것이 매우 오래 지속되었다 해도, 관찰할 때마다 일단 멈추어 그 생각에 들어있는 괴로움을 느껴봅니다. 호흡을 하면서 당신이 겪는 괴로움을 친절의 마음으로 품어 안습니다. 그런 다음 당신이 정한 구절을 속으로 확고하게 의도적으로 되뇌어봅니다. 이 연습을 계속 반복합니다. 당신이 만든 구절이 거짓처럼 느껴져도, 또 그것을 사실로 믿지 않아도 괜찮습니다. 어쨌든 지금 당신이 겪고 있는 괴로움을 상쇄할 방법으로 이 구절을 연민의 마음으로 되뇌어봅니다. 천 번 정도 말해야 비로소 효과가 있을지도 모릅니다. 그렇지만 어쨌거나 효과는 있을 것입니다.

20

집중과
마음이 가진
신비의 차원

내면의 집중을 계발할 때 마음의 빛나는 순수함이 생겨난다. 빛나는 순수함이
생겨날 때 더 확장된 마음 상태에 이를 수 있다. 따라서 우리를 자유롭게 하는
통찰의 원천은 바로 사마디라는 심오한 집중 상태이다.

_『맛지마 니까야』

집중이 순수한 빈 그릇이라면 지혜와 이해는 그릇에 담긴 음식과 같다. 그것은
마음에 영양을 공급한다.

_아잔 차

내면을 탐험하는 과정에서 나는 인디언 구루와 기독교 신비가에게 신비 체험을 기대했다. 샤먼들은 이 세상과 저 세상을 방문하는 법을 가르쳐줬다. 나는 돈 호세 리오스(Don Jose Rios)라는 103세의 후이촐(Huichol)족 인디언 샤먼과 함께 철야로 진행되는 페요테 의식(선인장 꽃에서 딴 마약의 일종인 페요테를 복용하고 도취경에 빠지는 의식-옮긴이)에 참여한 적이 있다. 돈 호세는 80년 동안 페요테 선인장의 마약을 추출하기 위해 후이촐 산에서 신성한 사막이 있는 황야인 위리쿠타까지 300킬로미터나 되는 자기 부족의 순례길을 기도하며 걸어 다녔다. 후이촐 족은 페요테 선인장을 신성시한다. 그래서 이 선인장의 신성한 영혼이 그들의 삶 구석구석에 스미어있다. 페요테 선인장의 에너지는 사슴 춤(사슴의 영혼에 사냥과 질병 치료에 도움을 비는 의식-옮긴이)과 상상으로 그리는 직물 회화, 화려한 복식, 잔치 등을 통해 스스로를 드러낸다.

어느 날 밤 태평양 해안을 따라 피운 큰 불 주변에서 돈 호세가 몇 시간 동안 기도하고 북을 두드렸다. 그러자 온 세상이 생명력으로 살아났다. 나는 페요테 선인장을 먹고는 토를 했는데 종종 있는 반응이었다. 그러자 '나'와 '타인'의 경계가 사라지기 시작했다. 나무의 정령들이 살아나 춤을 추었다. 거기에 지핀 불은 환영의 한 장면 같았고, 인간 세계와 동물 세계가 하나로 합쳐졌다. 나는 사슴, 연어, 올빼미, 벌레의 소리에 귀를 기울이고 그들에게 이야기를 했다. 그렇게 아침이 되었다. 영롱하게 반짝이는 햇볕에 지구의 신성함이 열리는 것을 느꼈다. 내 눈으로 신성을 확인하는 순간이었다.

이 열림과 현시의 상태는 버마의 사원에서 수행한 적 있는 나에게 꽤나 익숙한 경험이었다. 버마의 사원에서 우리는 요가에서 하듯이 빠른 호흡에 몇 시간이고 집중한 뒤에 이어지는 확장된 의식 상태를 탐색하는 수행을 매일같이 했다. 페요테 의례와 마찬가지로 강한 집중력을 닦는 이 수행으로 나의 의식은 빛나는 시야와 신비스러운 텅 빔, 은총의 감각에 열렸다. 세상이 환하게 밝아지고 모든 사물이 빛에 잠겼다. 그런데 불교심리학은 페요테 선인장과 버섯, 아야와스카(식물의 줄기에서 추출하는 환각성 액체음료-옮긴이) 등 신성한 약물을 사용하지 않는다. 대신, 불교심리학에서 집중된 마음을 확장된 의식과 신비스런 열림으로 들어가는 체계적 수단으로 삼는다.

확장된 의식이 선사하는 가장 큰 선물은 자신의 정체성에 커다란 변화가 일어나는 것이다. 신비 체험은 자신과 타자를 구분 짓는 경계를 녹인다. 우리의 협소한 자아감각을 넘어 실재에 가슴이 열린다. 신비 체험을 통해 우리는 모든 생명체의 신성함에 깃든 우리의 자리와 다시 연결된다.

불교는 마음이 경험할 수 있는 방대한 우주에 대해 말한다. 마음이 경험하는 우주에는 환한 빛과 황홀경의 상태도 있고, 각종 신과 악마가 존재하는 환상의 세계도 있다. 십자가의 성 요한이 지나간 암흑에 떨어지는 때도 있고, 텅 빔과 은총이라는 신비로운 상태도 있다. 아잔 차 스님의 스승인 아잔 문 스님은 어떻게 다른 존재의 마음과 과거 생을 들여다볼 수 있는지 이야기했다. 또 어떻게 골치 아픈 악마들을 제압할 수 있는지, 어떻게 인간 세계뿐 아니라 영혼의 세계에서도 다르마를 가르칠 수 있는지 이야기했다.

불교 경전은 이러한 가능성을 실현하는 체계적인 방법을 제공한다. 나의 인도인 스승 중 한 사람인 아나가리카 무닌드라는 우리에게 마음의 침묵, 가슴의 침묵, 깊은 몰입의 침묵, 광대한 평정심의 침묵, 비지각의 침묵, 공의 침묵 등 십여 종류의 침묵을 가르쳤다. 잘 훈련된 마음은 깊은 침묵에 들어갔을 때 흔들림이 없이 안정된다. 아무리 시끄러운 충격에도 전혀 반응을 일으키지 않는다. 최근 신경과학 연구자 리처드 데이빗슨(Richard Davidson)과 폴 에크먼(Paul Ekman)은 숙련된 명상가 곁에서 시끄러운 총성을

마음이 아플 땐 불교심리학

울리는 실험을 했다. 그런데 이 명상가는 놀라거나 방해받은 반응을 전혀 보이지 않았다. 이 정도로 안정된 마음은 이전의 서양 과학이 예측하지 못했던 바다.

1960년대에 자란 우리 세대의 구도자들은 신비적이고 특이한 정신 상태에 큰 호기심을 가졌다. 우리는 환각제, 음악, 춤, 드럼, 철야 모임을 통해 의식을 변화시키고 확장시키려 했다. 실제로 LSD 같은 환각제는 우리가 모르던 것을 드러내는 성질이 있었다. 우리는 환각제를 통해 확장된 의식 영역에 일찌감치 진입하는 이익을 누렸다. 하지만 몇 년 뒤에 오해와 남용으로 인해 환각제는 마약과의 전쟁 목록에 올랐다. 그 역풍으로 비일상적 정신 상태에 대한 두려움이 문화 전반에 더 커졌다. 어느 연구에 따르면 신비 체험과 초월 체험을 경험한 대부분의 미국인이 그것을 다시 하고 싶어 하지 않았다고 한다. 사회 전반으로 우리는 이런 신비 상태와 초월 상태에 대한 훈련을 받지 못하고 그에 대한 이해도 갖추지 못했다.

이런 신비 상태와 초월 상태를 홀대하는 데는 우리의 많은 종교 전통도 일조했다. 미국의 걸출한 기독교 신비가 중 한 사람인 토머스 키팅(Thomas Keating) 신부는 (16세기의) 종교 개혁 이후 가톨릭교회가 황홀경에 이르는 신비 수련을 사람들에게 감추었다고 말했다. 사람들이 신에게 직접 계시를 받으면 교회 신부들의 할 일이 없어지는데, 이런 일이 생기지 않게 하려는 목적이었다. 가톨릭교회는 최근에야 자신들의 여러 신비 수련을 부활시켰다.

지금도 서양 심리학의 지도에서 인간 경험의 초월적 영역은 소수의 철학자와 종교학자의 경우를 제외하고는 잘 보이지 않는다. 이런 사정에는 이성을 드높이고 종교와 과학을 분리하려는 시도를 오랫동안 펼친 유럽 계몽사상의 영향도 작용했다. 과학이 종교에서 분리되자 커다란 이익을 누렸지만 과학과 서양 학문의 많은 부분은 인간 내면의 삶을 어떻게 다루어야 하는지 모르게 되었다. 과학은 컴퓨터를 발명하고 인간을 달에 착륙시켰다. 또 항생제와 항우울제를 선사했다. 하지만 덕성, 사랑, 내면적 의미, 영적인 이해 등의 문제에서 과학은 우리를 인도하지 못한다.

20세기에 칼 융, 에이브러햄 매슬로, 스타니슬라프 그로프(자아초월심리학 분야의 창시자 중 한 사람-옮긴이) 등 선견지명을 가진 일부 심리학자가 인간 경험의 초월적 영역을 다시 서양 과학에 들여왔다. 하지만 이제 여기서 한 발 나아갈 때가 되었다. 융 심리학자인 나의 아내 리아나는 심리학 시험공부 중에 정신과 표준 참고 자료인 DSM-IV가 가진 한계로 답답해했다. 그래서 아내는 대안으로 긍정적 정신건강에 관한 매뉴얼을 만들어야겠다는 영감을 받았다고 한다. 이때 불교심리학을 안내자로 삼아 작업에 임할 수도 있을 것이다. 우리는 DSM-IV에 실린 수백 페이지의 심리 문제를 긍정적 대안으로 바꿀 수 있다. 그리고 거기에 DMHP, 즉 『인간 잠재력에 관한 진단 편람 the Diagnostic Manual of Human Potential』이라는 제목을 붙일 수도 있다. 우울 및 양극성 장애를 서른다섯 가지 형태로 분류하는 대신 정서적, 정신적 행복을 만족, 기쁨, 환희, 감사, 지극한 안녕의 상태 등 서른다섯 가지의 긍정적 형태로 분류할 수 있다. 또 공격성과 피해망상증의 자리에 신뢰, 사랑, 관대함, 이타심 등 고도로 계발된 능력을 집어넣을 수 있다. 환각과 정신병의 자리에 다양한 형태의 자애로운 형상과 소리를 넣을 수 있다. 신성의 고요하고 나지막한 목소리에서 천사의 합창에 이르기까지, 영감을 주는 신과 보살의 형상에서 창조적 상상과 이해와 빛을 동반한 내면의 밝은 영역에 이르기까지 내면의 깨어남을 목록으로 작성할 수 있다. 수면 장애와 기억 상실의 자리에 깨어남과 자각몽에 대한 자세한 설명이 들어갈 수 있고, 불안 장애

마음이 아플 땐 불교심리학

대신에 두려움 없음, 평정심, 존엄, 내면의 힘에 관한 다중 범주를 만들 수도 있다. 그럼에도 지금 우리의 심리학은 이런 가능성에 대해 말하지 않는다. 게다가 우리는 이 가능성을 어떻게 계발해야 하는가에 관한 이해도 갖추지 못한 상태다.

오늘날 서양에서 초월 상태에 접근하는 통로는 주로 우연에 의해서다. 높은 산을 오를 때, 임사체험을 할 때, 초월적 예술을 접할 때, 성적 오르가즘을 경험할 때, 환각제를 사용할 때, 신생아 출산을 곁에서 지켜볼 때, 우리의 마음은 열릴 수 있다. 앞서 보았듯 대부분의 전통 문화는 샤먼이 치는 북, 영계(靈界) 교류의식(북미 인디언 부족에서 행해진 남자의 의례-옮긴이), 호흡 수행, 염송, 신성한 약물 등의 방법으로 이 이야기들을 불러낸다. 그리고 불교에서 초월적 의식에 열리는 주요 수단은 내면의 집중력을 계발하는 방법을 통해서다.

집중된 마음은 고성능의 망원경처럼 우리를 빛과 비전, 환희, 깨달음 등의 광대한 신비 상태에 열리게 한다. 현미경의 렌즈를 닦듯이 우리는 집중을 통해 몸과 마음을 더 자세히 들여다볼 수 있다. 미시적 집중을 하면 먼저 몸에 대한 어렴풋한 자각이 일어난다. 순간적 느낌에 대한 감수성이 커지고 생각과 기억을 더 정밀하게 지각한다. 집중이 더 깊어지면 가장 정밀한 지각 수준에 열린다. 이때 우리의 경험은 수없이 많은 점멸 입자로 분해된다. 이 입자들은 일시적이고, 자아가 없으며, 고정된 상태이다. 이것을 붙잡을 수도 없다. 이때 우리는 창조의 흐름을 그저 침묵으로 지켜보는 목격자가 된다. 이처럼 집중된 마음은 이전과 완전히 다른 방식으로 보게 만든다.

불교심리학의 스무 번째 원리는 이것이다.

20

내면의 훈련을 통해 집중력을 계발할 수 있다. 집
중력을 통해 의식은 심오한 차원의 치유와 이해에
열린다.

이상적인 정신건강에는 집중력이 필요하다. 집중력이 어떤 역할을 하는지
는 깨달음을 구성하는 일곱 가지 요소인 칠(七)각지에 설명되어 있다. 칠각
지는 불교에서 말하는 지혜로운 인간 발달에 관한 설명이다(칠각지는 마음챙김
(알아차림), 법에 대한 고찰, 위리야(노력), 삐띠(희열, 기쁨), 고요함, 집중, 평정(우뻬카)이다-
옮긴이). 마음챙김이 가진 명료함은 마음을 활성화시키는 성질 세 가지와 마음
을 안정시키는 성질 세 가지로 뒷받침된다. 서양에서는 주로 마음을 활성화
시키는 성질을 중시하나 불교는 집중, 고요, 평정심도 그와 똑같이 중시한다.

이상적인 정신 건강 : 깨달음의 요소들

마음챙김(중심이 되는 마음 성질)

마음을 활성화시키는 성질	마음을 안정시키는 성질
노력, 조사, 흥미 (동양 심리학과 서양 심리학에서 모두 사용)	고요함, 집중, 평정 (동양 심리학에서 사용)

마음이 아플 땐 불교심리학

서양의 치료에서는 누군가 자신의 문제를 이야기하면 대개 일정 형식의 마음챙김을 사용한다. 그리고 노력, 조사, 관심 등 마음을 활성화시키는 성질을 활용한다. 신중한 조사를 통해 자신의 이야기를 들려주고 느낌을 발견하게 한다. 기존에 가진 믿음을 버리게 하고 인지 구조를 다시 형성시킨다.

그런데 불교심리학은 여기서 더 나아간다. 마음을 안정시키는 고요함, 집중, 평정 등의 성질을 더함으로써 마음과 가슴의 심연을 더 깊이 헤아린다. 이렇게 의식을 안정시키면 강한 에너지도 견뎌낼 수 있고 과거의 트라우마를 떨칠 수도 있다. 또 예지력 있는 계시를 경험할 수 있고 협소한 자아감각을 의도적으로 녹여 없앨 수도 있다.

이런 시나리오를 상상해 보자. 내담자가 도착하자마자 곧장 본론으로 들어가 한 시간 동안 치료 작업을 하는 대신, 치료 시작 전에 잠시 명상하며 내담자 자신의 몸과 마음에 집중하는 시간을 갖는다고 해보자. 이렇게 할 때 내담자의 의식의 민감성은 그러지 않은 경우와 완전히 다를 것이다. 나는 종종 개인 상담을 이런 식으로 진행한다. 15분의 명상 시간을 가진 뒤 상담 세션을 시작하는 식으로 스케줄을 잡는 것이다. 필요하다면 마음챙김, 집중, 연민 명상에 관한 지침을 제공하기도 한다. 이렇게 하면 상담 세션이 더 깊고 지혜로운 분위기에서 출발한다. 일찍 와서 명상하기 어려운 내담자의 경우, 상담 시작 시에 나와 함께 5~10분 정도 명상을 한다. 내담자들은 이 시간을 결코 낭비로 느끼지 않는다.

한번은 돌로레스라는 명상 수행자가 나를 보러 왔던 일이 기억난다. 처음에 그녀는 완전히 압도당한 채로 공황과 히스테리 상태에 있었다. 그녀는 샌디에이고에서 막 돌아왔다. 그녀는 지난달에 거리를 방황하다 경찰에 두 차례 발견된 자신의 어머니를 출입이 제한된 간병 보호시설에 모시고 오는 길이었다. 마침 지난주에 돌로레스와 남편은 아들의 대학 진학으로 아들을 떠나보낸 때였다. 나는 돌로레스와 함께 자리에 앉아 명상을 했다. 그녀는 호흡을 이용해 이리저리 진정하지 못하는 마음을 안정시켰다. 그런 다음 어머니와 그녀 자신, 가족을 연민의 마음으로 품어 안는 수행을 했다. 그러자 상담을 시작할 때 돌로레스는 이미 집중과 평정의 안정된 마음으로 스스로를 조절할 수 있었다. 또 불안과 슬픔을 더 온전히 느낄 수 있었다. 넉넉한 주의력으로 엄청난 양의 감정이 일어나도록 허용할 수 있었다. 그러자 그녀의 문제가 다룰 만하게 되었다. 그것은 더 이상 긴급을 요하는 비상사태가 아니었다. 그녀는 자신이 가진 문제를 새로운 삶의 주기에 따르는 불가피한 변화로 보고 그것에 열릴 수 있었다. 그녀가 더 현명하고 자유로운 관점을 갖는 데 명상과 연민 수행이 도움이 되었다.

앞서 본 것처럼 불교심리학은 서양의 치료에서 하듯이 상담자와 내담자의 상호작용에 초점을 맞추기보다 꾸준한 내면 훈련을 통한 마음 계발을 더 중시한다. 물론 명상 지도자에게 배우는 시간도 내담자가 매일 꾸준히 수행하고 명상하는 데 도움이 된다. 하지만 무엇보다 중요한 것은 자기 스스로 마음을 훈련해 참된 변화를 일으키는 것이다.

이런 내면의 훈련이 가진 힘은 명상 수련회에서 잘 드러난다. 수련회에서 우리는 극도로 예민한 상태의 사람들을 치료하기도 한다. 이런 사람들이 일주일간 매일 10시간씩 명상을 하면 그들의 집중력과 자기 몸을 있는 그대로 경험하는 능력이 커진다. 자신의 감정과 내면 상태를 느끼는 능력도 더 민감해진다. 동일시하지 않고 자신의 생각을 관찰하는 능력도 더 커진다.

가베라는 젊은 남성은 이 과정을 보여주는 전형적인 사례이다. 가베는 학부 시절 인도에서 한 학기 공부하는 동안 명상을 배웠다. 대학원을 일

년 다닌 뒤 2개월간 진행되는 명상 수련회에 참가했다. 처음에 가베는 마음의 상처를 받은 상태였다. 얼마 전 여자 친구가 자신을 떠난 일로 슬픔에 빠져있었다.

가베가 처음 명상을 시작했을 때 맨 먼저 마주한 것은 여자 친구를 잃은 일이었다. 가베는 두려움과 무가치함, 분노를 느꼈다. 지금까지 살면서 거부당한 수많은 일이 물밀듯 밀려왔다. 이때 가베는 자신이 느끼는 고통과 좌절감에 마음챙김과 연민으로 현존했다. 자신이 가치 없는 존재라는 어린 시절의 경험이 내면 깊숙이 자리 잡은 가베는 건강하지 못한 마음 상태를 자신으로 동일시하는 성향 때문에 힘들었다. 그러나 지속적인 마음챙김과 집중력으로 무가치한 어른이자 버림받은 아이라는 정체성과 승자-패자라는 정체성을 모두 허물 수 있었다. 이제 그가 느끼는 느낌은 '그 고통', '그 분노', '그 사랑'이 아니었다. 그것은 특정 개인과 무관한 마음 상태로 바뀌었다.

그러자 가베의 집중력은 더 강해졌다. 날이 갈수록 신체도 변했다. 바른 자세로 자리에 앉았고 걸을 때도 전에 없던 우아한 걸음으로 걸었다. 생각이 거의 일어나지 않는 시간도 경험했다. 자연스러운 기쁨과 가벼움이 일어났다. 나는 가베에게 그 가벼움과 기쁨에 초점을 맞추게 했다. 몸에서 느끼는 행복감이 더 깊어져 자신의 온 존재에 스며들도록 했다. 이후 몇 주에 걸쳐 가베는 선정(jhana)이라고 부르는 몇몇 단계의 집중력을 얻어 한 번에 몇 시간씩 지극한 환희와 평정심으로 자리에 앉을 수 있었다.

그런 뒤 나는 가베에게 그의 몸과 마음의 상태로 초점을 옮기도록 했다. 가베는 이제 모든 것이 녹아 사라지고 있음을 깨달았다. 자신의 몸과 마음을 특정 요소들이 일어나고 사라지는 현상으로 경험할 수 있었다. 그러던 어느 날, 분리된 채로 존재한다고 여기던 그의 감각이 모두 떨어져나갔다.

그리고 그 자리에 웃음, 여유, 평정, 평화가 찾아왔다. 가베는 자신이 모든 것 가운데서 불멸하는 멈춤과 고요의 지점을 찾았다고 느꼈다. 내면에서 깊은 감사의 마음이 일어났다. 그는 세상 모든 사람이 이렇게 하기를, 스스로의 두려움을 넘어 발을 내딛기를, 이렇게 자유로워진 가슴을 발견하기를 바랐다. 그는 세상의 고통을 줄이는 데 삶을 바치고 싶었다.

가베가 나를 찾아와 이야기를 나눌 때면 늘 축복의 광선을 발사하는 듯 느껴졌다. 그는 자신이 참가한 명상 수련회가 기도로 변했다고 말했다. 두 달 뒤 가베는 일상세계로 돌아갈 준비를 시작했다. 열심히 하던 좌선을 멈추고 이제 사람들과 깨어있는 마음으로 하는 대화 수련을 시작했다. 그러자 그의 성격 패턴이 다시 살아나기도 했지만 이제는 편안히 이완한 상태였다. 모든 것이 새로워졌고 더 부드러워졌다. 가베는 자신이 하던 역할로 다시 돌아갔다. 하지만 새로운 관점을 가지고 돌아갔다. 이제 자신이 삶의 신비와 연결되어있다고 느꼈다. 가득 찬 동시에 텅 비어있는 삶의 신비, 개인적 성격을 지닌 동시에 보편적 성격을 지닌 삶의 신비와 연결되었다고 느꼈다.

나는 그로부터 일 년 뒤 가베를 만났다. 그가 명상 수련회에서 얻은 통찰을 자신의 삶에 통합하고 적응시키는 데는 꽤 오랜 시간이 걸렸다. 그는 임상심리학 박사 과정에 들어가 마음 맞는 친구들과 모임을 꾸렸다. 새로운 인간관계도 맺었다. 이제 그의 인간관계는 이전보다 더 실제적이고 현명한 관계로 느껴졌다. 주변 사람들의 존경도 받았다. 이제 가베는 자신의 자아감이 더 가벼워졌으며 이전과 다르게 변화되었다고 내게 말했다. 나는 이 젊은 이의 눈을 들여다보았다. 거기에는 부드러운 확신과 편안함을 지닌 흔들림 없고 따뜻하며 환하게 빛나는 눈이 있었다. 가베는 깊은 명상 수련으로 얻은 이로움을 세상에 펼치고 있었다.

집중력은 우리를 자신의 제한된 자아감각에서 벗어나게 해 깨달음과 자유를 가져온다. 그러나 이런 경험이 이야기의 전부는 아니다. 아잔 차 스님은 의식의 어떤 상태도, 그것이 아무리 아름답다 해도 최종 목적이 아니라고 가르쳤다. 중요한 것은 그러한 깨달음이 대화나 요리 등 지금-여기 우리의 일상에서 어떻게 드러나느냐는 것이다. 경외감에 깨어나고 연민의 영혼과 신성한 상호의존성을 새롭게 발견하는 것이야말로 작은 자아를 초월할 때 얻게 되는 열매이다. AIDS로 죽어가던 나의 친구 존 호비는 자신이 죽음을 두려워하지 않게 된 이유가 명상에서 경험한 밝음과 경계 없음 덕분이었다고 말했다. 이것이 바로 아잔 차 스님이 말한 '열매를 눈에 보이게 만드는 것'이다. 장기간의 묵언 집중수행에서 집으로 돌아왔을 때 나는 다양한 방식으로 이 열매를 경험한다. 나는 설거지를 하고 쓰레기를 내다버리는 일이 하나도 마음에 걸리지 않는다. 한번은 명상 수련회가 끝난 뒤 달라이 라마와 함께 패널로 참여해 가르침을 펴는 일과 딸의 학교에서 도움을 주는 중요한 약속을 지키는 일 가운데 선택을 내려야 했다. 이때 나는 기쁨의 마음이 가득한 채로, 달라이 라마와 함께하는 영예를 내려놓고 우리 가족이 지닌 신성함에 집중했다.

집중력은 어떻게 작동하는가

우리는 누구나 어느 정도 집중력을 발휘한다. 일상 차원의 집중력은 책을 읽거나 요리를 할 때 우리의 마음을 안정시킨다. 마음이 가진 중립적 성질인 집중력은 바람직한 목적과 바람직하지 않은 목적 모두에 사용될 수 있다. 심지어 비도덕적인 목적에 집중력을 이용할 수도 있다. 도둑과 강도도 집중력이 필요하고, 카드놀이 명수와 저격수, 테러리스트도 모두 집중력이 필요하다. 집중된 마음이 가진 힘은 고통을 일으키는 데 사용될 수도, 안녕을 가져오는 데 사용될 수도 있다.

어떤 대상과 활동에 온 마음으로 헌신할 때 집중력이 일어난다. 집중하는 힘이 커지면 지속적으로 한군데 머무는 능력도 커진다. 이때 자신의 전 존재에 더 온전히 현존할 수 있다. 집중을 통해 직관과 비전이 열리며, 서양 심리학자들이 '플로(flow)'라고 부르는 것을 경험할 수 있다. 플로는 행동하는 중에 지극한 충만감과 황홀감, 새로 기운을 얻는 느낌이다. 뛰어난 운동 선수는 이를 '경지에 들었다'고 표현하는데 운동선수가 경지에 들려면 집중력이 가장 중요한 열쇠다. 조지 멈포드(George Mumford)는 필 잭슨(Phil Jackson)이 미국 프로농구팀 시카고 불스와 LA 레이커스의 명상 코치로 채용한 불교 지도자이다. 멈포드는 선수들에게 마음챙김과 집중력 훈련을 시켰다. 그런데 이 팀들의 스타플레이어들은 이런 훈련이 필요하지 않았다. 멈포드는 마이클 조던의 타고난 집중력은 가히 경탄할 만한 수준이라고 했다. 집중력은 농구, 컴퓨터 프로그래밍, 체스 등 어떤 활동을 하든 활력과 명료함을 가져온다. 집중력은 성관계든 도자기 제작이든 활동의 질을 향상시키며 음악 작곡에도, 법률계약서 작성에도, 복잡한 사업상 거래를 따내는 데도 매우 중요하다. 이 모든 영역에서 집중하는 능력은 필수적이다.

명상에서는 집중력을 체계적으로 계발함으로써 깊은 내면 상태와 통찰에 이른다. 다른 경험을 배제한 채 한 가지 경험에만 온전히 초점을 맞출 때 명상적 집중력이 커진다. 이때 의식은 집중의 대상에 '스며들어' 그것과 하나가 된다. 명상적 집중의 대상은 지극히 간단한 대상이어도 무관하다. 양초의 불꽃과 빛, 마음에 떠올린 시각 이미지와 신체, 호흡과 기도, 만트라와 느낌에 집중해도 좋다.

집중을 하면 의식은 집중의 대상에 따라 그와 비슷한 색깔을 띠게 된다. 사랑에 집중하면 의식이 사랑의 성질로 가득 찬다. 불꽃과 흙 또는 평정심에 집중하면 불꽃과 흙, 평정심이 우리의 집중 상태를 채울 것이다. 또 붓다와 관음, 성 프란체스코와 성모 마리아의 이미지를 마음에 떠올리면 그들의 이미지가 우리의 내면 상태를 평화와 연민이라는 특정 마음 성질로 가득 채운다.

집중 대상을 선택했다면 이제 집중 대상과 여러 번 연결하는 전념과 반복을 통해 집중력이 더 커진다. 기도를 하거나 만트라를 만 번, 십만 번 염송한다. 특정 이미지를 마음에 그리거나 호흡에 거듭 집중한다. 주의를 산만하게 하는 요인이 일어나면 그때마다 그것을 내려놓는다. 물론 이것은 주의 산만에 익숙한 현대인에게 쉬운 일은 아니다. 앤 라모트는 이렇게 말했다. "나에게는 어느 티베트 여승이 연민의 만트라를 반복 염송하는 테이프가 있어요. 그녀가 염송하는 고작 여덟 단어로 된 만트라는 염송할 때마다 각 행이 다른 느낌으로 다가와요. 그녀는 만트라를 염송하며 각 행을 정성스럽고 온전하게 경험합니다. 그녀가 손목시계를 보며 "이런, 15분밖에 안 되었군." 이라고 생각한다는 느낌은 조금도 받지 않아요. 45분이 지난 뒤에도 그녀는 만트라의 단어 하나하나를 마지막 단어까지 모두 독특한 방식으로 노래합니다. 삶이 스스로를 노래하는 과정에서 각 계명에 주의를 기울이면 대부분의 사물이 단순하고 간단하지 않음이 드러납니다. 이런 종류의 주의는 뜻밖에 얻게 되는 축복이에요."

대부분의 서양 심리학에서 바라보는 인간의 행복에 대한 관점은 매우 제한적이다. 우리는 이보다 훨씬 큰 행복을 누릴 수 있다. 기쁨과 명료함을 더 온전히 경험할 수 있다. 이 점에서 불교심리학은 인간 잠재력의 일부인 기쁨과 명료함의 영역에 대한 정밀하고 자세한 지도를 제공한다.

정화 : 더 높은 상태로 들어가는 입구

집중하는 법을 배우면 처음에는 힘이 들어도 그만한 효과가 있다. 선택한 집중 대상에 몇 시간 또는 며칠에 걸쳐 반복적으로 초점을 맞추면 마음의 방황은 점차 줄어든다. 이때 마음은 명상 대상에 가만히 머물며 스스로 안정된다. 불교 경전에는 집중력을 계발하는 과정을 '정화(purification)'로 표현한다. '정화'는 종교적, 윤리적 용어가 아니라 몸과 마음에서 일어나는 해방의 경험을 묘사하는 단어다. 내가 아는 어느 수행자는 정화를 '내면을 깨끗이 세탁하는' 느낌으로 표현했다. 서양 심리학은 정화 과정에 대한 이해가 부족하므로 조금 더 자세히 설명할 필요가 있겠다.

　　정화는 긴장, 갈등, 수축, 슬픔, 불안이 풀어지는 것을 의미한다. 정화를 이해하는 가장 간단한 방법은 단 10분이라도 집중력을 흩트리지 않고 유지하는 시도를 해보는 것이다. 당신이 자신의 호흡이나 영감을 일으키는 이미지에 안정적으로 집중하기 위해 그 대상에 주의를 향한다고 하자. 이때 대부분의 사람은 1분도 되지 않아 주의가 딴 곳으로 여러 번 달아나는 경험을 할 것이다. 2~3분이 지나면 주의를 산만하게 하는 요소와 느낌이 더 많이 일어날 것이다. 그러면 몸은 더 가만히 있지 못하게 되며 통증을 느낄 것이다. 10분이 되었을 때 만약 10분 중 10퍼센트라도 집중 대상에 머물렀다면 당신은 운이 좋은 사람에 속한다.

　　명상을 할 때 집중하려고 하면 생각, 갈등, 계획, 마무리 짓지 못한 감정이 집중을 방해하기 마련이다. 몸의 긴장과 들뜸, 기억과 두려움, 본능과 충동이 계속해서 우리를 방해한다. 주의 산만의 요소를 마음이 진정되고 고요해지며 만족하고 흔들림 없을 때까지 의도적으로 놓아버릴 때 정화가 일어난다. 연이어 일어나는 긴장과 생각을 반복적으로 놓아버릴 때 몸과 마음이 더 깨끗하게 느껴진다. 정화 과정은 며칠 혹은 몇 달에 걸쳐 지속적으로 일어나기도 한다. 주의를 분산시키는 요소와 내면의 갈등을 억누르는 것이 아니라 깨어있는 마음으로-집착이 아니라 주의를 기울여-알아볼 때 집중에 성공을 거둘 수 있다. 또 주의 분산과 갈등이 잦아들어 그것이 우리에게 미치는 영향이 사라질 때까지 내려놓을 때 집중에 성공할 수 있다.

이렇게 수천 번을 반복하면 마음과 가슴은 마침내 주의 분산의 장악력에서 풀려나 정화된 느낌이 들기 시작한다. 이렇게 하면 명상 대상에 흔들림 없이 머물 수 있다. 더 집중된 상태에 이르면 마음은 대상으로 가득 차고 대상에 크게 몰입된다. 이제 무엇도 집중을 흩트리지 못한다. 일단 이렇게 되면 내면에서 전체성과 안정감을 경험하게 되고, 이럴 때 내면의 환한 빛이 일어난다. 기독교에서 도교에 이르는 모든 명상 전통은 이런 내면의 빛 경험을 매우 실감나게 묘사한다. 정화 과정을 거쳐 안정되게 집중하면 우리의 몸과 마음, 온 우주가 온통 빛으로 가득한 것처럼 보인다. 불교심리학은 이 내면의 빛을 환한 구름과 반딧불이, 한낮의 태양처럼 눈부신 빛 등 스물다섯 가지 범주로 구분해 설명한다. 내면의 빛이 일어나면 환희와 행복감, 확장된 느낌이 일어나며 자나(선정)라는 깊은 침묵 상태에 들어가는 능력도 생긴다. 이 단순하고 무미건조하며 체계적인 수행이 역설적으로 광대한 환희와 확장감에 이르는 길이 된다. 이 명상적 방법을 통해 우리는 마음의 신비적 차원에 체계적으로 열릴 수 있다.

깨침에 들어가는 문을 열어주는 선정 상태는 두 개의 주요 그룹으로 나눌 수 있다. 몰입 집중(absorption concentration)과 통찰 집중(insight concentration)이 그것이다. 이들 선정 상태는 불교 세계에서 매우 중심적인 의미를 지녀 자나라는 단어가 중국에서는 선(禪)으로, 일본에서는 젠(zen)이라는 단어로 정착했다.

몰입 상태에 드는 것은 스쿠버 다이버가 바람이 일렁이는 바다 표면에서 바다 저 아래 침묵의 심연으로 내려가는 것과 같다. 몰입 상태는 내면 경험으로 이루어진 개별적 세계다. 이때 각각의 세계는 몰입하기 전보다 더 고요하고 정제된 세계다. 몰입 상태는 흔들리지 않는 안정, 순수함, 광채, 행복의 특성을 갖는다.

몰입 선정은 선정을 키우는 데 사용한 대상의 색깔을 그대로 갖는다. 사랑을 집중 대상으로 삼았다면 사랑에 몰입하게 되고, 마음에 떠올린 시각 이미지를 집중 대상으로 삼았다면 그 시각 이미지가 된다. 그밖에도 호흡, 몸, 불과 흙의 요소와 경건한 시각 이미지, 신성한 이미지 등 다양한 명상 주제를 이용해 선정의 몰입 상태에 들 수 있다. 각 대상에 완전히 집중하면 주의 분산 요소가 모두 떨어져 나간다. 이렇게 해서 집중력이 충분히 강해지면 일상적 감각의 파도 아래 존재하는 깊고 고요한 1선정 영역에 들게 된다. 여기서 의식은 고요함과 환희, 행복, 대상에 대한 흔들림 없는 알아차림으로 가득해진다. 처음에는 이 안정된 선정 상태에 몇 분 동안 머물다가 연습을 계속하면 몇 시간 동안 기쁨에 흠뻑 젖은 채 앉아있을 수 있다.

집중을 계속 닦으면 여덟 차원의 선정 가운데서 1선정이 2선정으로 더 깊어진다. 2선정에서는 대상에 집중하는 노력이 더 자연스러워지고 수월해진다. 그리고 여기서 집중이 더 깊어져 3선정에 이르면 거친 환희의 흥분감이 사라지고 흔들림 없는 행복감의 안정된 흐름이 남는다. 4선정에 이르면 행복의 감정마저 시들해지면서 지극히 멋지고 흔들림 없는 고요함과 평정심이 일어난다. 그리고 이 단계를 넘어가면 더 미세한 네 가지 선정 상태가 이어진다. 무한한 공간에 몰입한 상태, 무한한 의식에 몰입한 상태, 지각을 넘어선 고요한 영역에 몰입한 상태, 그리고 비(非)지각을 넘어선 고요한 영역에 몰입한 상태가 그것이다. 고대의 목록 작성자들이 이 여덟 가지 선정 상태에 순서대로 번호를 매긴 이유는 깨달음의 길을 가는 데 참조하기 위한 교육적 목적에서였다. 여기 매긴 숫자들은 깊은 집중과 함께 점점 더 고요하고 정제된 상태로 나아감을 가리킨다.

지금까지 설명한 몰입 선정(absorption jhana) 외에 집중 상태에 관한 또 하나의 범주가 있다. 통찰 선정(insight jhana)이 그것이다. 통찰 선정은 하나의 대상에 집중하는 것이 아니라 끊임없이 변화하는 몸과 마음의 감각 경험에 집중해 몰입할 때 일어나는 선정이다. 몸과 마음에 완전히 몰입하는 집중이 현미경에 점점 더 고배율의 렌즈를 대는 것과 같다면 통찰 선정의 16단계를 거치는 과정에서 우리는 경험의 견고한 성질을 체계적으로 허물게 된다.

첫 번째 통찰 선정에서 마음은 몸과 마음의 경험을 고요히 관찰하는 목격자가 된다. 이때 몸과 마음의 경험은 매 순간 일어나고 사라지면서 거의 자동적으로 자신을 드러낸다. 두 번째 통찰 선정에서는 이런 순간적 경험들이 자신의 조건화된 패턴을 드러낸다. 이 조건화된 패턴은 다음에 일어나는 경험의 원인으로 작용한다. 통찰 선정의 세 번째 단계에 이르면 몸이 더 투명해지고, 자아 없음이라는 경험의 일시적 성질이 더 분명히 드러난다. 통찰의 다음 몇몇 단계에서 우리는 빛과 축복을 경험하며 다음으로는 두려움을, 그 다음에는 모든 생명의 신비한 덧없음 속에 녹아들면서 커다란 기쁨을 경험한다. 이때 우리의 내면은 감각기관으로부터 세포, 분자, 원자, 아원자 입자, 파동으로 이동해가는 것처럼 느낀다. 이렇게 연속된 각각의 통찰 단계에서 내면의 심오한 자유와 함께 평정심이 커진다.

불교심리학은 선정의 집중이 내면의 이해를 계발하는 수많은 방법 가운데 하나라고 본다. 모든 사람이 이런 식으로 집중할 수 있는 것은 아니다. 어떤 수행자는 집중 상태를 쉽게 경험하지 못한다. 또 어떤 수행자는 집중하기 전에 자신의 트라우마와 힘겨운 경험을 먼저 해결해야 하는 경우도 있다. 그렇지만 집중이 가능한 수행자라면 선정의 영역을 탐색함으로써 밝게 빛나는 환희에서 며칠 동안 선정 상태에서 움직이지 않고 앉는 능력에 이르기까지 새로운 차원과 능력에 열린다.

불교의 가르침은 선정 계발에 대해 반복적으로 적고 있지만 자세하고 개인적인 설명은 많이 찾아보기 어렵다. 선정이라는 내면 상태는 말로 표현하기 어려울 뿐 아니라 듣는 사람이 잘못 이해하기 쉽다. 실제로 일부 불교 전통은 자신의 내면 경험을 공개적으로 드러내는 것을 금기시한다. 선(禪) 전통에서는 자신의 내면 경험을 스승 이외의 누구에게도 말해서는 안 된다. 그렇게 하지 않으면 경쟁심과 질투, 실망감을 일으키기 때문이다.

오해의 소지가 있음에도 나의 경험을 조금 이야기해보려 한다. 이것은 선정이라는 심리의 한 가지 측면이 단지 이론이 아니라 매우 실제적인 것이라는 점을 분명히 보이기 위해서다. 처음에 나는 집중력 훈련이 힘들었다. 나는 마음이 활동적인 편이라 주의가 쉽게 분산되었고, 머리가 생각으로 가득했다. 사원의 스승은 나에게 몇 개월 동안 호흡에만 반복적으로 초점을 맞추어 집중력을 안정시키게 했다. 그렇게 나는 일 년 동안 열심히 명상을 한 뒤 통찰 선정과 몰입 선정에 드는 훈련을 받았다. 나는 몰입 선정에 들기 위해 호흡, 몸 알아차림, 자애 등 다양한 집중 대상을 사용했다. 마음을 고요하게 하는 법, 거의 모든 생각을 내려놓는 법, 일정 시간 침묵의 몰입 상태에 의도적으로 드는 법을 배웠다.

첫 번째 선정에서는 몸에 기쁨이 가득 차고 마음이 지극히 행복해진다. 나의 존재를 이루는 모든 세포가 환희와 행복에 녹아든다. 몸이 점점 투명해지다 이윽고 황홀경 속에 사라진다. 마음은 우주의 성간(별 사이) 공간에 온 것처럼 고요해진다. 이 상태에서 새롭게 활기를 얻고 내면의 힘이 솟아남을 느낀다. 이 몰입 선정의 상태가 안정되면 1선정 또는 2선정에 한두 시간 이상 머물 수 있다. 그런 다음에는 환희의 흥분감을 내려놓고 3선정 또는 4선정에서 경험하는 초월적 행복과 평정심이라는 미세한 상태에 머문다. 다음으로 이러한 초기 선정 상태를 넘어서면 무한 공간이라는 5선정에 열린다. 5선정에서는 가장 먼 은하수까지 명상의 장이 확장된다. 여기서 알아차림이 더 정밀해지면 무한 의식이라는 6선정에 열린다. 이곳은 공간과 시간마저 넘어선 영역이다.

내가 가장 좋아하는 몰입 선정의 대상은 자애(loving-kindness)이다. 자애의 마음을 대상으로 집중력을 키우면 몸과 마음이 한 번에 몇 시간 동안 사랑으로 가득 찬 환한 빛 속에 사라진다. 나는 전통적 자애 수행법을 따라 동물과 인간, 눈에 보이거나 보이지 않는 모든 생명체에게 우주의 모든 방향으로 자애의 에너지를 체계적으로 보냈다. 몸이 사라진 느낌과 함께 레이저와 샘물, 별이 한데 섞인 존재처럼 느껴졌다. 명상 자리에 앉아 가슴의 환한 빛을 마치 레이저 광선을 쏘듯이 내보냈다. 광대한 우주 구석구석의 모든 살아있는 존재를 빛과 사랑으로 비출 때까지 그들에게 빛을 보냈다. 나는 사랑에 흠뻑 젖은 채 몇 시간을 앉아있었다. 그런데 이것은 나의 스승들과 비교하면 집중 수련의 미미한 시작에 불과했다.

유연성과 통찰 : 집중의 결실

마음이 일단 집중력을 얻으면 의도한 방식대로 마음을 보낼 수 있다. 이런 작용을 불교심리학에서는 '마음의 유연성(malleability of mind)'이라고 한다. 이 것은 우리가 마음의 초점을 매우 수월하고 안정된 방식으로 이동시킬 수 있 다는 의미다. 공간적으로 우리는 작은 공간에서 큰 공간으로 집중의 영역을 이동시킬 수 있다. 현미경으로 보듯이 집중된 마음을 미세한 몸의 감각에 초 점을 맞추면 만 가지의 미세 감각이 눈에 들어올 것이다. 아니면 광각 시점 으로 이동해 자신의 모든 경험이 은하수처럼 광대한 우주공간에 떠다니도 록 초점을 확장할 수도 있다. 유연한 마음은 집중의 대상을 쉽게 바꿀 수 있 다. 이때 우리는 말로 하기 어려운 기쁨에서 힘과 고요함으로, 하나의 상태 에서 다른 상태로 유연하게 이동할 수 있다. 집중력이 있으면 어떤 대상에 주의를 두더라도 안정되게 머물 수 있다.

처음 강한 집중력을 키웠을 때 나는 마음의 이러한 기쁜 유연성과 나 긋나긋한 성질을 탐색해 보았다. 신체 특정 부위에 주의를 두면 주의가 그 곳에 머물렀다. 또 숙고를 위한 생각과 이미지를 떠올리면 마음은 그 속으 로 온전히 들어갔다. 나는 기뻤다. 내 마음이 잘 훈련된 개처럼 되었다고 느 꼈다. 자리에 앉아 머문다. 주의를 기울인다. 그러면 마음은 즐거움과 괴로 움에 흔들리지 않았다(대부분의 집중 상태에서 괴로움은 떨어져나간다). 얼마나 오래 집중하든 마음은 그것이 향한 대상에 안정되고 수월하게, 관심을 가지며 머 물렀다.

다음으로 이런 마음의 유연성을 의도의 힘과 결합시킬 수 있다. 집중 된 의도는 놀랍도록 강력한 힘을 갖는다. 명상 수행자는 잘 훈련된 마음이 가진 거의 마술적인 성질에 놀라는 경우가 종종 있다. 마음이 깊은 집중 상태에 있을 때는 "3선정이 일어나기를"이라고 자신에게 말하는 것만으로 실제로 3선정이 일어난다. 또 "행복이 일어나기를"이라고 말하면 실제로 행복에 휩싸인다.

　　이 집중되고 유연한 의식은 통찰과 직관적 지혜를 계발하는 데 특히 유용한 도구이다. 집중된 의도가 있으면, 지혜가 일어나기를 요청할 때 실제로 지혜가 일어난다. 또 공(空)에 대한 이해를 요청하자 암흑의 성간 우주로 떨어지는 나를 보았다. 중력에 이끌려 허공 속으로 들어간 나는 오랜 시간 침묵 속으로 들어갔다. 무상에 대한 지혜가 일어났으면 하고 의도를 일으키자 놀랍게도 머리카락 없는 나의 머리에 주의가 집중되었다. 그런 다음 주의는 60년 된 내 몸을 자연스럽게 훑어가기 시작했다. 치아의 충전재, 난청이 있는 귀, 비염 있는 코, 뻣뻣해진 목을 훑어갔다. 나의 주의는 또 폐렴을 앓아 약해진 폐와 한때 부러진 손목, 맹장수술 자국, 약해진 허리 디스크, 좌골 신경통, 늙은 무릎, 시린 발을 훑고 내려갔다. 나는 말했다. "그래, 이제 알겠어. 이 몸은 변화하고 썩어갈 수밖에 없는 진실로 무상한 것이로구나."

　　집중은 안녕과 이해를 북돋는 진정 효과도 있다. 어느 경험 많은 수행자는 집중의 힘을 이용해 수많은 어려움의 한가운데서 자신을 조절할 수 있었다. 조앤은 주변 세상에 타고난 공감을 느끼는 사람이었다. 그녀는 타인을 돌보는 재능이 있었다. 그녀는 규칙적인 명상 수행의 도움으로 파트타임 간호사 일과 지역사회 봉사 활동, 어린 두 자녀를 돌보는 일을 그럭저럭 견뎌내고 있었다. 그러던 중 근처에 살던 시어머니가 뇌졸중을 일으킨 일로 그녀가 균형을 맞추던 저울이 한쪽으로 기울기 시작했다. 이제 스스로를 돌봐야 하는 처지에 놓인 조앤은 완전히 압도당하는 느낌이 들었다. 잠을 제대로 자지 못했고 불안이 엄습했다. 이런 상황은 폐경으로 더 악화되었다. 명상을 하려고 자리에 앉자 몸이 저절로 떨렸다. 그녀는 텔레비전의 뉴스, 그녀가 일하는 병원의 환자들, 시어머니의 병 등 주변의 정신없이 들뜬 에너지가 여과되지 않은 채 자신의 몸 안으로 쏟아져 들어온다고 느꼈다.

나는 조앤에게 공식 명상을 중단하라고 했다. 그리고 들뜬 에너지가 그녀의 몸을 통과한 다음 땅에 내려가도록 하는 수행을 제안했다. 많은 사람이 이 수행으로 도움을 받는다. 하지만 조앤은 명상에서 멀어지면 그녀가 느끼던 불안이 더 심해질지 않을까 하는 느낌이 직관적으로 들었다. 수월하게 집중하는 능력을 타고난 조앤은 그래서 명상을 더 많이 하기로 했다. 기존에 하던 수행을 자애 명상으로 바꾼 조앤은 나의 동료 한 사람과 함께 참가한 명상 수련회에서 자애의 구절과 시각 이미지를 떠올리는 연습을 열심히 했다. 며칠간 불안과 커다란 에너지가 일어났지만 그것이 풀려난 뒤 그녀의 마음은 집중되었다. 행복과 안정감, 깨끗함이 커지면서 그녀가 느끼던 불안은 뒤로 물러났다. 놀랍게도 그녀가 이전에 느끼던 초조함 속에는 날것 그대로의, 통합되지 못한 환희가 한데 뒤섞여 있었다. 이 환희를 자신의 내면에 부는 바람으로 경험하는 법을 배웠다. 그러자 이 에너지를 내려놓은 뒤 깊은 고요함에 머무는 법을 알게 되었다. 고요, 집중, 평정이라는 깨달음의 요소가 균형을 이루자 조앤은 압도당하는 느낌을 더 이상 받지 않았다. 이제 그녀는 떨리는 흥분감이라는 거대한 차원을 자기 안에 담을 수 있었다.

집중력이 더 커지자 조앤의 지도자는 그녀에게 좌선 명상의 가장 깊은 지점에 이르기를 기다린 다음 의식에서 몰입 선정의 상태가 일어나도록 의도적으로 초대하라고 말했다. 점차 그녀는 처음 네 가지 선정을 항해하는 법을 배웠다. 1선정과 2선정에는 아직도 환희의 강력한 에너지가 남아있었다. 그래서 그녀의 몸은 처음에 흔들림과 떨림에 압도당했다. 하지만 3선정과 4선정에서 조앤은 모든 떨림과 환희가 그치는 것을 보았다. 대신에 깊은 고요 속에서 편안함에 침잠한 채 은총과 확고한 사랑의 감각이 가득한 상태로 오랜 시간 앉아있었다. 이 집중 수행으로 그녀는 마치 신경계의 회로가 새로 형성되는 것처럼 치유되는 느낌이 들었다. 선정 상태에서 나오자 마음은 한결 가볍고 편안해졌으며 몸은 이완되어 경쾌함과 유연성을 다시 얻었다.

내 동료의 독려로 조앤은 이제 통찰을 얻는 데 선정의 집중을 사용하기 시작했다. 그녀는 자신의 경험이 매 순간 일어나고 사라지는 것을 관찰했다. 선정 상태가 어떻게 일어나고 사라지는지도 공부했다. 그런 다음 지극히 유연하고 고요해진 마음으로 천여 가지의 의식 상태가 하나씩 일어나고 사라짐을 관찰했다. 알아차림 자체에 주의를 향하자 모든 의식 상태를 일어나게 하는 원천인 공(空)에 머무는 법도 알게 되었다.

집에 돌아왔을 때 조앤은 자신의 몸이 내면에서 완전히 새로워진 느낌이 들었다. 잠도 잘 잤고 불안도 줄었으며(물론 가끔 한 차례씩 불안이 일어나기는 했다) 내면의 강인함과 안정의 감각도 커졌다. 해결해야 하는 문제가 아닌 지혜가 이제 그녀의 정체성의 중심이 되었다. 지금도 그녀는 지역사회 봉사 활동에 활발히 참여하고 있다. 고통에 대한 민감성을 지닌 그녀는 주변 모든 존재와 가슴으로 연결되었다. 그럼에도 그녀가 딛고 선 지혜와 집중이라는 토대는 여전히 튼튼했다.

신통력을 훈련하다

깊은 집중과 선정은 다양한 범주의 신통력을 계발하는 관문이 되기도 한다. 불교심리학은 집중을 체계적으로 닦으면 다른 사람의 마음을 읽고, 보이고 들리지 않는 먼 곳을 보고 들을 수 있으며, 개인의 과거를 알 수 있고, 지수화풍의 4대 요소를 마음대로 할 수 있다고 말한다. 붓다고사 스님의 『청정도론』과 『나로파의 여섯 요가』 같은 책에는 고도로 집중된 마음을 바탕으로 하는 수행과 이를 통해 얻는 힘에 관하여 자세히 설명한다. 나의 여러 스승들도 이런 신통력을 닦고 수행했다. 하지만 서양에서는 이를 제대로 이해하지 못하고 있다. 신통력에 대한 서양 과학의 연구가 실패한 이유는 일상적인 의식 차원에서는 이 능력이 대개 안정적으로 발휘되지 않기 때문이다. 평범한 대학원생을 실험실로 불러 그가 신통력을 닦으리라고 기대하기는 어렵다. 일부 특출한 개인을 제외하고 대부분의 사람이 신통력을 강하게 발휘하려면 일정한 집중력 수련이 필요하다.

고도로 숙련된 불교 명상가 중에는 불교 경전에서 말하는 신통력을 수련하는 경우가 지금도 있다. 나의 인도인 스승 디파마 바루아는 1960년대 버마에서 집중 수행을 하는 동안 이런 신통력을 모두 닦았다. 그녀와 그녀의 스승에 따르면 디파마는 먼 곳에 있는 사람을 찾아갈 수 있었다(한번은 그녀가 당시 UN 사무총장이었던 우 탄트의 연설을 듣기 위해 정신력으로 UN에 간 적이 있다). 디파마는 과거의 생을 보았고 시공간을 초월해 이동했으며 자신의 인터뷰에 자연스럽게 모습을 나타냈다. 내가 그녀에게 공부할 무렵엔 그녀가 신통력을 닦은 지 이미 오래되었고 그녀는 더 이상 신통력에 관심이 없었다. 당연히 나는 그녀가 신통력을 보여주었으면 하고 바랐다. 그러나 나는 맑은 하늘에 무지개가 뜬다든지 먼 곳에 있는 어떤 이의 죽음과 곤란을 확실하게 아는 등 많은 신통 현상을 보았고, 또 동료들에게 들었던 터라 모든 가능성을 열어둔 채로 있었다. 나의 서양인 동료 몇몇은 약간의 집중력 훈련으로 타인의 마음을 읽고 특정 가르침을 자기 제자의 꿈에 투사하는 능력을 얻었다.

그런데 신통력은 우리를 자유와 연민에서 멀어지게 만드는 요소로 간주되기 때문에 상급 수행자에게는 선택 사항으로 남겨둔다. 선정이나 신통력을 현명하게 사용하려면 이 미세한 상태의 영역에 따르는 위험성을 충분히 염두에 두어야 한다. '자신의' 성취에 자부심을 느끼며 스스로 과장되게 느낄 위험이 있고 야망의 위험성도 존재한다. 신통력의 영역을 대수롭지 않게 여긴다 해도 어떤 영적 수련자는 집중 상태와 선정에 대해 전해들은 뒤 그것을 이루지 못해 오랜 시간 힘들어하기도 한다. 그들은 어떤 것에 집착하면 오히려 그에 마음이 열리지 않음을 깨닫지 못한다. 그리고 황홀경과 선정 상태에 이르는 길을 발견했다 해도 언제든 그것을 잃어버릴 수 있다. 절정 상태에 이른 뒤에 추락할 때 우리는 십자가의 성 요한이 '영혼의 캄캄한 밤'이라고 말한 상실과 좌절을 경험한다.

　　집중력 훈련의 목적은 집착을 키우는 것이 아니라 자기 내면의 해방에 집중 상태를 사용하는 것이다. 집중의 힘을 통해 세상의 견고한 성질은 꿈과 같이 실체가 없음을 스스로 드러낸다. 명상을 통해 경험에 안정된 토대가 없다는 사실에 열리면 두려움을 경험할 수도 있다. 이때 집중으로 키운 안정감과 안녕감은 자아와 타자에 관한 감각이 사라지는 과정에서 안정감을 제공한다. 집중의 힘이 있으면 모든 것을 내려놓을 수 있고, 모든 것이 녹아 사라져도 우리의 균형점으로 돌아올 수 있다. 수행자인 로시나는 처음 명상을 했을 때 세상이 텅 비어있고 실체가 없이 느껴져 걱정했다. "우리 가족, 아이들, 내가 쌓아온 경력은 이제 어떻게 되죠?" 그녀가 물었다. 그녀는 이런 것을 모두 버린 채 자신이 텅 비어있는 공의 영역으로 들어갈까 봐 두려웠다. 그러나 공은 언제나 새로운 형상을 일으킨다. "녹아 사라져도 괜찮을까요? 이 정도로 내려놓아도 괜찮을까요?" 그녀의 선승이 미소를 지으며 걱정하지 않아도 좋다고 답했다. "죽음도 괜찮습니다. 부활도 또한 괜찮습니다." 명상 수련회가 끝난 뒤 로시나는 어느 때보다 비어있는 상태로 그리고 더 열린 가슴으로 집으로 돌아갔다. 집중과 통찰은 모든 것이 의식의 활동임을 알아보고 그것과 함께하는 법을 알려준다. 이때 우리는 모든 것의 한가운데서 자유로워지고 현명해진다.

현명한 심리학이라면 집중된 마음이 가진 초월적 차원까지 통합할 수 있어야 한다. 그러나 종국에는 아무리 환한 집중 상태도 사라지게 마련이다. 이것은 집중 상태로부터 일어나는 통찰도 다르지 않다. 아잔 차 스님은 우리에게 이렇게 일깨웠다. "명상에서 일어나는 황홀경이나 특별한 마음 상태에 집착하지 마십시오. 다만 그것을 활용하도록 하십시오." 집중은 영적 여정에서 강력한 힘을 발휘하는 단계이다. 집중은 마음을 고요히 하고 가슴을 열며 자유를 발견하는 중요한 방법이다. 그러나 일상의 기적을 되비추는 데 초월적 경험을 사용할 때 진정한 축복이 일어난다.

현명한 가슴을 체현하다

21

덕·구원·용서의
심리학

백단향, 만병초, 자스민 향은 바람을 거슬러 날아가지 못한다.

그러나 덕의 향기는 세상 끝까지도 날아간다.

_『법구경』

아잔 차 스님의 숲속 수행처에서는 모든 불교 사원과 마찬가지로 어떤 활동이든 생명에 대한 존중이 기본이다. 숲속은 천여 종류의 벌레와 짐승들로 가득하다. 시끄러운 매미 소리가 황혼녘 스님들의 염송 소리와 하나가 되고, 열대의 새와 뱀들이 매일 우리 곁을 돌아다닌다. 우리의 수행은 이들 모두와 어울려 사는 법을 배우는 것이었다.

숲속 사원에 처음 들어왔을 때 나는 숲속의 움막을 하나 배정 받았다. 나는 그곳 움막의 천장에 내 손바닥만 한 거미가 살고 있는 것을 발견했다. 처음에는 내쫓고 싶었으나 거미가 움막 윗부분만 사용하고 있음을 알았다. 약간 무섭기는 했으나 독이 있을 거라는 생각은 들지 않았다. 게다가 그가 나보다 먼저 이곳 움막에 자리를 잡았다는 사실도 인정해야 했다. 그래서 나는 깊이 숨을 쉬며 그를 그대로 두었다. 이렇게 우리는 함께 살게 되었다. 나는 점차 그를 비롯한 수많은 다른 동물과 함께 사는 법을 배웠다. 자꾸 거미줄을 치는 그를 보면서 나는 거미의 삶에도 인내심이 많이 필요하다는 것을 알았다. 나는 이처럼 모든 존재가 존중받을 가치가 있음을 알았다. 이 글을 쓰는 지금 나는 미국의 유명 캘리그래퍼(서예가)인 로이드 레이놀즈(Lloyd Reynolds)의 시가 생각난다. 그는 이렇게 썼다. "종이 위로 벌레 한 마리가 기어간다. 그를 그냥 두어라. 내 글을 읽는 독자이니까."

불교에서는 모든 생명을 향한 존중의 마음을 덕(virtue)이라고 부른다. 불교는 덕을 근본으로 여긴다. 아잔 차 스님은 자주 이렇게 말했다. "간단합니다. 덕 있는 삶을 살 때 마음이 평화로워집니다." 덕을 이해하는 사람은 위엄과 편안함, 고귀함, 행복으로 산다. 당연한 얘기지만 종일 거짓말하고 속이고 살생한 뒤 명상을 하려고 하면 잘 안 된다. 덕은 자신과 다른 생명체를 해악으로부터 보호하는 방패가 된다.

현대인에게 덕이란 단어가 구식으로 느껴질 수도 있다. 우리는 덕이라고 하면 빅토리아 왕조 시대의 여학생에게 겸손과 신중, 인내와 순종을 가르치는 것이라고 여긴다. 그러나 불교에서 덕이란 여자아이에 관한 것도, 마지못해 법을 따르는 약골에 관한 내용도 아니다. 덕은 철저한 변화를 일으키기 위한 토대이다. 덕은 우리가 하는 모든 일에서 진실과 정직, 열정, 목적을 가지고 행동함을 뜻한다. 또 덕은 개인을 고귀하게 만들고 사회 정의와 평등을 위한 영감을 부여하는 강력하고 치열한 힘이다. 덕 있는 삶이 행복을 가져오듯이 덕은 강력한 효과를 낼 수 있다.

불교에서 덕은 신이 정해준 일련의 계명이 아니다. 그것은 심리적 훈련으로 간주된다. 아잔 차 스님은 덕에 세 가지 단계가 있다고 했다. 덕의 훈련은 맨 먼저 해로운 행동을 멈추는 데서 시작한다. 해 입히지 않음(non-harming)이라는 덕의 첫 번째 단계에는 다섯 가지 전통적 수행이 포함된다. 죽이지 않는 것, 훔치지 않는 것, 거짓말하지 않는 것, 잘못된 성행위를 하지 않는 것, 약물을 먹거나 마시지 않는 것이 그것이다. 이 수행 하나하나에 커다란 힘이 있다. 모든 인류가 이 다섯 가지 가운데 하나만이라도 철저히 지킨다면 세상이 어떻게 변할지 상상해보라.

덕의 두 번째 단계는 돌봄의 마음을 의도적으로 키우는 것이다. 해 입히지 않는 것을 넘어 생명에 대한 존중의 마음을 계발한다. 남의 것을 훔치지 않는 것을 넘어 지구상의 모든 존재를 위한 돌봄의 마음으로 행동한다. 단지 거짓말을 삼가는 것을 넘어 용기 있게 일어나 진실을 말한다. 잘못된 성행위를 자제하는 것을 넘어 가까운 사람들을 존중해준다. 약물을 잘못 사용하는 것을 넘어 깨어있음을 계발한다.

덕의 세 번째 단계는 자연스러운 덕이다. 이것은 깨어난 가슴이 갖게 되는 자연스러운 전일성(integrity)을 말한다. 자연스러운 덕은 자기 이익에서 벗어날 때, 자유롭게 사랑할 수 있을 때 일어난다. 우리의 자애로운 행동이 규칙이나 관습에 의존하지 않고 본래적으로 가진 연결성에서 자연스럽게 우러난다. 우리는 누구나 사람들이 참되고 친절하며 자신의 전일성에서 흔들림이 없을 때 덕이 가진 이런 차원을 본능적으로 인식한다. 이때 우리는 영감과 감동을 받는다. 이것은 심리 발달의 가장 높은 단계이다. 자연스러운 덕의 모범을 현대인에게 보인 간디는 이렇게 말했다. "매일 아침 일어나 우리가 가장 먼저 하는 행동을 이것으로 삼아보십시오. '나는 지구상의 어느 누구도 두려워하지 않는다. 내가 두려워하는 것은 신밖에 없다. 나는 어느 누구에 대한 악의도 참지 않을 것이다. 어느 누구로부터 당한 불의한 일에도 굴종하지 않을 것이다. 나는 진실로써 진실이 아닌 것을 이길 것이며 진실이 아닌 것에 맞서는 동안 모든 고통을 견뎌낼 것이다.'"

해 입히지 않음에서 돌봄으로, 나아가 가장 높은 단계의 전일성에 이르기까지 덕이 커지는 과정에서 우리는 심리적 건강이 커짐을 느낄 수 있다.

불교심리학의 스물한 번째 원리는 이것이다.

21
참된 행복을 누리려면 덕과 전일성이 필요하다.
당신의 전일성을 주의 깊게 보호하라.

마음이 아플 땐 불교심리학

심리치료에서 덕 가르치기

몇 년 전 나는 어느 대규모 심리학 컨퍼런스에서 불교의 덕 원리에 대해 발표한 적이 있다. 내 세션의 제목은 "심리치료에서 덕 가르치기(Teaching Virtue in Psychotherapy)"였다. 발표장은 사람들로 가득 찼다. 수백 명의 심리치료사가 강연을 들으러 온 이유는 윤리적 관점을 드러내놓고 닦는 것과 윤리적으로 중립적인 태도를 취하는 현대 심리학이 어떻게 어울릴 수 있는지 궁금해서였다.

나는 우선 윤리적으로 중립적인 이 관점에 중요한 토대가 존재한다는 점을 인정했다. 현대 심리치료의 근간을 이루는 프로이트의 정신분석은 억압적이고 계층적인 19세기 후반 유럽 사회를 배경으로 탄생했다. 프로이트와 그의 동료들이 이룬 가장 짜릿한 발견이라면 환자들이 자신의 느낌과 생각에 관하여 사회적으로 강요된 억압을 덜어내자 놀라운 치유가 일어났다는 점을 들 수 있다. 이런 자유연상 기법을 사용한 초기 정신분석가들은 어떤 것도 판단하거나 검열해서는 안 된다는 점을 분명히 했다. 이처럼 보호받는 공간이 없다면 치유가 일어나는 데 필요한 솔직함을 기대할 수 없다.

불교심리학도 이와 마찬가지 방식으로 치유에 접근한다. 마음챙김은 판단을 유보할 것을 요구한다. 마음챙김은 괴롭거나, 즐겁거나, 기쁘거나, 수치스러운 것을 열린 마음으로 탐구한다. 그 무엇도 옳거나 틀렸다고 판단 내리지 않는다. 있는 그대로 분명하게 보고 깊이 받아들이는 것이야말로 치유의 첫 단계이다. 그런데 이 받아들임은 인간의 경험을 변화시키는 처음 단계에 불과하다.

다음은 내면의 변화를 일으키는 단계이다. 그 다음에는 자기 행동의 결과를 인정하고 해악을 피하는 조치를 취해야 한다. 서양의 임상 수련에서

면허 받은 치료사는 중대한 위험이 예상되는 경우, 즉 근친상간이나 신체적 학대, 자살과 그밖에 생명을 위협하는 해악에 대해서는 반드시 관계 당국에 보고를 해야 하는 법적 의무가 있다. 그런데 내 발표에 참가한 심리치료사들은 이와는 조금 다른 차원의 도덕적 전일성을 다루는 방법을 말하고 싶어 했다. 나는 불교심리학은 전일성을 행복의 중요한 요소로 간주하기 때문에 모든 이에게 덕의 원리를 가르친다고 말했다. 우리는 전일성 없이 행동할 때 생기는 불가피한 고통을 잊어서는 안 된다. 나는 내가 치료한 학생들의 사례를 몇 가지 제시했다.

명상 수련회에 참가한 중년의 싱글남 앨런은 나와 가진 개인 인터뷰에서 자신이 일하던 대규모 회사에서 수천 달러를 몰래 빼돌린 사실을 털어놓았다. 그의 말로는 누구도 그 사실을 몰랐다고 한다. 처음에 우리 두 사람은 이에 대해 어떠한 판단도 내리지 않은 채 그저 사실로서 알아차렸다. 우리 둘은 함께 앉아 그 이야기와 우리의 느낌에 그대로 머물렀다. 이때 내가 앨런에게 몸에서 어떤 느낌이 일어나는지 물었다. 앨런은 자신의 몸이 무언가 긴장되어있다고 말했다. 그리고 몸의 긴장을 알아차리자 초조함과 두려움이 일어났다고 말했다. 앨런은 자신의 행동에 대한 힘겹고 복잡한 감정을 그대로 지니고 있음을 깨달았다. 용케 돈을 빼돌린 자신의 똑똑함에 뿌듯했으나 한편으론 결국 발각될 것이라는 데 죄책감과 두려움을 느꼈다. 나는 이런 내면의 갈등을 지닌 채 사는 것이 어떠냐고 물었다. 그는 힘들다고 인정하면서, 나에게 간단히 털어놓는 것만으로 마음이 한결 가벼워졌다고 했다.

다음으로 나는 앨런에게 마음의 편안함은 내면의 작업을 통해서만이 아니라 자신의 행동을 고치는 데서도 일어난다고 말했다. 행동은 업의 결과를 일으키기 때문에 우리는 전일성 없이 행동한 데 따르는 외면적 결과를 다루어야 한다. 나는 그에게 불교심리학은 윤리 문제를 선과 악의 구도로 보지 않는다고 말했다. 불교심리학은 그저 고통과 고통의 원인에 초점을 맞춘다. 남의 것을 훔치는 행위는 훔치는 본인과 주변 사회에 고통을 일으키는 것으로 이해된다. 분명, 앨런이 느끼는 불편함 자체가 이미 도둑질로 고통이 일어났음을 보이는 증거였다. 그의 행동은 자신과 타인에게 더 큰 고통을 일으킬 가능성을 지니고 있었다.

앨런은 마음이 흔들린 채로, 그러나 한결 편한 상태로 상담실을 나섰다. 나는 앨런에게 우리가 나눈 대화로 일어난 모든 일을 알아차리게 했다. 우리는 이후 며칠 동안 몇 차례 더 이야기를 나눴다. 앨런은 자기 행동을 돌아보는 과정에서 박탈과 분노의 감각을 보았다. 또 도둑질을 해도 아무렇지 않다고 여기는 자신의 강한 견해를 보았다. 명상을 하는 과정에서 앨런은 자신의 분노 아래에 무서움에 떨고 있는 젊은이가 서 있음을 보았다. 우리는 앨런이 털어놓은 고백이 치유의 시작에 지나지 않음을 인정했다. 그런 뒤 나는 그가 계속 도둑질을 한다면 치유될 수 없다는 점을 강조했다. 나는 앨런이 치유 작업을 계속 이어갈 수 있도록 불교 심리치료를 권했다. 또 그의 업과 양심이 그로 하여금 자신의 잘못된 행위를 바로잡고 어떤 식으로든, 심지어 익명으로라도, 속죄할 것을 요청한다고 이야기했다.

켄은 자신의 행동 때문에 갈등을 일으키고 있는 중년의 명상가였다. 나와 함께하는 치료 작업에서 켄은 16년의 결혼 생활에서 여러 차례 외도를 했다고 털어놓았다. 새 애인을 만나고는 만난 지 몇 달이 되지 않아 다른 애인을 찾아 떠났다. 그는 외도에 관한 거짓말은 세금에 대한 거짓말과 비슷하다고 주장했다. 누구나 거짓말을 한다는 것이었다. 지금까지도 그는 자신의 외도를 아내와 세 자녀에게 숨기며 살아왔다. 우리의 작업은 켄이 자기 내면의 충동과 갈등을 살피는 분명한 필요성에서 출발했다. 켄은 자신이 지닌 동기의 절박감과 결혼 생활에서 느끼는 두려움과 불만족, 여성을 비하하는 자신의 관점을 살피기 시작했다. 명상을 통해 마음이 열리자 켄은 자신이 산산이 부서지는 것처럼 느꼈다. 그는 트라우마와 중독적 인간관계로 점철된 과거 개인사의 내면적 혼란을 경험하며 자리에 앉았다. 이렇게 켄이 자기 내면을 들여다보는 작업은 중요한 진전이었다. 하지만 그의 갈등은 단지 고통스러운 과거를 들춰낸다고 해결되는 문제가 아니었다. 켄은 자신의 중독에 대해서도 직접 다루어야 했다. 나는 켄에게 12단계 중독자 모임에 참가하도록 권했다.

나는 켄에게 해 입히지 않음이라는 불교 수련에 잘못된 성행위를 통해 해 입히는 것을 삼가는 것도 포함된다고 가르침을 주었다. 나는 다시 한 번 해 입히지 않음의 수행이 죄나 선악 개념에 기초한 것이 아니라 수천 년 경험으로 인간 고통의 원인을 설명하는 것이라고 말해주었다. 고대로부터 사람들은 간통이 커다란 고통을 일으킴을 보았다. 켄의 간통을 둘러싼 비밀스러움과 충동은 고통을 일으키고 있었고 그 고통은 계속 커져만 갔다. 켄이 전일성을 회복하지 않는다면 치유는 불가능할 것 같았다.

불교 수행을 하러 오는 모든 사람은 선일성이라는 토대를 분명히 인지해야 한다. 기본적인 수행은 단도직입적인 다음의 맹세에 드러난다.

나 자신과 타인을 보호하기 위해 다음의 수행을 닦겠습니다.
살아있는 생명을 죽이는 일을 삼가고
남의 것을 훔치는 일을 삼가며
잘못된 성행위를 삼가며

　　　　　　　　　　　　　　　마음이 아플 땐 불교심리학

거짓말과 해로운 말을 삼가며

약물을 잘못 사용하는 일을 삼가겠습니다.

불교의 가르침에 따르면 기본적인 전일성을 갖추지 못할 때 우리는 인간의 차원에서 기능하지 못한다. 기본적 전일성을 갖추지 못했다면 겉으로 인간의 모습을 했을지라도 마음으로는 인간 이하의 존재이다. 이때 우리는 배고픈 귀신, 질투심 많은 신, 놀란 야수, 끝없는 갈등이 일어나는 지옥의 영역에 사는 것과 마찬가지다. 덕을 계발하는 것은 우리가 고통을 줄이고 싶다면 갖춰야 하는 심리적 필요조건이다.

전통적으로, 전일성의 원천에는 내면의 양심과 외면의 양심이라는 두 가지 정신 요소가 있다. 초기 번역자들은 이런 성질을 '도덕적 수치심'과 '도덕적 두려움'으로 번역했는데, 이는 빅토리아 시대의 기독교적 원죄와 지옥살이를 강하게 상기시킨다는 점에서 오해의 소지가 있다. 불교심리학은 수치심이라는 렌즈로 세상을 보지 않는다. 또 도덕 규율을 정하는 신이나 잘못 행동하는 자를 처벌하는 신에 대해 말하지도 않는다. 대신에 불교심리학은 업과 상호연결성에 토대를 두고 마음의 자연 법칙에 대해 말한다. 또 우리의 진정한 본성에 대해 이야기한다.

내면의 양심은 내가 언제 해로운 행동을 하는지 안다. 또 전일성의 결여로 스스로에게 고통을 가져온다는 사실도 안다. 내면의 양심이 자기를 보호하고자 한다면, 외면의 양심은 자신의 해로운 행동이 타인에게 잘못으로 여겨진다는 사실을 안다. 또 이로 인해 일어나는 집단적 고통도 알아본다. 외면의 양심은 사람들이 존경하는 방식으로 행동하고자 하며, 주변 사람에게 고통스러운 영향을 끼치지 않으려 한다. 내면의 양심이든 외면의 양심이든 자신의 행동이 불러오는 결과를 느끼는 열린 가슴에서 생겨난다. 이런 연결감이 없을 때 우리는 커다란 해악을 일으킬 수 있다. 양심이 없다고 진단 받은 소시오패스(반사회적 인격 장애자-옮긴이)조차도 종종 어떤 것이 결여되어 있다고 느낀다. 즉 그들도 자신의 가슴을 격리시킨 머나먼 벽의 이면에 여전히 양심이 존재한다고 느낀다. 최근에 나는 자신을 "세상에서 가장 외로운 사람"이라고 말한 어느 연쇄살인범에 관한 글을 읽었다.

양심은 진실을 인식한다. 양심은 언제 우리가 전일성으로 행동하는지, 언제 그러지 않은지 안다. 양심은 우리의 가장 깊은 타고난 앎인 아는 자(One Who Knows)가 지닌 한 가지 측면이다. 양심은 우리 모두가 함께임을 안다. 그래서 서로에게 해를 입히는 행위는 곧 자신을 해치는 것임을 안다.

전일성과 양심이 없을 때 우리는 자유를 잃는다. 사회평론가 마이클 벤투라(Michael Ventura)는 이렇게 말했다. "당신이 누군가에게 거짓말을 한다면 바로 그 사람이 당신을 소유하게 된다. 당신이 무언가에 관하여 거짓을 말한다면 바로 그 사물이 당신을 소유하게 된다. 당신의 자녀가 당신이 무언가에 소유되어 있음을 본다면 당신의 자녀는 당신의 아이가 아니라 당신을 소유하고 있는 바로 그것의 자식이다. 가식과 환영에 대한 필요가 당신을 소유하고 있다면 당신의 자녀는 가식과 환영의 자식이다. 외로움에 대한 두려움이 당신을 소유하고 있다면 당신의 자녀는 외로움에 대한 두려움의 자식이다. 진실에 대한 두려움이 당신을 소유하고 있다면 당신의 자녀는 진실에 대한 두려움의 자식이다."

자신과 타인을 보살필 때는 전일성이 가장 중요하다. 오래 전 나는 일리노이의 주립 정신병원에서 실시한 어느 연구를 읽었다. 이 병원은 유료 도로 곁의 농지에 위치하고 있었는데 병원 출구에 차량 한 대당 50센트의 통행료를 징수하는 무인 기계가 있었다. 하지만 모든 사람이 요금을 내지는 않았다. 이 현상을 궁금히 여긴 이 병원 소속의 심리학자가 몰래카메라를 설치해 누가 요금을 내고 내지 않는지 녹화했다. 그런 다음 치료되어 퇴원한 환자들의 병원 기록을 살폈다. 그는 통행료를 지불한 의사와 치료사가 돌보는 환자가 요금을 지불하지 않은 의사와 치료사의 환자보다 더 빨리 치료되었다는 사실을 알았다. 치료자의 전일성이 환자에게 그대로 전달되는 것이다. 이처럼 치료자의 전일성은 그가 치료하는 환자에게도 힘을 부여한다.

진실을 말하는 것은 깨어남의 토대를 튼튼히 다지는 행위다. 불교 신화를 보면 장차 붓다가 될 보살이 과거 수많은 생을 사는 동안 수없이 많은 실수를 저지른 이야기가 나온다. 보살은 자신의 소유가 아닌 물건을 남에게 줘버리는가 하면 가족과도 불화를 일으켰다. 또 사람들을 죽음으로 몰아넣기도 했다. 그러나 보살이 하지 않은 유일한 행동이 있었으니 자기 행동에 대해 자신과 타인에게 거짓을 말하는 것이었다. 이런 진실성 덕분에 보살은 온갖 역경에도 불구하고 자유에 이를 수 있었다. 불교 공동체는 깨끗한 양심을 중요시한다. 남녀 승려와 재가자는 자기 양심에 세심히 주의를 기울이며 수행하라는 가르침을 받는다. 이는 자신과 타인에게 해를 입히지 않기 위해서다. 붓다가 당시의 압제적인 카스트 제도를 버리고 여성도 수행 공동체에 온전히 참여하도록 조치를 취한 배경에도 외면적 양심이 있었다. 고대와 현대의 공동체 구성원과 지도자가 권력을 남용하는 경우, 비록 처음엔 그들이 부정한다 해도 결국 자기 본분으로 돌아와 잘못을 바로잡도록 요청하는 것은 양심과 공동체가 지닌 덕이다.

아잔 차 스님은 이렇게 말했다. "정원사가 자신이 가꾸는 식물을 정성껏 돌보듯이 당신의 덕을 보살피십시오. 덕이 크든 적든 분별 짓지 마십시오. 변명을 하지도 마십시오." 사원에서 우리는 덕 있는 삶에 반복적으로 우리 자신을 바쳤다. 자신이 거둔 성공을 돌아보고 만약 실수가 있었다면 인정하고 처음부터 다시 시작한다. 남녀 승려들은 하루도 빼놓지 않고 덕의 맹세를 염송했다. 재가자는 사원을 찾을 때마다 매번 다섯 가지 덕의 수행을 맹세했다.

전일성은 정신 건강을 유지하는 데도 빼놓을 수 없는 중요한 요소다. 우리는 어떤 경우에도 결국 진실이 드러난다는 것을 안다. 시인 린다 호건(Linda Hogan)은 이렇게 썼다. "체르노빌 원자력 사고 이후 사람들이 억압하던 이야기를 바람이 실어날랐다. 바람은 진실을 폭로했으며 위험에 관한 이야기를 다른 나라에 전했다. 그 바람은 곧 시인이자 예언자, 과학자였다." 불교 경전은 물론 방사성 바람에 대해 알지 못하지만 "바람보다 더 멀리 전달되는 덕의 향기를 알고 있었다. 덕의 향기는 위험에 직면해 우리의 행복을 지켜준다."

속죄와 용서

아무도 잊히지 않는다. 당신을 위로하지 못하는 신에 관한 이야기는 모두 거짓말이다.

_마이스터 에크하르트

히말라야의 존경받는 성인 밀라레빠는 티베트에서 태어났는데, 젊은 시절 아버지가 죽은 뒤 친척들에게 심한 학대를 받았다. 이 때문에 밀라레빠의 어

마음이 아플 땐 불교심리학

머니는 그에게 흑마술을 공부해 자신들을 학대한 사람들에게 복수하라고 종용했다. 밀라레빠는 마술의 힘을 빌어 그들 중 많은 이를 죽였다. 그러나 나중에 밀라레빠는 두려움과 후회로 가득 차 어느 불교 스승에게 자신이 지은 악업을 해소해주도록 도움을 청했다. 밀라레빠는 오랜 시간 극도의 고행과 힘든 시련을 겪으며 자신이 저지른 끔찍한 악행을 속죄했다. 밀라레빠는 자신의 삶을 깨어남에 전부 바쳤으며 오랜 기간 사람들을 가르치고 보살폈다. 그의 속죄 이야기는 티베트 불교에서 매우 소중히 여기는 신화이다.

마찬가지로 속죄는 붓다 당시의 극악한 살인마인 앙굴리말라도 변화시켰다. 인도의 점성술사들은 앙굴리말라가 강도별(robber star) 아래서 태어났다고 말했다. 앙굴리말라는 주변 사람들의 시기와 거짓말 때문에 무고한 사람을 천 명이나 죽이는 것이 자신의 종교적 의무라고 확신했다. 울창한 잘리니 숲에 살던 앙굴리말라는 당시 사람들이 가장 두려워하는 인물이었다. 그는 날쌘 말처럼 빠른 속도로 달리는 검객이었다.

그런데 붓다는 주위의 만류에도 불구하고 앙굴리말라가 살던 곳을 일부러 어슬렁거렸다. 앙굴리말라가 붓다를 좇아오자 붓다는 신통력을 부려 그가 따라잡지 못하게 만들었다. 앙굴리말라가 소리쳤다. "멈춰! 멈춰!" 붓다는 이렇게 대답했다. "나는 멈췄다네. 살아있는 존재에게 해 입히는 일체의 행위를 나는 이미 멈췄다네." 붓다의 두려움 없는 태도는 앙굴리말라의 분별없는 파괴가 지닌 마력을 무력화하기에 충분했다. 그런 뒤 붓다는 앙굴리말라에게 나뭇가지 하나를 부러뜨려보라고 했다. 앙굴리말라가 나뭇가지를 부러뜨리자 붓다가 말했다. "이제 다시 붙여놓아라." 앙굴리말라가 그렇게 할 수 없다고 답하자 붓다가 말했다. "자네의 능력은 지극히 제한적이네. 오직 생명을 파괴할 수 있을 뿐 생명을 살릴 수는 없지 않나?" 이 말에 앙굴리말라는 차고 있던 칼을 내버리고 승려가 되어 마침내 존경받는 붓다의 제자가 되었다. 밀라레빠처럼 앙굴리말라도 성인으로 널리 추앙받는다. 사람들이 이 이야기를 좋아하는 이유는 우리들 누구나 자기 잘못을 속죄함으로써 자신의 고귀함을 회복할 수 있다는 교훈 때문이다.

한 달에 두 번 보름달과 초승달이 뜨는 날에 숲속 사원의 남녀 승려들은 공식적인 고백 수행을 통해 자신이 지은 잘못된 행위에서 벗어나고자 한다. 승려들은 우거진 나무 밑에 모여 자신의 잘못을 고백하고 이해와 용서를 구하는 의례를 치른다. 승려들의 고백은 이제 다시 새롭게 시작한다는 맹세와 함께 끝을 맺는다. 중대한 과오를 저지른 경우에는 10~20여 명으로 구성된 장로회를 소집해 연민의 마음으로 승려의 고백을 듣는다. 그런 다음 장로 스님들은 그 승려가 다시 수행의 길을 가도록 속죄하고 변화하는 수행을 처방한다.

이런 맥락에서 불교심리학자와 불교 지도자들이 제자들을 돕기 위해 공통적으로 사용하는 한 가지 수행이 있다. 그것은 그들의 고백을 경청하는 것이다. 제자들의 잘못된 행동과 후회를 들을 때 우리는 연민과 용서, 내려놓음으로 임한다. 우리는 그들이 저지른 건강하지 못한 과거가 그들의 진정한 모습이 아님을 안다. 어떤 제자들은 자신의 가장 극악한 행동을 털어놓기도 한다. 이처럼 우리는 그것이 무엇이건 우리의 가슴을 가장 짓누르는 것에 대해 다루어야 한다.

고백은 심리학에서 꼭 필요한 수련이다. 1974년 내가 콜로라도 보울더에 있는 나로파 불교대학의 창립 교수진으로 있을 때였다. 여름학기 가장 큰 수업은 람 다스(Ram Dass)가 가르친 수업으로, 해방으로 가는 길에 초점을 맞추고 있었다. 당시 람 다스의 수업을 듣던 천여 명이 넘는 학생들은 7

월 보름날 밤에 로키산맥 기슭에서 치르는 철야 의식에 참가하기 위해 한자리에 모였다. 학생들과 우리 교수들 몇몇은 염송, 기도, 명상으로 그날 밤을 시작했다. 우리는 둥그런 원의 한 가운데 인도의 여신 칼리(Kali)를 경배하는 거대한 모닥불을 피워놓았다. 칼리는 파괴, 특히 잘못된 자아 관념의 파괴를 상징한다. 칼리는 파괴의 과정을 통해 파괴되지 않는 불멸의 영혼을 탄생시킨다.

밤이 점점 깊어갔다. 학생들은 자유로워지기 위해 내려놓아야 하는 각자의 어려움을 종이에 적었다. 그러고는 종이를 칼리 여신의 모닥불에 집어넣었다. 그런데 모닥불에 종이를 집어넣기 전에 학생들은 종이에 적은 내용을 한쪽에 말없이 서 있는 람 다스에게 의식을 치르듯 소리 내어 읽었다. 학생들은 밤을 새워 한 사람씩 자신이 간직한 가장 힘겨운 비밀을 털어놓았다. 그러고는 활활 타오르는 모닥불에 그 괴로움을 집어넣어 변화시켰다. 곁에 섰던 우리는 모닥불에 종이를 집어넣은 뒤 돌아서는 학생들의 얼굴에서 편안함과 기쁨을 보았다. 다음 날 람 다스는 우리와 동료 교수들에게 학생들이 종이에 적은 힘겨운 내용을 이야기했다. 거기에는 수백 가지의 고통과 두려움이 있었다. 성과 관련된 흔한 수치심도 있었고 자신이 무가치하다는 생각, 자신에 대한 가혹한 평가도 있었다. 과거에 저지른 잘못에 대한 죄책감과 후회의 내용도 있었다. 이것들 하나하나를 용서하고 새롭게 다시 시작할 필요가 있었다.

불교심리학의 스물두 번째 원리는 이것이다.

22

용서는 필요하다. 또 용서는 가능하다. 용서할 수 없고 다시 시작할 수 없을 만큼 늦은 때란 결코 없다.

마하 고사난다 스님은 캄보디아 대학살에서 살아남은 몇 안 되는 장로 스님 중 한 분이었다. 이 때문에 스님은 불교 전통을 다시 세우는 데 도움을 주도록 요청받았다. 이에 마하 고사난다 스님은 캄보디아 난민촌에 머물던 수십만 명에게 용서와 화해의 가르침을 폈다. 그런 다음 이 용서의 메시지를 가지고 캄보디아 전역을 두 발로 다니며 빼앗긴 자와 부서진 자, 두려움에 떠는 자에게 사랑의 비전을 전했다. 스님은 또 미국에 떠돌던 캄보디아 난민 공동체를 상대로 치료 작업을 했다. 스님이 나타나면 지역 난민들은 스님이 가르침을 펴기 전에 성대한 마을 식사를 차렸다. 그런데 몇몇 캄보디아-미국 사원 주변에는 폭력 단체가 자라났다. 마하 고사난다 스님은 캄보디아에서 전쟁 중인 무장 단체가 미국에 들어와 활동하는 것이라고 설명했다.

　사원에서 마하 고사난다 스님은 어느 진영에 속하든 고통 받는 모든 사람을 향한 연민의 마음에 관하여 가르쳤다. 스님은 "전쟁에서 숭자는 없다."는 붓다의 말씀을 인용했다. 스님은 난민촌의 한 사람 한 사람과 일일이 대화를 나누었다. 거기에는 노인, 젊은 갱단의 두목, 어머니들, 캄보디아에서 끔찍한 행동에 가담한 남자들이 있었다. 스님은 그들의 이야기와 고백을 경청하고는 화해의 구절을 염송했다. 또 우리의 타고난 선함에 대해 이야기하면서 치유를 위한 수행을 제안했다. 무엇보다 스님은 한 사람 한 사람을 사랑과 존중으로 품어 안았다. 스님은 난민들에게 역경을 딛고 다시 일어설 수 있다고 말했다. 스님이 한 사람 한 사람에게 보낸 사랑의 빛이 얼마나 컸던지 난민들은 자신들의 협소하고 낡은 자아 관념을 계속 붙들고 있을 수 없었다. 스님이 보낸 사랑의 마음은 난민 공동체의 많은 사람이 자기 행동을 속죄하는 초석이 되었다.

미국인들 중에도 전쟁의 트라우마를 여전히 지닌 채 사는 사람이 많다. 베트남전 참전 용사로 지금은 불교 지도자인 로이드 버튼(Lloyd Burton)은 마음챙김과 자애를 통해 치유를 발견했다. 나는 『마음의 숲을 거닐다A Path with Heart』라는 책에서 이미 그의 이야기를 했지만 너무도 또렷한 목소리로 들려주는 감동적인 이야기라 다시 한 번 하려고 한다. 로이드는 자신이 참가한 어느 명상 수련회에서 군인으로 복무할 때 목격한 끔찍한 잔혹행위에 대한 속죄의 길을 발견했다.

베트남전 초기에 나는 북베트남과 남베트남 접경의 산악 지대에서 해병대 지상군과 합동으로 야전 위생병으로 복무하고 있었다. 당시 미군의 사상자 비율은 높았다. 우리는 상황이 허락하는 대로 마을 사람들을 치료하기도 했는데 그들의 사망률도 높았다.

미국으로 돌아온 지 8년이 지난 어느 시점에 나는 처음으로 명상 수련회에 참가했다. 그 8년 동안 나는 일주일에 적어도 두 번은 전쟁 참전용사들이 흔히 겪는 끔찍한 악몽을 계속 꾸었다. 꿈에서 나는 베트남전에서 당한 위험에 그대로 노출되어있었다. 상상하기 어려운 고통을 두 눈으로 목격하고 있었으며 갑자기 잠에서 깬 뒤에는 식은땀을 흘리며 무서움에 떨었다. 그런데 명상 수련회에서는 잠자는 동안 악몽을 꾸지 않았다. 대신에 악몽은 낮에 좌선과 걷기명상을 하고 식사를 하는 동안 내 마음의 눈에 가득 찼다. 명상센터의 고요한 삼나무 숲 위로 끔찍한 전쟁의 기억이 겹쳐 보였다. 조용조용 움직이는 숙소의 수행자들이 마치 비무장지대의 임시 영안실 여기저기에 아무렇게나 흩어져있는 시체처럼 보였다. 내가 점차 깨닫게 된 것은 내가 서른 살 남짓의 구도자로서 기억을 되짚는 과정에서 스무 살의 위생병이 감당하기 어려운 경험의 감정적 영향을 온전히 처음으로 견디고 있다는 사실이었다.

나는 나의 마음이 너무도 끔찍한 기억, 삶을 온통 부정하며 영혼을 소진시키는 기억을 조금씩 만들어내고 있음을 보았다. 그런 나머지 나는 그것을 지니고 있음을 의식적으로 알아차리지 않고 있었다. 간단히 말해 나는 내가 가장 두려워하던 것, 그래서 강하게 억압하던 것을 열린 상태로 직면함으로써 깊은 카타르시스를 경험하고 있었다.

명상 수련회에서 나는 최근에 생긴 두려움에도 시달렸다. 그것은 전쟁과 관련한 내면의 악마를 풀어놓았으니 이제 그것을 통제하지 못할 거라는 두려움이었다. 또 그 두려움이 나의 밤뿐 아니라 낮도 온통 지배할 거라는 두려움이었다. 그러나 내가 경험한 것은 그와 정반대였다. 살육당한 동료 전우들, 훼손당한 아이들의 시신으로 가득한 머릿속 장면이, 어렴풋이 떠오르는 그곳의 장면을 조금씩 대체했다. 그것은 매혹적이고 강렬한 아름다움의 정글, 수천 가지 다양한 색조를 지닌 녹음, 다이아몬드를 깐 듯 눈부신 하얀 모래사장 위로 불어오는 향기로운 산들바람의 장면이었다.

또 수련회에서는 과거와 현재의 나에게 보내는 깊은 연민의 감각이 처음으로 일어났다. 그것은 인류가 저지른 극악무도한 행위의 목격자가 되고만, 한때 이상에 가득했던 젊은 치유자이자 의사에게 보내는 연민이었다. 또 자신이 수행한 임무에 대한 기억을 떨치지 못해 괴로워하는 참전 용사에게 보내는 연민이었다.

처음 명상 수련회에 참가한 이래 연민의 마음은 줄곧 나와 함께했다. 나를 별로 의식하지 않는 상태로 수행과 지속적인 내면의 이완을 통해 이따금씩 주변 사람들을 연민의 마음으로 품어 안았다. 나의 연민의 마음은 그 정도로 커졌다. 아직도 그날의 기억은 남아있었지만 악몽은 더는 없었다. 식은땀을 흘리며 소리 질렀던 악몽은 오래 전 북부 캘리포니아의 어느 곳에서 경험한 것이 마지막이었다. 침묵 속에서, 그리고 온전히 깨어있는 상태에서 마지막 악몽을 경험한 뒤로 나는 더 이상 악몽을 꾸지 않았다.

우리는 누구나 자신의 과거를 속죄하는 법, 그리하여 자기 본연의 고귀함으로 돌아가는 법을 찾아야 한다. 그런데 중대한 범죄를 저지른 이들보다 이런 필요성을 더 절실히 느끼는 사람도 없을 것이다. 최근에 나는 몇 가지 교도소 명상 프로젝트를 수행했다. 이것은 지금의 거대하고 파괴적인 수감 시스템에 변화를 주려는 의도로 기획한 프로젝트이다. 2003년에 우리는 달라이 라마가 교도소 명상 프로젝트로 도움을 받은 다수의 전직 수감자들과 만남을 갖는 자리를 주선했다. 그들 중 많은 이가 20년 형을 선고받고 복역한 경험이 있었다. 우리는 점점 활발해지는 교도소 재활 운동에서 달라이 라마의 도움을 받고 싶었다. 또 오랜 내면의 고통에도 용기를 잃지 않고 자신의 삶을 변화시킨 수감자들에게도 달라이 라마의 도움을 전하고 싶었다. 따뜻함과 이해심을 즉각적으로 발산하는 39세의 여성 아니타도 그중 한 사람이었다. 그녀는 뜻하지 않은 무장 강도 공범죄로 14년을 복역한 뒤 2년 전에야 풀려났다. 그녀는 인간으로서 모멸감을 느끼게 하는 교도소 환경이 얼마나 사람을 경직되게 만들고 자기 것에 집착하게 만드는지 이야기했다. 경비가 삼엄한 교도소에서 좁은 감방을 함께 쓰는 여성들은 미치지 않기 위해 일상을 단순화하고 서로 간에 엄격한 경계를 정했다. 그런데 이렇게 단순화한 일상이 1년 이하 복역 단기 수감 여성의 수가 늘어나 장기 수감자의 감방을 함께 쓰는 과정에서 자꾸 흐트러졌다. 그래서 장기 수감자들은 단기 수감자를 배척하고 무시하고는 했다.

　　말수가 적은 노니라는 여성이 4개월의 형기를 받고 아니타가 수감된 감방에 들어왔다. 처음 들어왔을 때 아니타는 노니를 경계하며 차갑게 대했다. "여기가 네 물건을 두는 곳이야. 그리고 감방에서 네가 쓸 수 있는 공간은 딱 여기까지야. 더 넘어오면 안 돼." 그런데 아니타는 새로 들어온 감방 동료가 몸이 아프고 우울한 채 침대에서 지내며 음식도 제대로 먹지 못하는 것을 오랫동안 지켜봤다. 노니는 아침이면 먹은 음식을 자주 토했다. 문득 아니타는 자신의 감방 동료가 임신했을지 모른다는 생각이 들었다. 아니타는 이 젊은 여성과 그녀가 임신한 아기에 대해 생각했다. 우울에 빠진 이 어린 엄마가 스스로 굶어 죽게 내버려두는 것은 결코 옳은 일로 여겨지지 않았다. 노니는 지금 임신한 아기에게 해를 입히고 있었다. 아니타는 노니를 따뜻하게 보살폈다. 그리고 그녀가 지금까지 살아온 이야기를 모두 들어주었다. 아니타는 점차 노니의 친구이자 보호자, 후원자가 되었다. 아니타는 노니를 편안하게 해주고 그녀가 음식을 먹도록 보살폈다. 임신한 어린 여성에 관한 소문이 교도소에 퍼졌다. 위아래 감방의 여성 수감자들이 노니에게 특별한 음식과 위로를 전하기 시작했다. 아니타가 노니와 그녀의 아기를 향해 순간적으로 일으킨 연민의 마음이 이제 교도소 전체의 마음으로 확장되었다. 이 일로 수감자들은 마음을 하나로 엮었다.

노니가 석방된 지 몇 달 뒤, 아기를 무사히 출산했다는 소식이 들려왔다. 아기의 이름은 줄리아였다. 아니타는 수감자들 사이에 일어난 놀라운 생기를 떠올렸다. 그들은 자신들이 마치 줄리아의 이모와 할머니가 된 것처럼 활기를 느꼈다. 새 생명은 수감자들이 감방에서 겪던 슬픔에 변화를 일으켰다. 무엇보다 중요한 것은 아니타가 변했다는 사실이었다. 아니타는 노니가 잉태한 새 생명이 자신의 닫힌 가슴을 열어주었다고 했다. 그리고 향후 6년 동안 그녀가 치유와 속죄의 길을 가게 된 계기가 되었다고 우리의 협의체 모임에서 이야기했다. 지금 그녀는 교도소 외부에서 감금 여성을 지원하는 프로젝트를 수행하고 있다.

그동안 마음이 단단히 닫혔던 아니타는 이제 내면에서 새로운 생명력을 발견했다. 샌 퀜틴 교도소에서 내가 명상을 가르친 남자들의 얼굴에서도 나는 이런 새로운 생명력을 확인했다. 그들은 이렇게 말한다. "열여덟 살 때 정말 어리석은 짓을 저지르고 말았어요. 마약에 손을 댔죠. 그렇지만 25년이 지나 마흔셋이 된 지금은 더 이상 예전의 내가 아니에요." 물론 샌 퀜틴 교도소에는 아직도 폭력적인 수감자, 심지어 사이코패스 범죄자도 있다. 그렇지만 교도소에만 사이코패스 범죄자가 있는 건 아니다. 세계 여러 지역의 정부를 이끄는 사람 중에도 사이코패스는 있다. 좋은 소식은, 많은 교도소가 열악한 수감 환경에도 불구하고 변하고 있다는 사실이다.

변화는 단지 추상적이고 이상적인 약속이 아니다. 변화는 실제적이고 물리적인 가능성이다. 과학자들은 20~25세가 되면 뇌와 신경계 발달이 정지한다는 잘못된 믿음을 오랫동안 지니고 있었다. 그러나 현대 신경과학은 신경가소성(neuroplasticity)이라는 개념으로 불교심리학이 수천 년 동안 알고 있던 사실을 확증하고 있다. 그것은 성인의 뇌와 신경계도 변할 수 있다는 사실이다. 뇌와 신경계는 평생에 걸쳐 성장하고 변한다. 우리가 무엇을 수련하는가에 따라 생의 마지막 순간까지 우리의 신경계도 변한다. 우리는 과거에 제약당하는 존재가 아니다.

용서의 마음을 닦는 수행

불교심리학은 자신의 잘못을 속죄하고 용서의 마음을 닦는 특별한 가르침과 수행법을 제공한다. 연민 수행과 마찬가지로 용서의 마음을 닦는 수행도 우리가 당하는 고통의 진실을 무시하지 않는다. 용서하는 마음은 나약한 마음이 아니다. 용서하기 위해서는 용기와 전일성이 필요하다. 사실 용서와 사랑만이 우리가 갈망하는 평화를 가져온다. 인도의 성자 메헤르 바바(Meher Baba)는 이렇게 말했다. "용기 없는 자는 참된 사랑의 마음을 일으킬 수 없다."

누구나 타인을 속이고 타인에게 해를 입힌 경험이 있다. 이것은 우리가 타인에게 알게 모르게 해를 입은 적이 있는 것과 마찬가지다. 이것은 인간 세상의 영역에서 피할 수 없는 사실이다. 어떤 때 우리는 사소한 배신을 당하지만, 또 어떤 때는 끔찍한 배신을 당하기도 한다. 따라서 용서의 마음을 타인에게 보내고 타인이 보내는 용서의 마음을 받아들이는 것은 과거의 굴레에서 벗어나는 데 매우 중요하다. 용서한다는 것은 타인의 잘못된 행위를 그저 용납하는 것이 아니다. 잘못된 행동이 다시 일어나지 않도록 전심을 다해 확인해야 한다. 그러나 용서가 없다면 세상은 슬픈 과거에서 결코 벗어날 수 없다. 누군가 이런 재담을 했다. "용서는 모든 희망을 내려놓음으로써 더 나은 과거를 창조하는 행위다." 이렇듯 용서는 미래를 향해 나아가는 길

마음이 아플 땐 불교심리학

이 된다.

불교심리학은 성서에서 하듯이 "용서하라"는 도덕적 계명으로서의 용서를 권하지 않는다. 불교심리학에서 용서는 고통을 끝내고 우리의 삶에 존엄과 조화를 가져오는 방법으로 이해된다. 용서는 근본적으로 우리 자신과 우리의 정신 건강을 위한 것이다. 용서는 우리가 지니고 사는 고통을 내려놓는 방법이다. 오랜 시간이 흐른 뒤 만난 두 전쟁포로의 이야기가 이를 잘 보여준다. 한 사람이 물었다. "자넬 포로로 붙잡은 그들을 용서했나?" 다른 사람이 대답했다. "아니, 결코 용서 못하네." 그러자 처음 사람이 이렇게 말했다. "그렇다면 그들이 아직도 자넬 포로로 잡고 있는 것과 마찬가지네."

대부분 사람에게 있어 용서하는 작업은 일련의 과정을 거친다. 용서의 마음을 닦는 과정에서 우리는 비통함, 분노, 슬픔, 상처, 혼란의 단계를 지난다. 이때 자기 안에 여전히 남아있는 고통을 스스로 느끼도록 허용한다면 용서는 우리에게 일종의 안도감으로 다가온다. 그것은 종국에 우리의 가슴을 위한 해방이다. 용서는 우리가 아무리 큰 고통을 당했어도 한 사람의 인간을 우리의 가슴 밖으로 내팽개칠 수 없다는 사실을 깨닫는 것이다.

용서의 마음을 닦는 수행은 인내의 마음으로 반복을 하면서 점점 커진다. 나의 스승 한 분은 자신과 타인을 위해 하루 5분 두 번씩, 6개월 동안 용서의 마음을 내는 수행을 하라고 가르쳤다. 이렇게만 해도 용서의 마음을 360회 일으키는 것이 된다. 나는 친구를 아무렇게나 대하는 등 사소한 잘못에 대해 내면으로 용서를 구했다. 그러면서 앞으로는 친구를 더 배려하는 행동을 하겠다고 다짐했다.

이 경험으로 나는 힘을 얻었다. 하지만 나의 아버지를 용서하는 과정은 이보다 훨씬 힘들었다. 아버지를 용서하는 데는 오랜 시간이 걸렸다. 나는 아버지의 임종 자리에서 비로소 지난날을 돌아보며 우리 가족이 당한 고통에서 벗어난 사실을 떠올렸다. 처음으로 심장발작을 일으킨 지 10년이 지난 75세에 아버지는 울혈성 심부전으로 거의 죽음에 이른 상태였다. 두려움과 통증에 휩싸인 채 당시 나는 종일 밤늦게까지 아버지 곁에 앉아있었다. 아버지는 나더러 계속 곁에 있으라고 했다. 명상에서 고통이나 두려움과 함께 앉아본 경험이 있던 나에게는 그것이 별로 두렵지 않았다. 또 다른 이들의 죽음을 지켜보며 납골당 바닥에 앉아본 경험도 있었기에 나는 아버지에게 안정적인 현존감을 드릴 수 있었다. 또 이제 나는 아버지를 사랑했노라고 어린아이처럼 불쑥 내뱉지 않을 정도로 철이 들었음을 알았다. 그럼에도 내가 아버지를 사랑했다는 걸 아버지는 느꼈을 것이다.

오랜 시간 나의 명상과 치료, 용서 수행은 내가 아버지의 병실에 들어갈 때 큰 도움이 되었다. 나는 아버지를 향한 나의 분노를 다루었다. 놀라고 무력한 아이로서 느꼈던 슬픔과 좌절도 다루었다. 어느 날 나는 리놀륨(장판이나 벽지의 일종으로 표면이 매끈하다-옮긴이)으로 된 안방의 노란색 마루를 그림으로 그렸다. 그곳에서 아버지는 어머니를 구타하고 있었다. 나는 아버지를 두들겨 패서 어머니를 구하고 싶었다. 어머니가 불쌍하기도 했지만 아버지의 야만적 오만함에 그저 손 놓고 당하는 무력한 어머니에게도 화가 났다. 나는 경직되고 피해망상에 휩싸인 아버지의 폭력성에서 벗어나는 데 애를 먹었다. 나는 한밤중에 벌어진 장면들이 기억에서 지워지지 않았다. 그 장면에서 아버지는 생기 없고 정신 나간 눈빛으로, 예전의 망나니로 변했다. 그러고는 우리에게, 즉 자신의 가족에게 욕을 퍼붓고 때리고 상처를 입혔다.

명상을 하고 울면서 나는 닫혀있는 가슴의 통증을 느낄 수 있었다. 그리고 과연 아버지를 용서할 수 있을까 의아했다. 나는 숨을 쉬면서 용서의

마음이 아플 땐 불교심리학

마음을 닦았다. 그러고는 아버지가 살아왔던 비참한 삶의 역사와 어머니가 느꼈을 끔찍한 두려움 속으로 들어갔다. 나는 아버지가 10대 시절 아버지의 아버지가 돌아가시는 장면이 그려졌다. 아버지와 아버지의 아버지는 서로 미워하는 두 여자 사이에서 꼼짝 못하고 있었다. 그 두 사람은 바로 새침하고 통제적인 아버지의 어머니와 깐깐하고 고집 센 아버지의 할머니였다. 나는 아버지가 느꼈을 피해망상과 두려움을 볼 수 있었다. 그리고 통제하기 어려운 분노가 아버지에게 얼마나 힘들었는지도 알았다. 나는 용납하기 어려운 아버지의 행동을 보는 동시에 어떻게 하기 어려운 아버지의 고통도 보았다. 그러자 내가 느끼는 분노가 아버지의 분노와 그리 다르지 않음을 알았다. 나는 남동생들과 내가 자라면서 겪어온 분노와 우울, 냉소적 태도, 유머를 존중하는 법을 배웠다. 그때 나는 우리가 혼자가 아님을 알았다. 나는 서로 관계가 멀어진 수백만의 아버지와 아들, 그리고 세대에 걸쳐 나보다 훨씬 더한 가족의 상처를 안고 사는 사람들과 연결됨을 느꼈다. 그런 다음 나는 사랑하는 가족에게 상처를 주는 아버지의 재주뿐 아니라 아버지의 창의적이고 사랑스러운 면도 점차 보게 되었다. 마침내는 아버지의 인간적인 면, 나아가 우리 모두가 지닌 인간적인 면을 보았다. 아버지가 병원에서 생의 마지막을 보내는 동안 나는 이렇게 복합적인 면을 지닌 아버지의 곁에 앉아 아버지를 용서할 수 있었다.

이제 불교 지도자가 된 나는 다른 사람들이 용서의 여정에 오르도록 안내하고 있다. 조시는 법률상 사기 행각으로 이복동생들에게 자신의 유산 일부를 빼앗기는 일을 당했다. 조시는 자신의 부주의에도 책임이 있음을 알고 있었다. 그래서 사태를 해결하려고 이복동생들을 상대로 5년 동안이나 무던히 노력했지만 성과를 거두지 못했다. 마치 무거운 물건이 몸을 짓누르듯이 조시는 아직도 그 일로 인한 고통과 배신감을 떨치지 못한 상태였다. 그는 규칙적으로 명상을 하지는 않았지만 자신이 안고 있는 고통을 내려놓 겠다는 목적으로 체계적인 용서 명상을 시작했다. 조시는 자기 내면에서 연 민과 용서의 마음을 찾는 것이야말로 자신의 안녕에 가장 중요함을 알았다. 처음에는 힘이 들었다. 나는 조시에게 억울한 생각이 올라올 때마다 몸에 주 의를 기울여보라고 했다. 그러자 어깨와 팔 윗부분에는 뻣뻣한 긴장이, 가슴 에는 꽉 조이는 통증이 느껴졌다. 모두 익히 알던 느낌이었다. 응어리진 상 처와 분노는 고통스러운 신호였다. 조시는 이런 식으로 살고 싶지 않았다. 설령 돈을 돌려받지 못한다 해도 형제들을 미워하며 살기는 싫었다. 조시는 그들을 마음에서 놓아주어야 할 때라는 것을 알았다. 몇 개월에 걸친 계속적 인 수련으로 용서의 마음이 조시의 내면에 자리 잡았다. 조시는 내려놓는 법 을 조금씩 알아가고 있었다.

용서는 생명과학을 가르치는 대학 교수이자 중앙아메리카의 생태적 지속가능성 프로젝트를 수행하는 메릴에게도 매우 중요했다. 명상 수련회 에서 그녀는 최근에 어느 대학원생을 유혹한 일이 있었다고 털어놓았다. 또 자기 분야의 젊은 조교 두 사람과도 부적절한 관계를 가졌다고 했다. 그녀 는 사랑에 대한 자신의 욕구를 자신이 수행하던 훌륭한 일과 혼동하고 있었 다. 그녀의 행동주의는 자신의 부적절한 관계에 일종의 자기 정당화로 작동 하고 있었다. 명상을 하자 이런 생각들이 한꺼번에 일어났다. 메릴은 사랑을 하고 연결을 맺으려는 자신의 시도를 후회하지는 않았지만 자신으로 인해 일어난 고통과 배신에 대해서는 깊이 뉘우쳤다.

나는 메릴에게 이 모든 이야기를 글로 적어보게 했다. 그러자 그녀에 게서 이야기가 쏟아져나왔다. 나는 메릴에게 그 이야기를 읽어도 되는지 허락을 구했다. 그녀는 종이에 적은 이야기를 내게 주었고 나는 그 이야기를 모두 읽었다. 그런 다음 우리는 다시 만났다. 나는 그녀에게 어떻게 할 것인지 물었다. 그녀는 눈에 눈물이 고이더니 이제 용서를 구하고 싶다고 말했다. 나는 메릴에게 나의 이야기를 들려주었다. 그러고는 해를 입히지 않겠다는 다짐을 하기 위해서는 자기 행동이 주변에 미치는 영향을 의식적으로 이해하고 느낄 수 있어야 한다고 말했다. 메릴은 자신이 유혹한 남성들의 여자친구들에게 편지를 써야겠다고 생각했다. 그런 다음에는 과거에서 벗어나 그것을 내려놓을 수 있도록 자신을 용서하는 방법을 찾을 필요가 있었다.

불교의 가르침은 극단적인 경우에도 우리에게 용서를 권한다. 『법구경』에서 붓다는 격정적이면서도 연민에 찬 목소리로 이런 가르침을 전한다. "당신을 학대하고 때리고 당신의 물건을 훔치는 사람이 있더라도 그에게 화를 내는 생각을 버려라. 당신은 머지않아 죽음에 이를 것이니. 그리고 삶은 미워하는 마음으로 살기에는 너무 짧으니." 용서를 할 때마다 우리는 가정이라는 작은 단위와 국가라는 큰 단위에서 자신을 과거로부터 자유롭게 한다.

리사는 성장 과정에서 가난한 가정환경 때문에 커다란 수치심을 느꼈다. 외면적으로 그녀는 공부를 열심히 해서 이런 상황을 극복하려고 했다. 리사는 자신이 자란 대가족에서 대학에 진학한 첫 번째 경우였다. 그래서 가족 내에서 마치 이방인이 된 것처럼 불안해하며 힘들어했다. 리사는 대학을 졸업한 뒤 시의 공공안전국에서 근무했다. 그로부터 16년이 지난 뒤 그녀는 옥스나드(미국 캘리포니아주 서남부-옮긴이) 근처의 해변 농장 마을로 자리를 옮겼다. 그녀는 나에게 이렇게 말했다. "오랫동안 도시에 살다가 이곳에 왔죠. 이곳 커피숍에 가면 허름한 옷을 입은 배우지 못한 농부들을 만나요. 그들에 대해 판단을 내리는 나를 그들과 다른 존재로 느끼기가 쉬워요. 물론 우리는 교육과 정치에서 서로 다를 수 있지만 이런 구분은 우리 스스로를 분리시키는 잘못된 방법이에요. 그래서 나는 제대로 들여다보았어요. 그랬더니 내가 일으킨 판단을 내려놓고 그들과, 그러니까 우리와 함께하려는 마음이 생겼어요."

나의 아버지도 그랬다. 아버지는 술을 많이 마셨다. 아버지는 우리와 딸들을 꾸짖었다. 아들들에게 아버지는 무서운 존재였다. 나는 아버지에게서, 그리고 우리 가정에서 벗어나고 싶었다. 하지만 내가 느낀 수치심과 분노, 억울함은 여전히 나를 떠나지 않았다. 나는 불교 수행을 처음 시작했을 때 가만히 자리에 앉아있기 어려웠다. 그로부터 얼마 지나 내가 얼마나 큰 슬픔과 마음의 상처를 몸에 지니고 있는지 알았다. 나는 그것을 어떻게든 처리하려고 노력했다. 나는 자애 명상과 용서 명상을 배운 것에 감사했다. 나는 하루 두 번씩, 2년 동안 자애 명상과 용서 명상을 수행했다. 아버지를 용서하는 것만큼이나 그토록 화를 내고 수치심을 느끼던 나 자신을 용서해야 했다. 용서의 마음을 일으키는 수행은 서고 걷는 법을 배우는 것과 비슷했다. 그것은 나 자신에게 좋게 느끼는 법을 배우는 것과 같았다. 그런 다음에야 나는 집으로 돌아갈 수 있었다. 우리 가족, 심지어 아버지에게 상처를 주지 않고 그들을 만날 수 있었다. 아버지는 그로부터 7년 뒤 병상에 누웠다. 이제 집으로 돌아가는 일은 나에게 어렵지 않았다. 나는 마침내 병상의 힘없는 노인이 된 아버지의 서서히 쇠락해가는 모습을 지켜보았다. 나는 내가 아버지를 사랑했음을 알았다. 나는 우리 모두를 용서했다. 이렇게 덕과 용서를 통해 우리는 세상을 변화시킬 수 있다.

용서 명상

용서 명상을 수련하기 위해 편안하게 자리를 잡고 앉습니다. 눈을 감은 채로 자연스럽고 편안하게 숨을 쉽니다. 몸과 마음에 힘을 뺍니다. 심장 부위로 부드럽게 숨을 들이쉬면서 지금까지 당신이 자신과 타인에게 용서하지 못한 모든 마음의 장애물과 당신이 지니고 있는 감정을 느끼도록 자신에게 허용합니다. 또 가슴을 단단히 닫은 채 지내는 고통을 스스로 느껴봅니다. 그런 다음 부드럽게 호흡하면서 용서를 구하고 용서의 마음을 확장합니다. 이때 아래 구절을 되뇌면 일어나는 이미지와 느낌이 더욱 깊어질 수 있습니다.

타인에게 용서 구하기

염송할 구절 : "나는 지금까지 살면서 수많은 방식으로 다른 사람에게 해를 입히고 그들을 배신하고 내버렸습니다. 또 알게 모르게 그들에게 고통을 안겼습니다. 그런데 그것은 나의 고통과 두려움, 분노와 혼란 때문이었습니다."

당신이 사람들에게 어떤 방식으로 해를 입혔는지 그 기억과 이미지를 생생히 떠올려봅니다. 두려움과 혼란 때문에 사람들에게 가한 고통을 직접 보고 느껴봅니다. 그런 다음 당신 자신의 슬픔과 후회를 느껴봅니다. 그렇지만 당신은 마침내 이 부담스러운 짐을 내려놓고 용서를 구할 수 있다고 느껴봅니다. 당신의 가슴을 아직 짓누르고 있는 기억들 하나하나를 머릿속에 떠올립니다. 그런 다음 당신의 마음에 떠올린 한 사람, 한 사람에게 다음의 구절을 반복합니다.

"당신의 용서를 구합니다. 당신의 용서를 구합니다."

자신에게 보내는 용서

염송할 구절 : "나는 살면서 수많은 방식으로 나 자신에게 상처를 입혔습니다. 나는 생각과 말과 행동으로, 알게 모르게, 수도 없이 자신을 배반하고 내버렸습니다."

당신의 소중한 몸과 생명을 느껴봅니다. 당신이 지금까지 어떻게 자신에게 해를 입혔는지 머릿속에 그려보고 떠올려봅니다. 그 때문에 당신이 지니고 살아야 했던 슬픔을 느껴보고 이제 이 부담스러운 짐을 내려놓을 수 있음을 느껴봅니다. 이 짐들 하나하나에 차례로 용서의 마음을 보내봅니다. 자신에게 이렇게 되뇌어봅니다.

"행동(하지 않음)을 통해, 두려움과 고통, 혼란 때문에 나 스스로에게 해를 입힌 수많은 방식에 대해 이제 온전하고 진심어린 용서를 보냅니다. 나는 나 자신을 용서합니다. 나 스스로를 용서합니다."

당신에게 해를 입힌 사람들에게 보내는 용서

염송할 구절 : "나는 사람들로부터 생각과 말과 행동으로, 알게 모르게, 수많은 방식으로 학대당하고 버림받았습니다."

자신의 모습을 머릿속에 그리면서 자신이 어떻게 타인으로부터 해를 입었는지 떠올립니다. 이러한 과거로 인해 지금까지 당신이 지니고 있는 슬픔을 느껴봅니

마음이 아플 땐 불교심리학

다. 그런 다음 당신의 가슴이 할 수 있는 만큼 용서의 마음을 보내 이 고통의 짐에서 벗어날 수 있음을 느껴봅니다. 이제 자신에게 이렇게 말합니다.

"나는 사람들이 두려움과 고통, 혼란과 분노 때문에 나에게 해를 입힌 여러 가지 방식에 대해 기억합니다. 나는 이 고통을 오랫동안 가슴속에 지닌 채 살았습니다. 그렇지만 내가 할 수 있는 만큼 당신에게 용서의 마음을 전합니다. 나에게 해를 입힌 사람들에게 용서를 전합니다. 당신을 용서합니다."

이렇게 당신이 해를 가한 사람들로부터 용서를 구하고, 당신 자신에게 용서를 구하며, 당신에게 해를 입힌 사람들을 용서합니다. 당신의 가슴이 풀리는 것을 느낄 때까지 이 세 가지 방향으로 부드럽게 용서의 명상을 반복합니다. 용서의 마음에 부드럽게 다가가야 합니다. 아직 모든 것을 내려놓고 앞으로 나아갈 마음의 준비가 안 되었다 해도 그런 자신을 너그럽게 대하십시오. 용서의 마음은 억지로 일으킬 수 없습니다. 인위적으로 일으킨다면 그것은 용서가 아닙니다. 단순하게 용서 명상을 계속하십시오. 그러면서 용서의 말과 이미지가 스스로 천천히 작용을 일으키도록 놓아두십시오. 이렇게 하다 보면 얼마 지나지 않아 용서 명상이 당신 삶의 자연스런 일부가 될 것입니다. 이제 당신은 과거를 떠나보내고 현명한 자애로 새로운 매 순간에 마음을 열 수 있습니다.

22

보살

세상을
돌보다

붓다의 가르침은 사회의 불의, 모멸적이고 미신적인 의례와 의식, 희생제의에
항거하는 영적인 힘으로 인도에서 시작되었다. 붓다의 가르침은 폭압적인 카
스트제도를 비난하면서 모든 사람의 평등을 옹호했다. 그것은 여성을 해방시
켰으며 여성들에게 영적 자유를 선사했다.

_월폴라 라훌라, 『붓다의 가르침과 팔정도』

영성은 정치와 무관하다고 말하는 사람은 영성의 진짜 의미를 모르는 사람이다.

_마하트마 간디

마음이 아플 땐 불교심리학

로렌은 8년 동안 국제 여성권리 분야에서 열심히 일했다. 그녀는 과도한 업무로 인한 소진과 스트레스를 덜기 위해 불교 명상을 찾았다. 그런데 그녀는 아기도 갖고 싶었다. 그녀는 자신의 삶에 균형이 더 필요하다는 걸 알고 있었다. 그녀는 일하던 인도네시아로 다시 돌아갈까 아니면 샌프란시스코에서 가정을 꾸릴까 두 가지 선택을 놓고 쉽게 결정을 내리지 못했다. 외면적으로는 세상이 지금 그녀를 매우 긴급히 필요로 하는 듯 보였다. 로렌은 함께 활동하던 젊은 페미니스트 무슬림 여성들의 안전이 걱정되었다. 그런데 그들을 향한 헌신의 마음은 한편으로 어머니가 되고 싶은 그녀의 커가는 열망과 충돌을 일으키고 있었다.

열흘간의 명상 수련회에 참가한 로렌에게 이 두 가지 선택이 가진 힘은 그녀가 긴급히 풀어야 하는 화두처럼 되어버렸다. 그러나 참된 화두는 생각하는 마음으로는 풀리지 않는다. 선가(禪家)의 어느 속담에 '목구멍에 걸린 뜨거운 쇠공'이란 것이 있다. 너무 뜨거워 삼키기도 어렵고 내뱉기도 힘든 그런 것이 참된 화두라는 것이다. 당신이라면 어떻게 할 것인가? 로렌은 자신이 처한 딜레마와 함께 며칠 동안 좌선과 걷기명상을 했다. 어떤 때는 좌절하기도 했고 어떤 때는 눈물이 흐르기도 했다. 하지만 점차 마음이 고요해지고 경계가 느슨해지면서 그녀가 느끼던 압박감도 조금씩 사라졌다. 그러던 어느 초저녁에 그녀가 나를 보러왔다. 고요히 상기된 그녀가 이렇게 말했다. "나는 그동안 이 모든 것이 잘못되었다는 생각에 사로잡혀 있었어요. 이젠 내가 도움을 주려는 세상과 내가 분리되어있지 않아요. 나와 세상은 하나입니다!"

로렌은 얼굴에 따뜻한 미소를 지었다. 그녀는 처음에는 아이를 갖겠다는 생각이 이기적으로 느껴졌다고 말했다. 그녀는 항상 자신을 아직 충분히 이루지 못한 실패자로 여겼다. 고통, 가족에 대한 수치심, 자신이 무가치하다는 생각이 파도처럼 그녀를 집어삼켰다. 그러다 자신에게 더 좋은 느낌을 갖는 방법으로 세상을 구하는 일에 매진하는 자신을 알아차렸다. 이 통찰은 그녀에게 당혹감을 안겼다. 하지만 그녀는 자애 명상으로 이러한 자기 비난을 누그러뜨렸다. 점차 그녀의 몸과 감각이 열렸다. 나무에 자란 스페인 이끼와 비에 흠뻑 젖은 뿌리 덮개, 봄의 개구리, 참나무 숲, 새로 태어난 새끼 사슴에 몸의 감각이 열렸다. 또 모든 어머니로부터 태어난 여러 세대의 아이들에게도 그녀의 몸과 감각이 열렸다. 그녀는 가정을 가지면서 동시에 세상에 기여할 수 있음을 알았다. 이것은 근본적이고 참된, 그리고 흔들리지 않는 앎이었다. 그녀는 자신이 모든 생명과 상호 연결되어 있음을 경험했다. 그러자 먼젓번 화두가 떨어져나갔다. 자기 삶을 돌보는 것이 세상을 돌보는 것이었고 세상을 돌보는 것이 곧 자신을 돌보는 것이었다.

로렌처럼 우리 중 많은 이가 세상의 고통에 어떻게 반응해야 하는지를 두고 고민에 빠진다. 가난과 재난, 전쟁, 불의, 환경 파괴에 직면하여 우리는 무엇을 해야 하는가? 하루가 다르게 급변하는 세계 뉴스를 앞에 두고 우리는 좌절하고, 냉소적이 되고, 무감각해지기 쉽다. 그런데 서양의 심리학은 이것을 개인의 문제로 다루는 경향이 있다. 하지만 이것은 개인의 문제가 아니다. 우리는 누구나 예외 없이 세계가 당하는 고통에 영향을 받는다. 그러므로 고통을 해결할 방법도 함께 찾아야 한다. 이것이야말로 심리학이 해결해야 하는 긴급한 문제이다. 불교는 이러한 집단 고통에 다가가는 방식으로 접근한다. 우리는 고통을 보살필 때 비로소 참된 행복과 의미가 일어남을 안다. 타인이 그들의 고통을 극복하도록 도울 때 자신의 절망도 극복할 수 있다.

우리가 이 소식을 들으면 여기에 압도당할까봐 두려워할 수도 있다.

마음이 아플 땐 불교심리학

아니면 로렌처럼 죄책감과 무가치함이 뒤섞인 반응을 보일지도 모른다. 어쩌면 개인적 치유가 필요할 수도 있다. 그러나 우리가 가진 동기가 아무리 복잡하다 해도 우리는 세상의 고통에 반응을 해야 하며 실제로 그렇게 할 수 있다. 그것은 간단하다. 우리들 각자는 이 세상이 건강하고 온전해지는 데 기여할 수 있다. 자신을 보살핌으로써 타인을 보살필 수 있다. 그리고 그 과정에서 보살의 역할이 무엇인지 알게 된다.

보살

> 지금 세상의 문제는 우리가 가족의 원을 너무 작게 그린다는 것이다.
>
> _테레사 수녀

보살, 즉 보디사트바(Boddhisattva)는 깨어남과 모든 생명에 이로움을 주는 행동에 헌신하는 존재를 가리키는 산스크리트어이다. 보살의 길은 모든 형태의 불교 수련 가운데 가장 급진적이고 강력한 수행법에 속한다. 보살의 길이 급진적인 이유는 자신뿐 아니라 타인의 행복에 봉사할 때만이 우리 자신의 행복이 가능하기 때문이다. 우리의 가장 높은 행복은 타인의 안녕과 연결되어 있다.

보살의 길은 서양 문화의 극단적 개인주의를 반영하는 서양의 일반적인 치료 모델과 극명한 대조를 이룬다. 서양의 치료 모델은 모든 것을 나 중심으로 초점을 맞춘다. 나의 두려움, 나의 신경증, 나의 행복, 나의 욕구, 나의 경계를 다룬다. 그래서 자기 드라마에 깊이 빠진 나머지 스스로 성장을 멈추고 만다. 이런 반추적 자기 몰입은 일시적으로 필요한 과정일 수 있으나 우리는 거기서 멈추기를 바라지 않는다. 치료사들은 내담자가 자신의 목소리에 귀 기울이는 일에 결국 싫증을 느낀다는 이야기를 한다. 그런데 자기 목소리를 듣는 일에 싫증을 느끼는 것은 실제로 좋은 신호다. 왜냐하면 자신의 개인적 고통에 동일시된 상태를 넘어 나아가고 있다는 의미이기 때문이다. 이제 자기만의 세상을 넘어 더 큰 세상을 보살필 준비가 되었다.

모든 지혜 전통은 인간의 의미와 행복은 결코 혼자서 구할 수 없으며 관대함과 사랑, 이해를 통해서만 가능하다는 사실을 말한다. 이 사실을 알고 있는 보살은 수천 가지 형태로 모습을 드러낸다. 이 점에서 따뜻한 돌봄을 베푸는 할머니도, 글로벌 시민도 모두 보살이다. 명상가들은 종종 자리에 앉아 타인에게 이로움을 주기 위해 자기 수행의 이익을 모두 내어주는 보살의 맹세를 한다. "수없이 많은 유정의 존재들, 우리 모두에게 해방을 가져다줄 것을 맹세합니다." 보살은 마치 의사들이 아픈 사람들을 위해 봉사하겠다고 다짐하는 고대의 히포크라테스 선서처럼 모든 존재의 행복을 위해 봉사하겠다고 맹세한다. 달라이 라마는 지금도 사람들의 사랑을 받고 있는 6세기의 현인 샨티데바의 말을 인용해 보살의 맹세를 시적으로 표현한다.

> 보호가 필요한 사람들의 경호원이 되어주기를
> 깨달음의 길을 가는 이들을 위해 경호원이 되어주기를
> 홍수로 불어난 물을 건너는 이들을 위해 보트와 뗏목, 다리가 되어주기를
> 어둠속의 등불이 되어주기를
> 지친 자들을 위한 휴식처가 되어주기를
> 아픈 자들을 위한 치유의 약이 되어주기를

풍요의 꽃병, 기적의 나무가 되어주기를

그리고 모든 살아있는 수많은 존재들을 위해

그들의 생명을 보살피고 깨어남을 도우며

땅과 하늘처럼 인내하면서

모든 존재가 슬픔에서 벗어나

모든 존재가 깨어날 때까지.

심리적으로 볼 때 이런 말을 한다는 것은 놀라운 일이다. 그런데 이것이 내가 전 세계를 돌아다니며 60억 명의 인간과 수십조의 다른 생명체를 구해야 한다는 의미일까? 내가 어떻게 그렇게 할 수 있을까? 우리의 제한된 자아 감각으로 볼 때 이것은 불가능한 일이다. 그러나 이 일을 우리의 가슴에서 일으키는 의도로 삼는다면 그것을 이해할 수 있다. 이런 맹세는 마음의 방향을 어디로 향하는가의 문제이다. 그것은 신성한 목적이자 지혜의 발언이며 베풂이자 축복이다. 보살의 눈으로 세상을 볼 때 '나와 타인'은 존재하지 않는다. 거기에는 '우리'만이 존재한다.

　　달라이 라마는 수백만의 억압받는 티베트인들에게 사랑과 힘의 원천이 되어주고 있다. 사람들은 그의 사진을 몰래 지니고 다니며 신성한 제단에 숨겨두기도 한다. 그러면 제단의 달라이 라마는 사람들에게 축복과 용기를 전한다. 그러나 달라이 라마만이 보살의 서원으로 타인을 돕는 것은 아니다. 우리를 돌보는 사람들도 시공간을 초월해 우리에게 도움을 준다. 융 분석가인 제임스 힐먼(James Hillman)은 민주주의 활동으로 체포되어 11년간 감금당한 중국의 반체제 인사 류칭(Liu Qing)이 당한 곤경에 대해 이야기했다. 류칭은 감금 기간 내내 침묵할 것을 간수들로부터 강요당했다. 다른 장소로 이동하거나 발설을 하는 경우 구타를 당했다. 감금에서 풀려나기 위해 그는 다른 이들의 공범 사실을 끌어들일 필요가 없었다. 그저 '자신의 생각에 잘 못이 있었음을' 인정하는 성명서에 서명만 하면 되었다. 자신의 잘못된 생각을 인정하기만 해도 풀려날 수 있었다. 하지만 류칭은 놀랍게도 서명을 거부했다. 11년의 감금 생활 동안 마음이 약해질 때마다 가족과 친구들의 얼굴을 떠올렸다. 자신에 대한 그들의 믿음을 저버릴 수 없다는 사실을 알았다. 그는 자신을 돌봐주었던 이들을 떠올리며 이 기간을 견뎌냈다.

붓다는 이렇게 선언했다. "우리는 분리되어있지 않다. 우리는 상호의존하고 있는 존재이다." 아무리 독립성이 강한 사람이라도 한때는 다른 이의 보살핌을 받는 무력한 아기였다. 아잔 붓다다사 스님은 숲속 사원에 머무는 모든 이에게 상호의존성에 대해 매일 숙고하도록 지침을 내렸다. 한 번 숨을 쉴 때마다 우리는 우리가 속한 생물권의 단풍나무, 참나무, 층층나무, 삼나무 등과 이산화탄소와 산소를 교환한다. 우리가 매일 섭취하는 영양소는 우리를 벌과 애벌레, 뿌리줄기가 간직한 리듬에 참여시킨다. 또 우리가 섭취하는 영양소는 우리의 몸을 수많은 종의 식물과 동물이 함께 추는 춤에 연결시킨다. 생물학자 루이스 토마스(Lewis Thomas)는 이렇게 말한다. "이런 종류의 생물권을 가진 이 지구상에서 자연을 끌고 가는 동력은 바로 협력이다. … 자연이 준비한 가장 창조적이고 새로운 계획은 바로 공생(symbiosis)이다. 공생은 생명의 진화에서 위대한 기념비적 사건을 정하는 데 가장 의미심장한 계획이다. 공생이란 협력적 행동을 극단으로 이룬 것을 의미한다."

이 점을 이해하지 못하면 자신을 돌보는 일과 세상의 고통을 돌보는 일 사이에서 분열되고 만다. 수필가 E. B. 화이트(E. B. White)는 이렇게 말했다. "나는 아침에 일어나면 세상을 구원하려는 열망과 세상을 즐기려는 성

마음이 아플 땐 불교심리학

향 사이에서 분열되고 만다." 상호의존의 심리학은 이 딜레마를 해결하는 데 도움이 된다. 명상을 통해 외면과 내면을 구분 짓는 이원성(duality)이 허구임을 깨닫는다. 간디는 인도를 위해 자신이 행한 모든 활동에 대해 칭찬을 받자 이렇게 이의를 제기했다. "인도를 위한 행동이 아니오. 나 자신을 위한 행동이오."

불교심리학의 스물세 번째 원리는 이것이다.

23
내면과 외면, 자아와 타자를 분리하는 것은 불가능하다. 자신을 돌보는 일은 곧 세상을 돌보는 일이다. 세상을 돌보는 일은 곧 자신을 돌보는 일이다.

균형 있는 삶 : 뉴스를 꺼라

모든 문화권에서 일정한 형식으로 보살의 이미지를 숭배한다. 우리는 성 프란체스코와 관음보살을 숭배하며 아프리카에서 의료 활동을 편 알베르트 슈바이처 박사와 가톨릭 노동자 운동을 일으킨 도로시 데이(Dorothy Day)에게 공개적인 영감을 얻는다. 그러나 보살의 길을 간다고 해서 반드시 성 프란체스코 같은 수도자가 되거나 알베르트 슈바이처처럼 중앙아프리카에서 의료 봉사를 해야 하는 것은 아니다. 보살의 길은 자신이 처한 환경을 내적, 외적인 봉사의 삶으로 변화시킬 수 있다는 진실에 기초한다. 소진되지 않고 이 일을 하기 위해 보살은 균형 있는 삶을 만들어야 한다.

보살의 길을 가는 것은 매우 실제적인 일이다. 세상에서 현명한 행동을 하려면 우선 자기 마음을 고요히 안정시키는 법을 알아야 한다. 자신의 행동이 분노, 집착, 두려움, 공격성에서 나온다면 세상의 문제를 오히려 고착화시킨다. 압제 정권을 전복한 뒤 돌변해 스스로 새로운 압제자로 전락한 혁명 세력이 얼마나 많았던가? 자신의 마음과 가슴이 평화로울 때라야 우리가 하는 행동으로 평화가 도래할 것을 기대할 수 있다.

내면과 외면의 이러한 통합에 대해 더 알려면 간디의 삶을 다시 살펴볼 필요가 있다. 영국의 인도 통치를 저지하기 위해 노력하던 격동의 시기에도 간디는 일주일에 하루를 침묵 속에 지냈다. 간디는 자신과 타인에게 해를 입히지 않는 상호의존의 원리 위에서 행동할 수 있도록 명상을 했다. 당시의 정치 상황이 엄중하고 급박했지만 간디는 침묵 속에서 하루를 보냄으로써 마음을 고요히 하고 자기 가슴의 순수한 의도에 귀를 기울였다.

만약 균형 있는 삶을 살고자 한다면 바로 지금 시작하라. 뉴스를 끄고 명상을 하라. 모차르트의 음악을 켜라. 나무 사이를 걷고 산에 오르라. 그러면서 당신 자신을 일종의 평화 구역으로 만들라. 오래 진행되는 명상 수련회나 수개월에 걸친 여행에서 돌아왔을 때 내가 놀라는 사실이 있다. 그것은 떠날 때 뉴스와 돌아왔을 때 뉴스가 거의 다르지 않다는 사실이다. 우리는 이미 이야기 줄거리를 알고 있다. 문제가 무엇인지도 안다. 지금 떠돌아다니는 최신 뉴스를 내려놓으라. 당신의 가슴에 더 깊이 귀를 기울이라.

선사 틱낫한은 이런 내면의 고요함이 우리의 정치적 삶에 어떻게 도움을 주는지 이야기한다. "베트남을 탈출하는 가족들로 가득한 난민 보트가 폭풍우와 해적을 만났습니다. 이때 모든 사람이 공포에 빠져 어쩔 줄 모른다면 아무도 살아남지 못할 겁니다. 그러나 만약 보트에 타고 있는 한 사람이

마음이 아플 땐 불교심리학

라도 침착함을 유지한다면 모두가 죽는 일은 없습니다. 그는 모두가 살아남는 법을 보여줄 것입니다." 불안과 테러에 두려움으로 반응할 때 문제는 더 악화된다. 이때 우리는 두려움에 떨며 바리케이드를 치는 사회, 이른바 '미국 요새(fortress America)'를 만들고 있다. 그 대신 우리는 용기와 연민의 마음을 일으켜 신중한 행동과 두려움 없는 가슴으로 침착하게 대응할 수 있다.

우리의 마음을 고요하게 하는 일은 정치적인 행위이기도 하다. 지금 세계는 더 많은 석유, 더 많은 에너지, 더 많은 식량이 필요하지 않다. 외부에 존재하는 정치적 비통함과 냉소주의가 이미 우리 안에 내면화되었다. 그렇다 해도 우리는 여기서 멈추어 자신의 고통과 두려움을 연민으로 치유하는 작업을 새로 시작할 수 있다. 명상과 내면의 변화를 통해 자신의 가슴을 평화와 전일성의 장소로 만드는 법을 배울 수 있다. 우리들 각자는 그 방법을 알고 있다. 간디는 이렇게 말했다. "나에게는 세상에 가르칠 어떤 새로운 것도 없습니다. 진리와 비폭력은 저 언덕만큼이나 오래된 것입니다." 개인적이고 집단적으로 겪는 괴로움 속에서 우리가 의지해야 할 것은 바로 내면의 고귀함과 안정감이다.

진실과 직면하기

마음을 고요하게 만드는 법을 알았다면 이제 보살이 밟아야 하는 두 번째 단계가 있다. 그것은 진실을 보는 것이다. 우리는 세상이 겪는 어려움에 의도적으로 다가가 거기에 지혜의 빛을 비춘다. 아잔 차 스님은 "우리의 적은 어리석음이다."라고 말했다. 어리석음은 타인을 비난하고, 있지도 않은 적을 만들어내며, 분리를 조장한다. 진실은, 우리가 서로 분리되지 않았다는 것이다. 전쟁과 경제상 불공정, 인종차별, 환경파괴는 모두 분리의 환상으로부터 일어난다. 점점 작아지는 지구에서 우리를 다른 인간 집단, 나무, 대양과 분리시키는 장본인은 바로 어리석음이다. 진실하게 살핀다면 아무리 물질적, 과학적 진보를 이루어도 그것만으로 우리가 가진 문제를 해결할 수 없음을 알게 된다. 새로운 컴퓨터 네트워크와 혁신적 연료, 생물학의 발전은 신무기를 개발하고 갈등을 심화시키며 환경파괴를 가속화하는 데 쉽게 전용되기도 한다. 우리의 의식을 변화시키는 방법을 찾지 못한다면 경제적, 정치적 변화는 실패할 것이다. 끝없는 탐욕과 이익, 증오와 전쟁이 어떻게든 우리를 지켜주고 우리에게 행복을 가져다 줄 것이라는 생각은 환상에 불과하다.

50년도 더 전에 2차 세계대전의 연합군 최고사령관이었던 드와이트 아이젠하워 미국 대통령은 대통령직에서 물러나기 직전에 주목할 만한 말을 남겼다. 세계에서 가장 존경받는 군인이었던 아이젠하워가 세계 군수산업의 광기와 무분별한 성장에 반대하는 발언을 한 것이다. "우리가 만드는 총 한 자루, 우리가 띄우는 전함 한 척, 우리가 쏘는 로켓 한 대가 모두 궁극적으로는 제대로 먹지 못해 굶주리는 사람들, 추위에 떨며 제대로 입지 못하는 사람들을 도둑질하는 행위입니다. 무기로 무장한 이 세상은 단지 돈만 낭비하는 것이 아닙니다. 노동자들의 땀을 낭비하고, 과학자들의 천재성을 낭비하며, 우리 아이들의 희망을 낭비합니다. … 이것은 진정한 의미에서 결코 제대로 된 삶의 방식이라고 할 수 없습니다. 전쟁의 위협이라는 먹구름 아래에서 우리의 인간성은 철의 십자가에 처형당하고 맙니다."

아이젠하워 대통령은 군산복합체를 유지하는 어마어마한 비용에 대해서도 언급했다. 군산복합체는 감옥–산업 복합체나 외교–권력 복합체처럼 연민이 아닌 권력과 이윤을 선택한다. 그러나 이것이 우리를 안전하게 만들

마음이 아플 땐 불교심리학

어주지 못함을 알아야 한다. 집단의 안녕은 두려움이 아니라 지혜와 자애의 마음으로 통치할 때 만들어진다. "인간은 서로에게 해를 입히지 않도록 유념해야 하며 자신의 행동이 증오와 탐욕에 기초하지 않도록 해야 한다." 붓다의 이 말은 오늘날에도 매우 유효적절하다. "인간은 살생, 도둑질을 삼가야 한다. 고통을 가져오는 직업, 무기를 거래하는 일을 피해야 한다. 타인을 착취하는 모든 행동을 삼가야 한다." 붓다의 이 말은 종교적 규범을 주장한 것이 아니다. 붓다는 개인과 집단의 행복을 위한 사회적 심리를 제안하고 있다.

진실을 직면하는 데 있어 보살은 의도적으로 우리의 개인적이고 집단적인 고통을 연민의 마음으로 지켜보는 목격자가 된다. 이런 목격이 가진 힘은 2년이 넘는 기간 동안 가해자와 피해자의 이야기를 세상에 널리 알린 남아프리카공화국 진실화해위원회(Truth and Reconciliation Commission)의 활동으로 세상에 드러났다. 아파르트헤이트(인종차별정책) 기간 자행된 수많은 파괴적 행동에 대한 진실 말하기와 진상 규명은 증오와 복수심을 자극하기는커녕 그 나라 국민들이 겪은 고통에 치유와 차분함을 가져왔다. 봉가니 핀카(Bongani Finca) 목사는 남아프리카공화국 청문회를 실시한 15인 위원 중 한 사람이었다. 그의 말에 따르면 과거의 극악무도하고 잔인한 행위에도 불구하고 희생자와 생존자들은 화해를 원했다고 한다. "나는 크래덕(남아프리카 공화국 남부, 이스턴케이프 주 중부의 도시-옮긴이)에서 살해된 신사 네 명 중 한 사람의 딸이 증언한 것을 들었던 기억이 납니다. 당시 열여섯 살의 그 아이는 이렇게 말했습니다. '용서하고 싶어요. 그런데 누구를 용서해야 할지 모르겠어요. 우리 아버지에게 누가 무슨 일을 했는지 알 수만 있다면 그를 용서할 거예요.' 아이는 커다란 분함을 지닐 만한 나이였음에도 이렇게 증언했어요. 감동이었습니다. 아이에게 분함이란 찾아볼 수 없었습니다. 종종 진실위원회에 보이는 희생자들의 태도와 반응은 우리를 놀라게 합니다. 그들의 태도는 가장 큰 고통을 당한 사람의 영혼이 어떤 이유에서건 지극히 관대해진다는 사실을 보여줍니다."

결국에는 민낯의 진실이 드러난다. 있는 그대로의 진실, 사람들은 그것을 골목길에서 수군거릴 것이다. 시인들은 진실을 노래할 것이며, 모든 사람의 가슴속에 진실이 간직될 것이다. 마틴 루터 킹 주니어는 이렇게 말했다. "나는 있는 그대로의 진실을 위해 일어서는 것이야말로 세상에서 가장 위대한 행동이라는 점을 여전히 믿습니다. 진실을 위해 일어서는 것이야말로 삶의 목적입니다. 삶의 목적은 쾌락을 얻고 고통을 피하는 것이 아닙니다. 삶의 목적은 어떤 어려움이 있어도 신의 뜻을 실행에 옮기는 것입니다." 그는 어리석음에서 벗어나 진실을 알리는 도덕적이고 심리적인 힘에 대해 말하고 있다.

해방과 정의를 마음속에 그리기

마음을 고요히 하고 진실을 직면했다면 이제 보살이 밟아야 하는 다음 단계는 자신과 공동체, 세상을 위해 고통에서 벗어난 해방을 마음속에 그리는 것이다. 마음속에 무엇을 그리든 그것은 엄청난 힘을 갖는다. 우리는 비전과 상상력의 힘으로 미래를 창조할 수 있다. 마음속에 그린 그림은 우리가 나아갈 방향을 정해주고, 우리가 사용할 자원을 동원하며, 아직 드러나지 않은 것을 드러나게 한다. 보살이 마음에 그리는 비전은 세계가 변하는 데 필요한 단계이다. 우리는 모든 어린이가 적절한 보살핌과 음식을 갖는 세상을 용기 있게 마음속에 그려야 한다. 군비 경쟁이 아니라 갈등 해결에 창의적 노력을

마음이 아플 땐 불교심리학

경주하는 세상을 마음에 그려야 한다. 계급, 집단, 인종, 출신에 무관하게 모든 개인이 동등하게 존중받는 세상, 동등한 기회가 부여되는 세상을 마음속에서 보아야 한다.

불교 경전에 나오는 비말라키르티(Vimalakirti)라는 보살(한자어로 유마(維摩)라고 한다-옮긴이)은 이런 용기를 잘 보여주는 대범한 인물이다. 가장 현명한 존재 가운데 한 사람이었던 그는 일부러 세상의 어려운 상황을 찾아간다. 그곳에서 그는 가르침을 펴기 위해 마술로 자신의 모습을 변화시킨다. 그는 병원 치료사가 치료 행위로 깨어남의 길을 닦는 법을 가르치기 위해 일부러 아픈 환자로 둔갑한다. 또 상인의 모습으로 시장에 잠입하기도 하고 술을 마시러 술집에 들어가기도 한다. 그는 사람들을 보살피는 과정에서 자신이 만나는 누구라도 행복과 자유를 얻을 수 있음을 보여준다. 자신이 처한 각각의 상황을 깨어남의 길을 가르치는 완벽한 장소로 활용한다.

그런데 불교를 세상으로부터 거리를 두는 것으로 오해해서는 안 된다. 불교권에서는 현명한 사회와 현명한 리더십에 관한 가르침을 어릴 적부터 전한다. 수백 가지의 전생 이야기를 보면 장차 붓다가 될 보살은 왕자나 동물의 모습으로 등장한다. 어느 이야기에서 장차 붓다가 될 보살은 반얀(Banyan) 사슴의 왕으로 태어난다. 보살은 새끼를 임신한 채 사냥꾼에게 잡힌 암컷 사슴을 대신해 자신의 생명을 인간 왕에게 내어주는 고귀한 행동을 한다. 그의 행동이 인간 왕의 심금을 크게 울린 나머지 왕국 전역에서 사슴과 숲속 동물을 사냥하는 행위가 전면 금지되기에 이른다. 또 다른 이야기에서 장차 붓다가 될 보살은 작은 앵무새로 태어나 숲에 난 불에서 주변 동물을 구하기 위해 노력한다. 그는 여러 차례 자신의 날개를 강물에 적신 뒤 거대한 화염 속으로 날아들어 두려움에 빠진 친구들에게 물을 뿌린다. 그의 용감한 행위가 비의 신의 심금을 울린다. 비의 신이 눈물을 흘려 숲의 화염이 꺼지고 그는 모든 생명체를 불의 죽음에서 구한다. 불교문화권에서 자라는 아이들은 현명한 리더십에 관한 이 사랑스러운 이야기를 수천 번 반복해서 듣는다.

보다 정교한 차원에서 보면 불교심리학은 마음챙김, 전일성, 관대함, 존경의 마음을 훈련함으로써 건강한 사회를 만들 수 있음을 보여준다. 마을 학교에서 마을 모임에 이르기까지 바른 말과 바른 행동, 바른 생계라는 불교 수행은 도덕적 성격을 장려하고 조화를 이루어낸다.

불교 사원은 이런 심리의 모형을 보이는 곳이다. 사원은 세계에서 가장 오래된 살아있는 사회 기관이라고 할 수 있다. 2천 년 넘는 세월 동안 사원은 교육과 봉사의 장소로서 마을 행정과 프로젝트, 사회 조직과 분쟁 중재에 도움을 제공했다. 마을사람들은 사원을 방문해 건강한 삶의 방식을 떠올린다. 남녀 승려들의 모범으로 사회 전체가 자양분과 이로움을 얻는다. 오늘날 동남아시아의 환경 위기를 맞아 버마와 태국 승려들은 자신들의 숲속 사원을 얼마 남지 않은 호랑이를 보존하는 야생동물 보호구역으로 바꾸었다. 캄보디아의 남녀 승려들은 중독치료센터와 에이즈 병원을 운영하기도 한다. 태국의 승려들은 사라져가는 수천 에이커의 숲을 보호하기 위해 아주 오래된 나무들에게 "계를 주는" 수계식을 치른다.

사원에서는 승려들 사이에 벌어지는 갈등도 일종의 수행으로 대한다. 사원에는 화해평의회가 있고 서로에게 해를 입히지 않겠다는 불상해(不傷害)의 맹세가 있다. 또 사원에서는 마음챙김 경청을 훈련하며, 고백하고, 참회하고, 내려놓는 공식적인 방법도 있다. 간디와 마틴 루터 킹 주니어 목사의 작업 역시 행복에 이르는 길로서 아힘사(ahimsa)라는 불상해의 원칙에 토대를 두고 있었다.

붓다는 이 원칙을 매우 직접적으로 적용했다. 카스트제도를 비난했던 붓다는 모든 인간을 동등하게 존중하는 마음에 기초해 대안적 사회를 만들었다. 한번은 지역의 어느 왕이 붓다에게 재상을 보내 왓지국(Vajjians)을 상대로 벌이려던 전쟁에 관하여 조언을 얻고자 했다. 이에 붓다는 다음과 같은 일련의 질문으로 응수했다. "왓지국 사람들은 정기적으로 자주 모임을 갖는가?" "네, 그러합니다." "그들은 노인을 공경하는가? 또 노인들이 만들어놓은 지혜로운 삶의 방식을 존중하는가?" "네, 그렇습니다." "그들은 여성과 아동 등 취약한 사람들을 잘 돌보는가?" "네, 그러합니다." "그들은 자연의 성지와 신성한 장소를 경배하는가? 백성과 이웃의 말을 존중하며 경청하는가?" "네, 그렇습니다." "그렇다면 왓지국 사람들은 번창할 것이다. 그들은 쇠망하지 않을 것이다. 실은 왓지국뿐 아니라 그렇게 하는 어떤 사회도 번창하며 쇠망하지 않는다." 재상은 붓다의 대답을 가지고 돌아갔다. 왕은 결국 왓지국을 상대로 벌이려던 전쟁 계획을 접었다.

우리는 붓다의 말에서 많은 것을 배울 수 있다. 만약 우리가 조화와 존중의 마음으로 서로 만난다면, 또 우리 가운데 약한 자들을 정성껏 보살핀다면, 환경을 돌보고 시민들과 이웃을 존중한다면, 우리는 번창할 것이다. 강력하고 안정적인 사회는 총소득이 아니라 서로에 대한 관대함을 통해 만들어진다. 이런 가르침은 놀랍도록 현대적이다. 길이가 긴 경들(5부 니까야 가운데 『디가 니까야』를 말한다─옮긴이)에서 붓다는 가난은 도둑질과 폭력 등 범죄의 원인이라고 말했다. 붓다는 그저 벌을 내리는 것만으로 범죄를 막을 수 없다고 했다. 대신에 사람들이 범죄를 일으키는 원인에 변화를 일으키라고 가르쳤다. "사람들의 경제적 조건을 향상시켜야 한다. 농부에게는 씨앗과 도움을, 상인에게는 지원을, 노동자에게는 적당한 임금을 제공해야 한다. 이렇게 사람들이 필요로 하는 것을 제공해주면 그들은 만족할 것이며 국가는 평화로워질 것이다. 그렇게 국가는 전쟁에서 벗어난다." 이것은 그저 이상적인 비전에 그치지 않고 행복을 확산하는 실제적인 방법이다.

세상을 보살피다

나는 1967년 〈마닐라 타임스〉의 1면에 실린 낡은 사진을 지금도 간직하고 있다. 당시 나는 필리핀의 산라자로(San Lazaro) 병원에서 평화봉사단 훈련을 받고 있었다. 사진에서 나는 평화를 상징하는 V자 손가락을 그리며 미국 대사관 앞에 혼자 서 있었다. 베트남전에 반대하는 1인 시위를 했던 것이다. 그날은 마침 미국 워싱턴에서 대규모 반전 행렬이 있던 날이었다. 나는 거기에 합류하고 싶었다. 나는 내가 베트남에 대해 잘 알고 있다고 생각했다. 미국이 베트남전에 관여하는 것이 옳지 않은 일이며 만약 관여한다면 우리보다 앞서 과오를 범한 프랑스 식민주의자들을 그대로 따르게 된다고 생각했다. 나의 이런 생각은 태국, 라오스, 베트남을 돌아다니던 처음 몇 년 동안 더 강하게 굳어졌다. 내가 이야기를 나눈 다수의 군인들도 같은 생각이었다.

그러나 현실은 내가 알던 것보다 복잡했다. 나중에 나는 북베트남 공산정권에게 엄청난 고통을 당한 사람들을 만났다. 그들은 음울한 수용소에서 구타를 당하고 사상 보복으로 고문을 당했다. 마찬가지로 나는 남베트남의 응오 딘 지엠(Ngo Dinh Diem) 정권에게 가족을 잃는 커다란 고통을 당한 사람도 많이 만났다. 모두가 저마다 가슴 아픈 이야기를 간직하고 있었다. 그들은 상대가 자신들을 이해해주고 자신들의 편이 되어주기를 원했

마음이 아플 땐 불교심리학

다. 그러나 어디에나 맞는 정답이란 존재하지 않는다. 이제 나는 행동주의(activism)에 대해 이전과 완전히 다른 앎을 가지고 접근한다. 나는 관련 당사자 모두를 존중하는 마음으로 임한다. 나의 입장만을 고수하지 않는다. 나는 희생양을 만들어내기를 원치 않는다. 그리고 어떤 사람을 완전히 잘못되었다고 여기고 또 어떤 사람을 완전히 옳다고 간주하지 않는다. 대신에 나는 어리석음과 무지라는 강력한 에너지에서 고통이 일어남을 본다. 행동을 취하더라도 우리가 이미 빠져있는 갈등에 나의 오만과 공격성을 덧보태고 싶지는 않다.

틱낫한 선사가 1960년대 베트남에서 평화를 위해 일어났을 때 그는 참된 평화는 서로 편을 가르는 것이 아니라 학교와 병원을 짓는 데서만 생겨난다는 사실을 알고 있었다. 스님의 책 『불바다 속의 연꽃Lotus in a Sea of Fire』은 스님이 창립을 도운 청년불자봉사회(Young Buddhist Service Movement)에서 사람들의 정치색과 무관하게 모든 이를 지원하기로 결정했다는 이야기를 들려준다. 마틴 루터 킹 주니어는 스님의 이런 작업에 감명 받아 틱낫한 스님을 노벨 평화상 후보자로 추천하기도 했다. 그러나 베트남에서 이 단체는 북베트남과 남베트남에 대한 충성 맹세를 거부했다는 이유로 두 세력 모두로부터 위협으로 간주되었다. "만약 우리와 함께하지 않으면 적과 함께하는 것으로 간주하겠다."는 것이었다. 청년불자봉사회의 많은 젊은이가 두 세력으로부터 죽임을 당했다. 그들의 죽음에도 굴하지 않고 틱낫한 스님과 동료들은 자신들의 작업을 계속해나갔다. 보살은 외면적 실패와 성공의 시기에 흔들리지 않고 세상의 고통을 치유하는 데 자신을 바친다.

붓다가 살던 당시의 이야기 가운데 국경을 접한 마가다국과 카필라왓투 사이에 벌어진 적대 행위에 관한 이야기가 있다. 카필라왓투는 붓다가 속한 사키야족이 살던 나라였다. 마가다국 왕의 공격 계획에 대해 알게 된 사키야족 사람들은 붓다에게 전면에 나서서 평화를 이루어줄 것을 간청했다. 붓다는 그렇게 하겠다고 했다. 붓다가 여러 가지 평화 방안을 제안했음에도 마가다국 왕은 도통 수긍하지 않았다. 그의 마음은 계속 불타고 있었고 마침내 카필라왓투를 공격하기로 마음을 굳혔다.

이에 붓다는 혼자 바깥으로 나가 카필라왓투로 향하는 길가의 죽은 나무 아래에 정좌한 채 명상을 했다. 이때 마가다국 왕이 군대를 거느리고 길을 가던 중 뜨거운 햇볕을 받으며 죽은 나무 아래 앉은 붓다를 보고는 이렇게 물었다. "왜 이 죽은 나무 아래 앉아있는 것이오?" 붓다는 왕에게 이렇게 대답했다. "나는 죽은 나무 아래 앉아있어도 시원하오. 왜냐하면 이 나무는 아름다운 나의 조국에서 자라는 나무이기 때문이오." 붓다의 대답이 왕의 가슴에 꽂혔다. 자기네 땅에 대한 사키야족의 사랑과 헌신의 마음을 알게 된 마가다국 왕은 군대를 거느리고 자기 나라로 돌아갔다. 그러나 이후 마가다국 왕은 다시 전쟁을 일으키려는 유혹에 빠졌다. 이번에는 석가모니 붓다도 이 싸움을 막지 못했다. 결국 마가다국 군대가 카필라왓투를 파괴하고 말았다.

우리는 자신의 행동이 가져오는 결과를 뜻대로 통제할 수 없다. 그럼에도 우리는 세상을 향해 관심을 기울이고, 좋은 마음의 씨앗을 심을 수 있다. 또 그 씨앗이 결국 열매를 맺을 것임을 믿을 수 있다. 자유롭고 정의로운 사회 비전에 헌신하는 몇몇 사람이 있다면 설령 커다란 역경에 맞닥뜨릴지라도 변화는 일어날 수 있다. 애덤 호크실드(Adam Hochschild)가 쓴 『사슬을 묻어라Bury the Chains』라는 책에 이런 놀라운 변화의 이야기가 나온다. 호크실드의 이야기는 1787년 십여 명의 남자들이 런던의 어느 인쇄소에서 모인 일로부터 시작한다. 그들은 노예제도가 퍼트리는 해악을 어떻게 할지 고

마음이 아플 땐 불교심리학

민하기 위해 그곳에 모였다. 카리브해 노예무역은 대영제국 전체를 떠받치는 경제적 토대로 작동하고 있었다. 하지만 이 남자들은 노예제도가 없는 제국을 꿈꾸었다. 그 핵심 주동인물은 토머스 클락슨(Thomas Clarkson)이었다. 그는 소수의 다른 노예폐지론자들, 특히 퀘이커교도와 연대해 노예제에 대한 사회의 시각을 변화시키고자 했다.

이들 소수의 사람들은 오랜 기간의 계획적인 의식변화 운동을 시작했다. 수십 년에 걸쳐 클락슨은 이 비전을 실현하기 위해 4만 8천 킬로미터 이상 몸소 말을 타고 영국 전역을 다녔다. 그는 이전에 노예였으나 교육 받고 자기 생각을 분명히 말하는 몇몇 사람을 영국 사람들이 많이 모이는 휴게실과 예배당에 데려가 그들이 겪은 끔찍한 경험에 대해 이야기하게 했다. 1833년에 이 작은 모임은 결국 영국 의회가 대영제국의 노예제를 불법화하는 법안을 통과시키게 만드는 성과를 이루었다. 그리고 이 일은 세계 각지의 노예제를 종식시키는 촉매로 작용했다.

호크실드에 따르면 당시 퀘이커교도들은 신을 제외하고는 조지 왕을 비롯한 어떤 왕에게도 모자를 벗어 경배하는 일을 거부했다고 한다. 그런 퀘이커교도들이 클락슨이 사망하자 모자를 벗어 인류를 위해 기여한 그에게 경배를 표했다.

우리를 제약하는 것은 우리의 상상력뿐이다. 그렇다. 앞으로도 우리 앞에는 언제나 그림자가 드리울 것이다. 또 탐욕과 두려움, 무지가 인간 심리의 일부라는 사실에도 변함이 없을 것이다. 그러나 우리가 현명하게 사는 방법은 존재한다. 보살에게는 가정을 유지하는 일이나 양심적으로 사업을 운영하는 일, 불의를 바로잡는 일이 모두 전체의 결을 향상시키는 데 기여하는 일이다. 우리들 각자는 이런 잠재력을 느낄 수 있다. 인간은 서로를 위한 더 큰 연민과 보살핌의 마음으로 살아갈 수 있다. 반면, 편견과 인종차별과 두려움은 더 적게 가지고 살 수 있다. 지금 우리의 손과 가슴을 기다리고 있는 갈등을 해결할 현명한 방법은 언제나 존재한다.

마음이 아플 땐 불교심리학

수련

보살의 맹세

이제 당신이 보살의 맹세와 수행에 임한다고 생각해봅니다. 이처럼 보살의 맹세와 수행을 하는 당신은 지금까지 그렇게 했던 수백만 불교인의 대열에 합류하는 것입니다. 당신은 전통에 따라 불교 센터나 사원을 찾아가 지도자 앞에서 보살의 맹세를 할 수도 있습니다. 만약 여건이 안 된다면 집에서 해도 좋습니다. 집에 신성한 공간을 마련한 다음, 당신보다 먼저 그 길을 간 보살과 붓다의 상을 거기 놓습니다. 원한다면 한 사람이나 친구 여럿을 불러 증인으로 세워도 좋습니다. 잠시 고요히 자리에 앉아 모든 존재의 이로움에 헌신하는 삶이 지닌 아름다움과 가치에 대해 숙고해봅니다. 또 마음의 준비가 되었다면 촛불을 켜거나 의지처에 귀의하는 등 의미 있는 의례를 추가해도 좋습니다. 그런 다음 당신의 맹세를 암송합니다. 다음은 전통적으로 행하는 암송문입니다. 하지만 이밖에도 다양한 암송문이 있습니다.

> 고통 받는 무수한 존재들, 내가 그들 모두가 고통에서 벗어나도
> 록 돕기를 맹세합니다.
> 끝없는 집착, 내가 그 모든 집착을 내려놓기를 맹세합니다.
> 진리에 들어가는 수많은 입구들, 내가 그 모든 것을 공부하기를
> 맹세합니다.
> 깨달음의 길은 수승한 길, 내가 그 모든 길을 실현하기를 맹세합

니다.

이 맹세의 구절을 당신의 가장 깊은 열망에 가닿도록 바꾸어도 좋습니다. 그런 다음 명상을 위해 자리에 앉을 때마다 이 구절을 반복합니다. 이렇게 하면서 자신의 수행에 방향을 잡아주고 거기에 전념합니다.

23 중도의 지혜

나는 한때 피할 만한 장소를 찾기를 원했으나 결코 그런 곳을 찾을 수 없었다. 세상에 근본적으로 견고한 것이란 존재하지 않는다. 또 세상에는 변하지 않는 것도 없다.

_『숫따니빠따』

고귀한 삶을 사는 목적은 공덕과 명예, 명성을 얻는 것이 아니다. 또 도덕성과 집중력과 지혜의 눈을 갖는 것도 아니다. 고귀한 삶을 사는 목적은 확고한 해방과 마음의 확실한 벗어남이다. 이것이야말로 고귀한 삶의 본질이자 목적이다.

_『맛지마 니까야』

불교심리학은 부정의 길도, 긍정의 길도 아니다. 불교심리학은 반대되는 것들 속에서, 그리고 그것을 넘어선 곳에서 우리에게 우주의 역설을 보여준다. 불교심리학은 우리에게 세상 '속에' 존재하되 세상의 '일부'가 되지 않는 법을 가르친다. 이 깨달음을 중도(middle way)라고 한다. 아잔 차 스님은 중도에 대해 매일같이 말했다. 사원에서 우리는 중도에 대해 숙고했다. 땅거미가 질 무렵이면 수백 명의 승려가 키 큰 나무와 울창한 녹음에 둘러싸인 야외의 명상 정자에 자리를 잡고 앉았다. 승려들은 다음과 같은 경전의 게송을 암송했다. "탐닉과 자기부정이라는 양 극단 사이에 중도가 있네. 중도의 길은 바로 이번 생에서 평화와 해방에 이르는 길."

만약 탐닉을 통해서만 행복을 추구하려 한다면 자유로울 수 없다. 또 자신을 상대로 싸움을 벌이며 세상을 거부한대도 자유롭지 못하다. 이 양극단의 가운데 길, 즉 중도야말로 행복을 가져오는 길이다. 이것은 깨어난 모든 자가 깨달은 보편적 진실이다. 붓다는 이렇게 말했다. "울창한 숲을 가로지르다 오래된 길을 발견한다. 이 길은 지난 시기의 사람들이 걸어간 아주 오래된 길이다. … 마찬가지로 비구들이여, 나는 아주 오래된 길을 보았다. 그 길은 바른 깨달음을 얻은 지난 시대의 사람들이 걸어간 오래된 길이다."

중도는 집착과 혐오, 존재와 비존재, 색(형상)과 공(비어있음), 자유의지와 결정론 사이에 난 가운데 길에 대해 말한다. 중도에 깊이 들수록 우리는 양극단의 활동 사이에서 머물 수 있다. 아잔 차 스님은 이것을 종종 다음처럼 화두로 이야기했다. "중도는 앞으로 나아가는 것도, 뒤로 후진하는 것도, 그렇다고 가만히 서 있는 것도 아니다." 이어서 스님은 중도를 발견하려면 이렇게 해야 한다고 말했다. "깨어있도록 노력하라. 어떤 일이든 자연스런 과정을 따르도록 놓아두라. 그러면 숲속의 맑은 샘처럼 어떤 상황에서도

마음이 아플 땐 불교심리학

마음이 고요해질 것이다. 온갖 진귀한 동물이 샘에 다가와 목을 축일 것이고 당신은 모든 사물과 현상의 본성을 또렷하게 볼 것이다. 신기하고 멋진 일들이 일어나고 사라짐을 볼 것이다. 하지만 당신은 여전히 고요할 것이다. 이것이 붓다의 행복이다."

중도에 머무는 법을 알려면 삶에 대한 믿음이 필요하다. 이것은 수영을 배우는 것과 비슷하다. 나는 일곱 살 때 처음 받은 수영 레슨을 지금도 기억한다. 빼빼 마른 체구에 몸을 떨었던 나는 차가운 풀장에서 물에 가라앉지 않으려고 허우적대는 어린 소년이었다. 그러다 어느 날 아침, 지도 선생님이 배를 하늘로 향한 채 물 위에 누운 나를 손으로 떠받치고 있다가 갑자기 손을 놓은 일이 있었다. 그 순간, 마법 같은 일이 일어났다. 나는 물이 나를 떠받치고 있으며 그래서 내가 물에 뜰 수 있다는 사실을 처음 알았다. 그때부터 나는 물에 대한 믿음이 생겼다. 중도를 믿는 것도 이와 비슷하다. 중도를 믿으면 편안함과 은총이 찾아온다. 우리는 삶이라는 변화무쌍한 바다에 떠 있지만 그 바다가 언제나 우리를 떠받치고 있다는 작은 깨달음이 찾아오는 것이다.

불교의 가르침은 명상 자리든 시장바닥이든 우리가 있는 어디에서나 이런 편안함을 발견하도록 안내한다. 중도에 있을 때 우리는 모든 반대되는 것들이 함께 존재하는 현재라는 실재에 머문다. T. S. 엘리엇은 이것을 이렇게 표현했다. "구르는 세상의 정지한 한 점. 육신이 있는 것도 아니고 육신이 없는 것도 아닌. 어딘가에서 오는 것도 아니고 어딘가를 향해 가는 것도 아닌. … 멈춤도 아니고 움직임도 아닌." 현자 샨티데바는 중도를 가리켜 "무엇도 가리키는 바가 없는 완벽한 편안함"이라고 말했다. 또 『완벽한 지혜의 경』에서는 중도를 두고 "좋고 싫은 성취를 넘어, 모든 사물과 언제나 함께하며, 길인 동시에 목적인, 있는 그대로의 여여함(suchness)이 실현된 상태"라고 표현했다.

이 신비스러운 말들이 의미하는 바는 무엇일까? 이 말들은 시간을 벗어나고 이익과 손실을 초월하며 이원성을 떠나는 기쁨의 경험을 묘사하려는 시도이다. 또 이 말들은 현재라는 실재 속에 사는 능력에 대해 말하고 있다. 어느 지도자는 이렇게 말했다. "중도는 여기서 저기로 가는 길이 아니다. 중도는 저기서 여기로 오는 길이다." 중도는 영원성이라는 현존에 대해 말한다. 현재라는 실재 속에 있을 때 우리는 명료하고 분명하며 깨어있는 삶을 산다. 이때 우리의 삶은 텅 비어있으면서도 수많은 가능성으로 가득 찬다.

중도를 발견할 때 우리는 세상과 멀어지지도, 세상 속에 빠져 허우적대지도 않는다. 이때 우리는 자신의 경험과 그 복잡성 속에서 함께할 수 있다. 있는 그대로의 자기 생각과 느낌, 드라마와 함께할 수 있다. 긴장과 역설, 변화를 품어 안는 법을 알게 된다. 해결책을 구하는 대신 우리는 노래가 끝나면 자기 자리를 찾아가는 화음을 기다리듯이 중간지대에서 열린 채로 편안하게 머문다. 이 중간지대에 있을 때 우리는 세상을 어떻게 해볼 수 있음을 알게 된다. 아잔 수메도 스님은 있는 그대로의 진실에 열리라고 가르친다. "물론 우리는 더 완벽한 조건을 언제나 떠올릴 수 있습니다. 이상적으로 어떻게 되어야 하는지, 모든 사람이 어떻게 행동해야 하는지에 관한 완벽한 조건 말입니다. 그러나 우리가 할 일은 이상적인 상황을 만들어내는 것이 아닙니다. 우리가 할 일은 있는 그대로를 보는 것, 있는 그대로의 세상으로부터 배움을 얻는 것입니다. 가슴이 깨어나기 위해서라면 우리가 어떤 상황에 처해도 언제나 충분히 괜찮습니다."

불교심리학의 스물네 번째 원리는 이것이다.

24
서로 반대되는 것들 사이에서 가운데 길, 즉 중도
를 찾을 수 있다. 가운데 길에 머문다면 우리가 어
디에 있든 안녕을 찾을 수 있다.

진저는 캘리포니아 센트럴밸리에 있는 어느 클리닉에서 다년간 일한 51세의 사회복지사였다. 명상을 열심히 하는 그녀는 한 달간 휴가를 내고 우리가 진행하는 봄철 명상 수련회를 찾았다. 처음에 진저는 마음이 고요해지지 않았다. 사랑하는 남동생이 조현병 발작으로 처음에 입원했던 정신과 병동에 다시 입원하는 일이 있었다. 그녀는 내게 자신이 여러 가지 감정에 휩싸였다고 말했다. 두려움, 혼란, 불안, 분노, 슬픔 등의 감정에 압도당했다고 했다. 나는 그녀에게 모든 것을 내려놓고 그저 자리에 앉고 땅 위를 걸으라고 했다. 그러면서 모든 것이 저절로 자리를 찾아가도록 놓아두라고 했다. 하지만 자리에 앉자 그녀가 느끼는 감정과 이야기들은 점점 강해졌다. 나는 숲속의 맑은 샘물처럼 자리에 앉으라는 아잔 차 스님의 가르침을 그녀에게 들려주었다. 나는 진저에게 목을 축이러 샘물에 다가오는 그녀 내면의 야생동물을 하나씩 알아봐 주라고 했다.

이렇게 진저는 자신이 느끼는 감정에 이름을 붙이기 시작했다. 통제력 상실에 대한 두려움, 죽음에 대한 두려움, 충만한 삶을 사는 두려움, 지난 관계에 대한 슬픔과 집착, 파트너가 되고 싶은 동시에 독립적이고 싶은 마음, 남동생에 대한 두려움, 돈 걱정, 직장에서 매일같이 전쟁을 벌였던 건강 돌봄 시스템의 문제점, 동료들에 대한 고마움 등에 이름을 붙였다.

나는 진저에게 이 모든 역설과 뒤죽박죽, 희망과 두려움의 한가운데 앉아있도록 초대했다. "왕좌의 왕비처럼 자리에 앉아 삶의 놀이를 있는 그대로 허용하세요. 기쁨과 슬픔, 두려움과 혼란, 당신 주변의 탄생과 죽음이 펼쳐지도록 그저 놓아두세요. 당신이 그걸 바로잡아야 한다고 생각하지 마세요."

진저는 모든 것을 있는 그대로 허용하며 자리에 앉고 걷는 수련을 했다. 강렬한 감정이 계속해서 일어나고 사라졌다. 이 과정에서 그녀는 편안해지며 점차 마음이 고요하고 지금에 더 현존했다. 명상이 더 수월해졌다. 강렬한 상태와 느낌들이 이제 비개인적인 에너지 파동으로 느껴졌다. 몸이 더 가벼워졌고 기쁨도 일어났다. 그런데 이틀 뒤 상황이 나빠졌다. 진저는 독감에 걸려 몸이 극도로 쇠약해지고 불안해지면서 우울이 찾아왔다. 원래 C형 간염이 있던 진저는 몸이 약해져 명상을 하지 못하거나 편안한 삶을 살 수 없을까봐 걱정되었다.

나는 그녀에게 이 모든 것의 한가운데 앉아있도록 상기시켰다. 다음 날 나를 찾아온 그녀는 다시 고요하고 행복한 상태를 회복했다. 그녀가 이렇게 말했다. "다시 중심으로 돌아왔어요. 나의 과거 업과 현재의 장애 때문에 나의 현존이 사라지도록 하지 않을 거예요." 그녀는 웃으며 말을 이었다. "붓다처럼 나도 '오, 이것이 마라이다. 나는 너를 보았다, 마라'라고 깨달았어요. 나의 슬픔과 희망, 몸의 통증과 두려움이 모두 마라일 수 있어요. 이 모든 것이 삶이며 가운데 길인 중도는 매우 깊어요. 그것은 삶의 모든 것인 동시에 삶의 어느 것도 아니죠. 그건 언제나 여기에 있어요."

나는 진저가 명상 수련회를 떠난 이래 지금까지 몇 년에 걸쳐 그녀를 지켜보고 있다. 그녀가 처한 외부 환경은 별로 나아진 것이 없다. 그녀의 일, 남동생, 건강은 지금도 여전히 그녀가 직면해야 하는 어려움으로 남아있다. 하지만 그녀의 가슴은 좀 더 편안해졌다. 그녀는 삶의 혼란 한가운데서 매일 자리에 고요히 앉는다. 진저는 명상을 통해 가운데 길과 그녀가 바라던 내면의 자유를 발견하는 데 도움을 받았다고 내게 말했다.

불안에 편안해지기

> 확실성이란 대부분의 경우 미신이다. 자연 속에 확실성은 존재하지 않으며 온전한 존재인 아이들도 확실성을 경험하지 않는다. 위험을 피하는 것은 완전한 노출보다 장기적으로 더 안전한 선택이 아니다.
>
> _ 헬렌 켈러

어느 날 아잔 차 스님이 아름다운 중국 찻잔을 손에 들고 이렇게 말했다. "나에게 이 컵은 이미 깨진 것이나 다름없습니다. 나는 이 찻잔의 운명을 알고 있습니다. 그렇기에 지금 여기에서 그것을 온전히 즐깁니다. 찻잔이 깨져 사라지면 그것은 이제 가고 없습니다." 불확실성의 진리를 이해하고 거기에 편안해질 때 우리는 자유로워진다.

깨진 컵은 우리로 하여금 통제라는 환상 너머를 보도록 한다. 우리는 아이를 키우고 사업을 일으키며 예술작품을 창작하고 불의를 바로잡는 데 헌신한다. 이 과정에서 성공은 물론 어느 정도의 실패도 우리의 몫이다. 이 것은 통렬한 가르침이다. 에밀리는 국제 구호단체의 직원이었는데 코소보에 있는 자신의 클리닉이 완전히 불에 타 전소되는 일이 있었다. 하지만 그녀는 다시 일어섰다. 자신의 일이 사람들이 성공과 실패를 견뎌내는 데 도움을 준다는 사실을 알고 있었기 때문이었다. 또 자신에게 수학을 배우던 촉망 받는 학생을 갱단의 총에 잃은 로사는 마음을 크게 다쳤다. 하지만 그녀는 그 학생을 가르친 일을 후회하지 않는다. 지금 그녀는 그 학생을 기리는 마음으로 다른 학생들을 가르치고 있다. 가장 잘 만든 자신의 도자기를 불에 굽다 태워먹는 경우도 있고, 자신이 그토록 공을 들인 자율형 공립학교가 설립 계획을 접는 수도 있다. 스타트업 비즈니스가 도산하기도 하고 자녀가 통제하기 어려운 문제를 일으키는 수도 있다. 이때 결과에만 초점을 맞춘다면 우리는 좌절하고 말 것이다. 하지만 이미 컵이 깨졌다는 사실을 안다면 우리는 일의 과정에 최선을 다할 수 있다. 우리가 할 수 있는 일을 만들어갈 수 있으며, 삶이라는 더 큰 과정 자체를 신뢰할 수 있다. 우리는 계획을 세우고, 돌보고, 살피고, 대응할 수 있지만, 통제할 수는 없다. 대신에 우리는 숨을 쉬면서, 현재 일어나고 있는 일과 지금 자신이 존재하고 있는 곳에 열린다. 이것은 움켜쥐는 것에서 내려놓는 것으로 옮겨가는 심오한 변화이다. 스즈키 순류는 이렇게 말했다. "무상의 진리를 이해하고 거기서 마음의 평온을 찾는다면 열반에 든 자신을 발견할 수 있다."

사람들은 아잔 차 스님에게 깨달음에 대해 그리고 임종 시 어떤 일이 벌어지는지에 대해 묻고는 했다. 또 서양인도 동양인과 똑같이 불교의 가르침을 수행할 수 있는지 물었다. 그럴 때마다 스님은 미소를 지으며 이렇게 말했다. "그건 확실하지 않습니다. 그렇지 않을까요?" 초감 트룽파는 이것을 '토대 없음(groundlessness)'이라고 표현했다. 아잔 차 스님은 불확실성에 관한 지혜를 가졌기에 몸과 마음을 편안하게 둘 수 있었다. 스님 주변에는 언제

마음이 아플 땐 불교심리학

나 편안한 기운이 감돌았다. 스님은 숨을 멈추거나 주변에 벌어지는 일을 통제하려고 하지 않았다. 스님은 그저 지금 닥친 상황에 대응할 뿐이었다. 어느 고참 서양인 여승이 불교 승단을 떠나 기독교 선교사로 거듭난 뒤 사원에 돌아와 자신의 옛 친구들을 개종시키려고 시도한 일이 있었다. 그러자 사원의 스님들은 "어떻게 그럴 수 있지?" 하며 크게 반발했다. 스님들은 어떻게 해야 할지 몰라 아잔 차 스님에게 자문을 구했다. 스님은 웃음을 터뜨리며 이렇게 말했다. "그녀가 옳은 일을 하는 것일지도 모릅니다." 스님의 이 말에 모두가 마음이 편해졌다. 한편 스님은 불확실성의 한가운데서 행동할 줄도 아는 분이었다. 스님은 대규모 사원의 건축을 계획했으며, 제자 승려들이 시작한 백여 곳 이상의 사원들로 이루어진 네트워크를 감독하기도 했다. 잘못 행동하는 제자 스님들을 지도할 때면 칼같이 단호하고 엄격했다. 하지만 스님의 모든 행동에는 널찍한 여유가 있었다. 마치 조금 뒤 당신을 돌아보며 미소와 윙크를 지으며 이렇게 말하는 것 같다. "그건 불확실합니다. 그렇지 않을까요?" 스님은 『바가바드기타』에서 말하는 삶의 비밀을 보여주는 살아있는 증인이었다. "자기 행동의 결과에 집착하지 않으면서 바르게 행동하라."

아잔 차 스님이 보여준 믿음은 우리의 의식이 영원한 현재에 머물 때마다 일어난다. 스님은 이렇게 말했다. "누구도 내가 앉은 자리에서 오거나 그리로 가는 것이 아닙니다. 중도에 머물면 강한 자도 약한 자도, 젊은 사람도 늙은 사람도, 태어나는 사람도 죽는 사람도 없습니다. 이것은 조건 지어지지 않은 상태입니다. 이때 가슴은 자유로워집니다." 고대의 선승들은 이를 두고 '신뢰하는 마음이 이룬 해방'으로 불렀다. 선(禪)의 경전에는 이런 설명이 나온다. "신뢰하는 마음으로 산다는 것은 불완전함에 관하여 걱정하지 않는 것이다." 세상은 '불완전'하다. 이런 불완전한 세상을 완전하게 만들려고 애쓰는 대신 마음을 편안하게 먹고 불확실성 속에 그저 머물 수 있다. 이때 우리는 연민의 마음으로 행동할 수 있으며 결과에 집착하지 않고 최선을 다할 수 있다. 우리가 처하는 어떤 상황에서도 두려움 없는 마음과 믿음을 가질 수 있다.

차스가 불교 수행을 시작했을 당시 그가 일하던 인터넷 회사가 곤란에 처했다. 결혼생활도 권태로웠으며 성장 과정에서 아버지의 오랜 우울증이 미친 영향으로 차스는 지금까지도 힘들어하고 있었다. 그는 불안한 미래와 불안정한 결혼생활, 스스로에게 단절된 느낌을 해결하는 데 도움을 받을 수 있을까 싶어 명상 수련을 찾았다.

또 차스는 세상에 대해 매우 신비스러운 감각을 지니고 있었다. 자신의 막내딸 케이티에 관한 어느 꿈에서 어른으로서 그의 삶에서 가장 중요한 순간이 찾아왔다. 케이티는 네 살 때 바이러스성수막염으로 병원에 입원한 뒤 혼수상태에 빠진 적이 있었다. 차스와 아내는 아이의 병상을 지키며 여러 날을 보냈다. 의사는 아이의 회복 가능성을 내다보는 데 매우 조심스러웠다. 5주 동안이나 아이의 병에 차도가 없어 차스와 아내는 끝없는 걱정으로 지냈다. 그러던 어느 날 꿈에 케이티가 나타나 아빠에게 다가와 이렇게 말했다. "걱정 말아요, 아빠. 모든 게 괜찮을 거예요." 다음 날 아침 차스가 케이티의 방에 들어갔을 때 아이는 눈을 뜨더니 아빠를 향해 미소를 지었다. 이제 케이티는 건강한 10대로 자랐다.

차스는 우리가 세우는 모든 계획의 너머에 은총이 존재한다는 진실을 얼핏 보았다. 명상을 배우자 그의 내면에서 이 믿음이 다시 깨어났다. 마음챙김으로 스트레스가 줄었고 몸과 감각이 더 열렸다. 한번은 명상 자리에 앉아있던 차스가 자신의 몸이 마치 파도 아래 떠 있는 기다랗고 우아한 켈프

(해초의 일종-옮긴이)처럼 느껴진다고 말했다. 꽉 막혀 불안해하던 그의 느낌이 이제 흥미와 호기심, 감사의 순간으로 바뀌었다. 이렇게 차스는 걱정이 줄면서 지금 여기에 더 현존할 수 있었다. 그의 표현을 빌면 더 '재미있는(juicy)' 삶이 되었다. "두려움을 내려놓는 것은 마치 자아의 외투를 벗는 것과 같아요. 이렇게 하면 해결할 수 없는 생각과 문제가 올라와도 나에게 착 달라붙지 않죠. 바다에 떠 있는 켈프처럼 신뢰하는 마음에 머물게 돼요." 그런데 차스는 간혹 이 사실을 잊을 때가 있다고 말했다. 그러면 그가 느끼던 불안이 다시 찾아온다고 한다. 걱정하는 마음이 다시 주도권을 장악하는 것이다. '결혼생활을 계속 유지해야 할까? 불안정한 직장을 계속 다녀야 할까?' 그러다 딸아이가 나타난 꿈을 떠올리면 마음이 편안해지면서 알지 못함을 신뢰할 수 있다고 했다. 그는 이렇게 말했다. "솔직히 말해 불안하지 않은 결혼생활, 불안하지 않은 직장이 어디 있을까요?"

그로부터 8년 뒤 차스는 여전히 결혼생활을 유지하고 있다. 또 현재는 기반을 다진 인터넷 회사에 계속 근무하고 있다. 차스는 명상을 통해 삶에 대한 신뢰가 삶의 불확실성이나 역설과 동떨어져 존재하지 않음을 배웠다.

불교심리학의 스물다섯 번째 원리는 이것이다.

25
의견을 내려놓고 자신을 견해에서 자유롭게 하라.
신비에 마음을 열라.

견해로부터의 자유

> 이해와 사랑, 지혜는 오래되거나 멋진 전통과 무관하게 나타나 꽃피울
> 수 있다. 그것은 시간과 전혀 무관한 일이다. 이해와 사랑, 지혜는 한 인간
> 이 두려움과 쾌락, 고통에 걸리지 않은 상태로 묻고, 경탄하고, 경청하고,
> 바라볼 때 스스로 일어난다. 자기-걱정이 고요해지고 멈출 때 천국과 지
> 상이 열린다.
>
> _토니 패커

불확실성의 지혜는 우리가 불교심리학에서 말하는 이른바 견해와 의견의
덤불에서 자유로워지도록 해준다. "견해에 집착하는 자들의 비참을 본 현명
한 자는 어떠한 견해도 취하지 않는다. 현명한 자는 의견으로 오만해지지 않
는다. 어느 누가 자유로운 자, 어떠한 의견에도 집착하지 않는 자를 괴롭힐
수 있겠는가? 한편 견해와 의견에 집착하는 자들은 세상을 돌아다니며 사
람들을 성가시게 한다." 나는 붓다가 웃음과 함께 이 마지막 문장을 이야기
했다고 상상하고 싶다. 아잔 차 스님은 머리를 흔들고 미소를 지으며 이렇게
말하고는 했다. "의견을 많이 가지면 당신은 그로부터 큰 고통을 겪게 됩니
다. 그렇다면 그토록 많은 의견을 왜 내려놓지 않습니까?" 나는 스피릿록 명
상센터의 수련회에 참가하는 사람들이 정치 전문가와 라디오 토크 프로그
램, 범퍼 스티커(자동차의 범퍼에 붙이는 슬로건 따위가 적힌 스티커-옮긴이), 자기 의
견을 당연한 권리로 여기는 미국의 오래된 사고방식이라는 소음에서 한발
벗어난 데 고마워하는 것을 보았다.

견해에서 벗어난 자유는 유리를 깨끗하게 닦는 것과 같다. 신선한 공

기를 들이마시는 것과 마찬가지다. 스즈키 순류 선사는 이런 열린 마음을 초심(beginner's mind)이라고 부른다. 위대한 자연주의자 레이첼 카슨(Rachel Carson)이 환기하는 다음의 말에 귀를 기울여보자. "아이들의 세상은 신선하고 새롭고 아름답다. 그것은 경이와 흥분으로 가득하다. 또렷한 시각, 아름답고 경외감을 일으키는 것을 알아보는 아이들의 참된 직관이 어른이 되기도 전에 희미해지고 사라진다는 사실은 불행한 일이다. 모든 어린이를 주재하는 착한 요정을 움직이는 힘이 나에게 있다면 얼마나 좋을까. 그런 힘을 갖는다면 결코 파괴할 수 없는, 평생 지속되는 경이감의 선물을 세상의 아이들에게 주도록 요정에게 요청할 텐데 말이다."

견해에서 자유로워질 때 우리는 기꺼이 배움을 얻는다. 끊임없이 변하는 이 우주에서 우리가 확실히 아는 것은 실제로 매우 제한되어 있다. 한국의 숭산 스님은 '모르는 마음(don't-know mind)'을 소중히 여기라고 가르쳤다. 스님은 제자들에게 이런 질문을 던졌다. "사랑이 무엇인가? 의식은 무엇인가? 당신의 삶은 어디에서 왔는가? 내일 무슨 일이 일어날 것인가?" 그때마다 제자들은 이렇게 답했다. "모릅니다." 이에 스님은 이렇게 말했다. "잘했다. 이 '모르는 마음'을 유지하라. 그것은 열린 마음, 깨끗한 마음이니."

나는 다섯 살 딸아이를 둔 어느 어머니가 들려준 다음 이야기를 좋아한다. 아이는 어머니의 의사 가방에서 꺼낸 청진기를 자신의 귀에 꽂으며 놀고 있었다. 어머니는 대견한 생각이 들었다. "아이가 의학에 관심이 있나 봐. 자라서 나 같은 의사가 되려나 봐." 조금 시간이 지난 뒤 여자아이는 청진기의 한쪽 끝을 자기 입에 갖다 대고는 이렇게 소리쳤다. "맥도날드에 오신 것을 환영합니다. 주문 도와드려도 될까요?" 아이의 말에 엄마는 딸아이와 함께 웃을 수밖에 없었다. 엄마는 자신에게도 웃음을 지으며 우리가 얼마나 쉽게 자기 생각을 상대방에게 투사하는지 떠올렸다.

특히 가까운 관계에서 특정한 암묵적 가정에 의존한다면 관계의 신선함을 잃기 쉽다. 자신과 가까운 이들, 예컨대 부모가 자식을 볼 때와 연인이 서로를 볼 때 눈에 들어오는 모습은 그들이 간직한 신비 가운데 작은 일부에 불과하다. 우리는 그들을 제대로 알지 못한다. 이때 우리는 초심을 간직한 깨어있는 마음으로, 견해에서 자유로운 상태로 상대방을 보아야 한다. 견해가 없으면 더 깊이 경청하고 더 분명하게 볼 수 있다. 시인 릴케는 이렇게 말했다. "무언가 새로운 것, 우리가 아직 모르는 어떤 것이 우리 안으로 들어오는 순간이 있습니다. 이때 우리의 느낌은 수줍은 당혹 속에서 점점 고요해집니다. 이 순간에는 지금껏 우리 안에 존재하던 모든 것이 뒤로 물러나면서 멈춤이 찾아옵니다. 그러고는 아무도 모르는 새로운 어떤 것이 말없이 그 가운데에 자리를 잡습니다."

생생함은 마음챙김 심리학, 즉 깨어있는 심리학(mindful psychology)의 뚜렷한 특징 가운데 하나다. 오래 전에 불교 지도자이자 정신과의사인 로버트 홀(Robert Hall)은 자신의 스승 프리츠 펄스(Fritz Perls)가 미국정신의학회 연례 컨퍼런스에서 강연을 하도록 주선한 일이 있었다. 펄스는 프로이트의 제자였음에도 당시 정신분석에서 일반적으로 행하던 과거에 초점을 맞추는 치료법과 이미 결별한 상태였다. 대신에 펄스는 게슈탈트 치료(Gestalt therapy)라는 새로운 방법을 도입했다. 불교의 선(禪)에 일부 영향을 받은 게슈탈트 치료는 지금–여기의 생생함에 초점을 둔다. 기존 정신의학계에서는 펄스의 이런 방식을 커다란 의심의 눈으로 바라보았다. 하지만 컨퍼런스에 참가한 천여 명의 의사들은 펄스가 무엇을 말하는지 알 수 있었다. 펄스는 전통적으로 행하던 사례 이야기를 제시하지 않았다. 대신에 자원자들이 무대에 올라와 자신과 상담해 주기를 청했다. 그런데 의사들 중에 손을 드는 사람이 아무도 없었다. 이때 정신과 조교인 린다라는 여성이 자원했다.

린다는 펄스의 맞은편 의자에 앉았다. 펄스는 먼저 그녀가 지금 이 순간 어떻게 느끼고 있는지를 물었다. 린다는 많은 사람 앞에 서니 긴장된다는 말과 함께 자신이 지금 힘들어하고 있는 연애 관계에서 펄스의 도움을 받고 싶다고 말했다. 그녀는 담뱃불을 붙였다. 린다는 이야기를 하는 동안 자신의 무릎 위에 올려놓은 성냥갑을 자꾸만 열었다 닫았다 했다. 펄스는 린다의 사소한 몸동작을 알아보고는 그것을 더 과장해 보일 것을 요청했다. 그녀가 성냥갑을 열었다 닫는 동작을 반복하는 과정에서 펄스는 그녀에게 지금 무엇을 경험하고 있는지 말해주도록 청했다. 처음에 린다는 (자신을) 여는 것이 얼마나 어려운 일인지 이야기했다. 그러자 1분도 채 안 되어 그 성냥갑은 아버지가 잠들어 있는 관으로 변했다. 그녀는 아버지의 갑작스런 죽음으로 인한 눈물과 아직 정리되지 못한 슬픔에 압도당했다. 펄스는 그녀가 현재에 머무르도록 도왔다. 그런 뒤에 그녀는 자신이 현재 힘들어하고 있는 관계에 대해서도 이야기했다. 그러자 또 한 번 눈물이 쏟아졌다. 그로부터 몇 분 지나지 않아 린다는 자신이 지금 느끼는 불안과 어려움이 상당 부분 또 다른 상실에 대한 두려움 때문이라는 사실을 깨달았다. 펄스는 그녀가 자기 내면에 존재하고 있는 것에 마음을 열고 귀를 기울이도록 도왔다. 그러자 치유가 시작되었다.

그런데 죽음의 신비에 직면하는 경우만큼 이런 귀 기울임이 강력한 힘을 발휘하는 때도 없다. 죽어가는 이의 곁에 앉았을 때 그들에게 도움을 주는 방법은 어떠한 의제도 갖지 않는 것밖에 없다. 죽어가는 사람들은 때로 울거나 슬퍼한다. 어떤 때는 사랑에 가득 차기도 하고 어떤 때는 힘들어한다. 죽어가는 사람의 주변에 있는 사람 역시 분노와 슬픔, 두려움과 비난에 휩싸이기 쉽다. 우리는 그들의 죽음의 동반자로서 열린 마음과 가슴을 유지하면서 어떤 판단도 내리지 않은 채 그들의 경험을 인정하고 받아들일 수 있어야 한다. 그럴 때 그들에게 가장 큰 도움을 줄 수 있다. 그리고 종종, 죽어가는 사람의 전체 경험을 허용할 때 거기 있는 모든 사람이 빛나는 신비 속으로 편안히 들어가게 된다.

불교 호스피스 자원봉사자들은 죽어가는 사람 곁에 앉아 이야기를 나누고 그들의 말을 경청하는 법을 연습한다. 겉으로 환자가 혼란스럽거나 반응을 보이지 않는 경우에도 이야기를 나누고 이야기를 경청한다. 이 분야의 선구자인 스티븐 레빈(Stephen Levine)과 온드레아 레빈(Ondrea Levine)은 겉으로는 혼수상태에 빠진 사람도 상대방의 이야기를 듣고 있다는 사실을 증명해 보였다. 아놀드 민델(Arnold Mindell)이 들려주는 다음의 이야기를 보자. 스테판 보디언(Stephan Bodian)과 나눈 인터뷰에서 민델은 자신의 의식을 환자들의 의식과 연결시키는 한 가지 방법으로 환자들 곁에 앉아 함께 호흡한 이야기를 들려주었다. 민델은 참전용사 병원에 입원한 어느 노인을 찾아간 이야기를 다음과 같이 말했다.

존은 6개월 동안 혼수상태로 누워있었다. 거친 숨소리와 그가 내는 여러 소음 때문에 다른 환자들이 잠에서 깼다. 나는 존을 보러 갔다. 그러고는 그의 손을 부드럽게 누르며 그와 함께 소리를 냈다. 10분쯤 지나 존이 눈을 뜨더니 이렇게 말했다. "당신도 보았어요?" 내가 말했다. "나는 보았어요. 당신은 무얼 보았나요?" "커다란 흰색 배가 존을 향해 다가오고 있어요!" "당신은 그 배를 탈 건가요?" 내가 물었다. 그가 소리쳤다. "나는 아니에요. 나는 배를 타지 않을 거예요." 내가 물었다. "왜죠?" "그 배는 휴양을 떠나는 크루즈선이거든요. 나는 아침 일찍 일어나 일하러 가야 해요."

평생토록 열심히 일만 하던 존은 이제 80세가 넘었다. 그는 암 때문에 뼈만 앙상하게 남은 늙은이가 되어있었다. 스스로에게 휴가를 허락하지 못한 그는 삶의 마지막에 멈춰 서 있었다. 나는 그에게 말했다. "글쎄요, 아침에 일어나 일하러 가는 건 문제가 없는 것 같아요. 하지만 그렇게 하기 전에 우선 배를 한 번 둘러봅시다. 배 안을 살펴보면서 누가 배를 모는지 알아봅시다." 이렇게 존은 배 안으로 들어가더니 흥분해서 이렇게 말했다. "우와! 천사들이 배를 운전하고 있어요." "배가 어디로 향하는지 알고 싶나요?" 내가 물었다. 존은 다시 한 번 배 안으로 들어가 무언가를 귀 기울여 듣는 듯 오른쪽으로 눈을 돌렸다. "배는 버뮤다로 가고 있어요." "그래요? 배 삯은 얼마인가요?" 그가 현실적인 사람이라는 걸 알고 내가 물었다. 1분 뒤 그가 말했다. "배 삯은 없어요." 내가 말했다. "생각해 보세요. 휴가를 가보는 건 어때요?" "나는 한 번도 휴가를 가본 적이 없어요. 한 번도요. 계속 일만 했어요." "이제 생각해보세요. 결정을 내려보세요." 마침내 그가 말했다. "휴가를 가겠어요. 돈도 들지 않고 버뮤다로 갈 수 있어요." 내가 말했다. "마음에 들지 않으면 돌아오면 돼요." "네, 언제든 배에서 내릴 수 있어요." "당신이 하고 싶은 걸 하세요." 내가 말했다. "당신의 판단을 믿어요. 지금 바빠서 다른 사람을 만나러 가야 해요." 그는 눈을 감았다. 그것이 그의 마지막이었다. 30분이 지나 우리가 돌아왔을 때 그는 세상을 뜬 상태였다. 버뮤다로 간 것이다.

신비에 열리기

마이클 프루스트는 한때 이런 말을 했다. "새로운 경치를 발견하는 것은 발견의 항해가 아니다. 새로운 눈을 갖는 것이야말로 진정한 발견의 항해다." 불교 수행은 우리에게 새로운 눈을 선사하며 경외감으로 초대한다. 몇 년 전 한쪽으로 새는 빛을 모으기 위해 허블우주망원경(지구 궤도를 도는 미국 NASA의 천체 관측 망원경-옮긴이)을 하늘의 가장 어두운 1평방인치(가로 세로 각각 2.54센티미터-옮긴이)로 향한 일이 있었다. 놀랍게도 천문학자들은 그 1평방인치 안에서 지금까지 보지 못한 먼 은하 수십억 개의 이미지를 발견했다. 그런데 매우 큰 렌즈를 아주 작은 렌즈로 바꿀 때도 놀라운 일이 벌어진다. 세포, 분자, 원자, 아원자 입자, 그리고 에너지를 눈으로 보게 되는 것이다. 모래 한 알 안에도 은하수처럼 광대한 놀라운 우주가 펼쳐진다. 또 다른 방향으로 눈을 돌려보자. 미생물학자들은 한 숟가락의 비옥한 토양에도 곤충, 박테리아, 곰팡이 등 수십억의 생명체가 들어있음을 본다. 이 모든 생명이 생명의 지구적 그물망을 형성하는 광대한 협력관계 속에서 살다 죽는다.

무엇보다 놀라운 일은 우리가 이런 신비를 당연한 것으로 여기며 며칠 심지어 몇 달을 지낼 수도 있다는 사실이다. 물론 우리의 자동적 습관은 도움이 되며 우리가 수월하게 기능하도록 돕는다. 만약 우리가 끊임없이 경외감의 상태에 있다면 적절히 기능하는 데 어려움을 겪을 것이다. 그러나 우리의 감각이 온통 마비된다면 그것 역시 중도에서 매우 멀어지는 일이다. 자연주의자 애니 딜러드(Annie Dillard)는 이렇게 상기시킨다. "그 풍경이 드러내는 한 가지 확실한 사실이 있다면 화려한 손짓이 창조의 재료라는 사실이다. 처음에 하나의 화려한 창조의 손짓이 있은 뒤 우주는 계속해서 화려함만을 다뤄왔다. 우주는 억겁의 빈 시공간에서 복잡함과 거대함을 창조했다. …

마음이 아플 땐 불교심리학

우주가 벌이는 쇼는 처음부터 불에 타고 있었다."

우리 자신이 신비의 일부이다. 우리의 안구와 고막, 우리의 목소리와 감정, 우리의 미망과 깨어남은 신비와 엮여있다. 그것은 신비 안에 들어있다. 우리는 신비를 지켜보는 목격자에 머물지 않는다. 우리 자신이 스스로를 바라보는 신비 자체이다.

불교 수행을 찾는 사람들은 불교 수행이 그들 삶의 일상적 괴로움을 덜어주기를 바란다. 그리고 실제로 불교 수행은 사람들의 괴로움을 덜어주기도 한다. 그러나 불교의 가르침에는 이보다 더 깊은 흐름이 흐르고 있다. 나는 학생들과 함께 자리에 앉아 그들이 가진 문제를 해결해주기만을 원하지 않는다. 나는 각각의 학생에게 마음이 멈추고 그들의 눈이 열리는 순간을 찾아주기를 바란다. 나는 맑은 여름날 밤 지구의 아랫면 들판에 누워 중력이라는 자석에만 의지한 채 끝도 없는 별 바다를 바라보며 서로 함께이기를 바란다. 나는 우리가 주변의 아름다움을 함께 기억하기를 원한다. 아프고 두려운 상태로 찾아온 패트리샤가 모든 것을 내려놓고 이 무시간적 지구 위에서 삶의 소중하고 순간적인 춤을 느낄 수 있다면 그것은 축복이다. 젤런이 상처 입은 아이에서 벗어나 자신을 입양으로 이끌고 자신의 생모를 찾게 만든 신비스러운 춤을 알아볼 수 있다면 그의 마음은 현명해질 것이다. 매릴린다가 퇴직에 대한 걱정을 내려놓고 지난 24년 동안 그녀와 자녀들을 이끌어준 은총을 느낄 수 있다면 우리의 작업은 성공이다.

중도에 씨앗 뿌리기

> 나는 씨앗을 뿌리지 않은 곳에 식물이 싹을 틔울 거라고 믿지는 않는다.
> 하지만 씨앗에 대해서는 커다란 믿음을 갖고 있다. 당신이 거기에 씨앗
> 을 뿌렸음을 내게 확신시켜 보라. 그러면 나는 경이로움을 기대할 준비
> 를 할 것이다.
>
> _소로

전직 교사이자 불교 장로인 A. T. 아리야라트네(Ariyaratne)는 스리랑카의 간
디로 불린다. 그는 어떤 형태의 갈등에서도 한쪽 편을 들지 않는다. 그런 그
의 삶 자체가 중도의 표현이라고 할 수 있다. 스리랑카에는 20년 넘게 심한
내전이 이어오고 있었다. 2002년 노르웨이인들이 평화 협정을 중재했다. 평
화 조약이 발효되자 아리야라트네는 스리랑카 최대 민중조직인 사르보다
야(Sarvodaya) 운동의 추종자들에게 평화를 지지하도록 촉구했다. 사르보다
야 운동은 바른 행동이라는 불교 원리를 이용해 스리랑카 전체의 3분의 1에
해당하는 마을에서 우물을 파고 학교를 짓고 영적 수행의 형태로 함께 협력
하도록 조직했다. 아리야라트네의 초청으로 65만 명의 사르보다야 회원들
이 스리랑카의 미래를 향한 그의 비전을 듣기 위해 한자리에 모였다. 아리야
라트네는 자신의 추종자와 국가를 향한 연설에서 5백 년 평화 계획을 제안
했다. "불교의 가르침은 우리 자신을 변화시키기 위해서는 원인과 조건을 이
해해야 한다고 가르칩니다. 우리가 내전의 고통을 짓는 데 5백 년이 걸렸습
니다." 아리야라트네는 4백 년에 걸친 식민주의와 5백 년에 걸친 힌두교도와
무슬림교도, 불교도의 갈등, 그리고 수백 년에 걸친 경제적 불평등을 포함한

주요 원인에 관하여 이야기했다. 그는 이어서 이렇게 말했다. "그러므로 이런 조건들을 변화시키기 위해서는 앞으로 5백 년이 걸릴 것입니다." 아리야라트네는 이어서 국가를 치유하기 위한 자신의 장기 계획을 제안했다.

그 계획은 먼저 정전(停戰)에 몇 년, 도로와 학교를 건설하는 데 10년을 할당한다. 그런 다음 서로의 언어와 문화를 배우고 익히는 프로그램에 25년을, 그리고 경제적 불공정을 바로잡고 섬사람들이 다시 하나로 뭉치게 만드는 데 50년을 할당한다. 그리고 5백 년 동안 백 년이 지날 때마다 장로 위원회를 열어 계획이 제대로 진행되고 있는지 확인한다.

아리야라트네는 다음 선거를 걱정하지 않는다. 또 그 계획이 완성되기 전에 자신이 죽는 일도 염려하지 않는다. 그는 무시간적 비전이자 신성한 의도이다. 그는 그저 선함과 지혜의 씨앗을 뿌리며 이 모든 것의 한가운데서 자유롭게 살아갈 뿐이다. 아리야라트네처럼 우리도 중도를 발견하면 행동할 수 있다. 이때 우리의 행동은 증오와 집착에서 나오는 행동이 아니라 스스로 좋아서 하는 행동이다. 우리의 행동은 비록 즉각적인 결과가 불확실하거나 눈에 보이지 않는다 해도 우리의 지혜와 연민이 낳은 결과물이다. 토머스 머튼이 결과의 희망에 의지하지 말고 가치와 옳음, 일 자체의 진실에 집중하라고 한 조언을 기억하라. 그렇다고 중도가 쉽다는 뜻은 아니다. 아리야라트네는 도전과 비난을 받았으며, 생명에 위협을 당하기도 했다. 우리가 장기적인 행동을 취할 때 거기에는 한쪽 편을 들고 일정한 견해를 고수하며, 끊임없이 결과를 측정하고, 모든 것을 통제하라는 압력이 존재할 것이다. 그러나 집착은 지혜의 길이 아니다. 우리가 중도를 따라가는 과정에서 칭찬과 비난, 그리고 장애와 승리가 일어나고 사라질 것이다.

나는 샌프란시스코의 공익 로펌에서 직원으로 일하던 헌신적인 불교 수행자 로브가 생각난다. 로브는 15년 동안 열심히 명상을 해서 삶이 크게 바뀌었다. 에이즈에 걸렸지만 그는 두려워하지 않았다. 그가 살던 마을 사람들은 그를 좋아했으나 그의 가족은 그가 게이라는 사실을 결코 받아들이지 못했다. 로브가 성인이 된 이후로 가족들은 항상 그를 피해 다녔다. 로브가 죽어가고 있을 때 아버지와 누나가 그를 찾아왔다. 가족들은 로브의 삶의 방식과 그가 에이즈로 죽어가고 있다는 사실에 무척 마음이 아팠다. 누나가 물었다. "살면서 좋은 일 한 게 뭐가 있니?" 로브는 망연자실해 답을 하지 못했다. 가족들의 방문이 끝난 뒤 나는 로브와 만났다. 누나의 판단이 그에게 깊은 상처를 주었음이 분명했다. 하지만 로브는 죽음에 직면한 사람들이 보이는 겸손함으로 나를 보며 이렇게 말했다. "좋은 일 한 건 별로 없지만, 딱 두 가지는 말할 수 있어요. 나는 친절했고, 다르마를 발견했다는 겁니다. 한 번 사는 인생, 그 정도면 충분하지 않을까요?"

우리의 삶이 세상에 어떤 영향을 줄지는 정확히 알 수 없다. 다만 우리가 확실히 알 수 있는 것은 자기 가슴의 의도를 살피는 것, 그리고 자신의 행동을 통해 아름다운 씨앗을 뿌리는 것이다. 당신의 선한 행동이 언젠가 열매를 맺을 것임을 의심하지 말라. 더 나은 방향으로의 변화는 당신의 삶으로부터 일어나는 것이니.

모르는 마음

이 수련을 사용해 내면과 외면의 갈등 상황에 지혜를 가져가봅니다. 처음에는 명상 자리에 앉아 수련하고, 이후에는 사람들과 만남을 갖는 상황에서 수련해도 좋습니다.

고요하고 편안하게 자리에 앉습니다. 호흡과 몸에 집중합니다. 이제 조금 편안해졌으면 앞으로 10년 후의 상황을 마음에 떠올려봅니다. 당신은 그때 어떤 일이 일어날지 아직 모릅니다. 이 점을 인식해 봅니다. 이 모르는 마음을 느껴보고 거기에 편안해지도록 합니다. 지구에는 매일 수십만 명의 사람이 태어나고 죽습니다. 그런 지구가 이 우주를 회전하고 있습니다. 이 점을 떠올려보십시오. 각각의 생명은 어디서 왔을까요? 처음에 그것은 어떻게 시작되었을까요? 우리 앞에는 또 어떤 변화가 기다리고 있을까요? 이처럼 우리가 모르는 것들은 너무도 많습니다. 모르는 마음이라는 진실을 느껴보고, 몸과 마음을 이완하고 거기에 편안해지도록 해봅니다.

이제 당신의 내면과 외면에서 겪는 갈등 상황을 한 가지 떠올려봅니다. 일이 어떻게 되어야 하는지, 사람들은 어떠해야 하는지에 관한 당신의 생각과 의견을 모두 의식해봅니다. 이제 당신이 정말로 모른다는 사실을 인식해보십시오. 어쩌면 잘못된 일이 더 좋은 결과로 이어질지도 모르는 일입니다. 이처럼 당신은 모릅니다.

모르는 마음을 가지고 당신 자신과 상황, 그리고 상대방에 다가가면 어떨지 상상해보십시오. 알지 마십시오. 무엇이든 확실하지 않습니다. 고정된 의견은 없습니다. 단지 새롭게 이해하도록 당신 자신에게 허용하십시오. 모르는 마음, 열린 마음으로 거기에 다가가십시오.

모르는 마음에 머물 때 상황이 어떻게 변합니까? 상황이 더 나아지나요? 더 현명해지고 수월해집니까? 더 편안해지나요?

불확실성에 편히 머물 수 있을 때까지, 당신이 최선을 다해 웃으며 '모른다'고 말할 수 있을 때까지 모르는 마음을 수련하십시오.

24 깨어난 가슴

지혜로써 사랑 가득한 당신의 마음이 세상의 사분의 일을 가득 채우게 하라. 마찬가지로 사랑 가득한 당신의 마음이 세상의 절반과 세상의 사분의 삼, 사분의 사에 가득 차게 하라. 위와 아래, 주변의 온 세상을 사려깊은 사랑으로 가득 채우라. 어떠한 악의도 없는 풍요롭고 고귀하며 무한한 사랑으로 세상을 가득 채우라.

_『디가 니까야』

어려움에 직면해 행복할 수 없다면 우리가 하는 영적 수련이 다 무슨 소용인가?

_마하 고사난다

사랑받는 사람 가운데 가난한 자 누구인가?

_오스카 와일드

우리는 사랑, 기쁨, 흔들리지 않는 자유에 대한 비범한 능력을 내면에 가지고 있다. 불교심리학은 이런 상태를 최상의 정신건강으로 본다. 앞서 소개한 디파마 바루아는 이런 마음의 성질을 직접 보여준 사람이다. 내가 그녀에게 공부할 때 디파마는 할머니이자 주부였다. 그녀는 테라와다 전통에서 가장 높은 성취를 이룬 수행자 가운데 한 사람이었다. 30대 중반까지 디파마는 신심이 돈독한 여느 불교신자였다. 그러다 몇 년 사이에 세 아이 중 둘이 질병으로 죽었다. 엄청난 충격을 받은 그녀의 엔지니어 남편은 그로부터 얼마 지나지 않아 심장발작으로 사망했다. 주체할 수 없는 슬픔과 함께 일 년 동안 병상 신세를 진 디파마는 힘들게 명상 사원을 찾았다. 절박한 심정으로 그녀는 명상에 자신을 던졌다. 그녀는 열정적인 천성과 타고난 능력으로 깊은 깨달음을 이루어 사원을 나섰다. 이후 훈련을 닦은 디파마는 십여 가지 명상법의 대가가 되었다. 강렬한 헌신과 빛나는 정신으로 그녀는 많은 사람에게 존경받는 스승이 되었다.

1970년대 후반에 나는 디파마를 다시 만나기 위해 캘커타를 찾았다. 당시 나는 인도 보드가야에서 한 달 동안 명상을 하고 있었다. 비행기 티켓에 문제가 생겨 내가 디파마와 보낼 수 있는 시간은 고작 반나절밖에 되지 않았다. 기온이 40도에 육박하는 아주 무더운 날이었다. 게다가 캘거타는 스모그가 낀 더러운 공기로 가득했다. 나는 디파마에게 예를 표하고는 몇 시간 동안 깊은 대화를 나누었다. 당시 나는 5년 동안 무리 없이 가르침을 펴고 있었지만 힘든 시기를 지나고 있었다. 나는 심한 요통으로 고생하고 있었고, 실패한 관계로 힘들어하고 있었다. 인도로 돌아가기 전에 나는 몇 달에 걸쳐 일주일에 60시간이나 일을 했다. 나는 그녀에게 내가 이렇게 괴로움과 스트레스를 당하는 걸 보면 과연 사람들에게 가르침을 전할 능력이 있는지 의심스럽다는 말을 했다. 그녀는 내가 매우 흔들리는 걸 보면서 이 모든 것에 굴하지 않고 꿋꿋이 견뎌내라고 격려해주었다. 내가 떠날 때가 되자 디파마는 그녀가 흔히 하듯이 벵골식으로 나를 꼭 껴안아 주었다. 그런 다음 나를 위해 특별한 축복을 준비해두었다고 말했다. 그녀는 키가 매우 작았기 때문에 내가 그녀의 축복을 받으려고 무릎을 꿇고 앉아도 그녀의 키 높이와 같았다.

　　디파마는 나의 머리와 온몸을 부드럽게 쓰다듬었다. 자신의 숨결을 내게 불어넣는 동시에 자애의 구절을 암송해주었다. 처음에 그 기도는 아주 길어 보였다. 하지만 그녀가 계속해서 나에게 축복을 내리자 나는 점점 좋은 느낌이 들었다. 길었던 10분이 지나자 나의 온몸이 울렁거리면서 활짝 열렸다. 나는 크게 미소를 짓고 있었다. "가서 그 사람들에게 도움이 되는 명상 수련회를 지도하세요." 마침내 그녀가 말했다. "어머니의 축복을 가져가세요." 마치 사랑이 가득한 할머니가 선한 바람을 기원하며 나를 배웅하는 것처럼 느꼈고 수행의 특별한 힘까지 부여받은 것 같았다. 나는 황홀경에 있었다.

　　나는 무더운 캘커타의 거리로 나와 택시를 잡아타고 덤덤 공항(Dum Dum Airport)으로 향했다(공항의 진짜 이름이 그랬다). 공항에 도착하기까지 2시간이 걸렸다. 운전사는 가는 내내 경적을 울려대며 인력거와 자동차, 매연과 쓰레기 사이를 요리조리 빠져나갔다. 공항에서 나는 지루한 인도 세관을 통과해야 했다. 세관 직원들이 내 물건을 살피고 이것저것 캐물으며 내 서류에 도장을 찍는 동안 나는 몇 시간씩 그대로 서 있어야 했다. 그렇게 겨우겨우 나는 세 시간이 걸리는 방콕 행 비행기에 올랐다. 방콕도 로스앤젤레스와 마찬가지로 무덥고 복잡했다. 공항에는 긴 줄이 있었고 세관 통과는 더 까다로웠다. 공항에서 느리고 복잡한 방콕 시내를 통과해 내가 묵을 호텔까지 도착하는 데 한 시간 반이 걸렸다.

그러나 가는 길 내내 나는 웃음을 멈출 수 없었다. 세관을 통과하고 비행기에 탑승하며 택시를 타고 교통 체증 속에 기다리는 내내 나는 만면에 미소를 지은 채 앉아있었다. 미소가 얼굴에서 사라지지 않았다. 나는 미소를 지은 채 잠들었다가 미소를 지으며 잠에서 깼다. 디파마가 축복을 내려준 뒤로 나는 며칠 동안 계속 미소를 짓고 있었고 몇 달 동안 흥분감에 차 있었다.

디파마를 비롯한 불교 지도자들은 깨어난 가슴이라는 심리적 가능성을 직접 보여주었다. 『의식의 변화Transformations of Consciousness』라는 책에서 하버드 대학의 심리학자 잭 엥글러(Jack Engler)는 디파마를 비롯한 상급 명상가들에 대한 연구결과를 보고했다. 엥글러는 여태까지 어느 과학자가 발견한 것보다 두드러지게 명상가들의 정신건강과 안녕감을 확인했다. 그는 명상가들이 살아온 이야기를 수집하는가 하면 성격과 지각을 함께 검사하는 로르샤흐(Rorschach) 검사와 주제통각검사(T.A.T) 등 상세한 심리검사도 실시했다. 디파마의 검사 기록은 그녀가 말하는 밝고 사랑이 가득한 마음을 그대로 보여주었다. 기록은 분노와 두려움, 탐욕과 갈등에 흔들리지 않는 그녀의 마음과 정확히 일치했다. 디파마는 자기 내면의 삶에 완전히 열려있었다. 엥글러는 보고서에 다음과 같이 썼다. "디파마의 검사 결과는 가장 깊은 차원의 내면적 해방을 보여주는 인지-정서 변화와 통합성을 나타냅니다. 디파마는 자신의 검사 결과를 현재 진행 중인 자신의 영적 이야기에 자연스럽게 엮어냈습니다. 그 이야기는 다르마의 전체 가르침을 드러내는 동시에 그 검사에 대한 명확한 이해를 보여주었습니다. 이것은 지금까지 어떤 연구자도 목격한 적 없는 특별한 성취입니다."

디파마는 우리가 자신의 불성에 의지할 때 어떤 일이 일어나는지 보여준다. 그런데 우리가 기억할 점은, 이렇게 빛나는 가슴은 명상의 대가나

고급 수행자들의 전유물이 아니란 사실이다. 빛나는 가슴은 우리들 누구에게나 있다. 나의 동료 샤론 샐즈버그는 캘리포니아 오클랜드에서 진행한 하루 일정의 자애 명상 수련회에서 있었던 이야기를 들려주었다.

샤론은 이렇게 말했다. "도시 지역에서 자애 명상 수련회를 가르칠 때마다 나는 수행자들에게 거리에 나가 걷기 명상을 하게 합니다. 그러고는 거리를 걸으며 눈에 들어오는 사람들 가운데 배려와 알아차림으로 몇 사람을 선택하게 합니다. 그런 다음 그 사람들에게 다음과 같은 자애 수행의 구절을 속으로 되뇌며 그들이 잘 되기를 빌어주게 합니다. '당신이 행복하기를. 당신이 평화롭기를.' 나는 수행자들에게 설령 자애의 마음이 느껴지지 '않더라도' 사랑의 마음을 전하려는 그들의 의도가 지닌 힘은 결코 적어지지 않는다고 말해 줍니다. 그날 우리는 오클랜드 시내에서 몇 블록 떨어지지 않은 장소에서 수련회를 열었습니다. 우리는 앰트랙(Amtrak, 미국 철도 여객 수송 공사–옮긴이) 역 바로 건너편에 있었기 때문에 열차 플랫폼에서 수행을 하는 수행자도 몇 명 있었습니다.

열차가 들어오자 우리 반의 어느 여성 수행자가 열차에서 내리는 어떤 남성을 보고는 그 남성을 자기가 하는 자애 명상의 대상으로 삼겠다고 속으로 생각했습니다. 그녀는 그 남성을 위해 속으로 자애 명상의 구절을 되뇌었습니다. 그러자 거의 즉각적으로 자신을 평가하는 마음이 일어났습니다. '아직 저 남자가 멀게 느껴지는 걸 보니 내가 자애 명상을 제대로 못하는 게 틀림없어. 따뜻한 느낌이 별로 일어나지 않아.' 그럼에도 그녀는 모든 존재를 거리감이 아닌 친절로 바라보려는 자신의 의도를 다시 확인하고 계속해서 자애 명상의 구절을 되뇌었습니다. '당신이 행복하기를. 당신이 평화롭기를.' 그러고는 다시 한 번 그 남자를 보았습니다. 정장을 차려입고 넥타이를 맨 남자는 긴장하는 모습이었습니다. 그러자 그녀는 남자에 대해 평가를 내리기 시작했습니다. '저 남자는 너무 경직되고 긴장해 있는 것 같아.' 그러고는 자신에 대해 판단을 내리며 이렇게 생각했습니다. '나는 지금 어떤 이에게 자애의 마음을 보내려는 와중에도 그 사람을 비하하고 있어.' 그렇지만 그녀는 계속해서 자애의 구절을 되뇌었습니다. 그러면서 자기가 가진 에너지를 세상 속에서 사랑의 힘이 되고자 하는 자신의 깊은 의도와 일치시켰습니다. 그 순간, 남자가 그녀에게 걸어와 이렇게 말했습니다. '살면서 이렇게 해본 적은 한 번도 없었는데, 당신이 나를 위해 기도해 주었으면 좋겠어요. 나는 이제 곧 삶에서 아주 힘든 상황에 직면하게 돼요. 그런데 당신은 아주 큰 사랑의 마음을 갖고 있는 것처럼 느껴집니다. 그러니 당신이 나를 위해 기도를 해주었으면 좋겠습니다.'"

네 가지 빛나는 거처

아주 옛날, 불교의 목록을 만들던 사람들은 인간 발달의 가장 높은 가능성에 관한 지도를 그리는 데서 기쁨을 느꼈다. 그들은 네 가지 고귀한 마음, 다섯 가지 영적인 힘, 다섯 가지 지위, 여덟 가지 깨달음, 십우도(十牛圖. 참선하는 순서를 소를 부리는 데 비유한 그림-옮긴이), 보살의 열 단계, 깨달음의 서른일곱 가지 요소 등을 열거했다. 그런데 인간 깨달음의 가장 소중한 설명이라고 할 수 있으며 서양에 사는 우리가 최상의 정신건강이라고 칭할 수 있는 것이 있다면 바로 네 가지 빛나는 거처, 즉 사무량심이 아닐까 싶다.

여기서 네 가지 빛나는 거처란 자애, 연민심, 기쁨, 평정 또는 평화의 마음을 말한다(한자로 각각 자비희사(慈悲喜捨)이다-옮긴이). 이 마음의 거처들을

마음이 아플 땐 불교심리학

소중히 여기는 이유는 이 마음들이 자연스러운 인간의 행복감을 표현하기 때문이다. 이 마음 거처들은 즉각적이고 단순하다. 이것은 열린 가슴의 보편적인 표현이다. 자애, 연민, 기쁨, 평화 등 그 이름만으로도 우리에게 직접 와닿는 무엇이 있다. 이 마음의 성질을 가득 담은 사람을 만나면 우리의 가슴도 환하게 불이 켜진다. 우리 내면에서 평화, 사랑, 기쁨, 연민심과 접촉할 때 우리는 변한다.

사랑은 우리의 참된 본성이다. 그러나 앞서 보았듯이 사랑은 두려움이라는 보호막에 가려져 있다. 우리는 불교 수행이 진흙 아래 묻힌 황금을 드러내고, 우리 자신의 타고난 선한 본성을 회복하게 함을 보았다. 이것은 우리가 가지고 태어난 사랑이지만 불교에서 닦는 수행의 길은 체계적인 훈련을 통해 이런 사랑을 더욱 계발시킨다. 체계적인 훈련으로 사랑, 연민심, 기쁨, 평화에 대한 우리의 능력은 더욱 커진다. 마음의 이런 성질을 키우는 수행은 반복적으로 떠올리는 생각, 시각화, 느낌을 결합한다. 수백만 명의 수행자가 이 훈련을 통해 자신의 가슴을 변화시켰다.

마음의 빛나는 거처를 계발하면 그것들이 가진 상호보완적인 성질이 서로 균형을 이룬다. 불교심리학에서는 마음의 이런 균형을 매우 중요하게 간주한다. 사랑, 연민심, 기쁨이 지나치면 집착으로 변질될 수 있으므로 마음이 가진 따뜻한 성질은 평정심과 균형을 이루어야 한다. 또 평정심이 지나치면 무관심으로 떨어질 수 있으므로 평정심의 냉정한 성질은 사랑, 연민심, 기쁨과 균형을 맞출 필요가 있다. 이들 마음의 빛나는 성질을 함께 확립할 때 최상의 정신적 조화를 표현할 수 있다.

마음의 깨어난 성질이 지닌 자연스러운 흐름은 내면의 평화로부터 흘러나온다. 의식이 평화롭고 열려있을 때 우리는 평정심에 머문다. 우리의 평화로운 가슴이 다른 존재들을 만나면 그것은 사랑으로 가득 찬다. 또 이 사랑이 고통을 만나면 자신을 변화시켜 자연스럽게 연민심을 일으킨다. 그리고 이 열린 가슴의 사랑이 행복을 만나면 기쁨이 된다. 이런 식으로 빛나는 마음 거처는 자연스럽게 온 세상을 비추며, 또 온 세상과 연결된다.

불교심리학의 스물여섯 번째 원리는 이것이다.

26
평화로운 가슴은 사랑을 낳는다. 사랑이 고통을 만나면 연민심으로 변하고 사랑이 행복을 만나면 기쁨으로 변한다.

사랑을 일깨우기

자애는 빛나는 마음 거처 가운데 첫 번째 훈련이다. 이 자애 수행의 처음 단계에서 수행자는 자기 자신을 머릿속에 그리며 다음처럼 선한 기원을 담은 서너 개의 전통적 구절을 되뇐다. "내가 안전하고 건강하기를. 내가 행복하기를." 수행자는 이 구절을 되뇌면서 자애라는 마음의 성질이 자신의 몸과 마음에 어떻게 반영되는지 느껴본다.

이 구절을 며칠, 몇 달에 걸쳐 수천 번 반복하면 자애라는 마음의 성질이 점점 커진다. 처음에는 자신에게 사랑을 보내는 것이 어렵게 느껴질 수도 있다. 오히려 수치심이나 자신이 무가치하다는 느낌을 일으키는 사람도 많다. 하지만 이것은 매우 강력한 수행법이다. 왜냐하면 사랑하기 어려운 자기의 일면을 타인에게서 보았을 때 그것을 받아들이기란 불가능하기 때문이다. 불교의 가르침은 이렇게 설명한다. "온 우주를 다 뒤져도 자기 자신만큼 사랑받을 가치가 있는 존재는 발견할 수 없다."

자애의 구절을 여러 번 되뇌다 보면 자신에 대한 강력한 사랑이 자리를 잡는다. 그런 다음에는 체계적으로 각 범주의 다른 사람에게로 자애 수행을 확장한다. 우선 자신의 은인에게, 다음으로는 사랑하는 사람과 친구에게, 그 다음으로는 자신과 무관한 사람에게, 그리고 마침내는 어려운 관계에 있는 사람, 심지어 원수에게. 그들을 머릿속에 떠올리면서 자애의 마음을 보낸다. 그런 다음 선한 의도를 담은 자애의 바람을 더 멀리 확장시킨다. 모든 인간과 동물, 곤충, 지구상의 모든 존재들, 물과 공기, 크고 작은 생명체, 어리고 늙은 생명체, 눈에 보이거나 보이지 않는 모든 생명체에게 자애의 마음을 보낸다. 이처럼 모든 방향에 살고 있는 존재들에게 빼놓지 않고 자애의 마음을 보낸다. 이렇게 자애의 마음을 보내는 각 단계에서 우리는 자애로운 의식의 장을 의도적으로 확장시킨다. 만약 자애를 보내야 하는 다음 영역에 마음이 잘 열리지 않는다면 우리는 천천히 모든 것을 내려놓고 용서한다. 장애물이 사라질 때까지 사랑을 담은 의도를 반복적으로 일으킨다.

루비는 15년 동안 불교 수행을 해온 수행자였다. 오늘 루비는 행복과 기쁨의 기운을 발산하고 있다. 그런데 이것은 그녀의 삶이 수월해졌기 때문이 아니었다. 몇 년 전에 루비는 자신이 마음을 훈련하고 계발하는 데 있어다음에 밟아야 할 단계를 어떻게 잡으면 좋을지 나에게 물었다. 그녀는 대학행정가로 일하는 외에 어머니를 모시고 두 손자까지 돌보는 상황이라 장기간의 명상 수련회는 참가하기 어려웠다.

가족을 돌보는 루비의 상황에 균형을 맞춰주기 위해 나는 그녀에게 일 년 동안 자신을 위한 자애 수행을 하도록 제안했다. 루비는 처음에는 저항했다. "내가 행복하기를 일 년 동안 빌어주라고요? 너무 자기 생각만 하는 것 아닐까요? 내가 그렇게 할 수 있을지 모르겠군요." 그러나 그녀는 시도해 보기로 했다. 아침 명상에서, 그리고 하루를 지내는 동안 루비는 사랑의 의도를 가지고 자신이 직장과 운전, 쇼핑에서 잘 되기를 빌어주었다. 명상이 지루하고 어렵게 느껴질 때도 있었지만 루비는 포기하지 않았다. 이렇게 일 년 동안 자신을 향한 자애 명상을 하자 그녀는 더 행복해졌고 마음도 더 밝아졌다. 그런 뒤 나는 그녀에게 일주일간의 자애 명상 수련회에 참여할 것을 제안했다.

　　　루비는 이틀 동안 저항하다 이윽고 고요하고 집중된 멈춤 속에 들었다. 루비는 수행을 통해 저항하는 마음에 저항하지 않는 법을 배웠다. 사랑으로 자신의 모든 경험을 품어 안는 법을 배웠다. 이렇게 하자 자애의 마음이 더 커졌다. 그 뒤 며칠에 걸쳐 루비는 밝게 빛나는 에너지 흐름이 그녀 몸의 중심을 가득 채운 뒤 경계가 없는 사랑의 바다로 커지는 것을 경험했다. 그녀는 말할 수 없이 행복했다. "나는 열렸어요." 어느 날 아침 그녀가 외쳤다. "나는 무(無)인 동시에 온 세상이에요. 나는 꽃사과 나무인 동시에 개울가의 개구리예요. 또 저녁 주방의 지친 요리사인 동시에 내 신발에 묻은 진흙이에요. 그리고 하늘의 별이기도 해요. 마음이 과거와 미래를 생각할 때 그것은 이야기를 지어낼 뿐이에요. 하지만 자애의 마음에 있을 때는 과거도 미래도 없어요. 거기에는 오직 침묵과 사랑만이 존재해요."

　　　루비는 자애 명상 수련회를 끝까지 마쳤다. 이제 사랑은 그녀에게 더 이상 훈련이나 수행이 아니었다. 사랑은 그녀의 삶 자체였다. 루비는 오랫동안 병상에 누운 어머니에게 사랑을 가져갔다. 루비는 나에게 이제 자신과 타인을 향한 정식 자애 명상은 잘 하지 않는다고 말했다. 왜냐하면 "자애의 마음이 저절로 일어났기 때문이에요. 우리는 서로 분리된 존재가 아니에요. 사랑은 우리의 존재 자체거든요."

이런 방법으로 자애의 마음을 닦는 경험은 새로운 가능성을 비춰준다. 예를 들어 우리가 은인과 친구에서 중립적인 사람으로 주의를 이동시킬 때 거기에는 완전히 새로운 범주의 사랑이 열린다. 자애 수행에서 중립적인 사람이란, 우리가 자주 만나면서도 별다른 관심을 기울이지 않는 사람을 가리킨다. 평소 자주 얼굴을 보는 은행 출납원이나 동네 식당의 여종업원을 맨 처음 중립적인 사람으로 정할 수도 있다. 나는 어느 장기 수련회에서 동네의 늙은 정원사를 자애의 마음을 보낼 중립적인 대상으로 정했다. 나는 명상으로 그의 모습을 마음속에 그리며 그가 잘 되기를 며칠 낮밤 동안 빌어주었다. 나중에 내가 우연히 그 남자와 마주치는 일이 있었다. 이름은 몰랐지만 그를 만나 너무나 반가웠던 나는 속으로 이렇게 말하며 황홀해했다. '오, 사랑하는 나의 중립적인 사람이여!' 그때 나는 내가 지금까지 얼마나 많은 중립적인 사람들을 무시하며 살았는지 깨달았다. 그래서 나는 그들까지 나의 자애 수행에 포함시켰다. 그러자 나의 사랑이 더 깊어졌다.

이제 자애 수행은 중립적인 사람으로부터 내가 힘들어하는 사람과 적에게로 확장된다. 그러나 여기서는 자애 수행을 처음 시작하던 때와는 상황이 사뭇 다르다. 우리의 가슴이 열리고 자애의 마음이 충분히 강해졌을 때에만 내가 강한 혐오감을 느끼는 사람, 나를 부당하게 대우한 사람, 그리고 내가 적으로 간주하는 사람을 나의 마음 안으로 들일 수 있다. 이를 시도해보면 처음에는 마음이 위축되면서 닫힐 것이다. "당신이 나에게 한 행동을 생각하면 나는 절대 당신을 사랑하거나 용서할 수 없어. 결코." 그런데 증오의 마음이 일어나면서 우리는 열린 가슴의 기쁨까지 잃어버리게 된다. 이를 보면서 우리는 증오의 마음이 우리로 하여금 어떤 대가를 치르게 하는지 알 수 있다. 자신의 이익을 생각했을 때에도 증오의 마음이 치르는 대가가 너무 크다는 사실을 깨닫는다. 마침내 당신은 이렇게 생각하기에 이른다. "좋아, 용서하겠어. 당신까지도 나의 자애의 마음에 들어오도록 허용하겠어. 처음 엔 조금만 허용할 거야. 그래야 나의 가슴이 계속해서 열려있을 테니까." 이 런 식으로 계속 수행한다면 어려운 상황에 처해서도 자신의 가슴을 여는 법 을 익힐 수 있다. 이렇게 친절의 마음을 훈련하다 보면 마침내 디파마처럼 만나는 모든 사람을 향해 사랑의 마음을 보내게 될 것이다.

　　나의 동료 실비아 부어스틴(Sylvia Boorstein)은 뉴욕에서 오랫동안 자 애 수행을 닦은 필이라는 불교 수행자에 대해 이야기했다. 어느 날 저녁 소 호(SoHo)의 작은 샛길에서 턱수염이 듬성듬성 있고 더러운 금발에다 옷차림 이 단정치 못한 한 남자가 필에게 다가와 총을 겨누고는 돈을 요구했다. 필 은 지갑에 지니고 있던 6백 달러가 넘는 돈을 전부 강도에게 내주었다. 그런 데 강도는 총부리를 흔들며 더 많은 돈을 요구했다. 필은 시간을 벌기 위해 자신의 신용카드와 지갑까지 통째로 내주었다. 강도는 마약에 취한 듯 멍한 상태로 이렇게 말했다. "당신을 쏠 테야." 필이 대답했다. "아니, 잠깐만요. 여 기 손목시계가 있어요. 비싼 시계예요." 조금 당황한 강도는 손목시계를 낚 아챈 다음 총을 흔들며 다시 말했다. "그래도 쏠 테야." 필은 자애의 마음으 로 그를 바라보며 말했다. "나를 쏠 필요가 없어요. 당신은 꽤 잘 했어요. 보 세요, 거의 7백 달러나 되는 돈을 손에 넣었고 신용카드와 비싼 시계도 가졌 어요. 정말 잘 한 거예요." 강도는 혼란스러운 듯 총부리를 천천히 내리고는 말했다. "내가 잘 했다고요?" "정말 잘 한 거예요. 친구들에게 말해보세요, 정말 잘 했다니까요." 멍한 상태로 강도는 그 자리를 뜨면서 혼잣말로 나직이 이렇게 속삭였다. "나는 잘 했어."

누군가 우리가 잘 했다고 봐줄 때 그것은 하나의 축복이다. 모든 문화권과 전통이 서로를 사랑으로 바라보는 것의 중요성을 알고 있다. 하시디즘(엄격한 유대교의 한 형태-옮긴이)에 속한 늙은 랍비 한 사람이 밤이 끝나고 낮이 시작되는 때를 어떻게 알 수 있는지 제자들에게 물었다. 동틀 녘은 그들이 신성한 기도를 올리는 시간이었기에 그 질문을 던졌다. 어느 제자가 말했다. "멀리 보이는 동물이 양인지 개인지 알아볼 수 있을 때요." "틀렸다." 랍비가 말했다. "자기 손바닥의 손금이 뚜렷하게 보이는 때요." "멀리 보이는 나무가 무화과나무인지 배나무인지 알아볼 수 있을 때요." "모두 틀렸다." 랍비가 말했다. 궁금해진 제자들이 물었다. "그렇다면 언제인가요?" 랍비가 대답했다. "모든 남자와 여자의 얼굴을 보면서 그들이 너희의 형제자매라는 걸 아는 때다. 그때가 오기 전까지는 밤이라고 보아야 한다."

자연스러운 기쁨

하버드 대학의 심리학자 잭 엥글러가 디파마를 상대로 연구를 수행할 당시 그는 불교의 가르침에 관한 흔한 오해 한 가지에 대해 그녀에게 물었다. "불교의 가르침은 너무 음울하게 들려요. 탐욕도 없애라, 미움도 없애라, 무지도 없애라. 그러면 즐거움은 어디서 찾죠?" 이 말에 디파마는 웃음을 터뜨렸다. "오, 당신은 잘못 알고 있어요! 우리의 일상생활은 무척 단조롭죠. 우리는 언제나 똑같은 렌즈를 긴 채 모든 것을 경험하고 있어요. 그런데 탐욕과 증오, 어리석음이 사라지면 항상 모든 것을 신선하고 새롭게 보게 돼요. 매 순간이 새로운 순간이 되는 거죠. 이제까지의 삶이 단조롭고 지루했다면 이제부터는 매일, 그리고 매 순간이 흥미와 재미로 가득해져요."

앞서 보았듯이 사랑이 고통을 만나면 그것은 연민심이 된다. 또 사랑이 행복을 만나면 그것은 기쁨이 된다. 기쁨은 벗어난 가슴, 깨어난 가슴이 겉으로 드러난 표현이다. 최근에 달라이 라마가 워싱턴 D.C.에서 열린 대규모 과학 대회에서 공동 사회를 맡았다. 달라이 라마는 의사, 신경과학자, (나를 포함한) 불교 지도자들을 만나 명상과 신경생물학에 관한 최근의 임상 연구결과에 대해 살폈다. 어느 날 아침 지역 방송국 텔레비전 기자가 달라이 라마를 인터뷰 하던 중 명상과 행복에 대해 물었다. "당신은 뉴욕타임스 베스트셀러 『달라이 라마의 행복론The Art of Happiness』이라는 책을 썼고 행복에 대해 자주 가르침을 폈어요. 우리 시청자들을 위해 당신 삶에서 가장 행복했던 순간에 대해 말해줄 수 있나요?" 달라이 라마는 잠시 생각에 잠기더니 미소를 지으며 이렇게 말했다. "지금이 가장 행복한 것 같아요."

현재에 살면 별다른 이유가 없어도 기쁨이 일어난다. 이 기쁨은 특정한 조건에 의존하지 않는 의식이 우리에게 선사하는 행복이다. 어린이들은 이 기쁨을 알고 있다. 『괴물들이 사는 나라Where the Wild Things Are』라는 그림책의 작가 모리스 샌닥은 자신에게 편지를 보낸 어느 남자아이의 이야기를 들려주었다. "아이는 나에게 그림이 그려진 멋진 카드를 보냈어요. 나는 아이들이 보낸 편지에 빼놓지 않고 답장을 해요. 어떤 때는 매우 서둘러 답장을 하지만 이번만큼은 천천히 답을 보냈죠. 나는 괴물을 그린 엽서를 그 아이에게 보냈어요. 그리고 엽서에는 이렇게 썼어요. '사랑하는 짐, 네가 보낸 카드가 무척 좋았단다.' 그 뒤 아이의 엄마에게 받은 답장에는 '짐이 당신이 보낸 카드가 너무 마음에 들었던지 그걸 먹어버렸지 뭐예요.'라고 적혀 있었다. 그건 내가 여태껏 받은 칭찬 가운데 최고였어요. 아이는 내가 그려 준 그림이 책에 나오는 그림과 똑같은 괴물인지는 상관하지 않았어요. 그저 그림을 보고는 너무 좋아서 먹어버린 거예요."

우리는 앞에서 깊은 명상 상태에서 기쁨이 자연스럽게 일어남을 보았다. 수행자들의 말에 따르면 깊은 명상 상태에서 그들은 몸이 떨리고 기쁨의 눈물을 흘리며, 시원한 파도가 덮쳐오기도 하고 황홀감이 물결처럼 일어나기도 하며, 둥둥 떠다니는 듯한 기쁨을 느끼기도 한다고 한다. 또 청록색 물과 같은 기쁨이 일어나며 몸이 떨리기도 하고 감사의 기쁨을 느끼며 신나고 즐거운 기쁨이 일어난다고도 한다. 고요한 황홀감을 느낀다고도 말한다. 또 몸과 가슴, 마음에 기쁨이 일어나며 세상의 아름다움과 타인의 행복에서 기쁨을 느낀다고도 한다.

그럼에도 사람들은 종종 불교를 비관적인 인생관으로 잘못 안다. 물론 고귀한 진리, 즉 사성제에서 괴로움과 그 원인에 관하여 가르친다. 그리고 불교 국가에는 아주 심각하며 엄격한 의무감으로 똘똘 뭉친 명상 지도자도 소수 존재한다. 나 역시 많은 서양인들처럼 그런 스승을 찾아다녔다. 나는 자신을 변화시키고 싶은 마음이 매우 강해 가장 엄한 사원과 수련회를 찾아갔다. 그곳에서는 하루 18시간씩 수행을 하며 엄청난 통증이 일어나도 몸을 움직이지 않은 채 자리에 앉아있었다. 이 사원에서 나는 중요한 것을 많이 배웠다.

그런데 나는 지나치게 진지한 구도의 자세 때문에 주변에 존재하는 불교문화가 지닌 놀랍도록 경쾌한 성질을 보지 못했다. 태국, 라오스, 티베트, 버마, 네팔의 문화는 가볍고 쾌활하다. 이곳 사람들은 웃음으로 가득하다. 아이들은 행복한 미소로 우리를 매혹시키며, 어른들도 경쾌한 정신으로 일하고, 놀고, 기도한다. 금욕적 태도를 추구하는 심각한 서양인들은 대부분의 불교 사원이 회화와 불상, 천인과 범천, 보살과 부처님이 등장하는 환상적인 이야기의 이미지로 가득한 장소임을 알아보지 못한다. 우리는 사원의 중심을 이루는 공동체 생활과 사원에서 주기적으로 행하는 의례와 춤, 축하, 잔치, 축제를 제대로 알지 못했다. 수행에 대한 열의 때문에 우리는 아잔 차 스님, 마하 고사난다 스님, 아난다 마이트레야 스님, 16대 카르마파 라마, 아나가리카 무닌드라 등 우리의 위대한 스승들이 멋지고 경쾌한 웃음과 전염성 있는 기쁨을 지닌 사람들이라는 사실을 알아보지 못했다.

　　미국으로 돌아와 가르침을 펼 때 나와 동료들은 괴로움에 관한 붓다의 가르침과 깨어남의 필요성에 관한 붓다의 가르침을 강조하는 경향이 있었다. 당시 우리는 젊었고 인간의 괴로움에 중점을 둔 우리의 수련회는 심각하고 진지한 분위기를 띄었다. 그러나 괴로움은 우리의 목적지가 아니다. 괴로움은 우리가 걸어가는 수행 길의 시작일 뿐이다. 지금은 내가 지도하는 수련회에서 참가자들에게 자신의 타고난 기쁨에 깨어나도록 격려한다. 수련회의 시작부터 나는 참가자들에게 기쁨과 안녕의 순간이 깊어지도록, 그래서 자신의 몸과 마음에 기쁨과 안녕이 퍼져나가도록 허용하게 한다. 우리 가운데 많은 이가 기쁨과 행복을 두려워하는 조건화에 걸려있다. 그러나 기쁨은 깨어남에 반드시 필요한 요소다. 페르시아의 신비주의자 루미는 이렇게 가르친다. "당신은 정원에 가면 가시를 많이 보는가, 꽃을 많이 보는가? 이제부터는 장미꽃과 재스민을 보는 데 시간을 더 보내라." 프랑스의 소설가이자 철학자 앙드레 지드도 이렇게 이른다. "기쁨이 슬픔보다 더 드물고, 더 어려우며, 더 아름답다는 사실을 알아야 한다. 더없이 중요한 이 사실을 알았다면 당신은 이제 기쁨을 도덕적 의무로 받아들여야 한다."

망명 중인 티베트 공동체 사람들을 상대로 상담하는 심리학자들은 그들 중 많은 이가 엄청난 트라우마와 상실을 겪었음에도 놀랍도록 커다란 회복탄력성과 기쁨을 간직하고 있음을 보았다. 가장 놀라운 것은 투옥과 고문을 당한 남녀 승려들이 보이는 반응이다. 하버드 심리학자들의 연구에 따르면 그들은 트라우마의 흔적을 거의 보이지 않는다고 한다. 대신에 연민심과 삶에 대한 즐거운 감사의 마음이 더 깊어졌다고 한다. 어느 나이든 라마는 20년 넘게 투옥과 고문을 당하는 동안 그가 유일하게 두려워한 것은 연민심을 잃고 가슴이 닫히는 일이라고 말했다. 최상의 정신건강을 이해하고자 하는 우리에게 이들 남녀 승려는 아주 훌륭한 모범이다.

불교 지도자이자 나의 동료인 데브라 챔벌린-테일러(Debra Chamberlin -Taylor)는 자신이 운영하는 유색인을 위한 연중 훈련 모임에 참가한 어느 공동체 활동가의 이야기를 들려주었다. 이 여성은 가난과 트라우마, 학대로 점철된 어린 시절을 보냈다. 그녀는 부모의 죽음과 자신의 질병을 직면해야 했으며, 고통스러운 결혼 생활 때문에 이혼을 해야 했다. 또 인종차별을 당했으며, 두 아이를 혼자 키워야 했다. 그녀는 독학으로 혼자 공부하느라 힘들었던 시절, 그리고 자신의 신념을 위해 떨쳐 일어섰던 시절에 대해 이야기했다. 또 그녀가 지역과 전국 단위 정치 무대에서 정의를 위해 싸우는 급진주의자가 된 과정도 이야기했다. 나와의 마지막 만남에서 마침내 이 여성은 이렇게 선언했다. "이 모든 고난과 어려움을 겪은 뒤에 나는 정말 급진적인 일을 하기로 결심했어요! 다름 아니라 내가 행복해지는 일이요."

우리가 자애와 연민심에 다시 깨어날 수 있듯이 우리는 기쁨에 대해서도 다시 깨어날 수 있다. 기쁨은 우리 의식의 타고난 상태이다. 자기 안에서 기쁨을 본다면 타인에게서도 기쁨을 볼 수 있다. 한번은 봄철 장기 수련회에서 로나라는 젊은 여성이 수행 참가자 한 사람의 행동이 거슬린다며 나를 찾아와 이야기했다. 그녀는 곁에 앉은 큰 덩치의 남성 때문에 신경이 곤두서 있었다. 그 남자는 너무 자주 몸을 움직였다. 버드라는 이름의 이 남자는 해병대 출신으로 짧은 티셔츠를 입은 탓에 몸에 그린 문신들이 그대로 드러났다. 게다가 담배 냄새도 났다. 로나는 버드의 에너지가 무서웠지만 그를 이해하려고 노력했다. 자애 명상을 하는 과정에서 로나는 버드가 자신의 고통스러운 과거 남자 경험을 떠올리게 한다는 걸 알았다. 점차 로나는 자신을 가장 괴롭히는 것은 다름 아닌 그녀 스스로 머릿속에 그린 상상이라는 사실을 깨달았다. 그러나 그녀가 버드 같은 사람에게 말을 거는 것은 여전히 두려운 일이었다. 그러던 중 수련회 마지막 주에 로나가 나를 찾아와 활짝 웃으며 말했다. "이제 더 이상 그가 두렵지 않아요." 그녀는 아침식사 후에 식당 아래쪽 개울가로 산책을 간 일을 이야기했다. 거기서 꽃이 만발한 개울둑 사이에 서 있는 해병대 출신의 그 남자와 마주쳤는데 그가 두 손으로 꽃을 동그랗게 모아 쥐고는 하나씩 꽃향기를 맡았다고 했다. 수련회 마지막 날에 나는 로나가 꽃 근처에 서서 버드와 함께 즐겁고 활기찬 대화를 나누는 모습을 보았다.

자애나 연민심과 마찬가지로 기쁨을 일으키는 수련법도 있다. 우선 자기가 좋아하는 사람이 행복한 순간을 경험하는 모습을 머릿속에 그린다. 그들의 안녕을 느껴본다. 그리고 다음처럼 의도를 암송한다. "당신의 행복과 기쁨이 더욱 커지기를. 당신에게 행복을 가져오는 원인들이 더 많아지기를." 이 의도를 계속 반복한다. 저항감이 일어나거나 피곤해지거나 비교하는 마음과 질투심이 일어나도 기쁨에 대한 우리의 감각이 강력해질 때까지 계속 반복한다. 그런 다음 우리가 사랑하는 다른 사람에게 이 수행을 체계적으로 확장시킨다. 그들의 행복을 기뻐하는 마음 성질이 더 쉽게 일어날 때까지 한 사람, 한 사람에게 확장해 나간다. 그런 다음 이번에는 기쁨을 일으키는 수행을 자신에게로 향하게 한다. 자신의 기쁨과 행복을 빌어준다. 이제는 기쁨을 일으키는 수행을 체계적이고 점진적으로 모든 범주의 존재에게 열리도록 한다. 타인의 기쁨과 성공을 빌어주는 연습을 스스로 하는 과정에서 우리는 기쁨이라는 빛나는 거처를 일깨우게 된다. 기쁨이 있으면 우리가 하는 어떤 행동도 신성한 행동이 된다. 마틴 루터 킹 주니어 목사는 이 점을 알고 이렇게 말해다. "생계를 위해 거리를 청소하는 사람은 미켈란젤로가 그림을 그리듯이, 베토벤이 음악을 작곡하듯이, 그리고 셰익스피어가 희곡을 쓰듯이 청소를 해야 한다."

기쁨의 마음을 계발하는 수행을 돕는 방법으로 감사의 수행을 할 수도 있다. 불교 승려들은 자기에게 주어진 삶의 축복에 감사하는 암송으로 하루를 시작한다. 마찬가지로 아메리칸 원주민 장로들도 의례를 시작할 때마다 어머니 대지와 아버지 하늘에, 네 방향으로, 지구를 함께 사용하고 우리의 삶을 지탱해주는 동물과 식물, 광물 형제자매에게 감사의 기도를 올린다.

감사는 우리를 지탱해주는 모든 것에 대한 우아한 앎이자 많든 적든 우리가 받은 축복에 대한 인사이다. 감사는 생명 자체에 대한 확신이다. 감사의 마음속에 있을 때 우리는 보도블록을 뚫고 풀을 밀어 올리는 그 힘이 나의 생명에 활기를 일으키는 힘과 다르지 않음을 느낀다. 티베트의 남녀 승려들은 심지어 자신에게 주어진 괴로움에 대해서도 다음처럼 감사의 기도를 올린다. "설령 내가 커다란 괴로움을 당했다 하더라도 이로 인해 내 안의 가장 깊은 연민심과 지혜가 깨어나기를." 감사의 마음은 질투하지 않고 비교하지 않는다. 감사는 모든 생명체 하나하나를 살리는 돌봄인 비와 햇볕이라는 무수한 선물을 경이의 마음으로 받는다.

감사의 마음이 커질 때 기쁨이 일어난다. 우리는 자신과 타인이 누리는 행운을 기뻐할 수 있는 용기를 경험한다. 기쁨 속에 있을 때 즐거움을 두려워하지 않는다. 기쁨을 경험하는 것이 세상이 당하는 고통을 외면한 채 자기 행복만을 즐기는 행위라는 잘못된 믿음을 갖지 않게 된다. 기쁨은 가슴을 기쁘게 한다. 우리는 사랑하는 사람을 기뻐하며, 선함의 순간을 기뻐한다. 또 햇볕과 나무를 기뻐하며, 우리가 숨 쉬는 폐 속의 호흡에도 기뻐한다. 티 없이 맑은 아이처럼 우리는 삶 자체에서, 살아있음 자체에서 기쁨을 느낀다.

우리가 살고 있는 이 세상이 사원이다. 이 사원에는 첫 별이 보내는 기적의 빛이 항상 비치고 있다. 우리는 원죄 대신 우리가 가진 본래적 선함을 축복한다. 아빌라의 테레사는 이렇게 말했다. "신은 영혼이 아무 일이나 떠맡기를 원치 않는다. 신은 영혼이 꽃의 첫 향기에서 기쁨을 느끼기를 바란다. 영혼은 자신의 정원에서 충분한 영양분을 얻을 수 있다." 축복은 눈과 눈의 모든 만남에서, 잎이 솟는 모든 나무에서, 귤과 아보카도를 맛볼 때마다 일어난다. 이것이 참된 정신적 건강이다.

지금-여기에서의 자유

네 가지 빛나는 거처는 정신 발달의 결실을 표현한다. 이 네 가지가 균형을 이룰 때 기쁨과 연민심과 자애의 마음이 흔들림 없는 평화에 머문다. 참된 평화는 무관심도, 감정의 퇴거도 아니다. 참된 평화는 정지 지점이다. 그것은 현재에 깃든 생생한 실재이다. 이 역동적 정지는 디파마가 말한 불교 수행의 최고 단계이다. "여기서 의식은 평정심이라는 고요한 바다에서 연주하

마음이 아플 땐 불교심리학

는 자애의 교향악이 된다."

이제 우리는 한 바퀴를 완전히 돌아 처음 출발했던 곳에 이르렀다. T. S. 엘리엇은 이것을 두고 "그곳을 처음으로 아는 것"이라고 말했다. 우리가 어디에 있건 우리가 현재에 머물 때 그곳이 곧 깨어남의 자리가 된다. 이제 우리는 열린 가슴으로 참되게 살 수 있다. 우리는 이제 돌보고 일하고 사랑할 수 있으며, 온전히 삶 속으로 들어갈 수 있다. 우리는 삶이 펼쳐지는 법칙성과 슬픔을 일으키는 원인들을 본다. 그리고 우리가 자유를 위한 선택을 내릴 수 있음을 본다. 우리는 고통을 줄이기 위해 할 수 있는 일이라면 무엇이라도 할 것이다. 그리고 그 과정의 처음부터 끝까지 우리는 자유롭다. 불교 심리학이 그 추종자들에게 전하는 최종 메시는 바로 당신이 자유로운 존재라는 것이다. 이 자유는 우리 가슴과 마음이 가진 본성 그 자체다.

우리들 각자는 이 내면의 자유를 자신의 기질과 몸, 문화를 통해 자기만의 방식으로 표현한다. 침묵을 통해 자신이 가진 자유를 드러내는 사람이 있는가 하면, 기쁨을 통해 자유를 표현하는 사람도 있다. 어떤 이는 평화를 통해 자유를 표현하고, 어떤 이는 봉사와 사랑을 통해 표현한다. 자유롭고 깨어난 의식을 경험한다는 것은 다면 크리스털 수정체를 보는 것과 비슷하다. 자유롭게 깨어난 의식이 가진 한쪽 면은 평화이고 다른 쪽은 사랑이다. 또 한 면은 강함이고 다른 면은 명료함이다. 또 한 면은 감사이고 다른 면은 전일성, 연민심, 용기, 창조성, 기쁨, 풍요이다. 이들 마음 성질 각각이 의식을 가득 채워 우리의 몸과 가슴, 마음에서 빛을 발한다. 이것은 그저 비유가 아니다. 그것은 우리의 실제 경험이 된다. 우리는 한 번에 하나 혹은 여러 개의 이 마음 성질들로 환하게 빛을 낸다.

자유를 발견할 때 고통과 질병조차 삶의 은총이 된다. 고통과 질병은 우리의 스승이 된다. 달라이 라마는 이렇게 말했다. "삶의 어느 시점에서 커다란 비극과 마주쳤을 때-누구에게나 이런 일이 일어날 수 있습니다-우리는 두 가지 방식으로 반응할 수 있습니다. 물론 희망을 잃은 채 낙담하여 알코올과 약물, 끝없는 슬픔에 휩쓸리도록 내버려둘 수도 있습니다. 아니면 자신을 일깨워 자기 안에 존재하는 숨은 에너지를 드러낼 수도 있습니다. 우리는 참된 명료함과 연민의 마음으로 행동할 수도 있습니다." 불완전함은 삶이 표현되는 방식의 일부이다. 기쁨과 슬픔, 태어남과 죽음은 모든 존재가 추는 춤이다. 그 춤을 추는 내내 우리의 깨어난 의식은 밝게 빛날 수 있다.

　　이런 관점을 '모든 것에서 선함을 발견하는 것'이라고 부른다. 인간의 이런 능력을 보여주는 증거로 라벤스브뤽(Ravensbruck) 강제 수용소에 수감된 어느 이름 모를 수감자가 죽은 어린이의 시체 곁에 놓아둔 기도를 소개한다. "오, 신이여, 선한 의도를 가진 남자와 여자만이 아니라 나쁜 의도를 가진 자들도 기억하소서. 그리고 그들이 우리에게 가한 괴로움만이 아니라 이 고통 덕분에 우리가 얻은 결실도 기억하게 하소서. 우리의 동지애, 우리의 충성, 우리의 겸손, 우리의 용기, 우리의 관대함, 그리고 이 모든 것으로부터 일어난 가슴의 위대함을 기억하게 하소서. 그리고 그들이 심판대에 올랐을 때 우리가 지금껏 거둔 모든 결실을 가지고 그들을 용서하게 하소서."

　　아잔 붓다다사 스님은 우리가 모든 곳에서 선함을 발견할 때 평화를 위해 봉사할 수 있다고 말한다. 붓다다사(Buddhadasa)란 '깨어남에 봉사하는 자', '평화에 봉사하는 자'의 의미라고 한다. 스님은 자신의 사원을 평화의 정원이라 부른다. 아주 오래된 숲과 아름다운 연못, 대나무, 돌 조각상에 둘러싸인 사원에서 아잔 붓다다사 스님은 자애와 연민심, 평화의 가르침을 전했다. 15년 동안의 휴전과 내란, 단순화, 현대화를 거치며 수만 명의 사람이 스님이 전하는 평화의 가르침을 들으러 사원을 찾았다. 깨어난다면 우리도 평화에 봉사하는 자가 될 수 있다. 이때 평화의 정원에 우리의 자리가 마련될 것이다.

이것이 현명한 가슴의 심리학이 이르는 정점이다. 우리 자신이 바로 우리가 평생 구하던 아름다움이다. 우리는 스스로를 아는 의식이다. 비어있고 널찍한, 연민의 마음과 기쁨으로 가득한 우리의 평화와 평정심이 주변 세상을 변화시킬 것이다. 불교심리학은 자유와 기쁨이 우리의 타고난 본성임을 다시 알게 한다. "오 고귀하게 태어난 자여. 당신 마음의 환한 본성을 잊지 말라. 그것을 신뢰하라. 그것이 바로 당신이 돌아갈 집이니."

자애 명상

나는 나의 생각보다 큰 존재다!

나는 내 안에 그토록 커다란 선함이 자리 잡고 있는지 알지 못했다!

_월트 휘트먼

자애의 마음을 바탕에 깔고 있으면 우리가 시도하는 모든 일, 우리가 만나는 모든 것이 활짝 열리면서 더 수월하게 흐릅니다. 자애 명상을 시작하기 전에 조용한 장소에서 15~20분 정도 명상을 합니다. 편안한 자세로 자리에 앉습니다. 몸을 편안하게 한 채로 이완합니다. 마음도 부드럽게 합니다. 마음속으로 계획한 일이나 몰두해 있는 일이 있다면 내려놓습니다.

자기 자신부터 시작합니다. 부드럽게 숨을 쉬면서 자신의 안녕을 기원하는 다음의 전통적인 구절을 속으로 암송합니다. 나에게 자애의 마음을 먼저 보내는 이유는 나를 사랑하지 않으면서 타인을 사랑할 수 없기 때문입니다.

내가 자애의 마음으로 가득하기를

내가 안과 밖의 위험으로부터 안전하기를

나의 몸과 마음이 잘 지내기를

내가 평안하고 행복하기를

마음이 아플 땐 불교심리학

이 구절을 반복하면서 지금 있는 그대로의 당신 모습을 머릿속에 그린 뒤 자애의 마음으로 자신을 안아줍니다. 이때 자신을 어리고 사랑스러운 아이의 모습으로 마음속에 그리면 더 쉽게 자애의 마음을 일으킬 수 있습니다. 앞 자애의 구절을 당신이 원하는 단어와 이미지로 바꾸어도 좋습니다. 친절의 가슴을 가장 잘 열어줄 수 있는 정확한 표현을 만들어봅니다. 이 구절을 계속 반복하면서 그 느낌이 몸과 마음 곳곳에 스며들도록 합니다. 자신에 대한 자애의 마음이 일어날 때까지 몇 주에 걸쳐 이 자애 명상을 수련합니다.

처음에는 자애 명상이 기계적이고 어색하게 느껴질 수도 있습니다. 또 자애와 반대되는 짜증이나 분노의 느낌이 일어나기도 합니다. 이럴 때는 인내심을 가지고 자신에게 친절한 태도를 갖는 것이 매우 중요합니다. 나의 마음에서 일어나는 어떤 현상도 우애와 애정의 정신으로 받아들이도록 합니다.

자신을 향한 자애의 마음이 어느 정도 자리를 잡았다고 느껴지면 이제 다른 사람들까지 포괄하는 명상을 해봅니다. 자신을 향해 5~10분 정도 자애의 마음을 보낸 뒤에 살면서 당신을 사랑했거나 진정으로 당신을 보살펴준 은인을 떠올립니다. 이 사람을 마음에 그린 채로 아래의 구절을 정성스럽게 암송합니다.

> 당신이 자애의 마음으로 가득하기를
> 당신이 안과 밖의 위험으로부터 안전하기를
> 당신의 몸과 마음이 잘 지내기를
> 당신이 평안하고 행복하기를

당신이 은인에게 갖고 있는 이미지와 느낌이 명상을 이끌어가게 합니다. 마음에 그린 이미지와 일으킨 느낌이 또렷한가 또렷하지 않은가는 중요하지 않습니다. 명상을 하다 보면 이런 이미지와 느낌은 계속해서 변하게 마련입니다. 그저 자애의 마음을 담은 바람을 씨앗처럼 계속 뿌리십시오. 어떤 일이 일어나든 개의치 않고 자애의 구절을 부드럽게 반복합니다. 은인에게 감사의 마음을 표현하는 것은 사랑의 자연스러운 형식입니다. 실제로 어떤 사람은 자신을 향한 자애의 마음을 일으키기가 너무 어려워 은인에서부터 수행을 시작하기도 합니다. 그래도 괜찮습니다. 자애 명상의 규칙은 당신의 가슴을 가장 쉽게 열어주는 방식을 따르면 된다는 것입니다.

은인을 향한 자애의 마음을 계발했다면 이제 점차 다른 사람들까지 당신의 명상에 포함시킵니다. 당신이 사랑하는 한 사람, 한 사람의 모습을 마음에 그립니다. 위의 구절을 속으로 암송하며 각각의 사람에 대한 자애의 마음을 일으켜봅니다.

다음으로는 그 밖의 타인까지 포함시킵니다. 친구의 원을 더 넓게 그리며 그들의 안녕을 빌어줍니다. 다음으로는 공동체 성원들, 이웃사람들, 모든 곳에 사는 사람과 동물, 모든 생명체, 지구 전체를 포함하도록 당신의 명상을 점차 확장시킵니다.

마지막으로 살면서 당신이 힘들어했던 사람들, 심지어 적들까지 포함합니다. 그들 또한 자애의 마음과 평화로 가득하기를 빌어줍니다. 적에게 자애의 마음을 보내는 데는 어느 정도의 수행력이 필요합니다. 그렇지만 당신은 처음에 사랑하는 사람과 친구들을 향하여 열린 가슴을 이제는 더 이상 닫아두고 싶지 않음을 알게 될 것입니다.

자애의 마음은 어디서든 수련할 수 있습니다. 당신은 교통정체 속에서

마음이 아플 땐 불교심리학

도, 버스나 비행기 안에서도 자애 명상을 할 수 있습니다. 사람들 사이에서 고요하게 자애 명상을 수련한다면 당신은 사람들과의 연결되는 놀라운 느낌을 느낄 것입니다. 이것이 바로 자애의 마음이 가진 힘입니다. 그것은 당신의 마음을 고요하게 해줄 것입니다. 그리고 당신이 자신의 가슴과 계속 연결을 맺도록 할 것입니다.

연민심 명상

이 수련은 2장을 참조합니다.

감사와 기쁨에 관한 명상

고요하고 편안하게 자리에 앉습니다. 몸을 이완하고 열린 상태로, 호흡은 자연스럽게, 마음은 편히 갖습니다. 먼저 당신이 해마다 당신의 생명을 어떻게 돌보아 왔는지 느끼며 감사의 마음을 일으켜봅니다. 이 돌봄 속에서 당신을 지원해준 모든 것을 인정해봅니다.

> 나는 감사의 마음으로 사람과 동물, 식물, 곤충, 하늘과 바다의 생명체, 공기와 물, 불과 흙, 기쁨에 찬 노력으로 나의 삶에 매일처럼 축복을 내리는 모든 존재를 떠올립니다.
> 나는 감사의 마음으로 나보다 앞서 간 수천 세대의 연장자와 선조들, 그들의 돌봄과 노고를 떠올립니다.

나에게 주어진 안전과 안녕에 감사의 마음을 전합니다.

나에게 주어진 지구의 축복에 감사의 마음을 전합니다.

나에게 주어진 가족과 친구에 대해 감사의 마음을 전합니다.

나에게 주어진 공동체에 대해 감사의 마음을 전합니다.

나에게 주어진 가르침과 교훈에 대해 감사의 마음을 전합니다.

나에게 주어진 생명에 대해 감사의 마음을 전합니다.

우리는 우리가 받은 축복에 감사하듯이 다른 사람이 받은 축복에도 감사할 수 있습니다.

이제 기쁨의 마음을 계발하는 수행으로 넘어갈 차례입니다. 계속해서 부드럽게 숨을 쉽니다. 당신이 소중히 여기는 어떤 사람을 마음에 떠올립니다. 생각만 해도 기쁨이 일어나는 그런 사람을 떠올립니다. 그 사람들을 마음에 그리면서 당신이 그들의 안녕과 행복, 성공에 대해 갖게 되는 자연스러운 기쁨을 느껴봅니다. 호흡을 할 때마다 당신이 느끼는 진심어린 감사의 바람을 그들에게 보냅니다.

당신이 기쁘기를.

당신의 행복이 더 커지기를.

당신이 커다란 행복에서 멀어지지 않기를.

당신의 행운과 당신이 느끼는 기쁨과 행복의 원인들이

더 많아지기를.

마음이 아플 땐 불교심리학

각 단계에서 공감의 기쁨과 돌봄을 느껴봅니다. 사랑하는 이의 기쁨과 안녕에 대해 어느 정도 자연스러운 감사의 마음이 느껴진다면 이제 이 수행을 당신이 소중히 여기는 다른 사람에게 확장합니다. 당신의 가슴이 지닌 의도를 표현하는 간단한 구절을 암송합니다.

그런 다음 이 명상을 당신이 사랑하는 다른 사람과 은인에게로 점차 열어갑니다. 그들을 향한 기쁨이 강해지면 다시 당신 자신을 포함합니다. 당신의 몸과 마음에 기쁨의 느낌이 더욱 가득 차도록 합니다. 어떤 저항과 어려움이 일어나더라도 안정적으로 기쁨을 느낄 때까지 기쁨의 의도를 계속해서 반복합니다. 다음으로, 중립적인 범주에 속하는 사람들까지 체계적으로 포함시킵니다. 그런 다음 당신이 어려워하는 사람, 심지어 적까지도 포함시킵니다. 마침내 모든 곳에 사는 젊거나 늙은, 가깝고 먼 곳의 모든 존재들에게로 공감적 기쁨을 확장시킵니다.

의도적인 수행 노력이 자연스럽게 떨어져 나가 그것이 당신의 현명한 가슴이 간직한 자연스러운 기쁨에 저절로 녹아들 때까지 기쁨의 마음에 머무는 연습을 계속합니다.

평정심과 평화에 관한 명상

평화와 평정심의 마음 성질을 계발하기 위해 눈을 감은 채 편안한 자세로 자리에 앉습니다. 몸과 마음이 고요해질 때까지 자신의 호흡에 부드러운 주의를 기울입니다. 균형과 평정을 이룬 마음이 가져다주는 유익함에 대해 잠시 생각해봅니다. 평화의 가슴을 당신 주변의 세상에 가져가는 것이 얼마나 큰 선물인지 느

껴봅니다. 자기 내면에서 균형과 평안을 느끼도록 놓아둡니다. 그런 다음 호흡을
할 때마다 다음 구절을 부드럽게 반복합니다.

> 숨을 들이쉬며 내 몸이 고요해진다.
> 숨을 내쉬며 내 마음이 고요해진다.
> 내가 균형을 이루기를.
> 내가 평화롭기를.

몸과 마음이 고요해지는 것을 느낄 때까지 이 구절과 함께 머물러봅니다.
그런 다음 이 고요의 감각을 널따란 평정심으로 확대시킵니다. 기쁨과 슬픔, 즐
겁고 괴로운 사건들, 사람들, 건물, 동물, 국가, 심지어 문명 전체조차도 창조된
모든 것은 일어나고 사라진다는 사실을 인식해 봅니다. 이 모든 것의 한가운데
에 머물러 봅니다.

> 내가 모든 사물과 현상의 일어남과 사라짐을 평정과 균형의 마음
> 으로 보는 법을 배우기를.
> 내가 열려있고 균형을 이루고 평화롭기를.

평정심과 평화의 감각을 일으켰다면 이제 한 번에 한 사람씩 당신이 사랑하는
이를 마음속에 그려봅니다. 위와 동일한 다음의 간단한 구절을 정성을 다해 암
송합니다.

마음이 아플 땐 불교심리학

당신이 모든 사물과 현상의 일어남과 사라짐을 평정과 균형의 마
음으로 보는 법을 배우기를.
당신이 열려있고 균형을 이루고 평화롭기를.

당신이 사랑하는 한 사람, 한 사람의 이미지를 평화의 마음으로 감싸 안습니다. 최선을 다해 계속합니다. 부드럽게 호흡하면서 인내심으로 그들에게 평화를 빌어주고 어떤 일이 있어도 개의치 말고 위의 구절을 반복합니다.

　　평정과 평화의 마음 성질이 점점 커지면 명상을 더 확장시켜 다른 사람들까지 포괄합니다. 당신을 보살펴준 은인에서부터 시작합니다. 각 사람의 모습을 마음에 그리면서 위의 구절을 속으로 암송합니다. 그들에게 평화의 축복을 빌어줍니다. 그런 다음 명상의 범위를 점차 확대시켜 친구와 이웃, 중립적인 사람들, 동물과 모든 존재, 지구까지 포괄합니다.

당신이 모든 사물과 현상의 일어남과 사라짐을 평정과 균형으로
보는 법을 배우기를.
당신이 열려있고 균형을 이루고 평화롭기를.

마지막으로, 살면서 당신이 힘들어하는 사람들, 심지어 당신이 적이라고 간주하는 사람들까지 포괄하여 그들이 평정과 평화를 찾기를 빌어줍니다.

　　한 사람씩 떠올리는 과정에서 모든 존재가 자기 업의 상속자라는 사실을 알아봅니다. 모든 존재가 자기 행동의 결과를 받습니다. 그들의 삶은 그들이 일으킨 행동에 따라 일어나고 사라집니다. 우리는 그들을 깊이 보살펴 줄 수 있지

만 종국에는 우리가 그들을 대신해 행동할 수 없습니다. 또 그들을 대신하여 내려놓을 수도, 그들을 대신해 사랑할 수도 없습니다. 가슴을 자유롭게 하는 데 도움이 된다면 다음 구절을 암송해봅니다.

> 당신의 행복과 고통은 당신의 행동에 달려있습니다. 당신의 행복과 고통은 당신을 향한 나의 바람에 달려있지 않습니다.

지혜의 마음으로 존재들과 그들의 행동에 대해 숙고하면서 이제 한 사람씩 마음에 떠올리며 다음의 간단한 구절을 암송합니다.

> 당신이 모든 사물과 현상의 일어남과 사라짐을 평정과 균형의 마음으로 보는 법을 배우기를.
> 당신이 열려있고 균형을 이루고 평화롭기를.

자연스럽고 위대한 평화에 가슴을 둔 채 호흡을 하면서 당신이 바라는 만큼 오래, 자주 이 수련을 계속합니다.

마음이 아플 땐 불교심리학

참
고
도
서

—
Aronson, Harvey. Buddhist Practice on Western Ground : Reconciling
Eastern Ideals and Western Psychology. Boston : Shambhala Publications, 2004.

—
Baer, Ruth A., ed. Mindfulness-Based Treatment Approaches : Clinician's
Guide to Evidence Base and Applications. Burlington, MA : Academic Press, 2006.

—
Begley, Sharon. Train Your Mind, Change Your Brain :How a New Science
Reveals Our Extraordinary Potential to Transform Ourselves. New York :
Random House, 2007.

—
Bennett-Goleman, Tara. Emotional Alchemy. New York : Harmony Books, 2001.

—
Bien, Thomas, and Bien, Beverly. Mindful Recovery :A Spiritual Path to
Healing from Addiction. New York : John Wiley, 2002.

—
Brach, Tara. Radical Acceptance : Embracing Your Life with the Heart of a
Buddha. New York : Bantam Dell, 2003.

—
Brazier, David. Zen Therapy. New York : John Wiley, 1995.

—
Csikszentmihalyi, Mihaly. Flow. New York : HarperCollins, 1990/2002.

Davidson, Richard J., and Harrington,Anne. Visions of Compassion :
Western Scientists and Tibetan Buddhists Examine Human Nature.
Oxford : Oxford University Press, 2002.

Epstein, Mark. Thoughts Without a Thinker : Psychotherapy from a
Buddhist Perspective. New York : Basic Books : 1995.

Epstein, Mark. Psychotherapy Without the Self. New Haven :
Yale University, 2007.

Fishman, Barbara Miller. Emotional Healing Through Mindfulness
Meditation. Rochester,VT : Inner Traditions, 2002.

Germer, Christopher; Siegel, Ronald D.; Fulton, Paul R., eds.
Mindfulness and Psychotherapy. New York : Guilford Press, 2005.

Gilbert, Paul. Compassion : Conceptualisations, Research and Use in
Psychotherapy. London : Routledge, 2005.

Glaser, Aura. A Call to Compassion : Bringing Buddhist Practices of
the Heart into the Soul of Psychology. Berwick, ME : Nicolas-Hays, 2005.

Goleman, Daniel. Destructive Emotions : A Scientific Dialogue with the
Dalai Lama. New York : Bantam Dell, 2003.

Goleman,Daniel. The Meditative Mind. NewYork :Tarcher/Putnam, 1988.

Kabat-Zinn, Jon. Full Catastrophe Living. New York : Dell, 1990.

Kornfield, Jack. A Path with Heart : A Guide Through the Perils and
Promises of Spiritual Life. New York : Bantam, 1993.

Kumar, Sameet M. Grieving Mindfully :A Compassionate and Spiritual
Guide to Coping with Loss. Oakland, CA : New Harbinger, 2005.

마음이 아플 땐 불교심리학

Ladner, Lorne. The Lost Art of Compassion : Discovering the Practice of Happiness in the Meeting of Buddhism and Psychology. New York : HarperCollins, 2004.

Langan, Robert. Minding What Matters : Psychotherapy and the Buddha Within. Boston :Wisdom Publications, 2006.

Linehan, Marsha M. Skills Training Manual for Treating Borderline Personality Disorder. New York : Guilford Press, 1993.

Linley, P. Alex, and Joseph, Stephen, eds. Positive Psychology in Practice. Hoboken : John Wiley, 2004.

Magid, Barry. Ordinary Mind :Exploring the Common Ground of Zen and Psychotherapy. Somerville, MA :Wisdom Publications, 2002.

Marlatt, G. Alan. Mindfulness for Addiction Problems. In Carlson, J. (Ed.) Series VI : Spirituality. Compact disc. Washington, D.C. : American Psychological Association, 2005.

Martin, Philip. The Zen Path Through Depression. New York : HarperCollins, 1999.

McQuaid, John R., and Carmona, Paula E. Peaceful Mind : Using Mindfulness and Cognitive Behavioral Psychology to Overcome Depression. Oakland, CA : New Harbinger Publications, 2004.

Miller, Alec L.; Rathus, Jill H.; Linehan, Marsha M. Dialectical Behavior Therapy with Suicidal Adolescents. New York : The Guilford Press, 2007.

Molino,Anthony, ed. The Couch and the Tree. NewYork : North Point Press, 1998.

Mruk, Christopher J., with Hartzell, Joan. Zen and Psychotherapy : Integrating Traditional and Nontraditional Approaches. New York : Springer Publishing Company, 2003.

Nauriyal, D.K.; Drummond, Michael S.; Lal,Y.B.; eds. Buddhist
Thought and Applied Psychological Research :Transcending the Boundaries.
New York : Routledge, 2006.

Rosenbaum, Robert. Zen and the Heart of Psychotherapy. New York :
Plenum Press, 1999.

Rubin, Jeffrey B. Psychotherapy and Buddhism. New York : Plenum Press, 1996.

Safran, Jeremy. Psychoanalysis & Buddhism : An Unfolding Dialogue.
Somerville, MA :Wisdom Publications, 2003.

Salzberg, Sharon. Lovingkindness :The Revolutionary Art of Happiness.
Boston : Shambhala Publications, 1995.

Schwartz, Jeffrey M., and Begley, Sharon. The Mind and the Brain :
Neuroplasticity and the Power of Mental Force. New York : HarperCollins, 2002.

Segal, Zindel V.; Williams, J. Mark G.; Teasdale, John D.
Mindfulness–Based Cognitive Therapy for Depression : A New Approach to
Preventing Relapse. New York :The Guilford Press, 2002.

Segall, Seth Robert, ed. Encountering Buddhism :Western Psychology
and Buddhist Teachings. Albany, NY : State University of New York
Press, 2003.

Siegel, Daniel. The Mindful Brain : Reflection and Attunement in the
Cultivation of Well–Being. New York : Norton and Company, 2007.

Suler, John R. Contemporary Psychoanalysis and Eastern Thought.
Albany, NY : State University of New York Press, 1993.

Suzuki, D.T.; Fromm, Erich; De Martino, Richard. Zen Buddhism
and Psychoanalysis. New York : Harper & Row, 1960.

마음이 아플 땐 불교심리학

Thera, Nyanaponika. Abhidhamma Studies. Somerville, MA :
Wisdom Publications, 1998.

Thondup, Tulku. The Healing Power of Mind. Boston : Shambhala
Publications, 1998.

Tsering, Geshe Tashi. Buddhist Psychology :The Foundation of Buddhist
Thought. Somerville, MA :Wisdom Publications, 2006.

Unno, Mark, ed. Buddhism and Psychotherapy Across Cultures. Boston :
Wisdom Publications, 2006.

Wallin,David J. Attachment in Psychotherapy. NewYork :The Guilford
Press, 2007.

Welwood, John. Toward a Psychology of Awakening : Buddhism,
Psychotherapy, and the Path of Personal and Spiritual Transformation.
Boston : Shambhala Publications, 2000.

Wilber, Ken; Engler, Jack; Brown, Daniel P. Transformations of
Consciousness. Boston : Shambhala Publications, 1986/2008.

Young-Eisendrath, Polly, and Muramoto, Shoji, eds. Awakening and
Insight : Zen Buddhism and Psychotherapy. New York :Taylor & Francis, 2002.

48 – 50 :   From "Readers Write : Fears and Phobias" by D.S. Barnett in The Sun magazine (February 2002, Issue 314). Copyright © 2002 by D.S. Barnett. Reprinted by permission of the author.

141 – 142 :   From The Joy of Insight by Victor Weisskopf. Copyright © 1991 by Victor Weisskopf. Reprinted by permissionof Basic Books, a member of Perseus Books Group.

166 – 167 :   From How Can I Help? by Ram Dass and Paul Gorman, copyright © 1985 by Ram Dass and Paul Gorman. Used by permission of Alfred A. Knopf, a division of Random House, Inc.

202 :   From "Absolutely Clear" in The Subject Tonight Is Love : 60 Wild and Sweet Poems of Hafiz, translated by Daniel Ladinsky. Copyright © 2003 by Daniel Ladinsky. Reprinted by permission of Penguin Group (USA), Inc.

401 – 403 :   Excerpt from pages 38 – 41 from The Dance : Moving to the Rhythms of Your True Self by Oriah. Copyright © 2001 by Oriah Mountain Dreamer. Reprinted by permission of HarperCollins Publishers.

나는 두 사람의 훌륭한 편집자와 함께 일하는 축복을 받았다. 노엘 옥슨핸들러는 책의 뼈대를 잡아주었고, 정교한 작가적 솜씨를 발휘해주었으며, 노력으로 얻은 다르마에 대한 명료한 이해로 책의 시작에서부터 인내심으로 원고를 다듬고 편집해주었다. 또 많은 사람이 출판계의 가장 위대한 보석 가운데 한 사람으로 꼽는 밴텀 출판사의 토니 버뱅크는 노엘의 작업을 이어받아 진실을 향한 날카로운 눈매와 현명하고 해박한 가슴으로 이 프로젝트를 헌신적으로 이끌며 고수의 감각으로 글을 다듬어주었다. 나는 두 사람의 노고와 비전, 친절에 큰 빚을 졌다.

그리고 따뜻한 가슴을 지닌, 이 프로젝트의 조력자인 사라 스팔링은 이 책의 무수한 가필과 수정을 배려와 헌신으로 살펴주었다. 그녀의 빛나는 끈기에 감사를 드린다.

이 책은 또 아주 오랜 시간이 걸린 일종의 문화 번역 프로젝트이기도

마음이 아플 땐 불교심리학

했다. 타라 브랙, 마크 엡스타인, 로저 월시, 트루디 굿맨, 리처드 헤클러, 샤우나 샤피로, 실비아 부어스틴, 대니얼 시걸, 아잔 아마로 등 나와 같은 작업에 속한, 가슴으로 맺은 여러 동료가 처음부터 끝까지 원고를 읽은 뒤 제안과 격려를 전해주었다.

진실한 친구이자 동료 작가이며 정직한 비평가인 웨스 "스쿠프" 니스커와 보카라 레겐더는 발리에서 보낸 세계 최고 작가의 명상 수련회를 나와 공유해주었다. 그것은 크게 도움이 되었다. 책은 이렇게 쓰는 것인가보다!

언제나처럼 나의 사랑하는 동료 지도자들에게 영광을 돌리고 싶다. 동양의 지혜를 알기 쉬운 서양의 형식으로 전환하는 모험에 동참해 준 스피릿록 명상센터 지도자 위원회 소속의 동료 지도자 스물한 명과 통찰명상회의 동료 지도자들이 그들이다. 그리고 자신들의 이야기를 이 책에 싣게 해준 진실한 수행자들에게도 영광을 전한다. 그들의 이야기는 내가 직접 기록하기도 하고, 나의 요청으로 그들이 보내준 경우도 있었다. 그들의 이름은 너무 많아 다 열거하기 어렵다. 내가 너무나 많은 것을 배운 그들에게 감사의 마음으로 절을 올린다.

나는 또 살아있는 계보로 이어오는 위대한 선사들로부터 혁명적인 가르침을 받는 엄청난 축복을 누렸다. 아잔 차, 마하시 사야도, 마하 고사난다, 아잔 붓다다사, 아잔 줌니언, 아사바 사야도, 디파마 바루아, 아나가리카 무닌드라, 스리 니스가닷타, 까루 린포체, 달라이 라마가 그들이다.

특히 나는 하미드 알리, 스탠 그로프와 크리스티나 그로프, 마이클 미드, 람 다스, 도라 칼프, 존 카밧진, 마이론 샤라프, 마이클 하너와 산드라 하너, 앤젤레스 애리언, 말리도마 소메와 소본푸 소메, 루이스 로드리게스, 대니얼 골먼, 피터 레빈 등 선견지명을 지닌 서양의 탐험가 세대에 속하는 동시에 그들로부터 배움을 얻는 영광을 누렸음에 감사를 드린다.

마이클 카츠는 노련한 노승처럼 어떤 때는 고함으로, 또 어떤 때는 속삭임으로(속삭임이 더 많았다) 이 책의 에이전트 역할을 다해 주었다. 그의 고함과 속삭임 모두에 감사한다.

마지막으로 나에게 영감과 깊이를 전해주는 특별한 원천인 나의 아내 리아나에게 받은 지속적인 축복에 가슴에서 우러나는 감사를 전한다. 또 연민심 가득한 젊은 선지자인 나의 사랑하는 딸 캐롤라인에게도 고마움을 전한다. 그리고 매우 창조적인 나의 동생들과 그들의 가족에게도 고마움을 전한다.

마음이 아플 땐 불교심리학

마음이
아플 땐
불교
심리학

The Wise Heart

2020년 5월 18일 초판 1쇄 발행
2024년 3월 20일 초판 5쇄 발행

지은이 잭 콘필드(Jack Kornfield) • 옮긴이 이재석
발행인 박상근(至弘) • 편집인 류지호 • 상무이사 김상기 • 편집이사 양동민
편집 김재호, 양민호, 김소영, 최호승, 하다해, 정유리 • 디자인 쿠담디자인
제작 김명환 • 마케팅 김대현, 김선주, 이선호 • 관리 윤정안
콘텐츠국 유권준, 정승채, 김희준
펴낸 곳 불광출판사 (03169) 서울시 종로구 사직로10길 17 인왕빌딩 301호
　　　　대표전화 02) 420-3200 편집부 02) 420-3300 팩시밀리 02) 420-3400
　　　　출판등록 제300-2009-130호(1979. 10. 10.)

ISBN 978-89-7479-812-3 (03180)

값 30,000원

'초보'에게 권하는 잭 콘필드의 명상 지침서

●
처음 만나는 명상 레슨
누구나 쉽게 따라하는 15분 명상
(명상 음원 포함)

잭 콘필드 지음 ｜ 추선희 옮김 ｜ 156쪽 ｜ 14,000원

이 책은 명상에 대한 여러 가지 선입견을 타파한다.
미국의 저명한 심리학자이면서 명상 지도자인
이 책의 저자 잭 콘필드는 일상생활을 그대로
하면서도 손쉽고 간단하게 명상할 수 있는 방법을
알려준다. 이 방법들은 모두 오랜 역사와 전통을
지닌 위빠사나 명상, 즉 통찰 명상에 속한다.

●
어려울 때 힘이 되는 8가지 명상
(명상 음원 포함)

잭 콘필드 지음 ｜ 정준영 옮김 ｜ 192쪽 ｜ 13,000원

미국의 저명한 위빠사나 지도자인 잭 콘필드 박사가
사랑하는 사람과의 이별, 실직, 질병, 다툼 등
살면서 겪는 시련의 순간에 당신에게 힘과 지혜가
되어줄 8가지 명상을 소개한다. 이 명상들은
저자의 오랜 명상 경험을 녹여낸 것으로
당신에게 직접적인 도움을 줄 것이다.